中国社会科学院文库·**经济研究系列**
The Selected Works of CASS · **Economics**

新中国工业经济史

（第三版）

The History of Industrial of China

汪海波 刘立峰 著

经济管理出版社
ECONOMY & MANAGEMENT PUBLISHING HOUSE

图书在版编目（CIP）数据

新中国工业经济史（第三版）/汪海波等著. —3 版. —北京：经济管理出版社，2016.11
ISBN 978-7-5096-4625-0

Ⅰ. ①新… Ⅱ. ①汪… Ⅲ. ①工业经济—经济史—中国—1949-2015 Ⅳ. ①F429.07

中国版本图书馆 CIP 数据核字（2016）第 237838 号

组稿编辑：丁慧敏
责任编辑：丁慧敏
责任印制：黄章平
责任校对：雨　千

出版发行：经济管理出版社
　　　　　（北京市海淀区北蜂窝 8 号中雅大厦 A 座 11 层　100038）
网　　　址：www. E-mp. com. cn
电　　　话：(010) 51915602
印　　　刷：三河市延风印装有限公司
经　　　销：新华书店
开　　　本：787mm×1092mm/16
印　　　张：36
字　　　数：773 千字
版　　　次：2017 年 3 月第 1 版　2017 年 3 月第 1 次印刷
书　　　号：ISBN 978-7-5096-4625-0
定　　　价：98.00 元

序

笔者曾主编并参与撰写过一卷本《新中国工业经济史（1949.10~1984）》（42.5 万字，经济管理出版社，1986 年版），可以称为《新中国工业经济史》（第一版）。为了深入扩展这方面的研究，后来笔者又主编并参与撰写过四卷本《新中国工业经济史（1949.10~2000）》（167 万字，经济管理出版社，2001 年版），可以称为《新中国工业经济史》（第二版）。距离第二版问世，已经过去了 15 年。史学总是随着时间的推移而不断向前发展的。而且，把新中国工业经济史的研究延伸到 2015 年，撰写《新中国工业经济史（1949.10~2015）》（第三版），对于这方面的研究、教学和经济工作都是有益的。

1981 年，时任中国社会科学院工业经济研究所所长、已故著名经济学家蒋一苇对笔者（时任工业经济理论和发展史研究室主任）说：交给你们室一项研究任务，在保证质量的前提下，尽快写出一本简明的新中国工业经济史，以满足我所培养研究生之急需，同时也是学科建设的需要。这就是笔者作为长期从事政治经济学理论研究工作者涉足新中国工业经济史研究的起因，也就是《新中国工业经济史》（第一版）的写作原因。该书出版后，在海内外赢得了较大反响。1989 年中国港台学者向海外读者推荐了中国大陆学者撰写的两本书。一本是已故著名经济学家马洪、孙尚清主编的《中国经济结构研究》，另一本是笔者主编的《新中国工业经济史》（第一版）。1993 年，《新中国工业经济史》（第一版）还获得了"中国社会科学院 1977~1991 年优秀科研成果奖"。相比之下，《新中国工业经济史》（第二版）史料较为丰富，但其社会影响比第一版要小得多。形成这种差异的原因固然是多方面的，但作为简明读本的第一版比第二版赢得更广泛的读者，显然是一个重要方面。正是出于这样的考虑，笔者将第三版定为简明读本。当然，并不否定第二版较为丰富的史料价值。

笔者在第三版中仍然延续了第一版、第二版写作的基本思想：

第一，新中国工业经济史的研究，必须坚持马克思主义的指导。马克思主义特别是其中的哲学揭示了人类社会、自然和思维发展的普遍规律。中国工业经济史研究也必须以马克思主义为指导思想。当然，马克思主义的应用必须结合实际，并且必须结合实践加以发展；否则，不仅不可能成为实践的指导思想，而且会成为遗害实践的僵化教条。坚持马克思主义为指导思想，就要坚持毛泽东思想和由邓小平开创的并在中共十二大至中共十八大以及中共十八届三中、四中、五中全会得到重大发展的中国特色社会主义理论为指导。因为他们都是马克思主义普遍真理与中国实践和时代特征相结合的产物，是中国化的马克思主义。

第二，坚持马克思主义为指导，就必须确定新中国工业经济史研究任务的两个方面：通过新中国工业经济史事的研究和叙述，一方面，揭示工业生产关系变化发展的历史过程及其规律；另一方面，揭示工业生产力变化发展的历史过程及其规律。在这方面，马克思主义与西方经济学是有原则区别的。抛开西方经济学的少数流派不说，总体看来，他们总是舍弃生产关系而孤立地研究生产发展。这是他们的痼疾。而马克思历史唯物主义则认为，必须从生产关系和生产力的相互作用来研究生产发展。

但这里说的生产关系既包括基本经济制度，也包括作为其实现形式的经济管理体制，这里所说的生产力既包括生产要素，也包括与生产要素相联系的生产增长速度、产业结构、经济效益、产业集中度和企业组织形成等方面。

相对经济史来说，作为部门经济的工业经济史显然需要同时揭示工业的生产关系和生产力这两方面的历史过程及其规律，但应侧重于揭示工业生产力发展的历史过程及其规律。但新中国成立以来，工业中生产关系的变化是比较快的。就这点来说，又需要以较大篇幅叙述工业生产关系变化的历史过程及其规律；否则，就难以说明工业生产力的变化发展。

从史学研究的视角考察，要揭示工业中生产关系和生产力发展的规律，主要的基础性工作是要如实地叙述历史过程，也需要客观的、画龙点睛的经验总结。这也是揭示历史规律所必需的，并且是不能由叙述历史过程所能代替的一个重要环节。

第三，坚持马克思主义为指导，新中国工业经济史的研究方法必须遵循以下基本原则：

（1）坚持实事求是。这是辩证唯物论的基本要求。这样，从史实出发，就成为工业经济史研究工作的基本出发点。如果不从史实出发，而从原则出发，就不可能完成它的使命。

但是，这里所说的史实，必须是经过批判的审查，去伪存真的，而不是虚实混杂的；是"从事实的全部总和、从事实的联系去掌握事实"，而不是"片断的和随便捡出来的"；是反映客观规律的大量事实，而不是个别的偶然现象；是表现本质的典型事实，而不是歪曲本质的假象。

这里所说的史实，是历史过程中的事实。因此，用历史事实叙述这个过程，是包括工业经济史在内的所有史学著作在叙述形式上必须具有的一个重要特点。这同经济学分析问题时采取摆脱了具体历史形式的抽象论述，是有重大区别的。

就工业经济史中的重大事件来说，这个历史过程需要包括决策过程、实施过程和实施结果显示过程三方面。

在叙述这些历史过程时，势必涉及决策实施过程中的重要人物。这样，对重要人物在这些过程中作用的叙述，就成为工业经济史不可分割的重要内容。

与叙述历史过程的特点相联系，工业经济史这门学科在篇章排列顺序上也有其特点。马克思在谈到政治经济学资本主义部分的经济范畴排列次序以及与此直接联系的分篇时曾经指出："把经济范畴按它们在历史上起决定作用的先后次序来安排是不行的，是错误的。它们的次序倒是由它们在现代资产阶级社会中的相互关系决定的。"与此不同，工业经济史的研究则必须按照历史发展阶段的先后顺序来分篇。

这样说，并不意味着工业经济史的研究可以不采用逻辑方法。事实上，经济史对某个历史阶段内各方面经济问题进行叙述时，也有一个诸方面先后次序的排列问题。而由于诸方面处于同一个历史阶段，没有历史发展的先后次序之分；对诸方面先后次序的安排，就不可能采取历史的方法，而只能由它们在社会经济中的相互关系来决定。经济史对分析某个具体经济问题时所提出的各种论点的先后次序，也存在这种情况。但是，经济史在这两方面采用的逻辑方法，仍然与政治经济学不同。后者可以采取抽象的论点形式，而经济史则必须通过历史事实来阐述。就这方面而言，可以称为以历史方法为主，并与逻辑方法相结合的方法。

（2）坚持生产力标准。这是历史唯物主义的基本要求。如果工业经济史的研究不坚持这个标准，那么，工业经济发展的历史进程，就不可能得到科学说明。

（3）注重党和政府在工业经济发展方面的领导作用。因为中国新民主主义社会的建立，从新民主主义社会到社会主义社会的过渡，以及从计划经济体制到社会主义市场经济体制的转变，都是在党和政府的领导下进行的。而且在社会主义市场经济体制已经建立的情况下，由我国国情决定的市场经济，不能是古典的、自由放任的市场经济，也不是一般的、现代的、由国家干预的市场经济，而是特殊的、由国家更多干预的市场经济。当然，这种干预是以市场为基础的，市场是社会生产资源配置的主要方式。如果脱离了党和政府的领导作用，那么，中国工业经济发展过程（包括顺利发展过程和遭受严重挫折过程）是不可能得到说明的。正因为这样，本书每篇在叙述新中国各个时期工业经济发展过程时，都要先简要叙述党和国家在这个时期提出的任务以及路线、方针和政策。这绝不是形式主义的做法，绝不是多余的，而是为了真实地再现中国工业经济发展的过程。当然，这绝不是说，党和国家提出的任务以及路线、方针和政策，在各个时期和各个方面都是正确的，都起了积极作用。实际上，在某些时期或某些时期的某些方面是有缺陷和错误的，起到了不同程度的消极作用。这需要依据各个时期工业经济发展的具体情况给予客观评价。但如果脱离了党和政府的领导，中国工业经济发展的进程是无法得到说明的。中国在改革开放以后在发展经济方面取得的伟大成就，被国际舆论普遍誉为世界奇迹。其实，这个奇迹最重要的"谜底"，就是中国共产党的坚强领导。这一点正是中国社会主义初级阶段特有而其他任何国家都不可能有的基本国情和基本优势。

（4）注重工业经济发展历史过程中数量关系的研究。历史过程与一切事物一样，都是质和量的统一。因此，如果只注意历史过程中质的方面，忽视量的方面，就不可能全面反映历史过程。这个问题在中国工业经济史的研究中显得尤为重要。为此，本书在叙述工业发展的过程中引用了大量的基本数据。

第四，坚持马克思主义为指导，还必须以生产关系和生产力的变化状况作为划分工业经济发展历史过程中各个阶段的标准。这既是历史唯物主义的具体运用，又有助于读者把握工业经济各个发展阶段的特征。

本书以社会基本经济制度或经济体制的变化作为中国工业经济史分期的主要标准，并以正标题表示；在大部分时期都以社会生产力的变化状况作为第二位标准，并以副标题表示；在个别时期还以政治因素作为次要标准，也以副标题表示。这样，新中国工业经济史的分期如下：

第一，新民主主义社会的工业经济——国民经济恢复时期的工业经济（1949年10月至1952年）。

第二，从新民主主义社会到社会主义社会的过渡时期的工业经济——社会主义工业化初步基础建立时期的工业经济（1953~1957年）。

第三，实行计划经济体制时期的工业经济（一）——"大跃进"阶段的工业经济（1958~1960年）。

第四，实行计划经济体制时期的工业经济（二）——经济调整阶段的工业经济（1961~1965年）。

第五，实行计划经济体制时期的工业经济（三）——"文化大革命"阶段的工业经济（1966~1976年9月）。

第六，实行计划经济体制时期的工业经济（四）——经济恢复和"洋跃进"阶段的工业经济（1977~1978年）。

第七，市场取向改革起步阶段的工业经济——以实现经济总量翻两番、人民生活达到小康水平为战略目标的社会主义建设新时期的工业经济（一）（1979~1984年）。

第八，市场取向改革全面展开阶段的工业经济——以实现经济总量翻两番、人民生活达到小康水平为战略目标的社会主义建设新时期的工业经济（二）（1985~1992年）。

第九，市场取向改革制度初步建立阶段的工业经济——以实现经济总量（或人均国民生产总值）翻两番、人民生活达到小康水平为战略目标的社会主义建设新时期的工业经济（三）（1993~2000年）。

第十，市场取向改革继续推进阶段的工业经济——以全面建设小康社会为战略目标的社会主义建设新时期的工业经济（四）（2001~2011年）。

第十一，以市场取向改革为重点的全面深化改革阶段的工业经济——以全面建设小康社会为战略目标的社会主义建设新时期的工业经济（五）（2012~2015年）。

但上面的分析只是说明了中国工业经济史分期的一般依据，即从总的方面说明了这种划分的首要标准和第二位标准，并未说明各个时期提法的具体根据。这一点正是需要进一步回答的问题。如果再考虑到各个时期的提法在学术界还有争论，以及个别时期的特殊因素需要进一步说明，那么逐个地、简要地分析各个时期的提法就显得更为必要了。

依据中共中央的有关文件和毛泽东等中共中央领导人的著作，以及经济实际发展状况，作者将第一个时期、第二个时期确定为新民主主义社会和从新民主主义社会到社会主义社会的过渡时期。这是从基本经济制度的变化来说的。从社会生产力的发展来看，第一个时期是经济恢复时期，第二个时期是社会主义工业化基础时期。这是很明显的。

我国实行的计划经济体制是伴随官僚资本的没收以及资本主义工商业、个体农业和个体工商业的社会主义改造而逐步地全面建立起来的。一直到1978年，这种体制不仅没有得到根本改革，而且在"大跃进"和"文化大革命"期间还进一步强化。但从社会生产力的变化和政治因素来看，这个时期却经历了各有特点的四个阶段，即"大跃进"、经济调整、"文化大革命"以及恢复经济和"洋跃进"。所以，从前一角度将这个时期划分为实行计划经济体制时期（一）、（二）、（三）、（四）；从后一角度将这个时期划分为"大跃进"、经济调整、"文化大革命"以及经济恢复与"洋跃进"。

从1978年底召开的中共十一届三中全会开始，我国即开始步入市场取向（即以建立社会主义市场经济体制为目标）的经济体制改革和社会主义现代化建设新时期。依据改革的进程，将其划分为五个阶段：市场取向改革的起步阶段（1979~1984年），市场取向改革的全面展开阶段（1985~1992年），市场取向改革制度初步建立阶段（1993~2000年）、市场取向改革继续推进阶段（2001~2011年）和市场取向改革全面深化阶段（2012~2015年）。就社会主义现代化建设来说，就是要实现邓小平提出的"三步走"的经济发展战略目标：第一步，在20世纪80年代实现国民生产总值翻一番，基本解决人民生活的温饱问题；第二步，在20世纪90年代实现国民生产总值再翻一番，使人民生活达到小康水平；第三步，在21世纪中叶使我国达到中等发达国家水平，使人民过上中等富裕生活。但鉴于1995年比原定计划提前五年实现了经济总量翻两番的目标，中共中央和八届全国人大四次会议将原定的经济总量翻两番的目标提高为人均国民生产总值翻两番。后来召开的中共十五大和十六大又进一步把实现社会主义现代化第三步战略目标的部署具体化为两个阶段：21世纪头20年全面建设小康社会，到20世纪中叶基本实现现代化。前文对第七时期、第八时期、第九时期、第十时期和第十一时期所做的划分，其依据就在这里。

以上就具体划分11个时期的依据分别做了分析。这里还拟就其中某些时期的起点和终点做一些说明：

（1）当前一般都把1963~1965年称作经济调整时期。但是，我国经济调整实际上从1961年就开始了。所以，把1961~1965年称作经济调整时期。

（2）市场取向改革的全面展开阶段是以1984年10月召开的中共十二届三中全会做出的《关于经济体制改革的决定》为标志。选择1985年作为这个阶段的起点，是考虑到这个决定实际发生指导作用的起始时间。

（3）市场取向改革的制度初步建立阶段是以1992年9月召开的中共十四大首次提出建立社会主义市场经济体制的改革目标为标志的。选择1993年作为这个阶段的起点，也是考虑到这个决定实际发生指导作用的起始时间。

（4）按预定计划，无论是社会主义市场经济体制的完善还是全面建设小康社会，都要到 2020 年才能实现，但本书的叙述只到 2015 年。

如前文所述，笔者将本书定为简明读本。但本书叙述新中国工业经济史的时间比第一版延长了 31 年，而篇幅只增加了 10 多万字；比第二版延长了 15 年，但篇幅只及其 1/3。这样，本书写作就面临两个突出问题：一方面，新中国 70 年工业经济变革和发展的史实甚为浩瀚；另一方面，作为单卷本的本书规模虽不算小，但也不可能容纳这样浩瀚的史实。这个矛盾在以下四方面表现得尤为突出：

第一，典型历史事件与非典型历史事件以及重要历史事件与次要历史事件的选择。显然，如果企图把所有非典型事件和次要事件都写进来，那不仅单卷本做不到，就是多卷本也难以容纳。当然，在写单卷本的情况下，这个矛盾更难处理。所以，唯一可行的方法是选择那些典型事件和重要历史事件，将那些非典型事件和不重要的历史事件抽象掉。这里要消除一个误解，那就是似乎只有理论经济学必须运用抽象法，而经济史学则不运用抽象法。实际上，无论是前者，还是后者，都必须运用抽象法。两者的区别只在于：抽象的层次不同。一般来说，前者的抽象层次比后者要高得多，但不存在经济史学不需要运用抽象法的说法。事情很清楚，即使是多卷本的经济史，也不可能事无巨细地把所有历史事实都囊括进来。如果真这样"眉毛胡子一把抓"，那就看不清事物真面目和问题的本质。从一般意义上说，抽象法是包括经济史学在内的任何科学揭示本质所必需采用的方法；否则就不可能达到揭示事物本质的目的，而任何科学的任务又恰恰在于揭露事物的本质。[①] 因此，本书在解决这个矛盾时，都是力图选择那些典型事件和重要的历史事件，舍弃了那些非典型事件和次要事件。

第二，三重历史过程的选择。许多重要历史事件的发展过程都包括决策过程、实施过程和实施结果的显示过程三方面。但对一卷本的写作来说，也难做到对所有重大历史事件的叙述都包括这三方面，甚至不可能。这就有一个选择问题：对那些重大事件必须做到三方面，其他事件只能做到两方面，甚至只能做到一方面。本书力图按照有利于揭示历史发展规律这个任务和书的篇幅等因素而在这方面做出选择。只对其中少数问题的叙述涉及三个方面，对多数问题的叙述则只涉及后两个方面，对另一些少数问题的叙述只涉及最后一个方面。

第三，叙述方法与分析方法的结合。以史实为出发点，并以史实叙述历史过程，是撰写史学著作的共同方法。但在这里叙述方法是离不开分析方法的。这至少有以下几重含义：一是对历史事件的叙述，是以历史分期为前提的，而历史分期又是以一定理论指导下的分析为前提的。二是就对历史事件的叙述过程本身来说，如果离开了对事物的梳理，势必杂乱无章，看不清眉目。三是如果要从历史发展的过程中总结出一

---

① 关于这一点，马克思明确说过："如果事物的表现形式和事物的本质直接合而为一，一切科学就都成为多余的了。"《马克思恩格斯全集》第 25 卷，人民出版社 1974 年版，第 923 页。

些必要的经验教训，那就更离不开分析。所以，那种认为历史撰写的叙述方法可以脱离分析方法的观点，很难成立。但是，史学著作毕竟不同于理论著作，它是以叙述历史过程为主的。这里也发生了叙述方法和分析方法的结合问题。本书力图按照史学撰写的任务和一卷本的规模，以叙述历史过程为主，并辅之以必要的分析。

第四，详细叙述、分析与简要叙述、分析的结合。无论是典型事件和重点历史事件的选择，三重历史过程的选择，抑或叙述方法和分析方法的结合，其中都包含一个详细展开和简要提及的问题，以及两者结合的问题。就全书来说，详简要大体均匀而不能奇详奇简。但这绝不是说，对各个历史过程的叙述和分析，都要做到详简一致。基于前文分析过的三个原因，这是不可能做到的。能够做到的是该详则详，该简则简。实际上，无论是单卷本的史学著作，或是多卷本的史学著作，都不同程度地有（而且不可能没有）详简不一致的问题。本书也是力图按照问题的重要性和全书篇幅等因素，把详细叙述和简要提及结合起来。

与第一版、第二版相比，第三版不仅限于对新中国工业发展史叙述时间的延长，也不仅在于规模的大幅压缩，而且对原有某些不准确的内容（包括少数篇章节的设置和标题的表述以及正文叙述和数据）做了修正。

但关于本书的写作方法及其内容是否正确，笔者诚恳希望得到读者的批评和指正。

目　录

第二篇　从新民主主义社会到社会主义社会的过渡时期的工业经济
——社会主义工业化初步基础建立时期的工业经济（1953~1957 年）

第三篇　实行计划经济体制时期的工业经济（一）
——"大跃进"阶段的工业经济（1958~1960 年）

第四篇　实行计划经济体制时期的工业经济（二）
——经济调整阶段的工业经济（1961~1965 年）

第五篇 实行计划经济体制时期的工业经济 (三)
——"文化大革命"阶段的工业经济 (1966~1976 年 9 月)

第六篇　实行计划经济体制时期的工业经济 （四）
——经济恢复和"洋跃进"阶段的工业经济 （1977~1978 年）

第七篇　市场取向改革起步阶段的工业经济
——以实现经济总量翻两番、人民生活达到小康水平为战略目标的
社会主义建设新时期的工业经济 （一）（1979~1984 年）

第八篇　市场取向改革全面展开阶段的工业经济

—— 以实现经济总量翻两番、人民生活达到小康水平为战略目标的社会主义
建设新时期的工业经济（二）（1985~1992年）

第九篇　市场取向改革制度初步建立阶段的工业经济

——以实现经济总量（或人均国民生产总值）翻两番、人民生活达到小康水平为战略目标的社会主义建设新时期的工业经济（三）(1993~2000 年)

第十篇　市场取向改革继续推进阶段的工业经济
——以全面建设小康社会为战略目标的社会主义建设新时期的工业经济（四）
（2001~2011 年）

第十一篇　以市场取向改革为重点的全面深化改革阶段的工业经济

——以全面建设小康社会为战略目标的社会主义建设新时期的工业经济（五）

（2012~2015 年）

|第一篇|
新民主主义社会的工业经济

——国民经济恢复时期的工业经济
(1949 年 10 月至 1952 年)

在毛泽东创立的新民主主义理论的指导下，1949 年 9 月，中国人民政治协商会议第一届全体会议通过了在新中国成立初期曾经起过临时宪法作用的《中国人民政治协商会议共同纲领》（以下简称《共同纲领》）。《共同纲领》规定了新民主主义社会的经济纲领。依据这个规定，国民经济恢复时期，工业方面的主要任务可以归结为以下两个方面：一是在工业方面实现新民主主义社会的经济纲领。主要包括：①建立在国民经济中处于主导地位的社会主义国营工业①经济制度；②保护并有限制地发展民族资本主义工业；③保护和发展个体手工业。这是就工业经济领域来说的。如果从整个国民经济范围来考察，那么，废除封建地主土地所有制，建立个体农民土地所有制，也是新民主主义社会经济纲领的一项基本内容。二是恢复和发展工业生产。本篇在下文依次叙述这两方面的历史过程。

---

① 说明：其一，党和政府的文件，在 1993 年之前，统称"国营工业"、"国营经济"、"国营企业"；1993 年后，统称"国有工业"、"国有经济"、"国有企业"；其二，"国有"和"国营"显然是有区别的概念，但又是相互联系的。基于这两点，本书在其相互联系的意义上，将两者当作同义语通用。

第一章　建立处于主导地位的社会主义国有工业

本章所说的社会主义国有工业经济制度，包括相互联系但又相互区别的三个层次的内容：①作为基本经济制度的社会主义国家所有制；②作为这项基本经济制度表现形态的经济管理体制，即高度集中的计划经济体制；③社会主义国有工业企业的管理制度。本章将依次叙述这三方面制度的建立过程。最后从这些因素综合作用结果的角度，考察社会主义国营工业的发展。

第一节　没收官僚资本主义工业企业，建立社会主义国家所有制工业

一、没收官僚资本主义工业企业

官僚资本主义工业在抗日战争胜利以后的半殖民地半封建的中国居于垄断地位。据估算，1946 年，官僚资本主义工业资本约占中国全部工业资本（包括东北地区和中国台湾地区）的 80%以上。又据计算，1947 年，官僚资本主义工业企业提供的工业产品占国民党统治区全部工业产品的比重如下：电为 78%，煤为 80%，石油和有色金属为 100%，钢铁为 98%，机械为 72%，水泥为 67%，烧碱为 65%，硫酸为 80%，盐酸为 45%，化学肥料为 67%，纺锭为 60%，机制纸为 50%，机制糖为 90%，漂白粉为 41%，出口植物油为 70%。[①]

按照毛泽东的分析，"这个垄断资本，和国家政权结合在一起，成为国家垄断资本主义。这个垄断资本主义，同外国帝国主义、本国地主阶级和旧式富农密切地结合着，成为买办的封建的国家垄断资本主义。这就是蒋介石反动政权的经济基础。这个国家

[①] 陈真：《中国近代工业史资料》第 3 辑，三联书店 1961 年版，第 1445~1446 页；《中国近代工业史资料》第 4 辑，三联书店 1961 年版，第 56 页。

垄断资本主义，不但压迫工人农民，而且压迫城市小资产阶级，损害中等资产阶级。这个国家垄断资本主义，在抗日战争期间和日本投降以后，达到了最高峰，它替新民主主义革命准备了充分的物质条件……新民主主义的革命任务，除了取消帝国主义在中国的特权以外，在国内，就是要消灭地主阶级和官僚资产阶级（大资产阶级）的剥削和压迫，改变买办的封建的生产关系，解放被束缚的生产力。"①

所谓没收官僚资本主义工业企业，主要是指没收由国民党各级政府（包括中央政府、省政府和县市政府）经营的工业企业（包括国民党政府在抗日战争以后接收的日本、德国、意大利在中国的工业企业）以及由国民党大官僚经营的工业企业。至于由小官僚和地主经营的工业企业以及官僚资本主义工业企业中的民族资本的股份，都不属没收之列。

没收官僚资本主义工业企业的工作，是伴随人民解放战争在全国范围内的逐步胜利，依靠人民政权的力量，作为接管城市的重要任务，逐步向新解放的城市铺开的。1946年解放哈尔滨时，就开始了没收官僚资本主义工业企业的工作。从1947年7月人民解放战争由战略防御进入战略反攻开始，到1948年底1949年初，辽沈、淮海、平津三大战役胜利以后，就基本上没收了长江以北的官僚资本主义的工业企业。从1949年4月渡江作战开始至1949年底新中国成立，除中国台湾地区以外的所有大陆的官僚资本主义工业企业均被没收了。

没收官僚资本主义工业企业的工作，是遵循下列指导思想进行的。

（1）把国民党统治区的党组织和在官僚资本主义工业企业中的广大工人群众作为一支重要的依靠力量。依托他们做好没收前、没收中和没收后的各项工作。

（2）依据马克思主义关于革命就是解放和发展生产力的观点，在没收官僚资本主义工业企业的过程中，始终把保护社会生产力放在第一位，把没收后恢复和发展工业生产置于中心位置。

（3）严格地把作为反动国家机器的国民党政府与作为经济组织的企业从原则上区分开来。依据马克思主义关于打碎旧的国家机器的重要原理，对国民党的政府机构原则上是打乱、解散；一般人员也给饭吃，但绝不是原职原薪。除少数市政公用部门、卫生部门等机关人员外，对行政、司法、军事、警察等军政人员，一般不依靠他们来进行工作，更不依靠他们原来的机构。一般的职员经过训练，除少数必要者回本机关外，主要是另行分派工作。有条件地利用旧警察和保甲人员暂时维持秩序，但这并不意味着承认他们在民主政权系统中的合法地位。但是，作为经济组织的工业企业则是现代社会生产力的载体。因此，保护企业是保护社会生产力的一项基本要求。这样，对原有的经济组织和企业机构，如铁路、邮政、电信、银行、工厂、矿山等，就不是打乱的办法了，而是原封原样接收下来，以后逐步进行改造。接收原有的经济组织及企业机构后，留下来的军代表，仍要依靠原有的机构和人员继续维持工作，不代替他们去

①《毛泽东选集》第4卷，人民出版社1991年版，第1253~1254页。

指挥管理，只负责监督他们的工作，保证上级命令的执行；原有的管理组织和规章制度，一般也暂不改动。

（4）依据马克思主义关于资本主义企业管理二重性的原理，有分析地对待资本主义企业的管理制度。关于这一点，中共中央在 1948 年 8 月 23 日给东北局的指示中明确提出：资本主义的管理制度，不仅有适应高度剥削需要的方面，也有适应高度技术需要的方面。我们的任务是批判地接受资本主义管理制度，发扬其合理性和进步性，去掉其不合理性和反动性。当我们还没有定出一套更合理更有效的制度来代替旧制度中某些不合理或过时的东西时，宁肯不轻举妄动，以免影响生产组织，产生无政府状态。必须经过调查研究，深思熟虑，制定出办法和步骤，并加以宣传，群众有了准备，才能开始有计划有步骤地改革，才能避免由于盲目性和急躁性而发生政策性的偏向。

（5）着眼于尽快实现社会安定，为恢复和发展工业生产创造有利的社会环境。

（6）依据从实际出发的思想原则，认真总结较早解放地区没收工作的经验教训。解放战争时期，在较早解放地区的接收工作中，就有过不少教训。比如，收复井陉、阳泉等工业区时，曾经发生乱抓物资、乱抢机器的现象，使工业受到了很大破坏。1948 年 4 月，毛泽东对这种情况提出了尖锐的批评：在城市或乡镇破坏工商业，"是一种农业社会主义思想，其性质是反动的、落后的、倒退的，必须坚决反对"。①

1948 年下半年，由陈云主持接管的沈阳接管工作创造了好经验。同年 12 月 4 日，党中央赞成并批发了他写的《关于接收沈阳经验简报》。沈阳的经验，解决了接管工作中的两大难点，即怎样做到接收完整和怎样迅速恢复秩序。具体办法是："各按系统，自上而下，原封不动，先接后分"，做到接收得快而完整；同时，抓紧解决有助于在政治上、经济上稳定人心的关键问题，例如迅速恢复电力供应、解决金融物价问题、收缴警察枪支徒手服务、利用报纸传播政策、妥善处理工资问题等，城市秩序就能较快地恢复。陈云在简报中还建议组织专门接收班子。他说："接收一个大城市，除方法对头外，需要有充分准备和各方面能称职的干部。依目前形势看，中央和各战略区野战军，均须准备有专门接收大城市的班子，待工作告一段落，即可移交给固定的市委等机关。这样的接收班子，可以积累经验，其中骨干可以变成专职，依次接收各大城市。"②

为了完整地把官僚资本主义工业企业接收过来，尽量减少接收过程中的损失和破坏，并能在接收之后迅速地恢复生产，依据上述指导思想，在接收中着重进行了以下几项工作：

（1）依靠国民党统治区的我党组织，发动广大工人群众展开反拆迁、反疏散、反破坏、保护厂矿的斗争，抵制国民党反动派的破坏阴谋，把绝大部分物资、资料和工程技术人员、管理人员保留下来。

（2）在新解放的城市实行短期军事管理制度，设立军事管制委员会，并强调接管工

---

① 薄一波：《若干重大决策与事件的回顾》上卷，中共中央党校出版社 1991 年版，第 7 页。
②《陈云文选》第 1 卷，人民出版社 1995 年版，第 374~379 页。

作由军事管制委员会统一领导与指挥。要严明接管纪律，要普遍深入地对部队、机关、生产单位和群众进行教育。接管工作要由专门承担接收工作的人员负责，而不是由各机关临时抽调来的干部担任。要整个地接收产业机构和工矿企业，而不能分别多头地接收。

（3）号召所有在官僚资本企业中供职的人员，在人民政府接管以前，均须照旧供职，并负责保护资财、机器、图表、账册、档案等，听候清点和接管。对保护有功者奖，怠工破坏者罚。

（4）为了安定人心，稳定企业秩序，实行"原职、原薪、原制度"的政策，不打破企业原来的组织机构。原来的厂（矿）长、工程师及其他职员，愿意继续服务的，只要不是破坏分子，就继续担任原职务。原来的工资标准、工资等级和奖励制度等，暂不取消，不任意改变。企业中原有的各种制度，暂不宣布废除，不任意改革。

由于采取了这些有力的灵活措施，人民政府能够在很短的时间内，顺利地完成了对全部官僚资本主义工业企业的接收工作，所有企业的资财、机器、图表、账册、档案等，都清点交接清楚，并促进了企业的迅速复工。据统计，到1949年，被人民政府没收的官僚资本的工矿企业有：控制全国资源和重工业生产的国民党政府资源委员会，垄断全国纺织工业的中国纺织建设公司，国民党兵工、军事后勤系统所属企业，国民党政府交通、粮食等部门所属企业，蒋宋孔陈家族和其他大官僚办的企业，"CC"系统的"党营企业"，以及各省地方官僚资本系统所属的企业。共计有工业企业2858个，职工129万人，其中发电厂138个，采煤、采油企业120个，铁锰矿15个，有色金属矿83个，炼钢厂19个，金属加工厂505个，化学加工厂107个，造纸厂48个，纺织厂241个，食品企业844个。

到1951年初，又贯彻执行了政务院于同年1月5日和2月4日发布的《企业中公股公产清理办法》和《关于没收战犯、汉奸、官僚资本家及反革命分子财产的指示》，[①]对私营企业和公私合营企业中尚未查出的官僚资本（包括国民党政府及其国家经济机关、金融机关，以及官僚资本家在企业中的股份和财产）进行了清理和没收，就彻底地完成了对官僚资本的没收工作。

没收官僚资本属于新民主主义革命性质的任务，但没收官僚资本是把官僚资本主义所有制经济转变为社会主义国家所有制经济，因而同时具有社会主义革命的性质。通过没收官僚资本主义工业企业，使得社会主义国家所有制经济掌握了经济命脉，成为国民经济的领导力量，并为国民经济的恢复、发展和改造奠定了最重要的基础。据统计，1949年，社会主义国营工业产值占全国工业总产值的26.2%，占全国大工业产值的41.3%；国营工业拥有全国电力产量的58%，原煤产量的68%，生铁产量的92%，钢产量的97%，水泥产量的68%，棉纱产量的53%。

---

① 《新华月报》1951年2月号，第820~821页。

二、清除帝国主义在工业方面的侵略势力

在半殖民地半封建的中国，帝国主义和封建主义是"压迫和阻止中国社会向前发展的主要的东西"，"而以帝国主义的民族压迫为最大的压迫"。因此，中国新民主主义的主要任务"就是对外推翻帝国主义压迫的民族革命和对内推翻封建地主压迫的民主革命，而最主要的任务是推翻帝国主义的民族革命"。[①]

按照毛泽东的分析，旧中国是一个被帝国主义制度所控制的半殖民地国家，中国人民民主革命彻底反帝国主义的性质，使得帝国主义者极为仇视这个革命，竭尽全力地帮助国民党，因而激起了中国人民对帝国主义者的深刻愤怒，并使帝国主义者丧失了自己在中国人民中的最后一点威信。同时，整个帝国主义制度在第二次世界大战以后大大地削弱了，以苏联为首的世界反帝国主义战线的力量空前地增长了。所有这些情形，使得我们可以采取和应当采取有步骤地彻底摧毁帝国主义在中国控制权的方针。帝国主义者的这种控制权，表现在政治、经济和文化等方面。在国民党军队被消灭、国民党政府被打倒的每一个城市和每一个地方，帝国主义者在政治上的控制权即随之被打倒，其在经济上和文化上的控制权也被大大地削弱。但是帝国主义者直接经营的经济事业和文化事业依然存在，被国民党承认的外交人员和新闻记者依然存在。对于这些，我们必须分先后缓急，分别给予正当的解决。不承认国民党时代的任何外国外交机关和外交人员的合法地位，不承认国民党时代的一切卖国条约的继续存在，取消帝国主义在中国开办的一切宣传机关，立即统制对外贸易，改革海关制度，这些都是我们进入大城市时必须先采取的步骤。剩下的帝国主义的经济事业和文化事业，可以让它们暂时存在，由我们加以监督和管制。对于普通外侨，则保护其合法利益，不加侵犯。[②]

解放战争在全国范围内节节胜利的革命形势，迫使帝国主义者纷纷撤走在华投资。到全国解放时，外国资本在华企业大约还余下 1000 多家，其中约有 5/6 属于英美两国垄断资本。在外国资本企业中，有些属于外国一般侨民经营的小企业。对于外国资本经营的企业，就是采取上述的方针。

美国政府于 1950 年 12 月 16 日宣布管制我国在美国辖区内的公私财产，并禁止一切在美国注册的船只开往中国港口，企图继其武装侵略中国台湾地区、轰炸我东北、炮轰我商船之后，进一步掠夺我国人民的财产。鉴于美国政府对我国这种日益加剧的侵略和敌视行动，并为了防止其在我国境内从事经济破坏和危害我国人民利益的活动，中央人民政府政务院于 1950 年 12 月 28 日发布命令：中国境内的美国政府和美国企业的一切财产，应即由当地人民政府加以管制，并进行清查；中国境内所有银行的一切

---

①《毛泽东选集》第 2 卷，人民出版社 1991 年版，第 633、637 页。

②《毛泽东选集》第 4 卷，人民出版社 1991 年版，第 1434~1435 页。

美国公私存款，应即行冻结。①

为了有效地同帝国主义做斗争，对各个帝国主义财产的处理是有区别的，其中对美国是从严的，但一般也不采取无偿没收的方式，而是有分别地采取征用、代管和征购等多种形式。按照党中央1951年5月15日发出的《关于处理美国在华财产的指示》，为了坚决地肃清美帝国主义在华的经济侵略势力，对美国企业财产的处理原则是：对有关我国主权或与国计民生关系较大者，可予征用；关系较小或性质不便征用者，可予代管；政府认为有需要者，可予征购；对一般企业，可加强管制，促其自行清理结束。在上述四种方式中，应以征用及加强管制为主。对少数在政治上、经济上无大妨碍的美国企业，在上海、天津、广州等地可以保留一些。②

根据中央工商行政管理局的统计资料，从全国解放到1953年，外国资本的企业从1192个减少到563个，职工由12.6万人减少到2.3万人，资产由12.1亿元减少到4.5亿元。其中，英国资本的企业由409个减少到223个，职工由10.4万人减少到1.5万人，资产由6.9亿元减少到3.1亿元；美国资本的企业由288个减少到69个，职工由1.4万人减少到1500人，资产由3.9亿元减少到1600万元。这样，就基本上清除了帝国主义在我国工业和其他经济领域的侵略势力，并进一步扩大了社会主义国有工业和其他经济事业的阵地。

在新中国成立初期，实行对外贸易管制，是清除和抵御帝国主义经济侵略势力、确立和捍卫中国主权的一个重要方面。根据《共同纲领》关于实行对外贸易管制的规定，政务院在这期间制定和推行了一系列重要决定。主要有：1950年3月7日政务院《关于关税政策和海关工作的决定》，③同年12月9日发布《中华人民共和国对外贸易管理暂行条例》。④

这些决定和条例的贯彻执行，使得新中国成立前长期存在的帝国主义对中国外贸控制权彻底结束，新中国外贸自主权得以完全确立。

总体来看，社会主义国家所有制的工业主要是通过没收官僚资本主义工业而建立的；小部分是由直接没收敌伪工业（包括日本、德国、意大利在中国的企业，伪满和汪伪政权的公营工业）而来的；另一部分来自新中国成立前解放区建立的公营工业。

无论从生产力或者从生产关系来看，社会主义国有工业都是最先进的部分，而且是国民经济命脉的主要组成部分，因而在国民经济中处于主导地位。

---

① 中央人民政府政务院：《关于管制美国财产冻结美国存款的命令》，《新华月报》1951年1月号，第587页。
② 房维中主编：《中华人民共和国经济大事记（1949~1980）》，中国社会科学出版社1984年版，第49页。
③《1949~1952中华人民共和国经济档案资料选编》（综合卷），中国城市经济社会出版社1990年版，第683~686页。
④《中国工业经济法规汇编（1949~1981）》，第626页。中国社会科学院、工业经济研究所编，下同。

第二节　统一财政经济工作，建立高度集中的计划经济体制雏形①

　　1950年3月开始实行的统一财政经济工作，不仅对稳定物价、争取国家财政经济状况的好转、恢复国民经济起了关键性的作用，而且是建立高度集中的计划经济体制雏形的首要一环。前一方面作用留待本篇第四章论述，这里只叙述后一方面作用。

　　1950年3月3日，政务院发布了《关于统一国家财政经济工作的决定》。②这个决定规定的统一管理的主要内容是统一财政收支，重点在财政收入，即国家的主要收入，如公粮、税收及仓库物资的全部，公营企业的利润和折旧的一部分，统归国库。没有中央人民政府财政部的支付命令，不能动支。这样，就保证了国家收入的统一使用。在财政支出方面则规定：军队供给统一于人民解放军总司令部的后勤部，政府机关、学校、团体则规定编制和供给标准，编外和编余人员由全国编制委员会统一调配，不经批准，不得自招新的人员。机关、学校和工厂企业，按照工作和生产情况，均须规定工作人员的数量和每个人员的工作额，一切可节省和应该缓办者，统统节省和缓办，反对百废俱兴。要集中财力于军事上消灭残敌，经济上重点恢复。此外，全国国营贸易机构资金、物资的运用调拨，集中于中央人民政府贸易部，一切军政机关、学校、团体和公营企业的现金，除留若干近期使用外，一律存入国家银行。所有这些，是统一管理的主要内容。当然，统一管理并不否定分散经营。实际上，在统一管理之后，仍然存在分散经营。比如，农业生产，在中央人民政府农业部规定了总的方针之后，必须由地方政府担任具体的组织和领导；国营工厂，一部分完全划归地方政府和军事机关管理，另一部分属于中央人民政府所有的，也暂时委托地方政府或军事机关管理；财政收入中地方附加粮和纯属地方税，仍归地方支配；国家规定了征收公粮、税收数字后，地方政府在严遵法令之下，努力工作，严查漏税得来的款项，则以分成办法，大部分归地方。但这种分散经营是在统一管理前提下进行的，同过去基本上分散经营是有原则区别的。

　　这个决定先是依据新中国成立以后经济发展新形势提供的条件而提出的。新中国成立以前，抗日根据地和解放区的财经工作，从抗日战争开始至1949年，12年来都是分散经营的。其中又分两个阶段：1937~1948年是一个阶段，1949年又是一个阶段。1950年初正式开始新的时期。在头11年中，各解放区的财经工作完全分散经营，各有

---

　　①需要说明：计划经济是涵盖整个国民经济各种所有制的经济。但1949~1952年，其作用主要限于国有经济，特别是国有工业。因此，本篇在国有工业这一章叙述这个问题；而在后续许多篇中都是设立专章来叙述的。
　　②《新华月报》1950年4月号，第1393~1395页。

货币，各管收支，统一的方面只有一项，即政策统一（仅最后一两年，在各解放区之间才有可能做少数军用品和物资的调拨）。这种完全分散经营的政策，适应当时解放区被分割的情况，因此获得了极大成绩。1949 年，解放战争的胜利迅速扩大，一年之间，除西藏外，中国大陆全部解放，都成了解放区。为适应这种情况，财经工作统一的范围和程度也随之增加。先是货币的统一，除东北外，人民币已成为通用货币。上海、武汉解放之后，像第一阶段那样仅限于政策上的统一，已经不够。全国各地财经机关一致要求对下列各项问题做出统一的规定、计划和管理。这些项目是税则、税目、税率；国营工厂的生产计划、原料来源、产品推销；外销物资的采购，外汇使用的分配；内地贸易物资的调拨，物价管理；铁道、轮船的合理使用，邮电的管理；等等。所有这些都需要统一，而且都陆续地统一了。但就财经工作来说，基本上仍是分散经营的，因为财政的收入并未规定统一管理的办法，只统一支出，未统一收入。这种情况在当时是不可避免的。一方面，因为解放区的扩大极为迅速，新解放地区的财政收支又只能由各地接管机关自行处理；另一方面，作为国家财政收入主要部分的秋征公粮，大部分新区只在 1950 年 1~2 月才收齐，不少地方尚未收齐，新解放区的税收整理也不是很快的。所以 1949 年的情况是，继续分散经营，但分散经营中的统一程度迅速提高。1950 年初进入新的时期，公粮大部分已征收齐，统一的税则、税目、税率已经公布，因为大陆已解放，税收也比 1949 年多。依据这个新情况，中央人民政府政务院决定：财经工作要从基本上分散经营，基本上统一管理。也就是说，虽然分散经营的成分仍然有，但主要将是统一管理。这种改变，是适应 1950 年初在地域、交通、物资交流、关内币制等方面已经统一的情况的。

这个决定也是适应当时消除通货膨胀、支援革命战争和恢复国民经济的迫切需要而提出的。如果不实行统一管理，如果国家收入不作统一使用，如果国家支出不按统一制度并遵守节省原则，如果现有资金不集中使用，后果必然是加剧通货膨胀，有害于对战争和军政人员的供应，有害于国民经济的恢复和人民生活的改善。[1]

实践已经证明：正是由于这个决定的贯彻执行，才迅速地、有效地制止了当时的通货膨胀，从而有力地支持了革命战争的需要，并为迅速恢复国民经济创造了最基本的条件。

但是，鉴于一年来的实践经验，在继续保证国家财政经济工作统一领导、计划和管理的原则下，把财政经济工作中一部分适宜由地方政府管理的职权交给地方政府，既利于地方政府因地制宜，又利于国家财政经济工作的统一领导方针的贯彻执行。1951 年 5 月 24 日，政务院又颁发了《关于划分中央与地方在财政经济工作上管理职权的决定》（以下简称《决定》）。[2] 基于上述原则，《决定》划给地方的职权，大体分为两类：

（1）把一部分国营企业或一部分财经业务全部划给地方管理，如地方工业、地方财

①《为什么要统一财政经济工作》，《人民日报》1950 年 3 月 10 日社论。
②《中国工业经济法规汇编（1949~1981）》，第 108~109 页。

政、地方贸易、地方交通事业等。在这些事业上，除保证政策、方针、重要计划、重要制度的全国统一性外，一切经营管理工作与一切政治工作，全部由地方负责。

（2）散在各地的由中央财经部门直接管理的企业单位，其一切政治工作均归大行政区人民政府指定的地方当局领导。这些企业在执行上级交付的任务时，必须受地方当局的监督、指导、协助。这样划分，是符合上述原则的。

做出这种划分，是出于下述具体情况的考虑：

（1）1950 年是在分散管理的基础上进行统一，1951 年则是在统一的基础上做恰当的划分。一年多来的事实证明，1950 年强调统一是十分必要的，大困难是避免了，国家的财政经济工作已经有了巨大的进步。但在地方工作上，因 1950 年的财政经济统一，确实发生了一些小困难，多少限制了地方工作的积极性。这些小困难，在保证与巩固统一的基础上，必须恰当地予以解决。财政三级制的实行，中央工业与地方工业的划分，已经证明这些小困难是能够解决的。

（2）1950 年在统一国家财政经济工作中，由于经验不足，在某些工作上中央是管得多了一些。例如国营贸易工作，没有区分全国性比重较大的业务与地方性比重较大的业务，统由全国的各个专业公司实行垂直领导。这就使得某些地方性比重较大的业务，特别是在指导土产品的产销上，限制了地方"因地制宜"的作用。有了一年多的经验后，已经可以逐渐区分哪些业务的全国性比重较大，哪些业务的地方性比重较大，因而可以根据不同部门的业务情况，适当地划分中央与地方的管理职责。

（3）对于属于中央集中管理但又散布在各地的企业，如中央直接管理的矿业、铁路、银行、国营贸易公司等，其企业单位的领导管理工作过去没有明确规定哪些职权属于中央，哪些职权属于地方，这就使得地方当局对本地区的中央直接管理的企业难以插手过问。事实证明，离开了地方当局的领导，中央各部门不可能直接管理好企业中的一切工作，如企业中的政治工作。现在已有需要把散在各地的中央直接管理的企业，明确划分中央与地方在领导、管理、监督、指导、协助等方面的职权。

（4）我国是一个地广人众、交通当时尚不发达的国家，解放初期仍处在人民革命大变革时期，许多事情需要由地方管理，但中央财经各部门又必须集中力量于全国财政经济工作的方针、政策、计划的掌握和主要工作。因此，这时提出财政经济各部门根据在业务管理上必须集中和应该分散的不同情况，适当地划分中央与地方的管理职权，是正确的。①

后来的事实证明：上述《关于划分中央与地方在财政经济工作上管理职权的决定》，对调动地方政府的积极性，促进国民经济的恢复，起到了积极作用。

前文只一般性地论述了财政经济工作高度集中的计划经济体制雏形的形成过程，没有专门叙述工业经济方面的、高度集中的、计划经济体制雏形的形成问题，但实际上，前一个雏形的形成过程包含了后一个雏形的形成过程。

---

① 《论中央与地方财经工作职权的划分》，《人民日报》1951 年 5 月 26 日社论。

这个时期工业经济方面高度集中的计划经济体制的雏形包括两个层次的内容。

第一个层次，是中央人民政府与地方人民政府管理工业权限的划分。在这方面，实行统一领导和分级管理。

1950年，政务院发布了《关于统一国家财政经济工作的决定》，把凡属国家所有的工厂企业，分为三种办法管理：一是属于中央人民政府各部直接管理；二是属于中央人民政府所有，暂时委托地方人民政府或军事机关管理；三是划归地方人民政府或军事机关管理。依据各部门或各地区对现有各国营工厂企业的管理责任，承担对这些工厂企业投资。一切公营工厂企业及合作社，均须依照中央人民政府财政部的规定，按时纳税。一切中央人民政府或地方人民政府经管的工厂企业，均须将折旧金和利润的一部分，按期解缴中央人民政府财政部或地方人民政府。①

与1951年政务院发布的《关于划分中央与地方在财政经济工作上管理职权的决定》相适应，1951年4月6日政务院还通过了《关于1951年国营工业生产建设的决定》（以下简称《决定》）。②《决定》扩大了地方政府在发展地方工业方面的权力和责任，并就发展地方工业的方针，地方工业的经营方向、范围和资金来源以及利润使用等一系列重要问题做出了规定。

《决定》指出：国营地方工业在发展国民经济中具有重要作用，必须采取积极发展的方针，鼓励各级地方政府经营工业的积极性。

地方工业的经营方向主要包括以下四项：①面向农村，解决广大农民缺乏的生活资料与生产资料；②为国家企业加工，成为国家企业的得力助手；③主要利用当地的原料；④地方财力与人力能办到的中小型工业，特别是生产民用品的轻工业。

在中央人民政府尚未制定包括地方工业的全盘计划之前，各地方工业的生产与基本建设计划应逐级审查，由各大行政区财政经济委员会审核决定，重要计划报告政务院财政经济委员会批准；一般的计划，均应报政务院财政经济委员会及中央有关工业部门备案。

地方工业的经营范围主要包括以下十项：①不在输电网内的独立发电厂；②小型矿山（小矿区）的经营；③制造农具及小五金的铁工厂；④建筑器材工业（如砖瓦窑、锯木厂等）；⑤纺织厂与针织厂；⑥民用被服业；⑦地方需要的食品工业；⑧造纸厂与印刷文具业；⑨制造日用品的化学工业；⑩地方性的公用事业及其他地方需要而中央尚难筹办的轻工业。

地方工业的资金来源：地方工业发展所需资金，应依靠地方自己积累，中央人民政府各财经部门，在可能条件下，对地方工业进行下列帮助：①国家有余的生产设备，可依据地方的基本建设计划拨作地方建设工业之用，由地方按年向国家缴纳折旧费，或作为国家对地方工业的投资；②中央各主管工业部对地方工业做技术上的指导与帮

---

① 《新华月报》1950年4月号，第1394页。
② 《中国工业经济法规汇编（1949~1981）》，第7~9页。

助；③贸易部门与银行应在可能范围内对地方工业加以扶植；④地方工业利润在一定时期内解除上解国库的任务，以供地方工业扩大再生产之需要；⑤建立地方工业的领导系统，以加强对地方工业政策方针的领导与经营管理上的帮助。

地方工业的利润使用：为提高地方工业部门经营管理的积极性，1951年、1952年地方管理的各国营工业的超计划利润，由各大行政区工业部掌握；其运用范围，由政务院财政经济委员会规定。

事实证明：这个决定在推动地方工业的恢复和发展方面起了重要的促进作用。1952年，地方国有工业的企业数达到7272个，占国有企业（包括中央工业企业和地方工业企业）总数的76.4%；职工人数达887044人，占总数的32.7%；总产值达38.2686亿元，占总数的28.4%。[①]

第二个层次，是国家和企业的关系，这是新中国成立初期工业方面开始实行的高度集中的计划经济体制雏形最基本的内容。其主要特点如下：

（1）在财政方面，实行统收统支。国营企业需要的资金（包括固定资产投资和定额流动资金），按所属关系，由中央人民政府或地方政府预算拨款。超定额的流动资金由中国人民银行贷款。国营企业除了须依照中央人民政府财政部的规定缴纳税收外，还需依所属关系把折旧金和利润的大部分上缴中央人民政府财政部或地方政府。国营企业只能分别提取计划利润的5%和超计划利润的12%~20%，作为企业奖励基金。

（2）在物资供应和产品销售方面，开始实行以计划调拨为主的物资供应和产品收购体制。当时由中央人民政府贸易部承担这个物资调拨和产品收购任务。1950年，对煤炭、钢材、木材、水泥、纯碱、杂铜、机床、麻袋8种主要物资实行计划调拨；1951年，计划调拨的物资增加到33种；1952年，又增加到55种。

（3）在劳动方面，开始着手建立集中管理的体制。当时设立了中央和各大行政区、省、市的编制委员会，统一管理这方面的工作。规定各部门、各企业编外及多余的人员不得擅自遣散，均由全国各级编制委员会统一调配使用；各部门、各企业如需增添人员，在经过适当机关批准之后，必先向全国编制委员会请求调配，只有在调配不足时，才能另外招收。

（4）在计划方面，开始对国营企业实行直接计划即指令性计划。在国民经济恢复时期，这项任务是由政务院财政经济委员会（以下简称"中财委"）承担的。其程序是：先由中财委提出国营工业生产控制年度数字，报中央人民政府政务院批准，并责成中央各工业部和各大行政区工业部，根据此数字，分配给所属企业；然后再由基层企业开始，自下而上地编制本系统的生产、成本、劳动等项具体计划，逐级审查汇总，由中央各工业部分别审核后，综合送达中财委批准；最后再按系统逐级下达至基层企业贯彻执行。[②]

---

① 《1949~1952中华人民共和国经济档案资料选编》（工商体制卷），中国社会科学出版社1993年版，第280页。
② 政务院：《关于1951年国营工业生产建设的决定》，《中国工业经济法规汇编（1949~1981）》，第7页。

在工业方面建立这种高度集中的计划经济体制的雏形，是以在国民经济中居于主导地位的社会主义国家所有制工业为基础的，是符合工业生产发展水平低和工业结构较为简单的历史情况的，是适应当时解决财政经济困难的需要的。因此，在它建立以后，对于消除财政赤字、稳定市场、集中财力用于军事和经济重点恢复，都起到了重要的积极作用。当然，即使在国民经济恢复时期，国家对国营企业实行直接计划为主的、主要依靠行政手段的、高度集中的计划经济体制，对企业积极性也有束缚作用。但新中国成立初期，经济战线面临的主要任务，是制止通货膨胀、稳定市场以及重点恢复、建设重工业。这都需要国家集中当时还很有限的财力、物力和人力。集中的计划经济体制适应了这种经济发展要求，因而积极作用是主要的。而且，由于这个时期党的宏观经济决策正确，党和政府的威信很高，党的作风正派，党的干部队伍比较年轻，官僚主义比较少，党的思想政治工作很有力，广大干部和群众由全国解放而激发的政治热情很高，所以，这种集中的计划经济体制的行政管理，其效率很高，使得这种经济体制的积极作用得到了比较充分的发挥。还要看到：1949~1952 年，国营工业产值只占工业总产值的 26.2%~41.5%，直接计划大体上只是限制在这个范围以内。在此范围以外，政府又很好地运用了价值规律，对私营工业和个体手工业实行了有成效的间接计划和市场调节。同时，国营工业的生产社会化还没有得到后来那样的发展，生产结构比较简单，商品经济也不发达；由于美国帝国主义实行的经济封锁，对外贸易又受到很大限制。这一切又大大限制了集中的计划经济体制的消极作用。总之，新中国成立初期，高度集中的计划经济体制雏形的形成，既不是人为的结果，也不是简单地照搬苏联模式，而主要是当时弥补财政赤字、消除通货膨胀和恢复国民经济的客观要求。

第三节　实施民主改革和生产改革，建立国有工业企业管理制度

如前文所述，新中国成立后，在没收官僚资本主义企业时实行原职、原薪、原制度的政策。这样，反映官僚资本主义剥削压迫关系以及某些不适应社会化大生产要求的企业管理制度，就被保存下来；大量带有旧社会思想作风的管理人员也保留下来；甚至还有少数反革命分子会隐藏下来。显然，这些都会束缚社会生产力发展，必须改变。同时，还要建立适应社会生产力发展和社会主义制度的企业管理制度。在我国，这些都是通过民主改革和生产改革完成的。

一、实施民主改革

1949 年完成了对官僚资本主义企业的没收工作以后，就开始了企业的民主改革。

这项改革工作到 1952 年"三反"（反贪污、反浪费、反官僚主义）运动结束后就基本上完成了。

民主改革的内容包括许多方面，主要有以下四项：

（1）国家委派厂长（或经理）。为了彻底改变官僚资本主义企业的领导机构，由接收时派遣军事代表进行监督和间接管理的办法，进一步发展到由国家委派厂长（或经理）直接管理企业。

（2）开展镇压反革命运动和"三反"运动。民主改革的一些重要方面，如清除隐藏的反革命分子，改造旧的思想作风，建立社会主义的新型企业领导者、管理人员、工程技术人员和工人群众的关系，是通过镇压反革命、"三反"和知识分子思想改造等运动进行的。

新中国成立以后，经过各种群众运动和行政手段，已在不同程度上打击了隐藏在企业内部的反革命分子，并在不同程度上改革了帝国主义和官僚资本主义原来在企业内部所形成的不合理制度。特别是党中央在 1950 年 10 月 10 日颁发《关于镇压反革命活动的指示》以后，各地都在工厂、矿山中进行过镇压反革命运动，残余的反革命势力已经遭受了更多更大的打击。但是，大部分工厂、矿山还没有进行系统的清理。其中，混有大批反动党团、反动会道门分子和少数潜伏的逃亡地主、土匪、恶霸、特务、间谍分子；有些曾与国民党反动统治者狼狈为奸的封建把头，还未受到应有的惩治或改造；有些反革命分子甚至混入了党和青年团内，或者把持了工会。他们从各方面进行破坏活动，压制着工人的政治积极性和生产积极性。为此，党中央在 1951 年 11 月 5 日发出《关于清理厂矿交通等企业中的反革命分子和在这些企业中开展民主改革的指示》。[①] 这个指示要求必须用足够的力量，发动与依靠工人群众，有领导、有计划、有步骤地争取在 1952 年底以前，对工厂、矿山和交通企业部门内的残余反革命势力，加以系统的清理，并对国营企业内所遗留的旧制度，进行或者进一步完成必要的和适当的民主改革。

上述改革取得了巨大成效。凡坚决进行了镇压反革命和开展民主改革运动的厂矿企业，其内部罪恶重大的、有血债的反革命分子均已受到严重的打击。这样，就纯洁了工人队伍，加强了工人内部的团结，因而政治上和生产上出现了一片新气象。

1952 年"三反"运动开始以后，企业的民主改革又结合这个运动进行。为此，党中央在 1952 年 3 月 20 日又发出了《对厂矿企业中民主改革的指示》，[②]《指示》强调了民主改革的重要性。对留用人员的思想行动及工作，必须经过"三反"运动加以全盘揭发，彻底了解，然后分别处理。只有把那些作恶的留用人员的所作所为在工人群众面前搞清楚，国营工矿企业中的民主改革才算真正完成，社会主义性质企业才能真正掌

[①]《1949~1952 中华人民共和国经济档案资料选编》（综合卷），中国城市经济社会出版社 1990 年版，第 237~243 页。

[②]《1949~1952 中华人民共和国经济档案资料选编》（综合卷），中国城市经济社会出版社 1990 年版，第 243 页。

握在工人阶级手中。"三反"运动在纯洁工人队伍、建立新型的社会主义关系等方面起到了重要作用。

（3）废除带有封建性的、剥削压迫关系的制度。废除旧社会资本主义企业留下的带有封建性的、剥削压迫关系的制度（如把头制和搜身制等），也是民主改革的一项重要内容。在旧社会的煤矿企业中，由于把头制的存在，工人遭受着封建野蛮的剥削。把头不但毫不在意矿坑的安全设备，而且驱使工人违反技术及安全规程来采掘，以致时常发生重大的生命伤害事件。因此，摧毁这一黑暗制度，摆脱封建的桎梏，早就成为广大煤矿工人的迫切要求。为此，燃料工业部在1950年初依据全国煤矿工会代表会议的建议，发出了《关于全国各煤矿废除把头制的通令》。[①]1950年初，全国总工会常委扩大会也批准了全国纺织工会代表会议通过的《关于废除"搜身"制度的决议》并付诸实施。[②]这些都大大地激发了工人群众作为社会主义企业主人翁的积极性。

（4）实现管理民主化。实现工厂管理民主化，在国营企业民主改革中处于极重要的地位。中财委在1950年2月28日发布的《关于国营、公营企业建立工厂管理委员会的指示》[③]中提出：这种改革的中心环节，就是建立工厂管理委员会，实行工厂管理民主化。在尚未建立工厂管理委员会的工厂企业中，应根据1949年华北人民政府所颁布的《关于在国营、公营企业中建立工厂管理委员会与职工代表会议的实施条例》，[④]立刻开始认真执行。

按照上述条例，凡属国营、公营工厂企业，均应组织管委会，由厂长（或经理）、副厂长（或副经理）、总工程师（或主任工程师）及其他生产负责人和相当于以上数量的工人职员代表组织。厂长、副厂长（或经理、副经理）、总工程师及工会主席为当然委员，其他生产负责人须参加管委会者由厂长报告上级机关决定。工人职员代表由工会召集全体职工大会或职工代表会议选举。管委会是在上级工厂企业管理机关领导下的工厂企业中统一领导的行政组织，管委会的任务是根据上级企业领导机关规定的生产计划及各种指示，结合本厂实际情况，讨论与决定一切有关生产及管理的重大问题，如生产计划、业务经营、管理制度、生产组织、人事任免、工资福利问题等，并定期检查与总结工作。管委会以厂长（或经理）为主席，管委会的决议以厂长（或经理）的命令颁布实施。

凡有职工200人以上的国营工厂、公营工厂必须组织工厂职工代表会议。200人以

---

① 《中国工业经济法规汇编（1949~1981）》，第491~492页。

② 《中华人民共和国工业大事记（1949~1990）》，湖南出版社1991年版，第875页。

③ 《中国工业经济法规汇编（1949~1981）》，第489页。说明：1952年9月8日政务院《关于各级政府所经营的企业名称的规定》指示："关于各级政府所经营的企业，目前有称'国营企业'的，有称'公营企业'的，名称殊不一致。为此，政务院特作如下规定：一、凡中央及各大行政区各部门投资经营的企业（包括大行政区委托城市代管的），称'国营企业'。二、凡省以下地方政府投资经营的企业，称'地方国营企业'。"（《新华月报》1952年第10期，第179页）。

④ 《关于在国营、公营工厂企业中建立工厂管理委员会与工厂职工代表会议的实施条例》（华北人民政府1949年8月10日公布），《中国工业经济法规汇编（1949~1981）》，第487~488页。

下的工厂不建立代表会议，但每月须召集一次或两次全厂职工大会，由工会主席召集。工厂职工代表会议有权听取与讨论管委会的报告，检查管委会对于工厂的经营管理及领导作风，对管委会进行批评、提出建议。

1951年2~3月，由中财委召开的全国工业会议就国营企业实行新的领导体制做出了重要决定：在国营工业企业的生产行政管理工作上实行厂长负责制，但实行厂长负责制应同管理民主化结合起来。[①]

1951年5月，党中央还就企业领导体制问题批准了《中共中央东北局关于党对国营企业领导的决议》（以下简称《决议》）。[②]《决议》强调：党管理工业的基本思想，即在企业一切工作都必须贯彻依靠工人阶级的思想。

《决议》对国营厂、矿企业中党的组织、行政组织、工会组织和青年团组织的基本任务做了明确规定，即均应以提高厂、矿的生产作为最高与最基本的任务。

《决议》规定了国营厂、矿中的党、行政、工会、青年团的工作分工：

（1）厂、矿中的生产行政工作实行厂长负责制。厂长由国家的经济机关委派，并由国家取得必要的生产资料和资金，实施对生产行政工作的专责管理。厂长领导下的管理委员会，是当时实行工人参加生产管理的制度。厂长必须召开管理委员会，讨论有关经济计划及其实现的步骤、管理制度、生产组织、人事任免、工资福利等重大问题，并定期向职工代表会议报告自己的工作。

（2）党是工人阶级组织的最高形式，是独立的政治组织。它对厂、矿中的政治思想领导负有完全责任，对厂、矿中行政生产工作负有保证和监督的责任。

（3）工会是厂、矿中工人阶级的群众组织。它的主要工作是教育广大职工群众，组织生产竞赛，保护工人阶级的日常利益。

（4）青年团是厂、矿中青年职工的政治性与群众性组织。它的主要工作是对团员进行毛泽东思想的教育，组织团员与青年职工的政治文化技术学习，开展体育活动，积极参加生产竞赛。

《决议》还规定了厂、矿中的党、行政、工会、青年团的工作方针，即坚持厂长负责制与管理民主化相结合的方针，坚持政治工作与经济工作相结合的方针，坚持在增加生产的基础上，逐步改善工人生活的方针等。

《决议》在马克思主义指导下，依据较早解放的东北地区党领导工业的经验，就在实行厂长负责制的条件下，如何同管理民主化相结合，如何实现党的政治思想领导和保证、监督作用等重大问题，做出了一系列明确的规定。这虽然是在计划经济体制条件下做出的决定，但相对于之后实行的企业领导体制来说，是一种较好的体制。因而，该《决议》在当时起了有益的作用。可惜的是，当时该《决议》并没在全部国营企业中贯彻。

---

① 房维中主编：《中华人民共和国经济大事记（1949~1980）》，中国社会科学出版社1984年版，第41~42页。
②《中国工业经济法规汇编（1949~1981）》，第503~510页。

总体来说，国营企业的民主改革，在纯洁工人阶级队伍，建立新型的社会主义企业管理制度和人与人之间的关系，提高职工的主人翁地位等方面，都起到了重要作用。

二、实施生产改革

生产改革是在民主改革的基础上进行的。在国民经济恢复时期，多方面地进行了生产改革工作。在 1952 年"三反"运动结束、基本上完成了民主改革之后，工作重点就由民主改革转到了生产改革。生产改革的时间比民主改革要延续得长一些。

生产改革的主要内容包括以下四点：

（1）建立健全企业管理机构和生产责任制度。建立健全企业管理机构，实行科学分工，是工业企业进行正常生产和提高生产的基本条件。但新中国成立初期，从官僚资产阶级手中接收过来的国营企业，管理机构很不健全，缺乏科学分工，很不适合社会主义工业发展的需要。因此，解决这个问题，就成为生产改革中的一项重要工作。例如，中央人民政府纺织工业部 1950 年 4 月曾经做出了《关于公营纺织工厂组织机构的决定》（以下简称《决定》）。该《决定》对新的纺织工厂组织机构设置的要求及各类管理人员的分工都做了严格规定。

建立生产责任制，不仅因为它是管理工业企业的基本原则，而且因为它是新中国成立初期工业企业管理中最薄弱的环节。当时在工业企业中，相当普遍地存在着这样不同程度的现象：生产与建设计划不能完成无人负责，原材料供应不及时而停工待料无人负责，产品质量差无人负责，破坏技术操作规程招致损失无人负责，机器的保护与使用无人负责，生产不能相互配合无人负责，浪费惊人无人负责，等等。在这种情况下，不建立生产责任制，工业的恢复和改造就无法迈开步伐。但是，建立生产责任制绝不是消极的，它是积极地推进工业前进的力量。

建立生产责任制，要求人人对生产负责，事事有人负责。为此，需要建立各种生产责任制，特别是建立企业领导者的责任制以及质量责任制和安全责任制。为了保证各种生产责任制的贯彻执行，还需建立健全检查部门和检查制度、奖惩制度。例如，纺织工业部在 1950 年 12 月 15 日做出《关于建立和加强生产责任制的决定》，[1] 就是适应上述要求的。对上述各项责任制度都做了明确规定。

（2）推行经济核算制。在过去长期战争环境下形成的供给制，已经不适合恢复和发展工业的需要。在这种情况下，提出实行经济核算制的任务，是很必要的。

在初步建立的计划经济体制下，经济核算制是管理国营企业的基本原则。其目的是在国家计划的集中指导下，发扬各企业的经营积极性与责任心，提高劳动生产率，努力增加产量，提高质量，消灭浪费，降低成本，加速资金的周转与增加国家资金的积累，从而保证工业的扩大再生产与提高劳动者的物质文化生活水平。

基于这一点，政务院在 1951 年 4 月 6 日通过了《关于 1951 年国营工业生产建设的

---

① 《中国工业经济法规汇编（1949~1981）》，第 492~494、498~499 页。

决定》（以下简称《决定》）。①《决定》提出国家对国营企业采用以下五项方法实施经济核算的管理：

1）实行计划管理，即规定企业增加生产（数量、质量与品种）、提高劳动生产率及降低成本的任务，并建立系统的检查制度，促其实现。

2）确定每个企业必要的固定资产与流动资金。凡未确定资金的企业，应认真清理资产，确定资金，有多余或不足者，由国家统一调配。

3）实行独立会计制，由中国人民银行集中国营企业的一切信贷，允许各企业有权独立与国家银行发生往来，逐渐发挥银行对企业财务活动的监督作用。责成各企业的领导人对所管企业的盈亏负完全责任。

4）在完成国家平衡计划的条件下，企业有权通过合同制自行销售产品与收购原材料。

5）实行工厂奖励基金制。凡已确定资金，并能有计划地进行生产的企业，在经济核算制已奠定初步基础之后，可从超计划利润中提取一定比例（最多不超过30%），充作工厂奖励基金。鉴于我国各地解放时间有早晚的差别以及与此相联系的企业管理基础的差别，《决定》对各企业在1951年推行经济核算制方面规定了不同的要求：凡尚未开始实行经济核算制的国营企业，1951年内务必建立经济核算制的初步基础；凡经济核算制已有初步基础的厂矿（如东北），1951年应提高一步。在国民经济恢复时期，《决定》及其他相关决定的贯彻，使得许多国营企业的经济核算制初步建立起来。

（3）改革工资制度，贯彻按劳分配原则。在半殖民地半封建的中国，不仅工资水平极为低下，而且工资制度也混乱不堪。

新中国成立初期，对没收的企业中职工还需要实行原薪制，一般按新中国成立前3个月每月所得实际工资的平均数领薪。而后进行的民主改革，废除了把头制等封建性剥削制度，并对少数极不合理的职工和地区的工资做了调整。但这些并没有从根本上触动旧社会留下的工资制度。面对新中国成立初期通货膨胀的局面，人民政府对职工实行了以实物为基础计算工资的办法。这对于保证职工生活和实现社会稳定起了重要作用。但这同样没有从整体上改变工资制度的混乱局面。

这种混乱状态主要表现为：①工资计算单位不统一。新中国成立初期，全国共有十几种计算单位。②在部门之间，轻工业职工工资高于重工业；在企业内部，辅助工人工资高于主要工人，事务人员工资高于技术人员。③同一产业部门没有统一的工资标准，同级职员的工资差别高达2~3倍。④没有统一的等级制度。企业都是多等级制，有的多到30多级、50多级，甚至100多级；级差小，有的只有一斤小米。工资制度的这种混乱状态，同社会主义国营经济和恢复国民经济的要求极不适应，必须改革。

根据党中央指示，中华全国总工会和中央人民政府劳动部，为召开全国工资会议做准备，在深入广泛调查研究的基础上，起草了《工资条例草案》、《工资条例说明书》、

---

① 《新华月报》1951年第5期，第138页。

《全国各主要地区"工资分"所含物品牌号及数量表草案》、《各产业工人职员工资等级表草案》等文件。经过这些准备，中财委在 1950 年 8~9 月召开了全国工资会议。会议肯定了上述文件所提出的新工资制度，并同意以工资分作为全国统一的工资计算单位。会议还确定了改革工资制度的三项原则：①在可能范围内，把工资制度改得比较合理，奠定了全国统一的、合理的工资制度的初步基础；②一定要照顾现实，尽可能做到为大多数工人拥护；③要照顾国家财政经济能力，不能过多增加国家负担。

依据上述指示和文件，各大行政区在 1951~1952 年相继进行了一次工资改革。概括起来，这次工资改革的内容，主要有以下四点：

1) 统一以"工资分"为工资的计算单位。每个"工资分"中五种物品的含量为：粮 0.8 斤（0.4 公斤）、白布 0.2 尺（0.067 米）、食油 00.05 斤（0.025 公斤）、盐 0.02 斤（0.01 公斤）、煤 2 斤（1 公斤）。物品的规格与牌号，各地根据本地区经济条件和职工生活习惯而定，如南方一般用大米，北方用白面和粗粮，以中等质量为准。按国营商业的零售牌价计算"工资分"值，并由当地主管机关或人民银行定期（按月、半月或日）公布。

2) 企业工人实行新的工资等级制度，职员实行新的职务等级制度。各地国营和地方国营企业的工人大多数实行八级工资制，少数实行七级制或六级制，最高工资、最低工资的倍数一般为 2.5~3 倍，多数为 2.8 倍，并且大都制定了工人技术等级标准。企业职员包括企业的管理人员与工程技术人员，实行了职务等级工资制。职务等级工资制是按职务规定工资，即按各职务的责任大小、工作复杂性和繁重性以及各职务所需要的知识和能力而确定。每个职务又规定几个工资等级，各职务之间上下有一定的交叉。

3) 推广计件工资制和奖励工资制，建立特殊情况下（包括调动工作、停工、学习和加班加点等）的工资支付办法。

4) 统一了工资总额组成。工资总额应包括基本工资和辅助工资，但不包括非经常性的一次性奖金、企业缴纳的劳动保险金、工会经费、失业救济基金以及职工调动工作的旅费、调遣费和解雇费。

这次改革对于建立符合按劳分配原则的新工资制度、提高工资水平、激发职工的劳动热情都起到了有益的作用，并为进一步贯彻按劳分配原则和改革工资制度创造了有利的条件。当然，这次工资改革也有某些不足之处。例如，有不少地方对现实情况的照顾多了一些；各企业工资水平高低不一，有的相差大了一些；仍有平均主义现象。

（4）开展生产竞赛运动。随着官僚资本主义经济被没收和民主改革、生产改革的进行，职工群众成为社会主义国家和企业的主人，劳动积极性趋于高涨，生产竞赛也随之逐步开展起来。据统计，新中国成立 1950 年，有 68.3 万职工参加了生产竞赛；1951 年增长到 238 万人；1952 年，参加爱国增产节约竞赛运动的职工占职工总数的 80% 以上。1949~1952 年，先进集体单位达到 1.9 万个，其中先进小组 1.8 万个；先进生产工作者 20.8 万人，其中女性有 2.6 万人。[①] 这 3 年，职工群众在改进机器、操作方法和劳动组织等方面，积累了很多先进经验，提出了很多合理化建议。这 3 年合理化建议达到近 40 万条，其中被采用的就有 24.1 万条。[②]

在这期间，为了推动和领导生产竞赛运动合乎规律地发展，政务院于 1950 年 9 月 25 日至 10 月 2 日在北京召开了全国工农兵劳动模范代表会议，出席的劳动模范和先进集体代表有 459 人，其中工人代表有 203 人。毛泽东主席代表中共中央到会致祝贺词。又在 1951 年 4 月 6 日发布了《关于 1951 年国营工业生产建设的决定》（以下简称《决定》）。[③]《决定》指出：

1）"竞赛的内容必须与完成生产计划的总任务相结合，与解决当前生产中最薄弱或最关键的一环相结合，明确每一阶段、每一厂矿的竞赛目标，避免一般性与盲目性。"

2）"增产与提高技术相结合，启发职工的智慧，从改善工具、改善操作方法、改善劳动组织等方面来提高生产，防止单纯加强劳动强度、追逐数量、忽视质量的偏向。"

3）"推广先进生产者与先进生产小组的经验，是开展生产竞赛的方式。"例如，沈阳第五机器厂马恒昌生产小组是 1949 年上半年涌现出来的先进生产小组，仅在 1950 年，该组就改进了 15 种生产工具，创造了 25 项新纪录，提前完成了生产任务，质量达到标准的占产品总数的 99%。该组有以下特点：一是打破技术保守思想，促进全组技术进步，完成甚至超额完成生产任务。二是互助团结，表现了工人阶级的伟大友谊，避免了个人锦标主义。三是高度的劳动热情与钻研技术相结合。四是把全组创造的先进经验变成制度。从 1950 年起，就推广了马恒昌小组的先进经验，开展马恒昌小组竞赛活动。[④] 又如，当时青岛第六棉纺织厂郝建秀创造了一套科学的细纱工作法，1950 年下半年总结和推广了这个先进工作方法，并把它称为郝建秀工作法。该工作法有以下基本特点：一是工作主动，有规律，有计划，有预见性。二是动作合理，把几种工作结合起来做。三是抓住了细纱工作的主要环节——清洁工作，因为清洁工作做得好，断头就少，皮辊花出得少，产量就高，质量也好。[⑤]

4）"在竞赛中建立与改善各种经营管理制度，创造新的技术标准与定额，提倡联系合同和集体合同，使职工之间、各生产部门之间相互配合、相互团结的平衡发展。"

5）"在竞赛中建立合理的奖励制度。"按照中财委的规定，1952 年企业奖励基金的 25% 用于技术措施费，45% 用于集体福利事业，5% 用于生活困难职工的补助，其余 25% 用于职工的奖励。[⑥] 所有这些，都促进了这个期间生产竞赛运动的健康发展。

上述历史情况表明：我国社会主义的国营企业管理制度，正是通过民主改革和生产改革建立起来的。

---

① 《伟大的十年》，人民出版社 1959 年版，第 165 页。
② 《中华人民共和国三年来的伟大成就》，人民出版社 1953 年版，第 151~152 页。
③ 《中国工业经济法规汇编（1949~1981）》，第 9 页。
④ 《新华月报》1950 年 7 月号，第 554 页；1951 年 2 月号，第 759~760 页。
⑤ 《新华月报》1951 年 10 月号，第 126 页。
⑥ 《新华月报》1952 年 5 月号，第 95 页。

第四节　社会主义国有工业的发展

在没收官僚资本主义的基础上建立了社会主义国家所有制工业，又通过民主改革和生产改革建立了社会主义企业管理制度。这就彻底消灭了官僚资本主义的剥削关系，清除了残存的封建主义的压迫关系，确立了劳动者在国家和企业中的主人翁地位，初步实现了企业管理民主化和按劳分配原则，解放了生产力，激发了广大职工的劳动积极性，开展了生产竞赛运动。高度集中的计划经济体制的初步建立，保证了有限资金能够集中用于重点建设。这些都有力地推动了国有工业生产建设的发展。1949~1952年，国有工业的产值由 36.8 亿元增长到 142.6 亿元，增长了 2.9 倍。由于国营工业产值的增长速度较快，因而它在工业总产值中的比重有了显著的上升，由 1949 年的 26.2% 上升到 1952 年的 41.5%。[①]

---

①《中国统计年鉴》（1984），中国统计出版社 1985 年版，第 194~195 页。

第二章　保护并有限制地发展民族资本主义工业

在国民经济恢复时期，保护并有限制地发展民族资本主义工业的经济纲领，主要是通过扶植有益的民族资本主义工业，打击投机资本和调整民族资本主义工业，开展"五反"运动（反对行贿、反对偷税漏税、反对盗窃国家资财、反对偷工减料、反对盗窃国家经济情报）和进一步调整民族资本主义工业这样依次相连的三个环节实现的。民族资本主义工业的恢复、改组和国家资本主义的初步发展，也是在这个过程中实现的。我们在本章依次叙述这四个历史过程。

第一节　扶植有益的民族资本主义工业

新中国成立初期，民族资本主义工业（或称私营工业）在工业中居于重要的地位。1949年，民族资本主义工业产值为68.3亿元，占工业总产值的48.7%，[①] 其中，原煤占28.3%，烧碱占59.4%，电动机占79.6%，棉纱占46.7%，棉布占40.3%，纸占63.4%，火柴占80.6%，面粉占79.4%，卷烟占80.4%。这就决定了在当时的条件下必须利用有益于国计民生的民族资本主义工业。但在半殖民地半封建的中国，民族资本主义工业普遍陷入衰落状态。新中国成立初期，在原料供应、产品销售和资金周转等方面也不可避免地存在许多困难。

为了利用民族资本主义工业在发展国民经济方面的积极作用，人民政府采取了一系列措施帮助民族资本主义工业解决原料、市场和资金等方面的困难。这些措施主要有：供给原料或以原料换成品，委托加工或代销成品，发放工业贷款，降低工业税率，使其低于商业税率等。这就促使有益的民族资本主义工业能在较短的时间内得到不同程度的恢复。例如，解放较早的沈阳市，在1949年6~12月，私营工业企业由9727家增加到12007家，增加了23%。又如，解放较晚的上海市，据1949年12月对全市68

---

①《中国统计年鉴》（1984），中国统计出版社1985年版，第194页。

个工业行业的调查，在 10078 家私营工厂中，开工的已达 61.7%，其中有些行业已经达到 80% 以上（如棉纺织业），甚至达到 100%（如碾米业）。

第二节　打击投机资本和调整民族资本主义工业

新中国成立前，投机资本盛行。在这种条件下，民族资本也竞相做投机买卖，他们由此获得的利润，常常超过从事生产经营获得的利润。当然，新中国成立前，投机活动主要来自帝国主义资本和官僚资本，而不是民族资本。但新中国成立以后，没收了官僚资本，清除了帝国主义在经济方面的侵略势力。这时候，投机活动主要就来自民族资本了。这种投机资本的活动，正是 1949 年下半年和 1950 年初物价急剧上升的最重要因素。这就决定了必须打击破坏国民经济的投机资本。这场斗争在 1950 年 3 月统一全国财政经济工作以后，就取得了胜利。

打击投机资本，统一财政经济工作，使物价趋于稳定，这就为工业的恢复和发展创造了条件。但对于从半殖民地半封建社会过来的民族资本主义工业来说，却暂时面临严重的困难：商品滞销，生产萎缩，工厂停工，工人失业。同 1950 年 1 月相比，全国私营工业 5 月主要产品产量大幅度下降。其中，棉布减少 38%，绸缎减少 47%，毛纱减少 20%，卷烟减少 59%，烧碱减少 41%，普通纸减少 31%。

全国失业工人逾百万。这种状况激化了一些社会矛盾，失望和不满的情绪在一部分工人和城市贫民中迅速蔓延。经济问题已影响到了社会的安定。①

这些问题的发生，主要有以下客观原因：①由于帝国主义、封建主义和官僚资本主义的残酷剥削和长期战争的破坏，社会生产大幅度下降，人民购买力显著下降。②在过去长期通货膨胀的条件下，人们为了避免物价上升的损失，竞相购买非消费的商品。随着物价的稳定，这种虚假的购买力也就消失了。③在半殖民地半封建的中国发展起来的民族资本主义工业，许多方面适应旧中国统治者的需要。随着国民党反动统治被推翻，许多商品也就从根本上失去了销售市场。④许多民族资本主义工业企业机构臃肿庞大，企业经营方法也不合理，产品成本高，利润少，甚至亏本。⑤民族资本主义经济特有的生产上的盲目性。所有这些都会引起私营企业的减产、停工甚至倒闭。

但是，上述问题的发生同经济工作中的某些缺点和错误也有一定的关系。主要有以下内容：

（1）1950 年初平抑物价的措施有些过猛。紧缩银根起了消除通货膨胀、稳定物价的作用，而对于正常的工商经营活动也产生了一些副作用。

（2）新中国成立初期，对于一些工业行业，如火柴、肥皂、棉纱等，没有综观全

---

① 薄一波：《若干重大决策与事件的回顾》上卷，中共中央党校出版社 1991 年版，第 94~95 页。

局、统一筹划、精确计算，而盲目地扶持私人生产，致使生产过剩。

（3）在经营范围上，国营贸易和合作社所控制的范围和数量过大过多，甚至有垄断一切的现象，使私营工商业感到道路很窄，没什么可干的。

（4）在价格政策上，防止和限制投机分子捣乱是正确的，但限制私营工商业的正当利润则不对。

（5）在税收上，虽已取得很大成绩，但任务重，税目多，手续繁，也影响私营工商业者，使其不敢放手去经营。

（6）在公债征收上，存在问题更多：一是分配欠公；二是与税收挤得太紧；三是数目太大。

（7）在贷款政策上，公重于私、工重于商是正确的。但先公后私、只公不私则不当。

（8）在劳资政策上，做到了重视工人工资福利，但失之于不以发展生产为前提。

（9）在商品购销上，各专业公司坚决完成回笼任务，使货币紧缩、物价平稳。但物价已经平稳、市场呈现呆滞状态之后，在商品购销方面仍只吐不吞也不妥。

（10）在原料分配上，也是先公后私、只公不私。此外，在加工、订货、成品收购上，利润太低，条件太苛刻，执行合同时不守信用，交通运输亦只顾公不顾私等，都影响了和影响着公私关系。[①]

上述种种情况是同超越新民主主义社会的经济纲领、企图过早地实现社会主义的"左"倾思想相联系的。当时有一种说法是"今天的问题是谁战胜谁的问题"，因而，对私资"能排挤便排挤，能代替便代替"。

针对上述问题，毛泽东在 1950 年 4 月召开的党中央政治局会议上提出："中央人民政府成立以后，主要是抓了一个财政问题。""目前财政上已经打了一个胜仗，现在的问题要转到搞经济上，要调整工商业。"毛泽东在 1950 年 6 月召开的中共七届三中全会上，还重申了调整工商业在恢复国民经济方面的重要作用，并尖锐地批评了企图过早消灭资本主义的"左"的思想。他说，在统筹兼顾的方针下，逐步消灭经济中的盲目性和无政府状态，合理地调整现有工商业，切实而妥善地改善公私关系和劳资关系，使各种社会经济成分，在具有社会主义经济性质的国营经济领导之下，分工合作，各得其所，以促进整个社会经济的恢复和发展。有些人认为可以提早消灭资本主义，实行社会主义，这种思想是错误的，是不适合我们国家的情况的。

所谓调整工商业，就是说，在拆毁半殖民地半封建的国民经济轨道之后，应该按照新民主主义的轨道来安排工商业的问题。其中最突出的是三个基本环节：①调整公私关系；②调整劳资关系；③调整产销关系。[②]

调整公私关系又包括两个基本方面：调整公私工业之间的关系和调整税收负担。

---

① 《1949~1952 中华人民共和国经济档案资料选编》（综合卷），中国城市经济社会出版社 1990 年版，第 736~739 页。

② 陈云：《中华人民共和国过去一年财政和经济工作的状况》，《新华月报》1950 年 10 月号，第 1320~1321 页。

调整公私工业之间关系的目的，是使私人资本主义工业在国营经济的领导下分工合作，各得其所。

为达到这个目的，由政府或国营企业委托私营工厂加工、订货和由国营商业收购其产品，具有特殊的重要意义。因为当时主要就是通过它来调整民族资本主义工业，以维持和促进私营工厂的生产。

国营企业向私营工业订货和收购产品主要有以下几个原则：①

（1）应当根据国家的需要与可能。所谓需要，就是指所委托加工的、所订购的、所收购的货物应当对国家目前或将来有用。所谓可能，就是指所订购的、所收购的货物数量，应当以国家现有经济力量的可能为限。

（2）订货和收购的地区分配要适当，必须根据各个地区各个企业的不同情况，从全局观点给予恰当的帮助。

（3）收购价格应根据市价，不应低于或高于市价。加工的"工缴费"，应根据加工地区合理经营的中等标准计算工厂成本。

（4）加工条件对公私工厂应当一视同仁，不应有所偏颇。

（5）公私双方均应严格信守订货合同和收购合同。

经过这次对民族资本主义工业的调整，加工、订货、包销和收购达到了很大的规模。1949年，这部分产值只占私营工业总产值的11.5%，1950年上升到27.3%。

调整税收负担的目的，是在保证满足国家财政需要的前提下，适当地减轻私营企业的负担，以促使民族资本主义工业的恢复。主要内容有：继续实行工轻于商和日用品轻于奢侈品的征税政策；简化税目；对部分工业品实行减税和免税；对所得税提高了起征点和最高累进点，增加了累进级数，使累进放缓。

调整劳资关系，当时贯彻了以下三项基本原则：①必须确认工人阶级的民主权利；②必须先从有利于发展生产出发；③解决劳资关系问题，必须用协商的办法，只在协商不成时，才由政府仲裁。

为了调整好劳资关系，1950年4月，中央人民政府劳动部发布了《关于在私营企业中设立劳资协商会议的指示》。②劳资协商会议这种组织形式，是天津、武汉等地私营工厂中的工人和工厂主创造出来的，是贯彻"劳资两利"政策的一种良好的组织形式。它的基本精神，就是要依据民主原则，用平等协商的办法解决企业中的劳资关系问题。指示要求用集体合同来规定劳资双方的权利和义务。这样，一方面，确认了工人的民主权利，保护了工人的利益，从而激发了工人的生产积极性；另一方面，也使资方获得了行使自己经营权的新方式，能够更好地经营企业。全国各地依照这个指示在私营企业中普遍地建立了劳资协商会议。据不完全统计，到1950年6月底为止，北京、天

① 《如何调整公私工商业关系》，《人民日报》1950年6月8日社论；《1949~1952中华人民共和国经济档案资料选编》（综合卷），中国城市经济社会出版社1990年版，第746~747页。
② 《新华月报》1950年6月号，第311页。

津、上海、武汉、广州等地已经建立了 923 个劳资协商会议，对调整劳资关系起到了有益的作用。

调整产销关系的目的，是要克服资本主义生产的无政府状态。在半殖民地半封建的中国，工业畸形发展，重工业比重很小，轻工业比重很大。新中国成立初期，随着物价趋于稳定，使得这方面的矛盾更为突出：一方面，许多重工业亟待恢复和发展；另一方面，不少轻工业又出现了生产过剩，而民族资本主要是经营轻工业的。这样，调整产销关系就成为调整民族资本主义工业的一个重要问题。而且，在人民民主政权已经建立、社会主义国营经济在国民经济中的领导地位已经确立的条件下，采取经济的和行政的办法，逐步把民族资本主义工业生产纳入国家计划的轨道是有可能的。

为了调整产销关系，1950 年中央人民政府财经部门召开了一系列全国性的工业专业会议。会上，公私企业的代表协商解决产销关系中的问题，依据社会需要拟定各行业的产销计划，又按照公私兼顾的原则对公私企业合理分配计划任务。对私营企业的计划任务，很多都是通过加工订货的方式实现的。

为了巩固调整民族资本主义工业的成果，进一步把民族资本主义工业纳入新民主主义经济的轨道，1950 年 12 月政务院颁布了《私营企业暂行条例》（以下简称《条例》），规定：私营企业的设立，变更营业范围和资本，以及迁移、转业、停业、歇业等，均须经政府核准和进行登记；私营企业应接受社会主义国营经济的领导，执行国家制定的重要产品的产销计划和有关的劳动法令。《条例》还规定了企业盈余的分配办法。独资企业和合伙企业的盈余分配，除法令另有规定外，依契约或行业通例办理。公司组织的企业在年度决算后，如有盈余，除缴纳所得税和弥补亏损外，先提 10% 以上的公积金作为扩充企业和保障亏损之用，然后再分配股息，股息最高不得超过年息的 8%，余额依下列各项分配：股东红利及董事监察人、经理人、厂长等酬劳金一般不少于 60%，改善卫生设备基金、职工福利基金和职工奖励金等一般不得少于 30%。[①]

经过大力调整私营工商业，各地经济情况已发生了显著的变化，迅速取得了显著成效。从 1950 年 4 月开始调整，半年之后，私营工商业户数从歇业多开业少，转变为开业多歇业少；市场活跃，成交量增加，城乡物资交流增进；产量显著增加，1951 年表现得更明显。与 1950 年相比，1951 年全国私营工业的户数增加了 11%，职工人数增加了 11.4%，产值增长了 39%。

这当然不是说，这次调整工商业把民族资本主义工商业经营困难的问题都解决了，民族资本主义生产经营潜力都发挥出来了。实际上，这方面还存在问题。据计算，[②] 1951 年初，上海工商企业中公私资本的比例是 1：5，而它们的营业额比例则是 2：5；国营工业设备利用率已恢复到 70%~80%，私营工业仅恢复到 40%~50%，有一半的生产能力闲置。这也说明私营工商业困难多，恢复乏力，而当时私营工商业在一些重点

① 《新华月报》1951 年 1 月号，第 578~580 页。
② 薄一波：《若干重大决策与事件的回顾》上卷，中共中央党校出版社 1991 年版，第 110 页。

产业部门还占优势。如按资本额计算，机电行业占 60%，机械行业占 75%，酸碱制造业占 60%，纺织业占 60%，其他日用品工业几乎都掌握在私人手里。从国计民生的需要看，还应继续调整工商业，把私营企业的潜力利用起来。但由于抗美援朝开始，这次调整工商业的工作未能坚持做到底，还遗留了一些问题没有得到解决。

第三节　开展"五反"运动和进一步调整民族资本主义工业

由于调整工商业政策的贯彻执行，民族资本主义工业获得了迅速的恢复。在这个过程中，资本主义唯利是图的本质又有了进一步的暴露。其时，在全国财政经济统一、物价稳定、社会主义国营经济已经掌握了市场领导权的条件下，资产阶级不可能像 1949~1950 年初那样，靠商业投机来获取暴利了。于是他们转而采用"五毒"的办法，即偷工减料、偷税漏税、盗窃国家资财、盗窃国家经济情报和行贿等办法来获取暴利。

在资产阶级中，犯"五毒"行为的面是很广的。据 1952 年上半年"五反"运动期间的材料，北京、天津、上海等九大城市 45 万多户私营工商业中，不同程度犯有"五毒"行为的就有 34 万多户，占总户数的 76%。

不法资本家的"五毒"行为达到了令人发指的疯狂程度。例如，他们为了获取暴利，竟不顾淮河流域广大人民的生命财产安全，大量盗窃国家的治淮资财。1952 年，单是河南省治淮总部在上海招商代办工程和采购工程器材费用，就达到 500 多亿元☆，[①]其中被上海奸商侵吞、诈骗和盗窃的就有 100 多亿元☆。

资产阶级的猖狂进攻，不仅在经济上给国家造成了重大损失，而且在政治思想上严重地腐蚀了国家干部。如果听其发展，国家就有危险。为了打退资产阶级的猖狂进攻，党中央继 1951 年 12 月 1 日做出《关于实行精兵简政、增产节约、反对贪污、反对浪费和反对官僚主义的决定》之后，于 1952 年 1 月 26 日又发出了《关于在城市限期展开大规模的坚决彻底的"五反"斗争的指示》。在党中央的领导下，1952 年上半年，全国开展了一次大规模的"五反"运动。这个运动是在自上而下的党领导和工人、店员以及全国人民的支持下进行的。

这场斗争的目的不是要在当时就消灭资本主义，而是要打退资产阶级的猖狂进攻，取缔他们的违法活动，使之遵守政府的法令，接受国营经济的领导。"党和国家的基本方针，是通过这些斗争使那些坚持不法行为的少数资产阶级分子在人民群众中，同时也在资产阶级内部陷于完全的孤立，而把那些愿意服从国家法令的大多数资产阶级分

---

① 有"☆"者为旧人民币。1955 年 1 月 21 日国务院发布了《关于发行新的人民币和收回现行的人民币的命令》，规定：中国人民银行自 3 月 1 日起发行新人民币，新旧币的折合比率为 1 元等于 1 万元。以下叙述文字中，凡有"☆"者，均为旧人民币。

子团结起来。"[1]

为了贯彻这一基本方针，党和国家在处理违法私营工商户的原则、方法等方面做了一系列的严格规定：

（1）正确掌握在"五反"运动中处理违法私营工商户的基本原则：过去从宽，今后从严；多数从宽，少数从严；坦白从宽，抗拒从严；工业从宽，商业从严；普通商业从宽，投机商业从严。其主要精神就是要实现宽大与严肃相结合，实事求是地进行定案处理工作，做到合情合理，才能既有利于清除资产阶级的"五毒"，又有利于团结资产阶级，发展生产和营业。

（2）正确掌握在"五反"斗争中对于工商户分类的标准、比例和处理办法。[2]区别各类工商户的界限，应以其违法所得数目和违法情节作为同等重要的条件，并将两者结合起来，加以评定。同时，根据团结和改造资产阶级、有利于他们发展生产和营业的实际需要，在确定类别时，还应照顾到其他重要因素，如资本家一贯的政治态度、在经济生活中的作用等，加以全面考虑。这对于确定政治上与中共合作的资产阶级代表人物及若干大户特别是大工业户的类别时，更为重要。

一般工商户分为以下五类：①守法户的处理办法，即给予守法户通知书；②基本守法户的处理办法，一般免退或减退，并给予基本守法户处理通知书；③半守法半违法户的处理办法，是"补退不罚"，并给予半守法半违法户处理通知书；④严重违法户的处理办法，除令其退交违法所得外，并按情节酌处罚金；⑤完全违法户的处理办法，除令其退交违法所得外，并按其情节从重处以罚金，或判徒刑，最重者可判死刑，并没收其财产的一部分或全部。工商户分类的比例：在各大城市的工商户总数中，守法户约占10%，基本守法户约占60%，半守法半违法户约占25%，严重违法户和完全违法户约占5%。这种比例大体上是合乎各地基本情况的。对工商界中大户的处理还要宽些。

党和国家的上述政策规定，在"五反"运动中得到了很好的执行，或者说实际执行的结果比政策规定还要宽。例如，依据北京等8个城市的统计，守法户占参加"五反"运动工商户总数的比重为22.9%，基本守法户的比重为58.6%，半守法半违法户的比重为13.6%，严重违法户的比重为2.45%，完全违法户的比重为0.45%。[3]同政策规定相比较，一类户的比重约高出12.9个百分点；二类户约低1.4个百分点；三类户约低11.4个百分点；四、五类户约低2.1个百分点。

上述各项政策的贯彻执行，保证了"五反"运动的健康发展及其胜利。"五反"运

---

① 刘少奇：《中国共产党中央委员会向第八次全国代表大会的政治报告》，《中国共产党第八次全国代表大会文件》，人民出版社1980年版，第22页。

② 1952年3月8日政务院批准的《北京市人民政府在"五反"运动中关于工商户分类处理的标准和办法》、1952年5月20日中共中央《关于争取"五反"斗争胜利结束中的几个问题的指示》，《1949~1952中华人民共和国经济档案资料选编》（综合卷），中国城市经济社会出版社1990年版，第481~489页。

③ 《1949~1952中华人民共和国经济档案资料选编》（综合卷），中国城市经济社会出版社1990年版，第525页。

动的胜利，具有重大的意义。这个胜利大大巩固了工人阶级在社会政治生活中的领导地位以及社会主义国营经济在国民经济中的主导地位；极大地教育了工人群众和广大干部，增强了他们抵抗资产阶级腐蚀的能力；深刻地触动了资产阶级的灵魂，有力地促进了民族资本主义企业中的民主改革和生产改革。这样，"五反"斗争就不仅为工业和国民经济的恢复工作，而且为私人资本主义接受社会主义创造了有利条件，并对廉政建设起到了重要的促进作用。

但是，"五反"运动也带来了影响社会经济发展的问题。主要是"五反"期间，许多城市工业产品积压，商品销售不畅，工人失业增加；许多资本家惶惶不安，对今后的经营感到无所适从；有些工人和干部则希望多搞公私合营。① 这样，为了利用私人资本主义工业有益于国计民生的作用，需要在"五反"运动获得胜利的新的条件下进一步贯彻调整工商业的政策。

这次调整主要也是围绕调整公私关系、调整劳资关系和调整产销关系三方面进行的。②

调整公私关系方面，主要是恢复和扩大对私营工业的加工订货。这方面要解决的问题有两个：

（1）确定加工订货的合理利润问题。这就需要各地贸易机关重新审查合同，正确核算成本，保证私营工厂获得它们应得的利润。大体上就是按照不同情况，保证私营工厂按其资本计算，在正常合理经营的情况下每年获得 10%~30% 的利润。

（2）确定加工订货的规格问题。为此，各大城市要分别召开有关各业的规格会议，请工商局、各加工企业、工商联和工会等有关部门参加，按照各地各业的实际情形商定具体的加工订货规格，作为验收标准；同时组织加工订货的评议委员会处理验收中争论的问题。上述政策规定，推动了加工订货的发展。1952 年，国家对私营工业加工订货及收购的总产值达 58.98 亿元，比 1951 年增长了 13.6%。

调整公私关系的内容，还包括调整银行利息和税收。在银行利息方面，近年来，我国银行贷款的利息是很高的，这对工商业的发展产生不利影响。1951~1952 年金融物价逐渐稳定，降低银行利息的时机已经成熟。"五反"运动以后，从 1952 年 6 月起，中国人民银行决定将对私营工商业的放款利息由 2.4~3 分降到 1.05~1.95 分，还扩大了对私营工商业的放款额。在税收方面，中财委决定，对个别行业厂商计税不当，有偏高偏低者，可以由各地税务复议委员会进行复议，多退少补。

调整劳资关系方面，当时存在两种情况：

（1）在一部分私营企业中，尤其是大企业中，劳资关系一般是正常的。有些大企业由于资方对职工福利有所改进，职工的生产积极性提高，劳资关系更加融洽。

（2）在另一部分私营企业中，特别是一部分小企业中，劳资关系是不正常的。主要

① 薄一波：《若干重大决策与文件的回顾》上卷，中共中央党校出版社 1991 年版，第 175~176 页。
② 陈云：《在中华全国工商联合会筹备代表会议上的讲话》，《新华月报》1952 年 7 月号，第 34~35 页。

是：有的资方因为不满意职工检举他的"五毒"行为，存心报复，实行停伙、停薪；也有一部分职工，由于过去所受的待遇过分恶劣，在"五反"运动时提出了过高的要求。

所有这些不正常状态，都应加以调整。必须制止报复职工的行为。职工所提的要求，必须适合企业的经营情况，不能过高。资方的财产应受到保护，对于企业中经营管理和人事调配的职权，属于资方，但资方应遵守政府的法令，对职工的待遇应做可能和适当的改善。

劳资之间的争议，应该继续采取双方协商、订立集体合同的方式。劳资协商会议要经常开会讨论有关生产改革、民主改革及工人的合理要求，以便达到发展生产、劳资两利的目的。签订劳资合同，是在"五反"运动取得胜利的新形势下，使劳资关系趋于正常和相对稳定的一种基本方式；否则，劳资关系总是动荡不定。当时除工人监督生产问题因缺乏经验还要加以研究和试验外，关于工人的生活以及其他关系问题，应用劳资合同的形式加以规定，并由双方代表签字，共同遵守。这种合同可以由一个较大的厂、店的工人和资本家签订，也可以由一个行业的工人（工会代表）和资本家签订。

调整产销关系方面，"五反"运动最紧张的时期，工商业曾有部分呆滞的现象。为此，国营贸易机构大力进行加工订货，使市场情况迅速好转。但是，各大城市还有许多工业品没有推销出去，内地小城市和农村市场则出现了工业品的缺乏和某些土产品的滞销。为此，当时中央人民政府贸易部推广了天津、上海等地召开城乡物资交流大会的好经验，并调整了一般商品的地区差价和批发零售差价，又规定了国营零售业仍以稳定市场为主，使正当的私营商业参加物资交流，取得了很好的成效。到1952年11月底，上海市参加275个地区的物资交流会，购销额达到2.9亿元，其中私人经营的占46.5%。

为了在组织上进一步加强对私营工商业的领导，使得它们沿着《共同纲领》的轨道健康发展，1952年6月，中华全国工商业联合会筹备代表会议召开，筹备成立工商界的全国性组织。工商业联合会是由全国各类工商业者（包括国营企业、合作社企业、公私合营企业和私营企业，其中主要是私营企业）联合组成的人民团体。它的两个主要任务是：一是领导工商业者遵守《共同纲领》和人民政府的政策法令；二是代表私营工商业者的合法利益，向人民政府或有关机关反映意见，提出建议。各地工商业联合会要受同级人民政府的指导和监督。中华全国工商业联合会于1953年正式成立，当时所属省级工商联组织有28个，属市、县工商联组织有1913个。

由于采取了上述一系列经济上和组织上的措施，有力地促进了民族资本主义工业的恢复、改组和改造。

但是，"五反"运动对当年私营工业企业的生产带来了一些不利的影响。根据上海、天津、北京、武汉、广州、重庆、西安、沈阳、济南、青岛、南京、归绥、石家庄、开封、南昌、成都、大连及乌兰浩特18个城市的统计，1952年私营工业企业开歇业总户数从开多歇少转变为歇多开少。1951年开业总户数为63947户，歇业15410户，开歇相抵后，增加了 48537 户。1952 年开业 27421 户，歇业 22332 户，开歇相抵后，只增加了 5089 户。[①] 形成这种状况的原因是多方面的，但"五反"运动过猛显然是一个重要原因。从新中国成立以后 40 多年来的经验来看，"五反"运动还带来了一个长期的消极后果，即促进了 1952 年底过早地结束新民主主义社会，实现新民主主义社会向社会主义社会过渡。而这一点，对我国长时期的经济发展产生了不良影响。

第四节　民族资本主义工业的恢复、改组和国家资本主义工业的初步发展

国民经济恢复时期，在党的保护和有限制地发展民族资本主义方针的指引下，经过扶植有益的民族资本主义工业、打击投机资本和调整民族资本主义工业、开展"五反"运动和进一步调整民族资本主义工业三个步骤，使民族资本主义工业得到了恢复、改组，国家资本主义工业也有了初步发展。

一、民族资本主义工业的恢复

1949~1952 年，民族资本主义工业户数由 12.32 万户增长到 14.96 万户，增长了 21.4%；职工人数由 164.38 万人增长到 205.66 万人，增长了 25.1%；总产值由 68.28 亿元增长到 105.26 亿元，增长了 54.2%。

但在这个期间，由于社会主义工业的增长速度更快，因而民族资本主义工业产值占工业总产值的比重还是逐年下降的。1949 年这个比重为 48.7%，1950 年下降到 38.1%，1951 年略有上升，为 38.4%，1952 年再下降到 30.6%。[②] 当然，从这里也应该看到：1950 年和 1952 年，民族资本主义工业有下降过快的问题。这一点，在前文叙述"五反"运动时已经做过分析，我们在本篇第五章的最后还将做进一步分析。

二、民族资本主义工业的改组

这个时期，民族资本主义工业同时经历了深刻的改组过程。有利于国计民生的工业部门，在人民政府和国营经济的领导和帮助下，得到了较快的恢复和发展。例如，与 1949 年相比，1952 年全国私营机器制造业户数增长 2.26 倍，职工人数增长 2.57 倍，产值增长 3.98 倍；钢铁冶炼业户数增长 2.47 倍，职工人数增长 3.71 倍，产值增长 4.04 倍；造纸业户数增长 88.1%，职工人数增长 86.84%，产值增长 1.88 倍；日用棉纺织业

①《1949~1952 中华人民共和国经济档案资料选编》（工商体制卷），中国社会科学出版社 1993 年版，第 726~727 页。

②《1949~1952 中华人民共和国经济档案资料选编》（工商体制卷），中国社会科学出版社 1993 年版，第 729~732 页。

户数增长 25.84%，职工人数增长 10.2%，产值增长 59.35%。可见，这些部门无论户数的增长速度、职工人数的增长速度还是产值的增长速度，一般都超过了民族资本主义工业总户数、总职工人数和总产值的增长速度。然而，那些不利于国计民生的部门则趋于衰落，陷入被淘汰的境地。专供官僚买办和地主阶级享受的奢侈品和迷信品的生产，就是这样。例如，天津市原有 55 户造香企业，1949 年就纷纷停产或转业了。①

以上所述，是这期间民族资本主义工业经历的深刻改组过程的根本特点。由此还派生了两个重要特点：

（1）与半殖民地半封建的中国生产资料工业不发达的情况相比，新中国成立初期，民族资本主义的生产资料工业比消费资料工业有了更快的发展。1949~1952 年，生产资料工业增长了 83.47%，消费资料工业增长了 47.5%。因而，前者的比重由 18.5%上升到 22.02%，后者的比重由 81.5%下降到 77.98%。

（2）现代工业得到了比工场手工业更快的发展。在这期间，现代工业增长了 58.92%，工场手工业增长了 42.26%。因而，前者的比重由 71.42%上升到 73.62%，后者的比重由 28.58%下降到 26.38%。但大型工业比重，则由 73.23%下降到 68.56%，小型工业比重由 26.77%上升到 31.44%。这同部分大型民族资本主义工业转为公私合营有关。②

三、国家资本主义工业的初步发展

这个时期，国家资本主义工业也得到了初步发展。这首先主要是因为作为国家资本主义初级形式的加工订货有了比较迅速的发展。

工业方面，国家资本主义的初级形式，根据社会主义经济与资本主义经济联系的方式和程度不同，有加工、订货、统购、包销、收购五种具体形式。通常所谓"加工订货"，实际上是泛指这五种形式。这些形式的具体内容是：

（1）加工，是指由国营企业（或其他国家单位）供给原料或半成品，委托私营工厂按照规定的规格、质量、数量和期限，进行加工生产。加工的产品交给国营企业后，按照规定付给私营工厂加工费（又叫工缴费）。加工费一般包括工资及其他合理费用、加工产品应缴纳的营业税和合理利润。

（2）订货，是指由国营企业（或其他国家单位）规定所需产品的规格、质量、数

---

① 《新华月报》1949 年 11 月号，第 94 页。
② 《1949~1952 中华人民共和国经济档案资料选编》（工商体制卷），中国社会科学出版社 1993 年版，第 773 页。说明：按照 1952 年 11 月 14 日中财委《关于私营企业统一分类办法（草案）》的规定，私营工业企业依其规模分为大型企业和小型企业，其标准如下：一是大型企业：有机械动力设备（蒸汽机、发电机、电动机或内燃机），职工人数在 16 人以上者，或无机械动力设备，职工在 31 人以上者；二是小型企业：有机械动力设备，职工人数不足 16 人者，或无机械动力设备，职工不足 31 人者。私营工业企业依其生产技术机械化程度分为机械化工业和工场手工业，其标准如下：一是机械化工业：有机械动力设备，且其主要作业过程已利用机器进行者（如火柴厂具有排梗机、造纸厂具有抄纸机、面粉厂具有钢磨者）；二是工场手工业：无机械动力设备，或虽有机械动力设备，但其主要作业过程未利用机器而利用手工工具进行者（包括未机械化的窑业、伐木业、矿山业）。

量，并确定合理货价和交货期限，向私营工厂订购产品，私营工厂根据合同规定的标准进行生产。订货价包括该项产品的合理成本、产品应缴纳的营业税及合理利润。

（3）统购，是指国家对某些与国计民生关系重大的产品，以法令规定由国家或指定国营商业部门统一收购。统购的产品（例如棉纱），通常是通过加工的方式从私营工厂收进。其不同于加工的是不准许私营工厂再将该类产品在市场上自行销售。

（4）包销，是指国营企业对某些私营工厂规定其产品规格、质量和合理价格，在一定时期内由国营企业包下其产品的全部或一部分。包销通常也是采取加工、订货或近似于加工订货的方式进行，其不同之处是，产品由国营企业包销，一般不准许私营工厂自行销售。

（5）收购，是指国营商业根据产品的规格、质量，以合理价格，临时或定期地向私营工厂收购一定数量的产品。[1]

1949~1952年，加工订货的产值由8.11亿元增长到58.98亿元，占私营工业和公私合营工业总产值的比重由11.88%上升到56.04%；自产自销的产值由60.17亿元下降到46.28亿元，占比由88.12%下降到46.93%。[2]

加工订货在这个时期的发展，主要还是为了利用民族资本主义工业的积极作用，以便国家掌握更多的日用工业品，实现同农民的农产品交换，也为了调整私营工商业，促进民族资本主义工业的改组。

加工订货这种国家资本主义的初级形式，虽然没有根本改变资本主义私有制，但它对资本主义的盲目竞争及其剥削都有限制，因而与资本主义的本性不相容，必然遇到它们的抵抗。但是，由于有了人民民主专政国家以及居于主导地位的国营经济，特别是它们掌握了原料和市场；再加上1950年统一财政经济工作以后，资本主义工业暂时陷入了困难，1952年"五反"运动期间，市场也一度面临停滞的局面。所以，加工订货尽管是在限制与反限制的斗争中实现的，但却能够逐步发展起来。

新中国成立初期，加工订货是在一些大城市进行的，是以大企业为主的，多数是在与国计民生关系较大的行业中发展的。1952年，纳入加工订货的水泥和棉纺为100%，钢材和面粉为80%~85%，电动机、棉布和纸张为70%~79%，烧碱、胶鞋和火柴为60%~69%，金属切削机床和食用油为50%~59%。

加工订货虽然有上述各种形式，但均具有共同的根本点，即社会主义经济成分同资本主义经济成分在企业外部的联系形式，也就是这两种经济成分在流通过程中的联系形式。通过这种联系，开始把民族资本主义的生产和流通纳入国家计划的轨道，限制了资本主义特有的盲目性，使得资本主义企业的一部分利润转化为国家的收入，限制了资本主义的剥削；增强了职工群众对资本主义企业的监督作用，限制了资本家对企业的经营管理权。因此，加工订货虽然没有根本改变资本主义企业的性质，但这时

---

①《资本主义工商业的社会主义改造》，人民出版社1962年版，第156~157页。
②《1949~1952中华人民共和国经济档案资料选编》（工商体制卷），中国社会科学出版社1993年版，第739页。

的企业已不是完全的资本主义企业了，它是社会主义的萌芽或具有其因素，成为实现对资本主义工业的社会主义改造的过渡形式。

在国民经济恢复时期，作为国家资本主义高级形式的个别企业的公私合营，也有了一定的发展。1949~1952 年，公私合营企业数由 193 户增加到 997 户，职工人数由 10.54 万人增加到 24.78 万人，总产值由 2.20 亿元增加到 13.67 亿元，资本额由 1.3 亿元增加到 5.37 亿元；四者分别增加了 416.6%、135.1%、521.4% 和 313.1%。公私合营工业总产值占公私合营工业和私营工业总产值的比重由 3.1% 上升到 11.5%，资本额由 9.0% 上升到 24.5%。[①]

这个时期，建立公私合营企业的途径有三个：①多数是原来有官僚资本投资的企业，或有敌伪财产的企业，经过没收转为公股而合营的；②一部分是在"五反"运动以后，由没收资本家的违法所得转为公股而合营的；③还有一部分是由于有些私营企业发生财务困难，要求国家投资作为公股而合营的。

按照当时中财委有关文件的规定，公私合营的厂矿，均组织董事会管理。公私合营企业应经股东会产生新董事及监察人，负责执行及监察该企业的业务经营及财务状况。公私董监人数，一般应按公私股权比例，由公私双方协商分配。公股董监由政府选派，私股董监由股东会中的私股股东选举。董事会在讨论有关公私关系问题时，应尽量采取公私协商方式，以便公平合理地解决。至于公私合营企业内部的管理方法，则由各厂矿的董事会自行决定。[②]

当时中财委还就公私合营企业的领导体制做了规定：

（1）凡有公股公产的企业，除中央直接领导或委托地方政府代管者外，其余均由大行政区财委根据具体情况自行掌握，或划归省、市作为地方企业管理。

（2）公私合营企业由中央直接领导者，其股权及收益均归中央；委托地方政府代管者，其收益的 15% 归地方留用，其余上缴中央；划归地方政府者，其股权及收益全归地方。

（3）各地方政府领导的公私合营企业，其股权仍可委托所在地交通银行代管；无交通银行机构者归人民银行代管或由业务主管部门自行管理。[③]

国民经济恢复时期，公私合营企业的营业状况一般都是比较好的。1950 年、1951年、1952 年，公私合营企业的私股股息率分别为 3.6%、4.9%、4.9%。

这个时期，公私合营企业的一个主要特点是公股比重大，1949 年占 67.1%，1950

---

①《资本主义工商业的社会主义改造》，人民出版社 1962 年版，第 191 页。

② 政务院：《企业中公股公产清理办法》（1951 年 2 月 4 日），中财委：《关于工业划分及工业组织若干问题的决定（草案）》（1950 年 3 月 14 日），《1949~1952 中华人民共和国经济档案资料选编》（工商体制卷），中国社会科学出版社 1993 年版，第 455、495 页。

③中财委：《关于公私合营企业领导及股权收益划分的指示》（1951 年 4 月 23 日），《1949~1952 中华人民共和国经济档案资料选编》（工商体制卷），中国社会科学出版社 1993 年版，第 507 页。

年占 52.4%，1951 年占 50.7%，1952 年占 52.5%。[①] 公私合营企业是由国家委派干部参与领导管理，因此，它具有半社会主义的性质。至于那些公股比重很大的公私合营企业，则具有更多的社会主义性质。

①《1949~1952 中华人民共和国经济档案资料选编》（工商体制卷），中国社会科学出版社 1993 年版，第 565 页。

第三章　保护和发展个体手工业

初步发展手工业合作组织，是一个与恢复个体手工业相区别的问题，但又是一个相互联系的问题。就国民经济恢复时期的情况来看，前者是促进后者的一个重要因素。发展合作社经济，也是新民主主义经济的重要内容之一。出于这些考虑，本章将叙述以下两个历史过程：促进个体手工业生产的恢复和初步发展手工业合作组织。

第一节　个体手工业生产的恢复

新中国成立前，我国资本主义工业没有得到充分发展，以致新中国成立初期，手工业在全国工业生产中占有相当重要的地位。据统计，1949 年，个体手工业产值为32.7 亿元，占工业总产值的 23%。[①]

据 20 世纪 50 年代初期全国手工业调查，若以生产服务对象来划分，个体手工业生产可分为以下五类：[②]

（1）为农业生产服务的，包括铁、木、竹农具等行业，其产值占个体手工业总值的5.88%。

（2）为工业生产服务的，包括工业用金属制品、煤炭开采、工业用木材制品、土碱、硫磺、土硝、油漆、油墨颜料生产以及棉、毛、麻初步加工等行业，其产值占个体手工业总值的 12.45%。

（3）生活日用品，包括食品、缝纫、纺织、竹藤、棕草、铁、木等行业，其产值占个体手工业总值的 69.52%。

（4）其他生产资料，包括建筑材料生产（如石灰、砖瓦、土砂石的开采），汽车、船舶等修理，交通运输用木器以及度量衡制造等行业，其产值占个体手工业总值的

---

① 《中国统计年鉴》（1984），中国统计出版社，第 194 页。
② 《我国手工业的发展和改造》，财政经济出版社 1956 年版，第 18~20 页。

4.63%。

（5）其他消费资料，包括未列入生活日用品的生活资料，主要是文化教育用品、特种手工艺品、迷信品等行业，其产值占个体手工业总值的 7.52%。

全国大部分个体手工业分布在农村，如以全国个体手工业为 100%，则农村就占 57.1%，而城市仅占 42.9%。在农村的个体手工业，有相当大一部分是农民兼营的手工业，它占农村手工业的 64.5%。在农村手工业中，农民利用农闲进行的手工业所占比重相当大。这充分说明，我国的手工业与农业生产有着密切的关系。当然，在独立生产的手工业产值中，城市比重较农村要大。城市独立生产的手工业产值约占全部手工业产值的 42.9%，而农村独立生产的手工业产值约占 30.2%。

上述情况表明：新中国成立初期，恢复个体手工业生产，是恢复国民经济的一个重要方面。

但当时恢复手工业生产存在严重困难。新中国成立前，中国的手工业生产处在帝国主义经济侵略、官僚资产阶级的压迫剥削下，又经历了战争的严重破坏，极其衰落。据全国重点省、市的 18 种手工业产品估算，① 自抗日战争到 1949 年新中国成立，在 12 年中，我国手工业破坏了 47%。在 18 种主要产品中，农村生产资料（如铁器农具、皮革）的产量，约达战前的 62.4%，减少了 37.6%；城乡人民生活资料（如土布、糖、针织品、毛毯、酒等）约达战前的 55.9%，衰落了 44.1%；国内外销售的手工业产品（如花边刺绣、夏布、丝织品、草帽辫、瓷器等）约达战前的 46.8%，降低了 53.2%；其他迷信品（如爆竹、锡箔等）约为战前的 42.6%，衰落了 50% 以上。手工业遭到严重破坏，是恢复的头道难题。此外，新中国成立初期，由于整个国民经济性质突然发生变化，手工业原有的供、产、销关系被打乱，而新的供、产、销关系还没有建立起来。当时许多手工业行业出现了产品滞销，资金周转困难，原料供应不足，致使生产缩减，关店歇业的户数增加。

当时，为了促进手工业生产的恢复，党和政府采取了以下重要措施：

（1）加强组织领导。新中国成立初期，整个经济管理组织还不完善，加上手工业本身存在着行业复杂、地区性强的特点，所以当时各地没有统一的管理机构，或由地方政府设立手工业工作委员会管理，或由工业管理部门设专门机构管理，或由财委代管，或由工商局兼管。但不久后，轻工业部成立手工业生产指导委员会，计划和指导全国手工业生产，并号召各地组织手工业联合会，逐步组成全国性的联合会。这个时期，很多地区还召开了由个体手工业者、合作社及有关财政经济部门代表参加的手工业代表会，并注意吸收个体手工业者加入工会和工商联组织，加强对个体手工业的领导。

（2）指导手工业的发展方向。1950 年 3 月，轻工业部提出手工业生产应向以下几方面发展：①与机械工业相结合；②向机械工业生产不足的部门发展；③与农村救灾工作相结合，发展各种作为农民副业的手工业生产；④与对外贸易相结合，发展可供

---

① 《我国手工业的发展和改造》，财政经济出版社 1956 年版，第 25~27 页。

出口的农产品加工工业；⑤与部队需要相结合。①这样，就使个体手工业生产与整个国民经济的发展合拍，减少了盲目生产的弊病。

（3）疏通流通渠道。这个时期，帮助个体手工业解决产销关系中的矛盾并逐步摆脱私营商业的控制，是一项非常重要的工作。这项工作分为两个方面：

1）建立国营经济和个体手工业的商业联系。这项工作在农村主要是通过供销合作社实现的。供销合作社是个体农民与个体手工业者在流通领域自愿组织起来的集体经济组织。它根据国家计划和价格政策为国家收购产品，通过供销业务和合同制，把个体经济纳入国家计划；同时根据手工业者和农民的利益，推销手工业产品和农副产品，并供应日用工业品；所得利润按入股资金返到手工业者和农民手中。在城市，则由国营经济通过组织原料供应、加工订货、收购成品等手段，对个体手工业的供销活动进行间接的计划指导。这样，就缩小了自由市场，限制了私营商业的活动，提高了手工业生产，也促进了个体手工业者组织起来。

2）在组织的土产交流活动中，调节手工业产品的供求关系。当时，多次召开了县、省、大区三级土产会议和土产展览会，用以解决远距离（跨县、跨省、跨大区）交流手工业产品问题；还注意发挥初级市场的积极作用，组织了各种庙会和骡马大会。在交流活动中，政府有关部门具体指导解决手工业产品的销路、价格、交通运输、运费和资金周转等一系列问题，使手工业生产者和消费者之间直接建立联系，减轻或消除了中间剥削，调节了手工业产品的供求关系。

（4）运用税收和信贷手段促进手工业生产。在税收方面，政府本着发展手工业的精神，制定了工业轻于商业、必需品轻于奢侈品的税收原则。并根据手工业不同行业在国民经济发展中的作用，分别制定了不同的税率，对某些在国计民生中特别重要的手工业品，还采取了免税、减税的办法。如1950年初公布的《工商业税暂行条例》规定，对手工业制造业和修理业的工商税减征10%，对主要属于个体手工业的贫苦艺匠及农民家庭副业予以免税照顾。②在信贷方面，个体手工业者在国家银行的支持下，逐渐摆脱了高利贷资本的剥削和控制，并且采用联购联销的形式，或联合向国营公司整批购买原料，或推定代表联合从产地购进原料，或组织联合推销组向外推销产品。这样，不仅促进了手工业的发展，而且使得个体手工业者初步认识到组织起来的优越性，为个体手工业的合作化创造了有利的条件。

国民经济恢复时期，由于党和国家采取了一系列措施，在手工业方面取得了巨大成就。主要有：

（1）手工业生产得到了迅速的恢复和发展。全国手工业生产总值从1949年的32.7亿元增加到1952年的70.6亿元，3年增长了1.16倍。③手工业生产的发展，在国民经

①《人民日报》1950年4月20日。
②《新华月报》1950年2月号，第1155页。
③《中国统计年鉴》(1984)，中国统计出版社，第194页。

济的恢复时期，无论对工业、农业、基本建设，还是在保证人民群众日用品的供应方面，都起到了很大的作用。

（2）手工业行业结构发生了重大变化。随着我国社会主义工业与国民经济的发展以及人民生活习惯的改变，手工业各个行业也有很大的变化。各地区的资料都表明：迷信品（如香烛、鞭炮、锡箔、烧纸等）行业都迅速没落了；有些产品（如土烟、土面、皮革、肥皂、锯木等）由于机械工业的发展及人民生活水平的提高，逐渐为机制品所代替；还有些行业（如铜锡、酿酒等）或由于原料缺乏，或由于国家专卖，也多转为专业经营。这类没落的行业户数约占总户数的 20%。但也有很多行业（如铁、木、竹农具，建筑器材、翻砂、机器修配、家具、油漆、肠衣、猪鬃整理及一般食品和日用品等行业）都有不同程度的发展。这是由于在土地改革后农业的发展、基本建设的开展、对外贸易的增长以及人民购买力普遍上升的缘故。这类行业户数约占总户数的 50%。还有需要维持的行业，如五金制造、丝、麻、毛纺织、棉织、针织、漂染、造纸、榨油、榨糖等行业。国家不可能投入大量资金发展轻工业，所以机制品供应不足的部分，还需要维持这些行业的手工业生产。这些行业户数约占总户数的 25%。此外，还有许多特种手工艺品，如绣花、花边、发网、丝绸、漆器等，随着对外贸易的开展以及国内人民物质生活水平的逐步提高，也有广阔的发展前途。

（3）手工业在城市与农村的布局也起了一定程度的变化。这是由于农村手工业增长的速度比城市快。这种情况表明：新中国成立初期，相对城市而言，手工业生产对农业生产更重要。

第二节　手工业合作组织[①] 的初步发展

如前文所述，发展包括手工业合作化在内的合作社经济，是实现新民主主义经济纲领的重要内容。这样做，也是为了促进手工业生产的恢复，避免个体手工业的两极分化。

为了促进手工业合作化，1950 年 6 月召开了第一次全国手工业生产合作会议。会议总结了手工业合作化的成就及经验。[②]据统计，1950 年，全国手工业生产合作社1300 个，社员 26 万人，股金 151 亿元。这些合作社经营的行业有纺织、针织、食品加工、农具制造、服装制鞋、日用品制造和小型矿产等。这些合作社有的已经建立了经济核算制度、技术管理制度、工资制度，并订立了劳动公约，组织了生产竞赛，因而

---

① 这里所说的手工业合作组织，包括具有社会主义因素的手工业生产小组、半社会主义性质的手工业供销合作社和社会主义性质的手工业生产合作社。详见本书第二篇第二章的叙述。

② 《人民日报》1951 年 7 月 29 日。

提高了产品的质量和产量，降低了生产成本，积累了生产资金，改进了生产，举办了文化福利事业。

同时，会议也指出了手工业合作化中的问题。主要是：由于各地合作社的领导机关对于组织手工业生产合作社还不够重视，对手工业生产合作社的发展方针、政策在认识上还不统一，干部的工作经验也还不够，所以许多手工业生产合作社还没有走上正轨。

根据上述情况，会议强调了手工业生产和手工业合作化的重要性，并提出了推进手工业合作化的方针。主要是：

（1）由于干部、技术条件和工作经验不足，目前发展手工业生产合作社应当稳步进行。已有的手工业生产合作社应加以巩固，总结经验；未成立手工业生产合作社的地区，应立即有重点地试办。简言之，"先整顿，再发展"。

（2）过去大多数手工业生产合作社是为了解决大中城市失业工人的生活困难而组成，因此工作被动，困难很多。今后应把工作重点放在组织中、小城镇和农村中的独立小手工业者和家庭手工业者上面。

（3）手工业生产合作社的当前任务是组织供销业务，通过供销业务发展生产，不应过早地组织集体生产和机器生产。

为了保证今后手工业生产合作社能走上正轨，会议规定了手工业生产合作社的努力目标：①统一供销业务；②统一计算盈亏，盈余按社员劳动的多少来分配；③统一产品规格；④统一原料、成品的定量标准，实行社员按期交货责任制；⑤统一计件工资标准和支付办法。

这次会议确定了方针的贯彻，推动了手工业合作化的发展。

为了适应手工业合作化的需要，1952年8~9月又召开了第二次全国手工业生产合作会议。[①]会议肯定了第一次全国手工业生产合作会议决定的"先整顿，再发展"方针。各地手工业生产合作社经整顿后，到1951年底，社员由26万人减少到13.9万人。社员数量虽然减少了，但社员质量提高了，为合作社的巩固和发展打下了基础。到1952年6月，社员又增加到20万人。这就证明"先整顿，再发展"的决定是完全正确的。

同时，会议总结了各地取得的经验。主要是：

（1）中国手工业的生产力存在很大的潜力，只要组织起来，就是利用原来的生产工具，也可以达到较高的产量。

（2）手工业生产合作社的产品销路是合作社发展的关键。为此，必须提高产品质量，降低成本和售价，做到价廉物美，才能远近畅销。

（3）技术定额管理、流水作业、计件工资和超额奖励制度等先进生产管理方法，对于手工业生产合作社也是适用的。

（4）手工业生产合作社在开始组织时，应深入调查研究，慎重选择行业，要注意原

---

① 《人民日报》1952年7月30日。

料来源是否充足，产品是否有销路；否则，就会招致失败。

（5）加强对社员的教育，是关系手工业生产合作社发展方向的重大问题。通过这些，把小手工业者从个体经济引导到集体经济轨道上来，并可避免生产合作社变质而走资本主义的道路。

会议还讨论、修改了《手工业生产合作社章程准则》（修正草案），并将该准则下发试行。[①]该准则依据新中国成立初期手工业合作化初步发展的经验，对发展手工业生产合作社一系列基本问题进一步做了明确规定。主要有：关于合作社的任务。负责推销社员所制产品，购置社员所需生产资料，以发展生产，并减除中间剥削；组织社员劳动，实行合理分工；实行"按劳取酬"的工资制和奖励工资制等。

关于合作社的生产资料。合作社进行集体生产所必需的生产资料，均为合作社的公共财产。社员以生产资料和产成品入股，按市价折算。

关于合作社的生产管理和业务经营。合作社应实行民主集中制、计划生产和经济核算制。

合作社应完成和超额完成生产计划、财务计划和技术定额；组织劳动竞赛，在现有基础上实行分工，利用现有设备改进技术，有系统地提高劳动生产率；有步骤地促成生产由分散到集中、由手工到半机械化的转变，在较高的技术基础上改组并扩大合作社的生产；尽量利用当地原料加工制造，并尽量利用废品废料；改进产品质量，取缔不合规格的产品，产品须经检查并印贴商标；实行经济核算，节约原料，减少损耗，降低成本，加速资金周转，增加合作社的收益；保护合作社财产，节约开支，反对浪费、贪污、偷工减料，并执行严格的经济纪律；关心社员生活，改善劳动条件，并改进安全设备。

合作社应依照国家法律和合作社章程的规定经营业务，有权支配自己的资金财产，订立契约；在国家银行开立户头，接受订货款和借款；在司法机关和仲裁机关起诉或应诉；购置机具设备，设立工厂、仓库；通过国营企业、上级社、供销合作社推销产品，必要时经上级社批准，可设立门市部推销产品；办理社员文化福利事业；等等。

关于合作社的组成和社员的义务与权利。组织生产合作社，在城市的合作社至少须有15人，在乡镇的合作社至少须有9人。凡年满16岁能直接参加合作社体力和脑力劳动者，和年满14岁在合作社做练习生者，均得加入合作社为社员。未满18岁的社员在合作社内有选举权，但不得被选为合作社理事、监事或参加上级合作社联合社的代表。社员入社须缴纳入股金及社费。股金额至少应为该社员1个月的工资（按3个月的平均工资计算），另缴股金额的1/10为入社费。社员退社时，入社费不退，股金应予退还。社员应遵守合作社章程、规则，执行合作社的决议，爱护合作社的公共财产，为合作社的巩固发展而斗争。社员的权利包括：参加社员大会，参加对合作社各项决议的表决，选举或被选举为合作社的理事、监事或代表，享受本社各种福利设施

---

①《中国手工业合作化和城镇集体工业的发展》第1卷，中共党史出版社1992年版，第550~561页。

及优待等。

关于合作社的资金和收入分配。合作社的资金由基本基金、股金基金及特种基金构成。基本基金包括社员的入社费、从盈余中提取的公积金等，基本基金的用途是购置机具设备，并应拨一部分为流动资金。股金基金由社员股金构成，作为流动资金之用。特种基金包括劳动奖励金、福利基金、教育基金，特种基金从盈余中提成。合作社年终决算，扣除应缴税款后，盈余参照下列比例分配：公积金不得少于40%；劳动返还金不得超过25%；教育基金不得超过5%；提缴上级联合社的合作事业建设基金；其余部分用作劳动奖励金及福利基金。

关于合作社的民主管理。社员大会或社员代表大会，为合作社的最高权力机关。其职权是：通过和修改合作社章程；选举理事会、监事会和出席上级联合社代表大会的代表；批准社员入社、退社及开除；规定入社费和股金的缴纳办法；审查并批准合作社的生产计划、财务计划、支出预算和基本建设计划，并通过生产定额和工资计算标准；根据合作社章程的规定，批准各项基金的调拨计划；审查并批准理事会关于合作社生产和业务的报告，并听取监事会的报告；批准年终决算的盈余分配方案和弥补损失方案；批准管理合作社生产、劳动和业务的各项规章；审查并批准本社各分支机构的设立和预算以及本社与其他合作社的合并；批准合作社财产的转让或处理；通过本社加入上级联合社为社员社的决议；审查社员对理事会和监事会提出的申诉；罢免失职或渎职个别或全体理事或监事。

合作社理事会为本社的执行机关，由社员大会或社员代表大会选举。理事会职权如下：执行社员大会或社员代表大会的决议及上级的指示，对社员大会或社员代表大会及上级联合社负责；依照社员大会或社员代表大会批准的计划和预算执行任务；对外代表本社签订合同及办理其他事项；依照上级联合社的规定，编制各种计划、统计报表、财务报表和报告等。

合作社监事会为本社的监察机关，由社员大会或社员代表大会选举。监事会的职权是：审核本社的生产、财务和业务，并保护本社的财产和社员的利益；监督理事会执行政府法令、上级社的指示、本社章程和社员大会或社员代表大会的决议；检查生产计划、财务计划和合同的执行情况；稽核账目及一切现金、物料的收进与支出；检查本社固定财产及物料的保管情况；检查贪污浪费；审核债权债务的处理等。

这次手工业生产合作会议精神和《手工业生产合作社章程准则》（修正草案）的贯彻，又进一步推动了我国手工业合作组织的发展。国民经济恢复时期，除了组织具有社会主义因素的手工业生产小组和半社会主义的手工业供销合作社以外，还试办了一批社会主义性质的手工业生产合作社。1949~1952年，手工业生产合作社（组）由311个增加到3658个，增加了10.8倍；人员由8.9万人增加到22.8万人，增加了1.6倍；产值增长了19.4倍，占手工业总产值的比重由0.4%上升到3.5%。其中，手工业生产合作社1952年达到3280个，比1949年增加了10.1倍；手工业生产合作社社员达到21.8万人，比1949年增加了1.5倍，占同期手工业者总数的3%；手工业生产合作社的产值达到 2.46 亿元，比 1949 年增加了 19 倍，占同期手工业总产值的 3.4%。[①] 这种情况说明：国民经济恢复时期，手工业生产合作社虽处于试办阶段，但也初步显示了优越性，有力地推动了手工业发展。

---

① 《我国手工业的发展和改造》，财政经济出版社 1956 年版，第 37 页。

第四章 恢复和发展工业生产的政策和措施

我们在第一章、第二章、第三章分别叙述了在工业方面实现新民主主义三大经济纲领（没收官僚资本主义企业和清除帝国主义经济侵略势力，以建立社会主义国家所有制工业；保护并有限制地发展民族资本主义工业；保护并发展个体手工业）的过程，并在某些方面分别叙述了恢复和发展这三种经济成分工业生产的过程。本章将从整个社会着眼，全面叙述恢复和发展工业生产的过程及其政策措施。

新中国成立初期，恢复和发展工业生产具有有利条件。主要是：中华人民共和国的成立；新民主主义社会经济结构的形成；以苏联为首的社会主义阵营的存在。这是根本的政治、经济和国际条件。但也存在严重困难。主要是：部分地区尚待解放，新区匪特活动猖獗；以美国为首的帝国主义对我国实行经济封锁；由于美国发动了侵朝战争，从 1950 年 10 月起又被迫进行了抗美援朝战争；财政巨额赤字，通货膨胀急剧，人民生活困难；作为恢复、发展工业的基础产业、设施和条件的农业、交通运输、邮电通信、商业和教育、科学事业原本十分落后，又被长期战争严重破坏。但在国民经济恢复时期，终于依据有利条件，克服重重困难，在恢复国民经济方面取得了巨大成就。这除了加强治理社会政治环境（如清剿国民党留在大陆的反革命武装、镇压反革命运动）和加强廉政建设（如反贪污、反浪费、反官僚主义运动）以及实行新民主主义社会的经济纲领和建立高度集中的计划经济体制（以上各点见前文）以外，与采取的下列重要政策和措施也是直接相关的。

一、坚持以恢复和发展社会生产（包括工业）为中心任务

国民经济恢复时期，较好地贯彻了毛泽东在党的七届二中全会上提出的把城乡的生产事业的恢复和发展作为中心任务的战略方针，[①] 适当地处理了生产（包括工业生产）这个中心任务同没收官僚资本主义企业、抗美援朝战争、"三反"和"五反"政治运动以及各项工作（包括党的组织、政权机关、群众团体的工作等）的关系。这就为恢复和发展工业和国民经济提供了基本保证。

①《毛泽东选集》第 4 卷，人民出版社 1991 年版，第 1428 页。

二、建立政务院财政经济委员会

新中国成立以后，1949 年 10 月 21 日成立了中央人民政府政务院财政经济委员会。陈云任主任，薄一波任副主任，党外著名经济学家马寅初任副主任，以后又陆续增加了李富春、曾山、贾拓夫、叶季壮任副主任。中财委成立时，共有委员 52 人。

中财委成立以后，华东、中南、西北、华北、西南和东北等大行政区也都建立了各区的财政经济委员会，并统归中财委领导。

新中国成立初期，在统一财经管理、稳定物价、调整工商业、恢复生产和重点建设等方面，中财委都卓有成效地进行了工作，为完成国民经济恢复任务做出了突出的贡献。历史已经证明：建立由陈云主持的中财委，是贯彻新民主主义社会的经济纲领、恢复发展工业和国民经济的重要组织保证。

三、稳定物价

1949 年是人民解放战争在全国取得胜利的一年，同时又是财政困难的一年。一方面，解放战争正在进行，对国民党反动政府留下的几百万名公教人员需要采取"包下来"的政策，军政费用支出巨大；另一方面，国民经济受到战争的严重破坏，新解放区急剧扩大，税收工作跟不上，财政收入不敷支出。于是 1949 年财政支出中赤字就占了 2/3，不得不依靠发行货币来弥补。这样，虽然满足了革命战争的需要，但却不能避免物价上涨。例如，1949 年 7 月底发行货币 2800 亿元，到 11 月 13 日增加到 1.6 亿元，增长近 5 倍。在这期间，尽管人民币的流通范围扩大了，但仍然免不了物价暴涨。1948 年 12 月至 1949 年 12 月，全国 13 个城市的批发物价综合指数上升了 73.8 倍。[①] 这时，民族资本主义中的投机资本为了追逐暴利，利用国家的财政困难，凭借它所掌握的经济力量，扰乱金融，囤积居奇，哄抬物价，成为物价急剧上升的一个最重要的因素。

由于革命战争正在进行，物价在某种幅度内上涨是不可避免的。但是，如果不改变由投机资本的活动引起的物价急剧波动的局面，社会主义国营经济就没有取得市场领导权，国营工业的恢复缺乏必要的前提，民族资本主义工业的积极作用难以发挥，人民生活遇到很大困难，新生的人民政权也难以巩固。

为了有效地同投机资本做斗争，人民政府除了积极恢复、发展社会主义的工业和商业，逐步在市场上确立社会主义经济的优势以外，还运用政权力量加强了国家的行政管理。最先加强的是金融管理。人民政府在建立、发展社会主义金融体系的同时，发动各地人民群众展开反对银元、金钞投机的斗争。例如，当时上海举行了大规模的"反对银元投机，保障人民生活"的游行，查封了金融投机的大本营——"证券大楼"，将破坏金融的首要分子 230 多人逮捕法办。还公布了金银、外币的管理办法，禁止金

---

①《1949~1952 中华人民共和国经济档案资料选编》（综合卷），中国城市经济社会出版社 1990 年版，第 110 页。

银、外币自由流通，并由中国人民银行收兑。对于私营金融机构也加强了管理，对专门经营高利贷的地下钱庄等违法金融机构坚决取缔，对一般的私营银行、钱庄则加强监督。这样，就基本上制止了金融投机活动，并把私营金融机构的业务活动逐步纳入国家银行的控制之下。同时，还加强了市场管理。当时的主要措施有：公布工商业登记办法，普遍登记，不经核准不得开业；管理市场交易，建立交易所，实行主要物资的集中交易；管理市场价格，主要是保护国营商业牌价不受私商破坏，使之成为市场上的主导价格；管理采购，把大宗采购工作置于政府监督之下，防止争购；取缔投机活动，对一般私营工商业的投机违法行为，要依据情节轻重，予以处理，对少数敌视人民政府、带头哄抬物价的反动资本家，要依法制裁；保护正当的私营工商业。这些对于打击投机资本的破坏活动，稳定物价，起到了重要作用。

　　然而，物价上涨是由货币和商品供应的不平衡而产生的经济问题，仅用行政管理手段，并不能从根本上解决物价上涨问题，也不能有效地打击投机资本的破坏活动。但在当时还难以缩减财政赤字的情况下，主要的经济措施，就只有依靠国营贸易部门掌握主要商品，选择有利时机，集中抛售物资，平抑物价，打击投机资本。1949 年，由于国营工业的恢复，又加强了公粮的征收工作以及主要的工农业产品的收购和调运工作，实行了对外贸易管理，迅速集中了大量物资。当时国营商业控制了商品粮的 1/3 左右，棉纱供应量的 30%，棉布的 50%，食盐的 66%。在掌握了这种物资力量的前提下，国营商业选择有利时机，集中抛售大量物资，给囤积居奇、哄抬物价的投机者以沉重打击，把物价涨风平抑下来。这在平抑 1949 年 11 月的物价涨风中表现得尤为明显。这次物价上涨是新中国成立以来物价上涨最猛、延续时间最长、投机资本最猖獗的一次。从 11 月 1 日起，在中财委统一领导下，一面短期紧缩通货，把一些可以暂缓的开支推迟一下，并超征能起收缩通货作用的税收，一面在全国范围内调运和集中粮食和棉纱等重要物资。然后从同月 25 日起，全国各大城市的国营商业乘物价高涨之时，一起大量抛售。于是从 26 日起，物价开始下跌。连续抛售了 10 天，物价大幅度下降，涨风被平抑。这就使投机资本陷于措手不及的境地，受到了一次毁灭性的打击。

　　当然，要使物价持续稳定，使投机资本无空隙可钻，还必须先实现统一财政经济工作，平衡财政收支，然后进一步争取国家财政经济状况的根本好转。实际上，如前文所述，由于 1950 年 3 月开始实行统一财政经济工作，物价就开始出现了稳定的局面。

　　1950 年的物价总形势，是由上升转向疲落，又由疲落趋于稳定的。这年 2 月财政会议决定统一全国财经工作，争取财政收支平衡、物资供求平衡、现金吐纳平衡，以抑制通货膨胀，争取物价、通货的稳定。在这个财经方针的指导下，采取了现金管理、增加税收、发行公债和大力推销商品、大量回笼货币等办法，基本上成功抑制了通货膨胀、物价上涨的局面，使物价趋于稳定。但 3 月以后，由于社会虚假购买力的消失及真实购买力的降低，物价跌落，私营工商业面临很大困难，市场死滞。自 5 月起，在全国统一调整公私关系、调整工商业措施的推动下，市场又趋好转，交易活跃。10 月以后，由于朝鲜战争的影响，虚假购买力又开始复活，再加上农村购买力的提高，物价曾一度上涨。为保持物价的继续稳定，11 月，在中财委决定的指引下，采取冻结资金，紧缩投放，加强市场管理，取缔投机，大量出售、回笼等办法，物价又趋于稳定。

正如陈云所总结的："1950 年 3 月以后，国内市场的性质已经改变，官僚资本操纵下的以投机和破坏国民经济为目的的市场，已经基本改变为在国营经济领导下的以服务于人民生活与恢复及发展生产为目的的市场了。"[1] 事实也正是这样的。如果以 1950 年为 100%，则 1952 年全国批发物价总指数为 118.1%，零售物价总指数为 111.8%，职工生活费用价格总指数为 115.5%，农副产品收购价格总指数为 121.6%，农村工业品零售价格总指数为 109.7%。[2] 可见，1950 年 3 月以后，物价上升的幅度大大低于此前的速度。在此以后，物价基本上稳定了下来。这就为恢复工业生产创造了前提条件。

四、恢复和发展农业、运输邮电业和商业

农业是工业发展的基础，运输邮电业也是基础产业，商业是工业与农业之间的纽带。如前文所述，在半殖民地半封建的中国，这些产业本来就很落后，又遭到长期战争的严重破坏。这样，恢复和发展农业、运输邮电业和商业，就是恢复和发展工业的基础和条件。

这个时期，采取了一系列有效措施促进了农业、运输邮电业和商业的恢复和发展。1949~1952 年，农业总产值由 326 亿元提高到 416 亿元，增长 48.4%，平均每年增长 14.1%。这三年，工业总产值年平均增长速度为 35.7%。这样，农业和工业年平均增长速度对比关系为 1 : 2.5。这表明农业与工业增长速度的对比关系是合适的。

1949~1952 年，货物周转总量由 255 亿吨公里增长到 762 亿吨公里，其中铁路货物周转量由 184 亿吨公里增长到 602 亿吨公里，两者的年平均增长速度分别为 44% 和 48.4%。邮电业务总量在这期间，由 0.97 亿元增长到 1.64 亿元，增长了 69.1%。1949~1952 年，货物周转总量和铁路货物周转量与工业总产值的年平均增长速度之比分别为 1.23 : 1 和 1.35 : 1。当然，货物周转量不只包括工业部门货物周转量，而且包括其他部门货物周转量，但大部分是工业部门货物周转量。例如，1952 年铁路平均每日装车数为 12334 车，其中仅煤、石油、钢铁和矿物性建筑材料四项就有 6196 车，占总车数的 50.2%。[3] 所以，这种对比关系表明：国民经济恢复时期运输业的恢复、发展是促进工业恢复、发展的重要因素。

按可比价格计算，1950 年社会商品零售总额为 170.6 亿元，1952 年为 276.3 亿元，增长了 62.3%。其中，农业生产资料零售额由 7.3 亿元上升到 14.1 亿元，增长了

①《1949~1952 中华人民共和国经济档案资料选编》（综合卷），中国城市经济社会出版社 1990 年版，第 718 页。
②《当代中国的物价》，中国社会科学出版社 1989 年版，第 26~27 页。
③《中国统计年鉴》（1983），中国统计出版社 1984 年版，第 16~19、309、312、320 页。

93.2%。在这期间，农副产品采购总额由 80 亿元上升到 129.7 亿元，增长了 62.1%。[①]这些数字表明：国民经济恢复时期商业的发展，一方面开拓了工业品（包括生产资料和消费资料）的市场；另一方面为工业的恢复发展提供了粮食、副食品和原料。在工农业产品交换价格存在"剪刀差"的条件下，由商业承担的城乡之间的商品交流还为工业积累了资金。这些都说明国民经济恢复时期，商业的恢复和发展有力地促进了工业的恢复和发展。

五、发展以苏联为主的对外经济贸易关系

1950 年 12 月 26 日，美国等帝国主义国家对我国实行禁运，这就迫使我国在新中国成立初期把对外经济贸易关系主要限制在苏联和东欧人民民主国家的范围内。

（1）开展对外贸易，主要是开展与苏联和东欧人民民主国家的贸易。①1950~1952 年，进出口总额为 50.3 亿美元，1952 年比 1950 年增长了 71.68%，其中，进口总额增长了 1.03 倍；②在这期间，进口的生产资料为 24.56 亿美元，增长了 1.06 倍，占进口总额的比重由 83.4%上升到 89.4%，特别是进口设备等增长了 3.75 倍，占进口总额的比重由 22.5%上升到 55.7%；③在这期间，出口的农副产品及其加工品为 18.28 亿美元，增长了 34.93%，出口的工矿产品为 3.04 亿美元，增长了 1.88 倍，前者的比重由 90.7%下降到 67.2%，后者的比重由 9.3%上升到 32.8%；④1950 年 12 月 26 日，美国等对我国实行禁运以后，我国同主要资本主义国家的贸易额，无论是绝对量或者相对量都大幅度下降，比重由 1950 年的 74.06%下降到 1952 年的 34.11%。在这期间，我国同苏联和东欧人民民主国家的贸易额比重由 25.94%上升到 65.89%。[②]

（2）从苏联引进资金。依据 1950 年 2 月 14 日中国、苏联两国《关于贷款给中华人民共和国的协定》，从 1950 年 1 月 1 日起的五年内，苏联政府给予中国政府 3 亿美元的贷款，按 35 美元等于 1 盎司纯金计算，贷款年息为 1%。贷款用以偿付苏联提供的机器设备等。机器设备等的价格按世界市场价格计算。中国政府将以原料、茶、美元等支付上述贷款和利息。原料和茶的价格也按世界市场价格计算。贷款将在 1954 年 12 月 31 日至 1963 年 12 月 31 日 10 年内归还，每年还贷款总额的 1/10。贷款利息按使用贷款实数并自使用之日起计算，每半年交付一次。[③]

需要着重指出的是，苏联的资金援助是在帝国主义封锁禁运、我国资金供给异常困难的情况下提供的；贷款利息和还款期限等方面的条件都是很优惠的，特别是这项资金对我国社会主义工业化建设增添技术设备具有极重要的作用。尽管这笔贷款在新中国成立初期基本建设投资方面所占比重不是很大，但其意义是很大的。

---

①《伟大的十年》，人民出版社 1959 年版，第 146、148、150 页。
②《1949~1952 中华人民共和国经济档案资料选编》（基本建设投资和建筑业卷），中国社会科学出版社 1989 年版，第 552 页。
③《1949~1952 中华人民共和国经济档案资料选编》（综合卷），中国城市经济社会出版社 1990 年版，第 183~185 页。

（3）从苏联和东欧人民民主国家引进设计技术人员。这一点，对于新中国成立初期进行重大工业基本建设项目具有重大的意义。

（4）与苏联合办股份公司，引进苏联的生产设备、技术和管理经验。1950年3月27日，中国、苏联两国政府签订了三个股份公司的协定：《关于在新疆创办中苏石油股份公司的协定》、《关于在新疆创办中苏有色及稀有金属股份公司的协定》和《关于建立中苏民用航空股份公司的协定》。前两个协定是有关工业的，第三个协定是有关交通的。这些协定在引进苏联的生产设备、技术和管理经验等方面起到了重要作用。

总之，在国民经济恢复时期，发展对外经济贸易关系，主要是发展对苏联的经济贸易关系，在扩展进出口商品、筹集资金、引进技术设备和技术人才等方面，为恢复和发展工业生产建设创造了重要条件。

还需提到，在国民经济恢复时期，政府还注意吸引海外华侨到国内投资。1951年经政务院批准，设立了华侨回国投资辅导委员会。这个时期，在这方面也取得了一定的成效。例如，到1952年底，在广州市私营经济中，中国香港、澳门地区和国外华侨投资户数达到2331户，投资人数为8257人，投资金额为1994.38亿元。[①]

六、以现有工业为主进行调整和恢复，有重点地进行建设

新中国成立初期，由于过去长期的战争，国民经济受到了严重破坏，国家财政经济困难，旧中国留下的经济发展的畸形状态也亟待消除。这个时期本来财力、物力和人力有限，由于抗美援朝战争的需要，国防费又占了国家财政支出相当大的部分，经济建设费所占比重不大，直到1952年才超过了国防费。因此，当时还不可能进行大规模的经济建设，主要任务是搞好经济的调整和恢复。就工业来说，也是以现有工业为主进行调整和恢复。这样做，不仅是必要的，而且是可能的。因为旧中国在帝国主义、封建主义和官僚资本主义的束缚下，包括工业在内的社会生产的潜力还没有得到发挥。新中国成立以后，随着社会经济制度的变革，特别是由于社会主义国有工业制度的建立，为充分发挥包括工业在内的社会生产的潜力创造了根本的经济条件。所以，1950年8月，周恩来指出："目前我们的财政经济状况已开始好转，但要达到基本好转还需要经过三五年困难阶段，也就是恢复、整顿、调整和有重点地建设阶段，然后才能在全国规模上进行建设。"[②] 1950年8月，中财委召开计划工作会议，提出在工业方面应以现有为主进行调整与恢复。[③] 这些都是完全正确的。

关于以现有为主进行调整和恢复的问题，我们在前面已经进行了多方面的叙述。这里只叙述进行重点建设的问题。

① 《1949~1952 中华人民共和国经济档案资料选编》（工商体制卷），中国社会科学出版社 1993 年版，第 774 页。
② 《周恩来选集》下卷，人民出版社 1984 年版，第 24 页。
③ 《中华人民共和国工业大事记（1949~1990）》，湖南出版社 1991 年版，第 72 页。

（一）基本建设投资的来源及其规模

为了推进重点建设，除了集中和培训现有技术人员，并通过恢复教育拓宽技术人员的来源，以满足建设对技术力量的需要以外，还要着重开辟资金的来源。

新中国成立初期，与新民主主义社会经济结构相适应，恢复和发展工业的资金来源也是多方面的。在这方面，首要是国家投资（也称政府投资）。新中国成立初期，与社会主义国有经济在国民经济占主导地位相适应，国家投资占了主要地位。如前所述，1950年初，全国实行统一财政经济工作以后，在基本建设投资方面实行了中央和地方分级管理体制。1951年以后，在巩固中央经济管理体制的前提下，又扩大了地方在管理经济方面的权限。这样，在国民经济恢复时期，国家投资就分为中央政府投资和地方政府投资两个方面，前者始终占主要地位，后者的比重趋于上升。1950~1952年，国家投资分别为11.34亿元、23.46亿元和43.56亿元。其中，中央政府投资占的比重分别为84.7%、83.6%和77.5%，三年合计为80.4%；地方政府投资占的比重分别为15.3%、16.4%和22.5%，三年合计为19.6%。[①]

政府投资来自财政收入，而财政收入来自各种经济成分，从这种相互联系的意义上说，政府投资是由各种经济成分负担的。1950~1952年，国家财政收入分别为65.2亿元、133.1亿元和183.3亿元。其中，来自国营经济的比重由33.4%上升到55.04%，来自公私合营经济的比重由0.4%上升到1.04%，来自集体所有制经济的比重由0.29%上升到1.14%，来自私营经济的比重由30.2%下降到18.61%，来自个体经济的比重由34.52%下降到17.98%。[②]可见，在国民经济恢复时期，尽管国家财政收入来自国有经济的比重大大上升了，来自私营经济和个体经济的比重大大下降了，但后两种经济成分占的比重还是相当大的。

国家财政来自私营经济的收入，主要是通过税收和公债两种形式：来自个体农民经济的收入，主要是通过税收、工农业产品价格"剪刀差"和公债；来自国营经济的收入，主要是通过税收、企业上缴的收入和公债。企业上缴的收入主要包括企业固定资产的折旧费和利润。在国有企业上缴国家财政的收入增长方面，新中国成立初期开展的增产节约运动起到了重要作用。据统计，1952年，国有经济因增产获得利润2.1956亿元，因降低生产和建设成本获得利润13.7102亿元，因加速资金周转和减少超额储备节约流动资金6.4061亿元。以上三项共计22.3137亿元。尽管这些收入未全部列入1952年国家预算收入，但它在增加国营企业上缴国家财政的收入方面所起的重要作用是很明显的。

国家银行贷款，在国民经济恢复时期提供工业生产建设资金方面也发挥过重要的作用。例如，1952年，国家银行贷款达到10亿元，相当于同年工业基本建设投资18.9

①《1949~1952中华人民共和国经济档案资料选编》（基本建设投资和建筑业卷），中国社会科学出版社1989年版，第107页。

②《中国统计年鉴》（1992），中国统计出版社1993年版，第215、217页。

亿元的52.9%。^①当然，银行贷款并没有全部用于工业生产建设，但有相当部分是用于这方面的。

1950~1952年，私营企业投资在工业生产建设方面也有一定的作用。在这期间，私营经济上缴国家的收入只占其纯收入的25%~38%，余下62%~75%的纯收入中的一部分也是用于工业生产建设的。

1950~1952年，侨汇在提供工业生产建设资金方面也发挥过有益的作用。1950年侨汇为1.18亿美元，1951年为1.68亿美元，1952年约为1.7亿美元。侨汇主要用于侨眷的养家费，但也有一部分用于轻纺工业的投资。^②至于利用外资（主要是苏联资金）在这方面的作用已见前述。

总的来说，在国民经济恢复时期，基本建设投资规模大体上是合适的。1950年，国家行政管理费很多，1950年10月又爆发了抗美援朝战争。但即使在这种困难情况下，这年的经济建设费仍达到17.36亿元，占国家财政支出的35.4%。然而，这年有2.9亿元的财政赤字。但1951年、1952年，就是在朝鲜战争没有结束的情况下，经济建设费分别增加到35.11亿元和73.23亿元，分别占财政支出的28.7%和41.6%。然而，这两年不仅没有发生财政赤字，而且分别有10.6亿元和7.7亿元的财政结余。^③还要着重提到，在国民经济恢复期间，人民生活水平有了显著改善。考虑到这些情况，这个时期，基本建设投资在国力能够承受的范围内，兼顾了社会生产和人民生活两方面需要，大体上是合适的。

（二）工业基本建设投资重点投向恢复和改建项目、重工业部门和东北地区

与以调整和恢复现有工业为主，有重点地进行建设的方针相适应，并且为了节约资金，国民经济恢复时期的工业基本建设以恢复、改建为主，新建为辅。1952年，恢复和改建的投资约占全部投资的3/4，新建的投资约占1/4。1950年的比重更大，1951年的比重更小。^④与而后的各个计划时期相比较，这个时期恢复、改建的比重是最高的，新建的比重是最低的。

为了优化资源配置，这个时期基本建设投资无论在国民经济各个部门之间的分配，还是在各个地区之间的分配，都贯彻了重点配置的原则。

恢复和发展工业的重点部门是重工业。如前文所述，半殖民地半封建的中国所留下的工业结构是畸形的，轻工业比重大，重工业比重小。这是旧中国经济落后最鲜明的标志。为了改变这种状态，实现社会主义工业化，需要加快恢复和发展的主要是重工业。如果考虑到新中国成立初期的国际形势，特别是1950年10月底抗美援朝战争

①《1949~1952中华人民共和国经济档案资料选编》（基本建设投资和建筑业卷），中国社会科学出版社1989年版，第69~70、254页。

②《1949~1952中华人民共和国经济档案资料选编》（基本建设投资和建筑业卷），中国社会科学出版社1989年版，第84、86页。

③《中国统计年鉴》（1992），中国统计出版社1993年版，第215、224页。

④《1949~1952中华人民共和国经济档案资料选编》（基本建设投资和建筑业卷），中国社会科学出版社1989年版，第225页。

爆发以后，更需要加快恢复和发展与国防工业紧密相关的重工业。当然，恢复轻工业也是恢复重工业的必要条件。因而，在重点恢复重工业的同时，也需要恢复轻工业。

在国民经济恢复时期，较好地处理了轻、重工业两个方面的关系。这突出表现在国家基本建设投资的分配上。1950~1952 年，特别是后两年，重工业投资占 70%以上，轻工业投资占 20%以上。①轻工业的这个投资比重超过了之后的许多计划时期。还要看到国民经济恢复时期轻工业的三个具体情况：①当时轻工业产值占工业总产值的比重大于重工业，因而增产潜力比重工业大；②当时轻工业设备闲置多，生产能力不能得到充分发挥，其主要原因是农产品原料供给不足；③当时重工业特别是轻工业的恢复，主要依靠前文说过的社会主义国有工业经济制度的建立，以及保护和有限制地发展民族资本主义工业。如果考虑到这些具体情况，这个时期安排的重工业投资比重大于轻工业，是符合当时实际情况的。

恢复和发展工业的重点地区是东北地区。在半殖民地半封建的中国，整体来说，工业是很落后的。但相对来说，东北工业要发达得多。新中国成立以前，近代工业在国民经济中只占 10%左右，而东北工业 1943 年即占 56%左右。据估算，1943 年东北煤的产量占全国的 49%，生铁产量占 87%，钢材产量占 93%，电力占 78%，铁路线占42%。东北农业发展也比较好，如 1938 年大豆产量占全国的 51%。东北自然资源也很丰富，如新中国成立前估计全国铁矿储量约 68 亿吨，其中 80%以上集中在东北。②而且东北解放得早，受战争破坏的时间也较短。因此，新中国成立初期，把恢复和发展工业的重点放在东北地区，有利于充分利用该地区的工业基础，有利于该地区乃至全国工业的恢复和发展。

把恢复和发展工业的重点放在东北地区，突出地反映在基本建设投资重点也在东北地区。就工业基本建设投资来看，1950~1952 年，全国累计完成的投资总额中，有一半多投到了东北地区。③基本建设投资在地区之间的这种分配，大大促进了东北地区工业的恢复。例如，与 1951 年相比，1952 年东北地区实际完成的工业基本建设投资增长了 211.5%，新增的工业固定资产增长了 114.5%，其中新增的重工业固定资产增长了125.9%。④东北地区工业的率先恢复和发展，就在技术装备、原材料和技术力量等方面为关内工业的恢复和发展创造了有利的条件。

（三）必须按基本建设程序办事

为了按期按质地完成基本建设的任务，提高基本建设投资的经济效益，严格按照反映客观要求的基本建设程序办事，具有十分重要的意义。

---

①《1949~1952 中华人民共和国经济档案资料选编》（基本建设投资和建筑业卷），中国社会科学出版社 1989年版，第 245~246、257~261、1001 页；《伟大的十年》，人民出版社 1959 年版，第 52 页。

②《1949~1952 中华人民共和国经济档案资料选编》（基本建设投资和建筑业卷），中国社会科学出版社1989年版，第 968 页。

③彭敏主编：《当代中国的基本建设》上，中国社会科学出版社 1989 年版，第 17 页。

④《1949~1952 中华人民共和国经济档案资料选编》（基本建设投资和建筑业卷），中国社会科学出版社 1989年版，第 1002、1004 页。

新中国成立初期，基本建设虽然取得了巨大的成绩，但也存在严重浪费现象。这是同基本建设工作不按基本建设程序办事相联系的。这一点，表现在计划方面、设计方面和施工方面。

为了解决不按基本建设程序办事的问题，中财委依据对新中国成立初期基本建设经验的总结，于1951年1月5日发布了《对于1951年基本建设工作步骤的执行规定》；同年3月28日发布了《基本建设工作暂行办法》；1952年1月9日又发布了更为完善的《基本建设工作执行办法》。最后一个办法除了确定基本建设概念、内容、种类和组织机构以外，着重就设计、施工、监督拨款和编制计划等程序问题做了系统的、严格的规定，并强调必须按基本程序办事。[①] 这最后一个办法对解决当时和之后长时期内基本建设按程序办事的问题起到了重要的指导作用。

（四）加强地质勘探、勘察设计、建筑力量和建筑企业的经营管理

加强地质勘探和勘察设计力量，是进行基本建设的一个重要条件。当时勘探工作和勘察设计工作均极为落后。为了解决这个问题，中财委从加强组织领导、确定方针、统一调配、开展培训和引进技术力量等方面做了大量工作，并取得了显著成效。到1952年底，地质勘探职工人数增加到29996人，钻探进尺达到35.6万米，分别相当于1907~1949年累计数的150倍和2.4倍；勘察设计职工人数也增加到21271人。[②] 这些促进了国民经济恢复时期乃至之后的"一五"时期工业生产建设的发展。

加强建筑力量和建筑企业经营管理，也是进行基本建设的重要条件。旧中国的建筑力量极为薄弱，很不适应新中国成立初期恢复和发展工业的需要，亟待加强建筑力量。经过招工培训等多方面的努力，建筑业的职工人数由1949年末的20万人增加到1952年底的104.8万人（其中包括地质勘探和勘察设计职工5万余人）。[③]

新中国成立初期，建筑企业的供给制管理方式和无人负责的现象以及由此造成的浪费，比工业生产方面还要严重，迫切需要加强建筑企业的经营管理。为此，所有施工部门，均实行企业化的经营方法，实行经济核算制、承包工程合同制和生产责任制。[④] 经济核算制规定：清理资财，核定资金；统一成本项目；确定工程取费和利润标准；制定材料供应、调拨、运输和保管制度；设计、施工和材料供应都实行合同制。承包工程合同制明确规定了发包方的行政管理部门与承包方的企业单位在技术经济等方面对完成工程应负的责任，任何一方不得违反。生产责任制有以下四种：甲乙双方分工、合作责任制，工区主任负责制，生产（施工）责任制，技术责任制。

---

①《中国工业经济法规汇编（1949~1981）》，第300~312页。

②《1949~1952中华人民共和国经济档案资料选编》（基本建设投资和建筑业卷），中国社会科学出版社1989年版，第323、336、356页。

③《中国劳动工资统计资料（1949~1985）》，中国统计出版社1985年版，第26页。

④《1949~1952中华人民共和国经济档案资料选编》（基本建设投资和建筑业卷），中国社会科学出版社1989年版，第445~448、481~483页。

（五）建设的成就

尽管国民经济恢复时期在工业基本建设方面存在许多困难，但由于采取了上述各项措施，仍然取得了较好的投资效益。1950~1952年，工业基本建设投资固定资产交付使用率为64.1%。

有重点地进行建设，取得了显著的成效。这集中表现在由建设带来的新增生产能力在工业产量增长方面起到了重要的作用。如钢、煤、电、水泥、纸和糖等12种主要工业产品的产量中，新增生产能力占增加产量的50%以下的有10种，超过50%的有2种。当然，这些基本建设主要是与现有工业的调整、恢复相结合，所以，恢复和发展主要还是依靠现有的工业企业。

第五章　恢复时期工业经济变革和生产恢复发展的主要成就及问题

一、主要成就

(一) 新民主主义社会工业所有制结构初步形成

与 1949 年相比，1952 年国有工业、集体工业、公私合营工业、私营工业和个体手工业的产值分别由 36.8 亿元增长到 142.6 亿元，由 0.7 亿元增长到 11.2 亿元，由 2.2 亿元增长到 13.7 亿元，由 68.3 亿元增长到 105.2 亿元，由 32.7 亿元增长到 70.6 亿元；五者分别增长了 287.5%、1500%、522.7%、54% 和 115.9%。由于五种经济成分的增长速度不同，它们各自在工业总产值中所占比重也有不同的变化。社会主义的国家所有制工业和集体所有制工业由 1949 年的 26.7% 上升到 1952 年的 44.8%；半社会主义性质的公私合营工业由 1.6% 上升到 4%，民族资本主义工业由 48.7% 下降到 30.6%，个体手工业由 23% 下降到 20.6%。[①] 这是国民经济恢复时期贯彻新民主主义社会经济纲领取得巨大成就的集中表现，也是经济得到迅速恢复的根本原因。

(二) 工业生产恢复、发展的速度很快

全社会工业总产值按当年价格计算，1949 年工业总产值为 140 亿元，1950 年为 191 亿元，1951 年为 264 亿元，1952 年为 343 亿元；按可比价格计算，1950 年工业总产值比 1949 年增长 36.4%，1951 年比 1950 年增长 37.9%，1952 年比 1951 年增长 30.3%，1952 年比 1949 年增长 1.45 倍，平均每年增长 34.8%。[②] 1952 年工业总产值超过了抗日战争以前的水平，比 1936 年增长了 22.5%。

1952 年，主要工业产品产量大大超过了 1949 年，其中，超过最少的是火柴，超过 35.6%；超过最多的是金属切削机床，超过了 7.563 倍。1952 年，主要工业产品产量也超过了新中国成立前的最高年产量，其中，超过最少的是火柴，超过 5.9%；超过最多

---

①《中国统计年鉴》(1984)，中国统计出版社 1985 年版，第 194~195 页。

② 《伟大的十年》，人民出版社 1959 年版，第 14~17、74 页。本书所说的工业增长速度，均按可比价格计算，不一一注明。

的是烧碱，超过 5.583 倍。

工业产品的品种。在国民经济恢复时期，原有工业产品的品种有了很大的增长。以钢为例，新中国成立以前，我国能生产的钢不到 100 种，1952 年增加到 400 种。同时，又增加了许多新的工业产品。新中国成立以前，冶金设备、发电设备、大型机床、机车、民用钢质船舶、电影放映机和缝纫机等重要工业产品都是不能生产的。但到 1952 年，这些工业产品都能开始生产了。

上述情况表明：在国民经济恢复时期，我国工业生产恢复和发展是很迅速的。

（三）工业生产技术水平迅速提高

这突出表现在工业基本建设和工业生产方面创造和推广了许多先进技术和方法。

在工业基本建设方面，创造和推广的先进技术和方法主要有：苏长有先进砌砖法、谢万福木工流水作业法、混凝土真空模型板施工法、建设竖井的平行作业法以及施工管理上按指示图进行有节奏的施工等。[1]

在工业生产方面，创造和推广的先进技术和方法主要有：[2] 在钢铁工业中，推广了快料顺行法和快速炼钢法。这在提高设备利用率方面有显著的成效。在小型轧钢上创造了"反围盘"装置，使小型钢材的生产自动化，改善了安全条件，提高了产量和质量。在机器制造工业，部分企业开始采用苏联高速切削法，创造和推行了多刀多刃切削法，并开始按指示图表组织有节奏的生产。在电力工业，推行了快速检修法、定期检修制度，调整了负荷，并推广了燃烧低质煤的经验，因而提高了设备利用率和供电能力，降低了发电成本。在煤炭工业，推广了多孔道循环作业法，深孔作业、空心爆破法，大大提高了掘进效率。在纺织工业中，郝建秀细纱工作法和 1951 织布工作法，已获得推广，生产效率均有提高；并实行了棉布轻浆和印染布取消上浆等技术改革。在造纸工业，创造了稻草半料浆法，使造纸工业获得新的巨大原料来源。

新中国成立初期，大力推广先进生产技术，是恢复和发展工业的一个重要因素，也是一项巨大成就。

（四）工业结构发生重大变化

现代工业的比重。按 1952 年不变价格计算，1949 年，现代工业总产值为 79.1 亿元，占工业总产值的 56.4%；到 1952 年，两者分别增长到 220.5 亿元和 64.2%，即分别上升了 1.79 倍和 7.8 个百分点。[3]

轻、重工业的比重。按当年价格计算，1949~1952 年，轻工业产值由 103 亿元增加到 225 亿元，重工业产值由 37 亿元增加到 124 亿元；按可比价格计算，两者分别增长了 1.15 倍和 2.3 倍。这个时期，轻工业产值占工业总产值的比重由 73.6% 下降到 64.5%，重工业产值由 26.4% 上升到 35.5%。

---

① 《1949~1952 中华人民共和国经济档案资料选编》（基本建设投资和建筑业卷），中国社会科学出版社 1989 年版，第 501 页。

② 《新华月报》1954 年第 10 期。

③ 《伟大的十年》，人民出版社 1959 年版，第 74 页。

沿海和内地工业的比重。按 1952 年不变价格计算，1949~1952 年，沿海工业产值由 100.2 亿元增加到 243.2 亿元，内地工业产值由 40 亿元增加到 100.1 亿元，两者分别增长了 1.43 倍和 1.5 倍。这个时期，沿海工业产值占工业总产值的比重由 71.5% 下降到 70.8%，内地工业产值由 28.5% 上升到 29.2%。[①]

可见，在国民经济恢复时期，半殖民地半封建的中国留下的现代工业在工业（包括现代工业和手工业）中所占比重不大以及重工业在工业（包括重工业和轻工业）中只占小部分的状况，已经发生了重大的变化；工业布局极不平稳的状况（主要集中在沿海地区）也开始有了变化。

（五）工业经济效益显著提高

劳动生产率。按 1980 年不变价格计算，国家所有制独立核算工业企业全员劳动生产率，1949 年为 3016 元，1952 年上升到 4184 元，增长了 38.7%，平均每年增长 11.5%。这个时期，劳动生产率的提高在发展工业方面起到了重要作用。1950 年，工业总产值因劳动生产率的提高而增加的工业产值占 41.1%，1951 年占 43.5%，1952 年占 37.8%。[②]

生产设备利用率。1949~1952 年，钢铁工业的大中型高炉利用系数由 0.62 吨/立方米·昼夜提高到 1.02 吨/立方米·昼夜，平炉利用系数由 2.42 吨/平方米·昼夜提高到 4.78 吨/平方米·昼夜；煤炭工业的大中型煤矿的回采率由 63.1% 增长到 76%；电力工业的发电设备利用小时由 2330 小时增加到 3800 小时；纺织工业的棉纱每千锭时产量由 16.6 公斤增加到 19.64 公斤，棉布织机每台时产量由 3516 米增加到 3988 米。

物质消耗的比重。1949~1952 年，工业生产的物质消耗是逐年下降的。例如，发电标准煤耗率由 1.020 公斤/千瓦时下降到 0.727 公斤/千瓦时，减少了 28.7%；每件纱用棉量由 205.85 公斤下降到 198.97 公斤，减少了 3.3%。

工业产品成本。工业劳动生产率的提高，生产设备利用率的上升以及物质消耗的下降，导致了工业产品成本的降低。例如，1952 年，国家所有制工业企业可比产品成本比 1951 年下降了 2.3%。

可见，在国民经济恢复时期，工业经济效益是有显著提高的。

（六）旧中国留下的失业状况明显好转，就业人数大大增长

新中国成立初期，有 400 万名左右的失业人员和为数更多的从来没有就业的失学青年和家庭妇女等。新中国成立以后，随着工业和国民经济的恢复、发展，职工队伍大大扩大了，失业人员显著减少了。1949~1952 年，职工队伍由 800.4 万人增长到 1580.4 万人，增加了 97.5%；其中产业工人由 300.4 万人增长到 493.9 万人，增长了 64.4%。

---

① 《中国工业经济统计资料》（1949~1984），中国统计出版社，第 144 页。

② 《中国统计年鉴》（1983），中国统计出版社 1984 年版，第 297 页。说明：本书各篇计算的劳动生产率，是依据有关各年《中国统计年鉴》，在有些年份其统计口径有调整，因而具有不可比因素，其他许多指标也存在这种情况。

（七）职工生活和劳动条件明显改善

1952 年，包括工业职工在内的职工平均货币工资达到了 446 元，比 1949 年提高了 70%左右。[①]但 1950~1952 年，职工生活费用价格总指数只上升了 15.5%。[②]这意味着职工平均实际工资水平的提高。就业面的扩大和职工平均实际工资的上升，带来职工平均消费水平的提高。据调查，抗日战争前的 1936 年，全国每一职工（包括家属在内，下同）平均消费额约为 140 元（按 1957 年的物价计算，下同），1952 年则增加到 189.5 元。[③]

享受劳动保险职工人数和劳动保险福利费用的增长。为了保护劳动者的健康，减轻职工生活的特殊困难，政务院依据当时的经济条件，于 1951 年 2 月公布了《中华人民共和国劳动保险条例》，决定从 1951 年 3 月起，先在雇用职工 100 人以上的国营、公私合营、私营和合作社经营的工矿企业及其附属单位与业务管理机关等实行。[④]此后，享受劳动保险职工人数和劳动保险福利费用逐年增加，到 1952 年，两者分别增长到 330 万人和 9.5 亿元。这年劳动保险福利费用相当于工资总额的 14%。[⑤]

劳动条件的改善。新中国成立以后，职工的劳动条件大大改善，因工而病、伤、亡的情况大大减少了。例如，旧中国采用机械通风的煤矿仅占 30%，其余 70%都是自然通风。而到 1952 年，国营煤矿采用机械通风的达到 90%。这样，死伤事故大大减少。依照中央人民政府原劳动部的统计资料，按每月伤亡人数平均数计算，1951 年同 1950 年相比，死亡事故减少了 10.7%，重伤事故减少了 9.6%；1952 年同 1951 年相比，死亡事故减少了 39.1%，重伤事故减少了 38.3%。[⑥]

职工生活和劳动条件显著改善，是提高广大劳动者生产积极性、恢复工业的极重要因素。

综上所述，国民经济恢复时期，在恢复和发展工业生产方面取得了巨大成就。原来预计需要 3~5 年才能恢复国民经济（包括工业），实际上只用 3 年就超额完成了这个艰巨的任务。这些成就是在中国共产党的正确领导下，依靠工人阶级和全国人民的努力取得的，是在苏联和其他友好国家的帮助下取得的。

还要着重指出，这个时期，在工业变革和发展方面还创造了许多好的经验（详见第四章）。其中有不少经验在社会主义建设的现阶段仍有现实意义。这当然不是说要照搬过去的经验，更不是说要从社会主义社会初级阶段倒退到新民主主义社会。但是确实需要结合现阶段的实际状况，运用新中国成立初期的有益经验。

---

① 《伟大的十年》，人民出版社 1959 年版，第 97、159~162、187 页。
② 《中国统计年鉴》(1983)，中国统计出版社 1984 年版，第 455 页。
③ 《伟大的十年》，人民出版社 1959 年版，第 188 页。
④ 《新华月报》1951 年第 5 期，第 1010 页。
⑤ 《伟大的十年》，人民出版社 1959 年版，第 193 页；《中国统计年鉴》(1983)，中国统计出版社 1984 年，第 491 页。
⑥ 《新华月报》1953 年第 3 期，第 125 页。

二、主要问题

在国民经济恢复时期，工业变革和发展方面也存在不少缺陷。最明显的例子就是，当时由于缺乏经验和健全的制度，在过去革命根据地长期战争环境下形成的供给制的影响，急于求成以及某些工作中的官僚主义作风，曾经在基本建设某些方面造成了严重的浪费。

依据新中国成立后60多年正、反经验的比较，新中国成立初期也有不少值得吸取的教训。这些教训集中起来就是：企图超越新民主主义社会阶段，过早地实现社会主义的"左"的思想，尽管在当时不占主导地位，并且一度受到毛泽东的批评，但在实际工作的许多方面，过多地限制民族资本主义的情况仍时有表现。就民族资本主义工业来说，1950年产值仅比1949年增加了4.5亿元，占工业总产值比重由1949年的48.7%下降到1950年的38.1%，一年下降了10.6个百分点；1951年产值比1950年增长了29.2亿元，比重略有回升，为38.4%，上升了0.3个百分点；1952年产值比1951年只增长了4亿元，比重下降到30.6%，下降了7.8个百分点。[①]毫无疑问，在实行新民主主义经济纲领的情况下，社会主义国有工业比民族资本主义工业发展快是正常现象。但1950年和1952年民族资本主义工业比重下降幅度显然过快，这同1950年初打击投机资本和1952年上半年"五反"运动声势过猛有着直接的联系。在商业、交通运输业和金融业领域更是多次发生排挤私人资本的问题。

除了上述"左"的思想外，有些问题在理论上并没有弄清楚。例如，有些经济形式，既是资本主义社会条件下发展商品经济所需要的，也是新民主主义社会条件下发展商品经济所需要的。对这些经济形式，有的需要加以发展（如北京市兴业投资公司这一类公私合营的投资公司），但实际上并没有得到发展；有的需要对其当时存在的严重弊病加以限制、改造和利用，如股票交易所和建筑业方面的投标制，[②]但实际上两者先后在1950年和1951年干脆被取消了。

上述各种问题的发生，同当时缺乏经验也有很大的关系。由于缺乏长期的正反经验的比较，对有些经济问题的判断，缺乏明确的标准；即使有了明确的标准，在实际经济工作中如何把握操作的力度，也缺乏成熟的办法。从上述各个方面来说，这些问题的发生，主要是由于受到了当时历史条件的限制。

但是，总的来说，在国民经济恢复时期，还是较好地坚持了新民主主义社会的经济纲领。

---

① 《中国统计年鉴》（1984），中国统计出版社，第194页。
② 《1949~1952中华人民共和国经济档案资料选编》（基本建设投资和建筑业卷），中国社会科学出版社1989年版，第395页。

第二篇
从新民主主义社会到社会主义社会的过渡时期的工业经济

——社会主义工业化初步基础建立时期的工业经济
（1953~1957 年）

毛泽东和党中央提出的过渡时期总路线，在 1954 年被一届全国人大一次会议确定为国家在过渡时期的总任务，1955 年一届全国人大二次会议依此规定了"一五"计划的基本任务。依据这个基本任务叙述以下五个问题：①实现资本主义工业的社会主义改造；②实现个体手工业的社会主义改造；③高度集中的计划经济体制的形成及其改进方案的提出；④建立社会主义工业化的初步基础；⑤"一五"时期工业经济变革发展的主要成就和问题。

第六章 实现资本主义工业的社会主义改造

第一节 1953~1955年，国家资本主义初级形式的普遍发展

一、发展国家资本主义初级形式的措施

"一五"前半期，为了积极发展国家资本主义的初级形式，国家采取了一系列重要措施。

（一）社会主义经济在流通领域中控制资本运动的一系列物质条件

主要是：①经过新中国成立初期实行的社会主义国有化以及国民经济恢复时期的发展，社会主义国有工业、交通运输业、商业和金融业不仅已经建立起来，而且有了很大的发展。②国家于1952年12月对私营银行、钱庄实行了全行业公私合营，组成公私合营银行，在中国人民银行领导下经营业务。这就基本上完成了私营金融业的社会主义改造，建成了统一的社会主义金融体系。③1953~1954年，实现了重要农产品的统购统销和主要批发商的国有化。

统购，就是按国家规定的合理价格，由政府有关部门统一收购这种商品，不准私商自行向生产者收购。统销，就是对于某种商品，国家按照一定的价格，按计划供应人民生活和工业生产的需要，禁止私商自行贩运。1953年11月，先对粮食和食用油脂实行了统购统销。1954年9月，又对棉花实行统购统销。由于粮食、油料、棉花等交易在农村市场上占有极大的比重，对这些商品实行统购统销后，农村中农副产品的商品量就有70%左右为国家所掌握。随后，生猪、蛋品、皮革、烤烟等也都列入计划收购的范围，后来演变成为派购制度。

实现主要批发商的国有化，先要把有关国计民生的主要商品的批发业务掌握在国家手中。在国民经济恢复时期，国营商业的发展就是以批发商业为主。随着国营工

业的发展和对私营工业逐步实行加工订货，对农副业产品逐步实行国家收购和委托供销合作社收购，国营批发商业扩展很快。但仍有一小部分主要商品的批发业务是在私人手中。1953~1954 年，国家采取了扩大对私营工业加工订货和收购、包销，扩大对农副产品收购以及扩大进出口贸易等一系列措施，由国营商业代替它们，这就实现了主要批发商业的国有化。

统购统销政策的贯彻和主要批发商业的国有化，大大加强了国营商业的力量和它在市场上的领导地位。1953 年，国营和合作社商业在全国纯商业机构零售额中的比重由 1952 年的 42.6%增为 49.7%，批发额比重由 63.2%增为 69.2%。到 1954 年，零售额比重增为 69%，批发额比重增为 89.3%。

（二）在扩展加工订货的过程中，政府加强了对这项工作的管理

主要包括：①加强计划管理，以适应"一五"时期加强国民经济计划管理的要求；②加强合同管理，其主要目的是督促私营工业企业按照合同规定的质量、数量、时间完成国家交给它们的任务，以保证国家计划的严肃性；③加强工缴货价的核算工作，使资本家只能取得合理的利润；④加强工人监督，保证加工订货任务按时、按质、按量完成。

（三）展开了过渡时期总路线的宣传教育

为了推进资本主义工商业的社会主义改造，1953 年 11 月，党和国家在全国人民中间展开了过渡时期总路线的宣传教育。总路线明确地指出了社会主义改造的必要性和改造的步骤，指出了我国社会主义光明灿烂的未来。总路线的传播，鼓舞了全国劳动人民的社会主义积极性，形成了一股巨大的社会力量，为资本主义工商业的社会主义改造事业建立了广泛的群众基础，同时也教育了民族资产阶级。

上述各项措施[①]为发展国家资本主义的初级形式创造了一系列条件，有力地推动了资本主义工业的社会主义改造。

二、国家资本主义初级形式普遍发展的过程

1953~1955 年，国家资本主义的初级形式得到了普遍发展。这个发展过程有以下五个特点：

（1）由大城市和沿海地区迅速向中小城市和内地发展。新中国成立初期，加工订货是在一些大城市和沿海地区实行的。1953 年以后，内地城市也普遍发展起来。到 1954 年和 1955 年，内蒙古自治区加工订货产值占私营工业总产值的比重由 49.78%上升到 62.30%；青海由 68.13%上升到 74.03%；甘肃由 30.84%上升到 71.90%。

（2）由大型企业迅速向中小型企业发展。新中国成立初期，加工订货以大型企业为主。1953 年以后，中小型企业的加工订货迅速增加。据北京、天津、上海、武汉、广州、重庆、西安、沈阳、哈尔滨、济南、青岛、无锡 12 个大中城市的统计，对私营大

---

①《中国资本主义工商业的社会主义改造》，人民出版社 1962 年版，第 151~154、161~163、192 页。

型企业的加工订货产值占私营大型工业总产值的比重，1954 年为 86.04%，1955 年为 92.11%；而中小型企业 1954 年为 51.45%，1955 年上升为 64.38%。

（3）由主要行业迅速向一般行业发展。新中国成立初期，加工订货主要是棉纺织品和机器、粮食等主要产品。1952 年，全国 18 种主要工业产品中，100% 纳入国家加工订货的有水泥、棉纺两种，80%~85% 的有轧钢材、面粉两种，70%~79% 的有电动机、棉布、纸张三种，60%~69% 的有烧碱、胶鞋、火柴三种，50%~59% 的有金属切削机床、食用油两种。到 1955 年，据全国私营工业 73 个工业行业的统计，加工订货在 99%~100% 的有铁矿等 25 个行业，80%~88.99% 的有燃料等 17 个行业，70%~79.99% 的有电力等 13 个行业，60%~69.99% 的有其他非金属开采冶炼等 10 个行业，40% 以下的仅消费资料修理 1 个行业。

（4）国家资本主义初级形式的工业产值及其在全国私营工业总值中的比重有了大幅度提高。1953 年，加工订货的产值达到 81.07 亿元，比 1952 年的 58.98 亿元增长了 22.09 亿元，比 1949 年的 8.11 亿元增长了 72.96 亿元。1954 年以后，由于许多私营工业企业已逐步转为公私合营，故加工订货产值增长不多或有所减少。但如扣除由私营转公私合营这一因素，1954 年加工订货价值较 1953 年实际上升 19.3%，1955 年又较 1954 年上升 1%。1955 年加工订货产值占私营工业总产值的比重达到 81.69%，比 1952 年的 56.04% 上升了 25.65 个百分点，比 1949 年的 11.88% 上升了 69.81 个百分点。

（5）就国家资本主义初级形式本身来说，也呈现出由低级到高级的发展趋势。以加工订货五种具体形式——加工、订货、统购、包销、收购来看，收购是国家资本主义初级形式中最低一级的形式。因为收购多是一次性的，它是社会主义经济和资本主义经济之间的一种不经常、不固定的联系，并且，它是在产品生产出来以后进行的，未纳入国家计划的轨道。而加工、订货、统购、包销则是国家资本主义初级形式中比较高一级的形式。因为它们都是在产品生产出来以前，就由国营经济同它们订立合同，从而在不同程度上将这部分生产纳入国家计划的轨道。新中国成立初期，收购形式曾被大量采用，1953 年以后逐年减少，而被其他较高形式所代替。据对 12 个大中城市的统计，在整个加工订货的总产值中，收购部分 1949 年占 24.33%，1953 年降为 8.97%，1955 年再降为 5.42%。与此相对应，加工、订货、统购、包销这些较高的形式，则得到了较快发展。

上述各项特点[①] 表明：1953~1955 年，国家资本主义的初级形式已经得到了普遍发展。

三、国家资本主义初级形式的性质及作用

国家资本主义初级形式的发展，使私人资本主义生产关系受到了很大的限制。这一点特别明显地表现在由工业方面的加工订货而导致的资本主义分配关系某种程度的

---

① 《中国资本主义工商业的社会主义改造》，人民出版社 1962 年版，第 158~160 页。

变化。首先，加工订货的工缴、货价是按中等标准成本和一定利润幅度核算的。如果资本家按照这个标准守法经营，那么，加工订货就会起到限制剩余价值生产的作用。其次，加工订货要求资本家必须把产品交给国营商业。这样，由资本主义企业生产的一部分价值就以商业利润的形式转移给国家，变成社会主义积累。最后，企业的利润，必须按照国家规定的四个方面的办法分配，其中一部分通过所得税的形式转变为社会主义积累，一部分是企业公积金，另一部分是工人的福利奖金，而资本家占有的部分只有 1/4 左右。公积金虽然是剩余价值的转化形态，但是，资本家已不能任意支配，更不能用之于私人消费。这一切都在某种程度上从收入分配上改变了资本主义的分配关系。有一项统计资料表明：工商业所得税一般占 30% 左右，企业公积金一般占 10%~20%，工业资本家所得占企业盈余的份额，1952 年平均约为 25%，1953 年以后降低，1955 年约为 18%。可见，国家资本主义初级形式尽管没有从根本上触动资本主义私有制，但已使这种所有制受到了很大的限制，而且就其中有些方面（如资本主义工业企业生产的剩余产品的一部分，通过加工订货形式变成社会主义积累）来说，实际上已具有社会主义的因素。

历史表明：在"一五"时期，国家资本主义初级形式无论在推动社会主义生产建设方面，还是在促进资本主义工业的社会主义改造方面，都发挥过重要的积极作用。当然，国家资本主义初级形式不能从根本上改变资本主义所有制，也就不能根本解决社会主义经济和资本主义经济的矛盾，以及资本主义企业内部的劳动和资本的矛盾。这些矛盾主要靠发展国家资本主义的高级形式——公私合营来根本解决。[①]

第二节　1954 年以后，有计划地扩展国家资本主义高级形式

公私合营的整个发展过程大致可以划分为三个阶段：第一阶段是 1949~1952 年初步发展时期。第二阶段是 1953~1955 年有计划的扩展时期。这两个阶段都是个别企业的公私合营，即一个企业一个企业地实行公私合营。第三阶段是 1955 年底开始的全行业公私合营。全行业公私合营可以看作是国家资本主义的高级形式。

第一阶段已在本书第一篇做过叙述。本节叙述第二阶段，第三阶段将在下一节进行叙述。

一、有计划地扩展国家资本主义高级形式方针的提出

1954 年 3 月 4 日，中共中央批转了中财委《关于 1954 年扩展公私合营工业计划会

---

① 《中国资本主义工商业的社会主义改造》，人民出版社 1962 年版，第 184~185、188~189 页。

议的报告》（以下简称《报告》）。①《报告》在肯定已有成绩的基础上，为了根本解决资本主义私有制问题，提出了有计划地扩展公私合营的方针。其依据的条件是：

（1）国家资本主义初级形式已得到普遍发展，资本主义工商业已经日益依靠社会主义经济，很难再独立进行生产经营。并且，政府有关部门已逐步掌握了私营工商企业的生产经营能力，可以对它们的进一步改造做出规划。

（2）几年来，公私合营的发展在这方面积累了工作经验，培养了干部，提供了范例。

（3）资本家在公私合营优越性的启示下，特别是在过渡时期总路线广泛宣传和深入教育下，他们中一部分人开始认识到大势所趋，表示愿意接受社会主义改造，主动申请公私合营。

这些情况表明，提出上述方针，是同当时的条件相适应的。

二、《公私合营工业企业暂行条例》的颁布

为了规范和促进公私合营工业企业的发展，1954年9月2日，政务院颁布了《公私合营工业企业暂行条例》（以下简称《条例》）。②《条例》就总则、股份、经营管理、盈余分配、董事会和领导关系等问题做了规定。

（1）关于总则。由国家或者公私合营企业投资并由国家派干部，同资本家实行合营的工业企业，是公私合营工业企业。对资本主义工业企业实行公私合营，应当根据国家的需要、企业改造的可能和资本家的自愿。企业的公私合营，应当由人民政府核准。合营企业中，社会主义成分居于领导地位，私人股份的合法权益受到保护。合营企业应当遵守国家计划。

（2）关于股份。对于企业实行公私合营，公私双方应当对企业的实有财产进行估价，并对企业的债权债务加以清理，以确定公私双方的股份。合营企业的股东对于合营企业的债务负有限责任。

（3）关于经营管理。合营企业受公方领导，由人民政府主管业务机关所派代表同私方代表负责经营管理。公私双方代表在合营企业中的行政职务，由人民政府主管业务机关同私方代表协商决定，并且加以任命。他们在企业行政职务上，都应当有职有权，守职尽责。合营企业应当采取适当的形式，实行工人代表参加管理的制度。合营企业在生产、经营、财务、劳动、基本建设、安全卫生等方面，应当遵照人民政府有关主管机关的规定执行。

（4）关于盈余分配。合营企业应当将全年盈余总额在缴纳所得税以后的余额，就企业公积金、企业奖励金、股东股息红利三个方面，依照下列原则加以分配：①股东股息红利，加上董事、经理和厂长等人的酬劳金，共可占到全年盈余总额的25%左右；②企业奖励金，参酌国营企业的有关规定和企业原来的福利情况，适当提取；③发付

---

①《中共党史教学参考资料》第20册，第288页。
②《中国工业经济法规汇编（1949~1981）》，第77~79页。

股东股息红利和提取企业奖励金以后的余额，作为企业公积金。

（5）关于董事会和股东会议。合营企业的董事会是公私双方协商议事的机关，对下列事项进行协商：①合营企业章程的拟定或者修改；②有关投资和增资的事项；③盈余分配方案；④其他有关公私关系的重要事项。董事会听取合营企业的生产经营情况和年度决算报告。公私双方董事的名额由公私双方协商规定。公方董事由人民政府主管业务机关派任，私方董事由私股股东推选。董事会可以定期召开私股股东会议，报告董事会的工作、处理私股股东内部的权益事项。

（6）关于领导关系。合营企业应当分别划给中央、省、直辖市、县、市人民政府主管业务机关领导。人民政府工商行政机关负责管理合营企业有关工商行政的事项。人民政府财政机关和所属的交通银行，负责监督合营企业的财务。

这个《条例》的颁布实施，对规范公私合营企业的行为，起到了积极作用。

三、国家资本主义高级形式迅速发展的进程

在有计划地扩展国家资本主义高级形式方针和《公私合营工业企业暂行条例》的指导下，1953~1955年，公私合营企业获得了迅速发展。这个发展过程呈现出以下特点：

（1）就企业的规模看，先合营大户，逐步推广到中小户，并结合生产改组，使企业由分散到集中。1954年以前，实行合营的工业企业主要是大厂，资金一般都在100万~500万元，人数则在100~500人。1954年以后，扩展合营的工作不仅着重于大厂，同时也向10人以上的中小厂发展。这一趋势不仅反映了合营工作的发展，而且反映了生产组织上的变革，因为中小企业实行公私合营多半是先经过改组合并，然后合营。但总的来看，在个别合营时期，实行公私合营的还是以大户为多。

（2）就行业看，扩展合营工作由主要行业逐步推进到一般行业。在国民经济恢复时期，实行公私合营的多半是和国计民生有重大关系的主要工业行业，如煤矿、钢铁冶炼、机器制造、纺织、面粉、卷烟等。1955年以后，在许多次要行业中也发展了公私合营。

（3）就地区看，合营企业由大城市逐步扩展到中小城市。1954年以前，合营的都是大厂，而大厂主要集中在大城市，因此，合营工作也偏重于大城市。1953年，内蒙古、辽宁、吉林、青海、新疆、贵州等省没有公私合营企业；到1954年，全国各省、市、区都相继扩展了公私合营企业。

（4）就公私合营的方式看，由个别企业公私合营逐步发展到全行业公私合营。个别企业在开始扩展公私合营的时候是有必要的，因为这不仅有利于这项工作的开展，而且有利于对资本家进行教育，吸取经验，树立榜样，为全行业合营提供有利条件。但在合营工作有了一定的基础之后，就需要结合对生产和市场的全面安排，分地区按行业实行公私合营；否则，不仅社会主义经济和未合营的资本主义企业之间的矛盾会日益突出，而且已合营企业和未合营企业之间的矛盾也将日益突出。只有实行全行业公私合营，才能解决这些问题。

（5）公私合营工业企业产值及其在公私合营和私营工业总产值中的比重有了大幅度的增长。1953~1955 年，公私合营工业企业产值由 20.13 亿元增长到 71.88 亿元，占公私合营和私营工业总产值的比重由 13.3%上升到 49.7%。

以上特点[1]说明：1953~1955 年，国家资本主义的高级形式得到了迅速发展。

四、个别公私合营企业的性质及作用

与作为国家资本主义初级形式的加工订货相比较，作为国家资本主义高级形式的公私合营，其最大特点在于社会主义经济成分同资本主义经济成分的联系，由企业外部进入企业内部，从而使企业变成了半社会主义性质的企业。

这一变化有利于发挥工人群众的积极性，从而有利于提高劳动生产率，节约原材料和降低生产成本，有利于增加积累和扩大生产。1950 年共有公私合营工业 294 户，产值 4.14 亿元，减除当年新合营的 110 户的产值，与 1949 年比较，增加了 3800 万元。以同样方法计算，1951 年比 1950 年增长 2.86 亿元，1952 年比 1951 年增长 5.22 亿元，1953 年比 1952 年增长 6.88 亿元，1954 年比 1953 年增长 7.72 亿元，1955 年比 1954 年增长 27.08 亿元。

由于个别企业的公私合营并不能完全解决社会主义经济成分与资本主义经济成分的矛盾，也不能完全解决资本家和无产者的矛盾，甚至使得合营企业与非合营企业在生产经营方面的矛盾尖锐起来。这些矛盾的彻底解决，有赖于全行业公私合营的实现。

第三节 1956 年初，实现全行业公私合营的高潮

一、毛泽东发动全行业公私合营高潮

毛泽东在 1955 年 10 月 11 日中共七届六中（扩大）全会所做的结论中，首次表明了他关于加快资本主义工商业改造步伐的设想。[2]全会一结束，他立即就加快资本主义工商业的社会主义改造问题做了一系列部署。1955 年 10 月 27 日和 29 日，毛泽东两次约见工商界代表人物谈话。在资本主义工商业的社会主义改造大潮中，我国广大工商业者，既有接受改造的积极性，又有自觉不自觉地抵制倾向和悲观的消极情绪。具体说来，有以下四种状况：①一小部分进步分子，愿意接受社会主义改造，有少数人还能在改造中起核心作用；②一小部分落后分子，对社会主义改造心存不满，采取各种消极抗拒的态度；③有极少数人是坚决反对社会主义的反动分子；④大部分人是处于

①《中国资本主义工商业的社会主义改造》，人民出版社 1962 年版，第 198、200~201 页。
②《毛泽东选集》第 5 卷，人民出版社 1977 年版，第 195 页。

中间状态，对待改造时而积极，时而消极。据此，毛泽东在这两次谈话中都勉励民族资本家认清社会发展的规律，掌握自己的命运，走社会主义道路。针对有的工商业者对党和政府能否真正贯彻赎买政策思想上存在疑虑，毛泽东在讲话中反复论述了对资产阶级实行付定息的赎买政策，郑重宣布：定息一定 7 年，到期如不能解决问题，再拖一个尾巴也可以。毛泽东的讲话稳定了绝大多数资本主义工商业者的不安心绪，给他们以很大的鼓舞。于是，在 1955 年 11 月召开的全国工商联一届二次执行委员会议上，通过了《告全国工商界书》，号召全国工商业者积极地接受社会主义改造。①

在 10 月 29 日同工商界代表人物谈话后，毛泽东去杭州，主持起草《中共中央关于资本主义工商业改造问题的决议》。同年 11 月 16~24 日，根据毛泽东的提议，党中央召开了对资本主义工商业改造问题的工作会议，讨论《中共中央关于资本主义工商业改造问题的决议（草案）》(以下简称《决议》)。这个《决议》指出："我们现在已经有了充分有利的条件和完全的必要把对资本主义工商业的改造工作推进到一个新的阶段，即从原来在私营企业中所实行的由国家加工订货、为国家经销代销和个别地实行公私合营的阶段，推进到在一切重要的行业中分别在各地区实行全部或大部公私合营的阶段，从原来主要的是国家资本主义的初级形式推进到主要的是国家资本主义的高级形式。"这个决定大体上统一了全党在实行全行业公私合营问题上的思想。

这样，在中共中央工作会议和全国工商联执委会议之后，各地敲锣打鼓，掀起资本主义工商业的社会主义改造高潮，来势甚猛。在这种形势下，中共中央决定，先批准公私合营，把要做的清产核资、改组企业、安排生产、安置人员、组织专业公司等工作，放到以后去做。②

二、形成全行业公私合营高潮的条件

依据毛泽东和中共中央其他领导人的分析，1956 年初资本主义工商业全行业公私合营"高潮的出现，不是偶然的，而是 1949 年以来我国各种社会条件发展成熟的必然结果"。③ 这些社会条件，除了中国共产党领导的人民民主专政获得进一步巩固和在国民经济中居于主导地位的社会主义国营经济有了迅速发展以外，重要的还有：①在农业合作化的基础上，工农联盟得到进一步巩固；②资产阶级经历"三反"、"五反"运动后，在思想上、政治上取得的进步，为后来推进社会主义改造提供了重要的条件；③新中国成立以后，各种形式（特别是高级形式）的国家资本主义的广泛发展，已经奠定了很好的基础；④私人资本主义工业在生产经营方面遇到了重重困难，不接受改造就没有出路；⑤大多数私营工商业者愿意接受社会主义改造；⑥当时的国际形势，

① 荣毅仁：《毛主席指引社会主义道路》，《人民日报》1993 年 9 月 8 日，第 5 版；《中国资本主义工商业的社会主义改造》，人民出版社 1962 年版，第 216~217 页。
② 薄一波：《若干重大决策与事件的回顾》上卷，中共中央党校出版社 1991 年版，第 407~409 页。
③ 《刘少奇选集》下卷，人民出版社 1982 年版，第 180、208 页。

为加快社会主义改造营造了良好的国际环境。

三、全行业公私合营高潮的经过及其意义

资本主义工商业全行业公私合营的高潮是从首都北京开始的。1956 年 1 月 1 日，北京市资本主义工商业者踊跃地提出了公私合营的申请。这时申请合营是一个行业一个行业进行的，因而很快就形成了热火朝天的运动。到 1 月 10 日，就实现了全市资本主义工商业的公私合营。同时，北京市个体的农业、手工业的社会主义改造也全部取得了决定性的胜利。北京市开始的这个高潮，大大地推动了其他城市的资本主义工商业社会主义改造高潮。到 1 月底，我国资本主义工商业集中的大城市以及中等城市都相继实现了全市的全行业公私合营。到 3 月末，除西藏等少数民族地区外，全国资本主义工商业基本上实现了全行业公私合营。

在全行业公私合营的高潮中，涌现了一批资产阶级积极分子，他们带头申请合营，并推动别人申请合营。当然，对资产阶级的多数人来说，还是在大势所趋的情况下不太勉强地交出了企业，他们是心有余痛的，有的人白天敲锣打鼓，晚上痛哭流涕。这样，尽管全行业公私合营是根本改变资本主义所有制的决定性一环，是一场深刻的阶级斗争，但在高潮中，资产阶级基本上没有反抗。这是因为：①他们在经济上已经没有别的出路；②经过"三反"、"五反"，他们中的多数人认识了反对工人阶级是没有出路的；③政府对他们合营后，在经济上和政治上都做了适当的安置。[①]

1956 年初，全国原有资本主义工业 88000 余户。到年底，已有 99%实现了社会主义改造，其中除极少数转入地方国营工业外，分别组成了 33000 多个公私合营企业。同时，有 48200 多户个体手工业户由于与私营工厂原有协作关系，或者是行业户数不多，根据他们的申请，也参加了公私合营。全国 240 余万私营商业户，到 1956 年底，已有 82%实现了改造，其中除少数转入国营商业或供销合作社商业外，分别组成了公私合营商店、合作商店、合作小组。私营轮船的 98.62%和几乎全部的汽车运输业也在高潮中实现了全行业公私合营或合作化。私营饮食业有 86%实现了改造。到 1957 年底，私营服务业有 77%实现了改造。[②]

经过全行业公私合营以后，资本主义私有制仅表现在定息上，在其他方面同社会主义国家所有制已经没有区别。这时的公私合营企业的经济性质基本上已经是社会主义的了。所以，全行业公私合营高潮以后，我国原来存在的社会主义经济与资本主义经济之间的矛盾，以及私营企业内部的劳资矛盾已经基本上得到了解决，资本主义工商业的社会主义改造获得了基本胜利。这样，在 1956 年就基本上完成了资本主义工商业的社会主义改造，远远超过了"一五"计划规定的"基本上把资本主义工商业分别纳入各种形式的国家资本主义的轨道"的要求。

---

① 邓小平：《关于整风运动的报告》，人民出版社 1957 年版，第 6 页。
②《当代中国经济》丛书编委会：《当代中国经济》，中国社会科学出版社 1987 年版，第 136~138 页。

四、全行业公私合营高潮中的定股、定息和安排资方人员的工作

在全行业公私合营的过程中及其以后的一段时间内，政府对资产阶级继续贯彻赎买政策。因此，在合营高潮中，全国各地都进行了定股、定息和人事安排工作。

定股，即对资本家公私合营时的生产资料进行估价，核定私股股额。在个别企业公私合营阶段，定股工作是按户由政府派工作组到企业，同资本家共同进行。这种做法细致，工作量大，时间长。为适应全行业公私合营高潮的形势，定股工作采取了在企业工人监督下，由资方自报、同业评议、行业合营委员会（由公方、工人、资方三方面代表组成）核定的方式。

定股的原则，仍和个别企业公私合营时一样，要求做到"公平合理"。但在全行业公私合营高潮中，为了顺利推进改造，政府对定股提出了"宽"和"了"的方针。"宽"，即对财产估价有关公私关系方面的问题，一般都从宽处理。"了"，即对企业各种债务关系，能够在公私合营时了结的，都尽量了结。这样清理的结果，连同1956年以前合营的企业在内，全国公私合营企业的私股股额共为24.1864亿元。

定息，即企业在公私合营期间，按期由国家根据核定的私股股额发给私股股东固定息率的股息。

定息在个别企业公私合营阶段就开始实行。原来的公私合营企业给资本家分配利润，有两种形式：一种是"四马分肥"，把企业的盈利分成四份（所得税、企业公积金、职工福利基金、资方股息红利），资本家取得其中的一份；另一种就是定息，主要在公私合营的银行、钱庄、煤矿、锡矿和某些公私合营的公用事业单位中实行。[①]

为适应全行业公私合营的需要，定息作为赎买形式被普遍采用。国务院于1956年7月规定："全国公私合营企业的定息户，不分工商、不分大小、不分盈余户亏损户、不分地区、不分行业、不分老合营新合营，统一规定为年息五厘，即年息5%。个别需要提高息率的企业，可以超过五厘。过去早已采取定息办法的公私合营企业，如果他们的息率超过五厘，不降低；如果息率不到五厘，提高到五厘。"[②]高潮后，各地定息的结果，超过5厘的有4368户，占全部定息户的2%稍多一些，其余全部定息5厘。定息期限原定为1956~1962年7年，"如果七年后工商业者生活上还有困难，还可以拖一个尾巴"。[③]1962年又宣布，从1963年起，延长三年，到时再议。

1956年初，全行业公私合营高潮后，全国公私合营企业在这年上半年共发息5757.61万元，其中工业公私合营企业发息4453.49万元。

关于全行业公私合营高潮中的人事安排问题，刘少奇在中国共产党第八次全国代

---

① 薄一波：《若干重大决策与事件的回顾》上卷，中共中央党校出版社1991年版，第425~426页。
② 国务院：《关于对私营工商业、手工业、私营运输业的社会主义改造中若干问题的指示》（1956年7月28日），《中国工业经济法规汇编（1949~1981）》，第84页。
③ 陈云：《在中华全国工商业联合会第二届会员代表大会上向全国工商界代表讲解五个问题》，《人民日报》1956年12月16日。

表大会的政治报告中指出："资方人员凡能工作的都由国家有关部门分配工作，不能工作的也酌量给以安置，或者予以救济，保障他们的生活。这也是一种必要的赎买的办法。"[1] 对私营企业原来在职资本家及资本家代理人进行工作职位的安排，贯彻了政府提出的"量才使用，适当照顾"[2] 的原则。根据 1957 年的统计，全国拿定息的 71 万在职私方人员和 10 万左右资本家代理人，全部被安排了工作。据几个大城市的情况，大体是：安排直接参加生产经营的占 60%~65%；安排为管理人员的占 35%~40%。对部分资产阶级的代表人物，还安排了国家机关、国营经济业务部门的行政职务。根据 1957 年底统计，中国民主建国会（主要由资产阶级分子组成的政党）会员除被选为第一届全国人民代表大会代表的 70 人、第二届政治协商会议全国委员会委员的 65 人以外，担任部长、副部长的 7 人，大学院校校长 2 人，副省长 7 人，北京、上海和天津三大城市的副市长 4 人，正副局长 24 人，省正副厅长 35 人。

此外，私营企业资本家的薪金一般较高，有的很高。1955 年统计，上海私营和公私合营工业投资在 10 万元以上的资本家 509 人中，工资在 1000 元以上的有 12 人，其中最高的是 1675 元。但为了利于改造，把这种高薪作为赎买政策的一部分保留了下来。[3]

五、全行业公私合营高潮后企业的改组、改革和公私共事关系的调整

全行业公私合营高潮只是改变了私营企业的性质。尽管资本主义企业的组织和企业内部的经营管理制度在高潮前有过某些改革，但基本还没改变。这种组织和制度具有两重性：一是与资本主义制度相联系，有不利于生产的一面；二是与社会化大生产及其他条件相联系，有适合组织生产和适应消费者需要的一面。所以，在全行业公私合营的高潮实现以后，还必须有分析地对公私合营工业企业组织和企业内部的经营管理制度进行改组和改革。

按照政府的有关规定，企业改组和企业改革必须遵循的原则是：

（1）服从于生产和生活的需要，达到增加产量，提高质量，增加花色品种，降低生产成本，保持和发扬优良的工艺传统、技术和经营管理方法以及方便和改善人民生活的目的。

（2）对于资本主义工商业的生产技术和管理办法，必须进行全面分析，对于其中不合理的部分，应该逐步加以改革；对于其中合理的部分，应该在合营企业中充分加以运用。我们应当将资本主义工商业、手工业的生产技术和管理办法中有用的东西，看成是民族遗产，把它保留下来，绝不应该不加分析地全盘否定。

（3）针对全行业公私合营高潮时发生的某些混乱的、不利于生产发展和人民生活改善的现象，政府特别强调要遵循慎重的、有充分准备的原则。为了有充足时间逐行逐

---

① 《刘少奇选集》下卷，人民出版社 1982 年版，第 217 页。

② 国务院：《关于对私营工商业、手工业、私营运输业的社会主义改造中若干问题的指示》（1956 年 7 月 28 日），《中国工业经济法规汇编（1949~1981）》，第 85 页。

③ 《中国资本主义工商业的社会主义改造》，人民出版社 1962 年版，第 221~226 页。

业地顺利完成社会主义的改造工作，国务院决定：

1) 私营工商企业从批准公私合营到完成改造，需要相当长时间，因此在批准合营以后，一般在 6 个月左右内，仍然应该按照原有的生产经营制度或习惯进行生产经营。

2) 企业原有的经营制度和服务制度，例如进货销货办法、会计账务、赊销暂欠、工作时间、工资制度等，一般在 6 个月内照旧不变。

3) 企业原有的供销关系要继续保持，原来向哪里进货销货的，仍旧向哪里进货销货；进货销货的双方，必须密切合作；原来出口的手工艺品，必须继续出口，手工艺品所需要的国外原料，必须尽可能地继续进口。

4) 各企业之间原有的协作关系，如加工、修理、供应配件、零件等，必须继续保持，不得随意变动。国务院还强调，凡是已经有了充分准备，已经做了详细研究并且提出了通盘改组规划的行业，经过省（自治区）、市领导机关的批准，就可进行改组。[①]

公私合营企业改组要服从发展生产和改善人民生活的需要。因此，公私合营企业改组并不是把所有的小厂都并成大厂。因为许多工厂虽规模小，但服务面广，需要适当地分散生产，而且有些小厂生产的小产品，虽产值不大，但品种繁多，各有各的销售对象，是大企业不能代替的；有些小厂在技术上有优良的工艺传统，群众喜欢它们的产品。所以，为搞好生产，有些固然要合并，但有些目前不需要合并，有些长期不需要合并。可以并厂的只是那些厂房设备有条件，先进设备可以代替落后设备和手工生产，工序可以平衡衔接，变厂外协作为厂内协作，以及集中生产而不影响品种和协作关系的少数行业和企业。为此，当时国家规定的改组方针是："大部不动，小部调整。"

公私合营企业改组的形式在 1956 年和 1957 年上半年，主要采取并厂和联合管理两种形式。此外，还有少数企业实行单独管理、迁厂或裁撤。据统计，到 1957 年 6 月，在高潮中实行公私合营的工厂中，进行合并的约占半数；采取联合管理的约占 1/3，联合管理中，实行统一核算和分别核算的，又各占约半数；其余的则为单独管理、迁厂或裁撤。

1956 年和 1957 年上半年，公私合营企业的企业改革工作内容，主要有如下四点：

(1) 设立专业公司或指定专业机构，统一负责所属合营企业的经济工作和政治工作；在企业内部则加强党的领导，建立公方代表制度，健全工会组织。

(2) 实行党委领导下的厂长（经理）负责制，建立由职工和公私各方面代表参加的民主管理机构。

(3) 实行计划管理，同时，逐步实行经济核算。

(4) 新公私合营企业的工资标准和工资制度，应该逐步向同一地区性质相同、规模相近的国营企业看齐。[②]

① 国务院：《关于目前私营工商业和手工业的社会主义改造中若干事项的决定》（1956 年 2 月 8 日），《中国工业经济法规汇编（1949~1981）》，第 80~81 页。

② 国务院：《关于对私营工商业、手工业、私营运输业的社会主义改造中若干问题的指示》（1956 年 7 月 28 日），《中国工业经济法规汇编（1949~1981）》，第 84 页。

调整公私共事关系，是全行业公私合营以后提出来的新问题。公私共事关系既是共同工作关系又是阶级关系。公私共事关系包括企业职工、公方代表和资产阶级分子三个方面。搞好公私共事关系不仅有利于发挥资产阶级分子为社会主义服务的积极性，帮助他们逐步进行政治思想改造，也有利于提高公私合营企业生产经营水平。

在全行业公私合营高潮后一段时间里，许多公私合营企业的公私共事关系还不正常。为此，政府在 1956 年下半年进行了调整公私共事关系的工作：

（1）对公方干部和职工加强党的统一战线政策教育，使干部和职工对资产阶级分子合作共事采取正确态度，即对待资产阶级分子既要热情地团结他们，尊重他们的职权，又要从团结的愿望出发，帮助他们进行政治思想改造。

（2）加强对资产阶级分子的政治思想教育，使他们对公私共事关系也采取正确的态度，主动接受公方代表的领导，向职工群众学习。

（3）在搞好公私共事关系方面建立了一些必要的制度，如在党委和公方代表领导下，明确资产阶级分子的分工范围，吸收他们参加企业的民主管理机构等。

全行业公私合营和定息政策的实行，又经过企业的改组、改革和公私共事关系的调整，公私合营企业的生产有了一定程度的扩大。1956 年，公私合营工业企业的总产值较 1955 年增加了 32%。此外，公私合营商店、合作商店和合作小组的零售额，也比 1955 年增加了 15%，以上表现了全行业公私合营的优越性。[①]

第四节　资本主义工业的社会主义改造的主要成就和问题

一、资本主义工业的社会主义改造的主要成就

我国资本主义工业的社会主义改造的成就主要表现为以下三个方面：

（1）短短的几年就基本上完成了这种改造。如果从党和国家在过渡时期的总路线和总任务公布时算起，只花了三年（1953~1955 年）。即使从新中国成立时算起，也只花了六年。1949 年，资本主义工业（自产自销部分）占工业总产值的比重为 55.8%；1952 年下降到 17.1%；1956 年下降到几乎为零。与此相对应，公私合营工业占工业总产值的比重在这三个时期分别为 2%、5% 和 32.5%。全行业公私合营以后的公私合营企业的性质基本上是社会主义。所以，1956 年我国就基本上完成了资本主义工业的社会主义改造。

（2）总的来说，在我国资本主义工业的社会主义改造过程中，工业生产有了较大发展。①1949~1957 年，在整个资本主义工业的社会主义改造过程中，包括公私合营企业

---

① 《中国资本主义工商业的社会主义改造》，人民出版社 1962 年版，第 234~240 页。

和私营企业在内的工业总产值，除了 1955 年，是以较大的幅度逐年增长的，劳动生产率也是以较大幅度逐年上升的；②公私合营企业工业总产值则是以更大的幅度逐年增长的，劳动生产率除了 1956 年和 1957 年以外，也是以很高的速度逐年上升的。①

（3）创造了一条具有中国特点的资本主义工业的社会主义改造的道路。主要是：实行了和平改造的方针，利用限制改造的政策和赎买的政策；实行了由低级到中级再到高级的国家资本主义，再由高级形式的国家资本主义向社会主义逐步过渡的形式；把经济改造与政治斗争（如"五反"运动）结合起来，团结与斗争结合起来；把资本主义私有制的改造和资产阶级分子的改造以及企业的改造与发挥资产阶级分子的管理作用结合起来；把全行业公私合营与全行业生产改组结合起来；等等。这是中国资本主义工业的社会主义改造取得成功的重要原因。当然，根本原因还是建立了人民民主专政以及在国民经济中起主导作用的社会主义国营经济。

可见，资本主义工业的社会主义改造是科学社会主义理论和实践在历史上的伟大创造！

二、资本主义工业在社会主义改造中的问题

我国资本主义工业的社会主义改造取得上述伟大成就，实属不易，但从总结经验来说，资本主义工业在社会主义改造中也存在诸多问题。其中根本性的问题有：

（1）资本主义工业的社会主义改造时间过于短促。即使按照预定的时间来算，也是过于短促的。原来预计需要三个五年计划的时间，即用 15 年（1953~1967 年）来完成社会主义改造。但实际上只用了三年（1953~1955 年）。还需指出，原来预定用 15 年完成包括资本主义工业在内的社会主义改造（加上国民经济恢复时期，为 18 年），是参照了苏联经验的。毛泽东 1955 年 7 月 31 日在《关于农业合作化问题》的报告中论到在这个时间内能否实现社会主义改造时说："苏联的经验告诉我们，这是完全可能的。"②然而，现在已经看得很清楚，苏联在从资本主义到社会主义的过渡时期也犯了急于求成的毛病。这一点，甚至后来毛泽东也觉察到了。他在 1956 年 12 月上旬与全国工商联领导人谈话时提到："我怀疑俄国新经济政策结束得早了，只搞两年，退却转为进攻，到现在社会物资还不足。"③但更重要的问题还在于：十月社会主义革命胜利前的俄国是帝国主义国家；我国革命胜利前却是半殖民地半封建国家。这个情况表明，即使用 15 年来完成我国社会主义改造的任务，时间也不算长，而宁可说是短的。更何况只用了三年就基本上完成了这项任务，其时间之过于短促就可想而知了。

（2）资本主义工业的社会主义改造的面过宽。其重要表现有两个：

1）把大量原本属于个体劳动者或小资产阶级也列入了资本主义工商业的范畴，并

---

① 周太和：《当代中国的经济体制改革》，中国社会科学出版社 1984 年版，第 21 页。

② 《毛泽东选集》第 5 卷，人民出版社 1977 年版，第 184 页。

③ 薄一波：《若干重大决策与事件的回顾》上卷，中共中央党校出版社 1991 年版，第 433 页。

进行了全行业的公私合营。这一点，在全行业实现公私合营不久，毛泽东已经发现了。他在上述 1956 年 12 月那次谈话中提出：现在资本家当中大体有 70% 左右对定息没兴趣。一个月拿几毛钱，他们要求放弃定息，摘帽子入工会，享受劳保待遇。我看也可以放弃吧！把小的占 80%~90% 的人划入资产阶级范围，拿到的定息只能买几包香烟的，就叫他们小资产阶级。但是，毛泽东的这个意见在当时并没有付诸实施。后来在长达 20 年以"阶级斗争为纲"的年代，更不可能付诸实施。直到中共十一届三中全会以后，这个问题才获得真正解决。据统计，1956 年参加全行业合营和以前单个合营的工商业者，共计 86 万人。1979 年 11 月 12 日，中共中央批准了统战部等六单位《关于把原工商业者中的劳动者区别出来的请示报告》。根据报告，共有 70 万人被摘掉"资本家"的帽子，恢复劳动人民的身份。[①]

　　2）即使就真正属于资本主义工商业的范畴来说，改造的面也过宽了。在中国民族资本主义工业中，工场手工业还占了相当大的比重，即使是机械化的生产部分，机械化的程度以及与之相联系的集中度都不高。这样，从发展社会生产力的角度来观察，对民族资本主义工业的相当部分，特别是资本主义工场手工业部分并不需要急于改造。因为它们在一定长的时间内对中国社会生产力的发展还有积极作用。马克思在 1859 年就历史唯物主义的基本原理作经典表述时指出："无论哪一个社会形态，在它们所能容纳的全部生产力发挥出来以前，是绝不会灭亡的。"[②] 马克思说的虽是社会形态，但其原理对我们这里所论的民族资本主义工业的社会主义改造也是适用的。这样，如果人为地过早地全部消灭资本主义，那就像刘少奇在 1948 年下半年所预言的那样，如果过早地消灭了资产阶级，"消灭了以后你还要把他请来的"。[③] 尽管毛泽东在 20 世纪 50 年代初多次批判过新民主主义社会论，但在由 1956 年资本主义工商业的社会主义改造高潮导致的社会矛盾暴露以后，他又部分地主张实践刘少奇的上述预言，在某种范围内把资本主义请回来，并把这种政策称作"新经济政策"。他在上述的 1956 年 12 月那次谈话中提出："上海地下工厂同合营企业也是对立物。因为社会有需要，就发展起来。要使它成为地上，合法化，可以雇工……这叫新经济政策……还可以考虑，只要社会需要，地下工厂还可以增加。可以开私营大厂，订条约，十年、二十年不没收。华侨投资的二十年、一百年不要没收。可以开投资公司，还本付息。可以搞国营，也可以搞私营。可以消灭了资本主义，又搞资本主义。当然要看条件，只要有原料，有销路，就可以搞。"[④] 显然，毛泽东这里讲的"又搞资本主义"，不是要发展资本主义社会，也不是要回到新中国成立初期的新民主主义社会，而是要在国营经济和集体经济为主体的前提下，适当发展一些私营经济、个体经济和外资经济。这可以看作是我国社会主义初级阶段所有制结构思想的开端。但这个"新经济政策"的命运也像"新民主主义

---

① 薄一波：《若干重大决策与事件的回顾》上卷，中共中央党校出版社 1991 年版，第 435、437 页。
②《马克思恩格斯选集》第 2 卷，人民出版社 1973 年版，第 83 页。
③ 薄一波：《若干重大决策与事件的回顾》上卷，中共中央党校出版社 1991 年版，第 48 页。
④ 薄一波：《若干重大决策与事件的回顾》上卷，中共中央党校出版社 1991 年版，第 433~434 页。

社会论"一样,被毛泽东否定了。所不同的是,后者在新中国成立以前的革命根据地和解放区部分地实行过,在新中国成立以后的头三年比较完整地实行过;而前者在提出的当时和之后的 20 年都没有实行过,只是在中共十一届三中全会以后才付诸实施,但并没有很大发展。

上述各种问题的发生有复杂的社会原因,但主要还是由于时代的限制以及与此相联系的认识上的局限。

第七章　实现个体手工业的社会主义改造

第一节　1953~1955 年，手工业合作化的普遍发展

实现个体手工业的社会主义改造，既是党和国家在过渡时期的总路线和总任务的重要组成部分，也是"一五"计划的基本内容之一。在国民经济恢复时期，虽然手工业合作化有了初步发展，但大部分手工业者还是个体劳动者。这种状况与党的过渡时期总路线公布以后的整个国民经济发展的要求不相适应。这个时期试办的手工业合作组织已为个体手工业者树立了榜样，国家也逐步积累了管理手工业合作化的经验。这样，在"一五"前半期，手工业合作化就得到了普遍发展。

为了加强对手工业合作化的指导，全国合作总社在 1953 年底召开了第三次手工业生产合作会议。中共中央副主席朱德代表中共中央到会做了题为"把手工业者组织起来，走社会主义道路"的讲话。会议系统地总结了新中国成立以来手工业合作化运动的基本经验，提出对手工业的社会主义改造，"在方针上，应当是积极领导，稳步前进；在组织形式上，应当是由手工业生产小组、手工业供销生产合作社到手工业生产合作社；在方法上，应当是从供销入手，实行生产改造；在步骤上，应当是由小到大，由低级到高级。"①

这些经验的总结，对"一五"前半期手工业合作化的普遍发展，起到了有益作用。这里值得着重提出的是，其中关于组织形式的总结，起到了尤为重要的作用。

手工业生产小组，是组织手工业劳动者的一种低级形式。它的组织条件不高，人数或户数较少，一般不超过 15 户（在农村有三户以上，在城市有五户以上），有一些简单工具和设备，就可以组织起来，简便易行。它在个体生产的基础上，从供销入手把手工业劳动者组织起来，使他们能有组织地向供销合作社、消费合作社或国营企业

---

① 《新华月报》1954 年第 8 期，第 162 页。

购买原料，推销成品，或承接加工订货，逐步解决供销困难，发展手工业生产，避免商业资本的控制和剥削，同时，也便于以此为基础，逐步发展，为过渡到手工业供销生产合作社创造条件。

手工业供销生产合作社，是由若干个体手工业劳动者为解决原料采购和产品推销的共同困难而组织起来的。其主要活动是统一地向供销合作社或国营企业购买原料，向供销合作社、消费合作社或国营企业推销成品，承接加工订货。手工业供销生产合作社建立在分散生产的基础上，只是在流通过程中把个体手工业者联系起来。社与社员各自分负盈亏责任，社对社员不负盈亏责任。合作社本身一般以盈余的60%作为积累，10%作为上缴合作事业建设基金，其余30%作为股金分红和教育、福利、奖励等基金。所以，手工业供销生产合作社是个体手工业合作化中比较低级的形式，是向手工业生产合作社过渡的形式。

手工业生产合作社是对手工业实行社会主义改造的高级形式，在城市和农村至少须有15人。手工业生产合作社，主要生产资料已经完全归合作社所有，完全实行了按劳分配，是劳动群众集体所有制的社会主义经济，是完全的社会主义性质的生产合作社。

但在手工业合作化过程中，还有一部分手工业生产合作社，主要生产资料尚未完全为合作社所有，实行工具入股，按股分配收入，以收入的一部分按劳分配。这是劳动群众部分集体所有制的半社会主义性质的生产合作社，是手工业劳动者走向劳动群众集体所有制的过渡形式。

为了加强对手工业及其合作化的组织领导，1954年6月，中共中央提出：各级党委要指定一定的工作部门或专人负责领导手工业工作，各级人民政府应设立管理手工业的机构。依此指示，1954年11月，国务院成立了手工业管理局，地方政府也相继成立了手工业管理局（处、科）。

为了促进手工业合作化的发展，这时国家在各方面给予了手工业合作社积极的帮助。在原料供应上，国家物资部门和商业部门供应手工业合作组织所需要的原料。在产品销售上，国营商业和供销合作社对手工业合作组织实行加工、订货、收购和包销。在税收上，凡新成立的手工业合作社，营业税可减半缴纳一年，所得税可减半缴纳两年。在财政上，国家给予一定的投资、合作社基金和经费补助。国家银行对手工业合作组织给予低息贷款。

为了做好手工业合作化的思想准备和组织准备，这时各地普遍召开了手工业劳动者代表会议，不少地区成立了手工业劳动者协会，对手工业者进行社会主义前途教育，推动他们走合作化的道路。

为了稳步推进手工业合作化，认真贯彻了自愿、互利和民主办社原则。

为了贯彻自愿原则，主要采取了说服教育、典型示范和国家援助等项措施。

为了贯彻互利原则，注意处理了以下三个重要问题：

（1）社员缴纳股金问题。手工业生产合作社的社员在入社时，须缴纳至少等于其一个月工资的股金，和相当于股金 1/10 的入社费。手工业劳动者的合作组织是以劳动为基础的，所以，按照工资收入确定缴纳股金的数额。

（2）生产资料改变为合作社集体所有的问题。合作组织成员可以用主要工具、原料和成品入股，经民主评议，按市价折算。社员个人自有自用的小型工具，一般不必归合作社集体所有，基本上可以保持原来的自有自用，由合作社酌情支付折旧费。

（3）公积金和劳动分红问题。公积金制度是为了保证社（组）内的社会主义经济成分不断增长，在照顾社员生活水平逐步提高的前提下，应保证公积金不断增加。劳动力分红是按劳分配，以提高社员劳动生产的积极性。

手工业生产合作社必须实行民主办社原则。社员大会是手工业合作社的最高权力机关，理事会和监事会必须由社员大会民主选举产生，每个社员都有选举权和被选举权。合作社的一切重大问题，如生产计划、财务计划、基建计划、有关组织形式、核算形式、工资福利的调整等，都必须经社员大会讨论决定。理事会和监事会要负责领导和监督合作社的日常工作和业务，并要定期向社员大会报告工作。

上述各项方针、原则和措施的贯彻，推动了 1953~1954 年手工业合作化的发展。但在这个过程中也发生了诸多问题，亟待解决。为此，中共中央手工业管理局和全国手工业生产合作社联合总社筹备委员会 1954 年底至 1955 年初召开了第四次全国手工业生产合作会议。朱德代表中共中央到会做了《要把手工业生产合作社办好》的讲话。[①]

随着社会主义的建设和改造的发展，手工业与大机器工业之间以及手工业之间（包括合作化手工业和个体手工业之间）在供销方面的矛盾变得明显起来。为此，全国第四次手工业生产合作会议将对手工业社会主义改造的方针发展为"统筹兼顾，全面安排，积极领导，稳步前进"。

为了检查已经组织起来的手工业生产合作社和供销生产合作社的健全程度，这次会议提出四个条件作为衡量的标准：①组织纯洁，有一定的民主管理制度；②生产正常，比较有计划；③财务制度不乱，没有贪污；④产品质量至少不低于合作化以前的正常标准。凡具备这四个条件者为健全社；只具备一、三两条，二、四两条且较差者为中间社；四个条件都差的为不健全社。以北京市、山西省晋城县等市县来看，健全社约占 1/3，中间社和不健全社约占 2/3。

为了贯彻上述方针，这次会议确定：1955 年，手工业社会主义改造工作的中心任务是：继续摸清手工业主要行业的基本情况，分轻重缓急按行业拟定供、产、销和手工业劳动者的安排计划，以便有准备、有步骤、有目的地进行改造；整顿、巩固和提高现有社（组），每一县（市）分别总结出主要行业的社会主义改造和整顿社的系统的典型经验，为进一步开展手工业社会主义改造工作奠定稳固的基础。在上述两项工作的基础上，从供销入手，适当地发展新社（组）。

这次会议还就手工业合作化做了几项规定：

―――――――――――

① 《朱德选集》，人民出版社 1983 年版，第 334 页。

（1）关于手工业社会主义改造的对象和目前组织的重点问题。第三次全国手工业生产合作会议已指出，手工业社会主义改造的对象是独立手工业者、家庭手工业者和手工业工人。这时对手工业从业人员数量的估计是，独立手工业者约 900 万人（城市家庭手工业者除外），农业兼营商品性手工业者约 1000 万人，受雇于 10 人以下工厂的手工业工人 100 余万人。农业兼营商品性手工业者，除特殊行业外，一般以由农业生产合作社组织附属小组为好。工厂手工业工人的社会主义改造，当时在试点，因此，目前手工业合作化的组织重点应该是独立手工业者。

（2）关于手工业合作化的阶级路线问题。独立劳动者和学徒的关系是师徒关系；雇工不多的雇主和雇工的关系是主要劳动者和助手的关系。这种关系和手工业资本家对雇工的剥削关系根本不同。因此，在手工业社会主义改造中，要引导他们在自愿原则下，逐步改变个体私有制为集体所有制。

（3）关于农村副业和农业兼营商品性手工业的领导关系问题。农业和农副业在未分化以前，一般均由农业生产合作社组织领导；但应贯彻农业和手工业生产两不误的原则，最好各计收入、盈亏，以保证从业人员的积极性。在手工业较集中、农业兼营商品性手工业、农户收入以手工业为主要来源的地区，组织手工业和农业的混合社，并以手工业联社领导为主，或者手工业和农业分别组社，社员可以跨社。

（4）关于雇佣 3~10 人的手工业小资本家的入社问题。在吸收工场手工业小资本家加入手工业合作社时，必须注意以下五项内容：①资本家放弃剥削，参加劳动；②让他们参加较大的和基础巩固的手工业生产合作社，并须经社员大会通过；③入社后，将他们分散编入不同的生产组，并不让他们担负领导职务；④生产资料及其他所需固定资产，除折价入股部分外，多余部分可以存款计息；⑤接收小资本家入社的合作社，要继续对这些小资本家进行思想改造。

（5）关于手工业生产合作社联社的供销业务和国营商业、供销合作社的关系问题。1954 年，各地手工业生产合作社联社领导的生产合作社（组），产品通过国营商业和供销合作社销售的占 70%~80%；原料通过国营商业和供销合作社供应的占 50%左右，有力地支持了手工业生产合作社的发展，必须继续实行。

（6）关于手工业劳动者协会的组织领导问题。一年来，各地试行组织手工业劳动者协会的经验证明，经过这一组织，在团结教育手工业者方面做了一定的准备工作，指导手工业生产等方面都起到了一定作用。因而，1955 年仍应重点试办，取得经验，再加推广。

1955 年 5 月，中共中央批准了中央手工业管理局、中华全国手工业生产合作社联合总社筹备委员会《关于第四次全国手工业生产合作会议的报告》，[①] 各地认真进行了贯彻。

这年上半年，还在手工业生产合作社内部开展了以反对资本主义经营思想作风为

---

① 《中共党史教学参考资料》第 20 册，第 583~590 页。

中心的整社运动。通过整社，提高了手工业劳动者的觉悟，划清了资本主义和社会主义经营思想作风的原则界限，集中解决了生产中的关键问题，建立了切实可行的民主管理制度和生产管理制度，从而使手工业合作组织的素质得到提高。

这样，手工业合作化就在全国大部分地区、手工业的各主要行业普遍开展起来。到 1955 年底，全国手工业合作组织发展到 64591 个，社（组）员达到 220.6 万人，全年产值达到 20.16 亿元，分别比 1952 年增长了 16.7 倍、8.7 倍和 6.9 倍；其中手工业生产合作社 20928 个，社员 97.6 万人，全年产值 13.01 亿元，分别比 1952 年增长了 5.4倍、3.5 倍和 4.3 倍。

第二节　1956 年上半年，实现手工业合作化的高潮

毛泽东在 1955 年 7 月亲自发动了我国农业合作化的高潮，同年 10 月，又亲自发动了资本主义工商业全行业公私合营的高潮，接着又亲自发动了手工业合作化的高潮。1955 年 12 月 5 日，中共中央召开座谈会，由中共中央副主席刘少奇传达毛泽东的指示，要求各条战线批判"右倾保守"思想，加快社会主义改造和社会主义建设的步伐，并且批评手工业社会主义改造"不积极，太慢了"。根据中共中央和毛泽东的指示，中共中央手工业管理局和中华全国手工业合作总社筹委会于 1955 年 12 月 21~28 日召开了第五次全国手工业生产合作会议，着重批判不敢加快手工业合作化步伐的"右倾保守"思想。后来，中共中央在批转这次会议报告中指出："加快手工业合作化的发展速度，是当前一项迫切的任务。"[1] 1955 年底以前，手工业合作化的普遍发展，为手工业合作化高潮的到来打下了基础。由毛泽东发动的 1955 年下半年农业合作化高潮也有力地推动了 1956 年上半年手工业合作化高潮的到来。

这次合作化高潮，走在前列的是大城市，比较突出的又是首都北京。1956 年 1 月，北京市采取了全市按行业一次批准合作化的办法，在 1 月 11~12 日，就有 53800 多个手工业者参加了各种形式的手工业合作社，加上此前入社（组）的手工业者 36000 多人，全市手工业者基本上全部实现了合作化。[2] 紧接着，天津市、南京市、武汉市、上海市等大城市在几天之内先后全面实现了手工业合作化。到 2 月 20 日，全国已有 143个大中城市（约占当时全国大中城市的 88%）和 691 个县的手工业全部或基本上实现了合作化。到 1956 年 6 月，除某些边远地区外，全国基本上实现了手工业合作化。1956 年底，全国手工业合作组织发展到 104430 个，社（组）员达到 603.9 万人，全年产值达到 108.76 亿元，分别比 1955 年增长了 0.6 倍、1.7 倍和 4.4 倍；社（组）员占手

---

① 薄一波：《若干重大决策与事件的回顾》上卷，中共中央党校出版社 1991 年版，第 448~449 页。
②《人民日报》1956 年 1 月 13 日。

工业从业人员的比重由 1955 年的 26.99% 上升到 91.7%，社（组）全年产值占手工业总产值的比重由 19.9% 上升到 92.9%。其中，手工业生产合作社 74669 个，社员 484.9 万人，全年产值 100.93 亿元，分别比 1955 年增长 2.6 倍、4 倍和 6.8 倍；社员占手工业从业人员的比重由 1955 年的 11.9% 上升到 73.6%，全年产值占手工业总产值的比重由 12.9% 上升到 86.2%。

由于手工业合作化和农业合作化、资本主义工商业的社会主义改造几乎同时进入高潮，因而，手工业合作化与农业合作化、资本主义工商业的改造就有可能结合起来进行。一部分分散在农村的个体手工业者和约 1000 万名农村兼营商品性手工业者参加了农业合作化；一部分同私营工业协作关系密切而从业人员又很少的手工业行业，如火柴、西药、碾米等，随同私营工业进行改造；一部分半工半商、工商界限不甚分明的行业或商业性较大的服务行业，如鞋帽、豆腐、糕点、屠宰等，则随同私营商业进行改造。后两类人员大都参加了公私合营企业，到 1956 年底，共有 48000 多户个体手工业并入了公私合营企业。

这样，就基本上完成了个体手工业的社会主义改造。

但是，由于对手工业合作化要求过急、发展过快，不顾条件地办大社、办多行业的综合社（这方面的情况，留待本章第三节叙述），因此在手工业合作化中产生了一系列问题。主要是：盲目推行集中生产和统一核算盈亏；供产销脱节，协作中断；服务点撤销过多，居民生活不便；家庭辅助劳动力难以安排；部分社员收入减少；对特种工艺品生产保护不够；等等。此外，个体手工业社会主义改造基本完成以后，还出现了一些新的问题需要解决。

为了解决这些问题，国务院于 1956 年 2 月 8 日发布了《关于目前私营工商业和手工业的社会主义改造中若干事项的决定》（以下简称《决定》），同年 7 月 28 日又发布了《关于对私营工商业、手工业、私营运输业的社会主义改造中若干问题的指示》（以下简称《指示》）。中共中央于 1956 年 7 月批转了中共中央手工业管理局、全国手工业合作总社筹委会党组《关于当前手工业合作化中几个问题的报告》（以下简称《报告》），同年 11 月，中共中央又批转了中共中央手工业管理局、全国手工业合作总社筹委会党组《关于全国手工业改造工作汇报会议的报告》（以下简称《报告》）。上述《决定》、《指示》和《报告》就手工业合作化中发生的问题，提出了解决办法。[1] 其主要内容是：

（1）关于集中生产和分散生产、统一核算盈亏和分别核算盈亏问题。高潮中，由于对集中生产和统一核算盈亏的好处强调得多了一些，以致有些制造行业和许多修理服务行业曾经不适当地集中生产和统一核算盈亏。从当时情况看，需要整顿的手工业合作社，有的是跨越多个行业的综合社；有的虽是一个行业，但产品类型复杂，生产车间很多，彼此又没有协作关系；有的是全县按行业组织一个统一核算盈亏的大社；有

---

[1]《中国工业经济法规汇编（1949~1981）》，第 80~81、82~85 页；《中共党史教学参考资料》第 21 册，第 406~411、511~516 页。

的修理服务合作社布点过多，过于集中，或者直接管辖服务点过多，分布地区很广。对这些社（组），应该根据具体情况，在社（组）员自愿的基础上分别加以处理。处理的办法是：有的可以划分为小社、小组，单独核算盈亏；有的可以改为供销合作社；有的能够生产独特产品，或者家庭辅助劳动力难以安排的手工业户，还可以允许他们在手工业合作社领导下分散经营，自负盈亏。总之，要改变一切不利于生产经营和不合乎人民需要的组织形式和经营管理制度，以充分发挥大社、小社、小组和在合作社领导下的分散经营户的生产积极性。

（2）关于供产销问题。在手工业生产的原料供应和产品推销问题上，手工业合作化以前，商业部门通过加工订货和统购包销等办法，对手工业合作化和生产的发展，起到了积极的支持作用。但由于社会主义改造高潮后，未能及时改变限制资本主义工商业的一套办法，使现有的手工业合作社（组），在自购自销、工缴价格和合同制度等方面，受到某些限制。解决问题的主要办法是：手工业合作社（组）的原料供应和产品推销，除由国家统购统销的某些产品和原料以外，允许基层社自购自销。对手工业产品必须贯彻优质优价的原则，商业部门对手工业产品的统购、包销和选购，在工缴费和价格方面要公道合理。

（3）关于工资福利问题。当时手工业合作社（组）员的分配上平均主义严重，工资一般比较低，约有20%的社员收入比入社前有所减少；劳保福利工作比较差，多数社（组）员的疾病医疗问题还没有得到解决。解决问题的办法有：

1）手工业合作社（组）的工资标准，一般应不低于入社前的劳动收入，不高于当地同行业同等技术条件的国营工厂的工资标准。在收益分配上，应贯彻"先工资、次治病、后积累"的原则。

2）手工业合作社（组）的工资，必须贯彻"按劳取酬"的原则。根据劳动轻重和技术繁简，规定合理的工资等级，克服平均主义。

3）手工业合作社（组）的工资形式是多种多样的，有的计件，有的计时，有的采取提成的办法，不论采取何种工资形式，都应根据生产情况，经过社（组）员民主讨论决定。

4）在不影响产品零售价格的条件下，各地可根据手工业合作社（组）的具体条件，按工资总额提取5%~10%的附加工资。这些附加工资，除作为解决社（组）员一般疾病的医疗费用外，还要解决社（组）员的病假、产假、法定节日的工资补助以及社员家庭生活困难的补助。

5）手工业中小业主的工资也应该按照技术标准来评定，不应该歧视他们。小业主带徒弟，应该给予合理的报酬。

（4）关于保护和提高特种工艺问题。

1）加强对工艺美术工作的领导，迅速成立中央及各省（市）工艺美术管理局，把各种经济类型的工艺美术业（国营、公私合营、合作社和个体户），统一管起来。

2）加强对老艺人的团结和照顾。在物质上，给予较合理的工资和技艺津贴，鼓励他们传授技艺，对新产品的创作和工作场所、参观旅行等方面，都要给予帮助。在政治上，给予适当的政治地位和学术头衔，吸收他们参加美术家协会，并让他们参加必要的政治活动。

3）重视对新艺人的培养工作，除教育现有的学徒向优秀艺人努力学习外，还要招收一部分初中以上文化程度的学生作学徒，以适应客观的需要。

4）对工艺美术品的原料供应和产品销售，要贯彻"优质优料、优质优价"的原则。

5）各省市党委、政府对现有的各种特种工艺要很好地加以保护，对提高和保护优良工艺美术品中发生的各种困难，要适当地加以解决。

（5）关于手工业的领导和组织机构问题。手工业是地方工业的组成部分。专区、县以下的工业产值，手工业占 80%~90%，省和自治区一般占 30%~50%。因此，今后手工业的改造和管理工作必须由地方党委、政府负责领导。

鉴于当时县（市）以下的工业主要是手工业，为了统一管理县（市）的工业与手工业，县（市）工业科与手工业科可以合并成立工业科（局），中等以上城市和工业、手工业较多的省，可以保留手工业管理局，但要与工业部门密切配合；工业和手工业较少的省，可以在省工业厅以下设立手工业管理局。各级手工业联社与同级手工业管理局合署办公。县（市）工业科和手工业联社，应该在县（市）党委、政府的领导下，对基层合作社（组）的企业管理和改组、原料供应、产品推销、生产安排、计划平衡、财务管理、技术改造、干部培养、劳动工资、劳保福利以及组织与教育个体手工业者等各项工作，负直接领导的责任。省（市）手工业管理局和联社的主要任务，是在省（市）党委、政府的领导下，负责对基层社和下级联社进行生产指导、供销安排、计划平衡和干部培养等工作，并且帮助解决县（市）所不能解决的困难。中共中央手工业管理局和全国手工业合作总社筹委会的主要任务，是在党中央和国务院的领导下，对手工业工作进行督导检查、政策研究、交流经验，协助解决省（市）不能解决的困难等。

由于贯彻执行了以上各项措施，高潮中出现的问题，在一定程度上得到了解决，促进了手工业生产合作社的巩固和发展。1957 年，手工业生产合作社的劳动生产率比 1956 年提高 20.3%，比 1952 年提高 121.9%。1957 年每人年平均工资达到 384 元，较 1956 年增长 10.7%，较 1952 年增长 83%，五年中平均每年增长 12.9%。[①]

第三节　个体手工业的社会主义改造的主要成就和问题

我国手工业的社会主义改造的成就和问题，在许多方面存在着与资本主义工业的

---

① 邓洁：《中国手工业社会主义改造的初步总结》，人民出版社 1958 年版，第 89 页。

社会主义改造相类似的情况。

一、个体手工业的社会主义改造的主要成就

（1）在几年里，就在绝大多数个体手工业者基本自愿的情况下完成了个体手工业的社会主义改造。如果从党和国家在过渡时期的总路线和总任务公布时算起，只用了四年（1953~1956 年），实际上只用了三年半（1953~1956 年上半年）。即使从新中国成立算起，也只用了七年（实际上是六年半）。1949 年合作化手工业产值占手工业总产值的比重为 0.5%，1952 年上升到 3.5%，1956 年上升到 91.7%。其中，手工业生产合作社的产值占手工业总产值的比重，1952 年为 3.4%，1956 年上升到 86.2%。所以，到1956 年（实际是 1956 年上半年），就基本完成了个体手工业的社会主义改造。

（2）在我国手工业合作化过程中，尽管有些年份（1956~1957 年），许多手工业产品品种减少了，质量下降了，但总的来说，生产是有较大发展的：①1955~1957 年，尽管手工业从业人员显著减少，[①] 但 1952~1957 年（1955 年除外），手工业总产值逐年以较大幅度上升，劳动生产率也是逐年上升的；②合作化手工业总产值则是以更大的幅度逐年上升，劳动生产率除了 1954 年和 1955 年这两年以外，也是以很高的速度逐年增长的。[②]

（3）创造了一条具有中国特色的个体手工业社会主义改造的道路，即创造了由手工业生产小组到手工业供销生产合作社，再到手工业生产合作社的逐步过渡的形式。这些做法是符合中国国情的。因而，既能在一定时期内发挥个体手工业的积极性，又能减少手工业合作化过程给生产带来的消极影响，还能发挥合作化手工业对生产的促进作用。这是我国个体手工业社会主义改造过程中生产能够有较大发展的一个重要原因。

以上三点，是我国个体手工业的社会主义改造的伟大成就，是科学社会主义理论和实践史上的伟大创造。

二、个体手工业在社会主义改造中的问题

从总结经验的角度来说，我国手工业合作化过程也存在不少问题。其中带根本性的问题有：

（1）个体手工业社会主义改造的时间过于短促，这突出表现在 1956 年上半年实现手工业合作化高潮这段时间上。用半年时间来实现手工业合作化这个决定性步骤，时间过短。

（2）在手工业合作化高潮中建立起来的生产合作社，其中相当一部分规模过大。1956 年上半年，手工业生产合作社的平均人数为 50.9 人，比 1955 年平均人数 45.8 人

---

① 1955~1957 年手工业从业人员减少，是由于在合作化过程中，一部分城市手工业者被吸收入国营工厂，一部分农村手工业者加入了农业生产合作社。

② 周太和：《当代中国的经济体制改革》，中国社会科学出版社 1984 年版，第 29 页。

增加了11.3%。有些省市的平均人数还远远高于此数。手工业生产合作社规模过大，不适合当时我国手工业的状况，其中主要包括采用手工劳动、合作社干部管理水平低、社员的文化技术素质低等因素。

（3）个体手工业社会主义改造的面过宽。按照我国社会生产力发展水平不高的状况，个体手工业在一个很长的历史时期内，对社会生产的发展还有积极作用，在满足人民生活需要方面还有机器工业所不能替代的独特作用，因而具有生命力，不会退出历史舞台。如果人为地要它退出，在社会需求的刺激下，它还会再生出来。这是一条已经为我国长期社会实践所证明了的客观规律。事实上，在我国手工业合作化高潮刚过不久，就有大量个体手工业再次生长出来。据统计，1956年底，仅上海市自发产生的个体手工业者达到4236户，从业人员有14773人，从事90多种行业的生产。

（4）更有甚者，1956年下半年，中共中央在批转中共中央手工业管理局和全国手工业合作总社筹委会党组的报告中，提出了社会主义集体所有制的手工业生产合作社向社会主义全民所有制的工厂过渡的任务，并于1957年部分地付诸实施。到1957年底，全国由手工业生产合作社转为合作工厂（实质上是地方国营企业）的有1000多个，还有一些手工业生产合作社直接转为地方国营工厂。这一点，还成为1958年以后急于实现由集体所有制向全民所有制过渡的思想来源。

上述问题的产生有很复杂的社会原因，主要还是受到了时代的限制，以及与此相联系的认识上的限制。

---

① 邓洁：《中国手工业社会主义改造的初步总结》，人民出版社1958年版，第35页。
② 薄一波：《若干重大决策与事件的回顾》上卷，中共中央党校出版社1991年版，第451、456~457页。

第八章　高度集中的计划经济体制的形成及其改进方案的提出

第一节　高度集中的计划经济体制的形成

一、高度集中的计划经济体制形成的历史背景

在国民经济恢复时期，已经确立了高度集中的计划经济体制的雏形。到了"一五"时期，这个雏形有了进一步发展，形成了高度集中的计划经济体制。

高度集中的计划经济体制形成的历史背景，一是以往几千年封建社会形成的自然经济思想的影响。二是过去20多年革命根据地和解放区处于被农村包围、被分割的情况下形成的自给自足、各自为战的管理制度，以及战时共产主义供给制的影响。三是在缺乏社会主义建设经验的情况下，基本上学习了苏联斯大林时期实行的计划经济体制（这些因素都是重要的，但都是历史的或外在的因素，而不是现实的和内在的因素）。四是这种体制适应了"一五"时期集中主要力量进行以重工业为主的重点建设的需要（这是现实的和内在的因素）。

这种高度集中的计划经济体制有一个很大的优点，就是能够把社会的资金、物资和技术力量集中起来，用于有关国计民生的重点项目、国民经济发展中的薄弱环节和经济落后地区，从而比较迅速地形成新的生产力，克服国民经济各个部门之间和各个地区之间发展不平衡的状态，促使国民经济迅速发展。这一点，正好满足了实现"一五"计划基本任务的需要。

"一五"计划首要的基本任务，是集中主要力量进行以苏联帮助我国设计的156个建设项目为中心的、由限额以上的694个建设项目组成的工业建设，建立我国社会主义工业化的初步基础。显然，要实现这项任务，需要大量的财力、物力和技术力量。1952年，尽管我国国民经济已经得到了恢复，但财力、物力和技术力量都很有限，不

能充分适应建立社会主义工业化初步基础的需要。要使有限的经济力量能够满足社会主义工业化建设的需要，就需要适当集中。根据"一五"计划的规定，单是苏联帮助设计的建设单位在五年内的投资就达到 110 亿元，占工业基本建设投资 248.5 亿元的 44.3%。而且，直接配合这些建设单位的，还有 143 个限额以上的建设单位，五年内对这些建设单位的投资是 18 亿元，占工业基本建设投资的 7.2%。两项合计共占 51.5%。[①] 这就表明"一五"期间需要集中主要投资来保证这些工程的建设，而且限额以上的 694 个建设单位，特别是苏联帮助我国设计的 156 个建设单位，都是关系国民经济命脉的项目。建设这些项目不是为了满足一个地区的需要，而是为了满足全国的需要。这些建设项目不仅技术复杂，而且投资量大。这种情况又决定了这些建设项目必须由中央集中统一管理。因而也需要由中央集中资金、物资和技术力量。显然，如果不实行由中央集中全国经济力量（包括资金）的高度集中的计划经济体制，是难以完成"一五"期间建立社会主义工业化初步基础的任务的。

二、高度集中的计划经济体制的主要内容

在实行这种高度集中的计划经济体制的条件下，无论就中央政府和地方政府的管理权限来说，还是就国家和企业的管理权限来说，都是高度集中在中央政府手中的。

（一）工业企业的管理

国民经济恢复时期，在国家对工业企业的管理方面，曾经实行了统一领导和分级管理的原则。当时中央政府除了在华北地区直接管理了一部分国营工业企业以外，在其他各大行政区，工业企业基本上是由各大行政区直接管理的。但在"一五"期间，中央政府各部门直接管理的工业企业数大大增长了，即由 1953 年的 2800 多个增长到 1957 年的 9300 多个，大约占当年国营工业企业总数 58000 个的 16%，工业产值接近国营工业总产值的一半。决定这一点的有三个基本因素：

（1）计划经济建设的开展，要求进一步加强中央政府的集中统一领导。与此相联系，1954 年 6 月 19 日中央人民政府决定撤销大区一级的行政机构。于是，原来由各大行政区直接管理的国营企业就转到中央政府各部门手中。

（2）随着私人资本主义工业的社会主义改造基本完成，原来的私营工业企业变成了公私合营的工业企业，其中一部分由国家直接管理。

（3）由国家投资兴建的工业企业投产以后，也由中央政府有关部门直接管理。

（二）工业基本建设项目的管理

"一五"期间，基本建设项目（特别是大中型基本建设项目）投资的绝大部分都是由中央政府直接安排的。从"一五"计划实际执行的结果来看，国家预算内投资达到 531.18 亿元，占基本建设投资总额的 90.3%。[②] 其中，属于中央政府直接管理的项目的

①《中华人民共和国发展国民经济的第一个五年计划（1953~1957）》，人民出版社 1955 年版，第 31 页。
②《中国统计年鉴》（1981），中国统计出版社 1982 年版，第 303 页。

投资占 79%，属于地方政府直接管理的项目的投资占 21%。

"一五"期间，基本建设项目的审批权也是高度集中的。依据有关文件规定，国务院各部门和各省、自治区、直辖市管理的各类基本建设项目在 500 万~3000 万元的，须经原国家建设委员会审核，国务院批准；60 万~500 万元的各类基本建设项目须经国务院各部或各省、自治区、直辖市人民委员会审核批准；60 万元以下的各类基本建设项目，其审核和批准程序，分别由国务院各部和各省、自治区、直辖市人民委员会自行规定。[①]

在这期间，中央政府各主管部门对重点建设项目的管理权也很集中，从人、财、物的调度到设计施工，再到生产准备的安排，是一管到底的。

(三) 计划管理

国民经济恢复时期结束时，工业中的社会主义经济成分的比重是大大增长了，但各种私有制工业还占大部分。依据这种实际经济状况，"一五"期间实行了直接计划与间接计划和市场调节相结合的计划管理制度。就是说，对国营企业和生产国家计划产品的一部分公私合营企业实行直接计划，由国家向这些企业下达指令性生产指标。指令性指标有 12 项：总产值、主要产品产量、新种类产品试制、重要的技术经济定额、成本降低率、成本降低额、职工总数、年底工人到达数、工资总额、平均工资、劳动生产率和利润。对多数公私合营企业和私人资本主义工业以及一部分手工业实行间接计划，主要由国家采用各种经济政策、经济合同和经济措施，把它们的经济活动引导到国家的计划轨道上。至于各类小商品生产，一般不列入国家计划，由市场进行调节。

在"一五"前期，有关国计民生的工业品生产已经纳入国家的直接计划，但工业生产中的间接计划和市场调节部分仍占有很大的比重。1952 年，公私合营工业、私人资本主义工业和个体工业产值占工业总产值的 55.2%；直到 1955 年还占 41%。[②] 所以，即使扣除了公私合营工业产值中已纳入国家直接计划的部分，"一五"前期间接计划和市场调节部分的比重仍然不小。这种直接计划与间接计划和市场调节相结合的计划管理制度，既具有宏观经济发展需要的统一性，又在某些方面（主要是私有经济中）具有微观经济发展需要的灵活性，从而成为这个时期经济发展的重要因素。

但到"一五"后期，工业生产中直接计划的部分大大增长了，而间接计划的部分大大缩小了。1953 年，原国家计委统一管理、直接下达计划指标的产品是 115 种；到 1956 年，增加到 380 多种，其产值占到工业总产值的 60% 上下。这部分是由于重点建设的开展，需要中央政府集中更多的财力和物力；部分是由于国民经济计划工作经验的积累，对各种生产条件的认识更加清楚，有可能制定更多的指令性计划指标；部分是由于生产资料私有制的社会主义改造的基本完成，有可能把原来对国营工业企业的

---

① 国务院:《基本建设工程设计和预算文件审核批准暂行办法》(1955 年 7 月 12 日发布),《中国工业经济法规汇编 (1949~1981)》, 第 209~210 页。

②《中国统计年鉴》(1984), 中国统计出版社 1985 年版, 第 194 页。

管理制度推广到更多公私合营企业中去。

(四) 财务管理

"一五"时期,国家对国营企业继续实行统收统支的财务管理制度。国营企业需要的资金(包括固定资产更新改造需要的技术措施费、新产品试制费、零星固定资产购置费以及定额流动资金),按企业隶属关系,由中央政府或地方政府的财政拨款,超定额流动资金由国家银行贷款。国营企业除了需要依据中央人民政府财政部的规定缴纳税款外,还需要按照隶属关系把全部折旧基金和大部分利润上缴中央政府财政部或地方政府。企业只能按照国家规定提取一定比例的计划利润和超计划利润作为企业奖励基金。1952 年曾经规定:各产业部门的国营企业可以提取计划利润的 2.5%~5%和超计划利润的 12%~25%作为企业奖励基金。[①]"一五"时期,对提取奖励基金的条件和比例做了一些修改。同时,为了发挥企业超额完成国家计划的积极性,还对中央各部门直属的企业超计划利润的分成和使用做了规定。国营企业超计划利润分成的计算,以年度为准,以主管部为单位,超计划利润扣除应提的企业奖励基金和企业社会主义竞赛奖金以后,40%留归主管部使用,60%上缴国库。各主管部可以将超计划利润留成的一部分分给企业,用于弥补流动资金、基本建设资金和技术改造资金的不足。[②]但这并没有改变国营工业经济中财权高度集中的状况。据计算,"一五"期间,国营企业奖励基金和超计划利润提成五年合计仅有 12.4 亿元,相当于同期企业上缴国家财政总数的 3.75%。

(五) 物资管理

"一五"时期,为了加强对物资的集中统一管理,将物资分为三类:一类是统配物资,即关系国计民生的最重要的通用物资,由原国家计划委员会组织生产和分配的平衡。二类是部管物资,即重要的专用物资,由国务院各主管部门组织生产和分配的平衡。这些列入国家计划分配的物资,均由原国家计划委员会或国务院各主管部门统一组织生产和分配,生产企业、国务院其他部门和地方政府无权支配。三类是地方管理物资,即第一项、第二项以外的工业品生产资料,不由国家计划分配,而是少部分由地方政府安排生产和销售,大部分由企业自产自销。

与这种物资管理体制相适应,在物资价格管理上,第一类、第二类物资都是按国家的计划价格组织调拨,第三类物资的价格由地方或企业自行规定。

前文说过,"一五"时期,国家直接计划生产的产品范围不断扩大。与此相联系,计划分配物资的种类也在增长。1953 年,计划分配的物资为 227 种,其中一类物资为 112 种,二类物资为 115 种;到 1957 年,计划分配物资增长到 532 种,其中一类物资为 231 种,二类物资为 301 种。与此相对应,非计划分配的重要物资,不仅品种减少

① 国务院财政经济委员会:《国营企业提用企业奖励基金暂时办法》,《新华月报》1952 年 2 月号,第 132 页。
② 财政部:《关于一九五六年国营企业超计划利润分成和使用的规定》(1956 年 10 月 11 日),《中国工业经济法规汇编(1949~1981)》,第 111 页。

了，供应的数量也下降了。商业部门按市场牌价供应的钢材占全国钢材供应总量的比重，1953 年为 35.9%，1956 年下降到 8.2%。

（六）劳动用工管理

在劳动用工管理方面，1954 年以前，是在中央统一政策指导下，以大行政区管理为主的。当时，不论是国营企业还是私营企业，都可以在国家政策允许的限度内自行增减职工；企业招工可以对职工进行考核，并可择优录用，还有辞退职工的权力。进入"一五"时期以后，1954 年撤销了大行政区，对劳动用工的管理，就逐步转到以中央集中管理为主。同时，为了适应有计划的经济建设的需要，又逐步扩大了国家对职工统一分配的范围，从大学毕业生，到中专毕业生和技工学校毕业生，一直到复员退伍军人。而全行业公私合营以后，对原来私营企业的职工又实行了"包下来"的政策，这就形成了能进不能出的"铁饭碗"制度，同时也意味着企业的用工权力丧失殆尽。

在工资管理方面也存在类似的情况。在国民经济恢复时期，工资也是以各大行政区的分散管理为主的。进入"一五"时期以后，1953 年开始对工资实行集中管理，但这时国家只控制工资总额和平均工资指标，而且这两个指标是逐年增加的。这样，地方、部门和企业都可以在国家规定的范围内安排部分职工升级，并依据需要实行计件工资和建立奖励制度。1954 年，大行政区撤销以后，工资管理就集中到中央政府劳动部手中。经过两年的准备，到 1956 年，进行了全国工资改革。从建立全国统一的国营企业工资制度来说，这次工资改革的内容主要包括：取消工资分制度和物价津贴制度，统一实行直接用货币规定工资标准的制度；分别按产业规定工人的工资等级数目和工资等级系数，统一制定或修改技术等级标准，实行等级工资制，对企业领导人员、工程技术人员和职员实行职务或职称的等级工资制；地方国营企业职工的工资标准和工资制度，由各省、自治区、直辖市根据企业的规模、设备、技术水平和现在的工资情况等条件，参照中央国营企业职工的工资标准和工资制度制定。

但这次工资改革，不仅涉及中央和地方国营工业企业，而且涉及公私合营的工业企业。按照当时的有关规定，在全行业公私合营以前实行了公私合营的企业，一般与国营企业同时进行工资改革，使它们的工资标准和工资制度与同一地区性质相同、规模相近的国营企业大致相同，现行工资标准高于当地同类性质国营企业的，一律不予降低。全行业公私合营以后建立的公私合营企业的工资标准和工资制度，逐步向同一地区性质相同、规模相近的国营企业看齐。公私合营企业的职工和私方人员的现行工资标准，同当地同类性质的国营企业的工资标准相比较，高了的不减少，低了的根据企业生产、营业情况和实际可能，分期逐步增加。

这样，经过这次工资改革，不仅在国营经济（包括国营工业）内部建立了统一的工资制度（包括由中央政府统一规定职工工资标准以及职工定级、升级制度等），而且开始把这种统一的工资制度向公私合营企业推广。

上述情况表明，"一五"时期，我国在工业企业管理、基本建设项目管理、计划管理、财务管理、物资管理和劳动工资管理等方面都建立了高度集中的管理制度，从而形成了较完整的高度集中的计划经济体制。

当然，"一五"时期是我国高度集中的计划经济体制的形成时期。因而，在这方面，"一五"前期（即 1956 年生产资料私有制的社会主义改造基本完成以前）和"一五"后期（即 1956 年生产资料私有制的社会主义改造基本完成以后）就会出现阶段性的差别。总的来说，"一五"前期的计划经济体制虽已是高度集中的管理体制，但相对"一五"后期来说，中央政府的集权还不是很高，地方政府和工业企业还有较多的管理权力。但到了"一五"后期，伴随着生产资料私有制社会主义改造的基本完成，以及社会主义工业建设对于财力物力的需要和财力物力供应不足的矛盾的发展，这种高度集中的计划经济体制就进一步向前发展了，将工业经济的管理权力更进一步集中在中央政府手中，地方政府和工业企业就没有多少活动余地了。这一点，从上述计划经济体制各个方面的变化可以看得很清楚。

三、高度集中的计划经济体制的历史作用及其弊病

（1）历史经验已经证明，"一五"时期建立起来的高度集中的计划经济体制，对"一五"计划各项任务的实现，起到了重要的促进作用。这种体制有利于集中主要力量建立我国社会主义工业化的初步基础；有利于克服半殖民地半封建中国留下的农业、轻工业和重工业之间的比例失调状态，以及沿海和内地之间经济发展严重不平衡的情况；有利于为生产资料私有制的社会主义改造提供良好的物质条件；有利于保证国家财政收入的增长、市场价格的稳定和人民生活的提高。

历史经验还表明，高度集中的计划经济体制固有的弊病，在"一五"时期已经有了暴露。这包括：这种体制不适合国营企业作为商品生产者的要求，束缚了企业的积极性；由这种体制造成的条块分割状态，割断了发展商品经济要求的部门之间和地区之间的经济联系；这种体制容易造成基本建设投资膨胀，引发国民经济比例关系失调；又会导致经济效益低的后果等。例如，1956 年有一篇文章写道："在上海，一些国营工厂和公私合营工厂的负责人经常这样说：由于上级国家机关在计划管理、财务管理、干部管理、职工调配、福利设施等方面管理过多、过死，许多事情他们做不了，管不了，只能起'算盘珠子'的作用。"[1]

束缚企业的积极性，是高度集中的计划经济体制的基本弊病；束缚地方政府的积极性，也是这种弊病的一个重要方面。例如，新中国成立后五年中，中央只给天津地方工业安排了 20 万元基本建设投资，建什么都要报中央有关部门批准，甚至连市里设多少电影队、每队配备多少人，也都要报经中央主管部门同意。[2]

高度集中的计划经济体制虽然有积极作用，但也有消极作用，且两者并不是平分秋色的关系。在"一五"时期的具体条件下，其积极作用得到了较充分的发挥，是主

---

① 《新华半月刊》1956 年第 3 期，第 46~47 页。
② 薄一波：《若干重大决策与事件的回顾》下卷，中共中央党校出版社 1993 年版，第 782 页。

要的方面；其消极作用受到了限制，是次要的方面。半殖民地半封建中国的产业结构是畸形的，农业比重过大，工业比重过小，轻工业落后，重工业尤其薄弱。新中国成立以来，经过国民经济恢复时期的建设，这种畸形状态有了一定程度的改善，但并没有得到根本的改变。所以，在"一五"期间，继续优先发展重工业，是一个正确的战略决策。这个时候我国工业基础仍然很薄弱，外延的扩大再生产形式，即主要依靠新建企业的形式占有特别重要的地位。但相对于发展轻工业和进行内涵的扩大再生产形式（即通过对原有企业的技术改造实现扩大再生产）来说，发展重工业和进行外延的扩大再生产，均需要较多的资金。这就需要把社会有限的财力集中在国家手中，用于建设有关国计民生的重点项目，以加速工业和整个国民经济的发展。高度集中的计划经济体制，正好适应了经济发展的这一客观要求，并促进了生产的发展。

（2）以行政管理为主的计划经济体制，它的运行机制是国家各级上级机关对各级下级机关以及国家行政机关对企业的行政命令，是国家各级下级机关对各级上级机关以及企业领导人对国家行政机关的行政责任，是维护行政命令和行政责任的行政纪律，是国家各级行政干部和企业领导人的责任心，是党的思想政治工作。而在"一五"期间，党和政府的威信很高，党的作风正派，党的干部队伍比较年轻，官僚主义比较少，广大干部的政治激情高涨，党的思想政治工作也很有力。这一切就使得计划经济体制的运行机制是比较灵敏的，行政管理的效率也是比较高的。

（3）"一五"期间党和国家的宏观经济决策是正确的。在各种经济管理体制下，党和国家的宏观经济决策都是重要的。而在高度集中的、以行政管理为主的计划经济体制下，党和国家的宏观经济决策的正确与否，意义尤为重大。因为只有宏观经济决策正确了，才能从根本上保证行政管理的效率；否则，就谈不上行政管理的效率。所以，"一五"期间正确的宏观经济决策，是充分发挥高度集中的计划经济体制积极作用的一个十分重要的条件。

上面分析的仅是问题的一个方面，即由于"一五"期间的各种具体条件，高度集中的计划经济体制的积极作用得到了较充分的发挥；另一方面，在这个期间，这种经济管理体制的消极作用却受到了很大的限制：

1）我国生产资料私有制的社会主义改造基本是在1956年完成的。在此之前，社会主义经济虽然已经居于领导地位，但还存在大量的资本主义经济以及个体的手工业经济。而且，在这个期间，党和政府比较成功地通过运用价值规律，对这些私有经济实行了计划指导。所以，计划经济体制产生的管理过于集中、管得过死、否定市场调节的作用等缺陷，这个期间在范围上受到了限制。

2）在这个期间，生产社会化和社会主义的商品经济都还不发达，由于美国等资本主义国家对我国实行封锁禁运，对外贸易也受到了很大的限制。这样，由这种经济管理体制带来的否定国营企业的商品生产者地位以及阻碍社会主义商品生产等消极作用，这个期间也暴露得不甚充分。

上述情况表明：高度集中的计划经济体制，适应了"一五"时期社会生产力发展的要求，并符合"一五"时期的具体情况，从而使它的积极作用成为主要方面。

这是把"一五"时期作为一个整体说的，并不意味着这种体制的积极作用和消极作用，在"一五"前期和后期都是同等的。实际上，由于前文已经论述过的原因，在"一五"前期，这种体制的积极作用更大些，消极作用要小些；而在"一五"后期，虽然还有主要的积极作用，但消极作用明显增强了。

第二节　高度集中的计划经济体制改进方案的提出

一、高度集中的计划经济体制改进方案的形成过程

前文说过，在国民经济恢复时期，高度集中的计划经济体制的雏形已经形成了。"一五"时期形成了高度集中的计划经济体制。到 1956 年，在建立计划经济体制方面，已经积累了几年的经验。而且，这时高度集中的计划经济体制的弊病，已经较多地和较明显地暴露出来。正是在这种历史背景下提出了改进计划经济体制的问题。

为了总结新中国成立以来社会主义建设的经验，探索社会主义建设的正确道路（包括计划经济体制改进的正确道路），毛泽东从 1956 年 2 月起，用了一个多月听取中央 34 个部门（包括工业、农业、交通运输业和财政等部门）的工作汇报。在汇报过程中，2 月 4 日毛泽东依据他 1955 年下半年巡视工作听到的各省负责人的反映（即关于中央政府对经济统得过死，严重束缚地方政府和企业的手足，强烈要求中央政府向下放权）尖锐提出"地方同志对中央集权太多不满意"，这个问题"光从思想上解决不行，还要解决制度问题"，"思想问题常常是在一定情况和制度下产生的，制度搞对头了，思想问题也容易解决"。① 毛泽东在这里讲了马克思主义的一个根本道理：制度是根本性的问题，解决制度问题是基本途径。这实际上发出了改进计划经济体制的号召。

毛泽东经过大量系统的调查研究之后，在 4 月 25~28 日召开的中央政治局扩大会议上，发表了《论十大关系》的讲话。他在讲话中开宗明义地说："提出这十个关系，都是围绕着一个基本方针，就是要把国内外一切积极因素调动起来，为社会主义服务。""过去我们就是鉴于苏联经验教训，少走了一些弯路，现在当然要引以为戒。"他在讲到国家、生产单位和生产者个人的关系时指出："国家和工厂、合作社的关系，工厂、合作社和生产者个人的关系，这两种关系都要处理好。为此，就不能只顾一头，必须兼顾国家、集体和个人三个方面……把什么东西统统都集中在中央或省市，不给工厂一点权力，一点机动的余地，一点利益，恐怕不妥。""各个生产单位都要有一个与统一性相联系的独立性，才会发展得更加活泼。"他在讲到中央和地方的关系时指出："中

---

① 薄一波：《若干重大决策与事件的回顾》下卷，中共中央党校出版社 1993 年版，第 783 页。

央和地方的关系也是一个矛盾。解决这个矛盾，目前要注意的是，应当在巩固中央统一领导的前提下，扩大一点地方的权力，给地方更多的独立性，让地方办更多的事情。这对我们建设强大的社会主义国家比较有利。我们的国家这么大，人口这样多，情况这样复杂，有中央和地方两个积极性，比只有一个积极性好得多。"[1]毛泽东这次讲话为改进高度集中的计划经济体制指明了基本方向。

中央政治局扩大会议一致同意毛泽东《论十大关系》的讲话，认为应当根据讲话的精神正确处理好各方面的关系，改进中央权力高度集中的经济管理体制，并要求国务院尽快研究具体改进的方案。

国务院根据毛泽东《论十大关系》的讲话和中央政治局扩大会议的精神，于 1956 年 5 月和 8 月召开全国体制会议，研究改进经济管理体制的方案。周恩来在 6 月 23 日的会上讲了话，对改进体制的意义、原则和方法做了系统阐述。

依据毛泽东、周恩来的上述讲话精神，当时由国务院有关部门专家起草了《国务院关于改进国家行政体制的决议（草案）》（国家行政体制即国家经济管理体制——引者注）。要点是：划分中央和地方行政管理职权的原则，以及计划、财政、工业和国民经济其他部门的改革。[2]同年 8 月 28 日，国务院召开第 36 次全体会议，对上述草案做了修改后，提交党中央讨论通过。

1956 年 9 月，中国共产党召开了第八次全国代表大会。刘少奇代表中国共产党中央委员会在第八次全国代表大会所做的政治报告中就改进高度集中的计划经济体制的原则问题做了进一步的论述。他说："在这里，有必要指出这样一个事实，就是上级国家机关往往对于企业管得过多、过死，妨碍了企业应有的主动性和机动性，使工作受到不应有的损失。应当保证企业在国家的统一领导和统一计划下，在计划管理、财务管理、干部管理、职工调配、福利设施等方面，有适当的自治权利。""我们的经济部门的领导机关必须认真把该管的事管好，而不要去管那些可以不管或者不该管的事。"[3]

1957 年初，党中央为了加强对经济工作（包括改进体制工作）的统一领导，决定成立一个小组，在中央政治局领导下具体负责。1 月 10 日，中共中央发出《关于成立中央经济工作五人小组的通知》，小组由陈云、李富春、薄一波、李先念、黄克诚组成，陈云为组长。小组成立后，立即着手研究落实中共八大关于改进体制的精神和《国务院关于改进国家行政体制的决议（草案）》的各项规定，认为改进体制的重点是工业、商业和财政，应先解决好这三个方面的问题，并督促有关部门尽快提出具体实施方案。同年 10 月，在扩大的中共八届三中全会上，基本上通过了由陈云主持起草的《关于改进工业管理体制的规定（草案）》、《关于改进商业管理体制的规定（草案）》和《关于改进财政管理体制的规定（草案）》。这三个规定于 1957 年 11 月经国务院第 61 次全体会

[1]《毛泽东选集》第 5 卷，人民出版社 1977 年版，第 272~277 页。
[2] 薄一波：《若干重大决策与事件的回顾》下卷，中共中央党校出版社 1993 年版，第 789~790 页。
[3]《刘少奇选集》下卷，人民出版社 1982 年版，第 233 页。

议通过，接着又经过全国人民代表大会常务委员会第 84 次会议原则批准，11 月 18 日以国务院名义正式公布下达。

二、高度集中的计划经济体制改进方案的主要内容

依据本书的考察范围，下面只叙述《关于改进工业管理体制的规定》① （以下简称《规定》）的主要内容。

《规定》指出：我国是社会主义国家，我国的建设是有计划的建设，全国各地区各企业的生产和建设工作都必须服从国家的统一计划，绝不可以违反国家的统一计划。我们现行的工业管理体制基本上是符合这种要求的。但是，从目前情况来看，现行工业管理体制存在着两个主要的缺点：一个是有些企业适宜交给地方管理的，现在还由中央工业部门直接管理；同时，地方行政机关在工业管理中的物资分配、财务管理、人事管理等方面的职权太小。另一个是企业主管人员对于本企业的管理权限太小，工业行政部门对于企业中的业务管得过多。这两个主要缺点限制了地方行政机关和企业主管人员在工作方面的主动性和积极性。在国家的统一计划以内，给地方政府和企业以一定程度的因地制宜的权力，是完全必要的。这种在国家统一计划范围内给地方政府和企业一定程度的机动权力，正是为了因地制宜地完成国家的统一计划，这是国家统一计划所必需的。为了适当地扩大地方政府在工业管理方面的权限和企业主管人员对企业内部的管理权限，做了下列规定。

（一）在适当扩大省、自治区、直辖市管理工业的权限方面

《规定》提出：第一，调整现有企业的隶属关系，把目前由中央直接管理的一部分企业，下放给省、自治区、直辖市领导，作为地方企业。现在属于轻工业部和食品工业部的企业，除了若干企业必须由中央管理以外，大部分企业都下放给省、自治区、直辖市管理。纺织工业先下放一小部分，以后根据具体情况，再定大部分下放的步骤。重工业各部门所属的企业，凡是大型矿山、大型冶金企业、大型化工企业、重要煤炭基地、大电力网、大电站、石油采炼企业、大型和精密的机器、电机和仪表工厂、军事工业以及其他技术复杂的工业，仍旧归中央各工业部门管理。除此以外，其他工厂凡属可以下放的，都应该根据情况，逐步下放。森林工业部所属的企业，除个别单位需要由部直接管理以外，其余全部下放。一切仍归中央各部管辖的企业，都实行以中央各部为主的中央和地方的双重领导，加强地方对中央各部所属企业的领导和监督。

第二，增加各省、自治区、直辖市人民委员会在物资分配方面的权限。中央各部所属企业、地方所属企业（包括地方所属的公私合营企业）和商业系统这三个方面所需要的物资，不论是原国家经济委员会所管的全国统一分配的物资（以下简称统配物资），还是中央各部所管的统一分配物资（以下简称部管物资），仍旧各按原来系统申请和分配。地方国营、地方公私合营企业所需要的物资由省、自治区、直辖市统一申

①《陈云文选》第 3 卷，人民出版社 1995 年版，第 87~94 页。

请和分配。但是，省、自治区、直辖市人民委员会，对于在省、自治区、直辖市范围以内的中央企业、地方企业和地方商业机关为本企业生产经营所申请分配的物资，在保证完成国家计划的条件下，有权根据当地的情况和需要的缓急，在各个企业之间进行数量、品种和使用时间方面的调剂；各个系统的企业，都要服从这种调剂。省、自治区、直辖市管理的企业所生产的统配物资和部管物资，如果生产数量超过了国家计划规定数量，超过计划的部分，当地政府可以按照一定比例提成，自行支配使用，但是原定的品种计划不能改变。中央各部所属企业生产的超过计划的产品，除了中央指定的少数企业和少数产品品种以外，地方政府也可以按照中央批准的比例分成。

第三，原来属于中央各部管理，现在下放给地方政府管理的企业，全部利润的20%归地方，80%归中央。凡属于第二机械工业部、邮电部、铁道部、对外贸易部外销部分和民航局等部门的企业和大型矿山、大型冶金、大型化工、大型煤矿、大电力网、石油采炼、大型机器和电机的制造等企业以及长江、沿海跨省经营的航运企业，地方政府不参与利润分成；除此以外，所有仍旧属于中央各部管理的其他企业，例如纺织企业，地方政府也可以分得全部利润的20%。所有地方政府参与利润分成的企业，规定的二八分成比例，三年不变。凡属于原来由地方管理的企业，其全部利润仍旧归地方政府所得。

第四，在人事管理方面，增加地方的管理权限。凡是属于中央各部下放给地方政府管理的企业，在人事管理方面，都按照地方企业办理。各省、自治区、直辖市对仍归中央各部管辖的企业的所有干部，在不削弱主要厂矿领导力量的条件下，可以进行适当的调整。但是，国务院管理范围的干部，地方要求调动的时候，应该报请国务院批准。各主管工业部门管理范围的干部，地方调动的时候，应该同主管部门协商。在调动干部尤其是调动高级技术人员的时候，应该注意干部原来的专业，照顾到某些干部在工作岗位上要有一定时期的稳定性。中央各部所属的企业和分驻各地的管理机构，有关编制定员工作，应该受当地人民委员会的领导和监督。

（二）在适当扩大企业主管人员对企业内部的管理权限方面

《规定》指出：第一，在计划管理方面，减少指令性的指标，扩大企业主管人员对计划管理的职责。在生产计划方面，原来由国务院规定的非经国务院批准不得改变的指令性的指标共有12个，即总产值、主要产品产量、新种类产品试制、重要的技术经济定额、成本降低率、成本降低额、职工总数、年底工人到达数、工资总额、平均工资、劳动生产率和利润。现在把国务院的指令性指标减为四个，即主要产品产量、职工总数、工资总额和利润。其余八个指标，在一般情况下，都作为非指令性指标。这些非指令性指标，在下达计划和上报计划的时候，仍旧和四个指令性指标一样，全部列入计划，作为计算根据，但是，企业在执行中可以依据实际情况进行修改。对于非指令性指标修改后的方案，应该报有关部、局备案。除了国务院规定的四个指令性指标以外，各工业部可以根据企业的特殊需要，增加个别指令性指标，例如新种类产品试制、重要技术经济定额、成本降低率等。各省、自治区、直辖市人民委员会也可以根据当地需要，对自己所属企业增加个别指令性指标，例如，规定在省、自治区、直辖市范围内平衡的某种产品的产量。在基本建设计划方面，国务院1957年规定的指令性指标有四个，即总投资额、限额以上项目、动用生产能力和建筑安装工作量，今后仍旧按照这四个指令性指标执行。建筑安装部门的劳动工资指标，仍旧按照过去规定办理。各省、自治区、直辖市对于地方基本建设投资的使用，在保证完成上述指令性指标的条件下，在国务院核定的地方投资总额以内，可以对建设项目、建设进度等方面进行调剂。国家只规定年度计划。关于季度、月度计划，哪些企业应该由主管的部、局规定，哪些企业应该由企业自行制定，都由各主管部门根据具体情况，做出决定。

第二，国家和企业实行利润分成，改进企业的财务管理制度。企业的利润，由国家和企业实行全额分成。分成的基数根据各工业部门"一五"期间领取的四项费用（技术组织措施费用、新种类产品试制费用、劳动保护费用、零星购置费用），加上企业奖励基金，再加上40%的超计划利润，把各部所领取的这三笔收入与工业部门在同一时期所实现的全部上缴利润，以部为单位，分别算出比例。例如各工业部所领取的三笔收入各占该工业部上缴利润的百分比，把这个比例分别作为各工业部的固定分成比例。以后年度预算中，国家不再拨付四项费用和企业奖励基金，所有这些费用均由利润固定分成解决。分成比例确定以后，三年不变。每年根据实现的利润，计算分成数额。各工业部对于所属企业根据上述原则和具体情况，分别确定各自的分成比例，实现国家和企业在利润方面的分成。但是，各工业部可以在自己直属各企业的全部分成所得中，集中一部分作为企业间调剂之用。各省、自治区、直辖市的工业管理部门也可以在其直属企业（包括中央下放企业）所得的利润分成中，抽出一部分，作为当地各企业间调剂之用。国防企业中新种类产品试制费用，以及其他企业的特殊重要的新种类产品的试制费用，如果超过本企业负担能力，由主管部门另行拨付。企业在使用分成所得的时候，必须把其中的大部分用于生产方面，同时，适当地照顾职工福利方面。取消现行的某些不合理的规定，例如，大修理不准"变形"、"增值"等规定。企业的事业费在保证完成计划的条件下，可以由企业在事业费总额的项目之间调剂使用。企业的固定资产在上级规定的权限内，可以由企业增减或者报废。

第三，改进企业的人事管理制度，除企业主管负责人员（厂长、副厂长、经理、副经理等）、主要技术人员以外，其他一切职工均由企业负责管理。企业有权在不增加职工总数的条件下，自行调整机构和人员。

以上改进方案，在我国高度集中的计划经济体制建立时间不长、还缺乏经验的条件下，已经开始提到了体制的两个重要弊病（地方政府管理工业的职权太小和企业主管人员对于本企业的管理权限太小），并相应地提出了改进措施，这是改进我国计划经济体制的第一个方案，具有重要的历史意义。但是，由于时代条件和认识水平的限制，这个方案还有很大的局限性。《规定》虽然提到了高度集中的计划经济体制的缺点，但没有看到这种体制根本不能适应社会主义商品经济发展的要求，因而也提不出进行根本改革计划经济体制的措施。诚然，《规定》也提到了企业主管人员对于本企业的管理权限太小，并提出了适当扩大企业主管人员在企业内部的管理权限的措施，但没有指出国营企业是独立的商品生产者和经营者，没有提出措施使企业真正成为独立的经济实体，更没有提出建立社会主义市场经济这样的改革目标模式。这样，即使《规定》提出的各项措施全面地付诸实施，也只能使高度集中的计划经济体制的弊病得到一定程度的缓解，而不能获得根治。所以，从主要的意义上来说，《规定》只是对中央政府和地方政府管理经济权限上的调整，是行政性的分权，还谈不上是对计划经济体制的根本改革。

　　还要提到，《规定》涉及的改进还局限于国营经济的管理体制，还没有涉及整个国民经济管理体制和多种经济成分的发展问题。但在这方面值得提出，陈云依据"一五"时期社会主义改造经验的总结，在 1956 年 9 月召开的中共八大上就改进包括整个国民经济和多种经济成分的管理体制问题提出了以下重要的原则："我们的社会主义经济的情况将是这样：在工商业经营方面，国家经营和集体经营是工商业的主体，但是附有一定数量的个体经营。这种个体经营是国家经营和集体经营的补充。"在生产计划方面，"计划生产是工农业生产的主体，按照市场变化而在国家计划许可范围内的自由生产是计划生产的补充"。"在社会主义的统一市场里，国家市场是它的主体，但是附有一定范围内国家领导的自由市场。"[①] 还要提到，毛泽东在 1956 年 12 月上旬与全国工商联领导人谈话时曾经提出中国还需要继续实行一段"新经济政策"的思想（详见本篇第一章第四节）。当然，不能认为毛泽东、陈云在这里已经形成了我国社会主义初级阶段所有制结构的思想。但确实是这个思想的开端。然而，在 1958 年以后的一个长时期内，在"左"的路线占主要地位的条件下，这些重要指导思想不仅没有付诸实施，而且以单一公有制（主要是国营制）和指令性计划为主要特征的计划经济体制还得到了进一步强化。

---

① 《陈云文选》第 3 卷，人民出版社 1995 年版，第 13 页。

第九章　建立社会主义工业化的初步基础

我们拟在本章先对"一五"时期建立社会主义工业化初步基础的历史进程做简要的纵向剖析，然后对这个历史进程的横断面做详细叙述。

第一节　"一五"时期工业生产建设发展的进程

一、1953 年工业生产建设发展迅速，但"小冒了一下"[①]

1953 年的国民经济计划（包括工业生产建设计划）是依据党和政府"边打、边稳、边建"的方针制定的。这个指导思想无疑是正确的。但是，1953 年是我国开展有计划的、大规模的经济建设的第一年，百业待举。1953 年上半年，朝鲜战争的停战协定还未签字。这种形势也要求加快社会主义经济建设。1952 年，农业是一个丰收年，农业总产值比 1951 年增长 15.2%。[②] 在这种经济、军事形势下，急于求成的思想冒了头，把包括工业在内的基本建设的摊子铺得过大了。

为了促进 1953 年工业生产建设的发展，着重抓了建立和加强计划管理与责任制，学习和推广苏联先进经验，并着力加强了基本建设工作。为了解决由基本建设规模过大带来的财政收支不平衡的问题，1953 年 8 月党中央发布了《关于增加生产、增加收入、厉行节约、紧缩开支、平衡国家预算的紧急通知》，9 月全国总工会又发布了《关于进一步开展增产节约劳动竞赛，保证全面地完成国家的生产计划的紧急通知》，推动了全国的群众性的增产节约运动的展开，促进了工业生产建设计划的实现。这年工业（不包括手工业）产值完成计划指标的 107%；[③] 工业总产值为 450 亿元，比 1952 年增

[①]《周恩来选集》下卷，人民出版社 1984 年版，第 235 页；《陈云文选》第 3 卷，人民出版社 1995 年版，第 28 页。

[②]《中国统计年鉴》(1984)，中国统计出版社 1985 年版，第 25 页。

[③]《关于 1953 年度国民经济发展和国家计划执行结果的公报》，《新华月报》1954 年第 10 期，第 223 页。

长了 30.3%。① 国家所有制工业基本建设投资由 1952 年的 16.9 亿元增加到 28.4 亿元，新增工业固定资产由 1952 年的 11.3 亿元增加到 23.4 亿元。② 所以，这年工业生产建设发展迅速，并在建立社会主义工业化初步基础方面迈出了重要的一步。

但是，从计划执行的实际结果来看，这年包括工业在内的基本建设也"小冒了一下"。1953 年包括工业在内的国家基本建设投资比 1952 年增加了 107.6%；而作为基本建设投资来源的国家财政收入只增长了 21.3%；作为基本建设三大材料的钢材、水泥和木材分别只增长了 38.7%、35.7% 和 42.3%。与工业生产建设发展相联系的消费品购买力增加了 25.8%；而这种购买力赖以实现的消费品货源只增长了 18.7%。

二、1954 年工业生产建设稳步发展

1954 年的工业生产建设是在下列困难中进行的：

（1）工业设备和原料不能满足工业生产建设的需要，供产销不平衡的问题比较突出。一方面，这主要是由于我国原来工业基础薄弱，新的工业基础还没有建立起来，旧的工业还没有进行技术改造；小农经济技术落后，生产发展很慢。另一方面，1953 年 7 月签订了朝鲜停战协定，使得 1954 年的社会主义工业建设有可能在更大的规模上展开。

（2）作为工业发展基础的农业，1953 年遭受了严重的自然灾害，以致农业总产值仅比 1952 年增长 3.1%，而作为工业最重要原料的棉花产量，还下降了 9.9%。③ 这不仅减少了农产品原料，而且增加了国家的财政支出（如救灾费用），减少了财政收入来源（如农业税），从而使得工业建设中的原料资金问题变得更加紧张起来。

（3）随着工业生产建设在更大规模上展开，技术力量不足和技术水平不高的矛盾也更明显地暴露出来。1953 年，重工业部门技术人员占职工中的比例为 4.6%，轻工业只有 3.6%；高级技术工人的比例也很低；能够解决复杂技术问题的高级专家就更为缺乏。

为了促进 1954 年工业生产建设的发展，着重采取了下述三方面的措施：

（1）在工业企业的生产方面，首先是充分发挥国营企业的潜在力量，努力增产。其次是进一步贯彻对私营工业的利用、限制、改造政策，加强加工订货工作，特别是有步骤地把私营企业改造成为公私合营企业，促进其生产的发展。

（2）在工业基本建设方面：①继续贯彻重点建设方针，集中使用资金和建设力量，并抓紧工程质量和建设速度，加强检查工作。②加强勘探、设计、施工与设备、材料的供应工作，使之密切衔接。③加强工业城市的规划工作，使之达到工业建设的要求；同时加强各有关部门的密切协作，保证新建工业地区的各种厂外工程及时配套。

（3）从综合工业的生产和建设两方面来看，重要的措施有：

---

① 《中国统计年鉴》(1984)，中国统计出版社 1985 年版，第 23、25 页。
② 《伟大的十年》，人民出版社 1959 年版，第 48、57 页。
③ 《中国统计年鉴》(1984)，中国统计出版社 1985 年版，第 25、142、225、226、301、417 页。

1) 为了解决资金不足的问题，要求各经济部门进一步贯彻经济核算制，完成和超额完成利润、税收上缴计划，增加国家财政收入；要求文教部门和国家机关厉行节约，并提倡社会节约，奖励储蓄。

2) 为了保证工业生产建设的物资需要，加强重要物资的分配工作，增加国家集中分配的主要物资的品种和数量，开辟新的物资来源，合理确定物资使用方向，实现物资供应的地区平衡和季节平衡，节约使用物资；物资供销双方可以根据国家物资分配计划采用合同形式把产供销的工作结合起来。

3) 为了解决技术力量不足的问题，要求办好现有的高等学校、中等技术学校和技工学校，充分利用现有的厂矿企业和正在建设中的厂矿企业，培养新的技术人才；各工业部门和企业要加强对现有技术人员的教育、团结、提升工作，并合理地使用技术力量。

4) 要进一步对企业职工和经济管理干部深入进行党在过渡时期总路线的教育，使之成为动员他们刻苦钻研技术和业务，勇于克服困难，以及推动生产建设的力量的泉源。

5) 要进一步加强党对工业生产建设的领导，经常检查政策的执行情况，加强对干部的培养和教育，继续抽调优秀干部加强工业战线。

上述各项措施有力地推进了 1954 年的工业生产建设，使得工业在困难的条件下仍然获得了稳定的发展，使社会主义工业化事业持续前进。1954 年，工业（不包括手工业）产值完成计划指标的 106%；[①] 工业总产值达到 515 亿元，比 1953 年增长 16.3%。[②] 国家所有制工业基本建设投资由 1953 年的 28.4 亿元增加到 1954 年的 38.3 亿元，工业新增固定资产由 23.4 亿元增加到 28.23 亿元。[③]

三、1955 年工业生产建设有了进一步发展，但增长速度偏低

前述的 1954 年工业生产建设面临的各种困难，在 1955 年仍然是存在的。而就前两年（1953 年和 1954 年）农业连续遭受严重的自然灾害来说，困难就加重了。1954 年农业总产值只比 1953 年增长 3.4%，棉花产量又下降了 9.4%。[④]

为了推进 1955 年的工业生产建设，仍须继续贯彻前述 1954 年提出的一系列措施。鉴于 1955 年的工业资金紧张问题，而生产和建设等方面又普遍存在浪费现象，因而特别需要进一步建立严格的节约制度，推行经济核算制，以增加社会主义的内部积累。为此，1955 年 7 月中共中央发布了《关于厉行节约的决定》（以下简称《决定》）。《决定》要求：在基本建设方面，除了新建的主要厂房、主要设备以及其他主要的生产性和技术性工程须按现代化技术标准进行设计、施工和安装，并保证其进度和质量外，其

---

① 《关于 1954 年度国民经济发展和国家计划执行结果的公报》，《新华月报》1955 年第 10 期，第 166 页。
② 《中国统计年鉴》（1984），中国统计出版社 1985 年版，第 23、25 页。
③ 《伟大的十年》，人民出版社 1959 年版，第 48、57 页。
④ 《中国统计年鉴》（1984），中国统计出版社 1985 年版，第 25、142 页。

他次要的和附属的各种建筑工程能削减者削减，不能削减者也须降低设计标准和工程造价。非生产性的建设，必须严格控制，削减非急需建设项目，降低设计标准和工程造价。要求各经济部门改善经营管理，贯彻经济核算制，降低成本，增加上缴利润。要求在机关、学校、部队和企业的生活设施方面，降低汽车、宿舍、家具的使用标准。在中央决定的号召下，一场群众性的节约运动在全国特别是在基本建设方面普遍地、蓬勃地开展起来，并取得了显著成效。根据 1955 年对 3280 个较大的建设单位的统计，节约的资金达到 10 亿多元，比原投资计划减少了 16.1%。①

1955 年工业生产建设获得了进一步发展。这年工业（不包括手工业）产值完成计划指标的 101%，②工业总产值达到 534 亿元，比 1954 年增长 5.6%。③工业基本建设投资由 1954 年的 38.3 亿元增加到 1955 年的 43 亿元，新增工业固定资产由 1954 年的 28.23 亿元增加到 35.29 亿元。④这样，社会主义工业化事业又继续向前发展了。

但 1955 年工业生产增长速度是偏低的，比"一五"时期的其他四年都低，比增长较快的 1953 年要低 24.7 个百分点，比增长较慢的 1957 年还低 5.9 个百分点。这年工业增长速度较低有客观原因，主要是农业遭受了连续自然灾害。以棉纱为例，1954 年生产 459.8 万件；1955 年因原料不足，计划定为 400 万件，后又因原料收购情况不好，又削减为 392 万件。这样，棉纱一项就比 1954 年减产将近 68 万件，减少产值 17 亿元。此外，还有卷烟、麻袋等产品减产，如卷烟比 1954 年减少 25.8 万箱，麻袋减少 787 万条，两项共减少产值 1 亿元。仅此两项就相当于 1955 年工业总产值的 3.4%。但也有主观原因，同经济工作中的保守倾向、没有充分估计和挖掘工业生产建设的潜力也有联系。这一年，不但财政上出现了过多的结余，而且在重要的建筑材料（如钢材、水泥和木材等）方面也出现了过剩现象，铁路运力也未得到充分利用。据 1955 年 9 月估算，如果按照原定计划进行，并考虑到节约运动全面开展起来以后财力、物力和运力的节约情况，那么，到 1955 年底，财政上将结余 23 亿~28 亿元，水泥、玻璃和木材分别积压 120 万吨、100 万箱和 1300 万立方米，铁路货运只能完成原计划的 93.2%。后来又把一时过剩物资当作一个比较长期的趋势来看待，因而用出口的办法解决钢材和水泥一时多余的困难。这种情况表明工业生产潜力没有得到充分发挥。当然，相对工业生产建设全局而言，这种保守倾向只是局部性的。

四、1956 年加快了工业生产建设的发展，但又"大冒了一下"⑤

提出加快 1956 年工业生产建设发展速度的要求，是同作为"一五"时期第三年的 1955 年下半年的经济形势相联系的。据 1955 年 9 月预计，包括有些工业部门在内的某

---

① 《关于 1955 年度国民经济计划执行结果的公报》，《新华半月刊》1956 年第 13 期，第 41 页。
② 《关于 1955 年度国民经济计划执行结果的公报》，《新华半月刊》1956 年第 13 期，第 39 页。
③ 《中国统计年鉴》(1984)，中国统计出版社 1985 年版，第 23、25、27 页。
④ 《伟大的十年》，人民出版社 1959 年版，第 48、57 页。
⑤ 《周恩来选集》下卷，人民出版社 1984 年版，第 235 页；《陈云文选》第 3 卷，人民出版社 1995 年版，第 28 页。

些经济部门 1955 年实现的计划指标有可能达不到"一五"计划规定的当年水平，尤其是包括工业在内的基本建设投资，前三年（1953~1955 年）只能完成五年投资总额的51%，后两年（1956~1957 年）还须完成49%。如果把厉行节约后新增加的一些项目投资计算进去，实际上后两年还须完成五年投资总额的一半以上。如不加快工业生产建设，"一五"计划规定的指标，有可能不能按期实现。另外，1955 年下半年，我国开始形成了个体农业、个体手工业和资本主义工商业社会主义改造的高潮，这个高潮大大推动了社会主义建设高潮。1955 年农业获得了大丰收，农业总产值比 1954 年增长7.6%，是 1953~1955 年增长速度最快的一年。在执行"一五"计划的前三年，财力有了一定的结余，物力有了一定的储备，技术力量有了一定的成长，基本建设的设计、设备和施工组织都有了较好的准备。在这种背景下，既有必要也有可能加快 1956 年工业生产建设的发展速度。

但在这方面也面临着困难。工业生产建设中原有的一些不利因素还存在，而且还会出现新的困难。如随着工业基本建设在更大规模上开展，开始施工的重点建设单位增多，技术更加复杂，而技术力量的成长还不能完全跟上去；生产资料和生活资料的供应也会有些紧张。1955 年节约运动取得了很好成绩，但也发生了某些偏差。如有些工厂和建设单位只顾节约，不顾产品或工程质量，不积极完成新产品试制计划，以致产品质量低劣和品种规格太少，成为当时工业中的一个严重问题。

为了加快 1956 年工业生产建设的发展，要继续贯彻前述各项既定的措施。在这方面，党中央着重强调必须继续贯彻关于在各个部门、各个地方和一切方面反对浪费、厉行节约的指示。要求各部门、各地方精打细算，把各方面的节约潜力直接规定在1956 年各种计划指标内，并使节约成为经常的制度。党中央还再次把提高产品质量和增加品种规格作为发展工业的方针提出来。要求在不断提高质量的前提下，力求节约原材料，降低成本；在不断增加适合社会需要的新种类、新规格产品的前提下，力求完成和超额完成产量和产值计划。要求凡原来质量较好的产品，不许降低质量，已经降低了的，必须迅速提高；凡适合社会多种多样需求的产品，不许减少品种，已经减少了的，必须迅速恢复；凡国家和人民需要而又有条件试制的新产品，必须加紧试制，保证质量合格，争取尽快成批生产；凡设计和试制新产品成功者，必须给予奖励。

1956 年，我国工业像整个国民经济一样，发生了巨大的变化，个体手工业和资本主义工业已经基本完成了社会主义改造，工业生产建设获得了巨大的发展。工业（不包括手工业）产值完成了年度计划的109%。[①] 1956 年工业总产值达到 642 亿元，比1955 年增长28.1%。[②] 1956 年，工业基本建设投资由 1955 年的 43 亿元增长到 68.2 亿元，工业新增固定资产由 1955 年的 35.29 亿元增长到 49 亿元。[③] 1956 年工业取得的巨

① 《关于 1956 年度国民经济计划执行结果的公报》，《新华半月刊》1957 年第 17 期，第 201 页；《新华半月刊》1957 年第 14 期，第 29 页。

② 《中国统计年鉴》（1984），中国统计出版社 1985 年版，第 23、25 页。

③ 《伟大的十年》，人民出版社 1959 年版，第 48、57 页。

大成就，意味着社会主义工业化事业又向前跨进了一大步，并为完成和超额完成"一五"计划打下了牢固的基础。

但是，由于急于求成思想的影响，1956 年的工业生产建设也发生过冒进倾向。据计算，包括工业在内的基本建设投资多了 15 亿~20 亿元。与此相联系，由于职工人数增加，工资总额也增加多了。当然，1956 年工资总额过多，与学校发展快以及一部分职工工资增加过多也有关系。于是造成当年财政赤字 18.3 亿元，除动用历年财政结余 16.5 亿元以外，还向银行透支 1.8 亿元。再加上 1956 年银行对农业、手工业和公私合营企业的贷款超过了计划，信贷也出现了差额，相应地增加了货币发行。与 1955 年底相比较，1956 年底市场货币流通量增加了 16.9 亿元。这样，尽管这年生产资料和生活资料的增长幅度都很大，但两者的供需矛盾仍然很大。单是 1956 年社会零售商品货源与社会商品购买力的差额就达 25.6 亿元。由于商品供应紧张，1956 年动用了约 20 亿元的国家商品物资库存。[①]

但这种冒进倾向是局部性的。就包括工业在内的基本建设投资多支出的 15 亿~20 亿元来说，只相当于同年的基本建设投资总额的 5%~6%。就多发行的 16.9 亿元的货币来说，其中大部分是发展商品流通的正常需要，只有一小部分是超过正常需要的。社会商品零售货源与社会商品购买力的差额 25.6 亿元，只占当年社会商品购买力的5.3%。动用约 20 亿元的国家商品物资库存，也只占库存很小的一部分。当年仅国家商业部门经常保有的库存物资就有 200 亿~300 亿元。[②]

五、1957 年工业生产建设又获得了稳步发展

1956 年，我国基本上完成了生产资料私有制的社会主义改造，取得了社会主义建设的巨大胜利。这就为 1957 年的工业生产建设创造了有利的条件。但是，1956 年发生了局部性的冒进错误，以致国家财政出现赤字，物资储备减少。1956 年农业又遇到了严重的自然灾害，农业总产值只比 1955 年增加 5%，棉花产量又下降了 4.8%，[③] 这样，就发展工业生产建设来说，财力、物力供应都比较紧张。

为了解决财政经济方面发生的这些问题，以促进 1957 年工业生产建设的发展，主要抓了以下四项工作：

（1）全面而深入地开展增产节约运动。为此，中共中央于 1957 年 2 月发布了《关于 1957 年开展增产节约运动的指示》。就工业生产建设来说，在增产方面，凡属于有原料、有销路的工业产品，都应该尽量增产；在节约方面，除了必需的费用以外，要节省一切可以节省的开支。

（2）适当压缩包括工业在内的基本建设投资，使 1957 年的基本建设规模，适应国

---

①《新华半月刊》1957 年第 14 期，第 4 页。

②《新华半月刊》1957 年第 14 期，第 18~19 页。

③《中国统计年鉴》(1984)，中国统计出版社 1985 年版，第 25、146 页。

家财力和物力供应状况。1957 年，包括工业在内的基本建设投资计划安排为 111 亿元，为 1956 年的 79.4%。[①] 这样，对原定在 1957 年开工的建设项目，要依据具体情况，重新排队，把那些 1957 年和 1958 年都有可能和必要的施工项目，列入年度计划；把那些虽有可能 1957 年施工，但 1958 年没有条件继续施工的项目，从年度计划中取消；把那些需要建设、已经设计，但目前限于条件还不可能施工的项目，列入预备项目。

在基本建设投资的使用上，根据保证重点、保证急需的原则，做了合理的分配。在工业方面，着重保证了生产能力不足的冶金、煤炭、电力、化学（包括化学肥料）、建筑材料等工业以及与农业直接有关的工业的投资，着重保证了对那些有原料、有销路的轻工业的投资；而对重工业和轻工业中（如机械制造工业以及纺织工业和食品工业等）生产能力有余或者目前并不急需的投资，做了适当削减。

1957 年在基本建设投资的安排方面，还依据勤俭建国的方针，在保证工程质量的前提下，修改了某些过高的和不适当的设计标准，并且尽可能就地取材，以降低工程造价。

（3）为了有计划地控制社会购买力的增长速度，除了在提高农产品收购价格方面采取适当的限制措施以外，还有计划地控制工资总额的增长。采取这些办法来恢复消费品供应量和社会购买力的平衡。

（4）适当降低工业的发展速度。1957 年，工业产值（不包括手工业产值）计划安排只比 1956 年增长 4.5%。这主要是因为 1956 年农业遭受严重自然灾害。1957 年计划安排的工业消费品增产很少。而工业消费品产值在工业产值中占的比重又很大，1956 年为 50.3%，1957 年计划为 48.4%；在消费品工业产值中，纺织、食品工业产值占的比重又最大，1956 年为 77.7%，1957 年计划为 77%。由于棉纱产量 1957 年计划比 1956 年减产 61.1 万吨，使棉纺织工业产值将减少 14.4 亿元。仅此一项，就使工业产值增长速度降低约 2.5%。1957 年计划安排的食品工业产值虽比 1956 年有所增长，但增长很少，仅 2.2 亿元。另外，由于有些农业机械工业（如新式畜力农具、锅驼机和水车等）1956 年生产过多，1957 年基本上停止生产。机械工业的其他若干产品则又因 1957 年计划安排的基本建设投资大量减少，其产值也相应下降。这样，1957 年计划安排的机械工业产值为 54.9 亿元，只相当于 1956 年的 95.6%。[②]

由于采取了上述重要措施，1957 年工业生产建设又获得了稳步发展，完成和超额完成了"一五"计划规定的指标。1957 年工业（不包括手工业）产值完成计划指标的 104.1%，超过了"一五"计划规定 1957 年指标的 17.3%。[③]

1957 年工业总产值达到 704 亿元，比 1956 年增长 11.5%，比 1952 年增长 128.6%；"一五"期间平均每年增长 18%，五年增长速度比"一五"计划指标要多 30.3

①《新华半月刊》1957 年第 14 期，第 33 页。
②《新华半月刊》1957 年第 14 期，第 31~32 页。
③《新华半月刊》1958 年第 5 期，第 13 页。

个百分点，平均每年增长速度要多 3.3 个百分点。[1] 1957 年工业基本建设投资由 1956 年的 68.2 亿元达到 72.4 亿元，新增工业固定资产由 1956 年的 49 亿元增加到 64.7 亿元。五年用于工业基本建设的投资总额达到 250.3 亿元，比"一五"计划指标要多 1.8 亿元；新增工业固定资产总额达到 200.6 亿元。[2]

上述五年的情况表明：1953 年工业生产建设取得了重大进展，只是"小冒了一下"。1954 年工业生产建设得到了稳步发展。1955 年和 1956 年工业生产建设方面分别发生的保守倾向和冒进倾向，都是局部的。1957 年工业生产建设的发展也是正常的。所以，从总的方面来说，"一五"期间我国工业生产建设的发展是稳步的、持续的、高速度的，完成建立社会主义工业化初步基础的任务也是顺利的，比较充分地表现了社会主义制度的优越性。

第二节　"一五"时期发展工业生产建设的政策和措施

"一五"时期在发展工业生产建设方面采取了一系列政策和措施，其重要内容有以下十点：

一、把基本建设放在首要地位，同时充分发挥现有企业的生产潜力

（一）把基本建设放在首要地位

在国民经济恢复时期即将结束的时候，1952 年 11 月 18 日，党中央机关报《人民日报》发表了题为《把基本建设放在首要地位》的社论，传达了党中央和政务院的号召。对实现"一五"时期建立社会主义工业化初步基础这个基本任务来说，提出把基本建设放在首位的方针，是一项决定性的政策措施。

"一五"期间为了实现居于头等重要地位的基本建设任务，采取了以下一系列措施：

（1）建立和加强基本建设的管理机构。为适应"一五"时期大规模基本建设的要求，1954 年 11 月 8 日正式成立了国家建设委员会（已于 2008 年 3 月 15 日更名为"中华人民共和国住房和城乡建设部"），由薄一波任主任，王世泰、孔祥祯、孙志远、安志文、谷牧任副主任。

（2）依靠高度集中的计划经济体制，聚集基本建设所需要的财力、物力、技术力量和管理干部。在这方面，集中财力是进行基本建设的首要条件。"一五"期间基本建设资金来源的主要渠道是国家的财政收入。在这五年中，国家财政收入总计为 1354.88 亿

---

①《新华半月刊》1958 年第 5 期，第 13 页；《中华人民共和国发展国民经济的第一个五年计划（1953~1957）》，人民出版社 1955 年版，第 27 页；《中国统计年鉴》（1984），中国统计出版社 1985 年版，第 23、25 页。

②《伟大的十年》，人民出版社 1959 年版，第 48、57 页。

元，约占同期国民收入的 1/3；其中用于基本建设的拨款占同期财政收入的 40%。在财政收入中，国营企业上缴的利润和税收等占 69.4%，农业集体经济和个体经济上缴占 19%，债务收入占 4.7%。[①]

（3）加强对基本建设的计划管理。主要的措施是：

1）合理安排了包括工业在内的基本建设投资。就"一五"计划的执行结果来看，新建项目投资为 271.62 亿元，改建、扩建项目投资为 309.24 亿元；前者占基本建设投资总额的 46.2%，后者占 52.6%。[②] 后者的比重同后续许多计划时期比较是最大的。这是"一五"时期投资效益较高的一个重要因素。

2）按照先保证重点工程的建设，适当地照顾必要的配合重点的工程，能够迅速发挥投资效果增加生产能力的工程，以及尽可能地扩大生产性固定资产的比例等项原则，来具体安排工程项目，掌握工作量和工程进度，研究定额，使地质勘查、设计、施工和设备材料的供应能够平衡和衔接，克服盲目被动的现象。

3）加强对基本建设投资的计划管理，对基本建设投资实行拨款监督。为此，1954年 9 月 9 日政务院第 224 次会议通过《关于成立中国人民建设银行的决定》，10 月 1 日正式建立了中国人民建设银行。[③]

4）加强新工业城市的规划和建设工作。城市建设的标准要适合国家现在生产力发展的水平。城市公用事业的建设应该同新工业企业的建设密切配合。

5）加强工业基本建设同运输、对外贸易、工业生产各部门之间的平衡协作。

6）加强对于工业基本建设计划执行情况的经常检查，以便帮助基本建设单位克服缺点，改善工作。

（4）增强设计、施工力量，提高设计、施工水平，加强设计、施工管理，严格按基本建设程序办事，以保证建设工程的质量。

（5）进行广泛、深入的宣传，动员全党和全国人民积极参加和配合基本建设工作，要求各项工作都要围绕这一中心进行。

（二）充分发挥现有企业的生产潜力

按照"一五"计划的要求，在贯彻"把基本建设放在首要地位"方针的同时，也执行了充分发挥现有企业生产潜力的方针。[④] 对实现"一五"计划来说，这是一个很重要的方针。因为"一五"计划规定的工业增产任务，主要是依靠现有企业完成的。按照"一五"时期工业总产值计算，在 1957 年比 1952 年新增加的产值中，由原有企业所增产的约占 70% 左右，由新建和重大改建的企业所增产的约占 30% 左右。

"一五"期间，为了贯彻"充分发挥现有企业的生产潜力"的方针，除了在思想方面批评了部分干部中存在的厌旧贪新的不良倾向以外，还采取了一系列重要措施：

① 彭敏主编：《当代中国的基本建设》上卷，中国社会科学出版社 1989 年版，第 59~60 页。
②《中国统计年鉴》（1984），中国统计出版社 1985 年版，第 305 页。
③ 彭敏主编：《当代中国的基本建设》上卷，中国社会科学出版社 1989 年版，第 59 页。
④《中华人民共和国发展国民经济的第一个五年计划（1953~1957）》，人民出版社 1955 年版，第 19 页。

（1）增产和节约工业原料。"一五"期间，工业原料不够是妨碍工业增产的一个突出问题。

（2）增加现有企业的更新改造投资。这也是实现工业增产的一个重要条件。尽管"一五"时期固定资产投资的绝大部分资金均投入了基本建设，但也有一部分资金投入现有企业的更新改造中，而且这部分资金是逐年大幅度增长的。这个期间的更新改造和其他措施投资由1953年的1.15亿元增加到1957年的7.91亿元，占固定资产投资的比重由1.3%提高到5.2%。[①]

（3）提高产品质量和增加产品新品种。"一五"初期，工业基础很薄弱，提高产品质量和增加产品新品种在发展工业生产方面也显得特别重要。

（4）加强企业内部、各个企业之间、各工业部门之间的协作。

（5）加强原材料生产、供应同销售相结合的计划性，按照产品的种类、规格和地区逐步进行平衡，努力克服供产销之间某些脱节现象。

（6）提高企业的管理工作水平。为了提高企业管理水平，当时采取的重要措施有：

1）建立、健全企业各种责任制，克服生产中无人负责的现象。在建立、健全各种责任制方面，进一步推广厂长负责制具有关键的意义。新中国成立后东北区最先实行厂长负责制，在1951年5月得到党中央肯定以后，同年下半年就在东北区普遍推行。但其他区实行这种制度的不多。1953年7月中共中央召开的第二次全国组织工作会议又进一步提出：过去除了东北区在国营企业中普遍实行厂长负责制外，各区在国营企业中分别采取党委制或党委集体领导下的厂长负责制。新区在国营企业中采取党委制而不采取厂长负责制，这主要是由于新区在新中国成立初期党不得不先集中力量深入农村进行土地改革，以及因当时干部缺乏管理厂矿企业的经验，故对接管后的国营企业，暂时仍由旧的技术人员任厂长并依靠原有的旧厂长和技术人员继续维持生产的进行。在这种条件下，暂时采取党委制来监督旧人员和旧厂长，或采取党委集体领导下的厂长负责制，是必要的和正确的。但现在新区不但农村土地改革已经结束，而且国营厂矿民主改革已经完成，生产开始走上正轨，绝大多数国营厂矿已由党员干部担任厂长，故在目前条件下，为了建立生产行政管理的责任制，消除工作中无人负责的混乱现象，全国各地国营厂矿均应普遍实行厂长负责制。[②]于是，1953年下半年先后在全国各地推行厂长负责制，并对"一五"时期工业生产建设起了重要的积极作用。但在1956年9月召开的中共第八次全国代表大会上，厂长负责制受到了不应有的责难。此后，转而实行党委领导下的厂长负责制。这样，就不适当地否定了适应现代化生产要求的并且同党的领导和民主管理可以相容的厂长负责制，使得我国企业领导制度在健康发展道路上出现了一次严重的曲折。但"一五"时期建立、健全生产责任制并不限于厂长负责制，还有多方面的内容。主要有行政、技术、设备维护、安全和成本财务

---

① 《中国统计年鉴》（1984），中国统计出版社1985年版，第301页。
② 《中共党史教学参考资料》第22册，第122页。

等方面的责任制。

2）把推行作业计划作为企业加强计划管理的中心环节，以克服生产中的不均衡现象。

3）加强技术管理，以提高企业的生产技术水平。

4）加强设备管理，克服设备损坏严重现象，提高设备完好率。

5）推行经济核算制，加强财务管理。

6）加强劳动管理，巩固劳动纪律。

7）加强企业的安全卫生管理。

8）开展劳动竞赛。为此，中华全国总工会1954年1月27日依据党的有关政策发布了《关于在国营厂矿企业中进一步开展劳动竞赛的指示》，[①]就竞赛形式、条件和奖励等问题做了明确规定。1956年4月30日~5月2日在北京召开了全国先进生产者代表会议，出席会议代表615人。时任中共中央副主席刘少奇代表中共中央向会议致了祝词，高度评价了先进生产者在社会主义建设中的巨大作用。[②]这次会议在总结中对先进生产者的精神做了如下概括：革新精神和创造精神，克服困难的英雄气概和坚强毅力，任劳任怨精神，追求上进精神和高度负责精神等。[③]这样，"一五"期间社会主义劳动竞赛有了更大规模的发展。在这个过程中，涌现出了大量先进集体单位和先进生产者。1953~1957年，先进集体单位共计273万个，其中先进班组225万个；先进生产（工作）者3042万人，其中女先进生产（工作）者288万人。[④]

二、不断克服急躁冒进倾向，使工业生产建设规模和速度与国力相适应，使包括工业在内的国民经济获得稳定、持续、高速增长

工业生产建设规模和速度与国力相适应，是实现国民经济总量平衡（即社会总需求与社会总供给平衡）的最重要内容，因而是包括工业在内的国民经济获得稳定、持续、高速增长的最重要条件，也是建立社会主义工业化初步基础所必需的宏观经济环境。而"一五"期间经验表明，要做到这一点，就必须不断克服急躁冒进倾向。

如前文所述，在1953年面临的经济、军事形势下，工业生产建设方面急于求成的思想和急躁冒进的倾向已经开始形成和发展。针对这种急躁冒进倾向，中共中央和政务院对1953年有关部门提出的基本建设投资计划进行了三次削减。即使如此，1953年基本建设的摊子仍然铺大了。这样，就1953年经济实际运行结果来看，这种倾向也有明显表现。1953年，包括社会主义国家所有制工业在内的基本建设投资的增长速度，大大超过了国家财政收入和钢材、水泥、木材的增长速度，同基本建设投资增长有关的当年消费品购买力的增长速度也超过当年消费品货源的增长速度。所以，1953年基

---

①《中国工业经济法规汇编（1949~1981）》，第344~346页。

②《刘少奇选集》下卷，人民出版社1982年版，第195~196页。

③《新华半月刊》1956年第11期，第89~91页。

④《中国劳动工资统计资料（1949~1985）》，中国统计出版社，第107页。

本建设投资规模实际上是偏大了。与此相联系，这年的工业增长速度实际上也是偏高的。总之，1953 年工业生产建设都"小冒了一下"。

由于 1953 年经济工作中局部性的急躁冒进倾向得到了总结，并用于指导之后的工作，因而 1954 年工业生产建设的发展情况，基本上是正常的。

1955 年，基本建设投资的增长速度是低于国家财政收入和钢材的增长速度的。与此相联系，当年消费品购买力的增长速度也低于当年消费品货源的增长速度。1955 年的基本建设规模偏小，工业增长速度也偏低，有局部性的保守错误。

毛泽东在 1955 年 12 月初发起了对包括工业在内的生产建设方面"右倾保守"思想的批判。1955 年 12 月 5 日，由时任中共中央副主席刘少奇向在北京的中共中央委员、党政军各部门负责人传达了毛泽东在这方面的批示。[①] 1956 年初，国务院各部专业会议，在毛泽东批判"右倾保守"、"提前实现工业化"的口号激励下，纷纷要求把 15 年（1953~1967 年）远景计划规定的任务提前在五年甚至三年内完成。据原国家计委 1956 年 1 月 5 日报告，国务院各部门、各省市要求的投资已达 153 亿元，后又增加到 180 亿元、200 多亿元，比 1955 年预计完成数增加 1 倍多，而全年财政收入只增长 9.29%。

当时正像周恩来说的"各方面千军万马，奔腾而来"，"基本建设一多，就乱了，各方面紧张"。防止和反对冒进，关键在于控制基本建设投资。从 1956 年 1 月下旬开始，周恩来集中做这方面的工作。到 6 月初，由周恩来提出的把基本建设投资进一步压缩到 140 亿元，经中共中央政治局会议和国务院全体会议讨论通过。[②] 时任国务院副总理兼财政部长李先念在 1956 年 6 月 15 日一届全国人大三次会议上所做的《关于 1955 年国家决算和 1956 年国家预算的报告》中，把 1956 年的基本建设投资最后确定为 140 亿元。[③]

但是，由于急躁冒进来势甚猛，虽然周恩来、陈云等领导人在反冒进方面进行了艰苦努力，急躁冒进也只是得到了基本遏制，并没有完全遏制住，以致 1956 年经济运行过程中仍然出现了局部性的冒进错误。然而，如果不是进行了这场反冒进的斗争，那 1956 年就可能发生像 1958 年"大跃进"那样的大灾难。

然而反冒进的斗争，不仅表现在制定和执行 1956 年国民经济计划方面，而且表现在制定 1957 年国民经济计划方面。编制 1957 年的国民经济发展计划，是从 1956 年 7 月开始的。那时，原国家经济委员会刚成立，按照中共中央和国务院的规定，原国家计委管长期计划，原国家经委管年度计划。编制 1957 年国民经济计划的任务，就由原国家经委承担了。这时由原国家经委汇总的国务院各部、各省（自治区、直辖市）上报的基本建设投资指标共计为 243 亿元，比 1956 年计划的 140 亿元又多 103 亿元。面

① 薄一波：《若干重大决策与事件的回顾》上卷，中共中央党校出版社 1991 年版，第 522 页。
② 《周恩来选集》下卷，人民出版社 1984 年版，第 190~191 页；薄一波：《若干重大决策与事件的回顾》上卷，中共中央党校出版社 1991 年版，第 531~536 页。
③ 《人民日报》1956 年 6 月 16 日。

对这种局面，周恩来认为，急躁冒进情绪还未平息，还得继续反冒进。他的意见是：1957 年基本建设投资应压到明显低于 1956 年的实际水平。他强调，把过高的投资额压下来，是 1957 年全部国民经济协调发展的关键。根据周恩来和陈云的指示，原国家经委最后将基本建设投资定案为 110 亿元。原国家经委主任薄一波 1957 年 7 月 1 日向一届全国人大四次会议做的《关于一九五六年国民经济计划执行结果和一九五七年国民经济计划草案的报告》也是这样定的，使得 1957 年基本建设投资比 1956 年实际完成数减少 20.6%。[①] 在时任总理周恩来、时任副总理陈云主持下，1957 年的综合平衡工作是做得比较好的，比例关系较为协调，经济稳定发展。至于 1957 年基本建设投资的下降，以及由此引起的与国家财政收入和钢材、水泥、木材增长不相适应的情况，是为了解决由 1956 年基本建设投资规模偏大而引起的国家财力、物力的紧张问题。这是经济发展的需要，同 1955 年的情况是不同的。

可见，尽管"一五"时期中有些年份有保守错误或冒进错误，但都是局部性的，不是全局性的；尽管在这期间发生了两次经济波动，但都是逐年增长的。所以，总的来说，"一五"期间包括工业在内的国民经济实现了稳定、持续、高速增长。决定这一点的一个极重要条件，就是在"一五"期间确定工业生产建设规模和速度，大体上遵循了量力而行的原则，大体上做到了与国力相适应。但要贯彻量力而行的原则，正确地确定工业生产建设的规模和速度，需要注意防止和纠正保守倾向，特别需要着重防止和纠正冒进倾向。1953 年特别是 1956 年经济计划工作的实践表明，冒进倾向是当时的主要危险。

但 1956 年所进行的反冒进倾向斗争的重大意义，不仅在于它避免了一次全局性的、严重的经济失衡，而且在于这场斗争为当年召开的中共八大会议做出正确的经济决策奠定了重要的思想基础，并为之后经济的稳定发展创造了极为重要的经验。周恩来依据反冒进斗争的实践，在 1956 年 9 月 16 日中共八大会议上所做的《关于发展国民经济的第二个五年计划的报告》中，提出了"应该根据需要和可能，合理地规定国民经济的发展速度，把计划放在既积极又稳妥可靠的基础上，以保证国民经济比较均衡地发展"等一系列正确原则。中共八大《关于政治报告的决议》又以这些认识为依据，提出了发展经济的正确指导方针："党的任务，就是要随时注意防止和纠正右倾保守的或'左'倾冒险的倾向，积极地而又稳妥可靠地推进国民经济的发展。"[②] 陈云依据反冒进斗争的实践，1957 年 1 月 18 日在中共中央召开的各省、自治区、直辖市党委书记会议上，提出了发展国民经济重要原则：建设规模要和国力相适应。[③] 中共中央在 1957 年 2 月 8 日通过的《关于 1957 年开展增产节约运动的指示》中，对这一重要原则做了进一步的分析。"1956 年的经验证明，建设的速度和规模不但决定于国家的财政力量，更重要

① 《人民日报》1957 年 7 月 2 日。
② 《中国共产党第八次全国代表大会文件》，人民出版社 1980 年版，第 192~196 页。
③ 《陈云文选》第 3 卷，人民出版社 1995 年版，第 48~57 页。

的是决定于建设物资的供应力量。""1956 年的经验又证明，人民生活水平改善的速度主要决定于消费物资的供应力量。"① 以上这些发展经济的重要原则，就是从 1956 年反冒进斗争实践中获得的宝贵的精神财富。

三、在重点发展重工业的同时，注意发展轻工业、农业、运输邮电业和商业

实现国民经济各部门按比例发展，是"一五"期间建立社会主义工业化初步基础必要的宏观经济条件。因而，这里需要叙述重点发展重工业与发展轻工业、农业、运输邮电业和商业的关系。

（一）重点发展重工业

如前文所述，"一五"计划首要的基本任务就是集中主要力量进行以苏联帮助我国设计的 156 个建设单位为中心的、由限额以上的 694 个建设单位组成的工业建设，建立我国社会主义工业化的初步基础。在 156 个建设项目中，实际进行施工的为 150 项。

在苏联援建的这些项目中，由能源工业、原材料工业和机器制造工业（包括军用机器制造工业和民用机器制造工业）组成的重工业就占了 147 项，而轻工业只有三项。② 因此，重点发展重工业，是实现"一五"计划的最基本要求。

为了实现这个最基本要求，"一五"计划先把国民经济各部门基本建设投资的大部分资金投入了工业，把工业基本建设投资的绝大部分资金又投入了重工业。③ 就"一五"计划的执行结果来看，"一五"期间工业基本建设投资总额实际达到 250.26 亿元，比重达到 42.5%；前者超过"一五"计划规定的指标 248.5 亿元，但不多，后者还未达到 58.2% 的计划。需要指出，"一五"计划规定的工业基本建设投资在国民经济各部门投资总额中所占比重是偏大的；执行的结果虽未达到"一五"计划规定的指标，但仍然偏大。

就"一五"计划执行的结果来说，不仅基本建设投资在国民经济各部门之间的分配状况，而且工业基本建设投资在重工业和轻工业的分配状况，贯彻了重点发展重工业的方针。"一五"期间重工业投资比重也达到了 85%。这虽然低于"一五"计划规定的 88.8% 的指标，但也充分体现了重点发展重工业的方针。而且，这里的问题不是"一五"计划执行的结果没有达到"一五"计划规定的指标，而是无论就计划的制定还是执行来看，都是重工业投资偏大。

但是，"一五"期间重工业投资在各部门分配也存在不足之处。一是相对原材料工业和机器制造工业来说，能源工业的投资额及其比重是偏低的。二是军用机器制造工业的投资也偏多。三是重工业投资为本身服务的部分偏多，为轻工业特别是为农业服

① 《中共党史教学参考资料》第 22 册，第 2 页。
② 薄一波：《若干重大决策与事件的回顾》上卷，中共中央党校出版社 1991 年版，第 297 页。
③ 《中华人民共和国发展国民经济的第一个五年计划（1953~1957）》，人民出版社 1955 年版，第 23~24 页。

务的部分偏少。

尽管"一五"期间重工业投资总量及其内部的分配存在上述问题，但总的来说，体现了重点发展重工业方针，并成为建立社会主义工业化初步基础的一个极重要因素。当然，要贯彻这个方针，建立这个基础，并不只依赖这一点。它还有赖于加强工业基本建设和生产（这一点，我们在前文已经说过了），也有赖于其他措施（这一点，我们将在后文叙述）。这样，"一五"期间在贯彻重点发展重工业方针方面就取得了前所未有的巨大成就！"一五"期间，重工业产值的年均增长速度达到了 25.4%，占工业总产值的比重由 1952 年的 35.5% 提高到 1957 年的 45%。[①] 尽管重工业的增长速度偏高一点，但在发展重工业方面确实取得了极伟大的成就。

（二）发展轻工业

总的来说，"一五"期间在重点发展重工业的同时，注意了轻工业的发展。1952~1957 年，重工业产值增长了 210.7%，轻工业产值增长了 83.3%；年平均增长速度，前者为 25.4%，后者为 12.9%。[②] 轻工业和重工业每年平均增长速度的对比关系为 1∶1.97。这种发展状况既体现了重点发展重工业的要求，又使得轻工业的发展基本上适应了重工业和国民经济其他部门的需要，以及与之相联系的人民生活提高的需要。就后一方面来说，其重要标志有两个：① "一五"时期合计的消费品货源（与主要生产消费品的轻工业发展相联系）为 2066.8 亿元，而消费品购买力（与重工业和整个国民经济的发展引起的劳动者货币收入的增长相联系）为 1958.3 亿元，前者超出后者 108.5 亿元，前者为后者的 105.5%；② "一五"时期各年全国零售物价总指数上升的幅度很小，最低年份（1956 年）为 0，最高年份（1953 年）为 3.4%。[③]

"一五"时期轻工业的发展，基本上适应了重工业和整个国民经济发展以及人民生活改善的需要。这是主要方面。另一方面，在这期间，轻工业的发展速度又是偏低的。决定上述两方面情况的有以下三个重要因素：

（1）"一五"期间，轻工业的基本建设投资额总计达到 37.47 亿元，占工业总投资额的 15%。[④] 这里所说的只是国家的投资，如果再加上当时在轻工业中占有很大比重的私营工业、公私合营工业、地方政府工业和手工业的投资，那么轻工业的投资及其比重还要大一些。巨额投资无疑是促进轻工业生产发展的重要因素。但是，"一五"期间轻工业基本建设投资是偏低的。

（2）"一五"期间，在农业（这是当时轻工业产品所需原料的主要来源）和重工业（这是轻工业产品所需原料的重要来源）发展的基础上，两者为轻工业提供了大量原料，促进了轻工业的发展。以农产品为原料的轻工业产值由 1952 年的 193.5 亿元增长到 1957 年的 330.1 亿元，增长了 70.6%；以重工业产品为原料的轻工业产值由 27.6 亿

①②《中国统计年鉴》（1984），中国统计出版社 1985 年版，第 23、25、27 页。

③《中国统计年鉴》（1984），中国统计出版社 1985 年版，第 239 页。

④《中国固定资产投资统计资料（1950~1985）》，中国统计出版社，第 97 页。

元增长到 74.4 亿元，增加了 169.6%。[①] 但"一五"期间在原料供应方面也存在限制轻工业发展速度的因素。就农产品原料来说，由于农业生产落后，农业劳动生产率低，农业抗御自然灾害的能力低，农业生产很不稳定。这样，不仅农产品商品率低，而且有波动。"一五"期间，农产品商品率最高年份（1957 年）才有 40.5%，最低年份（1956 年）只有 31.5%，并且是曲线波动。这些都限制了农产品原料供给的增长。就重工业产品原料来说，由于原材料工业的生产过多地为重工业自身服务，也限制了轻工业所需要的原料来源。"一五"期间，钢材产量增长了将近 3 倍，而轻工业市场产品生产消费的钢材只增长了 1 倍多；占钢材消费总量的比重，由 1953 年的 22.5% 下降到 1957 年的 20.7%。在重工业中，电力生产服务方向方面也存在类似的情况。1952~1957 年，重工业用电由 27.91 亿千瓦时增长到 93.88 亿千瓦时，增长了 2.36 倍；而轻工业用电由 21.9 亿千瓦时增长到 42.17 亿千瓦时，只增长了 92.6%；前者在用电量中的比重由 35.6% 上升到 48.4%，后者由 28% 下降到 21.8%。这种状况也限制了轻工业的发展。

（3）"一五"期间，由于对资本主义工业和个体手工业采取了适合我国具体情况的逐步过渡的形式，促进了这些经济成分生产（包括轻工业生产）的发展。这是主要方面。另一方面，在 1955 年下半年掀起的社会主义改造高潮中，由于改造时间短、改造速度快、改造的面过宽以及生产过于集中，也对包括轻工业在内的生产起了消极作用。

（三）发展农业、运输邮电业和商业

"一五"期间，在着重发展工业（主要是重工业）的同时，也注意发展了农业。在这期间，农业总产值平均每年增长 4.5%，工业总产值为 18%；两者增长速度之比为 1：4。[②] 这种增长速度的对比关系虽然差距大一些，但大体上也体现了上述精神，因而"一五"时期农业基本上满足了包括工业职工在内的人民生活的需要。1952~1957 年，按人口平均的主要农产品产量，粮食由 288 公斤增长到 306 公斤，棉花由 2.3 公斤增加到 2.6 公斤，油料由 7.35 公斤下降到 6.6 公斤（其中 1955 年和 1956 年曾经分别达到 7.95 公斤和 8.2 公斤），猪牛羊肉由 5.95 公斤增加到 6.25 公斤，水产品由 2.95 公斤增加到 4.9 公斤。

但"一五"时期工业增长速度毕竟快了，农业慢了，前者部分超过了作为工业发展基础的农业的负担能力。这一点，特别明显地表现在作为轻工业最重要原料的棉花的增长赶不上棉纱生产能力的增长上。"一五"时期，由农业提供的副食品供应逐步紧张起来，这也表明工业发展超过了农业的负担能力。这种情况固然与重工业投资多、农业投资少有关，但也与重工业投资和生产为本身服务多、为农业服务少有联系。

"一五"时期在着重发展工业（主要是重工业）的同时，也注意了运输邮电业的发展。1952~1957 年，工业总产值增长了 128.6%，运输货物周转量增长了 137.5%，其中铁路运输货物周转量增长了 123.6%，邮电业务总量增长了 79.3%。工业总产值的增长

---

① 《中国工业经济统计资料（1949~1984）》，中国统计出版社，第 26~28 页。
② 《中国统计年鉴》（1984），中国统计出版社 1985 年版，第 20、23~27、364 页。

速度与运输货物周转量、铁路运输货物周转量和邮电业务总量的增长速度之比，依次为 1∶1.07、1∶0.96 和 1∶0.62。[1]

但在这方面也存在着部分不协调状况，即工业增长速度过快、运输邮电业增长速度过慢。这一点，从上述的工业发展速度和运输邮电业发展速度的对比关系上也可看出。实际上，"一五"时期，铁路运输一直是比较紧张的。这一点，同工业投资偏多、运输邮电业投资偏少、工业生产过多地为本身服务、部分忽视为运输邮电业服务也有关系。

"一五"时期，消费品供应紧张。在这种情况下，商业在实现商品供求平衡、稳定市场方面就起到了特殊重要的作用。"一五"期间商业在这方面发挥了积极作用：①"一五"时期消费品货源比消费品购买力要大 5.5%；②在这期间，全国零售物价总指数上升的幅度很小，即上升区间为 0~3.4%。这些情况证明：从总的方面看，"一五"时期市场基本上是稳定的。

"一五"时期实现市场稳定的主要措施是：依靠计划经济制度，分别主要商品生产的不同情况，逐步实行了计划收购和计划供应，以便有计划地掌握货源和组织供应。其中在农产品方面，最主要的是政务院于 1953 年 11 月 19 日和 1954 年 9 月 14 日先后发布了《关于粮食的计划收购和计划供应的命令》、《关于实行棉花计划收购的命令》以及《关于棉布计划收购和计划供应的命令》。如前文所述，当时这种计划经济体制的积极作用是主要的，但自始就有它的弊病。

综上所述，尽管"一五"时期重工业发展快了些，轻工业、农业和运输邮电业发展慢了些，但整体来说，国民经济各部门大体上是协调发展的。陈云对这一点做过总结："我国因为经济落后，要在短时期内赶上去，因此，计划中的平衡是一种紧张的平衡。计划中要有带头的东西。就近期来说，就是工业，尤其是重工业。工业发展了，其他部门就一定得跟上，这样就不能不显得很吃力，很紧张。样样宽松的平衡是不会有的，齐头并进是进不快的。但紧张决不能搞到平衡破裂的程度。目前我们的计划是紧张的，但可以过得去，不至于破裂。"[2] 正是这种紧张的平衡，构成了建立社会主义工业化初步基础的一个必要的宏观经济条件。

上面的叙述还说明：看不到"一五"时期在贯彻重点建设重工业的方针方面取得的主要成就，是不对的；否定贯彻这个方针过程中所产生的诸多缺陷，也是片面的。

四、把工业建设重点转向内地的同时，注意发展沿海地区工业

在恢复国民经济的任务完成以后，半殖民地半封建中国留下的沿海地区和内地在工业和其他经济事业发展方面极不平衡的状态已经有了一些改变，但并没有根本改观。1952 年，沿海地区工业总产值占全国工业总产值的比重仍在 70% 以上，为了改变旧中

①《中国统计年鉴》（1984），中国统计出版社 1985 年版，第 20、24、167、285、296 页。
②《陈云文选》第 2 卷，人民出版社 1995 年版，第 242 页。

国留下的这种不合理状况，建立社会主义工业化的初步基础，就需要把工业建设重点转向内地。但沿海地区工业不仅是建设内地工业的"根据地"，而且是发展全国工业最重要的物质基础。在沿海地区进行建设，投资上比较节省，收效也比较迅速，又可以及时满足国家和人民的迫切需要。

正是基于上述理由，"一五"计划对工业的地区分布做了比较合理的部署。这就是：一方面合理地利用东北、上海和其他城市的工业基础，发挥它们的作用，特别是对以鞍山钢铁联合企业为中心的东北工业基地进行必要的改建，以便迅速扩大生产规模，供应国民经济的需要，支援新工业地区的建设；另一方面则积极进行华北、西北、华中等地新的工业基地的建设，在西南开始部分工业建设。根据这样的方针，五年内开始建设的限额以上的 694 个工业建设单位，分布在内地的将有 472 个，分布在沿海各地的将有 222 个。前者占总数的 68%，后者占 32%。① 就苏联援建的 150 个项目来看，有 106 个民用工业企业，布置在东北地区 50 个，中部地区 32 个；44 个国防工业，布置在中部地区和西部地区 35 个，其中有 21 个布置在四川、陕西两省。② 这种部署体现了重点建设内地工业，同时发展沿海工业的方针。

就"一五"计划执行的结果看，大体上也贯彻了这个方针。"一五"时期，沿海地区的基本建设投资额为 230.08 亿元，占投资总额的 41.8%；内地投资额为 262.75 亿元，占投资总额的 47.8%；其中"三线"地区投资额为 168.25 亿元，占投资总额的 30.6%。③ 在这期间，沿海地区工业产值增长了 1.19 倍，内地工业总产值增长了 1.51 倍，其中"三线"地区增长了 1.66 倍。三者工业产值占工业总产值的比重分别由 1952 年的 70.8% 下降到 1957 年的 67.9%，由 29.2% 上升到 32.1%，由 17.9% 上升到 20.9%。④ 可见，"一五"时期工业生产建设的发展，在很大程度上改变了内地和沿海地区经济发展不平衡的状态。

但在"一五"时期，特别是 1953~1955 年这三年，对沿海地区工业发展的注意不够，导致了"一五"时期这一地区工业增长速度偏低，而内地则呈现出相反的状态。这一点，特别突出地表现在 1954 年和 1955 年。这两年内地工业分别增长了 22.4% 和 9.9%，其中"三线"地区分别增长了 27.3% 和 13.9%；而沿海地区分别只增长了 13.7% 和 3.6%，其中上海分别只增长了 7.4% 和 4.5%，天津分别只增长了 11.6% 和 2.1%。⑤ "一五"时期沿海地区工业没有得到应有的发展，同主观上对发展这一地区工业的重视

---

① 《中华人民共和国发展国民经济的第一个五年计划（1953~1957）》，人民出版社 1955 年版，第 187~188 页。

② 薄一波：《若干重大决策与事件的回顾》上卷，中共中央党校出版社 1991 年版，第 298 页。

③ 沿海地区包括广西、广东、上海、江苏、浙江、安徽、福建、山东、北京、天津、河北、辽宁 12 个省、自治区、直辖市。其余各省为内地。"三线"地区包括四川、贵州、云南、陕西、甘肃、青海、宁夏、河南、湖北、湖南、山西 11 个省、自治区，其中有些省、自治区部分地方属于一、二线，因统计数字分不开，都按"三线"地区计算。沿海加内地的数字，不等于全国总计，因为全国统一购置的机车车辆、船舶、飞机等不分地区的投资未划到地区内。

④ 详见《中国工业经济统计资料》（1949~1984），中国统计出版社，第 137 页。

⑤ 《中共党史教学参考资料》第 21 册，第 364 页。

不够有很大关系。此外，也有一系列客观原因，如当时国际形势紧张等。

五、在重点建设大型工业的同时，注意发展中小型工业

按照"一五"计划的要求，必须集中力量保证重点工程的建设，但这绝不是说，只要大企业，不要中小企业。所以，要在工业建设中适当地分配大企业和中小企业的投资，使大中小型的企业建设能够互相配合和互相协作，以达到既能保证必要的重点工程建设，又能保证许多企业迅速发挥投资效果的目的。[①]

显然，这个方针是符合我国"一五"时期具体情况的。就"一五"计划执行的结果来看，大体上也贯彻了这个方针。在基本建设投资方面，"一五"时期，大中型建设项目的投资额为 302.79 亿元，占投资总额的 51.5%；小型项目的投资额为 285.68 亿元，占投资总额的 49.5%。[②]

但在"一五"时期，特别是 1953~1955 年，也存在着对中小型（特别是小型）企业发展注意不够的情况。

六、在重点建设重工业的同时，注意改善职工生活

"一五"计划依据社会主义生产目的和兼顾人民当前利益与长远利益的原则，确定在"保证国家建设的前提下，适当地提高人民生活水平"的方针。

"一五"时期，在处理国家工业建设和职工生活的问题上，基本做到了兼顾两方面。其基本标志是"一五"时期各年职工平均实际工资增长速度均低于工业劳动生产率的增长速度，低的幅度虽然偏大，但大体上也是适当的。按不变价格计算，社会主义国家所有制工业职工全员劳动生产率，由 1952 年的 4200 元提高到 1957 年的 6376 元，提高了 51.8%，平均每年提高 8.7%；而职工平均实际工资由 1952 年的 515 元提高到 1957 年的 632 元，提高了 22.7%，平均每年提高 4.2%。[③]

由于职工平均工资的增长速度适当低于劳动生产率的增长速度，因而有可能为国家提供更多的建设资金。1952~1957 年，社会主义国家所有制企业职工平均每人提供利润和税收由 1220 元增加到 2040 元，提高了 67.2%，平均每年提高 10.6%。

职工生活的提高，除了主要表现在平均实际工资提高以外，还表现在下列四个重要方面：

（1）享受劳动保险的职工人数和劳动保险福利费用增长。1951 年 2 月 26 日政务院公布了《中华人民共和国劳动保险条例》。1953 年 1 月 2 日政务院又修正并公布了这个条例。[④] 条例规定劳动保险的各项费用，全部由实行劳动保险的企业行政方面或资方负担。各项劳动保险待遇的规定：一是因工负伤、残废待遇的规定。二是疾病、非因工

---

① 《中华人民共和国发展国民经济的第一个五年计划（1953~1957）》，人民出版社 1955 年版，第 186~187 页。

② 《中国固定资产投资统计资料（1950~1985）》，中国统计出版社，第 70 页。

③ 《中国劳动工资统计资料（1949~1985）》，中国统计出版社，第 157、224 页。

④ 《中国工业经济法规汇编（1949~1981）》，第 418~433 页。

负伤、残废待遇的规定。三是工人与职员及其供养的直系亲属死亡时待遇的规定。四是养老待遇的规定。五是生育待遇的规定。六是集体劳动保险事业的规定。在上述条例付诸实施以后，享受劳动保险职工人数和劳动保险福利费用有了进一步增长，前者由 1952 年的 330 万人增长到 1957 年的 1150 万人，后者由 9.5 亿元增加到 27.9 亿元，相当于工资总额的比重由 14%增加到 17.9%。[1]

（2）职工劳动条件有了很大改善。这样，"一五"时期，社会主义国家所有制企业职工因工千人死亡率下降了 22.2%，因工千人重伤率下降了 89.1%。[2]

（3）福利型职工住房面积增加。这是职工生活提高的一个重要方面。1953~1957 年，社会主义国家所有制单位平均每个职工在五年中增加了 3.9 平方米的住房。[3] 但同时也要看到，"一五"时期，包括住宅和城市公用事业等在内的非生产性建设投资总额存在下降趋势。[4] 这五年分别为 43.54 亿元、39.19 亿元、29.89 亿元、43.12 亿元和 38.23 亿元。特别是比重逐年大幅度下降。这五年非生产性建设投资额在基本建设投资总额中的比重分别为 48.1%、39.6%、29.8%、27.8%和 26.7%。在住宅投资方面，虽然在绝对量方面有所增长，但投资比重也是趋于下降的。住宅投资由 1952 年的 4.48 亿元增加到 1957 年的 13.29 亿元；比重由 10.3%下降到 9.3%。[5] 这样，"一五"时期，特别是 1955 年以后，基本建设方面就已经开始并越来越明显地表现出"骨头"和"肉"不协调的状态了。所以，"一五"后期在生产性建设投资和非生产性建设投资的安排方面，存在过前者偏多、后者偏少的缺陷。与此相联系，职工在住房方面也没得到应有的改善。

（4）失业人口减少，职工总人数增长。这也是"一五"时期职工生活提高的一个重要因素。1952~1957 年，全国失业人口由 376.6 万人减少到 200.4 万人，失业率由 13.2%下降到 5.9%；职工总数由 1608 万人增加到 3101 万人，其中国营单位由 1580 万人增加到 2451 万人，城镇集体单位由 23 万人增加到 650 万人。[6]

所以，"一五"时期在贯彻重点建设重工业方针的过程中，尽管对国家工业建设有所偏重，对职工生活有所忽视，在有的年份（如 1955 年）和有的方面（如非生产性建设，包括住宅建设）甚至有过多的忽视，但总体来说，大体上还是兼顾了国家工业建设和人民生活两方面。这样，就发挥了发展国家工业建设和改善职工生活的相互促进作用，在较大程度上形成了一种良性循环。

---

[1]《中国劳动工资统计资料（1949~1985）》，中国统计出版社，第 189 页。
[2]《新华半月刊》1956 年第 11 期，第 26 页。
[3]《中国统计年鉴》（1983），中国统计出版社 1984 年版，第 123、359 页。
[4] 这里所说的以及本书其他有关各处所说的"非生产性"，是指"非物质生产性"。
[5]《中国统计年鉴》（1983），中国统计出版社 1984 年版，第 339 页。
[6]《中国劳动工资统计资料（1949~1985）》，中国统计出版社，第 13、109 页。

七、推行工资改革，以贯彻按劳分配原则，同时加强思想教育

20 世纪 50 年代初进行的工资改革，对于改造旧的工资制度、贯彻按劳分配原则、提高劳动者的积极性，起到了积极作用。但是，当时工资制度中还有不少不符合按劳取酬的现象。为了巩固和提高职工的劳动热情，提前完成和超额完成"一五"的任务，国务院于 1956 年 6 月 16 日做出《关于工资改革的规定》：① 适当地提高工资水平，并根据按劳取酬的原则，对企业、事业和国家机关的工资制度，进行进一步改革。凡是这次进行工资改革的企业、事业和国家机关，一律从 1956 年 4 月 1 日起实行新的工资标准。

这次工资改革，确定 1956 年企业、事业和国家机关职工的平均工资提高 14.5%（如包括 1956 年新增人员在内，则为 13% 左右）；重工业部门、重点建设地区、高级技术工人和高级科学技术人员的工资，可以有较大的提高。

在这次工资改革中，采取了如下措施：

（1）取消工资分制度和物价津贴制度，实行直接用货币规定工资标准的制度，以消除工资分和物价津贴给工资制度带来的不合理现象，并且简化工资计算手续，便于企业推行经济核算制度。

（2）改进工人的工资等级制度，使熟练劳动和不熟练劳动、繁重劳动和轻易劳动，在工资标准上有比较明显的差别。同时，为了使工人的工资等级制度更加合理，各产业部门必须根据实际情况制定和修订工人的技术等级标准，严格按照技术等级标准进行考工升级，使升级成为一种正常的制度。

（3）改进企业职员和技术人员的工资制度。企业职员和技术人员的工资标准，应该根据他们所担任的职务进行统一规定。每个职务的工资可以分为若干等级，高一级职务和低一级职务的工资等级线，可以交叉。对于技术人员，除了按照他们所担任的职务评定工资以外，对其中技术水平较高的，应该加发技术津贴；对企业有重要贡献的高级技术人员，应该加发特定津贴，务使他们的工资收入有较大增加。

（4）推广和改进计件工资制。各产业都应该制定切实可行的推广计件工资制的计划和统一的计件工资规程，凡是能够计件的工作，应该在 1957 年全部或大部分实行计件工资制。

（5）改进企业奖励工资制度。各主管部门应该根据生产的需要制定统一的奖励办法，积极建立和改进新产品试制，节约原材料、节约燃料或者电力，提高产品质量以及超额完成任务等奖励制度。

（6）改进津贴制度。审查现有的各种津贴办法，克服目前津贴方面存在的混乱现象，建立和健全生产必需的津贴制度。

地方国营企业的工人和职员的工资标准和工资制度，应该根据企业的规模、设备、技术水平和现在的工资情况等条件，参照中央国营企业工人和职员的工资标准和工资

---

① 《新华半月刊》1956 年第 15 期，第 175~177 页。

制度制定。上述条件与当地同类性质的中央国营企业大致相同的，可以采用中央国营企业的工人和职员的工资标准；条件差于同类性质的中央国营企业的，其工资标准应该低于中央国营企业。

上述决定的贯彻执行，对于克服平均主义、贯彻按劳分配原则、激发劳动者的积极性，起到了重要的促进作用。但这次工资改革也有不足之处。就当时处于计划经济体制的历史条件来看，由于在这次工资改革中推行的工资标准过于繁杂，再加上企业劳动管理制度不健全，因而难以完全实现劳动者的劳动报酬和劳动成果挂钩。但在当时的历史条件下，1956年的工资改革，在建立按劳分配制度、克服平均主义方面还是取得了重大进展。

"一五"时期在贯彻按劳分配原则的同时，还注重了对职工的思想教育，并且取得了巨大的成效。这是由下列一系列因素决定的：

（1）当时新中国成立不久，党在长期革命战争中形成的重视思想工作的优良传统，在由解放区来的并在经济战线上工作的大批干部身上还是比较完整地保留下来。

（2）新中国成立以后，广大工农劳动群众在政治上、经济上得到了翻身。由此激发起来的巨大劳动热情，不仅在国民经济恢复时期，而且在"一五"时期都是趋于高涨的。

（3）"一五"时期经济增长也有波动，但总的来说，实现了持续、高速增长；在提高人民生活方面，虽有注意不够的地方，但总的来说，是有显著改善的。这些都较好地显示了社会主义制度的优越性。与此相联系，广大人民心向社会主义。

（4）"一五"时期社会风气、党风和廉政建设，是新中国成立以后最好的时期。这一点既是当时思想教育工作的伟大成果，又是当时思想教育得以发挥巨大效应的广泛群众基础和根本性的政治条件。这样，"一五"时期较好地实现了物质鼓励与精神鼓励相结合，在发展经济方面（包括建立社会主义工业化初步基础方面）较好地发挥了这两种动力的作用。

八、贯彻厉行节约方针，在实现工业高速增长的同时，注意提高工业经济效益

"一五"时期实现重点建设重工业的方针，必须长期投入大量的建设资金。这笔资金又必须主要依靠我国国内的积累。因此"一五"计划把"厉行节约以积累资金"，提高到我国实现工业化必须走的道路来看待。[①]因而成为促进社会主义工业化建设的一个重要因素。

为了贯彻厉行节约的方针，"一五"时期在宏观和微观方面，在工业生产和建设方面，采取了一系列的措施。最重要的是本节已述的第一点至第七点和下述的第九点。此外，还应提到：

（1）大力削减了非生产性建设的支出。"一五"时期在这方面存在过严重的浪费现

①《中华人民共和国发展国民经济的第一个五年计划（1953~1957）》，人民出版社1955年版，第115~118页。

象，必须大量削减。当然，如前文所述，"一五"时期在削减非生产性建设投资方面也有过头的地方。

（2）缩减了国家机关的行政管理费。"一五"时期国家行政机关已经出现了人员太多、人浮于事以及其他铺张浪费现象。削减国家机关的行政管理费，实属必要，并且取得了成效。1952~1957年，国家的行政管理费虽然由14.5亿元增长到21.7亿元，但在国家财政支出中的比重由8.3%下降到7.1%。①

（3）加强了国家的财政监督。按照"一五"计划的要求，不但财政部门，各个企业主管部门乃至行政、军事部门都要建立和加强财政监察机构；任何机关和个人都必须遵守财政制度，服从财政监督。这些规定对于保证节约制度的实施起到了重要的作用。

（4）不断对全党和全国人民进行厉行节约的教育。这种教育对动员群众执行节约方针起到了重要的推动作用。

"一五"时期在执行厉行节约方针、提高工业经济效益方面取得了巨大成就。

（1）资金利用效率的提高。1952~1957年，社会主义国家所有制独立核算工业企业资金利税率由25.4%提高到34.6%。

（2）劳动生产率的增长。1952~1957年，社会主义国家所有制工业全员劳动生产率由4200元/人·年提高到6376元/人·年，提高了51.8%，平均每年提高8.7%。这样，由提高工业劳动生产率而增加的工业产值在工业产值增加额中所占比重就大大提高了。国民经济恢复时期这一比重为48%，"一五"时期提高到59.8%。

（3）生产设备利用率的提高。1952~1957年，钢铁工业的大中型高炉利用系数由1.02吨/立方米·昼夜提高到1.32吨/立方米·昼夜，平炉利用系数由4.78吨/立方米·昼夜提高到7.21吨/立方米·昼夜；煤炭工业大型煤矿回采率由76%提高到81.9%；电力工业的发电设备利用小时由3800小时提高到4794小时；机械工业的金属切削机床利用率由58.8%提高到64.8%；纺织工业的棉纱每千锭时产量由19.64公斤提高到20.67公斤，棉纺织机每台时产量由3988米提高到4075米。

（4）物质消耗的降低。1952~1957年，工业生产的物质消耗持续下降。例如，发电标准煤耗率由0.727公斤/千瓦时下降到0.604公斤/千瓦时，每件纱用棉量由198.97公斤下降到193.56公斤。②这样，工业生产物质消耗在工业总产值中的比重，"一五"时期平均为65.6%，比1952年下降了1.4个百分点。

（5）工业产品成本的下降。1952~1957年，社会主义国家所有制独立核算工业企业可比产品成本是逐年降低的，"一五"时期平均下降了6.5%。

（6）固定资产交付使用率的提高。社会主义国家所有制工业固定资产交付使用率由1952年的59.8%提高到1957年的89.4%。③

① 《中国统计年鉴》（1984），中国统计出版社1985年版，第420~421页。
② 《伟大的十年》，人民出版社1959年版，第97页。金属切削机床利用率是1953~1957年的数字。
③ 详见《中国统计年鉴》（1993）和《中国劳动工资统计资料》（1949~1985），中国统计出版社；《1949~1952中华人民共和国经济档案资料选编》（基本建设投资和建筑业卷），中国社会科学出版社。

上述"一五"时期工业经济效益的各项指标，同后续的各个计划时期比较起来，都是高的。这是支撑"一五"时期工业持续高速增长的极重要因素。但这不是说，"一五"时期不存在阻滞经济效益的因素，不存在浪费现象。例如，"一五"时期曾经发生过两次经济波动（1953 年"小冒了一下"，1956 年"大冒了一下"），对发展轻工业、农业、运输邮电业以及沿海地区工业和中小工业有所忽视。这些显然都会降低资源配置效益。又如，在"一五"时期的基本建设工作中，由于有些项目违反基本建设程序，曾经造成了大量浪费。再如，由于企业管理不善，产品质量不好，废品很多。造成上述状况的原因是多方面的，例如，制度不健全，缺乏经验，干部的数量和素质都不能满足需要等。但最重要的还是以下三点：一是重点建设重工业的方针是对的，但在执行中存在着重点偏重、非重点偏轻的问题。二是在生产和建设方面，总的来说，执行了量力而行的原则，但急于求成的指导思想在 1953 年和 1956 年已经有了明显的表现。三是计划经济体制内部的投资膨胀机制和束缚企业与劳动者积极性的消极作用。

九、重视从苏联和东欧国家引进设备、技术、人才、资金和管理经验

"一五"时期，在以美国为首的资本主义国家对我国实行经济封锁、物资禁运的条件下，我国主要从苏联和东欧人民民主国家引进成套设备、科学技术、人才、资金和管理经验，对建立社会主义工业化基础，起到了特殊重要的作用。

（一）引进成套设备

苏联援建的、成套供应设备的项目经过多次商谈，最后确定为 154 项。因为计划公布 156 项在先，所以仍称"156 项工程"。[1]如果再加上 1958 年和 1959 年中苏商定的项目，在整个 20 世纪 50 年代，由苏联援建的、成套供应设备的项目共计 304 项，单独车间和装置 64 项。但由于 1960 年苏联单方面撕毁合同，成套供应设备的 304 项中，全部建成的只有 120 项，基本建成的有 29 项，废止合同的有 89 项，由中国自力更生续建的有 66 项；在 64 项单独车间和装置中，建成的有 29 项，废止的有 35 项。

在整个 20 世纪 50 年代（主要是"一五"时期），由东欧各国（包括民主德国、捷克、波兰、罗马尼亚、匈牙利和保加利亚）援建的、供应成套设备的建设项目共 116 项，其中完成和基本完成的有 108 项，解除合同的有 8 项；单项设备有 88 项，完成和基本完成的有 81 项，解除合同的有 7 项。

按引进的设备投资计算，1950~1959 年，从苏联共引进 76.9 亿旧卢布（折合人民币 73 亿元），其中，1950~1952 年引进 2.4 亿旧卢布，占 3.2%；1953~1957 年引进 44 亿旧卢布，占 57.1%；1958~1959 年完成 30.5 亿旧卢布，占 39.6%。同期，从东欧各国共引进设备投资 30.8 亿旧卢布（折合人民币 29.3 亿元）。[2]

从苏联和东欧各国引进的成套设备几乎都是建立社会主义工业化初步基础所必需

① 薄一波：《若干重大决策与事件的回顾》上卷，中共中央党校出版社 1991 年版，第 297 页。
② 彭敏主编：《当代中国的基本建设》上卷，中国社会科学出版社 1989 年版，第 53、54 页。

的重工业项目，其中，重工业项目苏联和东欧各国分别占97%和80%，主要是基础工业。就引进的设备投资构成看，从苏联引进的总额中，能源工业占34.3%，冶金工业占22%，化学工业占7.9%，机械工业占15.7%，军事工业占12%左右，以上合计占92%左右；其中，"一五"时期实际引进的44亿旧卢布中，能源工业占28.6%，冶金工业占22%，化学工业占7.8%，机械工业占18.5%，军事工业占14%左右，以上合计占91%左右。

苏联对我国建设的援助是全面的，技术是先进的。苏联援助我们建设的156个工业单位，从勘察地质、选择厂址、搜集设计基础资料、进行设计、供应设备、指导建筑安装和开工运转、供应新种类产品的技术资料，一直到指导新产品的制造等，总之是从头到尾全面给予援助。

苏联提供的设计、设备，都是最先进的。从苏联和东欧各国引进成套设备的建设项目中，"一五"时期实际施工的分别为146个和64个，全部和部分投产的分别为68个和27个。这些项目的投产，在建立我国社会主义工业化初步基础方面起到了极重要的作用。

"一五"时期不仅重视引进技术装备，同时重视在科研、设计、施工和管理等各个环节进行全面的学习和培训，使得研究、设计、生产工艺和设备制造等环节上技术水平的提高基本上是同步的，因而比较快地提高了使用能力、消化能力和创新能力。例如，哈尔滨电机厂是"一五"时期苏联帮助建设的156项工业工程之一，在"一五"时期以后的1958年、1959年和1960年，分别相继制造出2.5万千瓦、5万千瓦和10万千瓦的发电机组。随后又制造出20万千瓦的发电机组。

（二）引进技术

1954年10月，我国和苏联签订了科学技术合作协定；之后，又分别与东欧各国签订了科学技术合作协定。到1959年，我国从苏联和东欧获得的关于能源、原材料和机械工业（包括民用和军用）的技术资料达到4000多项。另外，在我国掌握尖端科学技术与和平利用原子能技术方面，苏联也给予了一定的援助。[①]

（三）引进人才

20世纪50年代（主要是"一五"时期）苏联和东欧各国来华工作的技术专家达到8000多人，同时还为中国培养技术人员和管理干部7000多人。

（四）引进资金

如前文所述，1950年2月14日，中苏双方政府签订了苏联政府向中国政府提供3亿美元贷款的协定。这笔贷款用于支付苏联供应中国的设备器材，年息1%，中国从1953年起10年内用商品和外汇等偿还本息。1951~1955年，中苏两国政府又签订了10笔贷款协议，其中1笔为无息，9笔年息为2%，偿还期为2~10年，用于支付从苏联购买抗美援朝战争和加强国防所需的军事装备物资、经济建设所需的设备物资以及苏联移交中国的设施、物资等费用。上述11笔贷款总金额共计56.6亿旧卢布（折合人民币

---

① 彭敏主编：《当代中国的基本建设》上卷，中国社会科学出版社1989年版，第54~56页。

53.68 亿元），其中，用于购买军事装备物资和支付苏联移交旅大军事基地设施、物资的费用占 76.1%；用于购买经济建设设备物资的费用占 23.9%。到 1964 年，即比协定规定提前一年，偿还全部贷款，并付利息 5.8 亿旧卢布，本息折合人民币 55.5 亿元。偿付苏联贷款本息主要是靠直接向苏联出口商品。这一部分约占归还贷款金额的 82%。[①]而且，我国对苏联出口的商品，有相当一部分是苏联发展工业（包括军事工业）急需的重要战略物资。比如，1953 年 5 月 15 日中苏两国政府签订的协定中，就规定 1954~1959 年，中方向苏联提供钨砂 16 万吨、铜 11 万吨、锑 3 万吨、橡胶 9 万吨等战略物资作为苏联援建项目的部分补偿。[②]

（五）学习管理经验

如前文所述，新中国成立初期（包括"一五"时期）从苏联学习的经济管理和企业管理的经验，在建设我国社会主义经济管理制度和企业管理制度方面，起到了重要的作用。

总体来说，"一五"时期从苏联引进的成套设备、技术、人才、资金和学习管理经验，对我国建立社会主义工业化初步基础，起到了重要的促进作用。在这方面也充分体现了斯大林领导的苏联政府和苏联人民崇高的国际主义精神。这一点，值得中国人民永远纪念！

但"一五"时期在引进方面也存在着局限性和缺陷。由于当时的国际形势以及美国等资本主义国家对我国实行封锁禁运政策，再加上"一边倒"的外交政策，还只限于从苏联和其他东欧国家引进。在学习苏联经验方面也存在着教条主义的毛病，特别是照搬了苏联计划经济体制。尽管这种体制在"一五"时期起到了重要的积极作用（这是主要方面，也有消极作用，但不是主要的），但在之后的一个长时期内成为我国经济发展的严重障碍。

十、巩固社会稳定局面，保证和促进工业生产建设的发展

巩固国民经济恢复时期已经实现的社会稳定局面，是"一五"时期顺利建设社会主义工业化初步基础的一个极重要的社会条件。

这个时期在巩固社会稳定局面方面采取了一系列的措施。

（一）经济方面

（1）尽管在经济发展方面，1953 年"小冒了一下"，1956 年又"大冒了一下"，但总的来说，"一五"时期工业生产建设的发展规模和建设大体上做到了与国力相适应，实现了经济的持续、高速增长。

（2）大体来说，在重点建设重工业的同时，又兼顾了人民生活的提高，实现了毛泽东提出的"既要重工业，又要人民"的方针。[③]

（3）在实现社会主义改造的过程中，采取了照顾各经济主体（包括个体农民、个体手工业者和民族资本主义工商业者）利益的、逐步过渡的形式。诚然，在1955年下半年实现社会主义改造高潮的过程中，由于改造的步伐过急，产生了一系列矛盾。但在高潮过去以后，又采取一系列调整和完善措施，使得各方面的需要得到适当的照顾。

（二）政治思想方面

（1）加强党的思想建设和组织建设。

1）1953年1月中共中央发布了《关于开展反对官僚主义、命令主义、违法乱纪斗争的指示》，在国家行政机关进行这场斗争。这场斗争对于加强党、政府与人民群众的联系和廉政建设起到了有益的作用。

2）1954年2月6日召开了中共七届四中全会，针对高岗、饶漱石反党联盟活动，于2月10日通过了《关于增强党的团结的决议》，要求全党高级干部把党的团结和利益看得高于一切，应当把维护和巩固党的团结作为自己言论和行动的标准。

3）1955年3月21日召开的党的全国代表会议，于31日通过了《关于高岗、饶漱石反党联盟的决议》，决定开除两人的党籍；还通过了《关于成立党的中央和地方监察委员会的决议》，以加强党的纪律。[①]上述两次会议及其决议，对于巩固作为全国各族人民团结核心的党的团结，对于巩固安定团结的政治局面起到了极其重要的作用。

（2）加强统一战线工作。这里包括工农联盟工作、知识分子工作、资本主义工商界工作、各民主党派工作、各人民团体工作、少数民族工作、宗教界工作、海外华侨和其他爱国民主人士的工作，以及作为人民民主统一战线组织的全国政治协商会议的工作。在整个"一五"时期，除了反右派斗争严重扩大化以外，在毛泽东、周恩来等党和国家领导人的直接领导下，统一战线的工作做得很出色，在团结全国人民方面起到了极重要的作用。

（3）"一五"时期注意加强了对人民群众的思想教育，并且取得了良好的实效。这对于形成良好的社会风尚和人际关系，加强人民之间的团结以及对于社会主义事业的向心力，都起到了有益的作用。

（三）军事方面

从1950年10月25日开始的抗美援朝战争，到1953年7月27日实现了停战。这一点，不仅标志着美国发动的侵略朝鲜战争的彻底失败，而且对于振奋全国人民的爱国热情，增强人民对于党和政府的向心力，都产生了重要的作用。

因此，"一五"时期实现社会稳定局面，是经过了经济上、政治上、思想上和军事上的多方面努力才实现的，来之不易。这种局面又保证和促进了这个时期建立社会主义工业化初步基础任务的实现。

由于"一五"时期在发展工业生产建设方面采取了一系列方针、政策和措施，因而在建立社会主义工业化初步基础方面取得了巨大的成就。

①《中共党史教学参考资料》第20册，第535页。

第十章 "一五"时期工业经济变革发展的主要成就和问题

"一五"时期，工业生产建设的主要成就有以下五个重要方面：

一、社会主义性质的或基本上是社会主义性质的工业在全部工业中占了主要地位

社会主义国家所有制工业产值占工业总产值比重，由 1952 年的 41.5% 上升到 1957 年的 53.8%，社会主义集体所有制工业产值比重由 3.3% 上升到 19%，基本上是社会主义性质的公私合营工业产值的比重由 4% 上升到 26.3%，资本主义私营工业产值的比重由 30.6% 下降到 0.1%，个体工业产值的比重由 20.6% 下降到 0.8%。可见，到 1957 年，社会主义的或基本上是社会主义的工业产值比重占到 99.1%，而资本主义经济的和个体经济的工业产值比重只占 0.9%。

二、工业基本建设有了巨大发展

如前文所述，"一五"期间工业基本建设投资总额达到了 250.26 亿元。正是这一点，从根本上推动了这个期间我国工业基本建设的巨大发展。

数量众多的重要建设项目的全部投产和部分投产。"一五"期间，施工的工矿建设单位达 10000 个以上，其中限额以上有 921 个，到 1957 年底，全部投产的有 428 个，部分投产的有 109 个。其中，苏联援建的施工项目有 146 个，全部投产的有 30 个，部分投产的有 38 个。

数量众多的重要建设项目的投产，导致许多新的工业部门的建立。这些新的工业部门包括飞机制造业、汽车制造业、新式机床制造业、发电设备制造业、冶金和矿山设备制造业，以及高级合金钢、重要有色金属冶炼业等。

数量众多的重要建设项目的投产，还使许多重要工业产品生产能力有了巨大的增长。以设计的年生产能力计算，炼铁 306.9 万吨，炼钢 278.9 万吨，采煤 6376 万吨，发电（以发电机容量计算）246.9 万千瓦，天然石油 131.2 万吨，人造石油 52.2 万吨，硫酸 32.3 万吨，合成氨 13.7 万吨，水泥 261.3 万吨，木材采运 409 万立方米，金属切

削机床 13549 台，载重汽车 30000 辆，棉纺锭 190.33 万枚，机制糖 62 万吨，机制纸 25 万吨。除了少数产品以外，大部分产品的新增生产能力都超过了计划规定的指标。

三、工业生产有了迅速发展

由于新建企业的投产以及原有企业生产的增长，工业增加值和主要产品的产量有了大幅度增长。这期间工业增加值由 1952 年的 119.8 亿元增长到 1957 年的 271 亿元，增长了 1.472 倍，年均增长 19.8%。[1] 这期间主要工业产品产量增长幅度为 0.23~32 倍，大部分产品都超过了"一五"计划指标。

由于新的工业部门的建立和原有企业技术水平的提高，许多新的工业产品被生产出来了。钢铁工业方面有：高级合金结构钢、特殊仪表用钢、矽钢片、造船钢板、锅炉用无缝钢管、50 公斤的重轨等主要钢材。1952 年，我国只能生产 180 多种钢和 400 多种规格的钢材，1957 年已经能够生产 370 多种钢和 4000 多种规格的钢材了。机械工业方面有：飞机、载重汽车、客轮、货轮、容量 1.2 万千瓦的成套火力发电设备、1.5 万千瓦的成套水力发电设备、容积 1000 立方米的高炉设备、联合采煤机、200 多种新型机床、自动电话交换机，以及全套纺织、造纸、制糖等设备。在化学工业方面，已经能够生产化学纤维、各种抗菌素等产品。[2]

由于工业产品的巨量增长和新产品的大量涌现，我国工业材料和设备的自给率有了很大的提高。到 1957 年，我国钢材自给率达到 86%，机械设备的自给率达到 60% 以上。[3]

四、工业技术水平有了显著提高

旧中国工业生产技术比资本主义国家要落后半个多世纪。经过"一五"时期的建设，由于许多限额以上的重点建设单位投产，就使那些经过重大改建的老工业部门，特别是新建工业部门的技术提高到 20 世纪 40 年代后半期的水平。

1957 年，社会主义国家所有制工业工程技术人员达到 49.6 万人，比 1952 年增长 2 倍，占工业职工的比重由 1.1% 提高到 2.2%。到 1957 年，我国已经能够设计一些比较大型的、技术复杂的工程。如年产 240 万吨的煤矿，年产 100 万千瓦的水电站（1952 年为 1.2 万千瓦），年产 65 万千瓦的火电站（1952 年为 1 万千瓦），年产 150 万吨钢铁联合企业，年产 7.4 万吨的重型机器厂，日产 120 吨的造纸厂，日处理 2000 吨甘蔗的制糖厂。

1952~1957 年，社会主义国家所有制工业企业每一工人使用的动力机械总能力提高了 79.2%，每一工人使用的电力提高了 80.4%；每一职工占有的固定资产原值由 2918

---

[1]《新中国六十年统计资料汇编》，中国统计出版社，第 9、12 页。

[2]《关于发展国民经济的第一个五年（1953~1957）计划执行结果的公报》，中国统计出版社 1959 年版，第 7~8 页。

[3]《新华半月刊》1958 年第 2 期，第 57 页。

元增加到 4473 元，每一职工占有的全部资金由 2878 元增加到 4416 元。[①]

五、工业结构（包括部门结构、地区结构等）有了重大变化

工业总产值在工农业总产值中占了大部分。工业总产值占工农业总产值的比重，由 1952 年的 43.1%上升到 1957 年的 56.7%；农业总产值的比重由 56.9%下降到 43.3%。[②]

现代工业在全部工业中占了显著优势。现代工业产值占工业总产值的比重，由 1952 年的 64.2%上升到 1957 年的 70.9%。[③]

主要生产生产资料的重工业在全部工业中的比重有了大幅度上升。1952 年，这一比重为 35.5%，1957 年上升到 45%；与此相对应，主要生产消费品的轻工业比重由 64.5%下降到 55%。

在重工业中，采掘工业和原料工业有了进一步发展，特别是制造工业得到了加强。"一五"期间，采掘业和原料工业生产能力大大增长了，但比重下降了。采掘工业的比重由 1952 年的 15.3%下降到 1957 年的 4.6%，原料工业的比重由 42.8%下降到 39.7%，制造工业的比重由 41.9%上升到 45.7%。其中生产机器的机械工业由 31.9%上升到 37.7%。[④]

这表明半殖民地半封建中国留下的那种工业主要提供燃料和原材料、机械工业主要从事修配的畸形发展状况，已经有了根本的改变；重工业内部得到了较均衡的发展，重工业提供生产资料特别是机器的能力大大增长了。

轻工业的原料来自重工业的部分增长了，来自农业的部分下降了。以工业品为原料的轻工业产值占轻工业总产值的比重，1952 年为 12.5%，1957 年上升到 16.8%；与此相对应，以农产品为原料的轻工业产值的比重由 87.5%下降到 83.2%。这表明重工业为轻工业提供原料的能力显著增长了。

原来工业比较发达的沿海地区的工业有了进一步发展，有些工业基地得到了进一步加强；原来工业不发达的内地的工业有了更迅速的发展，一些新的工业基地正在形成。经过"一五"时期的工业建设，以鞍钢为中心的东北工业基地已经基本建成，上海和其他沿海城市的工业基地也已经大为加强；同时，在华北地区、华中地区和西北地区，新的工业区正在形成，西南地区和华南地区，部分工业建设也开始了。由于内地工业比沿海地区工业的发展速度更快，因而 1952~1957 年，内地工业产值在工业总产值中的比重，由 29.2%上升到 32.1%；而沿海地区由 70.8%下降到 67.9%。这表明半殖民地半封建中国留下来的工业集中于沿海地区而内地工业很少发展的畸形状态，在

---

① 《关于发展国民经济的第一个五年（1953~1957）计划执行结果的公报》，中国统计出版社 1959 年版，第 8 页；《伟大的十年》，人民出版社 1959 年版，第 67、98、163 页；《中国工业经济统计资料（1949~1984）》，中国统计出版社，第 112~113 页。

② 《中国统计年鉴》（1984），中国统计出版社 1985 年版，第 27 页。

③ 《伟大的十年》，人民出版社 1959 年版，第 80 页。

④ 《中国工业经济统计资料（1949~1984）》，中国统计出版社，第 101 页。

"一五"期间有了很大的改变，在沿海和内地工业均有发展的条件下，工业得到了比较合理的分布。

上述情况表明，在短短的五年内，我国就建立了社会主义工业化的初步基础。这是一个极其伟大的成就！如前文所述，这期间在发展工业生产建设方面也有不少缺陷。主要是1953年特别是1956年工业生产建设规模过大，速度过快；过于偏重发展重工业，对轻工业、农业和运输邮电业有所忽视，对沿海地区和中小工业以及非生产性建设的注意也不够。但上述缺陷的许多重要方面，毛泽东在1956年初已经有所觉察，并着手进行了某些纠正。在工业变革方面，主要是社会主义改造速度过快、时间过短。所以，如果看不到"一五"期间在建立社会主义工业化初步基础方面所取得的伟大成就，是完全错误的；但如果看不到这个期间在这方面发生的缺陷，也是片面的。在社会主义改造方面也应这样看。

第三篇
实行计划经济体制时期的
工业经济（一）

——"大跃进"阶段的工业经济（1958~1960 年）

1957 年下半年，由毛泽东发动的批判反冒进以及由他提出的社会主义建设总路线，为"大跃进"方针奠定了思想基础和路线基础。据此，本篇在下面叙述工业生产建设贯彻"大跃进"方针的过程，以及与此相联系的改进工业经济管理体制、企业管理制度和手工业集体所有制变动的过程。

第十一章 工业生产建设的"大跃进"

在社会主义建设总路线的指引下，工业生产建设的"大跃进"于 1958 年迅速展开。但是受经济规律的制约，"大跃进"的工业指标在实践中难以落实，于是有了 1959 年的"压缩空气"。然而受政治斗争的驱使，1959 年庐山会议以后再次掀起"大跃进"的热潮。本章依次叙述这些历史过程。

第一节 1958 年，以全民大炼钢铁为中心的工业"大跃进"

一、钢铁工业"大跃进"

钢铁工业"大跃进"在 1958 年开始的工业"大跃进"中起了带头作用，并且最具典型性。这并不是偶然发生的。钢铁工业是国家工业化的基础。然而，直到 1957 年，中国的钢铁工业基础仍十分薄弱。这与中国工业化的要求相比，差距甚大。这样，实现钢铁工业"大跃进"，就会成为实现社会主义建设"大跃进"的首要选择。1957 年 12 月 2 日，刘少奇依据毛泽东 11 月 18 日在莫斯科举行的世界 64 个共产党和工人党代表会议上的讲话精神，代表中共中央向中国工会第八次全国代表大会致祝词时宣布："在 15 年后，苏联的工农业在最重要的产品的产量方面可能赶上和超过美国，我们应当争取在同一时间，在钢铁和其他重要工业品的产量方面赶上和超过英国。"从此，在钢铁和其他重要工业品在产量方面赶上和超过英国就成为发动"大跃进"特别是工业"大跃进"的一个重要口号。1958 年 6 月，正式形成了工业发展"以钢为纲"的方针。

在上述口号和方针的鼓励下，1958 年钢铁产量计划指标急剧上升。政府有关经济部门于 1958 年 2 月 3 日提出 1958 年钢的产量指标为 624 万吨，4 月 14 日上升到 711 万吨，5 月 26 日召开的中共中央政治局扩大会议又上升到 800 万~850 万吨。6 月 19 日，毛泽东在与部分中央部门和地区领导同志的谈话中提出 1958 年钢产量在 1957 年的基础上"翻一番",定为1070万吨。6月22日,毛泽东又在有关报告上批示:赶超英国,不是15年,也不是7年,只需要2~3年,2年是可能的。这里主要是钢。只要1959年达到2500万吨,我们就在钢产量上超过英国了。[①]

但是,这一年1~7月,累计生产钢380万吨稍多一点,同1070万吨的年计划相比差约690万吨,计划完不成的危险已经显而易见了。然而此时,中国要生产1070万吨钢的消息已经传到了国外。7月31日~8月3日赫鲁晓夫来华访问期间,毛泽东对他讲,中国今年产钢1070万吨。赫鲁晓夫不大相信,在华苏联专家总顾问阿尔西波夫也说恐怕实现不了,并表示土法炼钢产量再多也没有用。这些看法进一步激励了毛泽东等中国领导人实现计划的决心。加之"大跃进"是批判反冒进的产物,在毛泽东看来,能否实现"大跃进",这是一个政治问题。因此,8月16日,在北戴河中共中央政治局扩大会议的预备会议上,毛泽东提出大搞群众运动,实行书记挂帅,全党全民办钢铁。

8月17~30日在北戴河召开的中共中央政治局会议通过并公开发表了《号召全党全民为生产1070万吨钢而奋斗》的决定。9月1日,《人民日报》发表社论《立即行动起来,完成把钢产量翻一番的伟大任务》。从此,声势浩大的全民大炼钢铁运动,在全国范围内广泛、迅速地开展起来。

9月5日晚,中共中央书记处召开电话会议,再次强调,北戴河会议下达的钢铁指标,只能超额,不准完不成。9月25日,中共中央召开电话会议,更进一步要求从省、地、县到乡,各级第一书记都要亲自挂帅,亲临钢铁生产现场,日夜不停地指挥作战。

当时,把主要作业采用机械化方法生产的大中型企业称为"大洋群";把采用土法生产的、以农民为主体的小型企业(或生产点)称为"小土群"。对于"大跃进"的钢铁指标,若正常地发展钢铁工业,在短短的几个月内难以奏效。于是,完成指标的希望寄托于"小土群"。8月以前,全国已建成一批年产钢在10万吨以下的小高炉、土高炉。9月以后,又新建了几十万座。冶金部先后在天津和河南商城县召开全国土法炼钢现场会,大力宣传炼铁和炼钢都要大搞小(小转炉、小土炉)、土(土法炼钢)、群(群众运动);要打破所谓"保守思想"和"怀疑论",让土法炼钢遍及全国各地。

7月底,用在钢铁生产上的劳动力有几十万人,8月底增至几百万人,9月底猛增到5000万人,10月底又增至6000多万人。加上其他行业直接间接支援的人员,全国投入大炼钢铁的人力超过了1亿,占全国总人口的1/6。

小高炉、土高炉的数量也迅速增长。7月,有3万多座;8月间,增至17万座;9月底,猛增到60多万座;10月底,达到了几百万座。不但工厂、公社,而且部队、机关、学校,甚至外交部、省委机关也建起了土高炉、炼铁厂。

为了推动全民大炼钢铁运动,这时报刊不断报道各地大放钢铁"高产卫星"的情况。9月7日《人民日报》发表社论,宣传河南土高炉日产生铁比老钢铁基地辽宁、吉林、黑龙江三省的生铁日产量还要高。为了放这一颗"卫星",河南省建立了5万多座

① 薄一波:《若干重大决策与事件的回顾》下卷,中共中央党校出版社1993年版,第699~700页。

土高炉,抽调了 360 多万人炼铁。9 月 29 日是中央确定的放"卫星"的日子。全国日产钢近 6 万吨,铁近 30 万吨,出现了 9 个日产生铁超过万吨的省,73 个日产生铁超过万吨的县和 2 个日产 5000 吨钢、1 个日产 4000 吨钢的省。[①] 10 月 15~21 日是中央确定的高产周,《人民日报》称:"一周内钢的平均日产量比以前 14 天的平均日产量增加了 85%……其中钢的最高日产量曾达到 10 万多吨。日产煤炭 100 多万吨,铁路装车 35000 多车。"[②] 对于上述做法,有人提出反对意见,认为这是一种蛮干。这种做法搞乱了生产秩序,破坏了比例和平衡,造成了紧张,是得不偿失。《红旗》杂志斥责持上述观点的人为"怀疑派",批判他们为"对革命厌倦的人"。[③]

大型现代化企业当时也忽视了现代化企业的特点,片面强调发挥群众的作用,对广大职工只是号召要破除迷信,解放思想,发扬敢想、敢说、敢做的共产主义风格,不提倡尊重科学技术规律,否定遵守规章制度的必要性。这样做的结果是,虽然有一部分企业在群众运动中提出了不少合理化建议,改革了操作法和设备,提高了劳动生产率,但是大多数企业在大搞群众运动中,片面追求产量,盲目拼设备和强化开采,不顾质量和安全,不计经济效益,使企业陷于混乱之中,造成很大损失。经过几个月的突击蛮干,加上相当程度的虚报浮夸,钢铁的产量有了迅速增加。12 月 19 日,全国已生产钢 1073 万吨,22 日《人民日报》正式宣布提前完成钢产量翻番的任务。年底,则宣布钢产量为 1108 万吨,生铁产量为 1369 万吨,超额完成了 1958 年钢产量翻番的任务。这个数字虽然保住了"大跃进"的面子,却给国民经济带来了严重后果。大量人力、物力、财力被白白浪费,不少设备因超负荷运转而招致严重损伤。合格的钢产量只有 800 万吨。在生铁产量中土铁达 416 万吨,甚至明明是废品也拿来凑数。土钢土铁生产亏损达十几亿元。为了生产这些土钢土铁,还过量开采矿石,大量砍伐树木,砸掉大量铁锅铁器,破坏了矿产和森林资源,影响了人民生活。而绝大多数土铁土钢的质量都很差,含硫量大大超过规定,难以使用。[④]

二、机械、煤炭和电力工业"大跃进"

在"大跃进"的热浪中,为了保证"钢铁元帅"升帐,各项工业指标都不断加码。首当其冲的是机械工业和电力工业。毛泽东在最高国务会议上提出关于"三大元帅、两个先行"的意见。他说:一为粮,二为钢,加上机器,叫三大元帅。三大元帅升帐,就有胜利的希望。还有两个先行官,一个是铁路,另一个是电力。因此,在工业各部门中,除了钢铁工业以外,机械工业及作为钢铁工业主要燃料来源的煤炭工业和电力工业在"大跃进"中也处于重要的位置。

---

① 《卫星齐上天,跃进再跃进》,《人民日报》1958 年 10 月 1 日社论。
② 《"钢铁生产周"胜利以后》,《人民日报》1958 年 10 月 26 日社论。
③ 《红旗》1958 年第 12 期。
④ 柳随年、吴群敢主编:《"大跃进"和调整时期的国民经济》,黑龙江人民出版社 1984 年版,第 34 页。

在"大跃进"的形势下，各部门、各地方纷纷加快生产建设速度，许多基建项目迫切需要大量的机械设备。为了适应各方面的急需，机械工业开始了"大跃进"，主要表现在三个方面：

（1）大搞生产建设的群众运动。"大跃进"中，不仅强调老厂翻番，生产车间三班倒，工具、机修等技术后方上前线，拼体力、拼设备，而且大上基本建设，省、地、县、社各级都大办机械厂，其他产业部门、施工部门以及学校实习工厂也都大量制造机械设备，形成"遍地开花"的局势。1958~1960 年，机械工业产量平均年增长率达85.4%。产量大幅度增长，质量普遍下降。例如冶金设备，1957 年年产量 1.38 万吨，1958~1960 年总产量猛增到 66 万吨，其中就包括 300 多套简易轧机，上千套简易炼焦设备，上万套简易小高炉、小转炉。又如金属切削机床，1957 年年产量 2.8 万台，1958~1960 年累计生产 35 万台，其中简易土机床和皮带机床就有 28 万台。大部分是一些性能差、效率低、能耗高的设备，在生产上造成很大浪费。

（2）突击式的、群众性的普及和发展机械技术。"大跃进"期间，机械工业加速完成了"一五"计划时期着手安排的一些重大新产品，技术水平有了一定的提高。如制成了 5 万千瓦成套火电设备、220 千伏级高压输变电设备、1513 立方米高炉、3350 立方米/小时制氧机、3200 米石油钻机、跃进牌 2.5 吨载货汽车、Y7520W 型万能螺纹磨床、80 毫米×2500 毫米精密丝杠车床、400 毫米×560 毫米双柱坐标镗床等。同时，自行设计制造了 1.2 万吨自由锻造水压机、1.2 万千瓦双水内冷气轮发电机、7.25 万千瓦混流式水轮发电机组、1.25 万千瓦冲击式水轮发电机组、135 系列柴油机等。由于这些产品是突击完成的，没有严格执行技术标准和工艺规程，大都存在不同程度的质量问题，以后又花了较大力量逐步完善，多数产品到调整时期或调整以后才鉴定验收。为了实现机械工业的高速发展，当时强调要"解放思想，破除迷信，敢想敢干"，提倡土洋并举，土法上马，大搞土简设备。1958 年 10 月，一机部在哈尔滨市机联机械厂召开现场会，推广大搞土设备的做法。由于机械工业的群众运动满足于表面上的轰轰烈烈，不讲求实效，"大跃进"中推广的 355 项重大革新，只有 30% 取得一定效果。有些革新违反了科学规律，严重影响产品的性能和质量。

（3）基本建设投资规模过大。为了适应高指标的要求，机械工业进行了大规模的基本建设。1958~1960 年的"大跃进"中，施工项目猛增到 2000 多个，其中大中型项目200 多个。在三年内全部建成投产的只有 20 多个项目，这些项目主要是在"一五"时期已经开工续建的重点项目，包括机床行业的武汉重型机床厂、成都量具刃具厂、哈尔滨第一工具厂；重型机械行业的沈阳重机厂、第一重机厂、洛阳矿山机器厂；仪表行业的西安仪表厂；电工行业的哈尔滨三大动力厂二期工程、哈尔滨和西安绝缘材料厂、哈尔滨电碳厂、武汉锅炉厂、湘潭电机厂、西安电力电容器厂、西安高压高瓷厂、保定变压器厂；轴承行业的洛阳轴承厂；农机行业的洛阳第一拖拉机厂、石家庄农业机械厂、湖南动力机厂。部分投产的还有兰州石油化工机器厂、郑州砂轮厂等近百个项目。经过大规模的基本建设，在西安、兰州、郑州、合肥、杭州、保定等地形成了新的机械工业基地。布局虽然展开了，但是没有处理好与专业化协作的关系，工厂“大而全”、“小而全”，省市、部门之间都自成体系，重复生产、重复建设非常严重。由于基建规模过大，超过了可能，分散了力量，致使一些国家急需的重点建设项目，如开封阀门厂等反而没能按时建成。建设项目内部也不平衡，冷热加工不协调，前后左右不配套，大量项目没有建成就不得不停查缓建，造成很大浪费。[①]

　　煤炭工业作为保证“钢铁元帅升帐”的重要一环，在“大跃进”中，受到高指标、瞎指挥、浮夸风的影响很严重。首先是高指标。为了配合当时全民大炼钢铁，煤炭工业部提出了“全民大办煤矿”。1958 年 10 月，在河南省宝丰县召开全民办煤矿现场会。1959 年 3 月，进一步要求全国每一个矿井都要做到“日日高产，月月高产”、“大面积丰产”。计划产量和建井总规模指标越来越高。1958 年建井总规模达 2.5 亿吨，当年开工 1.7 亿吨。这个数字比 1957 年增加了 198%。结果只得简易投产，降低了工程质量和移交标准。地质勘探也片面追求进尺，忽视质量和效果，给设计、施工造成了困难。为了适应大办钢铁的紧迫形势，煤炭工业部在短短几天内仓促定点建设 232 个与小焦炉配套的简易洗煤厂，并突击设计、施工，三年中开工建设了 170 个，后来大部分报废。其次是瞎指挥。这在技术工作上表现最为突出。如不顾水力采煤有很严格的适用条件，强行要求全国煤矿立刻普遍推广。最后是高指标、瞎指挥导致了说大话、说假话的浮夸风。有的煤矿在井下放几炮，打几条巷道，就算出了煤。此外，在所谓“破框框”的思想指导下，煤矿许多行之有效的规章制度都被废除了。“大跃进”给煤炭工业造成了严重的不良后果。生产矿井采掘关系失调，巷道和设备失修，生产能力受到严重破坏。从 1960 年 5 月开始，全国煤炭产量持续地大幅度下降。[②]

　　电力工业在“大跃进”中也受到高指标、瞎指挥和浮夸风的影响。电力工业产量 1958 年达到 275.3 亿千瓦时，比 1957 年实际增加近 82 亿千瓦时，增长 42.3%；1959 年达到 422.9 亿千瓦时，比 1958 年实际增加 147.6 亿千瓦时，增长 53.6%；1960 年达到 594.2 亿千瓦时，比 1959 年增长 40.5%。三年平均增长速度是 46%。到 1960 年累计完成电力工业基本建设投资 77.69 亿元，新增发电装机容量 750.3 万千瓦，分别比“一五”时期累计完成额和新增额增加 1.6 倍和 2 倍。三年中不仅建成了一批“一五”期间开工建设的重要水、火电站项目，同时，在 1958 年 1 月提出的“水主火从”的建设方针指导下，还开工兴建了不少大型水电项目。主要有：装机 50 万千瓦的丹江口枢纽，装机 29.97 万千瓦的富春江七里垄水电站，装机 44.75 万千瓦的拓溪水电站，装机 35.2 万千瓦的盐锅峡水电站和装机 122.5 万千瓦的刘家峡水电站等。但是由于急于求成，这一时期在水电建设中，也不顾条件过早上了一批大型项目，最后被迫下马。这批下马的项目共计 24 个，其中 1958 年下半年动工的 19 个，1959 年动工的 4 个，1960 年动

---

　①　景晓村主编：《当代中国的机械工业》，中国社会科学出版社 1990 年版，第 30~35 页。

　②《当代中国的煤炭工业》，中国社会科学出版社 1989 年版，第 44~47 页。

工的 1 个。总装机容量达 867.8 万千瓦，造成损失近 6 亿元。[1] 尽管电力工业建设已尽力加快速度，但仍然赶不上需要，在迫不得已的情况下，也实施了"全民办电"。一切可利用的动力资源都挖掘了出来，简易的土法设备也制造了出来。但是，这种不计经济效果、大量浪费资源的做法难以持久，造成了更大的浪费。

三、地方工业"大跃进"[2]

毛泽东在 1958 年 1 月写作的《工作方法六十条（草案）》中以及在 1958 年 3 月召开的成都会议上，提出了各地工业总产值要在 5~7 年超过农业总产值的要求。1958 年 5 月中共八大二次会议召开以后，中共中央进一步提出了建立比较完整的工业体系的经济区域任务。6 月初，中共中央决定把全国划分为东北、华北、华南、华东、华中、西北、西南七个协作区，要求各协作区根据自己的资源等条件，尽快建立大型的工业骨干和经济中心，形成若干个具有比较完整的工业体系的经济区域。8 月 10 日，毛泽东在天津视察工作时又进一步提出，各省也应建立比较独立的但是情况不同的工业体系。

为了完成上述任务，全国各地出现了大办工业的"大跃进"高潮。如工业不发达的甘肃省，1958 年 2~3 月，全省办厂 1000 多个；3~5 月，建厂 3500 个；5~6 月，全省厂矿数猛增到 22 万个，其中社办的 18.5 万多个。全省每个乡平均有 110 个厂矿，每个农业社平均有 12 个厂矿。

1958 年 8 月，北戴河会议以后，各省、自治区、直辖市党委把主要力量转移到工业战线上来，出现了全党办工业、全民办工业的热潮。第一书记挂帅抓工业生产和建设工作，地方工业有了进一步的发展。1957~1960 年，社会主义国家所有制工业企业由 49600 个增加到 96000 个，集体所有制企业由 119900 个增加到 158000 个（其中社办工业为 117000 个）。[3] 这三年增加的工业企业主要是地方工业企业。这样做的结果，一方面是地方工业有了迅速发展，社办工业和街道工业的兴起为今后地方工业的发展奠定了基础；另一方面是各地基本建设迅速膨胀，职工队伍膨胀，社会购买力膨胀，而新建的一些小型企业耗费资源量却很大，效益很差。这都导致国民经济失衡，对后几年的发展带来了灾难性的后果。

第二节　1959 年上半年，对工业生产建设指标的调整

"大跃进"的高指标必然使计划落空。1959 年 1~5 月，人们尽了最大的努力，鼓足

① 彭敏：《当代中国的基本建设》上卷，中国社会科学出版社 1989 年版，第 94~95 页。
② 如前所述，本书所说的地方工业，是指的省（自治区、直辖市）、地、县各级地方政府管理的工业。
③《中国工业经济统计年鉴》（有关各年），中国统计出版社。

干劲工作，工业产值比 1958 年提高 90%，但钢铁、电力、机械工业的生产都没有完成计划。为了完成计划，能想的办法都想了，但就是完成不了任务。有的行业，如煤炭业，即使勉强完成了计划，但是由于靠的是加班加点突击采煤，违背了各个生产环节要按比例均衡生产的内在规律，造成了危机，导致 20%~30% 的煤矿不能正常生产。这时尽管人们没有从根本上否定经济工作中"左"的指导思想，但这种客观情况，迫使人们不得不对 1959 年工业生产建设指标进行调整。

实际上，1958 年 11 月初~1959 年 7 月中旬，毛泽东和党中央连续召开了一系列重要会议，努力纠正已经察觉到的"左"倾错误。1958 年 11 月 2~10 日，党中央在郑州召开了由部分中央领导人和若干省委书记参加的会议，即第一次郑州会议。在会上，毛泽东开始向到会的 9 位省委书记做"降温"工作。他说：现在开的支票太大了，恐怕不好。11 月 21 日在武昌召开由各省、自治区、直辖市党委第一书记、中央有关部长参加的政治局扩大会议，毛泽东继续做"降温"工作。他说：整个说来，认识客观规律，掌握它，熟练地运用它，并没有。所谓速度，所谓多快好省，是个客观的东西。客观说不能速，还是不能速。1959 年 3 月 25 日~4 月 5 日，中共中央在上海先后举行政治局扩大会议和中共八届七中全会。毛泽东主持了会议，并在会上着重批评计划不落实、主观主义、没有科学依据。中共八届七中全会以后，毛泽东对压缩后的钢产量指标（即 1959 年生产 1650 万吨钢）仍不放心。他委托中共中央副主席陈云进行研究。陈云在做了周密的调查研究之后，得出结论：1959 年生产 900 万吨钢材，1300 万吨钢，是有可能的，但是还需要做很大的努力。[1]

但是，实事求是地降低指标并非轻而易举，需要做大量的工作，特别是各级领导干部的思想工作。1959 年 5 月 28 日，中共中央总书记邓小平主持书记处会议。他针对原来定的 1959 年生产 1800 万吨钢的高指标，强调指出：思想上应从 1800 万吨钢中解放出来，注意力放在全局上，不仅要搞工业，而且要注意整个国民经济……全面安排，解决工农、轻重关系，眼睛只看到 1800 万吨钢，就会把全面丢掉，包括丢掉人心。邓小平的这一番讲话实事求是，具有很强的说服力。

这样，尽管这次纠正"左"的错误是在基本肯定"大跃进"的前提下进行的，很不彻底，但这项工作仍然收到了一定成效：

（1）调整了工业生产建设的速度和规模。关于 1959 年工业生产建设计划指标，1958 年 8 月北戴河会议的安排为：钢产量 2700 万吨，争取 3000 万吨；煤 3.7 亿吨。钢铁和其他主要工业产品的产量，除了电力等少数几种以外，都将超过英国。这是 1959 年冒进指标的最高点。1958 年 11 月召开的中共八届六中全会把钢产量计划指标降到 1800 万~2000 万吨。1959 年 4 月，中共八届七中全会上确定将钢的指标调至 1650 万吨。1959 年 5 月，中共中央进一步把钢产量降到 1300 万吨。当年执行结果是 1387 万吨钢。

---

[1]《陈云文选》第 3 卷，人民出版社 1995 年版，第 134 页。

（2）对工业各部门之间的关系做了某些调整。

1）在工业生产方面，强调抓轻工业生产，抓日用工业品生产。为了缓和日用百货供应紧张的矛盾，1959年2月以后，陆续采取了以下措施：①拨出一部分原材料，专门保证日用品的生产；②责令已经改行的工厂恢复小商品生产；③在人员、原材料供应、市场等方面采取措施，促使手工业产品的品种和质量恢复到1958年8月以前的状况；同时，压缩了重型设备、发电设备、交通运输工具等重工业的生产指标。

2）在工业基本建设方面，1959年初减少了机械、电力、冶金和"尖端"工业部门的投资，增加了煤炭、化工、轻工、纺织、交通、商业、文教等部门的投资，补列了城市建设的投资。在重工业内部，加强了煤矿、铁矿、有色金属矿、石油等采掘工业的建设，注意使采掘工业和加工工业比例协调。在各工业部门内部，加强了薄弱环节。如在冶金工业内部加强了铁矿和炼焦厂的建设；在机械工业内部，注意解决设备配套的需要；在化学工业内部，加强了酸、碱、氨和其他化工原料的生产建设；在轻工业内部，加强了纺织、造纸、盐和糖的生产建设项目。

（3）调整工业和国民经济各部门的比例关系。在物资分配方面，尽可能地安排好重工业、轻工业、农业之间的关系，注意解决纺织工业、轻工业和其他市场急需物资的需要，并照顾农业上的需要；在固定资产投资方面，首先照顾生产、维修方面的需要，其次照顾必要的基本建设，使生产与基建有所兼顾；注意保证出口和援外的需要；尽可能地留有余地，适当地补充库存等。

但这次很不彻底的纠"左"，在庐山会议后期发动"反右倾"运动以后，便迅速结束了。

第三节　1959年夏，庐山会议后再次掀起工业生产建设的"大跃进"

一、庐山会议后期毛泽东发动"反右倾"斗争

1959年7月2日~8月1日在庐山召开的中共中央政治局扩大会议，和8月2日~8月16日在同处召开的中共八届八中全会，统称为庐山会议。在上庐山之前，毛泽东在北京主持召开中央会议，中心议题是讨论工业、农业、市场等问题。毛泽东、周恩来和李富春在讲话中都指出了"大跃进"的主要问题是对综合平衡、有计划按比例地发展国民经济的重视不够。毛泽东特别指出："工农商都要挂帅"，"工业指标、农业指标中，有一部分主观主义，对客观必然性不认识"。庐山会议开始时，毛泽东对要讨论的问题做说明时也谈道：在"大跃进"中反映出领导干部不懂得经济规律，需要读书。在"大跃进"形势中，包含着某些错误，某些消极因素。从这些讲话和会议要讨论的

问题可以看出，召开庐山会议的原本宗旨是要总结经验，纠正"大跃进"的过高指标，以便更好地实现 1959 年的"跃进"。

从 7 月 3 日开始，中央政治局扩大会议按六大区分组讨论。讨论中出现了意见分歧。分歧的焦点在于对"大跃进"和人民公社化运动的评价上。7 月 10 日，毛泽东在组长会议上讲话，认为尽管"得不偿失"的例子可以举出很多，但从全局来看，是"1 个指头"与"9 个指头"，或"3 个指头"与"7 个指头"的问题，最多是 3 个指头的问题。成绩还是主要的，无甚了不起。一年来有好的经验与坏的经验，不能说光有坏的、错误的经验。他希望与会者对形势的看法能够一致，以利团结，争取 1959 年的继续"跃进"。7 月 14 日，会议印发了初期讨论的议定记录，既肯定了"大跃进"的成就，也讲了缺点，并有许多指导性的具体规定。它的基本精神是纠"左"，但很不彻底，仍规定了工业增长 20%左右的速度。

尽管庐山会议初期的讨论进行得和风细雨，轻松愉快，被人们称之为"神仙会"，然而对"大跃进"基本评价的分歧预示着暴风骤雨即将来临。

彭德怀 7 月 14 日给毛泽东写了一封信，要求认真总结 1958 年"大跃进"和人民公社化运动的经验教训。毛泽东断然指出："现在党内党外出现了一种新的事物，就是右倾情绪、右倾思想、右倾活动已经增长，大有猖狂进攻之势"，"这种情况是资产阶级性质的"，右倾已经成为主要危险。8 月 2~16 日召开的中共八届八中全会，宗旨即由"政治局扩大会议的总结经验"转变为"为保卫党的总路线、反对右倾机会主义、反对党的分裂而斗争"。

二、"反右倾"后新的"跃进"指标不断上升

庐山会议"反右倾"之后，在全党范围内从上到下开展了一场声势浩大的"反右倾"斗争，在政治、经济等方面造成了极为严重的后果。在经济上就是终止了纠"左"，掀起了继续"跃进"的高潮。在"反右倾、鼓干劲"的口号下，大办钢铁，大办县、社工业，大办街道工业等各种"大办"一拥而上。

在原来拟定 1960 年计划时，也曾考虑在上年调整的基础上，继续搞好综合平衡，指标留有余地。但是，在"反右倾"斗争的影响下，不仅调整无法进行，而且新的"跃进"指标不断上升。1960 年 1 月 30 日，中共中央批转了国家计委《关于 1960 年国家经济计划的报告》，要求继续进行"反右倾"斗争，争取国民经济的继续"跃进"，并提出产钢 1840 万吨。4 月 14 日，中共中央同意并批转了冶金部提出的 1960 年钢产量三本账的计划以及冶金部、煤炭部、铁道部关于实现这个计划的联合报告。三本账即 1840 万吨、2040 万吨、2200 万吨。为了争取实现第三本账，冶金的生产能力、煤炭的开发、铁路的运力都要相应提高，投资都要加码。5 月 30 日，中共中央正式批准了这一计划，决定确保完成第二本账，争取实现第三本账，并以此为标准来检查工作。

三、以保钢为中心的增产节约运动

钢产量的一再加码，使本来就难以完成的1960年工业生产建设计划进一步超越了实际。为了完成计划，全国又一次掀起以"保钢"为中心的保煤、保运输的"跃进"高潮，开展了以半机械化和机械化为中心的技术革新和技术革命运动。在采煤、采矿、炼铁方面大搞"小洋群"、"小土群"，提出了在基本建设方面贯彻大中小结合，以中为主，以"小土群"为主的方针，各地大办小煤窑、小铁矿、小高炉、小水电等。但也只是第一季度勉强实现了计划指标，达到了所谓的"开门红"。4月以后，主要工业产品出现了下降的局面。第二季度，在20种主要工业产品中，17种都没有完成计划，9种平均日产水平相比第一季度都下降了。其中钢下降5.8%，钢材下降6%。这样，1960年钢铁生产计划指标难以完成就显而易见了。

在这种情况下，1960年6月中旬，中共中央政治局在上海召开扩大会议，总结几年来的经济工作，讨论1960年国民经济计划。毛泽东在会议期间写的《十年总结》中再次提出实事求是的原则，指出：搞工业的以及搞农业、商业的同志，在一段时间内思想方法有些不对头，忘记了实事求是的原则。但是，在实际工作中，他并不认为工业下降是由于计划指标定得过高，违反了实事求是的原则；而认为工业生产情况不好的最大教训，一是措施不够具体有力，二是虽有措施，但组织执行抓得不紧。于是，为了保证"以钢为纲"的工业生产计划的实现，会议要求在第三季度内下最大的决心尽快解决工业管理上的"松"、"散"现象。

1960年7月5日~8月10日，中共中央在北戴河召开工作会议，主要讨论经济问题和国际问题。当时国家计委主任李富春和国家经委主任薄一波联名提出《1960年第三季度工业交通生产中的主要措施的报告》，指出为了扭转第二季度以来主要产品下降的局面，解决基本建设战线过长、物资使用分散的局面，必须削基建、保生产，集中力量把钢、铁、煤、运输的生产搞上去。会议批准了这个报告，并指出有的省份应当实事求是，根据煤炭和生铁供应的可能，降低钢的产量。这次会议确定压缩基本建设战线，决定以后国民经济计划不搞两本账，只搞一本账，不搞计划外的东西，不留缺口。

但是，正当实事求是的气氛逐渐浓厚的时候，在会议进行过程中，7月16日，当时的苏联政府突然照会中国政府，单方面决定在一个月内撤回全部在华专家，撕毁了专家合同和合同补充书，废除了科学技术合作项目；并且撕毁经济援助合同，停止供应我国建设需要的重要设备，对我国施加经济压力。这一事件的发生，严重干扰了我国的工业生产建设，使我国的经济生活雪上加霜。苏联政府的背信弃义，激起了中国共产党和中国人民的愤慨。刚刚开始的冷静思考和处理问题又受到了干扰。面对严重的困难，一些同志在会上提出要炼"争气钢"，要争取当年生产2000万吨钢，提前实现钢产量赶上英国的目标。这样，会议就没有对经济的调整问题进行深入的讨论，而是通过了《关于开展以保粮、保钢为中心的增产节约运动的指示》。1960年8月14日，中共中央发布指示指出，摆在全党面前的紧急任务是，立即在全国开展一个以保粮、保钢为中心的增产节约运动，争取完成和超额完成 1960 年的国民经济计划。

开展以保粮、保钢为中心的增产节约运动后，钢产量有所回升。但在缓慢的回升中，相当一部分是靠废钢铁支撑的，质量没有保障。煤炭等其他主要工业产品产量还大幅度下降。到 9 月底，全国一共生产钢 1290 万吨。如要完成计划规定的 1840 万吨，从 10 月 1 日起，每日必须生产 6 万吨，而当时的日产水平只有 5 万~5.5 万吨。鉴于全国钢铁生产面临完不成计划的严峻形势，中共中央一再发出保证钢铁生产的通知和紧急指示。12 月 3 日，中共中央发出的《关于保钢问题的紧急指示》指出，1960 年能不能完成 1840 万吨钢的生产任务，是国内外瞩目的一件大事，是一个政治问题。指示要求各地区、各部门抓紧时机，克服困难，集中力量抓煤、钢、铁、运，把钢铁的生产水平突击上去，确保 1960 年工业继续跃进。并且号召全党和工业交通战线上的全体同志紧急动员起来，鼓足干劲，反对一切右倾思想和畏难情绪，加强组织管理工作，战胜一切困难，为保证全面完成和超额完成全年生产 1840 万吨钢的任务而奋斗。

在强有力的政治动员和不断"反右倾"斗争的压力下，各部门、各地区主要采取了以下措施增加钢的产量：

（1）扩大基本建设规模。全国施工的大中型项目，1958 年就有 1587 个，1959 年压缩指标以后，比 1958 年减少了 226 个，1960 年上半年，全国施工的大中型项目又回升到 1500 个。[①]

（2）拼设备与强化开采。新建大型厂矿远水解不了近渴。为了实现"跃进"指标，只有大办在短时间内就能投产但耗能大、产品质量差的小企业，同时迫使老企业超负荷运转或强化开采。这不仅使设备、资源遭到严重破坏，而且产品质量下降，原材料消耗量增加。如 1960 年计划生产 1840 万吨钢，根据矿石品位情况，需矿石 9000 万吨以上和辅助原料 2800 万吨。为了保钢，只得强化开采。到 1960 年底，铁矿掘进共欠账 2731 万米，设备完好率仅 36.8%。

（3）兴办以"小洋群"和"小土群"为特征的地方企业。兴办采用土法生产的小型工业企业，自 1958 年逐步展开。到 1959 年底，土法生产的生铁占全国生铁产量的 50%，铁矿石占 45%，焦炭占 70%。1960 年国民经济计划进一步规定，各个工业部门、各个地方和人民公社都应当继续积极发展一批"小洋群"企业和"小土群"企业。同时，提高原有的这类企业的生产水平。到 1960 年底，据 21 个省、自治区、直辖市的统计，工业部门共有职工 1820 万人，其中"小洋群"686.6 万人，"小土群"318 万人，合计 1004.6 万人，占职工总数的 55.2%。

（4）发动群众性的技术革新和技术革命运动。1958 年中共八大二次会议明确指出，我国正在进入以技术革命和文化革命为特征的社会主义建设的新时期。此后，在全国范围内逐渐开展了技术革新与技术革命运动。1960 年初，中共中央两次发出指示，号

---

① 《中国工业经济统计资料》（1986），中国统计出版社 1987 年版，第 169 页。

召立即掀起一个以大搞半机械化和机械化为中心的技术革新和技术革命运动。技术革新和技术革命运动在 1960 年大体经历了三个阶段。4 月以前，以大搞机械化、半机械化，自动化、半自动化为主；5 月以后，以超声波、煤气化、管道反应化为主，推广新技术，创造新产品；8 月以后，力求把技术革新、技术革命运动同以保粮、保钢为中心的增产节约运动结合起来。广大职工在这场运动中发扬了首创精神，创造了一批行之有效的革新成果。到 1960 年 6 月底，全国工业生产部门机械化、半机械化程度已经从 1959 年末的 30%左右提高到 50%左右。在采用新工艺、新技术和创制新产品方面也取得了成就。但是在运动中，也出现了急于求成、浮夸虚假的偏差。

（5）各行各业生产服务于实现钢铁生产指标。当时要求，"当钢铁工业的发展与其他工业的发展，在设备、材料、动力、人力等方面发生矛盾的时候，其他工业应该主动放弃或降低自己的要求，让路给钢铁工业先行"。[1] 这一精神基本上贯彻于"大跃进"的始终。

通过不顾一切后果挤掉轻工业、农业和其他方面发展的措施，到 1960 年底，钢的产量勉强达到 1866 万吨，比 1959 年增加了 479 万吨，增长 34.5%。[2] 但同时使整个国民经济陷于极端困难的境地。

---

[1]《立即行动起来，完成把钢产量翻一番的伟大任务》，《人民日报》1958 年 9 月 1 日社论。
[2]《中国统计年鉴》(1984)，中国统计出版社 1985 年版，第 225 页。

第十二章 改进工业的经济管理体制和企业管理制度

第一节 改进工业经济管理体制

一、实施改进工业经济管理体制的方案

在国民经济恢复时期和"一五"时期逐步建立起来的高度集中的计划经济体制，有其产生的历史必然性，并起过重要的积极作用，但同时也充分暴露了其固有的严重弊端。经过 1956~1957 年的酝酿和讨论，在 1957 年 10 月召开的扩大的中共八届三中全会上，基本上通过了由陈云主持起草的《关于改进工业管理体制的规定（草案）》、《关于改进商业管理体制的规定（草案）》和《关于改进财政管理体制的规定（草案）》。这三个规定于 1957 年 11 月经国务院第 61 次全体会议讨论通过，接着又经过全国人民代表大会常务委员会第 84 次会议批准，于同月 18 日由国务院正式公布下达。1958 年 3 月中共中央成都会议又进一步决定，对计划、工业、基本建设、物资、财政、物价和商业等方面的管理体制，按照统一领导、分级管理的原则进行改进。根据上述规定和决定，对工业管理体制进行了改进。

（一）调整中央和地方关系，扩大地方管理工业的权限

扩大地方管理工业权限的中心，是调整企业的隶属关系，把由中央直辖的一部分企业，下放给省、自治区、直辖市领导，作为地方企业。

1957 年 11 月，轻工业部第一批下放了 43 个纸厂和胶鞋厂，接着又下放了食品工业各厂；同年 12 月，纺织工业部下放了 59 个大中型纺织企业；1958 年 3 月继续下放了 143 个纺织企业、事业单位，改由地方管理。

1958 年 3 月成都会议后，中共中央、国务院做出了《关于工业企业下放的几项决

定》，①进一步扩大企业下放的范围。规定：国务院各主管工业部门，不论轻工业或者重工业部门以及部分非工业部门所管理的企业，除一些主要的、特殊的以及"试验田"性质的企业仍归中央继续管理以外，其余企业原则上一律下放归地方管理。下放的步骤：先轻工业，后重工业。在下放企业后，中央各工业部门的职责是，以三四分力量掌握全国规划和直接管理的大企业，加强科学研究工作；以六七分力量，从供给技术资料、指导技术设计、培养技术人员、交流先进经验、进行全面规划等方面，帮助地方办好企业。

根据这一决定，1958 年 6 月 2 日，中共中央确定，轻工业部门所属单位，除四个特殊纸厂和一个铜网厂外，全部下放；重工业部门所属单位大部分下放。6 月 6 日正式批转了冶金、第一机械、化学、煤炭、水利电力、石油、建筑、轻工、纺织九个工业部门关于企业下放问题的报告。要求它们一律于 6 月 15 日以前完成全部下放企业的交接手续。1957 年底到 1958 年 6 月 15 日，上述九个工业部门陆续下放了 8000 多个单位。

中央各工业部所属企事业单位 80% 以上交给了地方管理。②1958 年中央直属企业由1957 年的 9300 多个减少到 1200 多个，其工业产值占整个工业总产值的比重由 39.7%降为 13.8%。③

在下放工业企业的同时，还对计划、基本建设、物资、财政和劳动等方面的体制进行了改进。

（1）计划管理体制的改进。依据 1958 年 9 月 24 日中共中央、国务院《关于改进计划管理体制的规定》，④主要是实行在中央领导下以地区综合平衡为基础的专业部门和地区相结合的计划管理体制。其具体做法是：

1）国家计划必须统一，各地方、各部门的经济、文化建设都应当纳入全国统一计划。中央负责编制全国的年度计划和远景计划，安排地区经济的合理布局和进行全国计划的综合平衡。中央管理的主要内容有：主要工农业产品的生产指标；全国基本建设投资；主要产品的新增生产能力和重大建设项目；重要的原材料、设备、消费品的平衡和调拨；进出口的贸易总额和主要商品量；全国财政收支和地方财政收入的上缴、支出和补助以及信贷的平衡和资金调拨；工资总额、职工总数和全国范围内的科学技术力量、劳动力的培养和调配；铁路的货运量和货物运输周转量；各部直接管理的企业和事业单位的计划和主要技术力量。

2）在国家统一计划的前提下，实行分级管理的计划制度，充分发挥地方的积极性。各省、自治区、直辖市计划工作的主要任务是：根据中央所确定的方针，负责综合编制本地区内全部企业、事业（包括中央管理、地方管理的企业、事业单位在内）

---

① 《中国工业经济法规汇编（1949~1981）》，第 117 页。
② 《新华半月刊》1958 年第 13 期，第 63 页。
③ 《我国经济体制改革的历史经验》，人民出版社 1983 年版，第 71 页。
④ 《中国工业经济法规汇编（1949~1981）》，第 172~174 页。

的计划，并在确保完成国家规定的生产任务的条件下，对本地区的工农业生产指标进行调整和安排；在确保新增生产能力和重大建设项目以及不增加国家投资的条件下，对本地区内的建设规模、建设项目、资金使用等方面进行统筹安排；在确保国家对重要原料、设备和消费品的调拨计划的条件下，对本地区内的物资可以调剂使用；在确保财政收入上缴任务或不增加国家补助的条件下，超收分成和支出结余部分由地方支配；在确保国家的劳动计划和技术力量调配任务的条件下，对本地区内的劳动力和技术力量可以统筹安排。

3）自下而上地逐级编制计划和进行综合平衡。各区、乡、社的经济文化建设都纳入县的统一计划；各县、专区的计划经过综合平衡后纳入省、自治区、直辖市的计划，经过各协作区综合平衡后，纳入全国统一计划；中央各部门在地区平衡的基础上编制全国范围的专业计划；中央计划机关在地区平衡和专业平衡的基础上，进行全面的综合平衡，编制国家的统一计划。实行这一规定后，1959 年原国家计委管理的工业产品从 1957 年的 300 多种减少到 215 种，按产值计算占全国工业总产值的 58%。[1]

（2）基本建设管理体制的改进。

1）放松基本建设项目的审批程序。为了加快发展地方工业，1958 年 4 月，中央决定放松基本建设项目的审批程序，让地方扩大基本建设规模。各省、自治区、直辖市兴办限额以上建设项目，除了提出简要的计划任务书（规定产品数量、品种、建设规模、厂址和主要的协作配套条件）报送中央批准外，其他设计和预算文件，都由省、自治区、直辖市自行审查批准。某些与中央部门管理的企业没有协作配套关系，生产的产品不需要全国平衡的限额以上的建设项目，其计划任务书先经省、自治区、直辖市批准，再报送中央有关部门备案。限额以下的项目完全由地方自行决定。1958 年 9 月，国务院又进一步决定：中央将集中主要力量对全国分地区分事业的规划进行审查和研究（如一个协作区安排完整的工业体系的规划、煤矿的开发规划等）。中央只负责审批以下建设项目的设计任务书：①生产全国平衡的工业产品的骨干建设项目；②具有全国性的或者同几个省、自治区、直辖市有重大协作关系的重大建设项目；③对生产力的地区分布有重大影响的建设项目；④贯穿几个省（自治区）的铁路干线。其余建设项目的设计任务书，属于地方管理的，由各省、自治区、直辖市审批报有关部委备案；属于中央各部管理的，由各部审批后报国家计委、国家建委备案。[2]

2）实行基本建设投资包干制度。把年度国民经济计划和国家预算核定的基本建设投资（包括储备资金），在保证不降低生产能力、不推迟交工日期、不突破投资总额和不增加非生产性建设比重的条件下，交由各有关建设部门和单位统一掌握，自行安排，包干使用。建设工程竣工以后，资金如有结余，可以留给建设部门和建设单位另行使用于其他生产建设上。据不完全统计，1959 年全国实行投资包干的建设单位达 5000 多

① 《我国经济体制改革的历史经验》，人民出版社 1983 年版，第 71 页。
② 《中华人民共和国国民经济和社会发展计划大事辑要（1949~1988）》，红旗出版社 1989 年版，第 118、124 页。

个，占全国投资总额的 40% 左右。其中，冶金、煤炭、水电、石油、化工等系统实行包干的投资额占本部门投资总额的 75%~80%。

（3）物资管理体制的改进。主要内容是增加各省、自治区、直辖市人民委员会在物资分配方面的权限，实行全国统一计划下的、以地区管理和地区平衡为主的物资调拨制度。具体做法是：

1）主要原材料和设备，由中央统一分配，并由中央各主管部门负责同省、自治区、直辖市协商，编制该地区的年度调出调入计划。不在中央统一分配范围内的原材料和设备，由各省、自治区、直辖市，各专区、各县分别确定产品目录和分配计划进行统一调度。

2）机械产品由有关主管部门分工负责分配。如冶金设备由冶金工业部负责，发电设备由水利电力部负责等。

3）中央所属的企业单位和事业单位生产、基本建设所需要的物资，除军工生产单位所需要的物资，出口、援外和储备所需的物资，民航所需燃料外，都向所在地的省、自治区、直辖市提出申请，由省、自治区、直辖市的主管机关组织供应。

4）各省、自治区、直辖市在保证完成国家计划的条件下，对国家分配的物资有权在本地区内进行调剂。实行这一制度后，1959 年第一季度，统配、部管物资减少到 132 种，比 1957 年的 532 种减少了 3/4。① 对保留下来的统配、部管物资，也由过去的"统筹统支"改为"地区平衡，差额调拨"，中央只管调出、调入。在分配供应方面，除铁道、军工、外贸、国家储备等少数部门外，不论中央企业和地方企业所需物资，都由所在省、自治区、直辖市申请、分配、供应。

（4）劳动管理体制的改进。主要进行两方面的改进：

1）试行合同工和亦工亦农制度。从 1957 年底到 1958 年初，针对单一的固定工形式和能进不能出的弊病开始进行改进试点，对原有工人和干部继续实行固定工制度，对新招收的工人实行合同工制度；从农村招收的，实行亦工亦农，合同期满仍回家务农。县以下企业增加工人基本上实行亦工亦农的合同工制度。

2）放松招收新工人的审批管理。1958 年 6 月中共中央决定放松国家对招收新工人的审批管理，把劳动力的招收、调剂等项工作，交由各省、自治区、直辖市负责管理。②

（5）财政管理体制的改进。总的精神是扩大地方财政管理权限，既要保证国家重点建设所需要的资金，又要适当增加地方的机动财力。主要内容是：

1）在财政的收支方面，把过去"以支定收，一年一变"改为"以收定支，五年不变"。具体做法是：在财政收入方面，实行分类分成的办法。属于地方财政的收入有三种：第一种是固定收入，包括原有地方企业收入、事业收入、其他收入以及七种地方税收；第二种是企业分成收入，包括中央划归地方管理的企业和虽然仍属于中央管理

① 周太和主编：《当代中国的经济体制改革》，中国社会科学出版社 1984 年版，第 505 页。
②《中国劳动立法资料汇编》，工人出版社 1981 年版，第 17 页。

但地方参与分成的企业利润，20%分给企业所在省（市、区）作为地方收入；第三种是调剂分成收入，包括商品流通税、货物税、营业税、所得税、农业税和公债收入。这些收入划给地方的比例，根据各个地区财政平衡的不同情况，分别计算确定。在财政支出方面，属于地方财政支出的有两种：第一种是地方的正常支出，由地方根据中央划给的收入自行安排；第二种是由中央专项拨款解决的支出（如基本建设拨款），每年确定一次，由中央拨付，列入地方预算。此外，对地方国营企业和地方公私合营企业需要的流动资金，30%由地方财政拨款，70%由中央财政拨款或者由银行贷款。为了满足地方正常支出的需要，以省、自治区、直辖市为单位，按以下四种情况，分别划定地方的收入项目和分成比例：第一种情况，地方固定收入能够满足正常支出需要的，不再划给别的收入，多余部分按照一定的比例上缴中央；第二种情况，地方固定收入不能满足正常支出需要的，划给企业分成收入，多余部分按一定比例上缴中央；第三种情况，地方固定收入、企业分成收入仍然不能满足正常支出需要的，划给一定的调剂收入；第四种情况，以上三种收入全部划给地方，还是不能满足正常支出需要的，中央给予拨款补助。确定地方正常支出和划分收入的数字，都以1957年的预算数为基数。收入项目和分成比例确定后，原则上五年不变，地方多收了可以多支。

2）在税收管理方面，主要是减少税收，简化征税办法。把商品流通税、货物税、营业税和印花税四种税合并为"工商统一税"，并且把原来的多次征税改为工业品在工厂一般只征一道税。同时，扩大地方对税收的管理权限。各省、自治区、直辖市可以在一定的范围内，根据实际情况，对某些税收采取减税、免税或加税措施。为了调节生产者的收入，平衡负担，开辟财源，或者为了有计划地安排生产，限制盲目的生产经营，在必要的时候，各省、自治区、直辖市可以制定税收办法，开征地区性的税收。对于工商税的征收环节和起征点的规定，凡是省、自治区、直辖市认为确实不合理的，可以机动处理。

（二）调整国家与企业的关系，扩大企业的管理权限

主要进行了四方面的改进：

（1）减少指令性指标，扩大企业计划管理权限。国家向国营工业企业下达的指令性指标由原来的12项减少为主要产品产量、职工总数、工资总额和利润四项，其他八项作为非指令性指标。规定利润指标只下达到地方，不再下达到各企业。国家只下达年度计划，季度、月度计划可以由企业自行制定。计划由下而上制定，把以前的两次下达、两次上报，改为两次下达、一次上报。

（2）实行企业留成制度。工业企业的利润，由国家和企业实行全额分成。具体办法是：

1）企业留成比例，以主管部为单位计算确定；确定以后，基本上五年不变。主管部可以在本部企业留成所得总数范围内，根据各个企业的具体情况，分别确定它们的留成比例。

2）留成比例以"一五"期间各部所使用的下列资金作为计算基数：预算拨付的技

术组织措施费、新种类产品试制费、劳动安全保护费、零星固定资产购置费四项费用；企业奖励基金和社会主义竞赛奖金；按规定提取的超计划利润留成部分。将上述基数与同一时期内所实现的利润总数比较，算出企业留成的比例。

3）企业留成所得的使用原则是：大部分用于生产，同时适当照顾职工福利。用于社会主义竞赛奖金和其他不包括在工资总额内的奖金支出，以及用于职工福利设施和职工生活困难补助支出三项合计，不得超过企业职工工资总额的5%。[1] 当时，规定企业留成比例为13.2%。1958~1960年，利润留成额逐年增加，分别为30亿元、51亿元、60亿元。其中用作自筹基建投资的金额分别为6亿元、16亿元、30亿元，所占比重分别为20%、31.4%、50%。

（3）试行流动资金的"全额信贷"制度。1958年，国营企业定额流动资金，实行70%由财政拨款、30%由银行贷款的办法。从1959年起，国营企业的流动资金，一律改由人民银行统一管理。过去国家财政拨款给国营企业的自有流动资金，全部转作人民银行贷款，统一计算利息。此后，国营企业需要增加的定额流动资金，由各级财政在年度预算中安排，交当地人民银行统一贷款。[2]

（4）改进企业的人事管理制度。除企业主要负责人（厂长、副厂长、经理、副经理等）、主要技术人员以外，其他一切职工均由企业负责管理。在不增加职工总数的条件下，企业有权调整机构和人员。

二、改进工业经济管理体制中出现的问题和初步调整

在1958年初提出社会主义建设"大跃进"方针以后，以实行地方分权为重点的管理体制改进，就成为加快发展地方工业、实现"大跃进"的一项主要措施。这样，就把这一次改进纳入了"左"倾思想的轨道，出现了下放管理权限过多、过急的现象。首先是中央所属企业下放过了头，一些关系国民经济命脉的大型骨干企业也下放了。而且企业下放采取了政治运动的方式突击完成，时间过急，改变过快。企业下放到省、自治区、直辖市以后，多数地方又层层下放，有的下放到专区、县或城市的区，有的下放到街道和公社。这样大量复杂的企业在很短的时间里下放到地方，地方的管理工作一时难以跟上，其结果是管理混乱，协作关系被打乱。其次是计划权、基建审批权、物资权、劳动管理权、财权下放过多，一些应由中央掌握的决策权也下放给了地方，而宏观经济控制不仅没有相应地加强，反而抛弃了一些原来行之有效的办法，以致出现了严重失控的现象。

上述问题在1958年下放管理权限后不久已经陆续出现，党中央有所察觉，采取了一些补救措施。1958年12月，中共中央武昌会议做出了几项关于工业建设中的规定，

---

[1]《中国工业经济法规汇编（1949~1981）》，第118页。
[2] 国务院：《关于人民公社信用部工作中几个问题和国营企业流动资金问题的规定》，《新华半月刊》1959年第1期，第65页。

规定个别骨干企业，因建设任务过重或技术复杂等原因，地方管理确有困难的，可由省、自治区、直辖市提出，将各企业的投资、原材料、设备以及主要技术人员，仍归中央主管部门负责管理和调度。1959年6月，毛泽东进一步指出，现在有些半无政府主义。"四权"（人权、财权、商权和工权）过去下放多了一些，快了一些，造成混乱。应当强调一下统一领导，中央集权。下放的权力，要适当收回。① 根据上述规定和毛泽东的讲话，陆续收回了某些部门对若干企业的管理权限。

在收回若干企业管理权限的前后，中共中央、国务院还在财政、基本建设、物资、劳动工资、资金使用等方面采取了一些补救措施，进行了初步调整。

（1）整顿财经纪律，加强财政计划管理，适当集中财权。1958年9月，国务院通过了《关于进一步改进财政管理体制和相应改进银行信贷管理体制的几项规定》。② 决定从1959年起，在中央和地方的关系上，改变"以收定支，五年不变"的办法，实行"总额分成，一年一变"③的财政体制，试图以此解决财力分散、财政计划同国民经济计划不衔接的问题，但仍难奏效。

1960年1月，国务院发布《关于加强综合财政计划工作的决定》指出，为了更全面、更有计划地反映国家财政资金的整个面貌，统筹安排资金支出，切实建立和健全综合财政计划制度，把国家预算内、预算外收支和信贷收支统一纳入计划，进行综合平衡，是十分必要的。编制综合财政计划，应当根据民主集中制和全国一盘棋的原则，把国家一切财政资金都纳入综合计划。

1960年12月，财政部进一步提出了改进财政体制、加强财政管理的意见。主要内容是：①国家财权基本上集中在中央、大区和省（自治区、直辖市）三级；②国家财政预算，从中央到地方实行上下一本账，坚持收支平衡，一律不搞赤字预算；③整顿预算外资金并加强管理，用预算外资金兴办的企业的收入一律纳入国家预算，把企业留成的比例减掉一半左右，不准化预算内收入为预算外收入，不准把预算外开支挤入预算内开支；④企业要严格实行资金管理和成本管理制度，不准将利润留成资金用于计划外基本建设和挪作行政开支，不准将属于大修理基金、利润留成资金和基本建设投资以及行政、事业经费中的开支挤入企业的成本；⑤工商统一税目的增减和税率的调整，盐税税额的调整，必须报中央批准。凡属地方性税收的开征，地方税目税率的变动，必须报经中央局批准。

（2）加强对基本建设的计划管理。1959年5月，国务院在有关决定中肯定投资包干制度的积极作用的同时，强调要进一步加强国家计划管理，建设部门和建设单位必须执行统一的国家建设计划，保证完成国家既定的建设任务；强调要保证工程质量，不能片面地求多、求快、求省而忽视工程质量；建设单位节约下来的资金，用于增加

①《中华人民共和国国民经济和社会发展计划大事辑要（1949~1988）》，红旗出版社1989年版，第132页。
②赵德馨主编：《中华人民共和国经济专题大事记（1949~1966）》，河南人民出版社1988年版，第909页。
③"总额分成"是地方负责组织的总收入和地方财政的总支出挂钩，以省、自治区、直辖市为单位，按地方财政总支出占地方财政总收入的比例，作为地方总额分成的比例。

新的建设项目时，必须事先报告；强调要加强经济核算，健全财务管理制度；对生产资金和基本建设资金严格分开管理，保证执行全国一盘棋的方针；各级财政部门要根据计划拨款，并监督使用。1960 年末，国务院又规定投资包干结余资金用于新增建设项目，必须经国家计划部门批准。

（3）上收招收新工人的审批权限和工资管理权限。1959 年，中共中央先后规定，自各基层单位到各省、自治区、直辖市到中央各部，都应该在编制生产事业计划的同时，编制劳动工资计划。计划必须逐级批准。计划一经确定，必须严格按照计划办事。各类人员的工资标准非经国务院有关部门批准一律不得变动，并把废除了的奖励制度改为综合奖。1960 年 9 月，中共中央又一次强调上述精神，并要求进一步加强工资基金管理、户口管理和粮食管理工作，对于任何单位不经批准私自增加的人员，银行不拨给工资基金，粮食部门不供应口粮。

（4）加强物资的集中管理。从 1959 年第二季度起，许多物资改变"地区平衡"、"差额调拨"的做法，逐步恢复"统筹统支"或改为"统筹统支和地区平衡相结合"的办法；分配供应管理仍以部门为主；1959 年下半年，统配、部管物资由第一季度的 132 种调整为 285 种。[①] 1960 年 5 月，在国家经济委员会内设立了物资管理总局，负责组织和实施物资分配计划。

（5）清理资金的使用状况，加强资金管理。针对许多地区和部门擅自挪用银行贷款和流动资金的混乱情况，1959 年 2 月，国务院要求各企业保证国家拨给的自有流动资金完整无缺，抽调企业流动资金运用于基本建设和其他用途的，应当设法补足，不得冲减企业法定基金，不得减少国家流动资金。1959 年 7 月，中共中央强调要划清基本建设投资和流动资金的界限。凡是 1958 年以来动用银行贷款和流动资金进行基本建设或者用于其他财政性开支的，都应当用财政拨款归还银行和企业。

综上所述，1958 年工业经济管理体制的改进，对调动地方积极性、发展地方工业起到了一定的积极作用。但是，这次改进只强调扩大地方管理工业的权限，根本忽视企业经营自主权。同时，把下放管理权限作为促进地方工业发展、实现工业生产建设"大跃进"的一项重大措施，过多过急地下放权限，而整个管理体制由"条条"为主变为"块块"为主，在宏观上缺乏一套有效的控制办法。因此，经济生活出现的混乱局面，加重了"大跃进"造成的经济失衡。最后，被迫重新恢复集中统一的管理体制，这项改进归于失败。

---

① 《我国经济体制改革的历史经验》，人民出版社 1983 年版，第 71 页。

第二节 改进工业企业管理制度

从 1956 年起，中共中央和毛泽东就在探索建立适合中国具体情况的经济管理体制的同时，探索建立符合我国国情的工业企业管理制度。但这种探索特别是这方面的实践，更多的还是在 1958 年开始的"大跃进"期间。就理论来说，主要又是集中在毛泽东概括的"鞍钢宪法"。1960 年 3 月 11 日，中共鞍山市委向中共中央写了一项《关于工业战线上的技术革新和技术革命运动开展情况的报告》，介绍了他们在这方面初步取得的经验："第一，必须不断地进行思想革命，坚持政治挂帅，彻底破除迷信，解放思想。""第二，放手发动群众，一切经过试验。""第三，全面规划，狠抓生产关键。""第四，自力更生和大协作相结合。""第五，开展技术革命和大搞技术表演赛相结合。"3 月 22 日，毛泽东在代表中共中央草拟的批语中，高度评价了鞍钢的这些经验，把它称为"鞍钢宪法"，并要求全国大中型企业学习这些经验。他指出，过去鞍钢"认为这个企业是现代化的了，用不着再有所谓技术革命，更反对大搞群众运动，反对'两参一改三结合'的方针，反对政治挂帅，只信任少数人冷冷清清的去干，许多人主张一长制，反对党委领导下的厂长负责制。他们认为'马钢宪法'（苏联一个大钢厂的一套权威性的办法）是神圣不可侵犯的"。现在这个报告"不是'马钢宪法'那一套，而是创造了一个'鞍钢宪法'。'鞍钢宪法'在远东、在中国出现了"。[①]

依据毛泽东所概括的"鞍钢宪法"的主要内容，"大跃进"期间，我国在建立社会主义企业管理制度方面，主要进行了以下探索和实践：加强党的领导，实行党委领导下的厂长负责制；坚持政治挂帅；大搞群众运动；实行"两参、一改、三结合"。

一、加强党的领导，实行党委领导下的厂长负责制

按照中共八大精神，"在一切企业中同样实行党委集体领导的制度，也就是党委集体领导下的厂长负责制或经理负责制等等"。[②] 如前文所述，这就不适当地否定了适应现代化生产要求的并且同党的领导和民主管理可以相容的厂长负责制，使我国企业领导制度在健康发展道路上发生了一次严重的曲折。在"大跃进"期间，在"左"的思想指导下，还把这一本来就不合理的制度又推向一个极端，几乎把企业管理工作都置于党委的绝对领导之下，车间的行政工作也要在党支部的统一领导下进行。

由此造成的恶果，一是用书记一长制代替了厂长负责制，妨碍了党委本应该承担的工作，削弱了党的领导。二是削弱甚至取消了厂长的生产经营指挥权，使企业的生

[①]《中国工业经济法规汇编（1949~1981）》，第 11~17 页。
[②]《中国共产党第八次全国代表大会文件》，人民出版社 1980 年版，第 136 页。

产指挥系统失灵。三是使正在推行的、作为企业民主管理基本形式的职工代表大会制度流于形式。

二、强调政治挂帅

如果就政治工作是经济工作的先行和生命线这一意义来说，政治挂帅这个口号无疑包含了合理的内容，并有积极作用。但在"大跃进"期间，这个口号也被纳入了"左"倾路线的轨道，不仅成为推行"左"倾路线的工具，并把它的作用夸大到超越政治工作所能达到的范围。其重要表现有：

（1）通过加强思想政治工作，不断批判所谓"右倾思想"，为贯彻"大跃进"方针开辟道路，并把工业生产建设的成就与缺陷都归结为是否实现了政治挂帅。

（2）通过加强思想政治工作，大兴共产主义协作之风，服务于社会主义建设的"大跃进"。毫无疑问，即使在社会主义初级阶段，提倡社会主义协作，不仅是企业管理所必需的，同样也是整个工业管理以至国民经济管理所必需的。但像"大跃进"时期开展的共产主义大协作，却从根本上脱离了社会主义初级阶段这个基本实际。其主要表现是只讲政治挂帅，不讲等价交换和无偿调拨。

（3）只强调通过思想政治工作来提高劳动者的积极性。在这方面，虽然也讲政治挂帅第一，物质鼓励第二，实际上只讲"政治挂帅"，否定按劳分配和物质利益。1958年8月后的一个时期内，流行的观点认为，按劳分配、工资制度、脑力劳动与体力劳动的收入差别等，都是资产阶级法权的残余，把实行物质利益原则，实行等级工资制、计件工资制，统统斥为实行"金钱挂帅"，主张立即取消工资制，实行供给制。按照这些观点，不少地区和部门先后废除了工矿企业的计件工资制度和奖金制度，甚至实行供给制。这就使"一五"时期还不突出的端"铁饭碗"、吃"大锅饭"的计划经济体制的弊病大大严重起来。

三、大搞群众运动

在工业生产建设中大搞群众运动，自始就是推行"大跃进"方针的基本方法。在运动中表现出来的职工群众的积极性是十分可贵的，对我国工业生产建设也起过有益的作用。但由于群众运动适合组织战争和进行政治斗争，并不适合（至少不完全适合）生产发展的客观规律的要求，特别是由于它始终是为实现"大跃进"方针服务的，因而从根本上说，是失败的，并导致了许多严重后果。诸如忽视甚至否定生产经营管理人员、科学技术人员和工程技术人员的作用，削弱甚至破坏合理的企业规章制度，助长生产建设上的高指标，导致企业不讲经济核算和国民经济比例关系失衡等。

四、"两参、一改、三结合"

"两参"，是指干部参加劳动，工人参加管理；"一改"，是指改革不合理的规章制度；"三结合"，是指领导干部、技术人员（专业管理人员）、工人结合起来，共同研究解决生产技术和企业管理中的问题。

关于这一方面的探索，最早取得经验的是黑龙江省庆华工具厂。他们的经验包括三方面内容：

（1）科室车间管理干部每天参加半日劳动，厂级主要领导干部每周参加一天劳动。

（2）工人在车间行政的领导下，直接参加生产小组的一部分日常管理工作。

（3）改进企业管理业务，即改革不合理的规章制度。

1958 年 4 月 25 日，《人民日报》发表了中共黑龙江省国营庆华工具厂委员会《关于干部参加生产、工人参加管理和业务改革经验的初步总结》，编者按语中指出：庆华工具厂党委关于干部参加生产、工人参加管理和业务改革的经验，是一项具有重大意义的创举，是对企业管理的一项重大改革和提高，是完全符合社会主义企业管理原则的。全国一切具有条件的工业企业都应当推行这项经验。①

庆华工具厂的管理经验很快在全国得到了推广，并产生过积极作用。但由于企业管理上的这项创造也被纳入了"左"倾路线的轨道，成为推进"大跃进"方针的手段，并且是采取群众运动的方式进行的，因此在推广过程中也产生了诸多严重后果。

（1）许多企业忽略了生产管理方面的厂长负责制，以致削弱甚至取消了厂长的职权，使企业的生产指挥系统失灵，生产工作处于调度不灵或缺乏统一指挥的状态。

（2）不少企业在精简机构的时候，不考虑现代化企业管理的需要，把计划、设计、技术经验、技术安全、设备动力、工艺等必要的职能科室取消了，或者合并成一个或两三个办公室。有些企业甚至推行"无人管理"和"工人自我管理"，致使无人负责的现象相当严重。

（3）不少企业在改革规章制度工作中，也只求多快，忽略好省；注意了"破"，忽略了"立"；把破除迷信同尊重科学对立起来，甚至把合理规章制度看成束缚工人群众积极性的"教条主义"；强调大搞群众运动，否定集中领导；等等，以致把一部分不应当破的规章制度也破了，或者虽然未宣布废除，但也无人执行，结果造成了许多工作无章可循、有章不循的混乱局面。这些管理混乱的状态，给工业生产带来了严重损害。如事故增多，设备超负荷运转、失修损坏严重，窝工浪费严重，产品质量下降，等等。

针对上述情况，1959 年 3 月 15 日《人民日报》发表了题为《有破必有立》的社论。明确提出，当前主要的任务应当是"立"，应当把破了后没有立起来的规章制度立起来，特别是要把那些与生产建设关系重大的规章制度，例如，党委领导下的厂长负责制、各种责任制、各种工艺规程和操作规程、各种检验制度和安全制度等建立起来，而且立要行，行要彻底。1959 年 6 月，中共中央要求各工业部门和各省、自治区、直辖市认真抓一下企业管理工作，发动干部和工人充分揭露企业管理中的问题，采取实事求是的态度，对原有的和新建立的规章制度进行审查、修订和补充。对于某些必须由上级管理部门统一规定的规章制度和直接掌握的重大问题，要求有关部门尽快做

① 《新华半月刊》1958 年第 10 期，第 90 页。

出具体规定，发布实施。但是在中共八届八中全会开展"反右倾"斗争后，改进企业管理、整顿工业生产秩序工作实际上又被打断了。

　　综上所述，一方面，"大跃进"期间我国在建立社会主义企业管理制度方面所做的各项探索，其中有科学成分，并起过积极作用；另一方面，又局限于计划经济体制的框框内，许多方面脱离实际，特别是由于被纳入了推行"大跃进"方针的轨道，从而产生了严重后果。

第十三章　手工业合作组织的"转厂过渡"

1956 年 9 月 24 日，陈云在中共八大上提出："我国的社会主义经济的情况将是这样：在工商业经营方面，国家经营和集体经营将是工商业的主体，但是附有一定数量的个体经营。这种个体经营是国家经营和集体经营的补充。"① 由于这种思想的影响，特别由于前段时期对个体手工业的社会主义改造的面过宽，不完全适应社会生产力发展的要求，于是一定数量的个体手工业者又产生了。个体手工业者人数由 1956 年的 54.4 万人增加到 1957 年的 64 万人，占全体手工业者人数的比重由 8.8% 上升到 9.8%。但如前文所述，1956 年下半年经中共中央批转的中共中央手工业管理局和全国手工业合作总社筹委会党组的报告中，就提出了集体所有制的手工业生产合作社向国家所有制的工厂过渡的任务，并于 1957 年开始付诸实施。

到了"大跃进"时期，在所有制变革问题上盲目追求"一大二公"的"左"的思想大大膨胀起来，总想尽快全部消灭个体经济，并把集体经济变成国有经济，企图以单一的社会主义公有制甚至单一的社会主义国有制来代替客观必然存在的在公有制占主体地位条件下多种经济形式并存的经济结构。在上述"左"的思想支配下，1958 年 4 月，中共中央决定：对于个体手工业户，除不适合组织集体生产的某些特殊手工业品允许继续进行个体生产外，都组织他们加入手工业合作社；并把集体工业并入或转为国营企业。

在上述政策指导下，现存的为数不多的个体手工业者大部分又都被卷入了集体经济，以致在"大跃进"时限内经济统计资料中都找不到个体手工业产值的数字了。同时，对于手工业合作社也错误地进行了"转厂过渡"。1958 年、1959 年全国 10 万多个手工业合作社（组）的 500 多万社员中转厂过渡的占总人数的 86.7%。其中过渡为地方国营工厂的占 37.8%，转为合作工厂的占 13.6%，转为人民公社工厂的（实际也是转地方国营工厂）占 35.3%，继续保留合作社形式的只占 13.3%。② 在匆忙"转厂过渡"的同时，又盲目地刮起了"转产风"。这些都严重地阻碍了生产力的发展，带来了许多

---

① 《陈云文选》第 3 卷，人民出版社 1995 年版，第 13 页。
② 薄一波：《若干重大决策与事件的回顾》上卷，中共中央党校出版社 1991 年版，第 456~457 页。

问题：

（1）集中的规模过大，撤点过多，既影响生产，又使居民生活不便。不少地区把农村的农具修配站、修配组集中合并成较大的机械制造厂，影响了农具的及时修理。

（2）片面追求"高精大"产品，忽视"低粗小"大众化产品的生产。如北京市著名的王麻子剪刀厂，从1958年9月起，300多人转为生产产值大的炼钢用具和翻砂工具，只留下20人生产剪刀。产值虽然提高了，但是剪刀产量却从月产35000把降到3000把。原有各种剪子200多种，后只剩下11种；原有各种刀子360种，后只剩下7种。

（3）转行改业。在各地大搞钢铁和大办地方工业中，有些生产人民生活必需的小商品行业，劳动力和机具设备被抽走了，改行转业。

（4）不适当地实行统一核算，共负盈亏，大大影响了劳动者的积极性。

（5）削弱了对手工业工作的管理。有的地区撤销了手工业联社；有的地区联社与其他工业部门合并以后，无人管手工业工作；有些地区把一些生产名牌产品的合作社、厂也下放给区、街道或农村人民公社管理，其结果是省、市不管了，区、社管不了，无法安排生产。

（6）不少地方对手工业生产灵活多样、能够适应社会多方面需要的特点认识不够，对手工业合作社在发展生产、安排供销、民主办社、勤俭办社等方面的丰富经验重视不够，把原来的一套制度搞乱了，供销渠道搞乱了，致使手工业的经营管理发生了一些混乱现象。

由于急于过渡和急于改组，加上手工业所需的原材料供应困难的问题没有及时得到解决，造成日用工业品减产，以致全国各地出现了手工业品供应十分紧张的局面。在各地大中城市和广大农村，木盆、菜篮、竹床、木桶、拖把、小锅、小勺、鞋钉、鞋眼、顶针等日用品严重供应不足。农村的小农具，如镰刀、锄头等也十分缺乏。

为了改变上述状况，各地在1959年上半年采取了一些措施，恢复了一些减产或停产的小商品。中共中央在1959年8月还发出了《关于迅速恢复和进一步发展手工业生产的指示》，[①] 提出了18条措施。其中属于调整所有制和企业规模的措施如下：

（1）鉴于人民生活的需要是多样化的，手工业产品的花色品种也应当多样化，服务方式也应当多样化，所有制形式也应当多样化，要有全民所有制和集体所有制，也要有部分必要的个体经营。

（2）有些手工业合作社转为国家所有制后，对生产不利、对居民不便的，应该采取适当的步骤再退回来。有的可以退回到联社经营的大集体所有制的合作工厂，有的可以恢复到原来的合作社，个别的还可以退回到合作社领导下的自负盈亏。已经转为公社工业的，仍然应当按照手工业合作社的办法来办，实行集体所有制，单独经济核算。

（3）由小并大的企业，如果不能按照社会需要保持和恢复原有品种和数量的，对人民生活不便的，应该适当划小。划小以后，有些仍然可以保持国家所有制，有些可以

---

①《中国工业经济法规汇编（1949～1981）》，第10页。

保持集体所有制。

（4）一些游街串巷的修理、服务行业，他们的收入可以采取分成或者自负盈亏的办法。

（5）在社会主义条件下，家庭手工业是社会主义经济的补充和得力助手，应该在社会主义经济的领导下，在不妨碍农业生产的条件下，特别是在保证产品质量的要求下，商业部门或手工业联社采用加工订货的办法，充分发挥它的积极作用。

关于加强手工业的管理和经营的措施有：要按行业、按产品实行分工分级管理；凡是归哪里管理而且管理适当的，就固定下来不再改变；归得不适当的，就应当进行调整。在手工业企业内部，应当实行经济核算制；要充分发扬原有手工业合作社勤俭办社的优良作风。此外，还必须认真做好手工业的原材料、燃料供应工作。

这些措施对手工业生产的恢复起到了一些作用。但是，由于庐山会议后"反右倾"斗争的开展，各地并没有认真贯彻这些措施，其作用是有限的。按 1957 年不变价格计算，集体所有制工业产值由 1957 年的 137.6 亿元下降到 1958 年的 118 亿元，1959 年回升到 169.9 亿元，但 1960 年又下降到 155.1 亿元；这四年，集体所有制工业产值占工业总产值的比重先由 19.5% 下降到 10.8%，再回升到 11.4%，最后再下降到 9.4%。[①]

---

①《中国工业经济统计年鉴》(1995)，中国统计出版社 1996 年版，第 36 页。

第十四章　1958~1960年，工业生产建设的进展和"大跃进"的严重后果及主要教训

第一节　1958~1960年，工业生产建设的进展

1958~1960年，由于全国上下自力更生，艰苦奋斗，团结协作，互相支援，动员了空前规模的人力、物力、财力，工业生产建设有了迅速的发展。

（1）建成了一批重要的工业项目，新增了大量的生产能力。

在这三年中，施工的大中型工业项目达到2200个左右，其中完工和部分完工而投入生产的有1100个左右；施工的小型工业项目约有90000多个。不少重要的工业工程，如洛阳第一拖拉机制造厂、保定化学纤维联合厂、新安江水电站以及我国第一座试验性的原子反应堆和回旋加速器等，就是在这期间投产的。由于进行了大规模的基本建设，主要工业部门，特别是重工业各部门的现代化生产设备和生产能力有了很大的增长。与1957年相比，1960年煤炭部直属煤矿的正规矿井由294对增加到568对；全国55立方米以上的高炉由43座增加到334座，有效容积由1.4万立方米增加到5万立方米；平炉由42座增加到83座，炉底面积由1600多平方米增加到3600多平方米。主要产品产量新增生产能力有很大增长。1958~1960年，炼钢新增生产能力达到1254万吨，炼铁1339万吨，煤炭开采8511万吨，发电机组容量751.7万千瓦，水泥1141.2万吨。在这三年内，新建了石油化工设备、拖拉机制造、精密机械制造、有机合成等过去没有的重要工业部门。在这期间，还增加了许多新的工业产品品种，工业产品的自给程度有了很大的提高。例如，钢材品种就由1957年的4000种增加到1958年的6000种。[1]

（2）工业产值和主要工业产品产量，特别是钢铁等重工业产品产量迅速增长。

---

[1]《伟大的十年》，人民出版社1959年版，第74页。

1957~1960 年，工业总产值由 704 亿元增加到 1637 亿元，增加了 1.3 倍；工业增加值由 271 亿元增加到 568 亿元，增加了 1.1 倍。[①] 其中重工业总产值由 330 亿元增加到 1100 亿元，增加了 2.3 倍。主要工业产品除了糖、丝等少数产品产量下降以外，原煤、原油、电、钢铁等都有大幅增长。

（3）在我国工业发展史上，农村工业第一次有了迅猛的发展。到 1960 年，社办工业企业总数达到 11.7 万个，占工业企业总数的 46.1%，占集体工业企业总数的 74.1%。尽管当时这些工业技术水平和产品质量都比较低，经过 1961~1965 年的经济调整，这些工业保留下来的也不多，但为之后（特别是 1978 年以后）农村工业的大发展提供了经验，起到了先导作用。

（4）工业物质技术基础有了加强。国营工业企业的固定资产原值由 1957 年的 324.6 亿元增加到 1960 年的 721.8 亿元，增长了 1.22 倍，工程技术人员由 17.5 万人增长到 40 多万人，增长了 1 倍多。

（5）工业地区布局有了进一步改善。在工业总产值中，沿海地区工业产值的比重由 1957 年的 67.9% 下降到 1960 年的 65.3%，内地由 32.1% 上升到 34.7%。[②]

但是，在这期间，工业生产建设"大跃进"大大超过了当时的国力；又是在"以钢为纲"的方针指引下进行的。因此，这一期间的发展是以投入超越实际可能的财力、物力、人力，破坏国民经济的合理比例关系，降低经济效益，降低人民生活水平为代价的。工业本身的某些成就，如主要工业产品的高产量，也是建立在不稳固的基础上的，是不能持久的。

第二节 "大跃进"对工业生产建设造成的严重后果

工业生产建设"大跃进"是以急于求成、夸大主观意志作用为特征的"左"倾思想的产物。因此，它的后果是十分严重的，主要表现在以下五个方面：

一、工业与国民经济其他部门的比例关系严重失调

（1）工业生产建设的高指标，超过了国家财力的可能，破坏了财政应有的平衡。"大跃进"期间基本建设投资总额比"一五"时期合计增加 418.94 亿元，其中用于工业投资的占 86.2%。工业投资三年共达 611.42 亿元，比"一五"时期增长 1.44 倍。工业投资额占整个基本建设投资额的比重，"一五"时期为 42.5%，"大跃进"期间上升到 60.7%。基本建设投资额的增长，大大超过了国家财政收入的增长。与 1957 年相比，

---

① 《新中国六十年统计资料汇编》，中国统计出版社，第 9、12、40 页。
② 《中国工业经济统计资料》（1949~1984），中国统计出版社，第 137 页。

1960 年基建投资增长 1.7 倍，而国家财政收入仅增长 84.5%。基建拨款在国家财政支出中所占比重也提高得过快。"一五"时期，它的年平均比重为 37.6%，当时，各方面的关系都比较协调。"大跃进"三年猛升到 54%~56%。这不仅挤占了其他方面发展所需的资金，而且使国家财政连续三年出现了赤字，1960 年赤字达到 81.8 亿元。[①]

（2）工业生产建设的"大跃进"超过了农业可提供产品和劳动力的可能，破坏了工业与农业合理的比例关系。自"一五"时期开展大规模工业建设开始，农产品供应就比较紧张。1958 年工业总产值增长 54.8%，而农业总产值仅增长 2.4%；1959 年、1960 年工业总产值又分别继续增长 36.1%、11.2%，而农业总产值却在下降了 13.6% 以后又下降了 12.6%。与发展工业有关的各种主要农产品供应不足的情况日益严重。工业的增长越来越超过了农业负担的可能。1960 年 9 月，国家不得不决定压低农村和城市的口粮标准。

在人力方面，由于 1958 年工业生产建设规模的扩大，工业和基建队伍迅速膨胀。全年全国工业和建筑企业共增加新职工 1900 多万人，相当于原有职工总数的 2 倍。在新增职工中，从农村招收了 1000 万人左右。不仅如此，全民大办钢铁、大办工业、大搞以"小土群"为特征的群众运动，更大量占用了农业生产第一线的青壮年劳动力。到 1958 年底，工业劳动者达到 4416 万人，比 1957 年增加了近 3000 万人，增长 2 倍多；农业劳动者减少 3818 万人，减少近 20%；工业和农业劳动者的比例从 1957 年的 1：13.8 下降到 1960 年的 1：3.5。[②] 1959 年，党中央认识到这一问题的严重性，采取了一系列措施，压缩工业劳动者，增加农业劳动者。但是 1959 年和 1960 年工业与农业劳动者的比例仍然只有 1：5.6 和 1：5.7。1960 年农业第一线上的劳动者为 17019 万人，仍比 1957 年减少 2291 万人。工业生产建设的"大跃进"过多地占用了农村劳动力，这是 1958 年农业丰产不丰收的重要原因，也是 1959 年、1960 年粮食、经济作物减产的一个重要因素。

（3）工业生产建设"大跃进"超过了交通运输业可提供的运输能力，破坏了工业和交通运输业的比例关系。1958~1960 年，铁路、水路、公路的运输能力都有比较大的增长，但工业生产建设的"大跃进"对运输的需求远远超过当时的运输能力，交通运输一直处于十分紧张的状态。为了适应工业生产建设"大跃进"对运输的需求，通过各种办法，1960 年全国货运量虽然得到比较快的增长，比 1957 年增长了 1.1 倍，但仍然满足不了需求。

二、工业内部各种比例关系严重失调

工业生产建设的急躁冒进以及实行"以钢为纲"的方针，也引起了工业本身内部各种比例关系的严重失调。

---

①《中国统计年鉴》(1983)，中国统计出版社 1984 年版，第 323、445、448 页。
②《中国统计年鉴》(1984)，中国统计出版社 1985 年版，第 109 页。

（一）轻重工业的比例关系严重失调

"一五"时期已开始出现重工业过重的倾向。重工业在"大跃进"三年中投资达545.7亿元，为"一五"时期重工业投资额的2.6倍。而轻工业投资仅65.7亿元，只比"一五"时期增加了75.3%，投资比重由"一五"时期的15%降低到10.7%。同时，轻工业生产所需的燃料、动力、钢材、木材等原材料以及运输能力经常被挤占，使轻工业生产能力不能得到充分的利用和发挥。例如，供机械制造用的钢材占整个钢材生产消费量的比重，1957年为34.8%，"大跃进"三年中上升到近50%；而轻工产品消费的钢材占整个钢材生产消费量的比重，1957年为20.7%，1958年下降到13.8%，1959年、1960年又连续下降到11%、10.2%。与此同时，由于受到"以钢为纲"发展工业的影响，1959年、1960年农业全面减产，轻工业所需的农产品原料也不足，很多轻工业企业开工不足。此外，原来生产日用消费品的部分轻工业企业和重工业企业，有的转产机电设备，有的改为重工业服务。因此，轻工业总产值从1960年开始下降，当年下降了10%。轻工业总产值与重工业总产值的比例发生了很大的变化，1957年为55：45，1960年变为33.4：66.6。[①]

（二）重工业内部加工工业和采掘工业的比例关系严重失调

采掘工业是原材料工业的基础，其发展需要的投资大、周期长。"一五"期间，在重工业内部投资的分配上，采掘工业占28.6%，原材料工业占33.8%。但在"大跃进"三年中，采掘工业的投资比重下降到21.7%，原材料工业的投资比重增长到42.3%，两者的比例显然是不合理的。这种不合理的状态突出表现在采掘工业能力与冶炼加工工业能力增长的关系上。"大跃进"期间，采取"抓中间带两头"的方针，钢铁冶炼工业一马当先，但是，铁矿石、辅助原料矿石的采选、烧结并未相应地带动起来，赶不上冶炼的需要。有色金属内部冶炼和开采的关系也不协调。煤矿的发展同样跟不上冶炼生产的需要。1957年原煤产量1.3亿吨，"大跃进"三年新增机械化、半机械化采煤能力只有1.1亿吨，而1960年实际采煤达3.97亿吨，其余近1.6亿吨原煤是依靠老矿强化开采和小矿简易投产突击增产的，以致煤矿的开采与掘进比例也严重失调，设备损坏严重。即使如此，由于冶炼用煤大幅度增长，原煤供应还是十分紧张。1957年炼焦用煤在煤炭消费量中的比重为11%，1960年提高到28.1%，从而使生活用煤比重相应地由43.4%下降到18.1%，铁路用煤的比重也由7.5%下降到5.9%。人民的正常生活和铁路运输都受到严重影响。不少工业企业，特别是轻纺工业企业，因缺煤而停工、半停工。总之，当时整个采掘工业，包括煤矿、铁矿、有色金属矿、辅助原料矿、化学矿、石灰石矿的生产能力都落后于冶炼加工能力。

（三）加工工业内部各环节之间的比例关系失调

这突出表现在主机与配套设备的关系以及生产与维修的关系上。由于在生产安排上重主机、轻配套，许多配套厂转产主机，不少设备缺这少那，不能成套供应使用。

---

①《中国工业经济年鉴》（1995），中国统计出版社1996年版，第23页。

1960 年，电力系统新增装机容量中，有 1/3 以上的机组缺乏配套设备不能充分发挥作用。冶金系统大中型项目中，轧机不配套的占 30%，高炉不配套的占 50% 以上，平炉和铁矿山不配套的占 80% 以上。其他部门也都存在同样的问题。设备配套已经成为当时我国新建企业能否迅速投入生产的一个决定性环节。与此同时，在生产安排上，还重制造、轻维修，把许多承担修理和生产配件的工厂、车间升级制造设备。三年内机械制造能力增长很快，而维修和配件生产能力却有减无增。在原材料分配上又挤占了维修用料，从而使大量因过度运转而损坏的设备无法修复。

三、工业生产建设的经济效益大幅度下降

在工业生产方面，一是产品质量下降。1960 年生铁合格率由 1957 年的 99.4% 下降到 74.9%，其中重点钢厂由 99.4% 下降到 85.9%。中央直属煤矿所产煤炭的灰分由"一五"时期的平均 21% 增加到 24%。二是劳动生产率降低。全国全民所有制工业企业全员劳动生产率，1957 年为 6362 元，1958 年后逐年下降，到 1960 年下降了 7.8%。[1] 三是物资消耗增加，成本提高。与 1957 年相比，1960 年全国工业企业每百元产值的生产费用从 51.1 元增加到 56.4 元，每亿元工业总产值平均耗用的电力由 2501 万千瓦时增加到 3443 万千瓦时，每亿元工业总产值平均耗用的煤炭由 10 万吨左右增加到 21 万吨。[2] 四是流动资金占用增加。每百元工业总产值占用的流动资金，由 1957 年的 19.4 元上升到 1960 年的 24.5 元。特别是在群众运动中仓促投产的小型企业，一般都消耗大、质量差、效率低、成本高。例如，小高炉生铁质量很差，成本每吨一般高达 250~300 元，比生铁调拨价格（每吨 150 元）高出 66%~100%；焦炭的消耗一般比大高炉超过 1~2 倍。小高炉生铁在生铁总产量中所占比重很大（如 1959 年占一半左右），严重影响整个工业生产的经济效益。此外，物资报废、损坏、霉烂变质等现象也十分严重。因此，工业企业亏损激增。

在工业建设方面，同样存在着经济效益差的情况。建设项目建成投产少，建设周期长，占用资金多，固定资产交付使用率下降，报废损失严重。1960 年末，平均建设周期拉长到九年，比 1957 年延长了三年；固定资产交付使用率降到 68.8%，比 1957 年下降了 24.6 个百分点；大中型项目投产率降到 9.8%，比 1957 年下降了 16.6 个百分点。[3]

四、市场上商品供应量和需求量严重失调

由于工业生产建设规模迅速膨胀，职工人数猛增，社会购买力迅速增长。1957 年社会购买力为 488.2 亿元，1958 年增加到 578.8 亿元，1959 年、1960 年又分别增加到 675.1 亿元、716.6 亿元，平均每年增加 76 亿元。其中全民和集体所有制职工工资总额

---

① 《中国统计年鉴》（1984），中国统计出版社 1985 年版，第 270 页。
② 周太和主编：《当代中国的经济体制改革》，中国社会科学出版社 1984 年版，第 79 页。
③ 《我国经济体制改革的历史经验》，人民出版社 1983 年版，第 76 页。

由 1957 年的 217.6 亿元增加到 1960 年的 324.1 亿元，平均每年增加 35.5 亿元。城镇集团购买力平均每年也增加 10.8 亿元。但是，市场上的商品供应特别是吃穿方面商品的供应，由于轻工业和农业减产，进口消费品又限于外汇短缺不能增加，缺口很大。为了缓和市场供求矛盾，不得不使用商品库存。与 1957 年相比，1960 年底花纱布的库存减少了 1/3 左右。即使如此，1960 年社会商品购买力仍大于零售商品货源 74.8 亿元，占当年社会购买力的 10.4%，到年末，有 176.4 亿元的购买力未能实现。1960 年每元货币所有的国内贸易消费品库存，由 1957 年的 5.2 元减为 1.1 元，下降了 78.8%。人民的基本生活必需品供应量也日益减少。例如，1960 年全国人均棉布供应定量降到新中国成立以来前所未有的低水平。其他商品，如食盐、火柴、锅、盆、碗、筷之类的日用工业品也都严重供应不足。到 1960 年 9 月，各地凭票、凭证限量供应的商品多达 30 多种。但由于指令计划价格的抑制作用，商品供求的严重失衡并没有在物价上反映出来。1960 年，城市居民的消费价格指数仅比 1957 年提高了 1.7%。[①]

五、职工生活水平下降

"大跃进"期间，工业总产值和主要重工业产品成倍增长，而工业企业职工的收入不仅没有相应增加，反而有所减少。1957 年工业部门职工平均工资为 650 元，1960 年降为 525 元。平均工资下降的主要原因是新工人增加过多。新参加工作的工人技术等级比较低，平均工资也比较低，从而把整个平均工资拉低。但是，原有职工标准工资没有调整，计件工资制和某些奖金、津贴反而被取消或减少，也是平均工资下降的原因之一。这不能不影响职工的实际收入。在"大跃进"期间，城镇居民按货币表现的人均消费水平，只是由于职工家庭从事工作的人数增加（1960 年职工人数由 1957 年的 1022 万人增加到 2482 万人），每个职工负担人数减少，才勉强有一些提高。但是这一期间全国物价指数提高，工业企业职工年均实际工资在"大跃进"期间下降了 20.5%。[②]

以上内容充分说明，不仅"大跃进"难以为继，即使要维持简单再生产也困难重重。工业生产建设已到了非调整不可的时候了。只有在调整中巩固、充实、提高，才能摆脱困境，走上正常的发展道路。

第三节　"大跃进"的主要教训

前文的叙述表明：1958 年开始的"大跃进"是新中国成立以后在社会主义建设方面发生的第一次全局性的严重的"左"的错误。认真总结这次错误的教训，不仅对正

---

① 《中国统计年鉴》（1983），中国统计出版社 1984 年版，第 343 页。
② 《中国劳动工资统计资料》（1949~1985），第 153~179 页，中国统计出版社。

确认识历史是必要的，而且有重要的现实意义和长远意义。

这次错误发生的原因及其相应的教训主要有以下五点：

（1）社会主义建设经验不足，对经济发展规律和中国经济基本情况认识不足。1960年 6 月，毛泽东在《十年总结》一文中指出："对于我国的社会主义革命和建设，我们已经有了十年的经验了。""但是我们对于社会主义时期的革命和建设，还有一个很大的盲目性，还有一个很大的未被认识的必然王国。""我们要以第二个十年时间去调查它，去研究它，从其中找出它的固有规律，以便利用这些规律为社会主义的革命和建设服务。"①毛泽东这里分析的"大跃进"错误的原因及其得出的教训，无疑是正确的。但在之后，并没有认真地、全面地吸取这个教训。

（2）党中央和地方的许多领导人在胜利面前滋长了骄傲自满情绪，急于求成，夸大了主观意志和主观努力的作用，忽视了客观经济规律的作用。当时，从中央到地方，各级领导普遍存在的浮夸风和瞎指挥风，就是这一点的突出表现。忽视客观经济规律的作用，重要的有以下五方面：

第一，由于片面强调重工业（特别是钢铁工业）的发展速度，否定国民经济按比例发展的规律以及与此相联系的综合平衡。"大跃进"主要是重工业的"大跃进"，特别是钢铁工业的"大跃进"。当时提出的"以钢为纲"的方针，就体现了这一点。而正是这个方针片面强调了钢铁工业的发展速度，违反了经济按比例发展的规律和综合平衡。还要着重指出，"大跃进"由于片面强调工业的发展速度，从根本上违反了农业作为国民经济发展基础的规律。

第二，由于片面强调工业的发展，根本违反了经济增长速度对于经济效益的客观依存关系。"大跃进"中盲目地、片面地追求经济增长速度，忽视甚至根本否定经济效益。当时提出的"要算政治账，不要算经济账"口号，就是这方面最集中、最典型的表现。这就决定了经济的高速增长是不可能持久的。

第三，由于片面强调生产关系对生产力的促进作用，根本违反了生产关系适合生产力发展的客观要求。"大跃进"期间，完全无视我国社会生产力的发展状况，轻率地在全国农村发动了人民公社化运动，把农业生产合作社改造为农村人民公社；在全国城镇加速了手工业生产合作社向合作工厂甚至向国营工厂的过渡。与此同时，又对农业和手工业合作化过程中留下的和之后又有发展的个体的农业和手工业实行了社会主义改造。这一切，又都是在社会主义改造本来已经速度过快、改造面过宽、农业和手工业的生产合作社还不巩固的情况下，采取群众运动方式在很短的时间内实现的。

第四，由于片面强调思想教育和劳动者的觉悟在发展生产方面的作用，根本违反了物质利益规律的要求。在传统的计划体制下，国营经济虽然实行按劳分配原则，但在实际上，无论在国有企业之间，还是在国营企业内部，平均主义的分配状况是很严重的。到了"大跃进"期间，由于过于夸大思想教育的作用，根本忽视按劳分配规律

---

① 《中国共产党历次重要会议集》下卷，上海人民出版社 1983 年版，第 43 页。

的作用，致使本来实行范围不大的计件工资制被大大缩小了，本来数额不多的奖金基本上被取消了。

第五，由于片面强调和不适当地在工业生产建设中采取了群众运动的方式，使得反映社会化生产客观要求的企业管理制度遭到了严重破坏。本来在1956年生产资料私有制的社会主义改造基本完成以后，工业企业管理方面的一个重要任务，就是要健全和完善企业的规章制度，但"大跃进"的群众运动却背离了这个方向。

由于在上述五个重要方面严重违反了经济规律的客观要求，决定了"大跃进"必然归于失败，导致了社会生产力的大破坏。

把上述五个方面总结起来，就是从根本上违反了党的实事求是的思想路线。诚然，我国是一个经济落后的农业大国。力争以比较高的速度发展工业，迅速改变贫穷落后的面貌，是全国人民长期以来梦寐以求的愿望。充分调动广大职工建设社会主义工业的积极性和创造性，不论是过去、现在还是将来都是发展我国工业生产建设的根本因素。但是，把人的主观作用强调到不适当的地步就不对了。例如，经过毛泽东审阅和修改过的中共八大二次会议的报告中说："我们有六亿多人口，我们党同六亿人口结成了血肉的联系，依靠这个伟大的力量，凡是人类能够做的事，我们都能够做，或者很快就能够做，没有什么事我们不能够做到。"① 但在一定时期和一定条件下，主观能动作用并不是无限的，它要受客观条件的制约。人们只能在既定的客观物质条件基础上发挥作用，力争实现经过努力可以做到的事业。超越客观条件的可能，夸大主观意志和主观努力的作用，急于求成，必然欲速则不达，往往适得其反。

这里还应着重提到："大跃进"期间，从根本上违反了党的实事求是的思想路线，党的领导集体在不同程度上都有责任，但毛泽东作为党中央主席首先要负责任。

（3）"左"的阶级斗争理论进一步发展，以及与之相联系的阶级斗争扩大化向党内延伸。1957年夏天，我国在"反右派"斗争中发生了严重的阶级斗争扩大化，造成了严重的损失。与此同时，毛泽东又对这种阶级斗争扩大化的实践做了理论上的概括。比较集中的是1957年10月9日他在扩大的中共八届三中全会上的讲话。他说："无产阶级和资产阶级的矛盾，社会主义道路和资本主义道路的矛盾，毫无疑问，这是当前我国社会的主要矛盾。"② 1958年5月在毛泽东的主持下召开的中共八大二次会议，对上述阶级斗争扩大化的实践做了肯定，并对上述"左"的阶级斗争理论做了进一步发展。会议首次对我国生产资料私有制的阶级构成做了分析以后，得出结论："在整个过渡时期，也就是说，在社会主义社会建成以前，无产阶级同资产阶级的斗争，社会主义道路同资本主义道路的斗争，始终是我国内部的主要矛盾。这个矛盾，在某些范围内表现为激烈的、你死我活的敌我矛盾。"③ 这样，会议对我国阶级斗争状况，做了错误

---

①《新华半月刊》1958年第11期，第11页。
②《毛泽东选集》第5卷，人民出版社1977年版，第475页。
③《新华半月刊》1958年第11期，第2~3页。

的分析，轻率地否定了八大一次会议关于我国阶级斗争形势的正确估计，并轻率地把知识分子又划为资产阶级范畴，否定了1956年1月周恩来代表党中央关于知识分子是工人阶级一部分的正确分析。这些重大的改变，给后来的阶级斗争扩大化，首先是1959年夏天开始的党内阶级斗争扩大化提供了理论依据。如前文所述，庐山会议掀起的"反右倾"斗争打断了1958年底开始的纠正"左"的错误的进程，使1958年开始的"大跃进"又持续了一年半（1959年7月至1960年），给我国社会主义建设造成了极为严重的损失。

（4）党的民主集中制在党内普遍受到严重破坏。"大跃进"期间，党的各级组织（特别是基层组织）盛行的命令风就是这一点的突出表现。

（5）经济、政治、文化和社会等方面实行中央高度集权的管理体制。前文说过，在新中国成立初期，建立这种管理体制有其历史必然性，并起过重要的积极作用。但这种体制开始就有其弊病。特别是在1956年生产资料私有制的社会主义改造完成以后，这种体制的弊病就更加严重了。就这种体制与"大跃进"及其持续时间之长的关系来说，其弊病的重要表现有以下三个方面：

第一，计划经济体制本身内含着投资膨胀机制。1958年开始的"大跃进"，主要是依靠扩大基本建设规模。而这种大规模的基本建设急剧扩张的机制正是内含于计划经济体制。

第二，1958年计划经济体制的改进，成为助长"大跃进"的一个很重要的因素。这次改进没有也不可能以建立社会主义市场经济为目标，是一种行政性的分权，即主要是在中央政府和地方政府之间划分经济管理的权限，只是对企业下放了部分权限。而且这次下放管理权限是在很短的时间内，采取群众运动的方式进行的。这些都不符合社会主义条件下经济体制改革规律的要求。这样，这次计划经济的改进不仅没有获得成功，反而成为助长地方政府盲目扩大投资、推进"大跃进"的一个重要因素。

第三，在经济、政治、文化和社会等方面实行的中央高度集权的管理体制，是民主集中制遭到破坏的根源，从而成为"大跃进"发动和持续的制度性根源。毛泽东从遵守民主集中制到破坏民主集中制，从根本上说，就是同实行这种中央高度集权的管理体制相关的。"从遵义会议到社会主义改造时期，党中央和毛泽东同志一直比较注意实行集体领导，实行民主集中制，党内民主生活比较正常。"但是，从1958年批评反冒进，1959年"反右倾"以来，党和国家的民主生活逐渐不正常，一言堂、个人决定重大问题，个人崇拜、个人凌驾于组织之上的家长制现象，不断滋长。这个历史经验表明："即使像毛泽东同志这样伟大的人物，因受到一些不好的制度的严重影响，以致对党对国家对他个人都造成了很大的不幸。""不是说个人没有责任，而是说领导制度、组织制度问题更带有根本性、全局性、稳定性和长期性。"[①] 这样，邓小平就说明了毛泽东从遵守民主集中制到破坏民主集中制的根源，从而说明了包括"大跃进"错误在内

---

① 《邓小平文选》第2卷，人民出版社1993年版，第330、333页。

的终极根源。

上面的叙述说明：如果我们在分析"大跃进"的原因及其教训时只讲第（1）点，而不讲第（2）、第（3）、第（4）、第（5）点，那不仅是不全面的，而且没有抓到问题的根本。所以，我们对第（2）、第（3）、第（4）、第（5）点所做的分析，绝不是超出了本书论述的范围，而是题中应有之义。

当然，20 世纪 50 年代末和 60 年代初我国经济遭遇的严重困难，也不完全是由上述原因造成的。在这方面还有两个重要原因值得提出：

（1）1959~1961 年连续三年严重自然灾害的影响。1958 年我国自然灾害受灾面积为 3096 万公顷，成灾面积为 782 万公顷，成灾面积占受灾面积的 25.3%。但在 1959~1961 年的三年，上述三个数字分别依次增长为 4463 万公顷，1373 万公顷，30.8%；6546 万公顷，2498 万公顷，38.2%；6175 万公顷，2883 万公顷，46.7%。[①] 在农业在国民经济中还占有很大比重的条件下，这样严重的自然灾害，极大增加了我国的经济困难。

（2）1960 年 7 月苏联政府单方面中断合同的影响。据有关部门统计，"一五"时期以来，苏联援助中国建设的项目共有 304 项。到 1960 年上半年，已经建成的有 103 项，还有 201 项正在建设之中。当时在我国帮助建设这些项目的专家共有 800 多人。这些项目都是重大的建设项目。但 1960 年 7 月 16 日苏联政府突然照会我国政府，单方面决定召回其在华的全部专家，并撕毁经济援助合同，停止供应重要设备，企图以此对我国施加经济压力。[②] 这就使得我国一些重大的设计、科研项目被迫中断，一些正在施工的建设项目被迫停工，一些正在试验生产的厂矿不能按期投产，严重打乱了我国的经济建设，加重了我国的经济困难。

但上述两点并不是这个时期我国经济遭遇严重困难的主要原因。主要原因还是经济工作中"左"的错误。1961 年 5 月 31 日，中共中央副主席刘少奇在中共中央工作会议上指出："这几年发生的问题，到底主要是由于天灾呢，还是由于我们工作中间的缺点错误呢？""总起来，是不是可以这样讲：从全国范围来讲，有些地方，天灾是主要原因，但这恐怕不是大多数；在大多数地方，我们工作中的缺点错误是主要原因。"[③] 在这里，刘少奇没有提出与当时工作成绩相比错误是主要的问题，也没有把错误的性质归结为"左"的路线错误。但在当时的条件下，他能把发生问题的主要原因归结为工作中的缺点错误，是需要很大勇气的，并对之后总结这次路线错误起到了有益的启迪作用。

① 《中国统计年鉴》（1981），中国统计出版社 1982 年版，第 201 页。
② 《中华人民共和国经济大事记（1949~1980）》，中国社会科学出版社 1984 年版，第 274~275 页。
③ 《刘少奇选集》下卷，人民出版社 1982 年版，第 337 页。

|第四篇|
实行计划经济体制时期的工业经济（二）

——经济调整阶段的工业经济（1961~1965 年）

1961 年 1 月，中共八届九中全会根据我国当时经济工作中出现的严重不平衡问题，决定从 1961 年起，在两三年内实行调整、巩固、充实、提高的方针。据此，本篇在下面分章叙述工业贯彻以调整为重点的"八字方针"的历史过程。主要包括工业生产和工业体制的调整以及国营企业和集体企业的整顿过程。

第十五章　工业生产建设的调整

1961 年 1 月中共八届九中全会正式批准实行调整、巩固、充实、提高 "八字方针"，标志着我国国民经济 "大跃进" 时期的结束，开始转入经济调整时期。

第一节　1961 年，初步调整

一、1961 年上半年在调整中徘徊

在 "大跃进" 和 1959 年 "反右倾" 那种经济过热和政治气氛紧张的形势下，人们对于国民经济的调整，并不是一下子就能充分认识的。有些人还对经济形势持盲目乐观态度，不甘心后退。有些人则因害怕犯右倾错误而受批判，不敢后退。这样，1960年 12 月召开的中共中央工作会议讨论确定 1961 年国民经济计划指标后，尽管放慢了重工业的发展速度，但是钢、铁、煤、电等主要工业生产指标仍然过高，基本建设规模仍然过大。例如，同 1960 年 11 月中下旬国家计委在北京召开全国计划会议所定指标相比，钢由以前拟定的 2010 万吨调低到 1900 万吨，当年施工建设的大中型项目由1200 个左右减少到 900 个。[①] 但这些生产建设指标仍然过高，所以，调整方针在具体实施时被延误了。这一徘徊的直接后果是，1961 年第一季度的工业生产没有完成计划。4月 2 日，国家计委不得不再次调整基本建设计划，将预算内投资由 167 亿元减少到 129亿元，当年施工的大中型项目控制在 771 个。[②] 但是，第二季度工业各主要产品的计划仍然完成得不好。

于是，5 月下旬，中共中央在北京召开工作会议。在主要研究农村工作、商业和手工业工作的同时，会议还根据国家计委和国家经委的测算，决定将当年的钢产量再调

---

① 薄一波：《若干重大决策与事件的回顾》下卷，中共中央党校出版社 1993 年版，第 893~895 页。
②《中华人民共和国经济大事记（1949~1980）》，中国社会科学出版社 1984 年版，第 301 页。

低到 1100 万吨。①

接着，7 月 17 日~8 月 12 日，国家计委在北戴河召开全国计划会议。这次会议以前几个月各部门、各地区贯彻实施调整方针的实际情况为基础，经过调查研究，重新讨论拟定了 1961 年、1962 年国民经济计划的控制数字。1961 年钢产量预计达到 850 万吨，1962 年拟定为 750 万吨。国家预算内基本建设投资，1961 年预计完成 78 亿元，1962 年拟定为 42.3 亿元。② 这次会议为做出后退决策做了准备。

8 月 9 日，邓小平在中共中央书记处听取这次计划会议汇报时批评了调整不力的状况，强调指出："去年北戴河会议提出八字方针，究竟怎样贯彻，一年多了还没有具体化，各部、各地区和计委都没有具体安排。去年钢完成了 1840 万吨，还是一马当先，影响了八字方针的贯彻。今年又是高指标，1800 多万吨钢，基本建设规模过大，还是影响八字方针的贯彻。""要确实贯彻八字方针，调整什么，巩固什么，充实什么，提高什么，各部、各地区、各行业都要搞清楚，具体安排，不要再拉长战线了。八字方针的贯彻，至少要五年时间。"③ 邓小平的讲话对于解放思想、实事求是，从以前的"大跃进"的思路中解脱出来，切实贯彻八字方针，集中精力搞好调整，起到了促进作用。

可见，1961 年 8 月以前的调整，就其进展情况来看，农业方面成效较大，而工业方面因诸多原因又徘徊了半年多。

二、1961 年 8 月以后，开始切实贯彻调整方针

为了改变工业调整的徘徊局面，中共中央于 1961 年 8 月 23 日~9 月 16 日在庐山召开了工作会议。李富春在会上总结了这方面的经验。他认为，"八字方针"提出后想调整，但总想在重工业生产已经达到的水平上调整，结果延误了时间。现在认识到整个工业不后退，不退够，不松动一个时期，就不能调整。毛泽东和中共中央其他领导人赞成李富春的意见，认为只有退够，调整好比例关系，才能使国民经济健康发展。这次会议通过的《关于当前工业问题的指示》提出："所有工业部门，在今后七年内，都必须毫不动摇地切实地贯彻执行调整、巩固、充实、提高的方针。在今后三年内，执行这个方针，必须以调整为中心。只有经过一系列的调整，才能建立新的平衡，才能逐步地巩固、充实和提高，为工业和整个国民经济的进一步发展做好准备。""为了有效地进行调整工作，必须下最大的决心，把工业生产和工业基本建设的指标降下来，降到确实可靠、留有余地的水平上。""一定要从实际出发，从全局出发，在必须后退的地方，坚决后退，而且必须退够；在必须前进和可能前进的地方，必须积极前进。只有这样，才有利于工业的调整，才能够在比较松动的情况下，掌握主动，加强必须加强的方面，把工业内部的比例关系调整好，把工业生产的秩序安排好，把工业企业的管

① 薄一波：《若干重大决策与事件的回顾》下卷，中共中央党校出版社 1993 年版，第 897 页。
②《中华人民共和国经济管理大事记》，中国经济出版社 1987 年版，第 163 页。
③ 薄一波：《若干重大决策与事件的回顾》下卷，中共中央党校出版社 1993 年版，第 897~898 页。

理工作整顿好，扭转工业生产和工业基本建设的被动局面，逐步发挥在过去三年大发展中增加的工业生产能力。"[1]

这次庐山工作会议以后，中共中央批转了国家计委《关于第二个五年计划后两年补充计划（控制数字）的报告》。该报告对中共八届九中全会所定的当年计划做了大的调整。基本建设投资降到 78 亿元；钢的指标降为 850 万吨；煤降到 2.74 亿吨；粮食降到 1350 亿公斤。该报告还提出了 1962 年产钢 750 万吨、产煤 2.5 亿吨、产粮 1450 亿公斤等计划指标。这次庐山工作会议做出的决定，是调整的真正开始。

从 1961 年计划执行结果来看，由于 1958~1960 年"大跃进"造成经济的严重失衡，国民经济总量指标和大部分产量都下降了。其中，工业总产值比 1960 年下降了 38.2%；钢 870 万吨，下降 53.4%；原煤 2.78 亿吨，下降 30%。[2] 需要指出：这些指标同时表明，1961 年工业生产计划虽然几经减少性调整，但其完成情况不仅远低于 1960 年 12 月中共中央工作会议确定的计划指标，而且大大低于 1961 年 5 月中共中央工作会议确定的计划指标。例如，1961 年钢产量比前一次会议确定的指标要低 1030 万吨，比后一次会议确定的数字要低 230 万吨。这表明这两次会议确定的钢产量仍然在不同程度上是高指标。

第二节　1962 年，全面调整的决定性阶段

1962 年是全国调整国民经济的决定性阶段。在这一年里，中共中央就进一步统一党内认识和采取决定性的调整措施两方面采取了一系列有力措施，使得以调整为中心的"八字方针"真正落到了实处，使得调整工作迈入决定性的阶段。

一、进一步统一认识

1961 年 8~9 月中共中央工作会议决定工业调整要实行后退以后，虽然提高了大家对调整工作的认识，但还有相当一部分党员领导干部，包括一部分高层领导干部在思想上还没有转过弯来。为了进一步统一认识，全面推行以调整为中心的"八字方针"，中共中央于 1962 年召开了一系列会议，主要有"7000 人大会"、"西楼会议"和 5 月的北京会议。

（一）"7000 人大会"

中共中央扩大的中央工作会议于 1962 年 1 月 11 日~2 月 7 日在北京举行。参加会议的有各中央局，中央各部门，省（市）、地、县及重要厂矿的负责干部，解放军的一

---

① 《中国工业经济法规汇编（1949~1981）》，第 25~26 页。
② 《中国统计年鉴》（1984），中国统计出版社 1985 年版，第 25、225 页。

些负责干部，共 7000 余人，因此又称"7000 人大会"。毛泽东主持了会议并讲话，刘少奇代表中共中央做了书面的《在扩大的中央工作会议上的讲话》，①周恩来、朱德、邓小平、陈云等分别做了讲话。会议充分发扬民主，开展批评和自我批评，对 1958 年以来经济建设工作的成就、错误及其产生的原因以及 1962 年的调整任务进行了广泛的讨论。

这次扩大的中央工作会议，对于统一全党思想，纠正 1958 年以来工作中的错误，动员和组织全党全国人民进一步贯彻调整、巩固、充实、提高"八字方针"，克服经济困难，恢复和发扬党的优良传统作风等方面，都起到了重大作用。但是大会对经济困难严重性的估计尚不一致，有些人甚至过早地认为"最困难的时期已经渡过"。

（二）"西楼会议"

"7000 人大会"之后，财政部向国务院和中共中央反映：1962 年财政支出安排有二三十亿元赤字，由于每月的货币回笼量不足以满足每月的必需支出，只有继续增加市场货币投放量。据统计，1961 年 12 月底货币流通量达到 125.3 亿元，比同年 2 月的117 亿元增加了 8 亿元，到 1962 年 1 月底，进一步增加到 135.9 亿元，2 月 8 日达到137 亿元，通货膨胀的势头越来越大。

2 月 21~23 日，中共中央在北京举行政治局常委扩大会议。会议由刘少奇主持，专题讨论 1962 年国家预算和调整任务及措施。因该会在中南海西楼举行，又称"西楼会议"。陈云在会上做了题为《目前财政经济的情况和克服困难的若干办法》的重要讲话，指出：目前的处境是困难的。对于存在困难这一点，大家的认识是一致的。但是，对于困难的程度，克服困难的快慢，高级干部的看法并不完全一致。他认为，困难主要表现为：农业在近几年有很大的减产；已经摆开的基本建设规模超过了国家财力、物力的可能性；钞票发得太多，通货膨胀；投机倒把在发展；城市人民的生活水平下降。陈云在分析了克服困难的有利条件以后，提出六条克服困难的办法：

（1）把今后十年经济规划分为两个阶段。从 1960 年算起大约五年为恢复阶段，后一阶段是发展阶段。

（2）减少城市人口，"精兵简政"。

（3）采取一切办法遏制通货膨胀。

（4）尽力保证城市人民的最低生活。

（5）把一切可能的力量用于农业增产。

（6）计划机关的主要注意力应从工业、交通方面，转移到农业增产和遏制通货膨胀方面来，并且要在国家计划里体现出来。②

"西楼会议"及陈云的这个讲话，对当时进一步统一认识、切实贯彻调整方针起了巨大作用。

---

①《刘少奇选集》下卷，人民出版社 1982 年版，第 418~443 页。
②《陈云文选》第 3 卷，人民出版社 1995 年版，第 191~206 页。

（三）3月的北京会议

"西楼会议"后，刘少奇、周恩来和邓小平于2月24日赴武汉向毛泽东汇报了会议情况和决定，得到毛泽东的同意。并且一致商定成立中央财经小组，由陈云任组长，李富春任副组长，统一管理经济工作。

同年3月上旬，中央财经小组议定了调整国民经济的三条方针：

（1）把十年规划分为两个阶段，前五年恢复，后五年发展。

（2）对重工业的生产指标和基本建设要"伤筋动骨"地砍掉一些，只有这样，才能把重点真正放在农业和市场上。

（3）坚持搞综合平衡，只有短线平衡才有真正的平衡，才能扭转比例严重失调的局面，才能使经济协调、健康地发展。

依据这些方针，1962年4月初，中央财经小组起草了《关于讨论1962年调整计划的报告（草稿）》。报告全面分析了当时国民经济的基本形势，如实指出了经济生活中存在的严重困难，提出了克服困难的措施。同时，中央财经小组对1962年国民经济计划做了进一步调整。调整计划把原定的工农业总产值由1400亿元降到1300亿元，农业总产值由450亿元降到420亿元，工业总产值由950亿元降到880亿元，原煤、钢、粮食分别由2.51亿吨、750万吨、1493~1507亿公斤降到2.39亿吨、600万吨、1445亿公斤，基本建设也由60.7亿元减为46亿元。

为了进一步统一全党的思想，讨论中央财经小组的报告，实施调整国民经济计划的部署，1962年5月7~11日，刘少奇在北京主持召开了中共中央工作会议。会上，刘少奇、周恩来、朱德和邓小平一致要求大家以历史唯物主义的态度充分估计困难，扎扎实实地工作，把经济调整好。他们还特别强调：如果对困难估计不够，自己安慰自己，又不采取积极措施克服困难，那才是真正的右倾。

这次会议同意中央财经小组报告中提出的实行调整工作的具体方针，那就是：要退够，争取快，准备慢。

这次会议还对大幅度调整经济做了几项果断决策：

（1）决定进一步大力精减职工和减少城市人口。在以前精减的基础上，于1962~1963年，再减少城镇人口2000万人，精减职工1000万人以上。

（2）进一步缩小基本建设规模。

（3）降低绝大多数重工业产品指标。

（4）对现有工厂企业进行"关、停、并、转"。[①]

从1961年8~9月庐山中央工作会议，到这次北京中央工作会议，前后历时9个月，终于统一了全党对经济调整工作的认识，下定了坚决后退的决心。正是这一点，使得1962年的经济调整工作进入了决定性阶段，并成为国民经济摆脱困境的重大转

---

① 薄一波：《若干重大决策与事件的回顾》下卷，中共中央党校出版社1993年版，第898~899、1053~1058页；《中国共产党历次重要会议集》下卷，上海人民出版社1983年版，第159~160、187~188页。

折点。

二、坚决贯彻调整措施

1962 年经济调整工作全面铺开，主要围绕以下七个方面进行。前四个方面主要讲后退，后三个方面主要讲加强。

(一) 降低工业生产计划指标

把包括工业在内的生产高指标降下来，既是经济调整的首要一环，又是经济调整能否顺利进行的关键。

在 1960 年秋提出调整方针后，进入 1961 年时，由于急于求成的"左"倾思想没有得到及时的清算，加上对于整个经济困难的严重程度、恢复快慢，尤其是工业生产规模是否过大、要不要大幅度压缩等问题，党的高级干部的认识并不完全一致。所以，虽然当时放慢了重工业的发展速度，但 1961 年工业生产主要指标仍然维持在 1960 年的高水平上，同实际水准相差甚远。从 1961 年实际执行结果看，工业总产值只达到 1062 亿元，为原定计划的 46%，尚不足一半。[①] 后来，经过 1961 年 8 月庐山会议和 1962 年"7000 人大会"、"西楼会议"及 5 月的北京会议，对 1962 年工业生产建设计划，特别是原煤、钢、铁、木材等主要工业品生产指标，一再进行降低性调整，使它基本上落到了实处。

工业生产指标的大幅度降低，为工业本身乃至整个国民经济的各方面调整创造了一个较为宽松的环境。

(二) 压缩工业基本建设规模，缩短工业基本建设战线

调整国民经济，最重要的就是把同工农业生产不相适应的投资规模压缩下来，把基本建设战线缩短。

但这同样是一件十分困难的事情。在这方面人们也有一个认识转变的过程。而且，"大跃进"形成的高指标和浮夸风仍有强大的惯性，遍及各个经济领域的过热空气，不可能马上冷下来。这样，在 1960 年 9 月安排 1961 年国家预算内基本建设投资规模时仍为 275 亿元，只比预计的 1960 年基本建设投资额 344.8 亿元减少 20.3%。1960 年 11 月全国计划会议虽有调整，仍为 194 亿元。1961 年初，中共八届九中全会把基本建设投资计划再次调整到 167 亿元，比原来的计划指标减少 108 亿元，即减少了 39.3%。其中工业投资 94.58 亿元，比 1960 年预计的 139.5 亿元减少近 50 亿元。即使做了这些调整，规模仍然过大，战线仍然过长。而且各地在国家计划之外又上了很多大中型项目。过大的投资规模致使原国家计委又在年度执行中连续做了两次压缩。同年 4 月把年度投资计划指标由 167 亿元调减到 129 亿元，6 月又由 129 亿元压缩到 70 亿元。7 月，全国计划会议预计 1961 年基本建设投资额为 78 亿元，而年终实际完成的投资额仍然达到 127.42 亿元（其中，预算内投资为 93.87 亿元）。虽然比 1960 年的实际完成投资

---

①《中国统计年鉴》(1984)，中国统计出版社 1985 年版，第 20 页。

额 389 亿元减少了 261.6 亿元，仍比 7 月预计数额超出近 50 亿元。这说明在实际执行中，各部门、各地区对大幅度调整基本建设的工作决心并不大，行动迟缓，而且尚有不少单位采取各种办法继续施工。

经过 1961 年 8 月和 1962 年 1~5 月一系列中共中央工作会议，才有效地把各部门、各地区盲目增加投资、上项目的做法控制住，把基本建设规模大幅度压缩下来。1962 年初安排的基本建设投资为 67 亿元，退到只能维持简单再生产的程度。年末实际完成的基本建设投资额为 71.26 亿元（其中，预算内投资为 60.25 亿元），比 1961 年减少 56.16 亿元。

在压缩国家预算内基本建设投资的同时，还采取措施严格控制地方和企业用自筹资金进行基本建设，使自筹资金投资额逐步下降。1960 年，全国自筹资金投资 86.9 亿元，占全部投资额的 22.4%，1961 年压缩到 33.6 亿元，1962 年进一步压缩到 11 亿元，只占全部投资额的 15.6%。

通过对国家预算内基本建设投资的压缩，1961 年基本建设总投资额下降到 127.42 亿元，比 1960 年减少 67.2%；其中，工业投资 76.79 亿元，比上年减少 66.6%。1962 年基本建设投资总额为 71.26 亿元，比 1961 年又减少了 44.1%；其中，工业投资 40.09 亿元，比 1961 年减少 47.8%。[①] 这是"一五"时期以来投资额最低的一年。

大规模地压缩基本建设投资规模，是同大量削减建设项目、缩短建设战线同时进行的。以工业建设为主的全国施工基本建设项目，1960 年达 82000 多个，1961 年减为 35000 多个，1962 年又进一步削减为 25000 多个。其中，大中型项目也由 1815 个减为 1409 个，再减为 1003 个。对于继续施工的项目，也区别不同情况加以调整。有的缩小建设规模；有的放慢建设进度；有的合并相同项目；有的节约资金，简易投产。对于重点项目，则集中财力、物力，坚决保证按计划建设，按计划投产。

上述调整的成果有以下三项：

（1）减少了对资金的需要。"大跃进"期间工业基本建设投资额为 611.42 亿元，调整时期减为 327.06 亿元。整个基本建设拨款占财政支出的比重也由"大跃进"期间的 55% 左右大幅度下降。1961 年下降到 30%，1962 年下降到 18.2%，1963 年略有回升，为 23.6%。

（2）减少了对材料设备的需求量。基本建设用的钢材消耗量占生产建设全部钢材消耗量的比重，1960 年为 30.2%，1962 年下降到 16.6%；木材消耗量的比重由 37.8% 下降到 16.5%；水泥消耗量的比重由 91.1% 下降到 68.6%。

（3）减少了对基本建设工人的需求。基本建设职工人数，1960 年末为 692.8 万人，1961 年末减少到了 397.2 万人，1962 年末又减为 244.5 万人，[②] 这样，就减轻了物资供应的压力，缓和了对农业劳动力的冲击，不仅使国民经济得到休养生息的机会，而且

① 《中国统计年鉴》（1984），中国统计出版社 1985 年版，第 301 页。
② 《中国统计年鉴》（1984），中国统计出版社 1985 年版，第 35、114 页。

把减少下来的财力、物力、人力用在急需的事业上，搞好生产维修，搞好市场供应，把国民经济严重失调的比例关系逐步调整过来。

（三）精简职工、压缩城镇人口

"大跃进"期间生产建设的高指标，劳动管理权限的下放，加上大批集体所有制企业过早地过渡为全民所有制企业，国家职工人数急剧膨胀。1958 年末，国家职工总数达到 4532 万人，其中工业部门职工为 2316 万人，分别比 1957 年末增加了 2081 万人和 1568 万人。增加的国家职工中 3/4 是工业职工。[①] 在国家职工人数增加的同时，城镇人口也大幅度增加。因此，重新调整劳动力的分配比例，把工业生产建设战线和其他部门的劳动力精减下来，充实农业生产第一线，增强农业生产能力并缓解市场供应压力，是调整国民经济的一项关键性的措施。

1959 年 6 月，中共中央指示：1959 年内要把县以上企业职工人数减少 800 万~1000 万人。根据这一指示，1959 年工业部门精减了职工 323 万人。到年底，职工人数减少到 1993 万人。但是，在"反右倾"斗争的影响下，1960 年又回升到 2144 万人，国民经济各部门中国家职工总数突破了 5000 万人的大关，职工人数和城镇人口过多，农村负担过重的问题并未得到解决，粮食供应紧张的状况日益严重。

针对上述情况，1961 年 5 月中央工作会议制定了《关于减少城镇人口和压缩城镇粮食销量的九条办法》，决定在 1960 年底 1.3 亿城镇人口的基础上，三年内减少城镇人口 2000 万人以上，并且要求 1961 年至少减少 1000 万人，同时，压缩粮食销量 15 亿~20 亿公斤。由于措施得当，很快见效。1961 年国家职工减少了 873 万人，其中工业职工减少了 547 万人。城镇人口减少了 1000 万人左右，粮食销售量减少了 20 亿公斤，基本上完成了当年的精减任务。

但 1962 年财政经济的困难还很严重，职工人数仍大大超过农业的生产水平。5 月，中共中央政治局常委会议再次提出，把城镇人口减少到同农业提供商品粮、副食品的可能性相适应的程度，要求全国职工人数再减少 1056 万~1072 万人，城镇人口再减少 2000 万人。这一精减任务要求在 1962 年、1963 年基本完成，1964 年上半年结束。实际上，从 1961 年初到 1963 年 6 月，两年半内共精减职工约 2887 万人，城镇人口减少 2600 万人。

大量职工和城镇人口下乡，不仅减少了粮食的销量（减少销量 140 亿公斤），减轻了农民的负担（国家向农民少购粮 110.5 亿公斤），而且加强了农业战线。到 1962 年底，农业有劳动力近 2 亿人，比 1957 年增加 1000 多万人，有力地促进了农业生产的恢复和发展。并且有利于工业企业经营管理的改善、劳动生产率的提高和工资的节约。据统计，1962 年工业全员劳动生产率比 1961 年提高 15.3%，1963 年又比 1962 年提高 26.7%。1963 年在对 40%的职工进行工资调整的情况下，全民所有制工业部门职工工

---

① 《中国统计年鉴》(1984)，中国统计出版社 1985 年版，第 110、114 页。

资总额比 1960 年减少 52 亿元。[①]

（四）关停并转部分工业企业

"大跃进"期间，全党全民办工业，从中央各部门、省自治区直辖市，到专区、县、公社、街道或生产队，层层办工业企业，工业企业数量骤然增加，1959 年末达到 31.8 万个，其中国营企业 11.9 万个。增加的企业主要是地方小企业。这类企业，用人多，效率低，物资消耗高，产品质量差，不少企业还与大企业争原料、争材料，加剧了大企业原材料供应的紧张，因而也必须调整。

1960 年中共中央决定精减企业职工，工业企业数开始逐步减少。1960 年减少 6.4 万个，其中全民所有制企业 0.3 万个；1961 年又减少 3.7 万个，其中全民所有制企业 2.5 万个。[②] 但 1962 年工业生产指标大幅度降低后，大多数工业企业任务不足，能力过剩，人浮于事。5 月 27 日，中共中央、国务院正式做出《关于进一步精减职工和减少城镇人口的决定》，提出：精减职工的工作与工业的调整和企业裁并结合起来进行。于是，工业企业的关、停、并、转工作进入一个有计划，有步骤的新阶段。

按照中共中央、国务院上述决定，先分地区对各个行业的所有企业，根据原材料、燃料、动力供应的可能，农业和市场的需要以及企业的具体情况，通盘考虑，综合平衡，进行排队，然后制定出统一的关、停、并、转的调整计划，经原国家计委批准下达，限制执行。调整的大原则是保留骨干企业，重点裁并中小企业。具体做法主要是：农村社办工业企业，劳动生产率低，原材料浪费大，一般应当停办；城市人民公社工业企业也基本上停办；县办工业企业至少应当关掉 2/3；省辖市和专区所属的工业企业也必须关一批；省、自治区、直辖市和中央直属的工业企业，该关闭、合并、缩小、改变任务的，坚决关闭、合并、缩小和改变任务。在具体排队时，主要把握两条原则：一是经济合理；二是社会需要。

实施上述措施后，1962 年，国营工业企业数就由 1961 年底的 7.1 万个减少到 5.3 万个，减少 1.8 万个。如果加上 1961 年已经减少的，共减少 4.3 万个，为 1960 年末工业企业总数 9.6 万个的 44.8%。1962 年末国营企业数已经低于 1957 年末数（5.8 万个）。在后来的两年中，企业数仍在继续减少，到 1964 年末为 4.5 万个。集体所有制工业企业数则从 1963 年起急剧下降，到 1965 年末降到 11.2 万个，比 1960 年末的 15.8 万个减少 4.6 万个，减少 29.1%，与 1959 年末的 21.96 万个相比，则下降 49.0%，基本上退到 1957 年末的数量。[③]

工业企业的前期调整工作，重点在关、停，是"后退"。但通过并、转，也有加强和充实的"前进"的一面，实际上是一次工业大改组和工业内部结构的调整。在 1962 年的调整中，企业裁并幅度大的是冶金、建材、化工和机械工业，企业数目分别减少 70.5%、50.7%、42.2% 和 31.6%。生产能力调整幅度大的是钢铁冶炼、水泥加工和机械

①《中国统计年鉴》（1984），中国统计出版社 1985 年版，第 110、114、193、458 页。
②③《中国统计年鉴》（1984），中国统计出版社 1985 年版，第 193 页。

工业中的重型设备、电钻设备、汽车、机床、电动机等 17 种长线产品，它们的综合生产能力都减少 50%左右。而煤炭、石油、纯碱、化肥、合成氨、聚氯乙烯、搪瓷制品、自行车、合成洗涤剂等 14 种短线产品和拖拉机、内燃机、交通运输车辆配件的生产能力，都保留下来。并且由于恢复了一批"大跃进"转产的企业，选择了一批企业改产这些产品，或者给生产这些产品的企业充实设备和扩大厂房，这些产品的生产能力得到了充实和加强。

通过关、停、并、转，保留了国民经济必需的企业，它们生产所需的原材料、燃料、动力的供应基本上得到了保证。同时，加强了工业短线产品的生产，为农业服务、为满足市场需要、服务的生产，提高了工业生产的经济效益。

（五）加强支农工业

加强农业是 20 世纪 60 年代初经济调整的根本方针。1961 年 1 月中共八届九中全会决定，国民经济各部门都应毫无例外地加强对农业的支援，重工业部门尤其应当加强对农业的支援。1962 年 10 月中共八届十中全会再次提出，工业部门的工作要坚决地转移到以农业为基础的轨道上来，要制定计划，采取措施，面向农村，把支援农业、支援集体经济放在第一位；要有计划地提高直接为农业服务的工业的投资比例；要适应农业技术改革的要求，帮助农业有步骤地进行技术改造，为加速实现我国农业现代化而奋斗。

按照上述精神，工业部门在调整中，停止从农村招收工人，并通过大力精减职工、城镇人口，支援、充实农业生产第一线；努力改进工业基本建设工程项目的设计，缩小土地占用面积，少占耕地特别是少占好地，以保证耕地面积。此外，还重点抓了以下三个方面的工作：

（1）大力抢修农业机械。"大跃进"期间，农业机械大量损坏。据 1961 年秋检查，全国 40000 多台（混合台）拖拉机（不包括农垦部直属农场拥有数）中，需要修理的约有 24000 台，占拖拉机总数的 56%。为了抢修农业机械，所有拖拉机厂、动力机械厂都暂时停止生产农机主件，先集中力量生产修理拖拉机和排灌机械急需的配件。其他机械厂也拿出一部分力量来生产这些零部件。同时还派出技术工人下乡帮助修理机械。

（2）充实中小农具和农业机械的生产能力。在加快天津、沈阳拖拉机厂等农业机械企业建设的同时，在关、停、并、转中，把一部分企业转产农业机具、拖拉机和内燃机配件，加强农业机械系统的生产能力。此外，有关工业企业还对小农具和农业机械生产维修所需的材料、燃料给予优先保障。再则，国家还加大了农机制造工业的投资比重。据统计，1961~1965 年，农业机械工业投资占机械工业投资的比重由"大跃进"时期的年平均 11.7%，提高到 23.2%，其中 1963 年达到 28.5%。国家分配给农机制造工业的钢材占全国钢材产量的比重也由"大跃进"的年均 3.0%，提高到 1961 年的 4.4% 和 1962 年的 4.7%。经过努力，1962 年农村小农具已经恢复到 1957 年的水平，每个劳动力有近五件农具。1961~1965 年共生产拖拉机 42100 万台，手扶拖拉机 5300 台。农业机械总动力 1960 年为 801 万马力，到 1965 年达到 1494 万马力，增加 86.5%。

（3）加快化肥、农药工业的建设。1961~1964 年，化肥和农药投资占化学工业投资的比重由"大跃进"时期的年均 38.8%上升为 46.0%，保证了许多大中型化肥厂的建设，并陆续建设了一批小型化肥厂，化肥产量迅速增加。1965 年全国化肥产量达到172.6 万吨，是 1960 年 40.5 万吨的 4.26 倍。农药产量 1961 年、1962 年下降较多，以后恢复也很慢，但到 1965 年年产量达 19.3 万吨，比 1960 年增加了 19.1%。[1]

工业加强了对支援农业，对农业生产的恢复和发展、调整农业与工业的比例关系起到了积极作用，也使工业内部产品结构逐渐趋向合理。

（六）尽可能提高轻工业发展速度，积极恢复和发展日用工业品和手工业产品的生产

"大跃进"期间，在"以钢为纲"的口号下，轻工业被迫"停车让路"，手工业集体经济又多被平调，生产遭到严重破坏。这样，"大跃进"后轻重工业比例严重失调，轻工业市场供应十分紧张。这一点已经成为关系整个国民经济能否稳定的大问题。因此，尽可能提高轻工业发展速度，是调整工业结构的一个十分重要的方面。

当时，轻工业和手工业生产的主要问题是原料、燃料、电力供应不足。为了加速恢复和发展轻工业和手工业的生产，除了在燃料、电力的分配上优先保证轻工业生产的需要外，着重解决了原料供应的问题。

（1）努力促进经济作物生产的恢复和发展，增加轻工业所需的农产品原料。当时，轻工业总产值中，以农副产品为原料的占 75%左右，而 1961 年许多重要的经济作物，如棉花、油料、黄麻、甘蔗、桑蚕、茶叶、烤烟等的产量都低于甚至大大低于 1952 年的产量。因此，国家从多方面采取了措施来促进经济作物的增产。例如，为了鼓励农民种植经济作物，把经济作物的种植面积大体上稳定下来。1961~1963 年，对重要经济作物收购，实行了奖励粮食政策。每收购一担棉花，奖励 17.5 公斤粮食。每收购一担花生仁、芝麻或烤烟，奖励 10 公斤粮食。同时还有计划地提高了部分经济作物的收购价格。1963 年各地的棉花收购价格平均比 1960 年提高 10%，油料的价格提高 18.5%。经过努力，到 1965 年，经济作物产量已经接近或者超过新中国成立以来的最高水平，为轻工业的恢复和发展提供了物质基础。

（2）充分发展和利用各种非农产品原料，尽可能地增产以工业品为原料的日用品。首先，冶金、化工、燃料、建筑材料、机械等工业部门在加强燃料和轻工业设备生产的同时，还努力生产轻工业所需要的原料。例如，在解决穿的问题上，提出了发展天然纤维和发展化学纤维并重的方针，化学纤维有了很大发展。这一时期从国外引进相关的技术和成套设备，建成北京维尼纶厂和兰州化纤厂等。1960 年生产化纤 1.06 万吨，1965 年达到 5.01 万吨，比 1960 年增长近 4 倍，比 1957 年增长 250 倍。[2]其次，在物资分配上，采取多种措施，解决轻工业生产所需的原材料：①给轻工业部门尽可能

---

①《中国统计年鉴》（1984），中国统计出版社 1985 年版，第 169、229、247、349 页。
②《中国统计年鉴》（1984），中国统计出版社 1985 年版，第 220 页。

多地安排一些钢、铁、煤、木等物资；②把小商品生产所需的国家统配物资、部管物资、地方平衡物资，分别纳入国家和地区分配计划；③为了弥补计划的不足，各地物资部门和商业部门恢复了固有的零售点，销售小工具和零星材料；④商业部门收购的废旧物资，凡是适应小商品生产的废料、次料、下脚料，优先供应小商品生产；⑤某些原料和废料经过当地政府批准，允许自购自用，并以和大厂挂钩，利用边角余料的形式确定下来。采取这些措施以后，以工业品为原料的轻工业产值占轻工业总产值的比重从 1957 年的 18.4%上升到 1965 年的 28.3%。

（3）合理分配原材料，特别是农产品原料，把有限的资源优先安排给那些原材料消耗低、产品质量高的轻工业企业，争取用有限的原材料多生产出好的产品。1962 年以后，中共中央对轻工业和纺织工业的产供销采取了统一安排、统一调度的方针。哪些工厂应当优先开工，哪些工厂应当暂时停工，由中央全盘进行规划；原材料在全国范围实行统一分配。具体办法主要有两种：

1）对某些轻工行业实行集中管理。例如，全国肥皂工业和与肥皂有关的产品全部交由轻工业部归口管理，其生产和基本建设统一由轻工业部规划和安排。原有的肥皂工厂，除保留 83 家外，其余一律关闭，从而保证了油料的合理使用。

2）限制土法生产，集中供应现代化企业。如限制土纺土织，除按政策规定给社员留下的棉花以外，所有棉花全部由国家统购，进行分配。

（4）迅速恢复和发展手工业传统产区和传统产品的生产。大量生产市场奇缺的锄、镰、镐、锨、锅、碗、罐、缸、盆、桶、勺等小农具和日用品，是当时国民经济战线上一项重要任务。除了在物资分配上先满足这些产品生产的需要外，在安排小农具和日用品的生产中，还以传统产区、传统产品为重点，同时适当发挥一般产区和新兴产区的作用。国家调给的原料、材料，有重点地供给传统的集中产区，用传统的合理的生产方法，制造群众所欢迎的传统产品。

这个时期，尽管轻纺工业的投资在基本建设投资以及工业投资中所占比重都有所下降，但由于对有限的投资进行了合理的调度，优先保证国家计划规定的产品生产的需要，保证名牌优质产品生产的需要，保证重点地区和重点企业的需要，轻工业生产效率提高，因而得到了迅速恢复和发展。1962 年，轻工业总产值为 395 亿元，下降到最低点，比 1957 年的 705 亿元还要低。但是从 1963 年开始回升，1965 年达到 703 亿元，比 1962 年增长 78%。

（七）加强采掘、采伐工业的建设

采掘、采伐工业与加工工业的发展不相适应，是"大跃进"期间重工业内部比例关系严重失调的重要表现之一。因而加强采掘、采伐工业的建设也极为重要。

中共八届九中全会提出先采掘、后加工的方针后，对工业部门的基本建设投资做了相应的调整。据统计，在重工业投资中，采掘工业所占比重由"大跃进"时期的年平均 21.5%提高到 1961 年的 38.7%和 1962 年的 45.3%。森林工业投资在基本建设投资中的比重由"大跃进"时期的年均 1.3%，提高到调整时期的年均 3.22%。增加的投资，优先满足采掘、采伐工业简单再生产的资金需要，主要用于采掘、采伐工业的开拓、延伸工程，补偿报废的生产能力，维修损坏的机器设备。此外，国家还采取一系列措施，加快采掘、采伐工业的恢复和发展。国家规定，从1962年起，森林采伐和矿山开采行业采取按产量从生产成本中提取费用的办法，用于矿山开拓和延伸、森林采伐、运材道路延伸、河道整治及有关的工程设施等维持再生产的投资。

另外，各行业还着重抓了以下四方面的工作：

（1）重点加强现有矿山的掘进与剥离工作。"大跃进"期间实行强化开采，采掘比例失调，掘进、开拓的投资欠账严重。1960年，黑色金属矿山共欠账3800万吨；煤炭部直属煤矿开拓欠账到1962年底还有1.4亿吨。根据掘进欠账过多、采掘接替紧张的情况，从1961年下半年开始，利用加工业在调整中大幅度后退的有利时机，采掘、采伐行业集中力量加强掘进、开拓和剥离工程。经过几年的努力，到1965年，矿山如煤矿、金属矿、化学矿山、建筑材料矿山等都先后达到采掘（采剥）的正常比例。开拓、准备和可采数量基本上达到了规定的要求。只有非金属矿山由于基础薄弱，又未抓紧掘进工作，采掘关系没有调整好。

（2）加强采掘工业的勘探工作。针对矿山地质勘探严重落后的局面，增拨了经费，提高了地质队伍的技术装备，并且逐步充实了地质队伍，把地质勘探力量集中起来加以使用，加强了矿山地质勘探工作，为以后的矿山建设打下了基础。

（3）整顿生产管理工作。

1）努力充实了生产第一线的回采和掘进力量，努力恢复合理的开采方法，制止了乱采乱挖和吃富丢贫的现象，努力提高采矿、选矿的回收率，保护和充分利用矿山资源。

2）加强了矿井、矿山设备和巷道的维修工作，抓紧解决矿井矿山生产所必需的雷管、炸药、轴承和坑木等。

3）针对煤矿生产第一线工人不稳定、出勤率下降、井下劳动力不足等突出问题，对煤矿工人的粮食、副食品、劳动保护用品、日用工业品的供应做了妥善安排，并且实行了粮食专用的办法，保证矿山的粮食供应。同时，还改进了工资奖励制度。

（4）抓紧木材生产。1962年1月，中共中央依据国家经委的意见，成立木材七人小组，负责解决木材生产过程中的关键问题。这个小组的主要任务是：抓劳力，抓物资供应，抓生产，抓调度，抓分配，抓木材的节约、回收和综合利用，抓森林工业的基本建设工作。经过努力，1961~1963年，全国修建了林区道路6874公里，扩大了现有企业的采伐面积，缓和了东北、内蒙古主要林区集中采伐过度的问题。但是，采育失调问题仍没有得到解决。

这一时期，采掘、采伐工业虽然属于加强的部门，但不少部门本身尚处在调整过程中，更多的是力求保持产量水平，努力提高质量，并为以后年度的发展创造条件。但石油工业在20世纪60年代初则有了较大的发展。

到1962年底，我国国民经济的全面调整取得了决定性的进展，经济形势开始好转。主要表现在：农业生产扭转了前三年连续下降的状况开始回升。国家财政扭转了前四年出现大量赤字的被动局面，实现了收支平衡，略有节余。市场供应紧张的情况有所缓和，城乡人民的生活水平略有回升。在工业方面，经过一年多的艰苦奋斗，工业内部的比例关系以及工业与其他经济部门之间的比例关系得到调整，工业生产大踏步后退和退够的目的基本实现。1962 年工业总产值比 1961 年下降 16.6%；轻工业产值在工业总产值中的比重由 1961 年的 42.5% 提高到 47.2%，重工业的比重相应地由 57.5% 下降到 52.8%；农业产值在工农业产值中所占比重由 1961 年的 34.5% 提高到 38.8%，工业由 65.6% 下降到 61.2%。1962 年主要工业品产量，钢为 667 万吨，比 1961 年减少 200 多万吨；原煤 2.20 亿吨，减少 5800 万吨。[①]

第三节　1963~1965 年，继续全面调整

国民经济经过 1962 年的大幅度调整，可以说已经渡过最困难的时期，国民经济开始摆脱困境，出现了从下降到回升的决定性转折，贯彻调整、巩固、充实、提高"八字方针"已经初见成效。但是，经济严重困难的局面并未根本改变，特别是国民经济中的各种比例关系远未理顺，经济调整和经济恢复的任务仍然很繁重。为此，中共中央于 1963 年 9 月召开工作会议，决定再用三年，即 1963~1965 年，对国民经济继续实行调整、巩固、充实、提高的方针，作为以后发展国民经济的过渡阶段。

在继续调整阶段，工业部门除了继续加强前一时期已经进行的支农工业以外，还加快发展了轻工业生产，使得轻工业从 1963 年起产值逐年增加。同时，加快了燃料、原材料工业建设。

此外，工业部门还主要抓了以下三个方面具有充实、提高意义的工作：

一、加强设备修理和生产能力配套

"大跃进"期间，不少产品产量的迅速增长，是以拼设备和挤维修、挤配件生产为代价的。1960 年各种设备的完好率下降到惊人的地步，有的设备新增加的数量还抵不上损坏的数量。在新增产品中，又只重视主机的生产，忽视配套件的生产，形成不了生产能力。为了充分发挥已有设备的能力，并使新建的、扩建的企业能得到成套设备，尽快投入生产和正常生产，把设备的维修和配套列为调整的主要内容之一。为此，按照先维修、后制造，先配套、后主机的方针，着重抓了以下三方面的工作：

（一）加强设备维修工作

主要措施有：

---

① 《中国统计年鉴》（1984），中国统计出版社 1985 年版，第 25、27、225 页。

（1）在原材料上给予充分的保障，先照顾维修，以维持简单再生产。

（2）充实修理力量，把一部分转入制造、转为生产主机的工厂转回来承担维修任务或生产配件，把一部分机械工业企业转产配件和进行维修。动员冶金和机械部门的技术力量，试制某些进口的关键设备的配件和生产这种配件所需的钢材品种；对其中生产条件比较成熟的，立即安排一些项目组织生产。

（3）把设备维修列为工业部门的重点工作，并且按照轻重缓急进行排队，先集中力量修复农业机械、汽车、矿山掘进和剥离所需的设备以及生产短线产品的设备，然后修理其他设备。

（4）进口一些机型比较特殊的备品、配件。在作为各行各业生产主力的大型、精密、专用设备中，不少是进口的。这些设备在前几年的使用中损坏相当严重，影响正常生产。它们所需的备品、配件，国内一时还不能提供。除积极安排有关部门进行试制，力求在短时期内自力更生外，还利用有限的外汇组织进口。

（5）有计划地更换已失去生产效能和不能保证安全生产的设备。为保证更新设备所需的资金，1964年9月中共中央决定在三四年内，基本折旧基金全部由企业留用，扩大了企业利用折旧基金更新陈旧设备和改造关键性设备的自主权，有效地促进了老企业、老基地设备更新和技术改造工作，到1964年底，失修的设备大部分修复。黑色金属和有色金属矿山的设备完好率达到80%左右，一般企业的设备完好率达到85%~90%。

（二）有计划地进行填平补齐、成龙配套工作，努力形成综合生产能力

"大跃进"造成的工业内部比例失调也表现为生产能力不协调，设备不配套，有些部门过于突出，有些部门则极为薄弱。据统计，1960年电力系统新增装机容量1300万千瓦，但其中有215万千瓦由于工程不配套、设备制造质量差、设备失修等原因不能发电，综合能力只有1085万千瓦。1963年以后，国家在强调重工业内部要在现有数量的基础上，加强薄弱环节，填补缺门，完成配套工作。对于基础工业企业，主要解决配套工程与辅助设施问题以及改善交通运输、原材料、燃料、动力供应等外部协作的条件。如对矿井的回采、推进、提升、排水、通风、供电、排矸、筛分、井上和井下运输等设备，按矿井的综合生产能力，逐步填平补齐。对于机械工业则着重于现有生产能力的扩大和现有工程的填平补齐、成龙配套。如集中发展化肥设备、精密机床、炼油设备、军工配套设备和原子能设备、仪器仪表等短线产品。电力工业集中力量，增加配套，提高工程质量，填平补齐了200多万千瓦的机组设备，使已有的1300万千瓦发电设备基本实现安全、满发、稳发。此外，国家还拨专款，用于上海、北京、天津、沈阳等一些老工业基地的老企业设备更新欠账和铁路机车、汽车、锅炉、柴油机等更新欠账，效果十分明显。到1964年底，工业企业内部的生产能力绝大部分已经填平补齐、成龙配套。

（三）整顿设备机型

我国工矿设备由于进口的国别多，国内生产的型号多，更新的少，机型很杂很乱。

据 1963 年 6 月对 40 种工矿设备的调查，全国共有 125475 台，而机型就有 5856 种，平均每种机型只有 20 多台。其中进口设备有 22000 多台，有 3590 种机型，平均每个机型只有 6 台。设备型号过于繁杂，给维修工作带来很大困难，特别是要对这些机型复杂的配件统一组织生产供应，不但是不经济的，也是不可能的。因此必须大力整顿、简化。

1965 年 2 月中共中央和国务院指出：逐步简化机型，是改善工矿设备维护、修理，合理组织工矿配件生产的一项重大措施，同时也便于今后有计划地进行设备更新。并且同意实施第一机械工业部关于整顿、简化机型的方案。这个方案根据产品系列化、标准化的原则，把 40 类主要工矿设备的机型分为三种：

（1）凡是符合我国产品系列型谱和打算将来列入系列型谱的品种、规格的设备，列入基本机型。

（2）有些设备不符合系列型谱，但拥有量较多，某些大型关键设备近期内还不能以相近的产品代用的，列入保留机型。

（3）凡是机型陈旧，技术性能较差，拥有量又少，国内已有相近产品可以代用的，作为淘汰机型。对列入基本目录和保留目录的机型，由有关部门做好配件的生产和供应工作，争取"三五"期间在品种上、数量上得到比较彻底的解决。对列入淘汰目录的机型，不再组织进口，原则上国家也不再统一安排配件的生产和供应，采取拼修、更换等办法逐步淘汰。

二、努力提高产品质量和增加产品品种

进入调整时期后，增加品种、提高质量，是工业部门一项十分重要的任务。为实现这一任务，首先，采取了保重点企业的方针，发挥那些产品质量高、品种多、原材料消耗低的重点企业的能力，减少那些产品质量低、品种少、原材料消耗高的一般企业的生产。其次，加强生产技术指导，有重点地对"小洋群"企业进行技术指导和改造。再次，整顿工业企业管理，对企业的技术管理工作提出了严格要求，要求企业的技术工作必须由总工程师负全面责任。企业必须保证各种设备处在良好状态，保证产品质量符合标准，充分发挥工人、技术人员、职工革新技术的积极性。最后，国家颁布条例，鼓励技术发明和技术的推广应用。1963 年 11 月 3 日，国务院同时发布施行《发明奖励条例》和《技术改进奖励条例》。[①] 这两个条例的实施，对于发明新的产品，改进原来产品、工艺方法、工具、设备、仪器、装置，有效利用原料、材料、燃料、动力、设备和自然条件以及其他技术的改进，发挥了很重要的作用。在提高质量、增加品种的工作中，还特别加强了国防工业所需新型材料的研究、试制和生产，充实国防工业生产能力。经过上述努力，产品品种有了比较快的增加，产品质量有了显著提高。

---

① 《中国工业经济法规汇编》（1949~1981），第 91~93 页。

三、积极引进新技术

20世纪50年代，苏联及东欧国家是我国技术设备的主要供应国。1960年7月，苏联突然终止了同我国的大多数经济贸易合作项目，从而迫使我国开始转向寻找同西方发达国家发展包括技术引进在内的经济贸易关系。由于这是建立新的渠道，当时国内生产建设又处于调整时期，加之西方各国对我国的政治、经济状况缺少了解，使我国工业大型技术项目的引进工作基本中断达两年之久。直到1962年9月，我国才从日本引进了第一套维尼纶设备。1963~1966年，我国先后与日本、美国、法国、意大利、联邦德国、奥地利、瑞典、荷兰等国签订了80多项工程的合同，用汇2.8亿美元。同期，我国还从东欧各国引进成套设备和单项设备，用汇2200万美元，两者合计3亿多美元。其中，成套设备50多项，用汇2.8亿美元，占用汇总额的92.7%。

20世纪50年代，我国从苏联引进的成套项目中，大型成套项目占绝大部分。60年代以后，由于国际国内环境的变化，我国技术引进主要是配合经济调整目标的实现，因而有以下三个新的特点：

（1）成套设备项目中中小型居多而大型少，且主要用于现有企业的技术改造和填补缺门。这个时期，我国工业生产建设是在经济大调整的背景下，努力改善产业内部结构，对已经形成的生产能力填平补齐，使其充分发挥效益以及提高产品质量和现有企业的生产技术水平。我国在这个时期的技术引进工作遵循这个原则，在引进成套设备时，明显提高了中小型项目的比例。规模稍大的只有北京维尼纶厂、兰州化学工业公司有机合成厂和太原钢铁公司三个新建、扩建工程，各支付外汇4000万美元左右，合计共占全部用汇的39.5%。次之是四川特殊合金钢材项目、泸州天然气化工厂和淮南电厂，各支付外汇1000多万美元，共占全部用汇的15%。其余的项目都是1000万美元以下的中小型项目，约占这一时期用汇总额的一半，主要用于现有企业的技术改造。

（2）重视引进支农项目和轻工业原料项目。1962年9月，我国从西方国家引进技术的工作开始后，第一个项目就是从日本引进维尼纶设备。1963年，我国同英国签订的第一个引进成套设备合同是合成氨项目，以后又向英国订购了生产聚乙烯成套设备。我国首次从意大利引进的技术项目，是两套化肥生产设备和一套石油加工联合装置成套设备。我国还从联邦德国和法国引进了化工生产的成套设备。这些成套设备的引进，对于解决吃、穿、用等与人民生活相关的问题，起了一定的作用。同20世纪50年代相比，化学工业项目比重由6%上升到28%，纺织工业项目比重由1.5%上升到11%，能源工业和军工生产的比重显著下降。

（3）配合国内工业生产建设的巩固、充实和提高，引进国内空白的关键技术。如基础化学工业、合金钢冶炼、特种钢材轧制等我国工业生产技术中明显的薄弱环节。这个时期，我国集中引进了合成纤维、乙烯、塑料的生产技术，以油、气为原料制造合成氨等基础化工技术，氧气顶吹转炉制钢，密闭鼓风炼铝、锌，大型炼钢电炉，20辊及8轧机合金钢冶炼、轧制等金属冶炼和加工技术，新型建筑材料加气混凝土和半导体材料的制造技术，以及 24 吨柴油载重卡车和液压元件的制造技术等。这些项目有些填补了我国工业中的空白，有些明显提高了相应行业的生产技术水平。经过这个时期的技术引进，我国石油化工和其他化学工业的生产能力迅速发展，冶金工业的某些关键生产技术有明显提高，半导体、原子能等工业也取得了较快的发展。

20 世纪 60 年代的这次技术引进，是新中国成立后从西方国家引进技术的初始阶段。引进工作比较谨慎。引进项目整体上符合当时我国的实际需要。不少项目基本上投产顺利，较快地达到或超过设计能力，取得了比较好的技术与经济效果。

在叙述 1963~1965 年我国工业生产建设的发展时，还要提到加强战备、建设"三线"工业问题。这个问题详见后述。这里只是指出：这一点，对调整时期工业乃至整个经济建设的成就都有不利的影响。

但是，全国人民经过整整五年的艰苦奋斗，终于在 1965 年基本上完成了调整任务。工业方面，在内部比例关系日趋协调的基础上，1963~1965 年生产有了较大幅度增长。工业总产值方面，1965 年比 1962 年提高了 64%。1965 年钢、煤产量分别达到 1223 万吨、2.32 亿吨，分别比 1962 年增加了 556 万吨、1200 万吨。[①]

---

①《中国统计年鉴》(1984)，中国统计出版社 1985 年版，第 25、225 页。

第十六章　再次集中工业经济管理权限和试办托拉斯

第一节　再次集中工业经济管理权限

为了贯彻调整、巩固、充实、提高的方针，恢复和发展国民经济，特别是工业经济，客观上要求改变工业管理体制。这种改变的指导思想是强调全国一盘棋，实行高度的集中统一，以克服工业生产中的分散、无序状态。1961年1月，中共中央正式做出《关于调整管理体制的若干暂行规定》，强调集中统一，以克服经济困难。规定提出：经济管理的大权应当集中到中央、中央局和省（自治区、直辖市）委三级，最近两三年内，应当更多地集中到中央和中央局。1958年以来，各省、自治区、直辖市和中央各部下放给专区、县、公社和企业的权限，放得不适当的，一律收回；中央各部直属企业的行政管理、生产指挥、物资调动、干部安排的权力，统归中央主管部门；国防工业企业一律由国防工委直接领导，过去下放的国防工业企业一律收回；全国铁路由铁道部统一管理，铁路运输由铁道部集中指挥；凡需在全国范围内组织平衡的重要物资，均由中央统一管理，统一分配。国家按行业分配给各"口"的统配物资和部管物资，由中央主管各"口"负责安排。中央局和省（自治区、直辖市）在保证完成国家计划的条件下对中央直属企业的物资进行调整时，必须征得主管部门的同意；财权必须集中，各级都不许搞赤字预算，货币发行权归中央；国家规定的劳动计划，各部门、各地方都不许突破；所有生产、基建、收购、财务、文教、劳动等各项工作任务，都必须执行全国一盘棋、上下一本账的方针，不得层层加码。①

根据上述指导思想，实行工业管理权限的集中统一领导，主要有以下六个方面。

---

① 《中华人民共和国经济大事记（1949~1980）》，中国社会科学出版社1984年版，第297~298页。

一、上收一批下放不当的企业

"大跃进"期间，把一些产供销面向全国的大型骨干企业下放给地方管理后，因地方很难保证这些企业的正常生产条件，企业之间以前形成的协作关系也被破坏，不少物资、资金被挪用，造成企业不能完成国家计划，中央的财政收入大幅度减少。

针对上述情况，从 1961 年起，工业部门把许多企事业单位的隶属关系做了调整。1961 年，第三机械工业部将 26 个国防工业企业收回，由部直接领导；全国铁路由铁道部统一管理，铁路运输由铁道部集中指挥；交通部也将一些重要的沿海港口及长江干线上的重点港口等收归交通部领导；等等。1962 年以后，又继续上收了一些企业。到1963 年，全国 120 个机械工业骨干企业中有 110 个由第一机械工业部上收；冶金工业部上收直属的大型钢铁企业有鞍山钢铁公司、武汉钢铁公司、包头钢铁公司、本溪钢铁公司、石景山钢铁公司、太原钢铁公司等 24 个，钢产量占全国钢产量的 65.6%，生铁产量占 86.8%。在轻工业方面，1961~1965 年共上收企业 308 个。其中，烟草行业收回全部的 61 个企业；盐业收回 39 个企业，其生产量占全国产量的 70% 以上。同时收回 24 个省、自治区、直辖市的供销企业，其销售量占全国销量的 90% 以上。1963 年纺织工业部把 1958 年下放给地方的 10 个纺织机械厂和分公司全部收回，由纺织机械制造局直接管理。从 1958 年管理权限下放后，中央直属企事业单位只剩下 1200 个；到1965 年，包括中央各部在"大跃进"期间和以后新建的企业，增加到 10533 个。中央各部直属企业的工业总产值占全国工业总产值的 42.2%，其中属生产资料的部分占55.1%。[①]

二、加强计划的集中统一管理

在这期间，工业方面的计划集中统一管理，主要抓了以下四项工作：

（1）强调全国一盘棋，加强综合平衡工作。按照全国一盘棋、上下一本账的方针，改变了"大跃进"期间"两本账"的做法，克服了各自为政、层层加码、指标越加越高、国家计划失控的现象。同时，为了纠正"以钢为纲"、一马当先、不顾其他的偏向，由国家计委负责全面的综合平衡，搞好国民经济的综合平衡工作。在工业方面，注意正确处理工业与国民经济其他各部门之间的关系、工业各部门之间的关系以及各工业部门内部各环节之间的关系，合理分配人力、物力、财力，确保重点，照顾一般，瞻前顾后，留有余地，使工业按比例协调发展。

（2）改变"大跃进"期间自下而上编制计划的程序，实行"两下一上"的程序。即先由国务院自上而下地颁发控制数字，然后自下而上编制计划草案，最后由国务院批准，自上而下地下达计划。这种做法，有利于中央的方针政策的贯彻执行，有利于统

---

① 周太和主编：《当代中国的经济体制改革》，中国社会科学出版社 1984 年版，第 99、100、295、341、380、417、418 页。

一计划，能有效防止计划失控。

（3）增加计划指标。调整时期，国家计划不仅基本上恢复了"一五"时期的一套计划指标，有的比"一五"时期还要详细。工业计划包括工业总产值、商品产值、主要产品产量、主要技术经济指标、工业设备大修理等。对国营工业企业的考核指标由主要产品产量、职工总数、工资总额和利润四项，增加到六项，即主要产品产量、品种、规格，商品产值和完成订货合同，产品质量，主要技术经济定额（主要原材料消耗定额、设备利用率、工时定额），劳动生产率（按全员计算和按生产工人计算两种），成本降低率（按主要可比产品单位成本计算和按总成本计算两种）。

（4）扩大计划范围。这个时期中央直接管的指标占了各项经济活动的大部分。中央管理的工业产品从215种恢复增加到400种左右，这些产品的产值占工业总产值的60%左右；农、林、牧、渔主要产品有30种左右，产值占农业总产值的70%左右；主要零售商品有90种左右，其零售额占社会商品零售总额的70%左右；进口商品有50种左右，进口额占进口贸易总额的90%左右；出口商品有80种左右，其出口额占出口贸易总额的85%左右。中央统一分配的主要生产资料有200种左右，主要生活资料有10种左右。

调整时期，计划分三级管理，中央直接管理国民经济中各项关键性指标，各部门管理本行业的全国性重要指标，省、自治区、直辖市管理本地区的重要指标。在加强计划集中管理的同时，对不同性质的经济成分，实行了不同的计划管理方法。对国营企业和事业单位，实行直接计划；对集体所有制农业、手工业企业，实行间接计划管理。

三、加强基本建设的集中统一管理

"大跃进"期间，基本建设投资规模膨胀的一个非常重要的原因，就是基本建设管理权限在计划经济的前提下，下放得过多、过散。虽然在名义上，基本建设都有计划，但实际上各部门、各地区、各企业都有项目的审批权，又有相应的财权，同时可以合法地层层加码，使得基本建设投资活动失去控制，处于无政府状态。所以，调整时期要降低高指标，压缩基本建设投资规模，就需要恢复基本建设的集中统一管理，收回被不适当下放的基本建设项目审批权和计划权。

在1961年1月中共中央做出《关于调整管理体制的若干暂行规定》以后，中共中央又陆续颁发了一系列详细规定，以恢复集中统一的投资管理体制。1962年5月31日，中共中央同意国家计委的《关于加强基本建设管理问题的报告》，由国务院正式颁发了《关于加强基本建设计划管理的几项规定》、《关于编制和审批基本建设设计任务书的规定》和《关于基本建设设计文件编制和审批办法的几项规定》三个文件。其主要内容如下：

（1）收回基本建设项目审批权。1958年权力下放时规定，除特别重大的建设项目由国务院批准外，一般的大中型项目都由各主管部门和各省、自治区、直辖市批准。调整开始时，中央决定大中型项目的建设，报中央批准；地方小型项目的建设由中央局批准；中央各部直属的小型项目的建设由国家计委批准；凡未经批准的项目，各级财政部门和银行一律不予付款。国务院颁发的上述三个规定对审批权限进一步定为：中央各部直属的大中型项目，一律由国家计委审核，报国务院批准，小型项目由各部批准。地方大中型项目中的重大项目由国务院批准，其余大中型项目由国家计委批准，小型项目由各省、自治区、直辖市批准。

（2）收回投资计划管理权。每年分部门和分地区的基本建设投资额即年度投资规模由国家确定，年度施工的大中型建设项目（包括重要的单项工程）由国家在年度基本建设计划中确定；计划批准后，需要增减变动的，由国务院或国务院授权国家计委批准。只允许小型建设项目分别由主管部门或省、自治区、直辖市自行安排。自筹资金除少数报经国务院批准外，一般不能用于大中型项目。

（3）严格基本建设程序。所有基本建设投资和大中型项目，都要按照国家规定的审批权限报请批准，按照基本建设程序办事；所有建设项目的设计任务书也要经过批准，才能列入年度计划；所有建设项目要在设计文件经过批准和各种建设条件落实以后，才能动工。此外，一律不准再搞计划外的基本建设。

（4）加强对基本建设拨款的监督。基本建设资金不再由地方财政包干，改由中央财政专项拨款，严加控制，并减少部门、地方和企业的预算外资金。1963 年 12 月，针对当时一些建设单位不断安排计划外工程、擅自提高建筑标准等情况，进一步加强了拨款的监督工作；严格按照国家计划和基本建设程序监督拨款，认真审查基本建设预算，核实工程造价，并且依此监督拨款。同时加强基本建设储备资金的管理，进一步加强基本建设财务管理，严格执行财政制度和结算纪律，加强建设银行的机构，发挥建设银行的监督作用。

四、加强财政、信贷的集中统一管理

在加强财政的集中统一方面，主要是：

（1）集中财权，加强财政管理。1961 年 1 月 15 日，中共中央批转财政部《关于改进财政体制加强财政管理的报告》，1 月 20 日又发布《关于调整管理体制的若干暂行规定》，都强调集中财权，改进财政管理体制。其主要内容有：

1）国家财权基本上集中到中央、大区和省、自治区、直辖市三级。大区是一级财政，大区的财权有：对各省、自治区、直辖市财政指标的分配调剂权；对所属省、自治区、直辖市财政工作的领导和监督权；国家从总预备费中分离一部分给大区直接掌握使用。对各省、自治区、直辖市财政，继续实行"收支下放、地区调剂、总额分成、一年一度"的办法。但在收入方面，收回了一部分重点企业、事业单位的收入，作为中央的固定投入；在支出方面，收回了基本建设拨款权。

2）国家财政预算，从中央到地方实行一本账，坚持"全国一盘棋"。各级财政预算的安排，必须根据既积极又落实的收入，合理安排支出，坚持收支平衡，略有节余，一律不准打赤字预算。

3）对各地区、各部门及各企事业单位的预算外资金，采取"纳、减、管"的办法进行统一管理。即有的纳入预算，有的减少数额，都要加强管理。

（2）改进企业财务管理体制，恢复和健全企业成本、资金管理制度，加强经济核算。

1）改进企业利润分配制度。1961年1月23日，中共中央批转财政部《关于调低企业利润留成比例，加强企业利润留成资金管理的报告》，决定调低企业利润留成比例，要求全国企业平均利润留成比例从13.2%降低到6.9%，而且明确规定企业利润留成资金必须绝大部分用于"四项费用"、[1]进行技术革新、技术革命和实行综合利用所需的支出，同时按照国家的规定安排奖金和职工福利开支。企业主管部门集中的留成奖金，不得超过企业留成资金总额的20%，并且只能用于企业之间的调剂，不得用于其他开支。1962年1月，财政部和国家经委联合发布了《1962年国营企业提取企业奖金的临时办法》，财政部同国家计委又发布了《国营企业四项费用管理办法》，决定自1962年起，除了商业部门仍实行利润留成办法外，其他部门的企业停止实行利润留成办法，改为提取企业奖金的办法。企业所需"四项费用"改由国家拨款来解决。

2）健全企业成本管理制度，严格执行成本开支范围的规定。1961年2~11月，国家计委和财政部先后发出了《关于加强国营企业成本管理工作的通知》、《关于加强成本计划管理的通知》、《关于1962年国营企业若干费用划分的规定》，要求企业加强成本管理的基础工作，明确规定大修理基金、基本建设投资以及行政、事业经费中的开支，严禁计入企业成本等。

3）加强资金管理，严禁乱挪、乱用国家资金。要求必须严格划清流动资金和基本建设资金的界限，两种资金严禁互相挪用，要分别管理、使用。流动资金只能用于生产周转和商品流转的需要，决不能用于基本建设或其他财政性开支。严禁一切机关和个人挪用国家的资金和物资以及国营企业的产品和原材料等。

这个时期，财政上实行集中统一的管理体制，使中央直接掌握的财政收入，由原来的50%提高到60%左右，有效地保证了国家有限资金用于发展和充实薄弱环节，促进了国民经济的调整。

关于银行信贷工作的集中统一，主要是执行银行工作"六条"。1962年3月，中共中央、国务院发出了《关于切实加强银行工作的集中统一，严格控制货币发行的决定》（简称银行工作"六条"）。"大跃进"期间乃至调整初期，许多地方违反财经纪律，随意要银行增加贷款，企业大量亏损甚至靠银行贷款维持，以及擅自挪用银行贷款作为财政性开支，造成财政赤字，货币透支，商品严重不足，物价猛涨，国家经济形势十分严峻。所以，加强财政、银行工作的集中统一，把国家资金管紧，严格控制货币发行，严肃财经纪律，无疑是非常得力的举措。

银行工作"六条"的主要内容有：

（1）收回银行下放的一切权力，银行业务实行彻底的垂直领导。中国人民银行总行

---

[1] 所谓"四项费用"指企业所需的技术组织措施费、新产品试制费、劳动安全保护费和零星固定资产购置费。

下达的重大计划和制度，地方在未经许可时不得自行变更。

（2）严格信贷管理，非经中国人民银行总行批准，任何地方、部门和企业、事业单位，不得在计划外增加贷款。计划指标层层负责，不准突破。

（3）严格划清银行信贷资金和财政资金的界限，不许用银行贷款作为财政性支出。中共中央和国务院重申：银行贷款绝对不准用于基本建设开支，不得用于弥补企业亏损，不准用于发放工资，不准用于缴纳利润，不准用于职工福利开支和"四项费用"开支。

（4）加强现金管理，严格结算纪律。中国人民银行还要负责对企业、事业等单位的工资进行监督工作。

（5）各级人民银行定期向当地党委、政府报告货币投放和回笼流通情况，报告企业亏损及财政弥补情况等。

（6）在加强银行工作的同时，必须严格财政管理。对于企业亏损必须做出计划，经国家批准，由财政按计划弥补。计划外亏损按其发生的原因，另做处理等。

银行工作"六条"下达后，有些企业出现乱挤财政的现象。为此，中共中央和国务院又发出了《关于严格控制财政管理的决定》（简称财政工作"六条"）。其主要内容有：

（1）切实扭转企业大量赔钱的状况。一切国营企业，除了国家特别批准的以外，都必须盈利，不准赔钱。国家允许赔钱经营的企业，由国家按计划给予补贴。那些允许暂时赔钱经营的企业，应限期转亏为盈，由国家在一定时期内给予补贴。应当立即停产或者关闭的企业，要认真审查，逐个安排，具体确定。

（2）坚决制止一切侵占资金的错误做法，不许挪用上缴利润和税款；不许挪用银行贷款；不许挪用应当归还其他单位的货款；不许乱挤生产成本；不许挪用企业的定额流动资金；不许挪用固定资产的变价收入；不许挪用折旧基金和大修理基金；不许自行提高企业各项专用基金的提取比例；不许挪用企业的"四项费用"；不许挪用基本建设单位储备材料和设备的资金。

（3）坚决制止各单位间相互拖欠货款，工业企业购进货物必须持有中国人民银行签署的关于该企业有支付能力的证明。

（4）坚决维护应当上缴国家的财政收入，凡拖欠或者挪用上缴利润的单位，要查明情况，加以处理。

（5）严格控制财政支出，各单位只许减少，不许超过。

（6）切实加强财政监督。

此外，国营企业所需流动资金从 1961 年 7 月 1 日起，由银行全额信贷改为 80%由财政部门拨款，20%由银行贷款。从 1962 年 1 月 1 日起，银行不再参与国营企业流动资金的贷款。

五、实行物资（工业品生产资料）流通集中统一管理

为了改进"大跃进"期间物资工作中存在的各自为政、调度不灵、物资分散、管

理混乱，导致物资供需矛盾激烈，正常的经济体系遭到破坏的状况，中共中央决定对物资流通实行集中统一、全面管理的方针。依据这个方针，物资管理体制进行了以下四方面的变动：

（1）建立全国统一的垂直领导的物资管理系统。1960 年 5 月，中共中央批转国家经委党组向中共中央提出《关于加强物资供应工作和建立物资管理机构的请示报告》。根据中央决定，在国家经委内设立了物资管理总局。其任务是按照国家计划，对全国生产资料的收购、供应和调度工作实行统一组织和管理，要求各生产部门的销售业务和经营销售业务的组织机构、人员，由国家经委物资管理总局统一领导和管理。在此基础上，物资管理总局在各主要城市建立了 61 个一级站。同时，物资管理总局加强了对省、自治区、直辖市物资厅（局）的业务领导。

1962 年 5 月 18 日，中共中央再次批转国家经委党组《关于在物资工作上贯彻执行集中统一方针，实行全面管理的初步方案》，核心是要尽快建立全国统一的物资管理系统和业务经营网，从中央一级到省、自治区、直辖市，建立起一套垂直领导的物资管理机构和业务经营网。随后，于 1963 年 5 月成立国家物资管理总局，对地方的专业物资供应公司实行垂直领导。1964 年，国家物资管理总局改为物资管理部，与各省、自治区、直辖市物资厅（局）建立领导关系，实行资金、物资、人员垂直管理，统一组织物资供销工作，从而建立起全国统一的物资管理机构。

（2）统一管理统配物资的销售工作。国家物资管理总局成立时，就建立了金属、机电、木材、建材、化工五个专业公司，统一管理产品的销售工作。

在加强销售管理的同时，按照中共中央和国务院于 1962 年 1 月 6 日下发的《关于在重点煤矿和林业局设立煤炭、木材调运专员的通知》精神，对冶金、机电、建材、煤炭、林业部门的重点企业建立了驻厂（矿）代表和调运专员制，监督检查销售合同的执行。

（3）统一设置和管理中转仓库。在统一管理供销工作的同时，把各部各自设立、分散管理中转仓库保管物资的做法，改由物资部门统一设库保管的办法。1963 年各主要工业部门的中转供销仓库，其中 88.5% 交由物资部门统一管理。地方工业厅（局）的中转仓库，多数也实行统一管理。在统管各部中转仓库的基础上，物资部门先后在天津、沈阳、上海、武汉、西安、成都、石家庄、郑州、重庆等大城市设立了直属物资管理总局的储运公司或仓库。各省、市在接管各工业厅（局）仓库的基础上，绝大部分成立了省市物资厅（局）的储运公司。由于实行了中转仓库的统一管理，仓容利用率一般平均提高 20%~30%，提高了仓库的保管质量。

（4）扩大物资管理范围。如前文所述，由于物资管理体制的变动，1959 年第一季度，统配、部管物资分配目录缩减到 132 种，比 1958 年减少了 70%。由于这种过急过多的下放，中断了过去正常的物资供应关系，造成了经济秩序的极大混乱。因此，1959 年中共中央在武昌会议上决定停止分区订货，仍旧改由中央部门统一组织订货。于是从 1959 年第二季度起，统配、部管物资分配目录逐步增加。1964 年增加到 592

种。其中，统配 370 种（国家计委管 190 种，国家物资管理总局管 180 种），各工业部管 222 种。这样，就超过了 1957 年的品种数。[①]

此外，还加强了对三类物资[②]的统一管理。以前，由于没有专门机构管理三类物资，所以货源不稳，流通不畅，计划生产、分配等方面的管理制度、机构设置与三类物资的流通不相适应。1963 年，国务院批转了国家物资管理总局《关于召开全国三类物资管理工作座谈会情况的报告》。在这次会议上，制定了《国营商业部门对国营工业、交通部门需用生产资料供应管理及货源组织试行办法》、《供销合作社系统对国营工业、交通部门需用农副生产资料供应管理试行办法》、《工矿产品中生产资料三类物资管理试行办法》。实行这些办法的主要目的在于划清各级、各部门之间的具体分工，规定产需之间计划衔接的责任制度。与此同时，各级物资部门都建立了三类物资管理机构，配置了人员。

六、加强劳动工资的集中统一管理

在"大跃进"刚刚开始的 1958 年，中央政府放宽了对招收新工人的审批管理，造成职工人数急剧膨胀。为了控制职工队伍的急剧增长，1959 年 1 月 5 日，中共中央发出关于立即停止招收新职工和固定临时工的通知。1961 年，中共中央做出精减职工和城镇人口的决策，工业企业的劳动就业审批更加严格。1963 年 3 月，中共中央和国务院又进一步规定，国家计划规定的职工人数指标，必须严格遵守，任何地方、任何部门、任何单位都不得超过。各地方、各部门在国家计划外增加职工，必须单独做请示报告，经过中央主管部门审批后，转报中央批准。破坏计划，违反制度，私自招收和增加职工的单位和人员，应受一定的处分。

在调整时期，还试行了两种劳动制度和两种教育制度，指我们国家应该有两种主要的学校教育制度和工厂农村的劳动制度。一种是全日制的学校教育制度和工厂、机关实行的八小时工作制；另一种是半工半读的学校教育制度和半工半读的劳动制度。关于两种劳动制度，还有另外一个含义：即除了已有的固定工以外，"还要使工业劳动制度与农业劳动制度相结合，就是实行亦工亦农制度。即要尽量用临时工、合同工。这种临时工、合同工，也是正式工"。[③]

为了实现中央对工业的集中统一管理，调整时期，除了上收上述各项权力，还在国务院增设了若干新的管理工业生产建设的部、委，即第四机械工业部、第五机械工业部、第六机械工业部、第七机械工业部、第二轻工业部、物资部、基本建设委员会、全国物价委员会，并把建筑工程部分为建筑工程部和建筑材料工业部。

在此期间，除了在体制上加强对工业生产建设的集中统一管理外，还对工业交通

---

① 《中国社会主义物资管理体制史略》，中国物资出版社 1983 年版，第 21~22 页。
② 所谓三类物资是指除了统配、部管物资和商业部统一经营的一、二类产品以外的生产资料。
③ 《刘少奇选集》下卷，人民出版社 1982 年版，第 465~472 页。

部门政治工作实行了集中统一领导。根据毛泽东的指示精神，1964 年初在全国工业交通工作会议上，决定在工业交通部门从上而下地建立相应的政治工作机构，以加强思想政治工作，保证党对工业交通等部门的绝对领导。根据以上决定，中共中央专门设立了中央工交政治部。而后不久，工业交通系统的 15 个部和 2 个局都相继建立了政治部。

在国民经济遭到"大跃进"严重破坏的条件下，上述集中经济管理权限的各项措施，对于贯彻以调整为重点的"八字方针"起到了有益的作用。但不仅没有改变计划经济体制，反而加强了它，因而不可能根本解决经济失衡问题。

第二节　试办托拉斯

经过调整，经济下滑的势头被遏制，混乱的经济秩序得到改变。但是，过度集中的体制必然带来地方和企业主动性的丧失。再则，这种体制强调垂直领导，使经济活动又更多地受"条条"的限制。正是这种情况促使人们思考经济体制的改进问题。在工交领域试办托拉斯，是这方面的一次重要尝试。

一、试办托拉斯思想的提出

刘少奇依据列宁关于无产阶级专政条件下采用帝国主义时代产生的新的企业组织形式——托拉斯的思想，在 1949 年 6 月构想新中国经济建设的蓝图时，就提出：要"按各产业部门成立公司或托拉斯经营国家的工厂和矿山。"[①] 1960 年春，中共中央领导人在讨论"二五"计划后三年的规划时，刘少奇等也议论过托拉斯问题。

组织托拉斯的问题虽然早已明确提出，但由于当时国民经济正在调整之中，没有做具体部署。1963 年国民经济开始好转，中央决定对工业管理体制进行改革，逐步减少行政管理办法，增加经济管理办法，在工交企业组织托拉斯。

1963 年夏，国家经委派工作组在沈阳进行调研。当时沈阳市 463 户国营工业企业中，中央直属企业为 102 户，省属企业为 54 户，其余为市属企业。它们又分别隶属于中央 17 个部委的 38 个局、省的 18 个厅和市的 20 个局或公司，再加上其他经济部门，管理企业的机构纵横交错，关系复杂。而且各级主管部门都有自身的利益。企业在这种情况下，只能走"大而全"、"小而全"的道路，造成资源和设备的严重浪费和闲置。许多企业的领导干部强烈要求改变这种管理体制，采取托拉斯式的专业公司。

1963 年 12 月，国家经委召开全国工业、交通工作会议，会上就试办托拉斯的问题进行了讨论。12 月 26 日，刘少奇听取薄一波、余秋里关于这次会议情况的汇报，再次

---

① 《刘少奇选集》上卷，人民出版社 1982 年版，第 429 页。

就如何组织托拉斯问题做了指示。他说，我们过去都是行政机关管理工厂，用行政办法管理企业，实践证明这种办法行不通，应该把这些行政机关改为公司。组织托拉斯，把中央各部的一些局改成公司，是用经济办法来管理企业，它将使经济管理体制发生变革，并由此推动上层建筑也发生变革。实行托拉斯之后，中央各部的工作内容将由直接管理工厂变为管理计划、平衡、检查、仲裁、监督和思想政治工作，不再直接管理生产，这使得部的职能由具体管理转向宏观调控，使之更趋合理。①

1964 年 1 月 7 日，薄一波等向毛泽东、刘少奇汇报全国工业、交通工作会议情况时，刘少奇再次系统地重申了他组建托拉斯、改善我国工业管理的意见。毛泽东也指出："目前这种按行政方法管理经济的办法，不好，要改。比如说，企业里用了那么多的人，干什么……用那么多的人，就是不按经济法则办事。"②

2 月 26 日，煤炭工业部党组向国家经委和中央书记处提交了关于华东煤炭工业公司组织领导关系的请示报告。报告提出："根据少奇同志关于组织托拉斯、用经济办法管理工业的指示，今年我们准备首先在徐州成立华东煤炭工业公司进行试点，国务院已经正式批准。"4 月 30 日，中共中央批准这个报告。这样，我国试办的第一个托拉斯企业正式成立。

根据中共中央和国务院的决策，国家经委当即会同工业、交通各部门开始研究试办托拉斯的具体方案。

二、试办托拉斯方案

1964 年 6 月，国家经委在反复调查研究的基础上，草拟了《关于试办工业、交通托拉斯的意见报告（草稿）》。7 月 17 日，正式向中共中央提交了这个报告。周恩来十分重视，亲自主持会议讨论这个文件，并提出原则性意见，强调托拉斯要按照经济的办法来办，按照经济规律的要求来管理。8 月 17 日，中共中央、国务院批转了国家经委党组的这个报告，要求各中央局，各省、自治区、直辖市党委，中央各部、委，国家各部委党委、党组参照执行。

这个报告的主要内容如下：

（1）我国工业管理体制存在的弊端，主要是不能很好地适应现代化工业生产发展的要求。

（2）试办托拉斯的意义，是改进工业、交通企业管理工作的一次带有革命性的重要措施。

（3）托拉斯的组织形式，应根据各工业、交通部门和各行业的不同情况来确定。有的可以是全国性的，有的可以是地区性的，有的可以既是全国性的又是地区性的。组织全国性的托拉斯，可以采取两种做法：一是一开始就建立全国统一的托拉斯。二是

---

① 《刘少奇论新中国经济建设》，中共文献出版社 1993 年版，第 529 页。
② 引自薄一波：《若干重大决策与事件的回顾》下卷，中共中央党校出版社 1993 年版，第 1175 页。

先在一个或者几个地区建立地区性的托拉斯，然后再逐步建立全国统一的托拉斯。报告提出在 1964 年内先试办第一批共 12 个工业、交通托拉斯。其中全国性的 9 个，地区性的 3 个。

（4）在试办工业、交通托拉斯中，需要明确和解决以下六个问题：

第一，托拉斯的性质和经营范围。托拉斯的性质是社会主义全民所有制集中统一管理的经济组织，是在国家统一计划下独立的经济核算单位和计划单位。大体有两种组织形式：一种是产品单一，对生产同类产品的厂（矿）实行集中统一管理的公司；另一种是以某一行业为主，也生产一部分其他行业产品的公司。在试办期以前一种为先。托拉斯经营范围的大小和收归其直接管理的厂（矿）多少，应根据是否有利于发展生产、有利于专业化协作和有利于经营管理而定。全国性的托拉斯，对不属于它直接管的同行业的其他企业，在主管部授权下，统筹兼顾，把这些企业的计划纳入全行业的统一规划。

第二，托拉斯的管理办法。在计划管理方面，托拉斯作为独立的经济核算单位和计划单位，国家通过主管部向它下达计划，它对完成国家计划全面负责，并对所属单位实行统一经营管理；在基本建设方面，托拉斯的基本建设统一纳入国家计划；在科学技术工作方面，应大力抓技术革新和革命，采用新技术，开发新产品，迅速提高本行业的技术水平；在产、供、销方面，托拉斯内部实行产、供、销的统一管理；在财务方面，国家将固定资产和流动资金拨给托拉斯，它根据国家的规定，在所属厂（矿）之间进行调剂。托拉斯按照国家规定，按时上缴利润、基本折旧基金和税款。托拉斯对所属的不同地区、不同厂（矿）生产的同样规格质量的产品，实行统一价格；在劳动管理方面，国家批准的劳动计划和工资总额，由托拉斯统一掌握，有权在所属单位内调剂。

第三，全国性托拉斯同地方的关系。托拉斯要依靠地方党委的领导，接受地方经委的指导，在条件许可的情况下，承担一些地方的生产任务。各地方对于全国性的托拉斯在本地区的厂（矿），应加强领导、监督，还应负责同对方的协作，帮助各托拉斯解决某些物资和劳动的调配。

第四，托拉斯中的政治工作。托拉斯的总公司设立党委和政治部，专门做思想政治工作。

第五，托拉斯的组织机构。托拉斯的管理机构力求精干，减少层次，减少管理人员。要求各个试办的托拉斯在试办的一两年内，争取将全行业的管理人员和管理费用减少 10% 左右。

第六，总公司的设置地点。总公司应当接近生产，接近基层，以便加强对生产的具体领导。

三、托拉斯试办的状况

在托拉斯试办方案出台之前，实际上已经开始组织专业性工业公司的工作。1963

年 3 月 16 日，中共中央批转轻工业部党组《关于烟草工业集中管理方案的报告》。4 月 7 日，中共中央、国务院批转轻工业部《关于肥皂工业集中管理方案的报告》。① 9 月 18 日，国务院同意并转发国家经委《关于橡胶工业集中统一管理的报告》。这些按行业集中统一管理的部门实际上就是托拉斯的雏形，为后一阶段组建较为正规的托拉斯打下了基础。

国家经委的方案出台以后，正式的托拉斯纷纷组建起来。由于情况不同，它们各具特色。第一批获准试办的九个全国性托拉斯中，烟草公司和医药公司具有全行业的性质，集中管理全国所有的烟厂和药厂；地质机械仪器公司仅限于管理原有的中央直属企业；另有六个全国性托拉斯，除管理原有中央直属企业外，还各自上收了数量不等的地方企业。先后共有 300 多个地方企业收归托拉斯管理。与此同时，部分省、市也试办了一些由地方管理的托拉斯。1965 年，国务院又试办了石油工业公司、仪器仪表工业公司和木材加工工业公司。1965 年 10 月，全国基本建设工作会议也决定把工业、交通各部的专业安装队伍和专业性很强的土建队伍，按行业或联合相近行业，组成若干个全国性的建设托拉斯。1966 年 7 月，国家经委又批准了几个地方性的托拉斯。

从托拉斯试办的情况来看，它们在组建之后，即着手改组生产组织，改革管理制度，建立适合社会化大生产和专业化分工协作的经营管理方式，促进了设备的利用和生产技术水平的提高。试办的时间虽然不长，却收到了较好的经济效果。例如中国烟草工业公司，成立于 1963 年 7 月，1964 年 8 月正式列入托拉斯。它对全部卷烟工业企业实行集中统一管理，统一经营烟叶的收购、复烤、分配和调拨。对烟草工业实行集中统一管理之后，按照合理的布局和专业化协作的原则，对全行业的工厂进行了调整，有力地促进了生产的发展。1964 年卷烟厂由 104 个调整为 62 个，职工人数由 5.9 万多人减为 4.1 万多人，而卷烟生产能力却从 330 万箱提高到 480 万箱，卷烟牌号由杂乱的 900 多种减为 274 种。1964 年劳动生产率比 1963 年提高 42.4%，卷烟的加工费用降低了 21%。而且，中国烟草工业公司还协同农业部门抓烟叶的生产，开展科研工作，扩大高级烟原料基地，派技术员进行技术指导，提高农民种烟积极性，烟叶产量大幅度上升，质量也有所提高。1966 年收购烤烟 1200 万担，比 1963 年增长 1.7 倍，中上等烟叶由 23% 提高到 30% 以上。由于上等烟叶比重增加，卷烟产品质量明显提高，甲级烟的产量增加了 1 倍以上。从 1963 年成立烟草公司，到 1965 年末，共上缴利润 56 亿元。

在试办托拉斯过程中，也遇到了一些问题，主要有以下三个方面：

（1）全国性和跨地区性的托拉斯与地方的矛盾。这个矛盾突出地反映在：①在第一批试办的 12 个托拉斯中，有些托拉斯是把所有同类企业统统上收，有些则把主要的企业收了上来。一些地方有不同意见，以致有些原定要收的企业收不上来。②在改组生产、调整企业方面，因地方有不同的看法，有些调整方案未能实行。③有些托拉斯考

①《中华人民共和国经济管理大事记》，中国经济出版社 1987 年版，第 189~190 页。

虑行业内部的协作较多，而对地方的协作则注意不够。

（2）托拉斯内部统一经营与所属企业分级管理的矛盾。有些托拉斯为了统一经营管理，着手将过去由各厂矿企业分散管理的计划、财务、供销、劳动等项业务权集中到分公司或总公司，实行产、供、销和人、财、物的统一管理。这就同曾经是独立核算单位的厂矿产生了许多摩擦，也不利于及时了解和解决生产中的问题。

（3）托拉斯同原有经济管理体制的矛盾。主要表现在三方面：

1）财政管理体制方面。当时，地方的财政收入主要依靠工业利润和税收。托拉斯上收的多半是效益较好的企业，必然减少了地方财政的收入，这是许多地方不赞同上收企业的重要原因之一。

2）物资管理体制方面。当时，物资是按企业隶属关系分配的。托拉斯对归口管理的地方企业，只管计划，不管物资供应。物资分配渠道没有打通，这些企业就很难完成计划任务。

3）物价管理方面。有些企业划归托拉斯领导以后，其产品价格仍由地方物价部门制定，对托拉斯的统一经营不利。

托拉斯经过一年的试办，一方面，由于采用经济的办法来管理工业、交通生产，取得了一定的成绩；另一方面，由于是试办，遇到了一些问题。因此，需要对经验加以总结，对出现的问题找到相应的对策。1965 年 5 月 10 日至 6 月 7 日，国家经委党组召开了托拉斯试点工作座谈会。各个托拉斯和中央有关工业、交通部门，综合经济部门的负责人以及九个省、市党委和经委的有关负责人参加了会议。刘少奇、邓小平听取了汇报，并做了指示。

这次会议，经过讨论明确了工业必须组织起来，必须根据经济合理的原则解决各项矛盾。会议提出：托拉斯试办中暴露出的矛盾，其实质是中央同地方的矛盾。这有四种解决办法：

（1）国民经济中的重要行业，如煤炭、石油、重要机械、基本化工、纺织等应当办全国性的托拉斯，由中央部门直接管理。有些行业，如玻璃、塑料制品、某些通用机械、铸锻件等，宜办地方性的托拉斯，由市和省直接管理。

（2）在托拉斯内部，有些行业需要而且能够高度集中统一管理的，应当把同一行业的全部工厂收上来。有些行业，可以只收重要的企业，其余企业的隶属关系仍可不变。托拉斯可以负责统筹安排其生产和建设，统一下达计划，有些还可以逐步把重要原材料的申请分配、产品的调拨或销售统一管理起来。这样的托拉斯可以建立若干分公司，把一个地区同一行业的工厂组织起来。分公司有的由托拉斯领导，有的也可以由托拉斯和地方双重领导。

（3）托拉斯按"全国一盘棋"的方针，对全行业工厂的分工进行统一调整，有利于工业的合理布局和协作，有利于平战结合，有利于提高技术、增加品种、提高质量、降低成本、提高劳动生产率，对国家、地方和整个社会都有利。

（4）托拉斯在对全行业的厂矿实行集中统一管理时，要注意适当划分总公司、分公司和厂矿三级的管理权限。应根据各行业的具体情况，分别做出具体规定。要给分公司一定的独立地位，在分公司间开展必要的竞赛。同时，随着托拉斯的建立，财政管理需要做相应的改革，计划、物资、统计等方面的问题也需要解决。

座谈会还决定，把 1965 年工作的重点继续放在办好现有的托拉斯上，暂不扩大全国性托拉斯的试点范围；少数条件比较成熟的行业和地方，可再试办若干区域的或地方的托拉斯。

但正当中央决定试办托拉斯，并以此为契机，逐步改变中央经济管理权力过分集中的经济体制时，"文化大革命"开始了，这个具有深远意义的探索就终止了。

第三节 调整后期重新扩大地方和企业的管理权限

为了改变"大跃进"造成的工业经济管理中既散又乱的局面，把过热的经济降下来，调整被严重破坏的产业结构，使整个工业生产走上正常发展的轨道，中共中央果断采取了高度集中统一管理的应急措施，这在当时是非常必要的。随着整个工业生产、建设的恢复和发展，为了调动各方面的积极性，在调整的后期，重新开始扩大地方和企业一部分管理权限。

一、放权思想的重新提出

1964 年 8 月 27 日，毛泽东在有关文件上批示："计划工作方法，必须在今明两年内实行改变。"[①] 9 月 21 日~10 月 19 日，全国计划会议召开，按照毛泽东批示的精神，会议集中讨论了计划工作如何改进的问题。会议首次提出"大权独揽、小权分散"，"统一领导、分级管理"的原则。

1965 年 11 月 30 日，国务院将国家计委、国家建委、财政部、物资部四个部门拟定的《关于改进基建计划管理的几项规定（草案）》《关于国家统一分配物资留给地方使用的几项规定（草案）》和《关于国营工业、交通企业财务管理的几项规定（草案）》颁发给各级政府和企业。这几个规定的出台，实际上是对 1964 年提出的"集中领导、分级管理"原则的具体贯彻。

依据上述原则和规定，调整后期又重新扩大了地方和企业的管理权限。

二、扩大地方的管理权限

（1）扩大地方的计划管理权。中央各部直属企业、事业单位的各项计划指标，仍由中央主管部门安排。地方管理的企业、事业单位的计划指标，改由省、自治区、直辖

---

① 《中华人民共和国经济大事记（1949~1980 年）》，中国社会科学出版社 1984 年版，第 382 页。

市根据中央精神和当地的实际情况统筹安排。地方对计划控制数字有一定的机动性，地方可以先提出安排意见，经过逐级平衡，再纳入国家计划。对于超计划生产的产品，各大区可以按照规定的比例提取一部分，用以解决本地区的需要。国家计委管理的产品和平衡表也大大减少，1964 年计划表格比 1963 年减少一半以上，管理的工业产品在同期内也由 340 种减少到 63 种。

（2）扩大地方的基本建设管理权。地方农牧业、农业机械站和修理网、农垦、林业、水利、气象、水产、交通、商业、银行、高教、卫生、文化、广播、体育、科学、城市建设 17 个部门的投资，继续划归地方统筹安排，中央各部门不再下达建设项目和投资指标。农田水利事业费和地方水利基本建设投资可以合并使用，统筹安排。地方的工业基本建设，大中型项目由中央安排，小型项目由中央各有关部门同有关地方具体安排，此类项目节约的投资归地方调剂使用。地方用自筹资金进行的基本建设，由省、自治区、直辖市自行安排，其中大中型项目应报国家计委审批。

（3）扩大地方的物资分配权。现有地方小钢铁企业生产的产品，超过国家计划的部分，凡是主要原料、燃料由地方自己解决的，留给地方使用；主要原料、燃料由中央和地方共同解决的，由中央和地方对半分成；主要原料、燃料由中央分配的，留给地方 20%。地方企业生产的铁矿石和生铁，在完成国家计划上调任务后，多缴部分的 50% 折算换成钢材。企业在生产中产生的废次材、边角料，由地方分配。地方回收的废次钢铁，除去国家计划规定地方企业炼钢和铸造任务需要的炉料以外，其余部分七成上缴中央，三成留给地方。地方统销煤矿生产的煤炭，超过国家计划的部分，由中央和地方对半分成。森林工业企业生产的小规模材料等归地方使用。用地方外汇进口和分成的原料、材料，在地方企业安排生产的产品，由省、自治区、直辖市自行分配。

此外，基本折旧费用从财政收入中划出来，全部留给地方和企业支配。临时工的使用人数，在不突破工资总额的前提下，各部门和各地方可以自行安排。

三、扩大企业的经营自主权

随着调整任务逐步完成，扩大企业经营自主权的需求日益迫切。于是对企业的经营自主权做了重新规定。

（1）把技术组织措施费、零星固定资产购置费、劳动安全保护措施费中一部分划给企业，由企业自己掌握使用。这三项费用和固定资产更新资金，可以合并使用。

（2）企业小型技术改进措施需要的费用，在完成国家财政任务和成本计划以及不要求增拨材料的条件下，每项措施的费用大中型企业在 1000 元以下的，小型企业在 500 元以下的，可以摊入成本。

（3）除了购置主要生产设备作固定资产处理外，企业购置辅助性生产工具和其他低值易耗品，每种的购置费，小型企业在 200 元以内，中型企业在 500 元以内，大型企业在 8000 元以内，可以摊入成本。超过以上规定数额的，经有关部门批准，可以作为低值易耗品处理。

（4）企业修建生产上的零星、小型、简易建筑物，在不影响完成当年企业成本和财务计划的前提下，并且建筑面积不超过 20 平方米的，所需费用可以摊入成本。

（5）将企业的大修理基金和中小修理费用合并称修理费。这项费用，企业可以临时用作流动资金参加周转，可以用于结合大修工程进行必要的技术改造，但不能移作他用。

（6）取消企业从超过国家计划收入中提取奖金的办法，提高企业在完成国家计划后提取奖金的比例，按企业的工资总额计算，由原来的 3.5%提高到 5%。

以上措施都在一定程度上扩大了地方和企业的管理权限，有利于发挥地方和企业的积极性。

第十七章　整顿国有工业企业

第一节　整顿国有工业企业的历史背景：
制定《工业七十条》的起因

1958~1960 年的"大跃进"，不仅造成了国民经济比例关系的严重失衡，而且造成了企业管理的极度混乱。这样，不仅调整经济成为首要的紧迫任务，而且整顿企业也成为一项刻不容缓的重要任务。

《工业七十条》就是在这种背景下，在"治乱"的思想指导下，在深入调查研究、总结经验的基础上产生的。

20 世纪 60 年代初，党中央、毛泽东号召调查研究之风，要求工业和其他部门都要依照实际情况，更好地总结经验，逐步地把各方面的具体政策定出来，制定出具体的工作条例。

1961 年 6 月 12 日，在北京召开的以修改《农村六十条》为主要议题的中共中央工作会议进入最后一天，毛泽东在全体会议上讲话时谈到要用《农村六十条》教育干部，并且指出城市也要参照农村的做法搞出几十条规章制度。6 月 17 日，中共中央总书记的邓小平召开书记处会议，正式确定由薄一波主持并起草工业条例。[①]

在这次会议之后，薄一波以北京第一机床厂调查组部分成员为基础组建了一个起草小组，到沈阳市继续搞调查研究，并在调查研究中形成条例的初稿。参加执笔写作的有马洪、梅行等。这个初稿总题为《国营工业企业管理条例》。在这个草稿的基础上，又经过征求企业的意见，形成了题为《国营工业管理工作条例（草案）》的初稿，于1961 年 7 月 16 日呈报中共中央书记处。

7 月 29 日，中共中央书记处在北戴河开会，讨论了薄一波关于《国营工业管理工

---

① 薄一波：《若干重大决策与事件的回顾》下卷，中共中央党校出版社 1993 年版，第 952~954 页。

作条例（草案）》的说明。题目定为《国营工业企业管理工作条例（草案）》。修改后的草案于 8 月 10 日又送报中共中央书记处。8 月 11~14 日，邓小平在北戴河主持中央书记处会议，对条例进行了细致的讨论和修改。

8 月 23 日，中共中央庐山工作会议正式讨论了中央书记处提交的《国营工业企业管理工作条例（草案）》（以下简称《条例（草案）》），会上就条例的内容展开了激烈争论。虽然存在许多意见分歧，但讨论总的评价是，制定工作条例有利于兴利除弊，对于整顿工业企业、搞好企业管理是非常必要的。普遍认为条例草案条文很实际，针对性强，总的倾向还是积极的。

中共中央书记处认真研究了各种批评意见，并尽可能地加以吸收，对原稿进行了重大修改。在此基础上，中共中央又增补了一封指示信。信中全面论述了"大跃进"的成就，并对制定这一条例的目的、意义、重要内容进一步加以说明。例如，这封信将社会主义建设总路线和一整套两条腿走路的方针，以及"大跃进"时期的许多流行口号都吸收进去。并肯定了工业企业在"大跃进"中取得的四个方面的成绩：生产有了飞速发展，技术力量有了迅速增加，管理工作有了许多创新和经验以及职工的政治觉悟大大提高等。由于有了这封指示信作为补充说明，一些持不同意见的人改变了对《条例（草案）》的态度。

1961 年 9 月 16 日，指示信和修改后的《条例（草案）》呈报中共中央政治局常委，9 月 17 日，毛泽东和周恩来对条例做出肯定批复，并且将文稿最后定为《国营工业企业工作条例（草案）》（以下简称条例《草案》）。该《条例（草案）》共 70 条，故又简称为《工业七十条》。

第二节　整顿国有工业企业的指导文件：《工业七十条》的主要内容

《工业七十条》的基本精神，正如邓小平所指出的，是"治乱"，是要把企业管理上的混乱局面扭转过来。它全面、系统地总结了新中国成立以来，特别是 1958 年"大跃进"以来在领导工业企业方面的经验教训，并根据当时的实际情况提出了国有工业企业管理工作的一些指导原则。它对克服"大跃进"期间许多企业出现的混乱现象，把企业的各项工作引上正常的轨道，起到了重大的作用。它的主要内容有以下十三项：

一、对国营工业企业的性质、根本任务和管理原则的规定

国营工业企业是社会主义全民所有制的经济组织，它的生产活动服从国家的统一计划，它的产品由国家统一调拨，它按照国家的规定上缴利润和缴纳税款，国营工业企业的职工报酬实行各尽所能、按劳分配的社会主义分配原则，同时，国营工业企业

又是独立的生产经营单位，都有按照国家规定独立进行经济核算的权利。它对国家交给的固定资产和流动资金负全部责任，没有国家管理机关批准，不能变卖或者转让。它有权使用国家交给其的固定资产和流动资金，按照国家计划进行生产，有权同别的企业订立经济合同，有权使用国家发给企业的奖金来改善企业的劳动条件和职工生活。

国营工业企业的根本任务是全面完成和超额完成国家计划，增加社会产品，扩大社会主义积累。

统一领导、分级管理，是国家对国营工业企业的管理原则，也是国营工业企业内部的管理原则。

国家对国营工业企业的管理，一般地分为三级：①中央和中央局；②省、自治区、直辖市和大工业市；③专区、县、中等工业市、直辖市的区和大工业市的区。

重要的企业，分别由中央和省、自治区、直辖市或者大工业市管理，但工业管理体制调整的权力集中在中央。在行政上，每个企业只能由一个行政机关负责管理，不能多头领导。

国营工业企业内部的管理，一般地也分为三级：①厂部；②车间或者分厂；③工段或者小组。

企业的主要管理权力集中在厂级。联合企业的主要管理权力集中在公司。

二、对加强计划管理、正确处理国家和企业的关系的规定

为了加强整个工业生产的计划性，保证企业生产正常进行，为了在计划管理工作中正确处理国家和企业的关系，在计划方法上真正自下而上和自上而下结合，国家对企业必须实行"五定"，企业对国家必须实行"五保"。"五定"是国家对企业规定的生产要求和提供的生产条件，"五保"则是企业对国家必须承担的责任和义务。

国家对企业实行"五定"的内容是：①定产品方案和生产规模；②定人员和机构；③定主要的原料、材料、燃料、动力、工具的消耗定额和供应来源；④定固定资产和流动资金；⑤定协作关系。

企业对国家实行"五保"的内容是：①保证产品的品种、质量、数量；②保证不超过工资总额；③保证完成成本计划，并且力求降低成本；④保证完成上缴利润；⑤保证主要设备的使用期限。

"五定"、"五保"一经确定，三年基本不变，但每年可以按照国家年度计划调整一次。企业对分厂、车间，车间、工段对小组、个人也可以参照"五定"、"五保"办法实行几定和几保。

三、对企业内部的计划管理的规定

每个企业要在"五定"、"五保"的基础上，根据国家的年度计划，采取领导和群众相结合的方法，编制本企业的生产、技术、财务计划，提出完成和超额完成国家计划的增产节约指标。非经上级行政主管机关的批准，任何企业不得挪用国家计划内的物

资去进行国家计划产品以外的生产和基本建设。

企业的生产、技术、财务计划一般应当包括：①产品的品种、规格、质量、数量计划；②技术组织措施计划；③设备维修计划；④辅助生产计划；⑤劳动、工资计划；⑥物资、技术供应计划；⑦运输计划；⑧成本计划；⑨财务计划。企业应当根据国家批准的企业年度计划和各种有关的经济合同，编制季度计划、月度计划和作业计划。不过，企业的季度计划要报告上级行政主管机关核准。企业应当通过季度计划、月度计划和作业计划，在人员、设备、工具、原料、材料、燃料、动力、运输以及技术资料等方面，做好生产准备工作和生产调度工作，并且要检查和督促生产作业计划的执行，及时发现问题，保证工厂生产的连续进行。

四、对企业技术管理的规定

其主要内容是：每个企业都必须执行国家的技术政策，加强技术管理工作；总工程师在厂长或者生产副厂长领导下，对企业的技术工作负全部责任；每个企业都要加强设备管理，使设备经常处在良好状态，能够正常运转；设备要按照计划进行大修、中修和小修；要加强工艺管理工作，按照科学要求和工人实践经验，正确地制定工艺规程；要把保证产品质量和不断提高产品质量当成首要任务；必须完成国家规定的品种、规格计划；企业要密切结合生产，经常地、充分地发动群众提合理化建议，进行技术革新工作等。

五、对企业劳动管理的规定

每个企业都必须做好定员工作，改善劳动组织，提高职工的思想觉悟、技术熟练程度和业务水平，加强劳动保护，不断提高劳动生产率；企业必须根据自己的生产条件，按照国家确定的生产规模、生产任务和劳动定额，认真进行定员工作，坚决消除人浮于事、效率低下的浪费现象；企业要根据设备的生产、技术要求，合理地配备人员；应当根据生产的需要和技术的状况，采取有计划地举办业余文化、技术学校，开办短期技术训练班等办法，来提高职工的技术水平；企业还必须实行安全生产制度，认真做好劳动保护工作，改善劳动防护设施，教育工人严格执行安全操作规程，切实避免工伤事故。

六、对职工的工资、奖励和生活福利的规定

职工劳动报酬应贯彻社会主义的按劳分配原则，反对平均主义。应当按照每个人的技术水平，按照每个人的劳动数量和质量来确定报酬，而不应当按其他标准。工人的工资形式，应当根据各企业、各工种的实际情况，根据对提高劳动生产率是否有利，实行计时工资制或者计件工资制。企业的领导人员，必须经常关心职工的生活，切实做好生活福利工作。同时，每个企业都要加强劳动管理，严格执行考勤制度，对于经常旷工、破坏劳动纪律的职工，应当给以纪律处分。情节严重、屡教不改的，企业有

权开除。

七、对企业的经济核算和财务管理的规定

每个企业都必须实行全面的经济核算。凡是产品方案和生产规模的确定，技术措施和生产方法的制定，综合利用和多种经营的安排以及一切生产、技术、财务活动都要保证质量，讲究经济效果。企业必须编制成本计划，加强定额管理，不断降低产品成本；企业的成本计划要交给群众讨论，降低成本的指标要落实到车间、工段、小组甚至个人。

企业要根据已经达到的水平，制定平均先进的技术经济定额。定额的制定和修改要经过群众讨论，主要定额要经过上级行政主管机关批准。

企业必须加强对原料、材料、燃料、动力、运输力的管理，建立和健全领料、退料制度和物资保管制度，改进仓库工作，切实防止物资的损耗变质。

企业必须加强资金的管理，严格按照主管部门核定的流动资金定额，节约使用资金，加速资金的周转。

每个企业都要努力增加社会主义积累。企业的厂部、车间、小组三级都要实行经济核算，建立健全经济活动分析制度。

企业必须严格按照国家规定的工业产品出厂价格出售产品。必须建立财产的保管和使用制度，管好用好国家财产。

企业的财务机构必须单独设置，车间也要设置财务机构或专职人员，有条件的企业可以设置总会计师。

为了促进企业的经济核算，上级管理部门应当正确制定计划，做好物资供销工作。

对于企业在正常条件下，由于经营管理不善而发生亏损，应当给予有关人员批评教育。严重失职或屡教不改的，应当给以处分。

八、对企业间的协作关系的规定

每个企业都必须根据国家规定的任务和本企业的具体情况，提出自己需要的协作要求，提出自己能够承担的协作任务，分别同有关企业、有关单位建立协作关系。原有的协作关系已经中断而需要恢复的，要尽可能迅速恢复。不能恢复的协作关系，要另行安排。原来没有协作关系的，要迅速建立。企业在协作关系建立以后，必须按照合同的规定，切实保证完成自己承担的对别的企业的协作任务，不能采取不负责任的态度。企业要通过各种形式有计划地组织协作，实行物资的定点供应。凡是需要和能够固定的协作关系，都必须固定下来。在地区经济分工的基础上，应当组织地区之间的生产协作。凡是全国需要的产品，各地区必须按照国家计划，先完成和超额完成生产和外调的任务。协作双方必须签订经济合同，具体规定产品的品种、规格、质量、数量、价格和交货期限，具体规定双方承担的义务。

九、对企业各项责任制的规定

每个企业都要根据本企业的特点，总结已有的经验，经过群众充分讨论，建立和健全厂部、车间、工段、小组各级行政领导责任制，建立和健全生产、技术、劳动、供销、运输、财务、生活、人事等专职机构和专职人员的责任制，建立和健全每个工人的岗位责任制。

责任制的核心是行政管理方面的厂长负责制。每个企业都应当在党委领导下建立以厂长为首的全厂统一的生产行政指挥系统，集中领导企业的生产、技术、财务等活动，保证全厂生产有秩序地进行。

企业行政工作的指挥中心是厂部。凡是计划的制定，生产的调度，财务的管理，产品的设计，质量的检验和厂以下各车间之间的人员、材料、设备的调动等，都由厂部负责。

在厂长的领导下，各个副厂长、总工程师、总会计师都要有明确的分工，分别负责企业的生产、技术、劳动、供销、运输、财务、生活、人事等工作。要建立和健全必要的科室等专职机构，分别在厂长、副厂长、总工程师、总会计师的领导下进行工作。企业要建立强有力的生产调度机构，由生产副厂长领导。要以厂部的生产调度机构为中心，组成全厂的生产调度网。厂长要定期召开有副厂长、总工程师、总会计师和其他有关人员参加的厂务会议，集体讨论和研究行政工作中的重大问题，具体安排和解决日常工作问题。

在厂部的统一领导下，车间、工段、小组和厂部的专职机构都应在各自的职责范围内负责管理工作。企业中的主要责任制应当通过规章制度明确地规定出来。这些制度包括：有关计划管理的制度；有关技术管理、质量检查、安全生产和事故分析报告的制度；有关劳动、工资的制度；有关物资供应、产品销售的制度；有关经济核算和财务管理的制度；有关奖惩的制度等。企业的领导干部和全体职工都必须明确了解自己的职责，严格遵守规章制度。

企业的规章制度应当有一定的稳定性和权威性。原有规章制度的修改、废除以及新规章制度的建立都应当由厂部统一负责。重要的必须报请上级行政主管机关批准。

十、对党委领导下厂长负责制的规定

在企业的生产行政上，实行党委领导下的厂长负责制，实行集体领导和个人负责相结合的制度。

企业党委对于生产行政工作的领导责任有以下三项：①贯彻执行党的路线、方针、政策，保证全面完成和超额完成国家计划，保证实现上级行政主管机关布置的任务；②讨论和决定企业工作中的各项重大问题；③检查和监督各级行政领导人员对国家计划、上级指示、企业党委决定的执行。在企业党委的领导下，企业生产行政工作的指挥，由厂长负责。

企业生产行政中的下列重大问题，必须由企业党委讨论和决定：①企业的年度计划、季度计划、月度计划和实现计划的主要措施；②企业的扩建、改建和综合利用、多种经营的方案；③生产技术、供销、运输、财务方面的重大问题；④劳动、工资、奖励、生活福利方面的重大问题；⑤重要的规章制度的建立、修改和废除；⑥企业主要机构的调整；⑦车间、科室以上行政干部和工程师以上技术干部的任免、奖惩，职工的开除；⑧企业奖励基金的使用；⑨企业工作中的其他重大问题。但是企业党委无权改变国家计划。企业党委的决定不能同中央决定、指示和企业上级行政主管机关布置的任务和下达的指示相抵触。

企业党委对生产、技术、财务、生活等重大问题做出决定以后，应当由厂长下达，并且由厂长负责组织执行。

企业党委应当积极支持以厂长为首的全厂统一的行政指挥，应当认真维护各级和各方面的责任制。

车间、工段和专职机构的党总支委员会、支部委员会的主要任务，是做好思想政治工作和党的建设工作，团结全体工人、技术人员和管理人员，贯彻执行企业党委会的决议，贯彻执行厂部的指示、命令。如果对上级行政的决议、指示、命令有不同意见，应当请示企业党委会处理，不能自行决定。

车间、工段党总支委员会、支部委员会对本单位生产和行政工作的完成，起保证和监督作用。在车间、工段不应当实行党总支委员会、支部委员会领导下的车间主任、工段长负责制。

专职机构的党支部委员会的作用相当于机关党支部委员会的作用。在专职机构中，不应当实行党支部委员会领导下的科长、室主任负责制。

十一、对工会和职工代表大会的规定

每个企业都必须加强工会工作。企业中工会的主要任务是：发动和组织职工积极生产，提高职工的思想政治觉悟和文化技术水平，及时反映职工的意见和要求，维护职工的民主权利，改善职工的生活福利。应当使工会真正成为党在企业中联系群众的有力助手，真正成为吸引全体职工参加企业管理的群众组织，真正成为共产主义的学校。

企业的职工代表大会制，是吸收广大职工群众参加企业管理和监督行政的重要制度。企业各级职工代表大会和职工大会，要讨论和解决企业管理工作中的重要问题，要讨论和解决职工群众所关心的问题，有权对企业的任何领导人提出批评，有权向上级建议处分、撤换某些严重失职、作风恶劣的领导人员。

工人参加生产小组的日常管理是工人参加企业管理的一个重要内容。

十二、对技术人员和管理人员的地位和作用的规定

技术人员和管理人员是工人阶级的一部分，要给他们提供一定的条件，鼓励他们

认真学习马列主义、毛泽东思想，学习经济业务，钻研科学技术，又红又专，成为通晓本职工作的内行。不能把他们钻研技术、钻研业务看作是"走白专道路"。

十三、对党的工作的规定

企业党委会是中国共产党在企业中的基层组织。在当地党委领导下，企业党委会是企业中一切工作的领导核心。企业中党的主要领导权力，应当集中在企业党委会。企业中各级党组织都应当遵守党章的规定，健全党的生活，加强党的思想建设和组织建设。应充分发挥党支部的堡垒作用和党员的模范作用。企业党委会应当把做好思想政治工作放在重要地位。企业党委会必须加强对工会、共青团的领导，使他们真正发挥党联系群众的纽带作用。要教育党员经常注意加强同非党群众的团结。要教育全体干部认真执行党政干部三大纪律、八项注意，贯彻群众路线，坚持民主作风。

第三节　整顿国有工业企业的措施：试行《工业七十条》

《工业七十条》颁布后，中共中央指示将其一直发放到企业党委，传达给全体职工。在各地区各部门，选择不同行业和大中小不同类型的企业试行，根据条例的规定整顿企业。原国家经委分别于1961年9月、10月邀请各中央局经委负责人和国务院工业、交通各部负责人开会研究实施办法。根据中共中央指示，整顿企业计划在两年内分三批进行。第一批主要是整顿试点企业，大中小各种类型的企业都有；面上的企业主要是向职工宣讲条例，进行学习讨论，并尽可能整改。第二批是集中整顿大中型企业。第三批主要是整顿县级企业。那时全国几十万个工业企业中，重要的企业大约有1万个，当时拟花两年时间逐个进行整顿。准备从"五定"入手，严格实行责任制和经济核算制，以提高产品质量和增加产品品种为中心，全面整顿国营工业企业。

但是由于当时整个国民经济还没有走上轨道，又没有长期规划作为指导，很难给每个企业固定产品方向、生产规模、原材料、燃料来源以及外部的协作关系等。因此，条例草案的试行和企业的整顿主要通过几项全国性的经济整顿，如清仓核资、清理拖欠、扭亏增盈、增产节约运动等进行的。

一、清仓核资

"大跃进"期间，由于不讲经济效益，放松了资金管理，全民所有制工、商、交通等企业占有的流动资金迅速增加，到1960年达800亿元左右。其中工业企业为270多亿元，主要原因是库存积压过多。1962年3月，国务院决定彻底清理仓库，重新核定流动资金，把它作为1962年的十项任务之一。

根据上述决定，从1962年开始，对全国县及县以上的全民所有制单位的物资，包括在库的和在途的，生产资料和生活资料，成品、半成品和在制品，合格品和残次废品等，都进行清查。其中工业企业和工业管理部门是清查重点。这项工作到1963年9月基本结束。

通过清查，针对工业企业管理中暴露出来的问题进行了以下三项整顿工作：

（1）重新核定流动资金。各企业根据生产任务，考虑到当时生产不正常、物资供应不及时等情况，制定出物资消耗、周转、储备的定额，并且据此重新核定了流动资金。

（2）合理处理超定额的物资。对所有的物资重新进行了质量鉴定。对可用的物资根据需要及时进行调剂，用于供应生产建设和人民生活方面的需要。对残次废品，及时进行了处理和核销。

（3）建立和健全有关的管理制度和机构。针对清仓查库中暴露出来的问题，按照《工业七十条》的要求，加强了计划管理，严格按照生产计划与作业计划采购物资、投料生产，逐步建立健全各种卡片账目，配备物资供应、仓库管理和财务管理人员，健全各项物资管理制度和财务管理制度，整顿和加强了企业管理。通过整顿，企业占用的流动资金明显下降。1965年全民所有制工业企业每百元产值占用的流动资金降到25.5元，比1962年下降了34.1%。

二、清理拖欠

在"大跃进"期间，各企业间相互拖欠货款的现象十分严重，影响了企业的正常经营活动。1962年3~4月，中共中央和国务院一再做出决定，坚决制止各单位之间相互拖欠货款。从5月开始，在县以上的工业企业和基建单位展开了清理拖欠货款的工作。

这项工作进展相当顺利。截至12月31日止，几万个企业几年积累下来的数十万件债权、债务基本上清理完毕。国营工业企业清理偿还了欠人货款18.1亿元，占欠人货款总数19.5亿元的93%；被人拖欠的货款已经收回26.1亿元，占人欠货款总数29.8亿元的88%。

通过清理拖欠，清理了多年的老账，解决了许多长期没有解决的经济纠纷，扭转了企业之间普遍相互拖欠的严重局面，使很多企业流动资金的紧张状态得以缓和，恢复了支付能力，促进了正常经济秩序的恢复。

三、扭亏增盈

在"大跃进"期间，国营工业企业亏损激增。1961年国营工业企业亏损数达46.5亿元，相当于整个工业税利的1/3。

1962年4月，中共中央和国务院确定要扭转企业大量亏损的状况。当时规定了哪些企业允许亏损经营，哪些企业允许暂时亏损经营、限期扭转亏损，必须按隶属关系，由主管机关认真审查，提出方案，分别报国务院和省、自治区、直辖市批准。对于这两种企业，要核定年度和季度、月度的亏损数额，严格计划补贴。根据这一规定，各地区、各部门在扭亏增盈方面做了不少工作，亏损的企业和亏损的金额都有所减少。

但是，亏损情况仍然严重。1962 年 10 月，中共中央、国务院又发出通知，进一步要求各部门、各地区坚持扭转工商企业的亏损，增加盈利，争取 1963 年全国工商企业的亏损数比 1962 年减少 30 亿~40 亿元。为了实现这个目标，中央要求，那些由于管理不善而亏损的企业，要力争在 1962 年第四季度或 1963 年第一季度、第二季度，基本上做到不亏损。那些产品质量低劣、成本很高且短期内又不可能扭转亏损的企业，要坚决停止生产。并且要求国务院各部门立即派出工作组分赴重点城市、矿区、林区，会同地方有关部门，就地解决企业亏损的问题。

根据中央上述要求，全国工业企业在 1962~1964 年，大力开展扭亏增盈工作：①制定明确的计划指标。限期消灭亏损企业与亏损产品，不仅要扭转亏损，还要增加盈利。②结合贯彻《工业七十条》，努力改进企业经营管理。③结合增产节约运动，发动群众揭露矛盾，找出与先进间的差距，对症下药，进一步解决企业存在的问题。

通过上述各项工作，既整顿了工业企业管理，又扭转了企业的亏损，增加了企业的盈利。全国工业企业亏损额逐年大幅度下降。1962 年亏损额为 26.85 亿元，1963 年降为 12.8 亿元，1964 年降为 6.81 亿元，1965 年降为 6 亿元。[①]

四、开展增产节约运动

为了恢复和发展整个国民经济，特别是工业生产，1963 年 3 月中共中央部署开展增产节约运动。这次运动是从整顿工业企业、巩固和建立正常的生产秩序入手，以开展"比学赶帮"，赶上国内或国际先进水平为中心的。

这次增产节约运动的主要形式是广泛开展比学赶帮活动。1963 年末、1964 年初召开的全国工业、交通工作会议，号召所有企业都开展"比学赶帮"活动，继续克服骄傲自满、故步自封思想，掀起增产节约运动的新高潮。凡是产品技术经济指标落后于 1963 年底国内先进水平的企业，都要努力追赶这个先进水平；现在已经达到国内先进水平的，应当努力追赶国际先进水平。同时，"比学赶帮"运动是同五好竞赛结合起来进行的。所有工业、交通企业都开展了五好企业和五好职工的社会主义竞赛，积极争当五好企业和五好职工。所谓五好企业，即政治工作好、完成计划好、企业管理好、生活管理好、干部作风好。所谓五好职工，即政治思想好、完成任务好、遵守纪律好、经常学习好、团结互助好。

这次增产节约运动还同"五反"运动，同"工业学大庆，全国人民学习解放军"的运动密切相结合。它既是在整顿企业、改进管理中进行的，又是在加强政治思想工作和逐步开展阶级斗争中进行的。因此，它的积极作用也是多方面的。它对于推动企业改进经营管理、提高产品质量、降低原材料消耗、降低成本、提高效率、缩短落后与先进的差距、促进生产的发展起了重要的作用。对于改进干部多吃多占、瞎指挥、官僚主义等不良作风，对于打击贪污盗窃、违法乱纪行为，对于发扬艰苦奋斗、自力

---

① 周太和主编：《当代中国的经济体制改革》，中国社会科学出版社 1984 年版，第 115 页。

更生的精神都起到了积极作用。但它也有消极作用。由于毛泽东提出无产阶级同资产阶级的矛盾仍然是我国社会的主要矛盾，在整个社会主义历史阶段，资产阶级都将存在和企图复辟，并成为党内产生修正主义的根源，使这次运动也把阶级斗争扩大化。在运动中把大量人民内部问题看成了阶级斗争，不仅打击了一批干部，挫伤了群众的积极性，而且把国营工业企业搞经济核算当作"利润挂帅"、"奖金挂帅"、"资本主义经营管理"来批判，使当时试行按照经济规律管理经济的改革探索趋于夭折。

　　总的来说，通过以上各项经济整顿工作，《工业七十条》的不少规定逐步在工业企业中得到试行。这对于贯彻执行调整、巩固、充实、提高的方针，恢复和建立正常的生产秩序，提高企业的经营管理水平、技术水平、生产水平，起到了积极作用。"大跃进"运动所造成的企业管理混乱的局面发生了很大的改变。全国有相当多的企业出现了产品质量、产量、劳动生产率三提高和原材料消耗、成本两降低的新气象，经济效益有了明显的提高。我国工业得到了迅速恢复和发展。

　　1965年，中共中央书记处指示原国家经委组织对《条例（草案）》进行修订。从3月18日开始，国家经委主任薄一波组织有关人员比较系统地调查了《条例（草案）》试行情况和整顿结束后企业面临的新问题，对《条例（草案）》进行了几次修改，于9月17日上报中共中央书记处。

　　但是，中共中央书记处还未来得及组织讨论这一修改稿，"文化大革命"就开始了。在"文化大革命"中，《工业七十条》被诬蔑为一棵修正主义的大毒草。[1]但是，《工业七十条》是在党中央提出的实事求是原则的指导下，在总结我国"一五"时期和"大跃进"时期经济建设正反两方面经验与教训的基础上提出的，其中许多方面，都是我国企业管理的宝贵精神财富。它对于纠正"大跃进"的"左"的错误，迅速恢复我国工业生产，起到了重要的积极作用，取得了巨大成就。当然，在当时的历史条件下，《工业七十条》既不可能从根本上摆脱计划经济体制的框框，也不可能从根本上摆脱日趋发展的毛泽东"左"的阶级斗争理论和日趋加剧的"左"的阶级斗争实践的影响，因而又在许多方面存在着时代的局限性。这一点，1965年9月的《条例（草案）》修改稿表现得更为明显。

---

① 薄一波：《若干重大决策与事件的回顾》下卷，中共中央党校出版社1993年版，第976~978页。

第十八章　整顿手工业集体企业

第一节　整顿手工业集体企业的历史背景：制定 《手工业三十五条》的起因

"大跃进"期间，在盲目追求"一大二公"的"左"的思想指导下，手工业生产合作社也急于实现转厂过渡，由此造成了手工业生产的急剧萎缩，手工业产品市场出现了严重的供不应求局面。为了扭转这种局面，中共中央在 1959 年 8 月发出了《关于迅速恢复和进一步发展手工业生产的指示》（以下简称《指示》），其中包括调整手工业所有制和企业规模在内的措施，共有 18 条。但由于 1959 年庐山会议后在全党普遍开展的"反右倾"斗争，这个《指示》没有得到认真的贯彻。因而，手工业生产方面存在的严重问题并没有得到解决。

进入调整时期后，根据毛泽东提出的要搞调查研究，要有章程的指示，有关部门和地区对手工业进行了调查研究。

1961 年 5 月，朱德在调查研究后提出，1958 年转厂并社时，由集体所有制改为全民所有制的手工业合作社面过大了，目前仍保留着集体所有制的工厂，也很少实行原来合作社时的经营管理制度。这表现在：理事会、监事会和社员大会等组织形式没有了；分红、公积金、公益金等制度也取消了；绝大部分计件工资制改为月薪制。因此，在手工业生产中，普遍存在着"磨洋工"的现象。要改变这种状况，必须恢复手工业合作社时的组织形式和经营管理制度。

同年 5 月 21 日~6 月 12 日，在北京召开的中共中央工作会议对手工业工作进行了研究，制定了《关于城乡手工业若干政策问题的规定（试行草案）》，即《手工业三十五条》。[1]

---

[1]《中国共产党历次主要会议集》下卷，上海人民出版社 1983 年版，第 154~155 页。

第二节　整顿手工业集体企业的指导文件：
《手工业三十五条》的主要内容

《手工业三十五条》是当时为了克服手工业急于过渡、合并过多、限制过死的弊端而制定的重要文件。它的主要内容如下。

一、调整手工业的组织形式

在整个社会主义阶段，我国手工业应该有三种所有制形式：全民所有制、集体所有制和个体所有制。其中集体所有制是主要的，全民所有制只是部分的，个体所有制是社会主义经济的必要补充和助手。

集体所有制手工业的组织形式有手工业生产合作社、手工业供销生产社、手工业合作小组、手工业合作工厂；有城市人民公社的社办工业和手工业生产小组；有农村人民公社的社办工业、社社联营工业和生产大队、生产队的手工业生产小组。从全国范围来说，手工业生产合作社是手工业的主要组织形式，有些城市也可以人民公社为主要组织形式。

不论采取哪种组织形式，原则上都要实行入社自愿，退社自由，经济民主，自负盈亏，反对不讲经济核算的"吃大锅饭"做法，反对依赖国家包下来的"铁饭碗"思想。

为了迅速恢复和发展手工业生产，必须对当时手工业所有制进行必要调整。调整所有制的原则是：有利于调动手工业工人的生产积极性，提高劳动生产率；有利于增加产品品种和数量，提高产品质量；有利于节约原料材料，降低成本；有利于适应农业生产和人民生活的需要；有利于更好地实行"各尽所能，按劳分配"，在发展生产的基础上逐步增加手工业工人的收入。

调整手工业所有制是一件复杂细致的工作，必须按照实际情况办事，必须实行群众路线，必须保证生产正常进行，必须对一切人员做好妥善安排，必须使手工业工人的收入不致减少，要根据不同地区、不同企业和不同生产情况区别对待。对于改变所有制、调整组织形式、确定经营方针、处理公共财产等重大问题都必须经过干部和群众的充分酝酿，反复讨论，民主决定。反对草率从事，防止发生新的命令主义和瞎指挥。调整手工业所有制必须有计划有步骤地进行，各地必须先做试点，取得经验后再逐步推广。

对于已转变为国营工业和公社工业的原手工业生产合作社，凡是不利于调动手工业工人的积极性，不利于恢复和增加产品品种和质量，不便利群众的，都必须坚决采取适当的步骤，改为手工业生产合作社或合作小组；而确实办得好的，能够适应社会需要的，就不再变动。农村人民公社兴办的工业，如农业机械修配、农副产品加工、矿产开采和建筑材料工业等，凡是适宜集中生产又能办得好的，可以保留公社的集体所有制，由公社继续经营，分别核算，各计盈亏。凡是不适宜集中生产，不改变所有制就办不好的，应该经过人民公社社员代表大会和企业职工的同意，改为手工业生产合作社、合作小组，或者改为生产大队、生产队的手工业生产小组。凡是没有发展前途和没有经营条件的，应该停办。城市人民公社兴办的工业也应该结合实际进行合理调整，家庭妇女参加公社工业做工的，要特别注意完全自愿，不得勉强。

手工业生产合作社和合作小组属于参加这些合作组织的手工业工人集体所有。在农村，它是人民公社这个联合经济组织中的一个独立经营单位，是人民公社经济的一个组成部分，受公社和县手工业联社双重领导。在城市和集镇，它可以是人民公社经济的一个组成部分，也可以是手工业联社直接领导下的一个独立经营单位。

农村人民公社的手工业工人同农业的关系特别密切。除了某些手工业集中地区以外，一般不建立手工业生产合作社。这些手工业工人可以继续参加生产大队或者生产队的手工业生产小组。但是计算劳动报酬的方法应该和农业劳动不同，可以按件计工，可以按产值计工，可以按收入比例分成，也可以让他们自负盈亏，缴纳少量的公积金。

农村人民公社的社办工业、手工业合作组织，生产大队和生产队的手工业生产小组，除了某些必须常年生产以外，都应该实行亦工亦农的原则，农闲多办，农忙少办或者不办。

某些适宜单独经营的个体手工业者，应该允许他们在手工业合作组织、公社或者生产大队的领导管理下进行独立劳动、自产自销，收入归己，同时向手工业合作组织、公社或者生产大队缴纳少量的公积金。城乡家庭手工业是整个手工业的一个组成部分，应该积极发展。家庭手工业可以自产自销，可以由商业部门加工订货，可以由人民公社或者手工业联社组织手工业供销生产社或者生产小组统一领导，分散生产，发原料和收成品。家庭手工业的收入应该归个人所有和支配。

对于确定由国营工业和公社工业恢复为手工业生产合作社的，在国营和社营期间发生的盈亏和债权债务，由国营工业主管部门和人民公社负责处理；在这个期间新增加的设备和其他资产，凡是手工业生产合作社需要的，应该拨给他们继续使用，折价由手工业生产合作社分期偿还，或者作为国家和人民公社的投资；过去手工业生产合作社的资产和社员股金被无偿调用的，必须坚决退赔，谁调用谁退赔；原手工业生产合作社社员股金和合作社的公积金、公益金和其他资金、设备、厂房等全部归还原主，已经动用和损坏了的，必须如数赔偿。继续作为国营工业和公社工业的，对于原来社员的股金和个人工具折价，也必须认真清理，如数退还给本人。过去各级手工业联社积累的资产已经交给国家有关部门的，应该由有关部门负责退还。

二、调整组织规模和恢复充实手工业生产队伍

手工业企业的规模不宜过大，行业不宜混杂。规模过大的应该坚决分小，行业混杂的应该坚决划开。组织起来不等于集中生产，过分集中的应该坚决分散。但是，也要区别不同情况，不要强求一律。手工业行业复杂，小而灵活，经营方式应该多种多样，可以集中生产，也可以分散生产；可以固定设点，也可以流动服务；可以在当地走街串乡，也可以到外地走街串乡。手工业工人到外地走街串乡，人民公社应该给予方便。

凡是原来生产手工业产品的企业和人员，特别是生产传统名牌手工业产品的企业和技术工人，已经改行转业的，除了少数特殊情况外，都必须坚决归队。原来的手工业修理服务人员，也必须归队。组织企业归队要按行业、按产品分类排队，认真做好生产安排，有计划有步骤地进行，以此恢复和充实手工业生产队伍。同时，必须大力培养手工业的新生力量，提倡师傅带徒弟和尊师爱徒。手工业部门、人民公社和生产大队要有计划地安排青年学艺。

三、贯彻执行"按劳分配，多劳多得"的原则，正确处理国家、集体、个人三者之间的关系

集体所有制手工业工人的工资水平，在城市应该大体相当于当地同工种、同等技术条件的国营工厂工人的工资水平。现在工资水平偏低的，应该随着生产的发展逐步提高。在农村，应该按照历史习惯，高于当地农民的收入水平。手工业企业职工的福利待遇，应该根据企业生产的发展水平和经营的好坏来决定。城市手工业工人的口粮原则上应该同当地同行业同工种的国营工厂工人享受同等待遇，具体标准由各地自行规定。农村手工业工人的口粮应该根据不同行业给予适当照顾，其家属的口粮和烧柴应该和当地农民享受同等待遇，并且同样享有一份自留地。

四、统筹安排、分级管理手工业的产供销

既要有中央和地方的统一计划，又要有企业安排生产的灵活性；既要把主要产品、名牌产品列入中央和地方计划，又不要管得过多过细。集体手工业企业的生产计划应该根据为农业生产服务、为人民生活服务、为出口服务、为工业建设服务的方针，在国家计划的指导下，结合单位的具体情况进行编制。计划需要调整时，国家计划部门可以提出意见，但不准强迫实行。

手工业产品的生产安排，要特别注意发挥传统产区的生产基地作用，保持和发扬传统名牌产品的特色，迅速恢复传统的合理的供销关系和经营方式，以适应市场的需要。手工业集中产区的名牌产品，必须兼顾当地和外地的需要，切实保证外调外销任务。生产这些产品所需要的原料、材料、劳动力和口粮补助，各省、自治区、直辖市应该进行全面安排。手工业的技术革命和技术革新，必须注意提高和保证产品的质量，

不能减少品种、花样，并且注意继承和发扬一切传统的优良的生产方法，已经行之有效的、群众公认的好经验，应该肯定下来。制造新产品，必须经过试产试销。成功以后，再逐步扩大生产。

手工业生产所需要的原料、材料，应该根据国家分配和自力更生相结合的原则解决。属于国家统一分配的一二类主要物资和进口物资，由手工业部门提出申请，分别纳入中央和地方计划，单列户头，由国家物资部门和有关部门拨交手工业部门安排使用。属于商业部门经营的一二类物资，由商业部门负责供应。手工业生产所需要的三类物资，一部分由商业部门负责供应，另一部分由手工业部门和企业自购自用。到外县、外省采购三类物资，应在县以上手工业部门的统一领导下，有组织地进行。进入集市贸易的二类物资，手工业部门和企业也可以进行采购。手工业部门和企业采购原材料，必须服从当地市场管理，有关地区给予协助。

地区之间传统的供销协作关系必须迅速恢复，新的供销协作关系要积极建立。手工业部门和企业，可以向原料产地的供销合作社和人民公社直接采购原料、材料，可以用自销的产品换取所需要的原料、材料。应该鼓励手工业生产利用废品、废料。工矿企业、铁道交通、基本建设等单位的边角料和废品、废料，原则上应该由手工业部门收购使用。有些工矿企业的边角料有上缴任务，或者要自己利用，应该由计划部门根据经济合理的原则，适当确定上缴、本厂留用和拨给手工业使用的比例。手工业企业可以和厂矿单位直接挂钩，固定边角料的供应任务。社会上的各种废品，由商业部门或者物资部门收购的，应该优先供应手工业使用。手工业企业可以按照传统习惯，接受来料加工和带料修理，也可以收购某些自用的废品。过去手工业部门建立的原料生产企业和原料改制加工企业，应该尽可能交回手工业部门自产自用。

过去手工业部门所属的机械厂，也应该拨回一部分，或者由国家另外拨给必要的机械厂。国营企业替换下来的旧设备，应该恢复过去作价拨给手工业部门使用的办法。手工业基本建设所需要的国家统一分配物资和设备，采取分级包干的办法，分别列入中央和地方计划。

手工业产品中，由国家供应原料、材料的计划产品，原则上由商业部门包销，也可以留出一部分由手工业部门和企业自己销售。由手工业部门和企业自购原料、材料的产品和由国家供应部分原料、材料的非计划产品，原则上由手工业部门和企业自己销售，也可以由商业部门选购和推销一部分。提倡手工业企业同基层商店直接挂钩。

手工业产品的价格必须合理，保证生产有合理的利润。由于原料、材料价格变动，成本提高或者降低的，应该适当地提高或者降低出厂价格和销售价格。由于企业经营管理不善而增加成本的，应该限期改进。手工业产品的价格，由各地物价管理委员会负责制定。商业部门包销和选购的产品价格，由工商双方合理议定。手工业部门自产自销的产品，有的可以按照国营商业牌价，有的可以同行议价，某些零星产品也可以由买卖双方自行议价。对手工业产品应该实行"优质优价，分等论价"的原则。

五、坚持民主办社、勤俭办社的方针

手工业生产合作社要恢复过去行之有效的民主管理制度，民主选举理事会、监事会，定期向社员公布账目，一切重大问题都要经社员大会或者社员代表大会讨论决定。公社工业要总结自己的经验，吸收手工业生产合作社好的民主管理经验。国营的手工业企业，也要结合手工业的特点，扩大民主范围，可以试行民主选举厂长，经上级批准的办法。

一切手工业企业，都必须严格实行经济核算，加强财务管理，发扬手工业因陋就简、精打细算的优良传统。认真控制一切非生产性开支，力求减少脱离生产的管理人员。一切手工业企业，都必须建立和健全生产责任制度，定额管理制度，产品检验制度和原料、材料领发保管制度。切实注意提高产品质量，恢复和提倡包退、包换、包修的传统做法。手工业企业的工作时间和营业时间，应该分不同行业、不同特点和不同季节来规定。

手工业干部必须发扬民主作风，处处为群众打算，遇事同群众商量，不许独断专行。必须从实际出发，实事求是，如实地反映情况，不许弄虚作假。必须和群众同甘共苦，不许特殊化，不许使自己和自己的亲属享受特殊待遇。认真执行干部参加劳动，工人参加管理，企业改善经营管理，干部、工人、技术人员三结合的制度。

六、建立健全手工业企业的领导机构

中央、省（自治区、直辖市）、专区、县各级都必须建立和健全手工业和公社工业的管理机构，并且配备同它们任务相适应的干部，统一管理各种所有制的手工业企业。恢复各级手工业合作社联合社（简称手工业联社）。各级手工业联社和手工业、公社工业管理机构可以合署办公，只设一套人员。各级手工业联社的主要任务是：编制供产销计划，组织原料、材料供应和产品推销；指导企业经营管理，帮助技术改造，推广先进经验；训练企业管理干部、财会人员和技术工人；协同基层企业举办集体福利事业；对个体手工业工人进行组织、教育和业务指导，并且在供销上给予必要的帮助。各级手工业联社都要设立供销机构。这个供销机构，是整个社会主义商业的一个组成部分。

七、加强党的领导和思想政治工作

在一切手工业企业中，中国共产党的组织是领导核心。共产党员和共青团员应该在各项工作中起模范作用和带头作用。手工业企业中的党组织，必须根据党的政策方针，加强对这些企业的领导。但是，不应该包办代替理事会或者管理委员会的日常业务工作。手工业企业中的党组织，应该定期讨论和检查理事会或者管理委员会、社员代表大会或者职工代表大会的工作。对于生产、财务、群众生活、执行国家政策法令、执行国家计划和其他方面的重要问题，一般情况下应该在党内充分酝酿，并且同职工群众和非党干部共同研究，然后再把党组织的意见提交理事会或者管理委员会、社员代表大会或者职工代表大会讨论。通过以后，保证实行。

还必须在手工业企业加强党的政治思想工作。要采取适合职工群众的生产生活情况和政治文化水平的方式，经常向他们宣传马克思列宁主义和毛泽东思想，进行社会主义教育、爱国主义教育和时事政策教育。要使职工群众充分理解手工业生产的重大意义，手工业劳动和大工业劳动同样光荣。要教育职工群众进一步树立当家做主、关心企业的思想。加强老工人和青年工人的团结，充分发挥老工人在企业中的作用，教育青年工人勤勤恳恳、老老实实地学习老工人的长处。

第三节　整顿手工业集体企业的措施：试行《手工业三十五条》

1961 年 6 月 19 日，中共中央将《手工业三十五条》发放到全国各基层单位，要求认真贯彻执行。之后，又采取了一系列措施落实《手工业三十五条》。为了加强对手工业的管理，9 月 30 日中共中央决定将中央手工业管理总局与轻工业部分开，由邓洁主持中央手工业管理总局和全国手工业生产合作总社的工作。11 月，全国手工业生产合作总社又发出《巩固提高手工业生产合作社的指示》（以下简称《指标》），规定办好手工业生产合作社的"五条标准"。主要内容是：①认真按照社章办事，实行民主管理；②生产方向明确，管理制度健全；③实行经济核算，财务管理健全；④收益分配合理，符合按劳分配的原则；⑤干群团结好，社会主义思想占上风。《指示》还要求各级手工业生产合作联社定出切实可行的、办好手工业生产合作社的规划。11 月28 日，中央手工业管理总局和全国手工业生产合作总社召开全国手工业厅局长和联社主任会议，总结贯彻《手工业三十五条》的经验。这些都推动了《手工业三十五条》的贯彻。

贯彻《手工业三十五条》，对发展集体和个体手工业起到了积极作用。在调整初期，由于加强日用工业品生产，压缩滞销积压的生产资料生产，集体所有制手工业产值虽然一度下降，但品种、花色大大增加，适销产品的产量也急剧增加。在调整后期，产值迅速上升。按 1957 年不变价格计算，集体所有制手工业产值（含社办工业）由 1960年的 155.1 亿元下降到 1961 年的 117.1 亿元，1962 年又降到 103.7 亿元，1963 年再下降为 98.4 亿元，1964 年回升到 115.4 亿元，1965 年再回升到 138.4 亿元。① 这五年集体所有制手工业产值占工业总产值的比重由 9.4%回升到 12.2%，再下降到 9.9%。② 后三年

---

① 《中国统计年鉴》（1983），中国统计出版社 1984 年版，第 214 页。
② 《中国工业经济统计年鉴》（1993），中国统计出版社 1994 年版，第 36 页。

集体所有制手工业产值比重下降，是由于国营工业恢复速度超过集体工业。但 1965 年集体所有制手工业比重仍超过了 1960 年。

当然，《手工业三十五条》也像《工业七十条》一样，不可避免地存在某些时代局限性，它既不可能跳出计划经济体制的框框，也不能摆脱"左"的阶级斗争理论的束缚。

第十九章　调整时期工业生产建设的主要成就和经验

第一节　调整时期工业生产建设的主要成就

从 1961 年起，工业生产建设贯彻调整、巩固、充实、提高的方针，经过两年后退和三年恢复、发展，到 1965 年取得了巨大的成就。主要表现在以下五个方面：

一、工业生产能力有了新的增长

在调整时期，工业建设以成龙配套、填平补齐为重点，使前几年建设起来的许多工矿企业逐步发挥了作用。同时又新建设了若干必要的工业项目，工业生产能力有了新的增长。

1961~1965 年，工业虽然处在调整时期，但工业建设投资额仍达 327.1 亿元，超过"一五"时期投资额的 30.7%；占国民经济投资总额的 45.4%，高于"一五"时期 2.9 个百分点。工业基本建设新增固定资产 269.0 亿元，比"一五"时期多 34.1%。经过"大跃进"时期突击性的大规模建设和调整时期以成龙配套、填平补齐为中心的建设，1965 年，全国工业固定资产原值已达到 1040 亿元，比 1957 年增长了 2 倍。[①]

1963~1965 年施工建设的大中型工业项目有 1097 个，其中建成投产的有 243 个。主要工业产品的新增生产能力如下：铁矿开采 379.8 万吨，炼钢 99.5 万吨，煤炭开采 3738 万吨，发电机组容量 328.8 万千瓦，石油开采 989.9 万吨，硫酸 70.6 万吨，合成氨 84.1 万吨，化肥 132.46 万吨，水泥 254.5 万吨，化学纤维 4.6 万吨，原盐 69.1 万吨，棉纺锭 65.9 万锭。除了钢铁冶炼、煤炭和原盐、棉纺锭以外，其他都大大超过"一五"时期新增生产能力，特别是石油、化肥和化纤等新兴工业更是如此。

---

① 有关各年《中国固定资产投资统计年鉴》，中国统计出版社。

在调整时期，石油工业、化学工业和包括电子工业、原子能工业、导弹工业在内的新兴工业的生产能力有了突出的发展。在石油工业方面，到1965年，我国原油开采能力比1957年增长了6.5倍，达到1131万吨。我国国内消费的原油以及石油产品实现了全部自给，我国已由一个依赖进口的缺油国转变为石油输出国。这是调整时期我国自力更生进行社会主义建设取得的一项重大成果。在化学工业方面，由于强调工业要加强支援农业以及解决人民"吃、穿、用"的问题，化学工业的建设受到了应有的重视。与1957年相比，1965年硫酸生产能力增长了近3倍，烧碱生产能力增长了2倍，化肥生产能力增长了近11倍，农药生产能力增长了2倍。与此同时，随着石油产量的增长，开始建立起自己的以石油、石油产品或天然气为原料的石油化学工业。电子工业、原子能工业、导弹工业从无到有、从小到大逐步发展起来，成为国民经济中重要的工业部门。1964年10月成功爆炸了第一颗原子弹，标志着我国科学技术和工业生产所达到的新水平。

这一期间轻工业的生产能力也有较快的发展。与1957年相比，1965年棉纺锭增长了29%，机制纸及纸板生产能力增长了57.9%，机制糖生产能力增长了84%，缝纫机生产能力增长了3.2倍，自行车生产能力增长了1倍多。

到1965年，我国已经初步建成了一个具有相当生产规模和一定技术水平的工业体系。

二、工业有了较快的恢复和发展

工业生产在1962年跌到最低谷以后，自1963年开始迅速回升。工业增加值由1957年的271亿元增长到1965年的546.5亿元，增长了99.0%。[①]

主要工业产品产量有了比较快的恢复和发展。在主要产品产量中，除了丝、皮鞋、矿山设备、铁路机车、客车、货车外，都大大超过1957年的水平。产量超过"大跃进"时期水平的重工业产品有：原油、发电量、水泥、平板玻璃、硫酸、纯碱、烧碱、农用化肥、化学农药、电石、塑料、轮胎外胎、汽车、手扶拖拉机等。轻工业产品有：化学纤维、毛线、呢绒、麻袋、丝织品、缝纫机、自行车、表、日用精铝制品、合成洗涤剂、糖、化学药品等。

工业产品质量普遍有了提高。虽然1965年钢铁冶炼、煤、主要机械设备和棉布等的产量未达到"大跃进"时期的水平，但它们的质量大大提高了。1965年生铁合格率达到99.85%，钢材合格率达到98.39%，原煤灰分和含矸率分别降到19.56%和0.64%，棉布一等品率达到97.4%。有些机械工业产品性能、质量已接近或达到世界先进水平。1965年前后，生铁合格率，铜、铝、铅的品位和回收率，商品煤灰分和含矸率，原油损耗率，铸铁、铸钢、机械加工件的废品率，出厂水泥合格率，棉布、印染布、精纺毛织品和粗纺毛织品的一等品率以及出口合格率，都创造了历史最高水平。

[①]《新中国六十年统计资料汇编》，中国统计出版社，第9、12页。

工业产品新品种大量增加。主要工业产品品种增加了 3 万多种。在冶金工业中，据 1964 年不完全统计，钢的品种达 900 多种，钢材的品种达 9000 多种，都分别比 1957 年增加了 1 倍多。已经能够炼制出高温合金钢、精密合金钢、高纯度合金钢、有色稀有金属等。钢材自给率达到 95%。在机械工业方面，1964 年机床品种达到 540 种，比 1957 年增加了 1.8 倍。"一五"时期，还只能制造一些中小型的普通机械产品，如车、铣、刨、钻、磨、镗等通用性机床。到 1965 年，已能够制造大型的、复杂的、成套的和精密度要求很高的设备。我国主要机器设备的自给率由 1957 年的 60% 以上提高到 90% 以上。

三、工农业结构和工业结构有很大的改善

经过调整，工业与农业的比例关系有很大的改善。工业总产值与农业总产值的比例，1960 年为 78.2∶21.8，到 1965 年调整为 62.7∶37.3。这样的比例关系比较接近我国当时工农业发展的客观需要。这一时期还大力发展了支农工业，化肥、农药和农业机械等产值在工业总产值中的比重由 1957 年的 0.6% 提高到 1965 年的 2.9%。

工业内部结构也有很大的改善。首先是工业部门结构的改善。轻、重工业之间的比例 1957 年是 55.0∶45.0；1960 年为 33.4∶66.6；1965 年为 51.6∶48.4，基本上恢复到 1957 年的状况。[①] 这是一个可以兼顾国家建设和人民生活、基本适应客观需要的比例关系。采掘工业与加工工业的比例关系大体上恢复到 1957 年的水平，改变了"大跃进"时期加工工业过重的不协调状况。各工业部门内部各环节之间的比例，如采掘工业中的回采与掘进（剥离）的关系，机械工业内部的主机与配套、制造与修理之间的关系，也趋于合理。

其次，工业地区结构有了改善。调整时期，沿海工业基地进一步得到充实和加强。东北地区由于大庆油田的开发，重工业基地更加强大。华东地区发展了冶金、煤炭工业，充实了机械、化学工业，加强了重工业的基础。内地建设在调整后期也有进一步加强。内地建设投资额占总投资额的比重在"一五"时期为 47.8%，在"二五"时期提高到 53.7%，1963~1965 年又上升到 58%。从 1964 年开始，钢铁工业的投资重点转向内地，在大力建设攀枝花钢铁公司的同时，新建和扩建了江汉长城钢厂、成都无缝钢管厂、西宁钢厂、陕西钢厂和贵阳钢铁厂等企业。新建的煤炭工业大多设在缺煤的西北、西南和华东地区，开始改变煤炭生产集中于华北、东北地区的状态。机械工业在进一步发展和利用原有基地的同时，又建设了武汉、湘潭、开封、洛阳、郑州、重庆、成都、昆明、贵阳、西安、兰州 11 个新的机械工业基地。森林采伐除进一步建设东北、内蒙古林区外，开发了华北、中南、西南、西北地区的森林资源。其他如化工、建材、轻纺工业，各地在充分利用当地资源的基础上，都已建设了一些骨干企业。我国广大腹地形成了不少工业中心，如以武汉、包头为中心的钢铁基地，山西、内蒙古、

[①]《中国工业经济年鉴》(1995)，中国统计出版社 1996 年版，第 23 页。

河南的煤炭基地，甘肃兰州的石油化工中心，四川成都、重庆的钢铁、机械基地等。内地工业的产值在全国工业产值中的比重，由 1957 年的 32.1% 提高到 1965 年的 35%。[1]

四、工业生产建设的经济效益显著提高

与 1961 年相比，国营独立核算工业企业 1965 年的资金利税率，每百元工业总产值占用的流动资金和劳动生产率，分别由 15.9% 提高到 29.8%，由 39.6 元下降到 25.5 元，由 4188 元/人·年提高到 8995 元/人·年；工业固定资产交付使用率和大中型项目建成投产率分别由 74.5% 提高到 93.6%，由 3.3% 提高到 22.9%。[2]

五、职工生活有所改善

1961 年、1962 年调整初期，在工业、农业生产大幅度后退的情况下，只能力求保证职工和城市人民的最低生活。到 1962 年 10 月，中共中央、国务院认为，经过前一个时期的努力，在农村形势已经好转的基础上，城市的经济形势已经发生了根本性的变化。城市工作的重点，除了转到组织工业生产上外，还要转到改善职工生活上。中央要求努力保证职工生活稳定在当时的水平上，并且力争有所改善。1963 年，还给部分职工增加了工资，具体举措如下：

（1）提升 40% 的职工的工资级别。

（2）调整部分工资区类别，把西南、中南和华东地区原属一二类工资区的地方，提高为三类工资区；把成都、重庆、贵阳、长沙、南昌等原属三类工资区的少数城市提高为四类工资区。

（3）调整工资过分偏低的工人的工资标准。

（4）扩大计件工资范围，改进奖励制度；整顿和改进津贴制度。用于以上几项工资调整的金额总数为 8.9 亿元，其中用于职工升级的金额为 4.7 亿元。1965 年工业职工的平均货币工资由 1960 年的 525 元增加到 633 元，平均实际工资比 1960 年提高了 11.8%。[3]

第二节　主要经验

1961~1965 年，不仅在恢复和发展工业生产建设方面取得了重要成就，而且在这方面取得了重要经验。概括这些主要经验，不仅是研究历史的需要，而且有现实的意义。

①《中国工业经济统计资料》（1949~1984），中国统计出版社，第 137 页。
② 有关各年《中国统计年鉴》，中国统计出版社。
③《中国劳动工资统计资料》（1949~1985），中国统计出版社，第 153、157、179 页。

一、较好地贯彻了党的实事求是的思想路线

1960 年 6 月，毛泽东在《十年总结》中总结的主要经验，就是"实事求是"。1961 年 1 月 13 日，毛泽东在中共中央工作会议的讲话中，着重提出了调查研究的问题。他认为调查研究极为重要。他希望 1961 年成为一个调查年，"实事求是"年。[①] 1962 年 1 月 11 日召开的中共中央扩大工作会议在总结经验时，也提出了要"实事求是"，要摆正主观能动性与客观可能性之间的关系。在这次会上，周恩来强调指出："说真话，鼓真劲，做实事，收实效。"这四句话归纳起来就是"实事求是"。[②] 在党的"实事求是"的思想路线指引下，在大兴调查研究的基础上，20 世纪 60 年代初，毛泽东亲自主持制定了《农村人民公社工作条例（修正草案）》（即《农村六十条》），邓小平亲自主持制定了《国营工业企业工作条例（草案）》（即《工业七十条》）。在这期间还制定了《关于城乡手工业若干政策问题的规定（试行草案）》（即《手工业三十五条》）。这些条例以及其他有关决议，对迅速地、顺利地完成经济调整工作起到了重要的推进作用。

二、较好地实现了产业结构的调整和工业企业的整顿

主要是较好地贯彻了以农业为基础和农轻重为序的方针，实现了国民经济各部门之间（主要是工业和农业之间以及重工业和轻工业之间）的协调发展；着力发展了工业的薄弱环节和新兴工业，使得石油工业以及电子工业、原子能工业和导弹工业获得了突破性的进展，极大改善了工业的部门结构；整顿了工业企业，加强了工业企业管理，重建了企业规章制度，推行了企业经济核算。

三、较好地调整了经济体制

随着《工业七十条》和《手工业三十五条》的贯彻执行，在调整体制和促进工业恢复、发展方面起到了重要作用。在调整初期，为适应调整国民经济的需要，中央政府收回了 1958 年下放的（主要是下放给地方政府）经济管理权限。这一点从形式上看，似乎是一种倒退，但实际上符合调整时期的具体情况，这种经济管理体制能在短期内迅速集中有限的生产资源以解决当时经济严重失衡的需要。总之，这个时期调整体制的工作，是该时期包括工业在内的国民经济得以迅速恢复和发展的最重要的动因。

但在这方面，也存在很大的局限性。这突出表现在对待农村包产到户问题上。1961~1962 年，一些农民为了克服当时面临的严重生活困难，创造和实行了包产到户这种比较符合农业生产力水平的农业生产责任制，否定了人民公社"一大二公"的经营方式。这种责任制符合农民的根本利益，它一问世就受到了广大农民的热忱欢迎和坚决拥护，并自发地在许多地区不同程度地实行起来。例如，当时搞各种形式包产到户

---

①《中国共产党历次重要会议集》下卷，上海人民出版社 1983 年版，第 144 页。
②《周恩来选集》下卷，人民出版社 1984 年版，第 350 页。

的，安徽高达 80%，甘肃、宁夏达 74%，全国约占 20%。

中共中央农村工作部部长的邓子恢，坚决支持并主张推广包产到户这种农业生产责任制。他在 1962 年 5~7 月的有关报告中指出，农村集体经济的经营管理，必须要有严格的责任制，即搞联产计酬的包产到户。他认为，不能把包产到户说成是单干，因为土地、生产资料是集体所有，不是个体经济。他强调：建立包产到户这种生产责任制，是今后搞好集体生产、巩固集体所有制的根本环节。

1962 年 6~7 月，刘少奇、陈云和邓小平在有关讲话中都支持包产到户。刘少奇主张要使包产到户合法起来。陈云精辟地指出，个体经营与合作经济在我国农村相当长的时期内还要并存。① 邓小平对这个问题做过深刻的理论分析。他说："生产关系究竟以什么形式为最好，恐怕要采取这样一种态度，就是哪种形式在哪个地方能够比较容易比较快地恢复和发展农业生产，就采取哪种形式；群众愿意采取哪种形式，就应该采取哪种形式，不合法的使它合法起来。"②

但在 1961~1962 年上半年，毛泽东和柯庆施（中共中央华东局第一书记）在包产到户这个问题上的态度是不明确的。1962 年 7 月，毛泽东决定批判所谓"单干风"（就是批判包产到户）。他对邓子恢的意见十分反感，对刘少奇、陈云、邓小平的意见也不满意。同月，柯庆施在有关发言中说，现在看，单干不行，这个方向必须批判。在同年 7~9 月召开的中共中央工作会议和中共八届十中全会上，毛泽东多次批评中共中央农村工作部搞资本主义，邓子恢是"资本主义农业专家"。这次全会在毛泽东主持下通过的《关于巩固人民公社集体经济、发展农业生产的决议》，完全否定了包产到户的正确主张。随后，又撤销了中共中央农村工作部。③

直到 1981 年 3 月，中共中央才为邓子恢平了反。1981 年 6 月 27 日中共十一届六中全会通过的《关于建国以来党的若干历史问题的决议》，肯定了邓子恢提出的"农业中要实行生产责任制的观点"。④

但这样一来，就把本来可以在 1962 年普遍推广的包产到户，推迟了约 20 年（从 20 世纪 60 年代初到 20 世纪 80 年代初）。这不仅对调整时期农业和整个国民经济的发展，而且对之后长时期内农业和整个国民经济的发展，都起到了很大的限制作用。

四、较好地坚持了以发展生产为中心的方针

这样做，是鉴于 1959 年庐山会议的教训。1959 年在庐山召开的政治局扩大会议的前期（7 月 2~15 日）大体上是围绕纠正 1958 年开始的"大跃进""左"的错误进行的。

---

① 薄一波：《若干重大决策与事件的回顾》下卷，中共中央党校出版社 1993 年版，第 1078、1082、1084、1085 页。

②《邓小平文选》第 1 卷，人民出版社 1993 年版，第 323 页。

③ 薄一波：《若干重大决策与事件的回顾》下卷，中共中央党校出版社 1993 年版，第 1079~1080、1086~1089 页。

④《中国共产党中央委员会关于建国以来党的若干历史问题的决议》，人民出版社 1981 年版，第 17 页。

但在这个会议的后期（7月16日~8月1日）和相继召开的中共八届八中全会（8月2~6日）却急剧地由反"左"转到反右，并把这种反对所谓"右倾机会主义"的斗争迅速扩大到全党。由此打断了纠"左"的过程，使得"大跃进"这种"左"的错误又延续了一年半（1959年下半年到1960年），造成了极为严重的后果。

1962年9月召开的中共八届十中全会及此前的相关会议，在毛泽东的主持下，又重新强调阶级斗争，并开展了声势颇大的对所谓"黑暗风"、"单干风"和"翻案风"（即所谓"彭德怀翻案"）的批判。但鉴于庐山会议的教训，在上述会议上，刘少奇提出，这次会议精神的传达应该有个范围，不向下面传达，免得把什么都联系到阶级斗争上来分析，也免得把全党的力量都用来对付阶级斗争。毛泽东表示赞同这个意见。[①]这就从一个最重要方面保证了这次全会以后以生产为中心的方针仍然能够得到比较顺利的贯彻。

但这绝不是说，中共八届十中全会重新强调阶级斗争，对贯彻以生产为中心的方针没有影响。例如，中共八届十中全会及此前的相关会议，把包产到户这种能够有力推动农业发展的生产责任制错误地当作"单干风"来批判，就对当时和之后的农业和整个国民经济的发展产生了严重的不利影响。再如，在这次全会以后，在毛泽东进一步发展的"左"的阶级斗争理论指导下，为了"反修防修"，防止"和平演变"，毛泽东又决定在全国城乡发动一次普遍的社会主义教育运动，开展大规模的阶级斗争。即先是农村的"四清"运动（即以清理账目、清理仓库、清理财务、清理工分为主要内容）和城市的"五反"运动（即以反对贪污盗窃、反对投机倒把、反对铺张浪费、反对分散主义、反对官僚主义为主要内容），后又将上述城乡两种运动统称为"四清"运动（即清政治、清经济、清组织、清思想）。在这些运动过程中，不仅分散了广大干部群众从事生产的精力，而且发生阶级斗争扩大化的错误，挫伤他们的积极性。进一步说，中共八届十中全会上进一步发展的"左"的阶级斗争理论，成为发动"文化大革命"的指导思想。这次全会以后开展的社会主义教育运动，特别是"四清"运动，是以整"党内走资本主义道路的当权派为重点的"。这就直接成为"文化大革命"的先导。而十年动乱又给我国经济造成了极为严重的后果。

但是，如果仅就调整时期来看，并相对1959年庐山会议造成的由反"左"转向反右来说，仍然可以讲，中共八届十中全会以后，以生产为中心的方针得到了比较顺利的贯彻。这样，也就保证了以调整为中心的"八字方针"的贯彻。

五、较好地实现了社会稳定

这个期间的社会稳定是在很困难的条件下实现的。其突出表现是：

（1）从1958年开始的三年"大跃进"给我国国民经济和人民生活造成了极为严重的困难。

---

① 薄一波：《若干重大决策与事件的回顾》下卷，中共中央党校出版社1993年版，第1103页。

（2）为了实现经济调整，需要动员数以千万计的城市职工返回农村。

但这期间终于实现了社会稳定，并为贯彻以调整为中心的"八字方针"创造了重要的社会条件。其重要原因在于：

（1）20世纪60年代初虽不是新中国成立初期，但距此不远。而新中国成立给广大劳动人民带来了巨大的根本的政治经济利益。

（2）中国共产党及其领袖毛泽东在人民中享有极为崇高的威望。

（3）党风正，廉政建设搞得好。在20世纪60年代初那些生活困难的日子里，各级党政领导人（包括毛泽东在内）都同人民共患难，过着艰苦的生活。

（4）从新中国成立到20世纪60年代初，思想教育工作做得好，社会风气正，广大人民能够自觉遵守法纪。

当然，说这个期间实现了社会稳定，也是在相对意义上讲的。如前文所述，毛泽东在中共八届十中全会上所发展的"左"的阶级斗争的理论，以及之后开展的阶级斗争的实践，已经酝酿着"文化大革命"。

概括来说，调整时期在恢复和发展包括工业在内的国民经济方面取得了丰富的经验。但这些经验又有很大的局限性，主要局限在维护"三面红旗"和传统的计划经济体制的框框内，也没有摆脱由毛泽东提出并加以发展的"左"的阶级斗争理论和调整后期重新加剧起来的阶级斗争实践的影响。所有这些又都限制了调整时期工业乃至整个国民经济可能进一步取得的成就。调整后期由于过高地估计了帝国主义发动侵略战争的危险而开展的"三线"建设，也起了消极作用。

第五篇
实行计划经济体制时期的工业经济（三）

——"文化大革命"阶段的工业经济（1966~1976 年 9 月）

按照周恩来在第三届全国人大一次会议上的报告，1965 年我国完成了经济调整任务以后，从"三五"计划时期（1966~1970 年）开始，进入了一个新的发展时期。这个时期发展国民经济的主要任务，就是要在不太长的历史时期内，把我国建设成为一个具有现代农业、现代工业、现代国防和现代科学技术的社会主义强国。[①] 但由毛泽东发动和领导的、持续 10 年之久的"文化大革命"，打断了这个美好前景的进程。"文化大革命"是在毛泽东提出的并被概括成"无产阶级专政下继续革命"的思想指导下进行的。这期间工业也是循着"文化大革命"的轨道走的。因而这一点事实上成为这个时期工业生产建设的基本指导思想。他提出的积极备战、准备打仗的思想以及此前就存在的急于求成的思想，也是这期间工业发展的指导思想。

本篇依次叙述与上述指导思想相联系的并作为这个时期工业经济重要特征的工业发展的曲折历史过程，"三线"地区的工业建设，国营地方和城乡集体小型工业的发展，工业管理体制的又一次改进和企业领导制度的变动，以及工业生产建设的进展和问题。

[①] 周恩来：《在第三届全国人民代表大会第一次会议上政府工作报告》，人民日报出版社 1965 年版，第 8 页。

第二十章 "文化大革命"时期工业发展的曲折进程

第一节 1966~1968年，全面内乱与工业生产下降

1965年，我国工业生产建设取得了显著成绩。1966年上半年，工业生产建设继续保持稳定增长的势头。与1965年同期相比，工业总产值又增长了20.3%。但是，1965年5月中共中央政治局扩大会议通过的《五一六通知》和8月中共八届十一中全会通过的《关于无产阶级文化大革命的决定》，标志着"文化大革命"的开始。"文化大革命"对于蓬勃发展中的我国工业，不啻是一场腥风浊雨，大好局面顿时遭到摧残。

在这种情况下，围绕稳定工业局势、保证生产顺利进行的问题，党和人民与林彪、江青反党集团展开了首次较量。较量的焦点是：工矿企业的"文化大革命"运动要不要从工矿企业的特点出发，在党委的领导下分期分批地、有计划有步骤地进行，并保证生产任务的完成。

为此，7月2日，中共中央和国务院针对当前工业生产建设出现的问题，发出了《关于工业交通企业和基本建设单位如何开展文化大革命运动的通知》，要求这些单位分期分批地、有领导有计划地开展运动，不要一哄而起，使生产建设遭到损害。9月14日，中共中央又发出《关于抓革命促生产的通知》，要求已经开展"文化大革命"的工矿企业等单位，应当在党委统一领导下，组成"抓革命"和"抓生产、抓业务"两个班子；职工的"文化大革命"放在业余时间去搞；还未开展"文化大革命"、生产任务又重的单位，运动可以推迟进行；学校的红卫兵和学生不要到工矿企业串联；对领导干部的撤换应通过上级党委，不采取群众直接罢官的做法。11月17日召开的全国计划工业交通会议上，周恩来提议，组织国务院业务组，抓工交企业的生产，保证经济活动的正常进行。这样，经过党和人民的艰苦努力，在很大程度上抵制了林彪、江青一伙的破坏。因而，总的来说，1966年的工业生产、建设，在激烈的较量中，还是

保持了发展的势头。这年工业总产值比 1965 年增长了 20.9%。

但进入 1967 年，一场危害更大的夺权风暴波及整个工业部门和全国。1 月 1 日，《人民日报》、《红旗》杂志联合发表题为《把无产阶级文化大革命进行到底》的社论，提出 1967 年要展开全国全面的阶级斗争，把"文化大革命"从机关里、学校里和文化各界里，发展到工矿企业和农村。声称"一切抵制在工矿企业和农村中大搞无产阶级文化革命的论调，都是错误的"。接着，王洪文纠集上海 32 个"造反派"组织夺取了上海市的党、政、财、文大权，掀起了所谓"一月风暴"。工业方面也层层夺权，工作、生产秩序大乱。在王洪文带头掀起的夺权风暴中，从国家计划委员会、经济委员会到各个工业部，从中央到各级地方，大批从事经济工作和工业管理的有丰富经验的领导干部，被当作"走资派"揪斗；机构大撤、大并，工作人员下放劳动，使正常的经济管理职能陷于瘫痪和半瘫痪状态。1967~1968 年国家计划委员会实际上停止了工作，没有编制国民经济计划。1968 年 12 月，才组成一个十几人的业务班子。国家经济委员会停止工作的时间更长。其他工业部也因动乱难以行使正常的职权，不得不由军管会或军代表暂时维持局面。同时，工业企业管理组织和管理制度也受到了极大的破坏。许多企业领导人被打成所谓"走资本主义道路的当权派"，关进"牛棚"；生产指挥系统和规章制度遭到严重破坏。在夺权风暴中，职工队伍分裂成对立的两派，酿成全面内战，造成许多工业企业停工、停产。这一切造成了工业生产连年下降。1967 年，工业总产值比 1966 年下降了 13.8%；1968 年又比 1967 年下降了 5%。

第二节　1969~1973 年，"三个突破"与工业调整

经历 1966~1968 年全面内乱以后，广大干部和群众对于"打倒一切"、"全面内战"表示了极大的厌恶。中共九大 1969 年 4 月召开前后，也需要政治团结、经济发展的局面。在上述形势下，从 1968 年第四季度起，剧烈动荡的局势开始趋向和缓，大动乱的年代出现了一个相对稳定的间歇时期。

同时，为了恢复工业生产秩序，党中央和国务院采取了一系列步骤。

派出人民解放军对交通、铁路等重要部门和单位实行军事管制，对工矿企业派出军队代表帮助恢复生产秩序；发布一系列政令，支持坚守工作和生产岗位的干部和职工群众，打击少数违法乱纪的坏人，维持铁路交通秩序和工业生产秩序；在职工群众中开展说服教育工作，停止武斗，消除分歧；着手重建各省、自治区、直辖市领导机构和工业管理部门、厂矿企业的领导机构。

接着，又恢复了中断两年的计划工作。1968 年 12 月 12 日，周恩来指示成立计划起草小组，编制 1969 年国民经济计划。1969 年 2 月 16 日召开的全国计划座谈会，讨论了起草小组编制的《1969 年国民经济计划纲要（草稿）》，决定边执行、边讨论、边补

充。还恢复了各工业主管部门和其他综合经济部门的工作。1970 年 6 月，国务院原有的部委和直属机构进行调整、合并，并确定了编制。在这前后，煤炭、冶金、电力、轻工等几个工业部和财政部、中国人民银行等单位相继召开了专业会议，部署了工作。

可见，毛泽东当时虽然在全局上一直坚持"文化大革命"的错误，但也制止和纠正过一些具体错误。周恩来做了大量艰苦细致的工作，推动各省、自治区、直辖市和中央各部门分裂成两派的群众联合起来，建立临时领导机构，恢复秩序，恢复工作。

以上各点，就是"三个突破"出现的历史背景。但"三个突破"产生的根本原因，是计划经济体制下片面追求经济高速增长的发展战略。

实际上，工业生产高指标的问题，在"三五"末期就开始出现了。1969 年我国工业总产值比 1968 年增长了 34.3%。这是带有某种程度的恢复性增长。但 1970 年又比 1969 年增长了 32.6%。"四五"制定的指标也是高指标，各个地区、部门和企业在落实计划的时候，又层层加码，比赛"跃进"，形成了一股产量翻番风。例如，1970 年 4 月，在江西萍乡召开的全国煤炭工业会议提出：大干 3 年，扭转北煤南运的状况，实现江南 9 省煤炭基本自给；力争 1975 年煤炭产量超过美国、苏联，跃居世界第一位。1975 年，美国煤炭产量为 5.93 亿吨，苏联为 6.44 亿吨。我国 1969 年煤炭产量为 2.66 亿吨，要实现上述目标，5 年需翻一番还要多。轻工业部也提出，主要轻工产品 5 年翻一番。

高指标使得基本建设规模急剧扩大。1969 年，包括工业在内的基本建设投资额由 1968 年的 113.06 亿元上升到 200.83 亿元，1970 年又猛增到 312.55 亿元，1971 年再增长到 340.84 亿元。[①]

这样，1971 年就出现了"三个突破"。即全国职工人数达到了 5318 万人，突破 5000 万人；工资总额达到 302 亿元，突破 300 亿元；粮食销量达到 427.5 亿公斤，突破 400 亿公斤。"三个突破"超过了我国农业和轻工业的承受能力，超过了我国财力和物力允许的限度，必须进行调整。

1971 年 9 月，林彪集团的政变阴谋被粉碎以后，在毛泽东的支持下，周恩来主持了党中央的日常工作。周恩来在批判林彪集团的过程中，联系经济战线的实际，着手解决林彪一伙干扰破坏造成的恶果。他先以很大的精力解决"三个突破"的问题。他在 1971 年 12 月 16 日~1972 年 2 月 12 日举行的全国计划会议上，就严肃地指出了"三个突破"的危害，要全党注意解决。但是，由于开展批林整风，又有江青一伙的干扰，以致这个指示在实际工作中没有得到真正的贯彻。

1972 年，"三个突破"还在继续发展，年底职工人数达到了 5610 万人，又超计划招收职工 183 万人；职工工资总额达到 340 亿元，比 1971 年又增加 38 亿元；粮食销量达到 463.6 亿公斤，比 1971 年又增加 36.1 亿公斤。而当年的粮食统购量只有 396.35 亿公斤，差额很大。为了解决这个问题，除增加进口以外，不得不动用粮食库存。这

---

①《中国统计年鉴》(1984)，中国统计出版社 1985 年版，第 301 页。

就又出现了粮食工作上的"一个窟窿"。在这种情况下，周恩来在1973年2月再一次提出了这个问题。他要求一定要狠抓"三个突破"、"一个窟窿"的问题。

根据周恩来的指示，陆续采取了以下的调整措施：

（1）压缩工业基本建设规模。1972年和1973年，工业基本建设投资分别为327.98亿元和338.1亿元，均少于1971年。

（2）压缩工业生产高指标。经中共中央1973年5月召开的工作会议讨论，同意对"四五"计划原定的一些主要指标进行压缩和调整。决定适当放慢"大三线"建设的进度。"四五"计划原定的工业年平均增长速度为12.8%，下调为7.7%。1975年钢的生产指标，由原定的3500万~4000万吨，下调到3000万吨。

（3）精减职工。把1972年超计划招收的职工精简下来，再动员一部分1970年从农村招收的临时工和基本建设占用的常年民工以及不符合国家规定进入城镇的人口返回农村，减少500万吃商品粮的人口。1973年，不再从社会上招收新职工。此外，还大力整顿粮食销售工作，着力加强农业。

上述措施，对于纠正"三个突破"、堵塞"一个窟窿"，起到了积极的作用。

周恩来为了克服企业和工业管理方面的混乱状态，推动经济的发展，在解决"三个突破"的同时，还领导工业部门展开了对于极"左"思潮和无政府主义的批判，整顿了工业企业的管理工作，加强了工业的集中统一管理。

整顿工业企业管理工作包括以下五项内容：①按照党委领导下的厂长负责制的原则，建立生产指挥系统；②恢复和健全七项管理制度，即岗位责任制、考勤制度、技术操作规程、质量检验制度、设备管理和维修制度、安全生产制度以及经济核算制度；③抓七项指标，即产量、品种、质量、原材料燃料动力消耗、劳动生产率、成本和利润；④贯彻按劳分配原则，实行正常的考工晋级制度，进行计时工资加奖励和计件工资的试点工作；⑤落实对干部、工人和技术人员的政策。

加强集中统一管理的具体措施有以下七项：①坚持统一计划，搞好综合平衡，主要是中央和省、自治区、直辖市两级的平衡，反对各行其是；②不许乱上基本建设项目，不许随意扩大建设规模和增加建设内容；③职工总数、工资总额以及物价的控制权属于中央，任何地区、部门和个人无权擅自增加和改变，企业单位的劳动力要服从中央和省、自治区、直辖市的统一调度；④严格执行物资分配计划和订货合同，保证物资调得动，不准随意中断协作关系；⑤加强资金管理，严禁拖欠、挪用税款和利润，不准用银行贷款和企业流动资金搞基本建设；⑥中央下放的大中型企业，由省、自治区、直辖市或少数省属市管理，不能再层层下放；⑦加强纪律性，对于违反纪律的行为，要给予批评教育，违法乱纪的，要按照党纪国法给予处分和制裁。

经过调整和整顿工业的工作，1969年开始出现的经济过热状态逐步降温，工业的超高速增长也趋于下降。工业总产值的增长速度，1971年为14.7%，1972年为6.9%，1973年为9.5%。

第三节 1974~1976年，工业整顿的成效与其夭折后工业增幅的急剧下滑

在周恩来主持中央日常工作期间，工业生产、建设和整个国民经济出现转机。这不但是纠正"三个突破"的结果，也是在经济领域批判极"左"思潮的初步成效。但是，以江青为首的反革命集团（即"四人帮"）对周恩来批判极"左"十分不满。毛泽东也认为林彪不是极"左"，而是极右，当前的主要任务仍然是反对极右。江青一伙在批判极右的幌子下，于1974年发动了所谓的"批林批孔"运动，并在工业战线上提出了所谓"批回潮"的口号。江青一伙还别有用心地提出"不为错误路线生产"的口号，支持少数野心分子、打砸抢分子重演"文化大革命"初期对各级领导干部肆意辱骂、揪斗的故技。

"批林批孔"使工业重新陷于严重混乱的状态。许多企业停工停产，处于瘫痪、半瘫痪的局面，无法正常生产。以致1974年工业总产值仅比1973年增长0.6%，处于停滞状态。

"批林批孔"使有所转机的经济状态再度恶化的严峻事实，引起了党内外广大干部和群众的不满。1974年10月4日，毛泽东提议邓小平出任国务院第一副总理。接着，他陆续发表了"以安定团结为好"和"把国民经济搞上去"的指示。1975年1月13~17日，第四届全国人民代表大会第一次会议在北京举行。周恩来在政府工作报告中，重申了第三届全国人民代表大会关于20世纪实现"四化"的宏伟设想。但在大会以后，周恩来病重住院，邓小平在毛泽东支持下主持中央的日常工作。

邓小平在主持中央工作期间，以无产阶级革命家的伟大气魄，在极其困难的情况下，同"四人帮"的疯狂破坏和捣乱进行了针锋相对的斗争。邓小平提出，把国民经济搞上去，是摆在全党和全国人民面前最紧迫的任务。他为此用了最大的努力，排除"四人帮"的干扰，召开一系列重要会议，制定一系列重要文件，采取一系列果断措施，对各个方面的工作进行全面的整顿。邓小平对工业方面的整顿，给予了特别的重视，进行了卓有成效的工作。

一、整顿铁路交通秩序

"批林批孔"以来，徐州、郑州、南京、南昌等铁路局运输堵塞，津浦、京广、陇海、浙赣四条干线不能畅通，交通运输问题已经成为工业生产、建设顺利进行的重大障碍，并影响到职工的生活。邓小平决定从整顿铁路入手，打开局面。2月25日~3月8日，党中央在北京召开了解决铁路问题的全国工业书记会议。邓小平在会上提出，解决铁路问题的办法就是要加强集中统一。邓小平郑重宣布：大派小派都要解散，对闹

资产阶级派性的头头只等他一个月，再不转变，性质就变了。根据邓小平的讲话精神，中共中央于 3 月 5 日做出了《关于加强铁路工作的决定》。规定全国铁路由铁道部统一管理，在铁路系统大力恢复和健全各项必要的规章制度，整顿铁路秩序。会后，雷厉风行地贯彻决定的精神，形势迅速好转。到 4 月，堵塞严重的几个铁路局都已疏通；全国 20 个铁路局，除南昌局以外，都超额完成装车计划。铁路运输的好转，推动了工业生产。1975 年 1~4 月，全国工业总产值比 1974 年同期增长了 19.4%。

二、整顿钢铁工业生产秩序

铁路整顿工作的成功，全国为之震动，广大职工欢欣鼓舞。党中央决定乘胜前进，整顿钢铁生产秩序，解决前 4 个月欠产 195 万吨钢的问题。5 月 8~10 日，党中央在北京召开钢铁工业座谈会。邓小平提出了四条整顿办法：①从冶金部到工厂都要建立起强有力的、敢字当头的、有能力的领导班子，不能软、懒、散；②发动群众同资产阶级派性做斗争，寸土必争，寸步不让；③落实好政策，把受运动伤害的老工人、老干部、老劳模和技术骨干的积极性调动起来；④把必要的规章制度建立起来，大钢厂要有单独的、强有力的生产指挥系统。座谈会确定，全年 2600 万吨钢的生产指标不能降，欠产要补上，几个大钢厂要限期扭转局面。冶金部根据中央的指示和座谈会的精神，对企业进行了初步整顿。6 月，钢铁日产水平就超过年计划的平均日产水平，达到 72400 吨。

三、着手整顿整个工业

6 月 16 日~8 月 11 日，国务院召开计划工作务虚会，就经济工作的路线、方针和政策问题进行讨论。会议指出，当前经济生活中的主要问题是乱和散，必须狠抓整顿，强调集中。要整顿软、懒、散的班子；对职工要严格训练和严格要求；要建立岗位责任制等各项生产管理制度；等等。会议还对国家计划委员会起草的《关于加快工业发展的若干问题》（即"十四条"）进行了讨论。在讨论过程中，邓小平又提出了一些重要补充、修改意见。国家计划委员会根据这些意见加以修改，由"十四条"发展为"二十条"。

"二十条"有以下八项主要内容：

（1）不能把搞好生产当作"唯生产力论"和业务挂帅进行批判，学习理论必须促进安定团结、促进生产发展。

（2）要调整"勇敢分子"当权的领导班子，把坏人篡夺的权力夺回来。

（3）要划清造反派、反潮流分子同先进分子的界限，继续在职工中划分造反派和保守派是错误的。

（4）要建立以岗位责任制为中心的生产管理制度，建立强有力的、独立工作的生产指挥系统。

（5）必须虚心学习外国的一切先进的东西，有计划、有重点地引进国外的先进技术。

（6）不劳动者不得食，各尽所能、按劳分配是社会主义的分配原则。在现阶段，它是适合生产力发展要求的，必须坚持实行。不分劳动轻重、能力强弱、贡献大小，在分配上都一样，不利于调动群众的社会主义积极性。

（7）所有干部、工人、科技人员都要走又红又专的道路。

（8）必须加强纪律性，对违反纪律的行为要批评教育，严重的要给予处分，直至开除厂籍。

《关于加快工业发展的若干问题》实际上是在工业方面先提出的系统地进行拨乱反正的指导性文件。邓小平评价说：需要有这样一个文件。

然而，由于江青一伙从中作梗，"二十条"没有形成正式文件。但是，它的基本精神对工业部门具有很大影响。国务院的一些工业部纷纷学习这种做法，起草关于企业管理、基本建设管理、物资管理、财政管理、物价管理和劳动管理等方面的专门条例和规定。

经过 1975 年短短一年的整顿，我国工业形势出现了明显好转。正气抬头了，林彪、江青两个反革命集团长期培植的一小撮野心家、打砸抢分子及其煽动的极"左"思潮和无政府主义受到了打击，生产秩序大为好转，各项工作都有起色。1975 年工业比 1974 年增长了 15.5%。

邓小平所进行的一系列整顿工作，实际上触及了对于"文化大革命"这一全局性错误的批判，不但为"四人帮"所反对，也为毛泽东所不容。所以，在 1976 年 1 月 8 日周恩来逝世后，就发动了所谓"批邓、反击右倾翻案风"运动。工业整顿从此夭折，工业好转的形势毁于一旦，工矿企业的生产秩序受到严重破坏，工业发展又一次遭受曲折。1976 年，工业总产值增幅比 1975 年下降了 13.1%。

同周恩来主持工作期间所进行的工业调整工作一样，邓小平主持工作期间所进行的工业整顿，都不可能真正进行到底。这就充分证明：不从全局上否定"文化大革命"，不粉碎江青反革命集团，工业和整个国民经济的发展都是不可能的。

第二十一章 "三线"地区的工业建设

第一节 "三线"地区工业建设的过程

根据党中央和毛泽东关于加快"三线"建设的战略决策，1965 年拉开大会战的序幕，1966 年在更大的规模上展开。

关于加快"三线"建设决策的实施，大体可以划分为两个时期：

（1）前五年即"三五"时期，主要是以西南为重点开展"三线"建设。铁路运输修筑连接西南的川黔、成昆、贵昆、襄渝、湘黔等重要干线；钢铁工业建设攀枝花、酒泉、武钢、包钢、太钢五大钢铁基地；煤炭工业重点建设贵州省的六枝、水城和盘县等 12 个矿区；电力工业重点建设四川省的映秀湾、龚咀、甘肃的刘家峡等水电站和四川省的夹江、湖北省的青山等火电站；石油工业重点开发四川省的天然气；机械工业重点建设四川德阳重机厂、东风电机厂、贵州轴承厂等；化学工业建设主要是为国防服务的项目。五年累计，内地建设投资达到 611.15 亿元，占全国基本建设投资的 66.8%。其中，"三线"地区的 11 个省、自治区的投资为 482.43 亿元，占基本建设投资总额的 52.7%。

（2）后五年即"四五"时期，"三线"建设的重点转向"三西"（豫西、鄂西、湘西）地区，同时继续进行大西南的建设。这期间，根据经济发展状况和战备的要求，将全国划分为西南、西北、中原、华南、华东、华北、东北、山东、闽赣和新疆 10 个经济协作区。要求每个协作区逐步建立不同水平、各有特点、各自为战、大力协同的工业体系或经济体系，特别是要有计划、有步骤地发展冶金、国防、机械、燃料和化学等工业部门。这五年，内地投资所占比重稍有下降，五年累计为 898.67 亿元，占全国基本建设投资的 53.5%。其中，"三线" 11 个省、自治区的投资额为 690.98 亿元，占全国基本建设投资总额的 41.1%。

加快"三线"战略后方的建设，是循着两种方式进行的。一种方式是沿海地区老企业向"三线"地区搬迁;另一种方式是投资新建。前一种方式也伴有部分新投资,以搬迁的部分为基础,加以补充或扩建;后一种方式,主要采取老工业区、老企业支援新建项目的办法,而且强调支援"三线""人要好人、马要好马",对口包干,负责到底。这就加快了建设进度,使建设项目能在较短的时间内竣工投产。

因此,"三线"建设是我国沿海地区工业生产能力向腹地的一次大推移。在工业技术和管理经验上,是继"一五"时期之后,又一次全国性的传播与扩散。1965 年,国家基本建设委员会在北京专门召开全国搬迁工作会议,研究布置 1966 年的搬迁工作,就"三五"计划期间的搬迁规划交换意见。会议确定,搬迁项目要实行大分散、小集中的原则,少数国防尖端项目要分散、靠山、隐蔽,有的还要进洞。1966 年 5 月 9 日,国家计划委员会和国家建设管理委员会就老工业基地、老企业支援内地建设问题,要求担负支援任务的地区和单位,要从筹建、施工到建成投产一包到底。包括为新厂配备领导班子和技术骨干,提供设备和材料,承担试验研究工作和提供技术资料,为投产初期提供必需的备品备件等。据 1971 年统计,1964 年以来,全国内迁项目共计 380 个,包括 14.5 万名职工和 3.8 万多台设备。

林彪集团对"三线"建设进行了严重的干扰和破坏。他们片面地强调"三线"工厂布点要靠山、分散、隐蔽,要进洞,人为地割断生产的有机联系。同时,他们又在全国范围内搞独立、完整的大军工体系,盲目批项目、要投资。他们鼓吹要"用打仗的观点,观察一切、检查一切、落实一切""打仗就是比例",为他们盲目扩大军工生产、冲击国家计划制造论据。1969 年 6 月,黄永胜、吴法宪、叶群、李作鹏、邱会作等把持的军委办事组召开会议,提出了一个庞大的国防建设计划,对国民经济的发展造成了很大的冲击。1969 年的国防战备费比 1968 年猛增了 34%。1970 年和 1971 年又分别递增了 15%和 17%。1969~1971 年,国防工业和国防科研投资在国家总投资中的比重增长了很多。这不仅是造成"三个突破"的重要因素,严重地影响了国民经济的发展,而且也给"三线"建设带来了极大的危害,造成了惊人的浪费。

第二节 "三线"地区工业建设的管理

"三线"建设是采取中央、西南"三线"建设委员会和建设项目现场指挥部三级分权管理的体制。中央一级负责制定"三线"建设的方针和政策,规划建设的布局,决定具体项目和投资计划,审查批准西南"三线"建设委员会的实施方案。西南"三线"建设委员会是中央设在西南地区直接领导和指挥"三线"建设的权力机构,由中央有关部委、中共中央西南局和四川、贵州、云南三省领导干部组成,具体负责贯彻落实中央关于"三线"建设的方针、政策和建设计划,审定各个建设项目的设计方案、厂址选择和施工计划,并对实施情况进行督促、检查。建设项目现场指挥部由建设单位、设计单位、施工单位、所在地区的地方党委和物资、银行等有关部门的领导干部或代表组成，一般由建设单位的领导人"牵头"，实行党委领导下的指挥部首长负责制。指挥部的职责主要是负责具体实施项目建设计划，统一指挥和协调各有关方面的工作，保证建设项目建设任务的完成。

同上述管理体制相适应，一些部门突破传统的管理办法，采取了一些新措施。物资部门在物资管理方面，改变按行政区划设置供应机构、按行政渠道调拨物资的老框框，按建设布局和合理的物资流向设置物资供应机构，就近组织供应。当时，物资部在西南专设了指挥部，在成都、重庆、自贡、渡口等中心城市和重点建设地区设立物资局，划分供应范围，负责区内建设项目的物资供应。中央各部把一二类物资指标交物资部，由物资部统一向生产企业订货，然后直供建设单位所在地的物资局，再配套供应给建设单位。机器设备由国家设备成套总局按每个项目提出的设备清单，向有关生产企业订货，组织成套供应。三类物资由国务院财贸办公室派驻在西南的工作组（包括商业、粮食、供销社等部门的代表），会同当地财贸部门组织货源，由所在地区物资局统一供应给建设单位。这种物资管理办法，在很大程度上克服了以往建设物资的供应不配套、不及时、不对路以及环节多、流向不合理等缺点。在劳动管理方面，广泛推行了两种劳动制度。例如，建筑施工采取中央主管部门的专业建筑队伍、地方专业建筑队伍和农民建筑队伍"三结合"的办法，负责各项工程的施工任务，加快了施工进度；生产企业采取固定工、合同工和轮换工相结合的形式，节省不必要的支出，使生产第一线保持最佳劳动力。[①]

第三节　"三线"建设的主要成就和严重后果

"三线"建设的成就主要有以下三项：

（1）建成了一批重要项目。包括四川攀枝花钢铁厂、甘肃酒泉钢铁厂、成都无缝钢管厂、贵州铝厂、湖北十堰汽车厂、四川大足汽车厂、四川德阳第二重型机械厂、贵州六盘水、四川室顶山和芙蓉山等大型煤矿，以及甘肃刘家峡、湖北丹江口等大型水力、火力发电厂，等等。

（2）形成了若干新的工业中心。包括四川、贵州、云南在内的基本完整的西南机械工业基地；鄂西、湘西、豫西在内的华中地区新的机械工业中心；以机床、轴承制造为特色的汉中工业区；以机床、工具、农机配件制造为特色的关中工业区；以仪表、低压电器、农机、轴承制造为特色的天水工业区；以仪表、机床制造为特色的银川工业区；以机床、拖拉机、内燃机制造为特色的西宁工业区；攀枝花大型钢铁基地；黔

① 周太和主编：《当代中国的经济体制改革》，中国社会科学出版社1984年版，第588~592页。

西大型煤炭、电力基地；西安、成都等新兴技术中心和高、精、尖产品生产基地。

（3）"三线"地区的某些省份一跃成为工业门类齐全、机械装备程度很高的地区。整个"三线"地区的工业生产能力在全国占有很大的比重，四川尤其占有重要的位置。"三线"建设期间，四川基本建设投资规模达到393亿元，在"三线"建设总投资中占33.5%，在国家基本建设投资总额中占16%。这期间，四川新建、扩建、内迁来的以重工业为主的项目为250多个。1975年，全省固定资产原值达到182.3亿元，超过上海、黑龙江，仅次于辽宁，位居全国第二位。在四川省工业部门中，各类机床的拥有量为12.4万台，占当年全国机床拥有量的6.5%；锻压设备拥有量占全国的5.5%；炼钢能力占全国的7.1%；原煤开采能力占全国的6.8%；发电装机容量占全国的6.4%。其他如湖北、河南、陕西等省，经过"三线"建设时期的工作，都建立起了相当规模的工业基础。

这些成就凝结了"三线"建设领导者、工程技术人员和工人的辛勤劳动。

但是，"三线"建设是基于对战争危险过于严重的估计，又时值"文化大革命"时期。所以，"三线"建设的规模安排得过大，建设速度要求过快，而且没有经过充分准备，决策以后就立即上马，全面铺开。在具体实施过程中，缺乏前期的准备工作，往往是边勘探、边设计、边施工、抢进度、抢时间。有些项目的选点定址都很匆忙，搞所谓"跑马选址"。摊子铺开以后，又受到了"文化大革命"的干扰。因而，"三线"建设不仅在进行过程中出现了不少问题，而且留下了许多长期不易甚至无法解决的问题，成为影响我国经济发展的重要因素。

（1）建设不配套。有些工业项目与城市或工矿区的建设不配套，生活服务和公用事业跟不上；有些工业项目内部也不配套，辅助部分上不去，形不成综合生产能力。

（2）选址失误，或者厂区布置不当。有的项目虽然建成了，因为缺水、缺电，或者交通运输有问题，根本不具备正常生产的条件。厂址靠山、分散、隐蔽甚至进洞，使一些项目的厂区布置极不合理，增加了投资，加大了以后的生产费用。有的工厂进洞过深，造成长期隐患。

（3）生产成本高。许多项目地处山区，大搞防洪工程、厂外管线、道路和社会服务设施。这类固定资产的比重大，运输费用高，增加了生产成本。

（4）有的建设项目生产方向不明确，建成以后没有具体任务；有的建设项目原定的生产方向不适合需要，有待转产；有的连转产都困难；有的虽然能够转产，经济上也不合算。

（5）企业管理工作薄弱，职工队伍不稳定。

（6）区域工业组织工作跟不上，外部生产协作条件差。

这些问题使"三线"地区的工业生产能力不能充分发挥作用，设备的利用率很低。1975年，"三线"地区工业固定资产原值占全国工业固定资产原值的35%，而工业产值在全国工业总产值中仅占25%。西南地区的机械工业，每个职工平均拥有的固定资产在全国排第一位，而每万元固定资产计算的产值和劳动生产率，在全国却是倒数第一位。

　　除了"三线"建设本身存在问题以外，要求过快过急的"三线"建设，对我国整个工业乃至对国民经济的全局，都产生了重大的消极作用。这主要表现在以下几个方面：

　　（1）影响了沿海地区工业的发展。"三五"时期，沿海地区的投资降到了新中国成立以来的最低点，在全国基本建设投资总额中仅占30.9%，比"一五"时期下降了10.9个百分点。"四五"时期，沿海地区的投资虽然有所回升，还是比"一五"时期低2.2个百分点。这就直接影响了老企业和老工业基地的技术改造，不利于充分发挥沿海原有工业基础的作用。"三五"时期，用于改建和扩建老企业和老工业基地项目的投资额比"一五"时期下降了12.4个百分点；"四五"时期又下降了2.6个百分点。

　　（2）影响了轻工业的发展。"三五"时期，轻工业投资在全国基本建设投资总额中占4.4%；"四五"时期，占5.8%，都低于"一五"时期6.4%的水平。[①]造成轻工业投资下降的一个直接原因，就是大量投资用在"三线"地区的重工业建设。

　　（3）国民经济许多部门的发展都受到了不同程度的影响。在国民经济基本建设投资总额构成中，低于"一五"时期投资比重的部门还有建筑业、地质勘探、商业饮食服务业、物资供销、科研文教卫生、社会福利以及城市公用事业等。

---

①《中国统计年鉴》（1984），中国统计出版社1985年版，第308页。

第二十二章 国有地方小型工业的发展

经过20世纪60年代前半期的国民经济调整，在"大跃进"年代发展起来的地方"小、土、群"工业纷纷下马。进入20世纪60年代后半期，随着"三五"的执行，发展地方"五小"工业的问题又重新提了出来。

这一次提出加快发展地方"五小"工业，是服从于急于求成的片面追求经济增长速度的发展战略，特别是直接服从于加速实现农业机械化任务的需要。即以支援农业为主要目标，举办为农业服务的小钢铁、小机械、小化肥、小煤窑、小水泥等"五小"工业。而且，20世纪60年代末和70年代初进行的经济管理体制的改进，也为地方"五小"工业的发展创造了有利的体制条件。

由于"文化大革命"初期的剧烈动荡，地方"五小"工业的发展一度受到严重影响。1970年2月，全国计划会议重新强调要大力发展地方"五小"工业，各省、自治区、直辖市都要建立自己的小煤矿、小钢铁厂、小有色金属厂矿、小化肥厂、小电站、小水泥厂和小机械厂，形成为农业服务的地方工业体系。1971年8月，国务院在关于加速实现农业机械化问题的报告中，把发展以钢铁等原材料为主的地方"五小"工业，看作是加速实现农业机械化的重要物质基础。

为此，国家对"五小"工业的发展，提供了重要的财政支持。1970~1974年，中央财政安排了80亿元专项资金，由省、自治区、直辖市统一掌握，重点使用、扶植"五小"工业的发展；新建的县办"五小"企业，在两三年内所得的利润，60%留给县级财政，继续用于发展"五小"工业；对于暂时亏损的"五小"工业，经省、自治区、直辖市批准，可以由财政给予补贴，或者在一定时期内减免税收，资金确有困难的，银行或信用社还可以给予贷款支持。

地方对于发展"五小"工业有更大的积极性。这是因为举办"五小"工业不仅可以满足当地的需要，支援农业的发展，而且能够解决日益突出的劳动就业问题，增加地方的财政收入，解救地方的财政困难。所以，除中央财政支持之外，地、县两级的投资也逐年增加。1970年地方财政预算外资金用于发展"五小"工业的投资只有100万元，1975年增加到2.79亿元。

"五小"工业在上述多种因素的推动下，很快又发展起来。1970年，全国有将近

300 个县、市办起了小钢铁厂，有 20 多个省、自治区、直辖市建起了手扶拖拉机厂、小型动力机械厂和各种小型农机具制造厂，有 90% 左右的县建立了农机修造厂。到 1975 年"五小"工业中的钢、原煤、水泥和化肥年产量分别占全国总产量的 6.8%、37.1%、58.8% 和 69%。

农业机械、化肥、水泥是直接为农业生产、建设服务的行业。1966~1976 年，"五小"工业企业在这三个行业更是有长足的发展。因而"小农机"、"小氮肥"、"小水泥"构成了"五小"工业的骨干力量。

这一时期，"五小"工业的发展由于受到急于求成指导思想的影响，上得过急、过猛，盲目性很大，出现了许多问题：

（1）片面强调加速发展地方"五小"工业，忽视国民经济的综合平衡。20 世纪 70 年代初国民经济出现"三个突破"，其中一个重要的原因，就是"五小"工业发展过快。1970~1971 年仅县办工业就新增职工 400 万人，占这两年全国新增职工的 40.7%。

（2）在确定项目、选择厂址上，缺乏统一规划，不做技术经济论证，一哄而起，重复布点。建成了许多工厂，产品却没有销路，农机修造厂的发展就是这样，出现了生产能力过剩的问题。原料来源没落实，燃料动力没有保障，这特别表现在小氮肥的发展上。再就是不问技术上是否具备条件，盲目建厂，长期亏损。

（3）片面强调所谓土法上马，结果是设备陈旧，生产工艺落后，消耗大，成本高，产品质量差。

（4）在一味突出发展重工业、强调形成地方工业体系的思想支配下，忽视举办投资少、见效快而又不与大工业争原材料、争能源的轻工业项目，对发展传统手工业的重视也不够。

1973 年 2 月，周恩来指出了当时"五小"工业发展中的问题，提出了发展"五小"的原则和解决问题的措施，指出要对现有"五小"企业进行整顿。但在当时的条件下，这些指示并没有得到认真的贯彻，问题也没有真正得到解决。

第二十三章　集体工业的发展

第一节　城镇集体工业的发展

经过经济调整，到 1965 年城镇集体工业得到恢复，并有了一定的发展。但是，在"文化大革命"中，又一次刮起平调风，对城镇集体所有制工业实行上收或者下放，转产或者合并，还搞所谓"升级"、"过渡"。北京市二轻局系统的 110 个合作工厂中有 60 个"过渡"为国营工厂。

"文化大革命"时期对城镇集体工业的管理，在许多方面还采取了类似对国营工业的管理办法。特别是对"大集体"企业的管理，处处套用国营企业的管理办法，在财务上实行地方政府主管局统一核算、统负盈亏和资金统一供给的办法，"吃大锅饭"。企业的供产销活动和人财物的管理也由主管局决定。但城镇集体工业在原材料、机器设备、燃料的供应上，不能享受同国营工业一样的待遇。当时的计划和物资部门是按照"先国营、后集体"的原则进行安排。缺口大的时候，只给国营企业，不给集体企业。有些集体工业企业的产品已经在国内外市场上享有盛誉，但他们的物资供应还不能纳入国家计划给予保证。街道集体工业一直被电力部门列为非生产单位，不仅不能根据生产需要供应电力，电价也高于国营企业。在劳动政策上，对集体工业企业的招工限制很多，常常规定必须招收素质低的社会闲散人员和病残青年。城镇集体工业的工资待遇，一方面，规定要参照国营企业的工资制度和升级办法，不能自行其是；另一方面，又规定他们的工资水平和福利标准不能向国营企业职工看齐，只能低于国营企业。在集体工业内部，又规定"小集体"企业要低于"大集体"企业。就连粮食的补助也要按国营、"大集体"、"小集体"划分等级，依次递减。所有这些都必然限制了城镇集体工业的发展。

然而，城镇集体工业毕竟不同于全民所有制工业的"大锅饭"和"铁饭碗"。因而在十年动乱期间，它并不像全民所有制企业那样，搞什么"停产闹革命"，大体上还能够正常生产。再加上"文化大革命"时期，有大量知识青年待业，城镇集体工业成为他们就业的重要出路。同时，安排就业又有有利条件。据上海市手工业局调查，局属集体工业企业安排一个劳动力所需要的技术装备只有 2278 元。全民所有制企业却要10049 元。集体工业依靠这个有利条件使大批知识青年走上了工作岗位。

在城镇集体工业的发展中，街道工业是一支活跃的力量。街道工业被称为"小集体"。它的发展，完全靠自己筹集资金，自己寻找原材料，自己打开产品销路，实行完全意义上的独立核算，自负盈亏。在隶属关系和管理体制上，既不属于各级政府的主管部、局，也不属于二轻系统，一般都是街道办事处为解决待业青年的就业问题和困难户的生计问题办起来的。1970 年以后，一些国营厂矿、机关和事业单位，为解决本单位子女和家属的就业问题，也纷纷仿照街道工厂的办法办起家属工厂。这些企业由于有本单位的支持，比一般街道工厂的条件要好一些。当时，整个工业生产不正常，一些国营工厂不得不较多地发展外加工，或将某些产品转移出去。"小集体"工业便利用这种机会谋求生存和发展。有的利用大工业的边角废料搞加工，有的直接承担大工业的加工任务，还有的为大工业拾遗补阙。

这样，按不变价格计算，1965~1976 年，城镇集体工业产值由 133.1 亿元增加到489.4 亿元，占工业总产值的比重由 9.9%上升到 15%。[①]

第二节　农村社队工业的发展

我国农村社队工业在 20 世纪 50 年代末和 60 年代初大发展以后，经历了一个收缩和下马的时期。1958 年，社办工业产值达到 60 多亿元，1961 年下降到 19.8 亿元，1963 年又下降为 4.2 亿元。此后，随着农业生产的逐步恢复和发展，社队工业也开始缓慢恢复。1965 年，社办工业产值恢复到了 5.3 亿元。[②] 在接下来的十年动乱时期，虽然大批所谓的资本主义，不间断地给社队工业的恢复和发展设置了许多障碍，但并没能挡住农村社队工业勃兴的势头。

20 世纪 60 年代后半期，特别是进入 70 年代，农村社队工业的勃兴不是偶然的。它是我国农村经济发展的产物，是广大农民要求开辟新的生产门路、改变穷困状况的产物。20 世纪 50 年代末期，社队工业的兴办和发展虽然也有这个因素，然而，更大的成分是"大跃进"年代全民"为钢铁翻番而战"的产物，而且一拥而上，丢了农业，缺乏扎实的基础。这次农村社队工业的勃兴则不然。农业生产特别是粮食生产已经得到恢复，并有了新的发展。1976 年粮食产量达到 28631 万吨，比 1965 年增产 9178 万

　　①《中国统计年鉴》(1983)，中国统计出版社 1984 年版，第 213~215 页。
　　②《中国统计年鉴》(1983)，中国统计出版社 1984 年版，第 214 页。

吨，增长了 47.2%。粮食生产的发展，提供了社队工业发展的基础。我国本来农村人口多，耕地不足。20 世纪 60 年代后期，劳动力过剩已经成为广大农村的一个大问题。这就推动农民千方百计去开辟新的生产门路，走办工业的道路。

十年动乱，一方面，给社队工业造成了困难；另一方面，客观上又在某些方面造成了社队工业发展的条件。从城市党政机关、科学研究机构、大专院校下放的各类人员和"上山下乡"知识青年，给农村带来了科学文化、技术知识和经济信息，加上当时大工业开工不足，市场又有急迫的需求，这些就成为社队工业赖以发展的有利因素。

农村社队工业同城镇小集体工业一样，初创阶段困难很多，机器设备和劳动条件甚至更加简陋。社队工业的兴办和存在是"寄生"在农业身上的，国家计划中没有它的位置，各级经委和工业主管部、局也不管它。因而，在机器设备、原材料和燃料的供应上就没有可靠的来源；在产品销售上也没有稳定的渠道。在这些方面，比城镇集体工业的"待遇"更低。但是，这种特殊的情形，在某种意义上又使它比城镇集体工业具有更强的生命力。

（1）由于它处在"两不管"的夹缝，即身在农口，工业不管它；在农口又不务农，农口也管不了多少，这就使它得以享有比较完全的经营管理自主权，谋求生存和发展。

（2）因为计划部门没有它的户头，所以它一开始就同市场建立起密切的联系，在竞争中安排供、产、销活动，并接受市场机制的考验与检验，使它具有较强的应变能力和竞争能力。

（3）它同农业有着直接的联系，较早地吸收了农业劳动管理中的优点，实行了比较灵活的劳动制度和分配制度，没有城市工业中吃"大锅饭"的弊病。所以，在装备程度低的情况下，能够有较高的劳动生产率。农村社队工业的这些长处，在很大程度上弥补了它的短处，使其较快地壮大了自己。

1975 年，邓小平主持中央日常工作，对于社队工业明确肯定，积极支持，确定它的发展方针主要是为农业生产服务，为人民生活服务，有条件的也要为大工业、为出口服务；要充分利用本地资源，发展种植业、养殖业、加工业和采矿业；要求各级党委采取有力措施，推动社队工业更好更快地发展。这样，社队工业的前进步伐更快了。

1965~1976 年，按不变价格计算，社队工业产值由 5.3 亿元增长到 123.9 亿元；在工业总产值中的比重由 0.4% 上升到 3.8%。[①]

社队工业的发展，显示出其在繁荣农村经济中越来越重要的作用。据统计，1971 年，社队工业在农、林、牧、副、渔、工六业总产值中的比重还只有 6.9%；1976 年，已经提高到 16.9%。社队工业在发展农业机械化事业、开展农田水利建设和帮助贫困队改变面貌方面，从资金上给予有力的支持。

社队工业的发展，为农村剩余劳动力提供了一条重要出路，增加了农民的收入。

①《中国统计年鉴》（1983），中国统计出版社 1984 年版，第 214~215 页。

1976 年，在社队工业中务工的社员达到了 1769.8 万人，约占农村劳动力的 6%。

这期间社队工业的发展开始突破当地资源和市场的局限，逐渐形成包括采矿、冶炼、机械制造、石油、化工、电子、仪表、建材、轻工、纺织等众多门类的工业，成为工业的一支重要力量。

第二十四章　工业经济管理体制的再次改进与企业领导制度的变动

第一节　工业经济管理体制的再次改进

一、工业经济管理体制再次改进的历史背景

从 1970 年开始，我国又进行了一次工业经济管理体制改进。这是继 1958 年以后的又一次改进。

20 世纪 50 年代后期的改进，不仅没有解决原有体制的弊病，而且由于受"大跃进"时期"左"倾思想的影响，导致经济工作处于半无政府状态。而后进行的经济调整，不得不重新强调集中统一，收回下放的权力。这样，不仅在事实上取消了大部分改进措施，而且，原有体制中的高度集权在某种程度上较之前更为严重。我国工业管理体制又从"一放就乱"走到了"一收就死"。其主要表现是：企业上收过头，地方的管理权限又缩小了。1957 年，企业下放地方以前，中央各部所属企事业单位共计 9300 多个，工业产值占整个工业总产值的 39.7%。1958 年，企业下放地方以后，中央各部所属企事业单位减少到 1200 个，工业产值所占比重降低为 13.8%。下放企业上收以后，包括新建的企业在内，1965 年中央各部直属企事业单位达到 10533 个，工业产值在整个工业总产值中的比重上升到 42.2%，其中属于生产资料的部分占到 55.1%。[①] 中央各部管理这么多企业，不得不把主要精力用在日常供、产、销的调度上，去管那些不该管也管不了的事情。与此同时，地方管理工业的权限大大缩小了，企业的自主权也缩小了。不仅在许多方面恢复到改革以前的状况，而且有些方面的集权程度比过去更严重了。例如，在财权方面，又停止执行从 1957 年起实行的利润留成制度，缩小了企业

---

① 周太和：《当代中国的经济体制改革》，中国社会科学出版社 1984 年版，第 70、100 页。

的财权。

工业管理体制的更加集权，有利于国民经济的调整，较快地渡过了经济困难时期，但又把经济活动管死了，不利于调动地方和企业的积极性。这样，地方和企业都迫切要求改变现状。

这次改进工业管理体制，又是实现"四五"高指标的需要。

调整时期，党和政府对于集权过多带来的问题实际上已有觉察。随着调整工作的完成，党中央和国务院也已经着手采取措施，适当扩大地方的权限，对工业管理体制的某些环节进行改革性的试验。

1966 年 2 月，毛泽东在给刘少奇的一封信中说："一切统一于中央，卡得死死的，不是好办法。"①接着，他在杭州政治局扩大会议上又提出"虚君共和"的主张。他说：中央还是虚君共和好。中央只管虚，只管政策方针，不管实或少管点实。他批评中央部门对下放的工厂，凡是收的都叫他们调出中央，到地方去，"连人带马"都出去。

但是，"文化大革命"的发动，推迟了这一行动。然而"四五"计划提出的高指标，并大办"五小"工业，建设不同水平、各有特点、各自为战、大力协同的经济协作区和各省、自治区、直辖市的地方工业体系的目标，要求扩大地方的管理权限。这样，在经过 1967~1968 年最混乱的两年以后，1969 年，动荡的局面稍有平息，有可能重新提出工业经济管理体制改进的问题。

这次工业经济管理体制改进提出的主要课题，还是解决中央集权与地方的分权问题，扩大地方对于工业和整个经济的管理权。这样，下放中央直属企事业单位，并相应地下放财政管理权、物资管理权和计划管理权，就成为改革的主要内容。同时，适当调整国家与企业之间的关系，扩大企业的权力。

二、工业经济管理体制再次改进的过程

（一）工业经济管理体制再次改进的措施

1. 下放企业

1969 年 2 月 26 日~3 月 24 日，在全国计划座谈会上，曾经就工业经济管理体制改进问题进行专门讨论。当时，先考虑的是企业管理体制问题。会议提出，要以"块块"（即地方）管理为主。中央直属企业可以分为地方管理、中央管理和双重领导三种形式。

1970 年 3 月 5 日，国务院发布关于各部直属企业下放地方管理的通知，要求国务院工业交通各部把绝大部分直属企业、事业单位下放给地方管理；少数由中央主管部和地方双重领导，以地方为主；极少数的大型或骨干企业，由中央和地方双重领导，以中央为主。正在施工的基本建设项目也按这样的精神，分别下放给地方管理。规定企业下放要在 1970 年完成。根据国务院通知的要求，一场以下放企业为中心的改进工业管理体制的工作，便在全国范围内展开了。经过 1970 年这次大规模的企业下放，连

---

① 毛泽东：《关于农业机械化问题的一封信》，《人民日报》，1997 年 12 月 26 日。

同在这以前煤炭工业部先行下放的 22 个矿务局，中央部属企业（不含军工企业）剩下 142 家，比 1965 年的 10533 家减少了 98.6%；这些企业的工业产值在全民所有制工业总产值中的比重下降 8%左右。[①]其中，第八机械工业部与第一机械工业部 1970 年 4 月合并后，机械工业部系统共有部属企业 310 个，到年底，共下放企业 277 个，占 89%。第一汽车厂、第二汽车厂、第一重机厂、第二重机厂、洛阳拖拉机厂、西安电力机械制造公司等关系国民经济全局的重点骨干企业，也都下放给地方。冶金工业部原有 70 个直属大型联合企业、重点建设单位和主要特殊钢厂，除两个独立矿山、攀枝花钢铁公司和长城钢厂外，包括鞍山钢铁公司、武汉钢铁公司、包头钢铁公司、太原钢铁公司、首都钢铁公司等 24 个钢铁企业在内，都下放给省、自治区、直辖市管理，或双重领导（以地方为主）。煤炭工业部系统原有 72 个直属矿务局，全部下放给地方管理。纺织工业部系统的棉、毛、麻、丝等纺织加工行业的企业，自 1958 年下放以后，一直由地方管理；主要是纺织机械行业的企业自 1963 年上收以后，由纺织工业部归口管理。1970 年，又将这个行业的 24 个骨干厂全部下放给地方管理。

中央部属企业、事业单位的下放，有两种情况：多数下放到省、自治区、直辖市一级；一部分下放到省、自治区、直辖市后又继续下放，有的下放到省属市，有的一直下放到区、县、市，出现层层下放的情况。

随着中央部属企业的下放，有些省属企业也纷纷下放。冶金系统中有的省属企业下放到了专区，有的一直下放到县或镇。

2. 下放财权、物权和计划管理权

下放财权、物权和计划管理权是扩大地方工业管理权限的必要组成部分，也是企业下放提出的要求。在这些方面主要采取了以下措施：

第一，实行财政大包干。以扩大地方财权为重要内容的财政体制改革，基本办法是实行大包干。1971~1973 年，实行收支包干的体制，即"定收定支，收支包干"。凡地方收支核定后收入大于支出的，包干上缴中央财政；支出大于收入的，由中央财政按差额包干补助；结余留用，或者实行全额分成。关于收支的划分范围是：国家财政收入中，除中央部属企业收入和关税收入归中央外，其余全部归地方；国家财政支出中，除中央部门直接管理的基本建设、国防战备、对外援助、国家物资储备等支出归中央外，其余划归地方。地方的预算收支，经中央综合平衡，核定下达。

大包干以后，短收和超支，地方自求平衡；超收或者结余，也归地方使用。这就调动了地方努力增收节支的积极性；同时，随着大批中央部属企、事业单位的下放，也进一步扩大了地方财权。但在执行中遇到了一些新的矛盾：一是收入打不准。年初分配给地方的财政收入指标，很难完全符合实际。结果，有的地区超收很多，有的地区没有超收甚至短收，造成地方机动财力过于悬殊，苦乐不均。二是留给地方的机动财力不稳定。因为即使是同一个地区，也存在有的年份超收很多、有的年份又超收很

---

① 周太和主编：《当代中国的经济体制改革》，中国社会科学出版社 1984 年版，第 137、297 页。

少甚至短收的情况，机动财力极不稳定，不利于地方统筹安排各项收支。三是包不死。因为超收的全部归地方支配，短收的不能保证上缴，还要中央补贴，实际上只包了一头。四是有些地区又把包干指标层层下包，导致地方机动财力分散。

为了克服这些缺陷，新办法实行一年后，做了部分改变，即超收不满 1 亿元的，全部归地方；超过 1 亿元的，超收部分上缴中央财政 50%。但是，1972 年预算执行的结果是上述问题仍然没有解决。当年 14 个地区超收，地方共留成 9.3 亿元；15 个地区短收，共计 21.8 亿元。这些地区不仅不能保证上缴，中央还补贴它们 8 亿元。这就增加了中央财政的困难。

1974~1975 年，在华北、东北地区和江苏省试行"收入按固定比例留成"的办法，即地方从负责组织的收入中，按一定的比例提取地方机动财力，超收另定分成比例，支出按指标包干。这个办法在肯定包干的前提下，对原来的办法做了较大的变更，既使地方在固定留成中保持一个相对稳定的机动财力，又鼓励地方努力增收，以获得一部分超收分成。但这种办法也存在缺陷，即在执行过程中，收支脱钩，短收不影响支出，地方无压力，平衡的任务都落在了中央财政的身上。

1976 年改行"收支挂钩、总额分成"的体制，即在地方定收定支后，多收可以多支，少收就要少支，总额分成，一年一定，类似 1959 年实行的"总额分成"制度。

在实行财政大包干的同时，还对基本建设管理体制进行改革，实行基本建设投资大包干，扩大地方的基本建设投资权。具体的办法是：按照国家规定的基本建设任务，由地方负责包干建设，投资、设备、材料均由地方统筹安排，调剂使用，结余归地方。少数重点项目，地方单独承担有困难的，实行双重领导。从 1974 年起，基本建设投资改按"四、三、三"的比例分配，即基本建设投资额中的 40%由中央主管部掌握使用；30%由中央主管部商同地方共同安排；其余 30%由地方自行掌握使用，以扩大地方对基本建设投资的管理权。

为了支持"五小"工业的发展，中央财政 1970~1974 年，拨出 80 亿元作为发展"五小"工业专项基金，交各省、自治区、直辖市使用。

第二，下放物资管理权，实行物资分配大包干。下放物资管理权，一是减少国家统配和部管物资的种类。从 1972 年起，国家统配和部管物资的种类，由 1966 年的 579 种减少到 217 种。其中，国家统配物资由 326 种减少到 49 种，部管物资从 253 种减少到 168 种，其余的物资管理权一律放下去。二是把下放企业的物资分配和供应工作同时下放给地方管理。1972 年，先在华北地区和江苏省进行试点，有 400 多个下放企事业单位的物资分配和供应工作移交给了地方。

对部分重要物资试行"地区平衡，差额调拨"，即在国家统一计划下，实行地区平衡，差额调拨，品种调剂，保证上缴的大包干办法。从 1971 年起，在全国范围内对水泥实行"地区平衡，差额调拨"；煤炭在 20 个省的范围内实行这一办法；钢材、纯碱、烧碱、汽车、轮胎等产品在辽宁、上海、天津等省、直辖市实行地区平衡。从 1972 年起，在华北协作区和江苏省对国家统配和部管物资全面试行地区平衡的包干试点，以地方为主组织物资的分配和供应工作。

第三，改进计划管理体制，计划管理体制改进的目标是实行在中央统一领导下，自下而上、上下结合，"块块"为主、"条""块"结合的管理体制，在地区和部门计划的基础上，制定全国统一的计划。但由于扩大地方经济管理权出现了一些新的问题，更由于"文化大革命"内乱不止，实际上，计划管理体制的改进大半并未付诸实施。

3. 简化税收、信贷和劳动工资制度

在税收、信贷、劳动工资等方面的措施，是循着缩小它们的职能、削弱它们的作用的方向进行变动的，是同改进的要求背道而驰的，并不能算是改进的措施。

第一，简化税制。1957 年以前，适应我国当时多种经济成分并存的情况，采用的是多种税、多次征的复税制。1958 年曾经进行过一次简化税制。1970 年，再次提出改进国营企业的工商税制度，并在一些地区进行了同一行业大体采用同一税率计征纳税的试点。1972 年 3 月 30 日，国务院颁发《中华人民共和国工商税条例（草案）》，对这次税制改进的具体办法，做了以下规定：

（1）合并税种，把工商统一税及其附加、城市房地产税、车船使用牌照税、盐税、屠宰税等几个税种统一合并为工商税一个税种。对国营企业，只征收工商税；对集体所有制企业，在征收工商税以后，再征所得税，改变了对一个企业征多种税的做法。

（2）简化税目、税率。税目由过去的 108 个减为 44 个，税率由过去的 141 个减为82 个。多数企业可以简化到只用 1 个税率征税。

（3）一部分税收管理权下放给地方，赋予地方对当地新兴工业、"五小"企业、社队企业以及综合利用、协作生产等确定征税或减免税的权力。

第二，简化信贷制度。具体做法是，合并机构，下放权力，改变信贷方式，简化利率种类，下调利率水平等。1970 年 5 月 12 日，国务院根据中国人民银行军代表的报告，决定撤销华侨投资公司。同年 6 月 11 日，国务院批转财政部军代表和中国人民银行军代表《关于加强基建拨款工作改革建设银行机构的报告》，决定撤销建设银行，并入中国人民银行。

1971 年 8 月 11 日，经国务院批准，全面调整银行利率。调整的原则是：适当降低利率水平，简化利率种类，取消某些优待利率。根据调整方案，对社队企业的贷款利率，由 7.2‰降低为 3.6‰；国营工商企业和城镇集体企业实行统一利率，存款利率由1.8‰降低为 1.5‰，贷款利率由 6‰降低为 4.2‰；城乡居民定期存款利率，原来存半年以上的为 2.7‰，一年以上的为 3.3‰，这次统一调整为 2.7‰。各项利率的调整，一般情况是贷款利率降低 30%左右，存款利率降低 20%左右。调整方案规定，调整利率以后，国营企业少支付的利息部分，要作为利润上缴国家。

第三，简化劳动工资制度。1971 年 11 月 30 日，国务院发出通知，决定改革全国全民所有制企业、事业单位的临时工、轮换工制度，规定常年性的生产和工作岗位上的临时工，凡是确实需要，本人政治历史清楚，表现好，年龄和健康状况又适合继续工作的，可以转为固定工。只有临时性、季节性的生产和工作岗位，才允许使用临时工。他们在工作期间的政治待遇、粮食定量和劳动保护用品等与同工种的固定工一样，凡因工死亡致残的，按固定工的劳动保险待遇执行。对于矿山井下的生产和工作岗位，从保护工人身体健康出发，可以继续试用轮换工。同时，国家还把增加临时工的批准权下放到省属市和地区。当时，全国共有900多万临时工和轮换工，其中从事常年性生产的大约有650万人。根据国务院的规定，大批临时工和轮换工转为固定工。1971年以前，临时工在职工总数中占12%~14%，改革以后下降为6%。

在工资制度上，实际上已经停止执行正常的晋级制度，计件工资制度也废止了。1969年，又把企业综合奖改变为附加工资，固定发放，取消了奖励基金制度。

4. 在一定程度上对国家与企业之间的关系进行调整

调整国家与企业之间的关系，主要措施是改革固定资产管理制度，适当扩大企业的财权。

我国的固定资产管理制度，既烦琐，又僵化，把企业的手脚捆得紧紧的，不利于企业进行技术改造。主要表现在：

（1）资金渠道多，不利于统筹安排。有的从基本折旧基金抵留，有的由财政拨款。财政拨款又划分为三项费用（技术组织措施、零星固定资产购置和劳动保护）、固定资产更新和各项专款等。

（2）基本建设投资中，有一部分是为老企业安排的属于简单再生产性质的投资，项目小，工程简单，放在一起用同样的办法管理，容易误事。

（3）各项资金"条条"控制过死，企业的机动性比较小，不利于调动企业的积极性。

针对这些问题，国家计委、财政部于1966年12月发布了《1967年固定资产更新和技术改造资金的管理办法和分配计划（草案）》，提出了以下改革办法：

（1）把三项费用、固定资产更新和基本建设中属于简单再生产性质的投资，合并为一个渠道。

（2）固定资产更新和技术改造资金，实行基本折旧基金抵留的办法，不再采用预算拨款和采取利润留成的办法。

（3）煤炭、林业、冶金等采掘、采伐企业的开拓延伸费用、固定资产更新和技术改造资金，按产量提取，摊入成本，不再提取基本折旧基金。

（4）取消短线产品措施费，锅炉、柴油机、汽车、机车四种设备更新费等专款，统一并入固定资产更新和技术改造资金开支。

（5）扩大企业机动权。基本折旧基金必须留给企业一部分；留多少，由中央各主管部或省、自治区、直辖市确定。

（6）实行基本折旧基金和大修理基金分提合用。在保证设备完好的前提下，大修理基金有多余的，可以根据生产发展的需要，由企业统筹安排，但不得用于非生产性建设。

（7）基本折旧率、大修理折旧率和煤炭、林业、冶金等采掘、采伐企业按产量提取费用的标准，由财政部统一管理。改变折旧率和提取标准，必须报财政部审批。

根据新办法，从 1967 年起，将四项费用、固定资产更新资金、从成本中提取的开拓延伸费等项资金合并，统称固定资产更新和技术改造资金，从企业提取的基本折旧基金中抵留，不再由预算拨款。地方企业因为设备陈旧，需要的更新改造资金比较多，基本折旧基金全部留作更新改造资金使用。中央各部根据设备新旧情况以 1966 年财政拨给的四项费用和固定资产更新资金占基本折旧基金的比例为基础，协商确定。最高全部留用，最低留用 30%，平均留用 56.8%。煤炭企业更新改造资金的提取标准，每吨原煤规定为 1.5 元。森林采伐企业更新改造资金的提取标准，每立方米原木规定为 6.5 元。煤炭和森林采伐企业按产量提取更新改造资金以后，不再提取开拓延伸费和基本折旧基金。1971 年，随着中央企业的下放，下放企业原来上缴财政的基本折旧基金部分，也同时下放给地方留作更新改造资金使用；中央各部，除第二机械工业部和水利电力部继续上缴 60% 以外，都留给企业作为更新改造资金使用。

（二）工业经济管理体制改进中的问题和采取的措施

（1）以"块块"为主管理企业有利于地方统一规划、发展地方需要的工业。但是，用行政手段斩断地区之间的经济联系，助长了地区封锁的倾向。这次下放的企业，一般具有超越所在地区的、更为广泛的经济联系，物资供应一般依赖众多地区甚至全国，销售市场也往往面对众多地区或全国。"条条"管理时期，流弊虽然很多，但大体适合经济联系范围宽广的需要。企业放到地方以后，各个地区先从地区利益出发，相互切断一时看来不利于本区经济发展的经济联系，这就造成了原有协作关系的破坏，使企业面临严重的困难。

（2）以"块块"为主管理工业，有利于繁荣地区经济。但是，同整个国民经济综合平衡、协调发展的要求也产生了较大的矛盾。这特别表现在地方竞相扩大基本建设投资规模和盲目发展从局部来看有利、从全局来看未必有利的项目。1970~1971 年，基本建设失控，出现"三个突破"，同上述情况有密切的联系。

（3）由于简化税制和信贷，进一步削弱经济调节机制，加重了经济体制中的僵化弊病。为了解决上述问题，先后采取了以下措施：

1）对一部分下放企业实行变通管理办法，不改变下放后的财务隶属关系，由原主管部代管。即生产计划仍由部安排，所需物资也由部"戴帽"直接供应，基本建设由部商同地方安排；劳动工资则归地方管理。称这些企业为"代管企业"或"直供企业"。这类企业全国有 2000 家。

2）采取若干加强集中统一的措施。1973 年 2 月，国家计委在《关于坚持统一计划，加强经济管理的规定》的文件中强调：①坚持统一计划，搞好综合平衡，主要是中央和省、自治区、直辖市两级的平衡，反对各行其是；②不准乱上基本建设项目，不许随意扩大建设规模和增加建设内容；③职工总数、工资总额以及物价的控制权属于中央，任何地区、部门和个人无权擅自增加和改变，企事业单位的劳动力要服从中央和省、自治区、直辖市的统一调度；④严格执行物资分配计划和订货合同，不准随意中断协作关系，申请物资时不许弄虚作假、虚报冒领；⑤加强资金管理，严禁拖欠、挪用税款和利润，不准用银行贷款和企业流动资金搞基本建设；⑥中央下放的大中型企业由省、自治区、直辖市和少数省属市管理，不能再层层下放；⑦整顿企业，加强劳动纪律。

3）恢复建设银行，加强监督措施。1972年4月，根据国务院的决定，恢复建设银行，加强对基本建设财务的管理和监督。省、自治区、直辖市设分行，省以下建设任务比较集中的地点、大中型建设工程所在地、跨省（自治区）施工的大型建设工地等，设分行、支行或办事处，实行银行和地方双重领导、以地方为主的体制。

三、工业经济管理体制再次改进失败的原因

主要从1970年开始进行的、以下放企业为中心的我国工业经济管理体制改进，同主要从1958年开始进行的第一次改进极为相似。从其基本指导思想到重大措施，都没有超出前次的范围。

这次改进的积极意义，主要是扩大了地方的管理权限，特别是扩大了地方的财权，壮大了地方的财力，有利于发展地方工业，繁荣了地区经济。但这次改进的结果，不但工业管理体制中原有的弊病没有得到任何实质性的改善，而且增加了经济生活中的混乱。

这次改进失败的原因，首先，由于改革的指导思想像1958年那次一样，局限于行政性分权的框框，没有走上市场取向的轨道。正是这一点从根本上决定了这次改进的失败。其次，工业经济管理体制的再次改进，正值"文化大革命"期间。在经济方面，20世纪70年代初又发生了"三个突破"。处在这样险恶的政治、经济环境下，改革不能避免严重困难，以致妨碍改革措施的推行，有的改革措施不得不中途改变或废止。最后，也像1958年那次改进一样，改进的方法带有强烈的政治运动色彩。但这种突击的、群众运动的方法，根本不适合经济管理体制的改进。尽管这次改进没有成功，但它提供的这些教训，对1978年以后的经济改革来说，却是有益的启示。

第二节　企业领导制度的变动

在本篇第一章已经指出：1966~1976年，包括工业在内的国民经济的运行，都是受到"无产阶级专政下继续革命理论"的支配，以及在这个理论指导下的"文化大革命"实践的左右。在这期间，工业企业领导制度的变动也是这方面的突出表现。随着"文化大革命"的进展，企业领导制度经历了三次变动。

一、第一次变动

按照"无产阶级专政下继续革命理论"，"文化大革命"实质上是一个阶级推翻另一个阶级的政治大革命。相当多单位（包括中央和地方政府以及企事业单位）的领导权是掌握在党内走资本主义道路的当权派手里。只有造反的群众组织才是无产阶级革命

派。由此推得的结论：要实现"文化大革命"，必然要由无产阶级革命派夺取党内走资本主义道路的当权派的领导权。林彪、江青一伙正是利用了这个极"左"的、荒诞不经的理论，指使张春桥、王洪文等在 1967 年初先在上海掀起了"一月风暴"，夺取了中共上海市委和上海市人民政府的领导权。接着，这场夺权风暴席卷全国，中央和许多地方政府以及几乎全部企事业单位的领导权都遭到了篡夺。于是，1956 年 9 月中共八大以后在全国普遍推行的企业党委领导下的厂长负责制都遭到了破坏，代之而起的是造反派群众组织掌握领导权。

二、第二次变动

造反派群众组织掌权，事实上不可能消除各种群众组织之间的派性斗争，进一步加剧了无政府状态，严重破坏了生产，各种社会矛盾趋于激化。在这种背景下，1968 年 8 月，毛泽东提出：建立三结合的革命委员会，大批判，清理阶级队伍，整党，精简机构、改革不合理的规章制度、下放科室人员，工厂里的斗、批、改，大体经历这么几个阶段。在此号召下，包括企业在内的各个单位相继建立了革命委员会，取代了造反的群众组织，掌握了领导权。

三、第三次变动

军队介入"文化大革命"的宗旨，本来就是在各派群众的派际斗争异常激烈的情况下，为了维持秩序，继续推进"文化大革命"。但在各单位已经建立革命委员会和党委的情况下，军队介入"文化大革命"的必要性就不存在了。于是，1972 年 8 月，中共中央、中央军委决定：凡建立党委的地方和单位，军管会、军宣队、支左领导机构一律撤销，"三支两军"人员撤回军队，少数人员转业留在地方工作。在"三支两军"人员撤回以后，各级地方党委成员做了适当调整，主要由地方干部担任领导职务。企业通过整党，也陆续恢复了党的生活，建立了党委。这时虽然还保留了革命委员会，但是，革命委员会的领导权已经转到党委，进入党委一元化领导的时期。

可见，"文化大革命"企业领导制度的变动，是在极端错误的"无产阶级专政下继续革命理论"指导下进行的，是极端有害的"文化大革命"实践的组成部分。它毫无革命可言，也毫无改良可言。在这方面，它与"文化大革命"期间进行的工业经济管理体制的改进也有原则的区别。诚然，工业经济管理体制的改进是在计划经济体制框架内进行的，是不成功的，还产生了负面效应。但就它扩大地方管理权限这个主要点来说，毕竟有改进意义。还要提到：1956 年以后普遍的党委领导下厂长负责制，在促进生产方面，远不如新中国成立初期在东北等地实行的厂长负责制。但"文化大革命"期间企业领导制度变动的最后结果，却是党委一元化领导，进一步强化了在此之前企业领导制度的弊病。

第二十五章　1966~1976年，工业生产建设的进展和"文化大革命"的严重破坏及主要教训

第一节　1966~1976年，工业生产建设的进展

一、工业生产、建设取得的进展

1966~1976年，由于"文化大革命"的严重破坏，我国工业生产、建设受到巨大损失。但是，在全党和全国人民的努力下，仍然取得了一定的进展。主要表现在以下四方面：

（1）工业生产能力扩大。这期间，正是执行"三五"、"四五"的时期。在这两个五年计划期内，累计用于工业方面的基本建设投资为1519.48亿元，包括工业在内的更新改造和其他措施投资745.48亿元。建成投产的大中型建设项目共计1083个，新增固定资产907.68亿元。这一时期，主要工业产品新增生产能力为：炼铁1971.5万吨，炼钢1250.6万吨，煤炭开采14926万吨，发电机组容量2603.6万千瓦，石油开采6881.2万吨，天然气开采132亿立方米，合成氨673.6万吨，化学肥料576.54万吨，化学纤维13.63万吨，棉纺锭416.3万锭。截至1975年底，全国全民所有制工业固定资产原值达到2290.3亿元，为1965年的2.38倍。1976年又比1975年有进一步的增长。[1]

（2）在工业生产能力扩大的基础上，工业产值和产量有很大增长。1976年工业总产值达到3277.9亿元，比1965年增长1.8倍；工业增加值达到1204.6亿元比1965年增长1.6倍。[2]主要工业产品产量也有不同程度的增长。其中，石油、天然气、乙烯、手表、收音机、电视机和照相机的增幅还是很大的。

---

[1] 《中国固定资产投资统计资料》（1950~1995）和《中国统计年鉴》（1984），中国统计出版社。
[2] 《新中国六十年资料汇编》，中国统计出版社，第9、12、40页。

（3）工业结构和技术的某些方面有了改善和提高。能源工业是这期间发展比较快的部门，尤其是石油工业的发展更为迅速。到 1975 年底，累计建成的原油生产能力达7812 万吨，为 1965 年的 5 倍；原油加工能力达 6764 万吨，为 1965 年的 4.8 倍。石油工业的迅速发展，又为作为新兴工业的现代石油化工的发展奠定了基础。

这一时期机械工业发展了一批重大新设备。除完成调整时期开始研制的 3 万吨模锻水压机等 9 套大型成套设备外，还提供了高精度精密机床，冷加工成套设备，年产700 万吨的大型金属露天矿设备，年产 150 万吨钢铁联合企业的成套设备，年产 300 万吨的井下煤矿设备，年产 250 万吨的炼油厂成套设备，年产合成氨 6 万吨、尿素 11 万吨的化肥设备，年产 1 万吨维尼纶、丙烯腈的合成纤维设备，20 万~30 万千瓦水力和火力发电成套设备，33 万伏高压输变电设备以及 4000 马力的电力传动内燃机车、5000马力的液力传动内燃机车和 2.5 万吨级的轮船等。其中，有的产品具有较高的技术水平。

我国电子工业在若干领域也有所前进。10 年来，国家对电子工业预算内投资 27.15亿元，占全国基本建设投资的 1.17%，为以往 10 年国家投资额的 1.9 倍。其中，地方电子工业 9.56 亿元，比以往 10 年增加 11.9 倍。1976 年，电子工业产值比 1966 年增长了 5.6 倍，其中地方电子工业增长 12.5 倍，收音机、电唱机、录音机、电视机等增长11~53 倍，电子元件、半导体分立器件、电子应用产品、无线电通信导航设备、电子管等增长 6~85 倍。1966 年我国研制出第一块集成电路并实现了批量生产，1976 年达到2000 万块以上。

（4）工业地区分布的进一步改善。加快"三线"建设，是这个时期工业发展的显著特点。"三五"、"四五"时期，国家分别以 52.7%、41.1% 的基本建设投资投入"三线"建设，使我国工业的地区分布进一步发生了变化。西南、西北、豫西、鄂西、湘西和晋南等一系列新兴工业基地逐步形成。截至 1975 年底，划为"三线"地区的 11 个省、自治区，全民所有制工业固定资产（按原值计算，下同）在全国全民所有制工业固定资产总额中的比重，由 1965 年的 32.9% 提高到 35.3%。同一时期，工业总产值由22.3% 提高到 25%。全国有约 1506 家大型企业，分布在 11 个省、自治区的占 40% 以上。这些数据同时说明："三线"地区工业生产建设发展存在过多过快的问题。

二、工业生产建设获得进展的原因

（1）20 世纪 60 年代初期的经济调整为"文化大革命"时期的工业发展创造了良好的条件。在调整时期，较好地解决了"大跃进"年代积累下来的工业和国民经济比例关系失调的问题，实现了财政收支的平衡和物价的基本稳定，人民生活有所改善。在"大跃进"中建立起来的大批工业企业，经过整顿明确了生产方向，固定了协作关系，形成了新的生产能力。

（2）这期间粮食生产的较快发展是对工业的有力支持。1975 年比 1965 年增加了899.9 亿公斤，平均每年将近增产 90 亿公斤，大大超过 1953~1975 年平均每年增产

52.5 亿公斤的幅度。[①]

（3）这期间，国营地方工业和城乡集体工业的发展，是促进工业的一个重要因素。这期间，地方工业和城乡集体工业的发展虽然面临许多困难，但也有不少有利条件。因而仍然赢得了较快的发展速度。例如，这期间地方政府就拥有发展地方工业的雄厚财力。以基本建设投资总额为 100% 计，"一五"时期国家预算外投资占 9.7%，"三五"时期上升为 10.7%，"四五"时期又上升为 17.5%。1966~1976 年，用于基本建设的预算外投资合计为 413.98 亿元；同期，更新改造和其他措施投资中，地方、部门和企业自筹部分达到 593.07 亿元，两项合计高达 1007.05 亿元，占同期固定资产投资总额的 28.9%。

（4）能源工业特别是石油工业的高速增长，是带动整个工业发展的重要因素。

1）保证了工业发展所需要的能源。按一次能源折合标准煤计算，1966 年为 20833 万吨，1976 年增长到 50340 万吨，平均每年增长 9.2%，高于同期工业总产值平均每年增长 8.5% 的速度。[②]

2）直接带动了石油化工的发展，进而又推动了轻纺工业的发展。我国的现代石油化工，正是这个时期开始建立并逐步得到发展的。石油化工的发展，又为轻纺工业开辟了更为广阔的原料来源。1965 年，轻工业产值 702.8 亿元，其中以工业品为原料的产值为 198.8 亿元，占 28.3%。1975 年，轻工业产值增加到 1392.6 亿元，增长了 98.2%，其中以工业品为原料的产值占 416.7 亿元，增长了 109.6%，在轻工业产值中的比重提高到 29.9%。

3）增加了财政收入，从而增加了发展工业资金的来源。1966~1975 年，能源工业部门提供的税利总额高达 577.15 亿元，扣除同期国家用于发展石油工业的投资后，净为国家贡献 449.26 亿元，为这个时期整个工业基本建设投资额的 29.6%。

（5）引进的一批重大项目，促进了工业的发展。20 世纪 70 年代初，先后从日本、美国、荷兰、法国等国家，购买了 13 套以天然气和轻油为原料、年产 30 万吨合成氨和 48 万吨尿素的大型化肥成套设备装置。1974 年以后，陆续建成投产。到 1976 年，我国合成氨新增生产能力 558.4 万吨，当年的化肥产量达到 524.4 万吨，比 1970 年增长 1.2 倍。从日本引进的一套年产 30 万吨乙烯的设备及其配套装置，在石油化工的初期发展中起到了骨干和示范的作用。从联邦德国和意大利等国引进的，包括杭州汽轮机厂的工业汽轮机、南京汽轮发电机厂的燃气轮机、沈阳鼓风机厂的透平压缩机以及 3 条轴承生产线、精炼炉、摩擦材料、汽车玻璃的 7 个成套项目，对提高机械工业的制造能力起到了积极作用。武汉 1.7 米轧机的引进有助于改善我国钢铁工业品种稀缺的状况，缩小我国冶金工业同世界先进水平的差距。这是新中国成立以来引进的最大项目之一，具有大型化、自动化、高速化、连续化的优点，具有 20 世纪 70 年代先进水平。

---

①《新中国六十年统计资料汇编》，中国统计出版社，第 37 页。
②《中国统计年鉴》（1984），中国统计出版社 1985 年版，第 230 页。

第二节　"文化大革命"对工业生产建设的严重破坏

1966~1976年，由于"文化大革命"的严重破坏，也由于急于求成的"左"倾错误，以及基于对战争形势过于严重的估计而导致的"三线"建设规模过大和速度过快，给我国工业生产建设造成了一系列严重后果。

（1）工业生产、建设没有取得应有的进展。1966~1976年，在艰难曲折中，我国工业增加值虽然保持了年平均6.9%的增长速度，但是，仍然低于应当达到的水平。这可以从历史的对比中得到说明。1953~1965年的13年中，工业的发展尽管有过大起大落的情况，增长率还是比"文化大革命"时期高，平均每年达到14.9%。按这个水平计算，十年动乱中的工业增长速度降了8个百分点。[①]

（2）工业内部的比例关系严重失调。主要有三个方面：

1）轻、重工业的比例关系再度失调。经过调整，到1965年，轻工业和重工业的比例为51.6∶48.4。按当时的情况，这大体上是协调的。到1975年，轻工业和重工业的比例又变为44.2∶55.8。

2）原材料工业和加工工业比例进一步失调。在工业内部，盲目发展加工工业，尤其是机械工业，忽视采掘工业和原材料工业，造成加工工业与采掘工业、原材料工业的比例更趋失调。在重工业产值中，1965年，采掘工业、原材料工业和加工工业的比例为11.1∶39.7∶49.2；1975年，三者的比例为12.1∶35.1∶52.8。[②]采掘工业和原材料工业的发展，落后于加工工业，虽然是老问题，但是，"文化大革命"期间发展问题更为严重了。

3）能源工业中采掘、采储比例失调。"文化大革命"期间，能源工业的发展，在很大的程度上是依靠"吃老本"和"欠新账"的办法勉强维持下来的。"三五"时期，主要依靠吃过去积累的"老本"，维持较高速度的增长。"四五"时期，采取这种"急功近利"的能源政策不能持久的问题已经开始暴露。所以，在投资的安排上，略有增加，以加强接续能力的建设。但是，能源需求量增加得更快，现投资已是"远水不解近渴"。1963~1965年，能源基本建设投资占工业投资的比重为30.3%，"三五"时期不仅没有增加，反而下降到28.5%，"四五"时期才上升到31.6%。煤炭是我国的主要能源，1966~1975年，包括新建和老矿改造增加的煤炭开采能力，平均每年增加1493万吨，比1953~1962年平均每年增加2130万吨的水平减少637万吨，降低了29.9%。这样，"四五"时期，缺煤、缺电的现象日益严重。为缓和矛盾，煤炭和石油部门大量采取强

---

①《中国统计年鉴》（1984），中国统计出版社1985年版，第24页。

②《国民经济统计提要》（1949~1978）和《中国工业经济年鉴》（1995），中国统计出版社。

化开采措施，电力部门超发水电和火电。例如，煤炭产量 1966~1975 年平均每年增加 2500 万吨左右，大大超过了新增生产能力。1976 年，原煤产量比 1966 年增长了 91.7%；同一时期，开拓进尺反而减少了 4 万米，下降了 6%。石油工业强化开采的结果，到"四五"后期也已难以为继。1976 年，原油产量比 1965 年增长了 6.7 倍；同一时期，可采储量仅增长 0.94 倍。储采比大幅度下降，1966 年为 73.4%，1970 年下降为 37.8%，1976 年再下降到 15.6%。电力工业方面，"四五"时期在建电站装机容量，大体只能适应新建企业投产后的用电需要，老企业大约有 20%的生产能力因为缺电而不能发挥作用。

（3）作为基础产业和基础设施的农业、交通运输业的发展严重落后于工业发展的需要。经济调整时期结束时，1965 年，农业和工业的比例关系为 37.3∶62.7，基本协调。到 1975 年两者比例关系又趋恶化，为 30.1∶69.9。

交通运输的紧张状况，自 1958 年以来就已经存在。在调整时期也没有来得及解决好。1966~1976 年，由于过分突出发展重工业，使这种紧张状况更加严重。这一点，在作为主要运输工具的铁路方面表现得尤为明显。1965 年，铁路基本建设投资占整个国民经济投资的比重为 12.5%，"三五"时期下降到 12.3%，"四五"时期再下降到 10.3%。而在铁路建设投资中，主要是用于"三线"地区的新线建设。对运力已经很紧张的老线改造，投资很少。据统计，老线改造投资在整个铁路投资中的比重，1966~1975 年，从"一五"时期的 24.8%降低到 10%。所以，铁路线路运输能力利用率在 80%以上的线路的比重逐年提高，"卡脖子"区段逐年增多。1965 年，运输能力利用率在 80%以上的线路的比重占 10%；1978 年达到 30%。同一时期，"卡脖子"区段也由 4 个增加到 10 个。运输能力紧张，更加重了能源供应的紧张。"四五"时期，山西省每年都有大量煤炭因为交通堵塞，不能及时运出去。

（4）企业管理受到严重破坏，工业管理体制的弊病更趋严重。"文化大革命"时期，企业管理规章制度遭到严重破坏。基础工作完全搞乱，基础资料散失，班组生产不记录，消耗不计量，不进行核算。专业管理人员大批遣散、改行，加上自然减员，所剩不多，专业管理工作难以开展。工业管理体制过于集中和僵死的弊病不但没有得到解决，反而更加严重。管理多头，政出多门；物质利益原则被破坏无遗，平均主义极度泛滥；价格、信贷、税收等经济部门的监督职能也被大大削弱。

（5）工业技术与世界先进水平的差距进一步扩大。"文化大革命"以前，我国工业的技术水平，同世界先进水平的差距开始缩小。但是，十年内乱使正在缩小的差距又拉大了。在"文化大革命"期间，工业部门的大批科研机构被拆散，大量科学技术人员和工程技术人员被下放劳动或被迫改行从事其他工作，企业技术进步异常缓慢，同这个时期世界科学技术进步速度显著加快的情况形成了强烈对照。

（6）职工队伍的文化技术素质大大下降。

1）在职工队伍中，工程技术人员、专业管理人员和高中级技术工人的比重下降了。1975 年，工程技术人员和管理人员占全民所有制工业部门职工总数的比重分别从

1965年的4.1%和8.5%下降到2.7%和8%。

2）职工个人的文化技术素质也普遍下降。1966~1976年，工业部门的职工人数增加到2866万人，比1965年的1238万人增加了1.3倍。但新补充的职工，只有一部分是大专和中专毕业生，数量不多，质量也不如过去。1971~1975年，高等学校工科毕业生总计不过67408人，比1965年还少了16%。同一时期，财经专业的毕业生只有1650人，比1965年少了26%。中等专业学校的工科毕业生，1970~1975年合计为96218人，平均每年毕业16036人，仅为1965年的39.4%。除大专和中专毕业生分配的部分以外，其他新补充的职工，基本上没有经过进厂前的培训。同时，他们中绝大多数人的实际文化程度，同名义上的文化程度有程度不等的差距。"文化大革命"10年中，从小学、初中到高中，文化基础知识的学习被严重地削弱了。所以，不少高、初中毕业生实际上是初中、小学文化程度，甚至处于半文盲的状态。

（7）工业经济效益低下。我国工业1966~1976年积累的各种严重问题，集中地反映在经济效益的下降上。1965~1976年，全民所有制独立核算工业企业每百元资金实现的利润和税金由29.8元下降到19.3元；每百元固定资产原值实现的产值由98元下降到96元；每百元产值占用的流动资金由25.5元增加到36.9元。基本建设的经济效益也大幅下降。1976年工业固定资产交付使用率和大中型项目建成投产率，分别由1965年的94.9%下降到55.8%，由22.9%下降到5.7%。[①]

（8）职工生活水平下降。1966~1976年，主要是依靠增加投资来保持工业一定程度的增长。实际上，这是建立在抑制消费、牺牲职工生活的基础上的，导致职工生活水平下降。

"文化大革命"的10年中，只在1971年调整过一次低收入职工的工资，调整面为28%左右，一年约增加工资基金11亿元。除此以外，再没有调整过工资。"文化大革命"以前的奖励制度，也宣布取消，再加上新就业职工工资水平较低，工业企业职工的年平均货币工资由1965年的633元下降到1976年的585元；平均实际工资下降了31.3%。[②]

1966~1976年，片面强调"先生产、后生活"的原则，降低非生产性积累的比重，压缩住宅建设的投资，使"骨头"和"肉"的比例关系严重失调。1965年，在积累总额中，非生产性积累占29.3%。除了1966年提高到31.1%以外，其他年份均低于1965年，1976年又降到20.7%。[③]这样，职工居住条件恶化。1952年，城镇居民每人平均居住面积为4.5平方米，1977年降为3.6平方米。城市和工矿区的自来水、民用电、公共交通、医疗保健、文化教育、生活服务等公用设施的供给，都十分紧张，给职工的生活带来许多困难。

---

① 《国民经济统计提要》（1949~1978）和《中国工业经济年鉴》（1993），中国统计出版社。
② 《中国劳动工资统计资料》（1949~1981），中国统计出版社，第153、157、159页。
③ 《中国统计年鉴》（1984），中国统计出版社1985年版，第34页。

第三节　"文化大革命"的主要教训

1966~1976 年，工业生产建设的发展受到严重影响，主要是由于遭到"文化大革命"的严重破坏，急于求成的"左"的错误，以及基于对战争形势过于严重估计而导致的"三线"建设规模过大和速度过快。就形成这三个因素的根源来说，从一般意义上讲，我们在第三篇第四章对"大跃进"根源所做的分析，在这里也是适用的。但就"文化大革命"的根源来说，需要着重强调其中的三点：

（1）"左"的阶级斗争理论发展到了顶点。其集中表现就是"无产阶级专政下继续革命理论"。"文化大革命"就是在这个理论指导下展开的。

（2）作为党和国家基本组织原则的民主集中制遭到严重破坏。

（3）从根本上来说，就是中央高度集权的经济、政治、文化和社会的管理体制。这样说，不是说毛泽东个人没有责任，而是说领导制度、组织制度问题更有根本性、全局性、稳定性和长期性。更不是否定林彪和江青两个反党集团在"文化大革命"期间所进行的极为严重的破坏，而是说由这种中央高度集权的管理体制造成的"文化大革命"，为这两个反革命集团的形成和施展阴谋造成了有利的社会环境。邓小平曾经尖锐地揭露了权力过分集中的严重危害。他指出："对这个问题（指权力过分集中的危害——引者）长期没有足够的认识，成为发生'文化大革命'的一个重要原因，使我们付出了沉重的代价。现在再也不能不解决了。"[①] 这就明白揭示了中央高度集权的管理体制与"文化大革命"的内在联系，据此提出了根本改革这种管理体制的任务。这就是"文化大革命"得出的最主要教训，也是值得长期引为警戒的教训。

---

① 《邓小平文选》第 2 卷，人民出版社 1993 年版，第 329 页。

第六篇

实行计划经济体制时期的工业经济（四）

——经济恢复和"洋跃进"阶段的工业经济（1977~1978 年）

从 1976 年 10 月"文化大革命"结束到 1978 年 12 月中共十一届三中全会召开，有两年多的时间。在这期间，一方面，在政治、经济等许多方面（如"四人帮"已被打倒，生产迅速恢复和发展）同此前时期有重大区别；另一方面，在政治、经济等许多方面（如继续执行毛泽东的"左"的路线和实行计划经济体制）同此后时期有原则区别。因而仍有必要将这两年作为一个颇有特点的阶段独立成篇。这两年多（1976 年 10 月至 1978 年）工业经济发展过程的主要内容，一是恢复经济，二是"洋跃进"。

第二十六章　工业生产的恢复

"文化大革命"使我国的国民经济遭受了极大损失。"四人帮"的疯狂破坏在这方面起到了最恶劣的作用，从而激起了全国人民的普遍愤恨。1976年10月上旬，中共中央政治局顺应党和人民的意志，毅然粉碎了"四人帮"反党集团，结束了"文化大革命"这场灾难。

"四人帮"被粉碎，为国民经济的发展清除了最大的政治障碍。但是，由于林彪、"四人帮"的破坏所造成的恶果不可能立即消除，粉碎"四人帮"以后，我国面临着严重的恢复经济的任务。在工业经济方面，也存在一系列亟待解决的严重问题。主要是：一些部门和企业的领导权被"四人帮"的帮派分子所篡夺或者是在领导班子中混进了"四人帮"的帮派分子；企业管理规章制度和正常的生产秩序受到了严重破坏；传统的工业管理体制的弊病更加严重；工业与国民经济其他部门之间以及工业内部的比例关系严重失调。上述情况表明，在粉碎"四人帮"以后，我国工业战线面临着十分艰巨的恢复任务。

粉碎"四人帮"，从政治上为工业生产的发展清除了障碍，全国开始出现安定团结的局面，广大群众心情舒畅，建设社会主义的积极性高涨，这是对迅速恢复工业有利的基本条件。

为了医治十年动乱所造成的创伤，恢复正常的生产秩序，从1976年底开始，对工业企业进行了以下恢复性的整顿：

（1）围绕揭批林彪、"四人帮"，着重解决领导班子中当时存在的组织不纯、思想不纯、作风不纯的问题。组织上清查了林彪、"四人帮"的帮派势力，夺回了被他们篡夺的那一部分领导权，使一大批受到林彪、"四人帮"打击、迫害的各级领导干部回到领导岗位，在思想上、作风上肃清林彪、"四人帮"的流毒，特别是消除资产阶级派性，解决软、散、懒的问题，从而使大多数企业有了比较好的领导班子。

（2）通过揭批"四人帮"，初步澄清了被"四人帮"颠倒的思想是非，使广大职工明确地认识到，企业必须以生产为中心，全面完成和超额完成国家计划；企业的党、政、工、团的工作也必须为这个中心任务服务；生产任务完成得好不好，是衡量企业中一切工作好坏的主要标准。

（3）在工业学大庆的活动中，恢复和建立了必要的规章制度，使企业的生产秩序逐步走向正常。1977 年 4 月，在北京召开了工业学大庆会议，提出要建设大庆式企业、普及大庆式企业，推动了当时的企业整顿工作。当时由于还没有从根本上摆脱"左"的思想影响，在许多方面仍然把大庆的经验同阶级斗争、路线斗争联系起来，继续提出了一些"左"的口号。但是，大庆的许多好经验，对当时我国工业企业的整顿，仍然起到了积极的作用。

（4）通过揭批林彪、"四人帮"，恢复"文化大革命"以前的工业企业领导制度。1978 年 4 月中共中央颁发的《关于加快工业发展若干问题的决定（草案）》（以下简称《决定》），[①] 就企业的领导制度问题，做了如下规定：

1）实行党委领导下的厂长分工负责制。企业的一切重大问题，都必须经党委集体讨论决定。企业的生产、技术、财务、生活等重大问题，党委做出决定后，由厂长负责组织执行。企业党委要积极支持以厂长为首的全厂统一的生产行政指挥系统行使职权，并监督和检查他们的工作。

2）实行总工程师、总会计师的责任制，工程技术人员要有职有权，让他们在技术上真正负起责任来。

3）实行党委领导下的职工代表大会或职工大会制。企业定期举行职工代表大会或职工大会，听取企业领导报告工作，讨论企业有关重大问题。

4）实行工人参加管理、干部参加劳动和领导干部、工人、技术人员三结合制度。

上述规定，实际上是恢复"文化大革命"前工业企业领导制度的基本做法。根据这些规定，1978 年以后工业企业彻底否定了革命委员会的领导形式，重新任命了厂长或经理，同时取消了"文化大革命"期间产生的工代会，恢复了职工代表大会和工会的组织与活动。

上述《决定》还提出了整顿好企业的六条标准。其主要内容是：①揭批"四人帮"的斗争搞得好不好；②好的领导班子是不是建立起来了；③工人、技术人员和干部的社会主义积极性是否调动起来了；④资产阶级歪风邪气刹住了没有；⑤以责任制为核心的各项规章是不是建立和严格执行了，企业机构是否精简了；⑥产量、品种、质量、消耗、劳动生产率、成本、利润、流动资金占用八项经济技术指标和各种设备的完好情况，是否有显著进步。这六条标准是针对当时企业管理的实际情况提出来的。该《决定》指出，这六条标准是对社会主义企业的起码要求。按照这六条标准，结合工业学大庆的活动，进一步整顿了企业领导班子，抓了职工队伍的建设，继续恢复和完善企业管理规章制度，并分期分批地对初步整顿的企业进行了验收。经过整顿，企业的面貌发生了较大的变化。

粉碎"四人帮"以后，为了克服工业管理中的混乱现象，消除无政府主义状态，贯彻各尽所能、按劳分配的原则，从 1977 年开始，对工业管理体制进行了以下恢复性

①《中国经济年鉴》（1986），经济管理出版社 1987 年版，第 109 页。

的调整。

（1）按照统一领导、分级管理的原则，调整了一部分工业企业的隶属关系。把在"文化大革命"中下放的一批大型骨干企业陆续上收，由中央有关工业部门直接管理；未上收的一部分大中型企业，由地方管理，或实行中央和地方双重领导、以地方管理为主，即这些企业的生产建设计划、供产销平衡、劳动分配主要由地方负责，但要服从国家统一计划，保证产品配套和调出任务的完成。

（2）工业生产建设所需要的物资，原则上按企业的隶属关系进行分配，同时扩大了国家统一分配的产品范围，各个工业部门的产品销售机构实行由部和国家物资总局双重领导，以国家物资总局领导为主。企业和各级主管生产的部门，都不得动用产品和国家分配的物资去搞协作。

（3）改变基本折旧基金全部留给企业和主管部门的做法，由国家财政集中一部分企业折旧基金，纳入预算管理，即50%上缴国家财政，50%留给企业。

（4）恢复企业基金制度。从1978年起，国营工业企业凡是全面完成国家下达的产量、品种、质量、消耗、劳动生产率、成本、利润、流动资金占用八项年度计划指标以及供货合同的，可按职工全年工资总额的5%提取企业基金。企业基金主要用于举办职工福利设施以及职工奖励。

（5）恢复奖励和计件工资制度。国务院于1978年5月决定，经过整顿，领导班子强、供产销正常、各种管理制度健全、定额和统计工作搞得比较好的企业，可以试行奖励制度和有限制的计件工资制。奖金总额的提取比例，一般不超过该企业职工标准工资总额的10%。

上述五项措施中前三项的目的，在于加强中央的集中统一领导，克服"文化大革命"所造成的工业管理中的混乱、分散现象；后两项措施基本上是恢复"文化大革命"前的一些做法。这些措施，对粉碎"四人帮"以后我国工业的恢复和发展起到了积极的作用。

1977年，我国的工业生产开始出现转机，即从"四人帮"严重破坏所造成的生产长期停滞不前甚至倒退下降的局面，转变为上升的局面。1977~1978年，工业增加值分别为1372亿元、1607亿元，分别比上年增长14.4%、16.4%。[①]

[①]《新中国六十年统计资料汇编》，中国统计出版社，第9、11页。

第二十七章 以大规模引进技术设备为重要特征的工业"大跃进"

从粉碎"四人帮"到中共十一届三中全会召开的两年中，我国工业生产虽然获得较快的增长，但主要是恢复性的。经济工作中长期存在的"左"的指导思想并没有得到认真的清理，工业建设中一些"左"的政策还在继续推行。这主要是由于当时担任党中央主席和国务院总理的华国锋在指导思想上继续犯了"左"的错误。他在思想路线方面，推行且迟迟不改正"两个凡是"（即"凡是毛主席做出的决策，我们都坚决拥护；凡是毛主席的指示，我们都始终不渝地遵循"）的错误方针。与此相联系，在经济工作中，他仍然急于求成。华国锋提出，1977 年是我国经济发生重大转折的一年，是从几起几落、徘徊不前的状况转到稳定上升、持续跃进的新起点。在这种"左"的思想指导下，1977~1978 年，在工业生产建设中，追求不切实际的高指标，盲目扩大基本建设规模，盲目引进国外设备。1977 年 11 月召开的全国计划会议提出，到 20 世纪末，工业主要产品产量分别接近、赶上和超过最发达的资本主义国家，工业生产的主要部分实现自动化，交通运输大量高速化，主要产品生产工艺现代化，各项经济技术指标分别接近、赶上和超过世界先进水平。华国锋在 1978 年 2 月召开的五届人大一次会议所做的《政府工作报告》中提出，1978~1985 年，在燃料、动力、钢铁、有色金属、化工和铁路、港口等方面，新建和续建约 120 个大型项目，其中包括 30 个大电站，8 大煤炭基地，10 大油气田，10 大钢铁基地和 9 大有色金属基地。[①] 1978 年 7 月，国务院务虚会进一步提出要组织国民经济新的大跃进，要以比原来设想更快的速度实现四个现代化，要在 20 世纪末实现更高程度的现代化，要放手利用外资，大量引进先进技术设备。企图在较短的时间内，通过大规模地技术引进来实现工业现代化。仅 1978 年，就和国外签订了 22 个大型的引进项目，共需外汇 130 亿美元，折合人民币 390 亿元，加上国内配套工程投资 200 多亿元，共需 600 多亿元。在 22 个成套引进项目中，其中约占成交额的一半是在 1978 年 12 月 20~30 日的 10 天内抢签的。不少项目属于计划外工程，既没有经过认真的调查研究，进行必要的技术经济论证，比较各种方案，也没

---

① 《第五届全国人民代表大会第一次会议文件》，人民出版社 1978 年版，第 23 页。

有经过计划部门综合平衡，甚至连最简单的计划任务书也没有，因此带有很大盲目性。

由于"文化大革命"的破坏和"左"倾错误所造成的失误，到1976年，我国国民经济比例失调的问题已经十分严重。此后继续推行的"左"的政策，特别是大规模的设备引进，更加剧了国民经济比例失调。其中，工业经济比例失调的问题则更为突出。

（1）农业落后，工业发展的基础不稳。我国是一个农业大国，但是农业长期发展缓慢，农业所提供的粮食及其他农副产品远远满足不了工业迅速发展的需要。1978年，粮食净进口达69.55亿公斤，棉花950.6万担，动植物油2.91亿公斤。农业的落后状况表明，我国工业发展的基础是很不稳固的，工业现代化建设受到极大制约。

（2）基本建设规模过大，超过了国家财力、物力的可能。1978年，全国国营单位固定资产投资为668.72亿元，比1977年增长21.9%。其中，基本建设投资总额为500.99亿元，比1977年增长31.1%。这一年用于工业的基本建设投资达273.16亿元，比1977年增长55.8%。[①]1978年底，以工业为主的全民所有制在建项目为65000个，总投资需3700亿元。1978年国家从国外进口钢材830.5万吨，比1977年钢材进口增长65%，进口钢材已相当于当年国内产量的37.6%，但是仍然供不应求。

（3）重工业增长过快，工业内部比例严重失调。

1）由于长期片面推行优先发展重工业和"以钢为纲"方针，重工业的发展不仅挤了农业，而且挤了轻工业。1978年基本建设规模的急剧扩大，更加剧了轻、重工业的比例失调。1978年重工业增长了15.6%，轻工业只增长了10.9%，轻、重工业之间的产值比例为43.1∶56.9。由于轻、重工业比例失调，必然出现消费品供应紧张的局面。市场商品可供量与购买力的差额，1978年竟高达100多亿元。

2）由于重工业的发展速度和规模超出了国民经济可提供的物力和财力，不仅挤了农业和轻工业，也造成了重工业内部比例失调，特别是原材料工业与加工工业的发展不协调。1978年我国机床拥有量达267万台，机床的加工能力大于钢材供应能力的3~4倍。全国金属切削机床的利用率，1977年为54.6%，1978年为55.6%。

3）能源供应紧张，能源工业内部的比例失调。总的来看，我国的能源工业发展是很迅速的。1978年，我国一次能源总产量，折合标准煤达到6.2亿吨。但是，由于耗能多的重工业的突击发展以及能源使用过程中的浪费，我国的能源供应仍然严重不足。1977~1978年，全国约有1/4的企业因缺能源而开工不足，一年约损失750亿元的工业产值。

在能源工业内部，采掘、采储比例失调。东北、华北、华东等地区老的煤炭基地生产任务过重，开采强度过大，造成不少欠账和采掘比例失调。石油产量虽然在1978年突破1亿吨，但由于产量的增长超过了储量的增长，后备的探明资源不足，1978年采储比降到了16∶1，储量和开采量的比例严重失调。

[①]《中国固定资产投资统计资料（1950~1985）》，中国统计出版社，第943页；《中国工业经济统计资料（1949~1984）》，中国统计出版社，第75页。

　　同时，由于"左"的思想束缚，从粉碎"四人帮"到中共十一届三中全会召开的两年里，还不可能触动我国经济管理体制上的种种弊病。在国家和企业的关系上，统得太多，管得太死，企业缺乏应有的自主权；企业经营好坏一个样，不同职工的物质利益结合，使企业和职工的积极性受到很大的束缚。同时，企业的整顿工作还远远没有完成，在企业内部，"吃大锅饭"盛行，许多企业经营管理不善，物资消耗大，浪费严重，品种不对路，质量差，成本高，甚至长期亏损。

　　总之，由于重大比例失调的状况没有改变过来，再加上企业整顿工作还没有搞好，经济管理体制上存在许多问题，所以整个社会再生产的过程难以顺利进行，工业生产建设的经济效益差。到1978年底，全国还有1/3的企业管理比较混乱，生产秩序不正常。全国重点企业主要工业产品中的30项主要质量指标中还有13项低于历史最高水平，38项主要消耗指标中还有21项没有恢复到历史最好水平。上述情况表明，如果再不下决心对国民经济进行调整、改革和整顿，我国的经济建设将会陷入更大的困难，造成更加严重的损失。

第七篇

市场取向改革起步阶段的工业经济

——以实现经济总量翻两番、人民生活达到小康水平为战略目标的社会主义建设新时期的工业经济（一）（1979~1984 年）

　　1978 年 12 月 18~20 日在北京召开了中共十一届三中全会。中共十一届三中全会所确定的路线、方针和政策，开辟了社会主义建设新时期，宣告改革开放时代的到来，标志着党的路线重新回到了马克思主义的正确轨道上来。为了贯彻落实中共十一届三中全会的决议，1979 年 4 月党中央召开工作会议，决定集中几年的时间，搞好国民经济的调整工作，提出了对整个国民经济实行调整、改革、整顿、提高的方针。

　　1982 年以后召开的中共十二大和五届全国人大四次、五次会议都决定：在整个"六五"期间（1981~1985 年）要继续坚定不移地贯彻执行调整、改革、整顿、提高的方针。中共十二大报告还提出经济发展的战略目标和经济改革的指导方针。战略目标是：在 20 世纪最后 20 年，在不断提高经济效益的前提下，力争经济总量翻两番，人民生活达到小康水平。经济改革的指导方针是：在坚持国营经济占主导地位的前提下发展多种经济形式（除了国营经济和集体经济以外，还包括作为公有制经济必要的、有益补充的个体经济）；计划经济为主、市场调节为辅；立足自力更生，扩大对外经济技术交流。实行对外开放，是我国坚定不移的战略方针。就"六五"期间来说，这些发展和改革的战略思想都是通过调整、改革、整顿、提高的过程实现的。因此，1979~1984 年，我国包括工业在内的国民经济发展的主旋律，就是贯彻执行调整、改革、整顿、提高的方针。所以，下文对 1979~1984 年工业经济发展历史进程的分析，就是围绕这个主题，叙述这个方针的实施过程。

第二十八章　经济调整

　　鉴于工业在国民经济中的重要地位及其与国民经济其他部门的密切联系，本章所说的工业生产建设的调整不只包括工业部门，还要涉及整个国民经济。本书下文对这个问题的叙述，也都是按照这个思路展开的。

第一节　1979~1980年，初步调整

一、调整的措施及其成效

　　1979年4月中央工作会议之后，开始了对国民经济的全面调整。根据调整进展情况，1979~1980年还只是初步调整。这两年中，在工业经济调整方面，主要是降低了工业发展速度，削减了一部分基本建设项目，调整了轻、重工业之间的比例关系以及重工业内部的比例关系。

　　（1）降低了工业生产的发展速度。根据中央工作会议精神，在国务院主持下，国家计委对原定的1979年计划做了重大修改。工业总产值的增长速度从原计划增长10%~12%调整为8%。实际上，1979年工业总产值达到4681亿元，比1978年增长8.8%；1980年为5154亿元，比1979年增长9.3%。[①]

　　（2）遏制了投资的增长势头，并压缩了一批在建项目。1979年工业基本建设投资为256.85亿元，低于1978年的273.16亿元；1980年也只小幅上升到275.61亿元。[②] 此外，1979年，停建、缓建大中型项目295个；1980年，又减少大中型项目283个。

　　（3）加快发展了轻工业，调整了轻工业和重工业的比例关系。从1979年开始，国家有计划地放慢了重工业的发展速度，采取一系列积极发展轻工业的政策措施。在投

---

①《中国工业经济年鉴》(1993)，中国统计出版社1994年版，第35页。
②《中国固定资产投资统计资料（1950~1985）》，中国统计出版社，第243页。

资分配上，提高了对轻工业的投资比重。用于轻工业的投资占工业总投资的比例 1978 年为 9.3%，1979 年为 10.8%，1980 年上升到 14.9%。1980 年国务院决定对轻纺工业实行六个优先的原则，即原材料、燃料、电力供应优先；挖潜、革新、改造的措施优先；基本建设优先；银行贷款优先；外汇和引进技术优先；交通运输优先。这样，1979 年轻工业总产值比 1978 年增长 10.0%，超过了重工业 8.0% 的增长速度；1980 年轻工业又比 1979 年增长 18.9%，大大超过重工业 1.90% 的增长速度。通过两年的调整，在工业总产值中，轻工业和重工业之间的比例发生了变化。轻工业产值在工业总产值中的比重 1978 年为 43.1%，1980 年上升到 47.1%。①

（4）调整了重工业的服务方向及其内部结构。1979 年和 1980 年，重工业的增长速度不仅比过去有所放慢，而且重工业的服务方向和结构也开始发生变化。在这两年中，对长线产品的生产进行了控制，增产了一批适销对路的产品，关停并转了一批消耗高、质量差、货不对路、长期亏损的企业。

冶金工业过去主要是为重工业自身服务，因而人民生活急需的产品，在品种、数量和质量上都满足不了需求。如生产自行车用的带钢、做罐头用的镀锡薄板、民用建筑用的线材等，都成了短线产品，部分或大部分要靠进口。另外，由于基建规模缩小，重轨、车轮及轮箍、大型材、中厚板等出现滞销，成了长线产品。在调整过程中，冶金工业部门着重调整了产品结构，把为轻纺工业服务作为重要任务。

化学工业在调整中停、缓建了一些大中型建设项目，关停并转了一批消耗高、产品质量低、销路差的小厂。对布点分散、重复生产的厂或产品，进行了适当集中和分工。对长线产品进行了压缩或转产。化学工业的发展方向，开始转向主要为解决衣、食、住、用、行服务，重点放在为轻工、纺织、电子、建材等工业提供配套的原料、材料，为农业提供化肥、农药等各种支农产品，同时根据人民群众生活的需要，提供一些直接投放市场的最终化工产品。

机械工业着重调整了服务方向，扩大了服务领域，改善了机械产品结构。在为重工业、基本建设服务的同时，积极为轻纺工业、人民生活、城市建设、老企业技术改造和扩大机电产品出口提供设备。

建材工业一直是国民经济中的一个薄弱环节。调整工作开始以后，党中央、国务院明确指出，建材工业和煤、电、油、交通运输一样，是国民经济的先行，要在国民经济调整中加快发展。1979~1980 年，建材工业生产稳步增长，其中水泥产量 1979 年和 1980 年分别比上年增长 13.3% 和 8.1%，平板玻璃产量分别比上年增长 16.2% 和 18.9%。

（5）调整了原油和原煤的生产，加强了石油的地质勘探和煤矿的掘进，并大力开展了能源的节约活动。

为了改变原油和原煤采储、采掘比例失调的状况，1979~1980 年有计划地稳定和减

---

① 《中国工业经济年鉴》（1995），中国统计出版社 1996 年版，第 23 页。

少了原油和原煤的产量。石油开采企业在努力稳定产量的同时，积极采取措施，降低了油田的综合能耗。炼油企业调整了生产方案，重点抓提高回收率、提高质量、降低能耗，以适应国民经济发展的需要。

在煤炭的开发方面，采取了以下措施：①加强了现有矿井的掘进和剥离，使采掘失调的矿井尽快补上掘进和剥离的欠账；②采取措施减轻煤矿职工的劳动强度，加强劳动保护和安全措施；③提高了煤矿简单再生产的费用，加强了对现有煤矿的挖潜改造；④通过国家基本建设投资、银行贷款和利用外资，使煤矿建井保持一定的规模；⑤调整勘探布局，压缩了江南地区和一些资源条件较差的省、自治区的勘探规模，加强了山西、河南、黑龙江、安徽、山东等重点产煤地区的勘探力量，加快了勘探速度。

国家在能源政策上采取了开发与节约并重，近期把节约放在优先地位的方针，以此来保持工业生产有一定的增长速度。具体措施是：①逐步改变产业结构和产品结构；②加强能源管理，搞好热力平衡，降低单位产品能耗；③改造耗能大老设备和落后工艺，发展集中供热、热电结合；④逐步更新耗能高的动力机具；⑤严格控制烧油，积极推行以煤炭代替石油作燃料。通过采取以上各种措施，虽然 1979 年能源产量只增长 2.8%，1980 年比 1979 年还下降了 1.3%，但依然保证了这两年工业的增长速度。[①]

总之，1979 年和 1980 年的调整工作，取得了很大成效。

二、调整中的主要问题

1979~1980 年的调整是有成效的，但并没有解决这次调整所要解决的重要问题。即基本建设投资规模还没有切实地落实。1979 年国家预算内直接安排的基本建设投资，调整后的计划为 360 亿元，比 1978 年减少了 36 亿元；执行结果达到 395 亿元，实际上比 1978 年只减少 1 亿元。这说明 1979 年基本建设实际上并没有减下来。1980 年国家预算内的投资计划安排 241 亿元，实际完成 281 亿元，比 1979 年压缩了 28.9%。但是，预算外地方、部门、企业各类自筹投资比 1979 年增长 56.2%。这样，全年预算内外实际完成的投资总额达 539 亿元，比 1979 年又增加了 7.8%，成为新中国成立以后到 1980 年 30 年中投资规模最大的一年。其中用于工业基本建设的投资（包括预算外的）仍然高达 292.04 亿元，相当于 1978 年的工业投资水平，比 1979 年增长了 10.28 亿元。

过大的基本建设投资规模没有压缩下来的原因主要有三点：

（1）对一些应该停建、缓建的重大项目没有及早下决心停缓下来；1980 年在建的大中型项目个数虽然减少了 283 个，但由于新开工的大中型项目有的规模较大。因此，总的建设规模没有压缩下来。

（2）由于一些地区片面理解发挥优势的方针，缺乏国家计划指导和综合平衡，重复建设现象严重。如全国 1979 年底已有棉纺锭 1663 万锭，开足生产的话尚缺棉 2000 万担，而 1980 年建成和在建的有 260 多万锭。各地的小烟厂、小酒厂、小丝厂等盲目建

①《中国统计年鉴》（1984），中国统计出版社 1985 年版，第 230 页。

设问题则更为突出。据统计，1980 年全国关停并转了几千家企业，但又新建投产了 2 万多个企业，年底比年初净增加 2.2 万个工业企业。

（3）预算外各类资金用来搞基本建设的渠道越来越多，又没有相应地加强管理和综合平衡，致使这方面的基本建设规模失去控制。1980 年，仅企业的挖潜、革新、改造资金和人民银行的中短期设备贷款中，有 40% 以上搞了基本建设性质的新建项目。

第二节　1981 年，决定性调整

一、在经济上提出进一步调整的重大决策

由于基本建设规模过大，超过了国家财力、物力的可能，不得不靠庞大的财政赤字来维持基本建设，加剧了国家财政、信贷、物资和外汇的不平衡。1979 年国家出现 170 亿元的财政赤字，1980 年仍有 121 亿元的赤字。这种情况表明：如果不迅速采取坚决措施，对经济实行进一步的调整，1981 年的财政仍然会出现较大的赤字，物价将会继续上涨，整个经济将难以稳定，中共十一届三中全会以后，人民群众在经济上得到的好处就有丧失的危险，影响到政治稳定。

但是，总的来看，当时全国的经济形势是好的。主要表现是：工农业生产有了很大增长，人民生活有了显著改善。这同 20 世纪 60 年代初的那次调整时工农业生产和人民生活大幅度下降的情况大不相同。正因为如此，许多干部对这次调整中所遇到的困难的严重性以及潜伏的危险认识不足，在许多问题上调整的步子迈得不大，态度不坚决。因此，虽然经过近两年的调整，国民经济重大比例失调的状况尚未从根本上得到扭转，经济工作的被动局面还没有彻底改变过来。

鉴于上述情况，在 1980 年 12 月召开的中央工作会议上，党中央决定从 1981 年起在前两年调整的基础上，对国民经济实行进一步调整。党中央认为，只有这样做，才能克服困难，消除潜在危险，保证经济全局的稳定，逐步使我们的经济工作由被动转为主动。在经济上实行进一步调整的总的要求和主要任务，概括起来就是稳定经济，调整结构，挖掘潜力，提高效益。稳定经济，就是做到财政收支平衡，消灭赤字，在这个基础上实现信贷收支平衡，不再搞财政性的货币发行，把市场物价基本稳定下来，保证人民生活不受到损失。调整结构，着重解决消费品供不应求和燃料动力供应不足的问题。挖掘潜力，主要是充分发挥现有企业的作用，特别是把几千个大中型骨干工业企业办好，使它们发挥更大的作用。提高效益，就是要从根本上改变过去那种高积累、高速度、高浪费、低效益、低消费的状况，走出一条投入少、产出多、效益高的新路子，从而保证社会生产的稳定增长，保证财政收入的稳定增加，保证人民生活水平逐步提高，使整个经济走上良性循环的轨道。

为了做好进一步调整经济的工作，克服困难，避免发生混乱，中央工作会议强调，在扭转国民经济被动状况的重大调整措施上必须高度集中统一，服从中央统一指挥。为此，①对于中央决定的调整方针、政策和重大措施，不能三心二意，不能阳奉阴违，不能顶着不办；②各种渠道用于基本建设的资金，要由国家计委统管起来，综合平衡；③财政税收制度和重大财政措施要集中统一；④任何地方、部门和企业都必须严格遵守信贷管理制度和现金管理制度；⑤国家规定的重要物资的调拨计划，包括重要的农副产品和原材料，各地方、各部门、各企业必须坚决完成，不能打折扣；⑥严格控制物价，整顿议价，任何地方、部门和企业都不得违反；⑦统一规定发放奖金的条件，严格检查监督制度，坚决制止滥发奖金；⑧加强外贸和外汇管理，加强内部协调，统一对外，联合对外，防止互相拆台。

中央工作会议认为，搞好调整、稳定经济、安定人民生活是大局，是全党、全国各族人民的根本利益所在。对地方的利益、部门的利益、企业的利益，应当兼顾，不能忽视，但必须服从整体的利益，服从大局。

这次中央工作会议，标志着党在经济工作中坚决纠正"左"的错误，在国民经济调整问题上进一步统一认识，对保证调整工作沿着正确的轨道健康发展，起到了重大作用。

二、进一步调整的措施

从 1981 年开始，在经济上实行了进一步调整的方针。就工业来说，决定性调整措施有以下六项：

（1）进一步调低了工业增长速度。1979 年、1980 年两年工业增长速度比 1978 年已经有了大幅度下降。但就当时情况来看，下降还没有到位。1981 年继续在这方面采取了措施，使这年工业增长仅达到 4.3%。[1]

（2）切实压缩了基本建设投资规模。为了严格控制投资规模，1981 年 3 月，国家计委、国家建委、财政部联合发出《关于制止盲目建设、重复建设的几项规定》，[2] 不准搞资源不清的项目；不准搞工程地质、水文地质不清的项目；不准搞工艺不过关的项目；不准搞工艺技术十分落后，消耗原材料、燃料、动力过高的项目；不准搞协作配套条件不落实的项目；不准搞污染环境而无治理方案的项目；不准搞"长线"产品项目；不准搞重复建设的项目；不准搞"大而全"、"小而全"的项目；不准搞同现有企业争原料的项目；不准盲目引进项目；不准搞楼堂馆所。由于采取了加强集中统一管理等一系列措施，使压缩和控制基本建设规模的决策真见成效。1981 年，工业基本建设投资为 216.01 亿元，比 1980 年减少 21.6%。[3] 1981 年全部停建、缓建的大中型项目

---

①《中国工业经济年鉴》（1993），中国统计出版社 1994 年版，第 35 页。
②《中国经济年鉴》（1982），经济管理杂志社，第Ⅲ-19 页。
③《中国固定资产投资统计资料（1950~1985）》，中国统计出版社，第 9、43 页。

151 个、小型项目 1100 多个，压缩停、缓建项目未完工程投资 436 亿元，占 1979~ 1981 年调整压缩投资 650 亿元的 2/3。这一年基本建设规模的压缩，对调整积累和消费的比例关系，特别是对当年财政收支达到基本平衡，稳定经济形势，消除潜在危险，争取全局主动，起到了极为重要的作用。

（3）把发展消费品生产放在重要地位，促使轻工业高速增长。1981 年初，国务院依据中央工作会议精神，提出要大力发展消费品生产，各行各业都要围绕发展消费品生产来安排，并继续对轻工业实行六个优先的政策。1981 年进一步调整了轻、重工业的投资比例，使用于轻工业的基本建设投资占总投资的比重由 1980 年的 8.1% 上升到 11.4%，迅速扩大了生产能力。各行各业大力支援轻工业生产。重工业部门采取重转轻、军转民、长转短等形式，调整了产品结构，扩大了服务领域。农业、冶金、化工部门积极扩大轻工业所需原材料的生产。所有这些措施，都有力地促进了轻工业的发展。1981 年，轻工业总产值为 2781 亿元，比 1980 年增长 14.3%；占全部工业总产值的比重，从 1980 年的 47.1% 上升到 51.5%，超过了重工业。[①]

（4）调整重工业的增长速度和服务方向，适应经济进一步调整的需要。1981 年，重工业的产值比 1980 年下降了 4.7%。下降的原因：

1）在调整过程中，一批重工业企业停止了能源消耗很高、积压严重的长线产品的生产，腾出能源来保证轻工业生产的需要，这种下降是合理的。

2）有相当一批重工业企业，过去长期主要为基本建设服务，由于 1981 年大幅度压缩基本建设投资规模，设备和其他生产资料的订货相应减少，以致生产下降，促使重工业内部调整服务方向和产品结构。

3）由于一些同志对于调整重工业服务方向和产品结构的必然性认识不足，行动迟缓，应该早转产的转晚了，造成一些重工业的生产不该下降的也下降了。可见，就这年重工业下降的主要原因（即 1)、2)) 来说，或者是服从于经济调整的需要，或者是经济调整的结果。同时，1981 年重工业开始改变了过去过多地为本身服务的状况，转到为农业、轻工业和人民生活提供更多产品的方向上来。

（5）实行能源开发与节约并重的方针，在能源开发和节约两方面取得显著成效。在能源开发方面，1981 年，在工业基本建设投资总额比 1980 年减少 21.6% 的情况下，用于能源工业投资的比例仍然保持了 1980 年的水平。

在煤炭工业建设中，①抓了老矿的挖潜改造、填平补齐和成龙配套工作，使煤炭生产中严重失调的比例关系逐步趋于协调，统配煤矿中采掘接替失调的矿井逐步恢复了正常；②新的矿井和煤炭基地的建设得到了加强；③在煤炭开发中，地方煤矿贯彻了"国家、集体、个人一起上，大中小煤矿一起搞"的方针，因此地方煤矿产量大幅度增长，大大缓解了煤炭供应紧张的局面。

石油工业在加强地质勘探、努力探明新的地质储量的同时，抓紧了对老油田的综

---

①《中国工业经济年鉴》(1995)，中国统计出版社 1996 年版，第 23 页。

合调整。在地质储量增加不多、油井自然递减率较高的情况下，采取一系列技术措施，基本上保持了注采平衡，使综合递减率控制在 9% 以下，保证了 1 亿吨原油年产量的持续稳产，并略有增长。石油工业确定了以提高经济效益和油田采收率为中心，合理调整了老油田的开发速度，加强增产措施，提高单井产量，使占全国原油产量 2/3 的主要油田都保持了稳产。

在能源的节约方面，做了以下两项工作：

1）调整了能源消费结构。根据我国煤炭资源十分丰富的特点，国家确定在今后相当长的一段时间内，以煤炭作为主要能源，采取措施支持各地把烧油改为烧煤炭。

2）通过调整工业结构和产品结构，采取促进节能的政策措施，整顿企业，加强能源管理，推广节能新技术，进行以节能为中心的技术改造，使节能工作比较广泛地开展起来。1981 年能源生产比 1980 年下降 0.8%，能源消费下降 1.4%，[①] 但却保证了工业总产值比上年增长 4.1%。这说明 1981 年工业生产增长所需要的能源主要是依靠节能来解决的。这一年共节能 2700 万吨标准煤，其中因改变工业结构少用标准煤 1916 万吨，占 71%；改变产品结构少用标准煤 413 万吨，占 15%；加强能源管理，进行技术改造节约的标准煤 371 万吨，占 14%。每亿元工业总产值的能耗比 1980 年下降 6%。

（6）对工业企业进行了改造、调整和改组。1981 年工业更新改造投资由 1980 年的 113.89 亿元增加到 135.44 亿元，占固定资产投资的比重由 25.1% 上升到 33.6%。[②] 调整和改组的主要措施有：

1）对于经营管理不好、物质消耗高、产品质量差又不适销对路、长期亏损的企业，根据不同情况，分别进行了整顿提高和关停并转。1981 年，重工业企业减少了 4400 个，其中冶金工业减少 367 个，化肥和农药工业减少 458 个，机械工业减少 3172 个；农村社队工业企业减少 1034 个。减少的主要是那些消耗高、质量差、技术落后、亏损严重的小机械厂、小氮肥厂、小钢铁厂、小炼油厂、小油漆厂、小酒厂、小针织厂、小造纸厂等。经过关停并转，整顿提高，保留下来的小厂的经济技术指标普遍有了提高。例如小氮肥厂，1981 年共关停并转了 109 个，同调整前的 1978 年相比，吨氨煤耗由 3.2 吨降到 2.2 吨，电耗由 1800 千瓦时降到 1467 千瓦时，企业亏损额由 6 亿元降到 4000 万元，有 11 个省、直辖市的小氮肥厂已扭亏为盈。中小钢铁企业，1979 年亏损 2.9 亿元，1981 年盈利约 4 亿元。没有关停的小型企业，通过整顿改造，各项技术经济指标也有了明显的提高。

2）针对产品重复、工艺重复和"大而全"、"小而全"的状况，在工业比较集中的省和中心城市，对现有企业按照产品和零部件专业化的原则进行了改组。对于适合按行业统一管理的企业，先后组建了一批全国性的工业公司，主要有石油化工、有色金属工业、船舶工业、汽车工业、丝绸工业、盐业、烟草、包装等公司。许多地区也组

---

①《中国统计年鉴》（1993），中国统计出版社 1994 年版，第 492 页。
②《中国固定资产投资统计资料（1950~1985）》，中国统计出版社，第 216 页。

建了一批地区或城市范围的工业公司。这些公司对统一规划、协调本行业所属企业的生产和建设，避免盲目发展、重复生产以及合理利用资源、提高经济效益起到了一定的作用。

3）一些工业城市积极发展热处理、电镀、铸造、锻压、机修等工艺专业化，组建了一批协作中心和专业厂，提高了设备利用率，节约了能源，降低了成本，改进了产品质量，减轻了对环境的污染。

4）围绕综合利用资源和能源，提高经济效益，组织不同部门的重点企业搞联合。例如，继上海高桥地区的炼油、化工、轻工、电力等7个企业联合组成石油化学工业公司之后，又组建了上海造船工业公司、南京金陵石油化学总公司和辽宁抚顺石油化工公司，打破了部门、地区的界限，发展了横向的经济联系。

5）在加工企业和原材料产地之间，生产企业和科研单位、大专院校之间，生产技术比较先进和比较落后的企业之间，沿海和内地之间，国营企业和集体企业之间，各种形式的经济联合，包括联营、合营，或者在资金、物资、技术等方面的联合，都不断发展。这些广泛的、自愿互利的、又是有领导有计划的经济联合，既有利于互相支援、扬长避短、合理利用资金和物资，避免盲目发展，使经济进一步活跃，也有利于内地和落后企业生产技术和管理水平的提高。

通过以上六项重要措施，1981年我国包括工业在内的国民经济调整取得了决定性的成就。因此，这一年也成为调整的决定性阶段。就工业调整来说，其主要表现为：工业的增长速度、投资规模和轻重工业的比例关系大体上都调整到了合理区间。当然，长期积累下来的经济比例关系严重失调问题，不可能在这一年得到解决，还需要在相当长的时期继续调整以得到进一步解决。

第三节　1982~1984年，继续调整

一、经济继续调整的决策

1981年召开的五届全国人大四次会议的政府工作报告提出："一年来的经济调整，虽然取得很大成绩，但是也要看到，国民经济中的潜在危险还没有完全清除。今年财政收支基本平衡主要是在紧缩支出的条件下实现的，是不巩固的。要继续保持财政和信贷的基本平衡，做到消费品生产的增长同社会购买力的增长相适应，保持市场物价的基本稳定，并在此基础上使国民经济协调发展，实现财政经济状况的根本好转，还需要经过相当长的时间和做出艰苦的努力。认真贯彻执行调整、改革、整顿、提高的方针，是一个全局性的、关系到国家长远利益的问题。""随着实践的发展，我们对于这一方针的认识也进一步深化。就调整来说，既要调整工业和农业、轻工业和重工业、

积累和消费的比例关系，又要对产品结构、技术结构、企业结构、组织结构等进行调整，实行结构合理化，因而经济调整的内容比原来设想的要广泛得多。至于经济管理体制的全面改革，更需要较长的时间。因此，国务院认为，有必要从今年起再用五年或者更多一点的时间，继续贯彻执行调整、改革、整顿、提高的方针，这样才能真正站稳脚跟，打好基础，更好地前进。"①

1982 年 9 月召开的中共十二大上的报告中再次提出：1981~1985 年的第六个"五年"期间，要继续坚定不移地贯彻执行调整、改革、整顿、提高的方针。② 这一点又经国务院提议，并经同年 12 月召开的五届全国人大五次会议讨论通过后，写入我国《国民经济和社会发展第六个五年计划（1981~1985)》。

二、工业继续调整的措施及其进展和问题

1982~1984 年，工业继续调整的措施，主要就是 1981 年实行过的措施。但与 1981年不同的是：只是一部分调整措施得到贯彻，取得进展；另一部分调整措施并未真正得到落实，以致包括工业在内的国民经济回升过猛，并在 1984 年再次走向过热。

（1）调低工业增长速度的目标没有实现。在 1981 年工业增长速度由 1980 年的8.8%下降到 4.3%的情况下，1982 年 12 月通过的"六五"计划规定：1981~1985 年，工业总产值平均每年递增 4%，在执行中争取达到 5%。③工业增长速度规定为"保四争五"，当时主要是考虑到工业调整的任务还很艰巨复杂，在近期内能源产量不可能有较大增加，交通运输的紧张状况也不可能有根本的改变，主要农作物产量也不可能迅速大幅度增长，以及计划指标留有余地原则等因素，因此把工业发展的速度规定得低一些。

但实际执行结果是：1982 年、1983 年、1984 年工业总产值的增长速度分别达到了7.8%、11.2%、16.3%，逐年以更大幅度超过了计划指标。④ 当然，1982~1984 年工业生产迅速增长有一系列的客观原因：①在经济工作中切实贯彻了中央提出的进一步调整的方针，各种经济比例关系日趋协调，能在更大程度上保证工业再生产过程的顺利进行；②由于农村经济体制改革的成功，极大地调动了广大农民的积极性，农业连年丰收，为工业提供了更多的农副产品和更广阔的市场；③由于固定资产投资规模的扩大，对工业生产资料的需求大大增加，刺激了重工业的发展，同时，新增固定资产又进一步增强了工业的生产能力；④由于 1982 年以来能源产量稳步增长，为工业的高速增长提供了条件；⑤城市经济体制改革的深入发展，进一步调动了企业职工的积极性，使工业劳动生产率大幅度提高；⑥由于企业技术改造和技术引进的步伐加快，企业的技术素质有了提高；⑦进出口贸易的扩大，一方面推动了出口工业产品的生产，另一方

①《中国经济年鉴》（1982)，经济管理杂志社，第Ⅱ-8 页。
②《中国共产党第十二次全国代表大会文件汇编》，人民出版社 1982 年版，第 18 页。
③《中华人民共和国第五届全国人民代表大会第五次会议文件》，人民出版社 1983 年版，第 67、113 页。
④《中国工业经济年鉴》（1993)，中国统计出版社 1994 年版，第 35 页。

面进口的原材料增加，弥补了国内工业原材料的不足。所以，从这些客观原因来看，"六五"计划规定的工业和整个经济的增长速度都是偏低的。

但是，从这几年工业高速增长加剧能源、原材料供应和交通运输的紧张、生产资料的市场价格大幅度上升等方面的情况来看，工业增长速度确实回升过快，并于 1984 年开始走向过热。

（2）重点建设得到加强，但基本建设规模没有得到有效控制。为了加强能源、交通等重点建设，1982 年初，有关部门从在建的几百个大中型项目中，选出对国民经济发展有重要意义、具备较好建设条件的 50 个项目，按合理工期组织建设，在财力、物力上给予优先保证。这批项目中，能源、建材、交通、轻纺等部门的项目占绝大部分，所需投资约占当年在建大中型项目投资的 1/3 以上，1982 年，这些重点项目取得了较好的进展。

但是，从总体看，1982 年又出现了基本建设增长过快的问题。这一年，工业基本建设投资 260.6 亿元，比 1981 年增长 44.59 亿元。[①] 于是 1981 年较缓和的一些建设物资又出现供应紧张的局面，挤了生产维修、更新改造和市场消费。这种状况在 1983 年上半年仍在持续。

为了刹住基本建设投资增长过猛的势头，1983 年 6 月，党中央、国务院召集各省、自治区、直辖市和中央国家机关各部委的负责同志召开了一次工作会议，决定要集中财力、物力保证以能源、交通为中心的重点建设。国务院于 1983 年 7 月 9 日发出了《关于严格控制基本建设规模、清理在建项目的紧急通知》，[②] 要求各地区、各部门迅速把超过国家下达的基本建设计划的部分压缩下来，特别是用自筹资金和银行贷款安排的建设规模，必须压缩到计划指标以内。超过的部分，银行停止拨款。凡是计划外项目一律停下来。计划内项目，凡是矿产资源和工程地质不清、工艺不过关、能耗过高、产品无销路的项目，也要停下来。由于采取了上述紧急措施，到 1983 年 9 月底，全国共停建缓建、基本建设项目 5360 个，其中计划外工程 3086 个，计划内项目 2274 个。这些措施使得 1983 年基本建设规模在较短的时间里得到了一定的控制，加快了以能源、交通为中心的重点建设。

1983 年，投资增长势头虽然得到遏制，但仍然增长过快。这年工业基本建设投资 282.28 亿元，比 1982 年增长了 21.68 亿元。[③] 1984 年，国家重点建设得到进一步加强。一批重点煤矿、电站、油井、建材企业和铁路新线的建成投产，有利于克服国民经济中的薄弱环节，有利于为生产的持续增长准备后劲。但是，1984 年投资增长速度更猛。这一年，工业基本建设投资达到 341.59 亿元，绝对额比 1983 年增长 59.31 亿元，增幅比 1983 年上升 21%。[④] 这就大大超过这年钢材、木材、水泥生产分别增长 9.7%、5.1%

　①③《中国固定资产投资统计资料（1950~1985）》，中国统计出版社，第 9、43 页。
　②《中国经济年鉴》（1984），经济管理杂志社 1985 年版，第Ⅸ–42 页。
　④《中国固定资产投资统计资料（1950~1985）》，中国统计出版社，第 9、43、83 页。

和 11.8% 的速度。因而主要基建物资供应十分紧张，市场价格上涨幅度较大。

（3）继续把发展消费品放在重要地位，促进轻工业持续增长。1982~1984 年，在组织工业生产中，继续坚持把发展消费品工业放在重要地位的方针，从能源和原材料供应、挖潜革新改造措施、安排基本建设力量、银行贷款、使用外汇和引进技术、交通运输等方面，给予优先照顾和大力扶持，使轻工业持续增长。1982 年、1983 年和 1984 年，轻工业总产值分别比上年增长 5.8%、9.3%、16.1%。[①]

在轻工业产值大幅度增长的过程中，轻工业内部的比例关系也有了进一步改善。在轻纺产品的原料结构方面，以工业品为原料的产品在轻工业总产值中的比重继续上升，特别是合成纤维产量的增长远远超过了棉布的产量；轻工业的产品结构发生了变化，在吃、穿、用三类消费品中，用的比重上升；在耐用消费品中，高档消费品的比重上升，特别是电视机、录音机、电冰箱、照相机等产品的产量大幅度增长。

随着经济的发展和人民生活水平的提高，城乡居民的消费需求和消费构成呈现新的变化。即在吃的商品方面，对经过加工的副食品的需求比重迅速上升；对穿着的需求向中高档发展，农民的穿着需求开始向城市看齐；对耐用消费品购买量稳步增长，彩色电视机、电冰箱等高档耐用消费品生产虽然增长很快，但仍然供不应求。这种消费需求的变化和扩大，进一步推动了我国轻工业的发展。

轻工业的持续发展，促进了全国城乡市场的繁荣。过去消费品匮乏的状况有了很大改变，市场货源比较充裕，大多数日用工业品已敞开供应，部分商品已开始由"卖方市场"转变为"买方市场"，轻工市场已从过去量的矛盾很突出、长期供不应求的局面，开始转变为质的矛盾比较突出的局面，消费者对商品的选择更严格了，出现了"持币待购"和"储币选购"的现象。

（4）继续调整重工业的产品结构和服务方向，但重工业生产回升过快。重工业生产在迅速增长的过程中，不断调整服务方向和内部结构，大力生产社会需求量大的产品，长期存在的重工业主要是自我服务的现象开始改变，直接为农业、轻工业和人民生活需要提供的产品越来越多。钢铁工业以提高经济效益为中心，工作重点放在提高质量、增加品种、节能降耗、治理环境上，大力推进"五个转变"，即把产品质量逐步转到国际先进水平上来，品种转到适应国民经济技术进步的需要上来，高能耗结构转到低能耗结构上来，生产转到新技术上来，企业各项工作转到提高经济效益的轨道上来。机械工业以上质量、上品种、上水平、提高经济效益为中心，进一步调整了产品结构。能源开发和交通运输设备普遍增长较快，并且做到保质、保量、按时和成套供应，保证了国家重点建设工程的需要。小型农具、饲养和经济作物机械、新兴行业装备和关键基础件，以及城乡物质文化生活所需要的机电产品，都得到了较快的增长。

从 1982 年开始，重工业由回升走向高速增长。1982 年、1983 年、1984 年，重工

① 《中国统计年鉴》（1993），中国统计出版社 1994 年版，第 59 页。

业分别比上年增长 9.9%、13.1%、16.5%。① 这也有许多原因：①由于这几年能源生产较快，为冶金工业、建材工业、化学工业和机械工业的发展提供了较多的能源；②由于固定资产投资规模的扩大和农村对农业生产资料的需求量增加，促进了重工业特别是机械制造工业、建筑材料工业的增长；③由于轻工业的迅速发展，对工业原材料和轻工设备的需求不断增加，进一步扩大了重工业的市场。

但是，这 3 年重工业毕竟回升过快，这是导致 1984 年开始经济过热的一个因素。

（5）继续推行能源开发与节约并重的方针，并在能源增产与节约两方面取得显著成效。1982 年、1983 年、1984 年，能源分别比上年增产 5.6%、6.7%、9.2%，而能源生产弹性系数和消费弹性系数分别为 0.66、0.63、0.77 和 0.63、0.51、0.63。② 这说明作为能源生产部门和主要消费部门的工业，在这 3 年中，无论在能源生产还是在节约方面都有了重要进展。但由于这 3 年工业回升过快，特别是 1984 年工业增速过高，能源供求紧张的状况又加剧了。

（6）进一步加强了对工业企业的改造、调整和改组。1982 年 1 月，国务院颁发了《关于对现有企业有重点、有步骤地进行技术改造的决定》（以下简称《决定》）。③《决定》指出，必须改变过去以新建企业作为扩大再生产主要手段的做法，实行以技术改造作为扩大再生产主要手段的方针。《决定》规定了对现有企业进行技术改造应当遵循的原则：

1）技术改造必须从我国的实际情况出发，应该采用既适合我国资源条件、科技水平和管理水平，又能带来良好经济效益的先进技术，不能统统要求最新技术，片面求新、求洋。

2）技术改造须以提高社会经济效益为目标，不仅须考虑本企业、本行业、本部门的效益，而且主要应当考虑国民经济全局的效益，坚决改变那种追求形式、不讲实效的做法。

3）必须充分发挥科学技术的重要作用，加强研究计划工作，组织好科学技术从实验室向生产的转移，单纯军用向军民兼用转移，沿海向内地转移，国外向国内转移。

4）要从我国技术改造的迫切需求出发，积极利用外资，引进适合我国情况的先进技术和自己还不能制造的某些关键设备、仪器仪表。尽量少引进甚至不引进成套设备，切记不要重复引进。引进技术后，自己能制造的设备，就不要再引进，以保护我国工业的发展。

5）技术改造是一项长期任务，必须全面规划，有重点有步骤地进行，防止不做调查研究，不讲经济效果，一哄而起，盲目上马。

国务院的《决定》，推动了技术改造的开展。1982 年、1983 年、1984 年完成的技术改造和其他措施投资分别增长到 289.78 亿元、357.83 亿元、442.03 亿元；占固定资产

①《中国统计年鉴》（1993），中国统计出版社 1994 年版，第 59 页。
②《中国统计年鉴》（1993），中国统计出版社 1994 年版，第 492 页。
③《中国经济年鉴》（1983），经济管理杂志社 1984 年版，第Ⅷ-19 页。

投资的比重分别上升到 34.3%、37.6%、37.3%。① 技术改造的开展，对提高产品质量、增加短线产品产量、节约能源和原材料发挥了重要作用。棉纺、石油、炼钢、化肥、水泥、机制糖等行业，新增的生产能力有 1/3~2/3 是靠更新改造获得的。总之，这期间我国工业技术改造工作已从作为发展生产的具体措施，转为振兴企业、繁荣经济、增强后劲的重大战略措施；从注重国内封闭式的技术攻关，逐步转为开放式的既抓国内的协同攻关，又抓国外先进技术的引进、消化和吸收；从着重抓单项的一个个企业的改造，转到在统筹规划下的整体的、全行业的综合改造。

但这期间，工业企业技术改造也存在不少问题。主要是：企业技术改造资金不足；企业在使用技术改造资金时，存在着片面追求扩大老产品生产能力、忽视提高质量和增加品种的倾向；技术引进的宏观管理方面还缺乏有效、完善的措施，出现了多头对外、重复引进过多的问题。

在这期间，继续对企业进行调整和改组，并在组织专业化协作和企业联合等方面取得了进展。但在工业企业的调整和改组方面也存在不少问题：①由于受部门所有、地区所有等体制上的限制，企业调整与改组的进展还比较慢，"大而全"、"小而全"的问题并未得到根本性的改变；②许多部门和地区在企业改组过程中，组建了一大批行政性的公司，截留了应当放给企业的权限，公司束缚了企业的手脚；③1984 年以来一些地方工艺技术落后、"小而全"的企业重新出现，产生了与大工业争原料、争能源的矛盾，也影响整个宏观经济效益的提高。

总体来说，1982~1984 年的继续调整在许多重要方面都取得了进展，但就速度和投资等这些最重要的指标来看，回升太快，以致 1984 年第四季度又出现经济过热。这主要是由于过去长期存在的、片面追求增长速度的传统经济发展战略在实际工作中的深远影响，内含投资膨胀机制的传统计划经济体制没有得到根本改革，以及市场取向改革起步以后经济开始搞活，但配套的宏观调控一时难以跟上，以致出现某些失控。

---

① 《中国固定资产投资统计资料（1950~1985）》，中国统计出版社，第 216 页。

第二十九章 以扩大国有企业自主权为特征的国有工业改革

依据中共十一届三中全会以来党和政府的有关政策以及在这些政策指导下的实践，1979 年以后的一段时间，经济体制改革的中心环节是扩大企业自主权。这个扩大企业自主权的过程大体分为以下三个阶段：①1979~1980 年扩大企业自主权试点；②1981~1982 年实行工业经济责任制；③1983 年以后实行利改税。下文分三节叙述这三个历史过程。

第一节 1979~1980 年，扩大企业自主权的试点

为了贯彻中共十一届三中全会精神，在 1979 年 4 月召开的中央工作会议上，提出了调整、改革、整顿、提高的方针。会议认为，当时的主要矛盾是经济比例关系严重失调，因此最紧迫的任务是要先搞好调整。改革要服从调整。但是，在调整比例关系和整顿企业的过程中，一些必须改又容易改的，如果不抓紧改，也会影响调整任务的完成。这次中央工作会议就经济体制改革问题提出以下原则性的意见：①以计划经济为主，同时充分重视市场调节的辅助作用；②扩大企业自主权，并且把企业经营好坏同职工的物质利益挂起钩来；③按照统一领导、分级管理的原则，明确中央和地方的管理权限；④精简行政机构，更好地运用经济手段来管理经济。扩大企业自主权的试点工作，正是在中共十一届三中全会和中央工作会议所确定的方针指引下开始进行的。

扩大工业企业自主权的试点工作，最初是从四川开始的。1978 年第四季度，四川省先在 6 个地方国营工业企业进行试点。当时着重从发动群众讨论增产节约计划入手，确定在增产增收的基础上，企业可以提取一些利润留成，职工个人可以得到一定的奖金。这个做法调动了企业和职工的积极性，收到了较好效果。1979 年 1 月，中共四川省委、省政府总结了六个企业进行扩权试点的经验，制定了《四川省地方工业扩大企业自主权，加快生产建设步伐的试点意见》，并决定从 1979 年起，把扩权试点扩大为 100

个工业企业。四川省进行扩权试点的主要做法是：在计划方面，企业在国家计划之外，可以根据市场需要自行制定补充计划，对于国家计划中不适合市场需要的品种规格也可以修改；在物资方面，除少数关系国计民生的产品、短线产品和炸药等危险产品仍由国家统购统配外，大部分生产资料可以进入市场，企业与企业之间可以不经过物资部门直接订立供货合同，也可以通过市场采购满足自己的需要，企业也可自销一部分产品；在国家和企业的利益分配方面，在保证国家利益的前提下，企业可以根据自己经营的好坏分享一定的利润，并可用于进行企业的挖潜、革新改造、集体福利和职工的奖金；在劳动人事方面，企业有权选拔中层干部，招工择优录取和辞退职工。这些改革措施，给四川省的工业企业带来了前所未有的活力，取得了显著的经济效果。1979 年是试点第一年，四川省 84 个地方工业企业的工业总产值比 1978 年增长 14.9%，利润增长 33%，上缴利润增长 24.2%，均高于非试点企业。

为了在全国范围内搞好工业管理体制改革的试点工作，并为全面的体制改革摸索经验，1979 年 7 月 13 日，国务院下达了《关于扩大国营工业企业经营管理自主权的若干规定》、《关于国营企业实行利润留成的规定》、《关于开征国营工业企业固定资产税的暂行规定》、《关于提高国营工业企业固定资产折旧率和改进折旧费使用办法的暂行规定》、《关于国营工业企业实行流动资金全额信贷的暂行规定》五个文件。这五个文件的基本精神就是逐步扩大工业企业的自主权，其主要内容有：

（1）在完成国家计划的前提下，允许企业根据燃料、动力、原材料的条件，按照生产建设和市场需要，制定补充计划。按照补充计划生产的产品，商业、外贸、物资部门不收购的，企业可以按照国家规定的价格自销。

（2）实行利润留成，改变按工资总额提取企业基金的办法，把企业经营的好坏同职工的物质利益挂起钩来。利润留成是根据不同企业的具体情况，确定不同的比例。企业用利润留成建立的生产发展基金、集体福利基金和职工奖励基金，有权自行安排使用。

（3）逐步提高固定资产折旧率及企业的留成比例。从 1980 年起，企业提取的固定资产折旧费，70%由企业安排使用，30%按隶属关系上缴主管部门，由主管部门在企业之间有偿调剂使用。固定资产原值在 100 万元以下的小型企业折旧费，全部留给企业安排使用。

除了扩大企业自主权以外，在对企业占用资金的经济责任方面也做出了新的规定：

（1）决定开征国营工业企业固定资产税，实行固定资产有偿占用，使企业对占用的固定资产承担必要的经济责任，促进企业积极提高固定资产利用效率。

（2）对国营工业企业的流动资金实行全额信贷，发挥信贷的经济杠杆作用，促进企业改善经营管理，减少物资和产品积压，加速资金周转。

扩大企业自主权五个文件下达以后，全国有 26 个省、自治区、直辖市在 1590 个工业企业里进行了试点。加上有些省、直辖市按自定办法试点的企业，共有 2100 多个。这批试点企业的利润约占当时全国工业企业利润的 35%，产值约占 26%。从试点情况看，利润留成办法，兼顾了国家、企业和职工个人三者的利益，把企业所得、职工福利奖金与企业经营好坏、利润多少直接挂钩，对发挥企业和职工的主动性，促进企业关心生产成果，改善经营管理，努力增加盈利，起了积极作用。

但在试点中也反映出扩权和实行利润留成的办法还不完善。为了进一步搞好试点工作，国家经委和财政部根据试点的经验，修订了《国营工业企业利润留成试行办法》（以下简称《试行办法》），国务院于 1980 年 1 月 22 日批转。[①] 修订后的《试行办法》，扩大了试点范围，即经过整顿，生产秩序和管理工作正常，实行独立核算，并有盈利的国营工业企业，经过批准，可以试行利润留成。试行企业利润留成，要做到国家得大头，企业得中头，个人得小头。根据这个精神，企业留成比例，全国平均大体是四六开。即企业得到的好处（包括基数利润留成和增长利润留成两部分）约占当年利润增长部分的 40%，国家约得 60%。

1979~1980 年，扩大企业自主权的试点工作不断发展，并已具有相当规模。到 1980 年底，除西藏外，各省、自治区、直辖市参加试点的国营工业企业已到 6000 多个，占全国预算内 42000 个工业企业的 14%，产值占 60%，利润占 70%。

试点企业在利润留成、生产计划、产品销售、新产品试制、资金使用、奖励办法、机构设置以及人事等方面，都不同程度地有了一些自主权。

一些省、自治区、直辖市还选择了少数企业进行"以税代利、独立核算、自负盈亏"的试点。到 1980 年底，全国进行这种试点的共有 400 多个企业。试行这种办法，是把税制改革同企业财务体制改革结合起来，国家对企业征收四税两费，即增值税、资源税、收入调节税、国营企业所得税以及固定资产和流动资金的占用费。试点结果表明，这种改革使企业的经济权利、经济责任和经济利益更加紧密地结合起来，企业的主动性、积极性得到进一步发挥。

扩大企业自主权，给企业带来了一定的活力，并取得了显著的经济效果。1980 年，由于对国民经济进行调整，缩小基本建设规模，有相当一部分扩权企业生产任务不足，再加上原材料涨价、能源紧张等不利因素，给企业完成生产计划和上缴财政任务带来了一定的困难。但是，由于扩权在一定程度上把企业的权、责、利结合起来了，使企业获得了内在的动力；伴随着竞争的展开，又给企业造成一定的外在压力，因此调动了企业的积极性，促使绝大部分扩权企业实现了增产增收。据对 5777 个试点企业（不包括自负盈亏的试点企业）的统计，1980 年完成的工业总产值比 1979 年增长 6.89%，实现利润增长 11.8%，上缴利润增长 7.4%。上缴国家的利润占全部实现利润的 87%，企业留利占实现利润的 10%，其余的 3% 用于归还贷款和政策性补贴等，增长利润的大部分也归国家。这表明，扩大企业自主权，实现了增产增收，国家和企业都增加了收入。

1979~1980 年扩大企业自主权的改革试点工作，方向是对的，效果也是显著的，为后来的改革提供了初步经验。但在改革中也出现了一些新的问题，主要是在搞活微观

---

① 《中国经济年鉴》（1981），经济管理杂志社 1982 年版，第 Ⅱ-122 页。

经济的同时，宏观调控没有及时跟上，出现了一些不按国家计划生产、重复建设、滥发奖金的现象；一些改革措施相互之间不够配套，也影响了改革的顺利进行。

第二节 1981~1982年，全面推行工业经济责任制

工业经济责任制，是在扩大企业自主权的试点基础上发展起来的，又是扩权的继续和深入。1979年，扩大工业企业自主权的试点取得突破性进展，1980年试点工作全面展开，为实行工业经济责任制提供了经验，创造了条件。中共十一届三中全会以后，我国农村普遍推行各种形式的联产承包责任制，取得了显著的成效。农村改革的成功经验，对工业经济责任制的推行起到了极大的启示和推动作用。1980年，我国出现了严重的财政赤字。为了增加财政收入，1981年初，各个地区从落实财政任务着手，对所属企业实行了"包干加奖励"的办法。1981年4月，在国务院召开的工业交通工作会议上，明确提出建立和实行工业经济责任制的要求。此后，首都钢铁公司创造了一整套实行经济责任制的经验，推动了工业经济责任制进一步发展和完善。

1981年9月，国家经委和国务院经济体制改革办公室根据半年多推行工业经济责任制的实践情况，下达了《关于实行工业经济责任制若干问题的意见》，[①]进一步明确了工业经济责任制的内容和应遵循的原则。

经济责任制是在国家计划指导下，以提高社会经济效益为目的，实行责、权、利紧密结合的生产经营管理制度。它要求企业的主管部门、企业、车间、班组和职工，都必须层层明确在经济上对国家应负的责任，建立健全企业的生产、技术、经营管理各项专责制和岗位责任制，为国家提供优质适销的产品和更多积累；它要求正确处理国家、企业和职工个人三者之间的利益，把企业、职工的经济责任、经济效果同经济利益联系起来，认真贯彻各尽所能、按劳分配的原则，多劳多得，有奖有罚，克服平均主义；它要求必须进一步扩大企业自主权，使企业逐步成为相对独立的经济实体。

推行工业经济责任制要求各级工业管理机构和工业企业必须遵循的原则，主要有以下七个：①必须全面完成国家计划，按社会需要组织生产，不能利大大干，利小不干，造成产需脱节，特别要保证市场紧缺的微利产品和小商品的生产；②必须保证产品质量，不能粗制滥造，向消费者转嫁负担；③成本只能降低，不能提高；④要保证国家财政收入逐年增长；⑤职工收入的水平只能在生产发展的基础上稳定增长，个人收入不能一下提得过高，要瞻前顾后，照顾左邻右舍；⑥必须奖惩分明，有奖有罚；⑦必须加强领导，加强国家监督，要有强有力的思想政治工作保证。

实行工业经济责任制，必须抓好两个环节：一个环节是国家对企业实行的经济责

---

① 《中国经济年鉴》(1981)，经济管理杂志社1982年版，第Ⅲ-31页。

任制，处理好国家和企业之间的关系，解决企业经营好坏一个样的问题；另一个环节是建立企业内部的经济责任制，处理好企业内部的关系，解决好职工干好干坏一个样的问题。

国家对企业实行经济责任制，在分配方面主要有三种类型：一是利润留成，二是盈亏包干，三是以税代利，自负盈亏。具体形式有以下六种：

（1）基数利润留成加增长利润留成。这种办法适用于增产增收潜力比较大的企业，但确定每年利润的基数，可将原来的"环比"办法改为按前三年平均利润数来计算。

（2）全额利润留成。这种办法适用于生产正常、任务饱满、利润比较稳定的企业。留成比例按照前三年企业实际所得（包括基数利润留成和增长利润留成）占利润总额的比重来确定。

（3）超计划利润留成。这种办法适用于调整期间任务严重不足、利润大幅度下降的企业。

（4）利润包干。其中有"基数包干，增长分成"、"基数包干，增长分档分成"、"基数递增包干，增长留用"等。这些办法一般适用于增收潜力比较大的微利企业。增收潜力不大的微利企业实行"基数包干、超收留用、短收自负"的办法。

（5）亏损包干。对亏损企业实行"定额补贴、超亏不补、减亏留用或分成"和"亏损递减包干、减亏留用或分成"的办法。

（6）以税代利、自负盈亏。这种办法适用于领导班子比较强、管理水平比较高、生产比较稳定、有盈利的大中型企业，经过财政部批准在少数企业中试行。

国营小型企业，包括县办工业企业和城市小型企业，参照集体所有制企业纳税的办法，改上缴利润为上缴所得税和固定资产、流动资金占用费，实行自负盈亏。

企业内部实行经济责任制，是把每个岗位的责任、考核标准、经济效果同职工的收入挂起钩来，实行全面经济核算。在分配上大体有这样五种形式：①指标分解，即将工作量分解为若干个指标，每一种指标与一定的工资和奖金额相联系；②计件工资，包括超额计件工资和小集体超额计件工资；③超产奖；④定包奖；⑤浮动工资。

1981~1982年，工业企业在相当广的范围内推行了经济责任制。从国营工业企业到集体所有制工业企业，从大中型企业到小型企业，从盈利企业到亏损企业，从单个企业到整个行业，普遍推行了工业经济责任制。在县属以上国营企业中，实行工业经济责任制的企业占80%。由于国家经委和各个有关部门、各级地方政府对推行工业经济责任制的重视和支持，不断总结新经验，研究新情况，采取了一系列措施，保证了工业经济责任制不断发展和完善，并且取得比较好的效果。

（1）调动了企业和广大职工的积极性，促进了增产增收。实行经济责任制，地方和企业增加了压力和动力，使经济责任层层落实，对于落实财政上缴任务，起到了重要作用。1981年的财政收入状况比1980年有明显好转，赤字从1980年的127.5亿元减到 25.5 亿元。[①]实行经济责任制，促进增产增收是一个重要原因。

（2）促进了企业整顿，企业的经营管理得到了改善和加强。实行经济责任制，增强了广大职工的主人翁责任感，整顿企业、改善经营管理、严格规章制度、加强基础工作的自觉性有了很大提高。企业都不同程度地建立健全了定额管理、质量管理和经济核算，开展了职工培训，制定了岗位标准，整顿了劳动纪律，实行了严格的考核和奖惩制度。

（3）比较有效地解决了长期存在的平均主义问题，使按劳分配的原则得到了进一步的贯彻。实行经济责任制，由于把企业、职工的经济责任同他们的经济利益紧密结合起来，在包干指标、劳动定额先进合理，基础工作健全的条件下，能比较好地解决"吃大锅饭"的问题。

（4）进一步改变了对企业统收统支、捆得过死的状况，使企业有了一定的机动财力，可以用于技术改造、设备更新和兴办集体福利设施。

（5）实行经济责任制，不仅对一线的生产工人落实了经济责任，而且对领导干部、技术人员、管理人员和辅助工人也在明确经济责任的基础上，逐步建立了考核标准和考核办法。在对企业实行经济责任制的同时，企业的主管部门也相应地建立了责任制，积极搞好综合平衡，帮助企业解决好人、财、物、供、产、销等方面的衔接和生产中的关键问题，为企业完成国家计划改善了外部条件。

（6）实行经济责任制，促进了工业的调整。1980 年，由于国民经济的调整，重工业任务不足，面临很大困难。由于实行经济责任制，发挥了企业的主观能动性，许多企业积极主动地根据市场的需要，千方百计扩大生产门路，改变服务方向，调整产品结构，截长线，补短线，为轻工市场服务，为技术改造服务，开拓国际市场，促使重工业逐步回升。

工业企业推行经济责任制，对促进工业管理体制改革起到了积极作用。但是，由于工业是社会化的大生产，企业与企业、部门与部门相互依存，问题比较复杂，实行经济责任制工作的难度比农业实行家庭联产承包责任制要大，因此在改革中也出现了一些问题。主要是实行经济责任制与计划管理结合得不够好，在处理国家与企业之间的关系时，企业往往过多地强调企业自身的利益，一些企业内部的经济责任制落实得还不够，在分配上的平均主义问题还没完全得到解决。

第三节　1983 年以后，实行利改税

从 1980 年开始，曾经在 400 多个工业企业中进行了以税代利的试点。其中有的是

[①]《中国统计年鉴》(1985)，中国统计出版社 1986 年版，第 523 页。

全市、县的试点，有的是一个城市范围内的全行业试点。总的来看，试点的效果比较好。参加试点的全部企业，销售收入的增长明显高于总产值的增长，特别是实现利润和上缴税费的增长大大高于总产值和销售收入的增长。而且在企业实现的利润增长中，保证了大部分以税金和资金占用费的形式上缴国家，企业所得也增加了。试点效果说明把上缴利润改为上缴税金是有益的。1983 年 4 月 24 日，国务院批转了财政部关于全国利改税工作会议报告和《关于国营企业利改税试行办法》，[①] 决定 1983 年开始进行利改税的第一步，即实行税利并存的制度。在企业实现利润中，先征收一定比例的所得税和地方税，然后采取多种形式在国家和企业之间进行合理分配税后利润，并从 1983 年 6 月 1 日起开征国营企业的所得税。

　　财政部《关于国营企业利改税试行办法》规定，凡是有盈利的国营大中型企业，实现利润均按 55% 的税率缴纳所得税。企业缴纳所得税后的利润，一部分上缴国家，另一部分按照国家核定的留利水平留给企业。上缴国家的部分，可根据企业的不同情况，分别采取递增包干、固定比例上缴、缴纳调节税（即按企业应上缴国家的利润部分占实现利润的比例确定调节税税率；基数利润部分，按调节税率缴纳；比上年增长利润部分，减征 60%）和定额包干四种办法。凡是有盈利的国营小型企业（按照 1982 年底的数据，固定资产原值不超过 150 万元，年利润额不超过 20 万元的为小型工业企业），实现的利润按八级超额累进税率缴纳所得税。缴税以后，由企业自负盈亏，国家不再拨款。但对税后利润较多的企业，国家可收取一定的承包费，或者按固定数额上缴一部分利润。对于亏损的企业，凡属国家政策允许的亏损，继续实行定额补贴，超亏不补，减亏分成。凡属经营管理不善造成的亏损，由企业主管部门责成企业限期进行整顿。在规定期限内，经财政部门审批后，适当给予亏损补贴，超过期限的一律不再贴补。国营企业所得税的管理工作，由税务机关办理。

　　据中央 17 个工业部门和 27 个省、自治区、直辖市统计，到 1983 年底，实行利改税第一步的国营工业企业共有 26500 户，为盈利企业总户数的 94.2%。1983 年，全国实行利改税的国营企业新增加的收入，以税金和利润形式上缴国家的部分占 70%，企业所得占 30% 左右，其中用于职工奖励基金的部分约为 8%。到 1984 年，国营企业留利占实现利润的比重，由改革前的 5% 上升到 25%。[②] 实行利改税的结果表明：在解决国家同企业的分配关系上找到了一条比较好的途径。利改税以后，税率固定，企业同国家之间的分配关系固定下来，从法律上保证了国家财政收入稳定和均衡入库，保证了国家得大头、企业得中头、个人得小头，既能使国家财政收入稳定增长，又能使企业心中有数，企业留利也可在增产增收中稳定增长。企业经营管理得好，可以多得；经营管理得差就少得。

　　①《中国经济年鉴》（1984），经济管理杂志社 1985 年版，第Ⅸ-83 页。
　　②《中国经济年鉴》（1985），经济管理出版社 1986 年版，第Ⅳ-2 页；《中国经济年鉴》（1989），经济管理杂志社 1990 年版，第Ⅱ-39 页。

实行利改税后，①增加了企业积极挖掘潜力，提高了经济效益的动力和压力，加强了税收的监督作用，促进了企业的经济核算；②依照税法征税，可以初步避免实行利润留成、盈亏包干办法存在的争基数、争比例的扯皮现象；③有利于配合其他经济改革，逐步打破部门和地区界限，按照客观经济规律的要求，调整企业结构，合理组织生产；④国家可以利用税收这一经济杠杆，根据宏观经济的需要，对不同的行业、企业和产品采取调整税率、减免税等措施，调节生产和分配，促进国民经济协调发展。

但是，利改税的第一步还是有缺陷的。其主要问题有三个：

（1）还没从根本上解决好国家同企业的分配关系。税利并存的办法，企业纳税后还保留一块税后利润，国家同企业还得用包干或分成等办法进行再分配，因此还不能真正体现企业的盈亏责任制。

（2）由于价格体系不合理，行业与行业、企业与企业之间利润水平悬殊，苦乐不均，利改税第一步是在这种不平衡、不合理的基础上进行的，因此还没有完全起到鼓励先进、鞭策落后的作用。

（3）企业所得税和税后利润的分配，仍然是按照企业的行政隶属关系划分的，也就难以削弱"条条块块"因自身经济利益而对企业进行的不必要的行政干预，行政领导仍然是企业的真正主宰者。

为了克服第一步利改税的各种弊端，进一步完善税制，更充分地运用税收的调节作用，力求通过合理设置税种和税率，更好地调节国家和企业、企业和企业之间的分配关系，确保国家财政收入的稳定和增长，同时也让企业获得更大的自主权，既有更大的活力，又有更大的压力和责任，国务院决定从1984年10月1日起，试行第二步利改税。[①]

第二步利改税的基本内容是：将国营企业应当上缴国家财政的利润按11个税种向国家缴税，也就是由税利并存逐步过渡到完全的以税代利，税后利润归企业自己安排使用。实行第二步利改税的主要办法是：国营大中型企业按55%的比例税率缴纳所得税，然后再按照企业的不同情况，征收调节税；对国营小型企业按新的八级超额累进税缴纳所得税。适当放宽国营小型企业的划分标准，使之逐步过渡到国家所有、自主经营、依法纳税、自负盈亏；对某些采掘企业开征资源税，以调节因资源条件不同而形成的级差收入；开征房产税、土地使用税、城市维护建设税以及车船使用税，以促使企业合理利用土地、房产，适当解决城市维护建设的资金来源。

第二步利改税仍然是在价格不合理、短时期又难以解决的情况下进行的。通过增加税种，合理确定税目、税率，实行多次调节，对于促进价格体系、劳动工资制度和分配关系的调整和改革，充分发挥税收的经济杠杆作用，起到了很大作用。它缓解了由于价格不合理所带来的矛盾，使企业在利润悬殊状况有所改善的情况下开展竞争，有利于鼓励先进，鞭策落后。第二步利改税后，企业不再按行政隶属关系上缴利润，

①《中国经济年鉴》(1985)，经济管理出版社1986年版，第X–67页。

有利于合理解决"条条块块"、中央与地方的经济关系。

但第二步利改税，也有明显的缺陷和局限。从本质上来说，无论是第一步利改税，还是第二步利改税，都不可能从根本上解决政企分开以及使企业成为自主经营、自负盈亏的市场主体问题。因为第一步利改税、第二步利改税都有混淆税利不同功能的不妥之处。更重要的问题还在于：第二步利改税没有也不可能解决合理确定调节税的问题，因而不能解决企业之间苦乐不均和"鞭打快牛"的问题。而且，就实践结果看，由于所得税率过高，企业创利大部分都上缴国家，严重影响了企业的积极性和发展后劲。随着时间的推移，这种弊病日趋严重。以致后来由实行第二步利改税改为以承包为重点的多种形式的经营责任制，就成为改革深入发展的必然趋势。

第三十章　国有工业企业的整顿与企业领导制度的改革和完善

第一节　企业整顿

一、工业企业的初步整顿

从 1976 年 10 月到 1978 年底，对工业企业进行了恢复性整顿。但这种恢复性整顿，没有也不可能从根本上解决当时企业管理存在的问题。于是，在 1979 年 4 月中央工作会议上提出了调整、改革、整顿、提高的方针以后，又对工业企业进行了整顿。但这个整顿的第一阶段还是初步整顿。这一阶段主要是以生产为中心，以提高经济效益为重点，并结合调整与改革，提高企业的生产经营管理水平。各地区、各部门加强了对企业整顿工作的领导，推动了企业整顿工作的不断深入。1979~1981 年，工业企业的初步整顿工作主要在以下六个方面取得了进展：

（1）进一步调整和加强了企业的领导班子。根据中央提出的干部队伍革命化、年轻化、知识化、专业化的要求，各地区、各部门有计划、有步骤地对企业的领导班子进行调整，初步改善了领导班子的结构状况。到 1981 年底，工业企业领导班子中，懂技术、会经营管理的成员约占 50%，其中技术干部约占 20%；平均年龄为 50 岁左右，比 1979 年下降 2~3 岁。

（2）普遍实行了党委领导下的厂长负责制和职工代表大会制。据不完全统计，到 1981 年底，约有 80% 的企业实行了党委领导下的厂长负责制，党委不再包揽生产行政事务，开始转向抓好对企业的思想政治领导；建立了以厂长为首的生产指挥系统，企业的生产行政工作由厂长全面负责，技术工作由总工程师负责，财务工作由总会计师负责。过去那种讲集体领导、不讲个人负责，名义上谁都负责、实际上谁都不负责的状况，开始有所改变；约有 70% 的企业建立了党委领导下的职工代表大会制；有的企业还试行了民主考核、评议、选举中层干部和厂级干部。

（3）初步整顿和加强了企业的基础工作，逐步推行全面的经济核算。在全国国营工业企业中，到1981年底，建立二级或三级经济核算制度的约占一半以上，其中部分企业结合实行经济责任制，通过全面经济核算，使企业内部各个环节、各个岗位的责、权、利结合起来。这些企业的主要做法是：①建立健全了厂部、车间、班组的三级核算制。②加强成本管理和财务管理。③实行指标分解，把企业的主要技术经济指标落实到有关科室、车间、班组直到机台和个人。④核定企业及其所属车间、有关科室的流动资金定额和固定资产的需要量，并考核资金的占用情况。⑤建立厂部、车间、班组的定期经济活动分析制度。⑥逐步建立了企业内部结算制度，有的企业还实行了内部自计盈亏和内部经济合同等办法。

（4）多数企业特别是扩权试点企业开始重视和加强经营工作。过去那种只管生产，不问销售、不顾经营的状况开始有所改变，并积累了一些有益的经验。主要有：①强化销售机构，把销售作为经营工作的重要环节来抓，编制生产计划同销售计划相结合。②重视开展市场调查和预测，及时了解国内外市场的行情变化及其趋势，努力增产适销对路产品，做到产销两旺。③加强了产品的科研、设计和试制力量，充分利用市场信息的反馈，改进产品设计，提高质量，增加花色品种。④努力做好产品的宣传工作，积极开展为用户服务的各项业务，主要是搞好技术服务。⑤按质、按量、按时履行经济合同，讲究企业信誉。⑥厂长直接抓经营，根据国家计划和市场需要来组织生产和确定经营方针，广泛开展多种形式的产销直接结合的经营活动。

（5）初步整顿了财经纪律，健全了财务会计制度。1981年，各地对执行财经纪律的情况进行了大规模的检查。通过检查，初步刹住了损公肥私、弄虚作假、滥发奖金、截留上缴利润等歪风邪气，发现了不少经济违法案件，并进一步揭露了企业财务管理混乱、损失浪费严重的问题，为全面整顿企业、完善财务管理和财政监督的制度、办法做了准备。

（6）加强了劳动纪律，整顿了劳动组织。许多企业加强了对职工的主人翁思想教育，建立和严格执行奖惩制度，对那些劳动态度好、遵纪守法、成绩大的职工，给予表扬和奖励；对少数严重违反劳动纪律的，给予行政或经济处分；个别情节严重、屡教不改的，经职工代表大会讨论，予以辞退、除名或开除。大多数企业制定了《职工守则》，提高了职工遵守劳动纪律的自觉性。

经过初步整顿，工业企业的经营管理水平有了一定的提高。搞得好的一类企业有所增加。据统计，一类企业，即领导班子健全、懂行、团结，职工队伍的思想状况、生产技能比较好，各项管理工作比较扎实，经济效益比较好的企业，由1980年的25%增加到1981年的30%；领导班子软弱无力、职工劳动纪律松弛、企业管理混乱、经济效益差的三类企业，由20%减少到了15%；居中间状态的二类企业约占55%。

二、工业企业的全面整顿

(一) 全面整顿的提出及其基本要求

中共十一届三中全会以后，各部门、各地区贯彻执行调整、改革、整顿、提高的方针，在整顿企业领导班子、扩大企业自主权、实行职工民主管理、建立经济责任制、改善经营管理、培训职工队伍方面做了大量工作。但是，这一阶段的整顿还只是初步的，而且整顿工作的进展很不平衡。整顿得好的企业是少数，处于中间状态的是多数，没有认真进行整顿、管理混乱、存在严重问题的也是少数。还有相当多的企业，程度不同地存在着领导班子软弱涣散、精神不振、思想政治工作薄弱、机构臃肿、人浮于事、劳动纪律松弛、产品质量低、浪费严重、经济效益差等问题。还有少数企业领导班子受资本主义思想侵蚀，搞不正之风，违反财经纪律，弄虚作假，偷税漏税，截留上缴利润，营私舞弊，贪污受贿等。如果不认真解决这些问题，就不可能争取国民经济状况的根本好转，更不可能把企业建设成为社会主义现代化企业。因此，中共中央、国务院于 1982 年 1 月做出了《关于国营工业企业进行全面整顿的决定》(以下简称《决定》)：[①] 从 1982 年起，用两三年的时间，有计划地、有步骤地、点面结合地、分期分批地对所有国营工业企业进行全面的整顿工作。

《决定》指出，企业的全面整顿，是对企业进行综合治理，包括整顿领导班子、职工队伍、管理制度、劳动纪律、财经纪律、党的作风和加强思想政治工作等一系列工作。通过整顿，使企业的各项工作全部转到以提高经济效益为中心的轨道上来。

《决定》指出，对企业进行全面整顿，要围绕提高经济效益，着重做好五项工作：①整顿和完善经济责任制，改进企业经营管理，搞好全面计划管理、质量管理和经济核算工作；②整顿和加强劳动纪律，严格执行奖惩制度；③整顿财经纪律，健全财务会计制度；④整顿劳动组织，按定员组织生产，有计划地进行全员培训，坚决克服人浮于事、工作散漫的现象；⑤整顿和建设领导班子，加强对职工的思想政治教育。

《决定》还指出，企业全面整顿是建设性的整顿，除了上述五项工作外，还要有一个系统的、全面的建设规划，把企业的整顿和建设密切结合起来进行。企业在整顿中进行建设的基本要求，概括为：搞好三项建设，达到六好要求。三项建设，即通过全面整顿，逐步建立起一种既有民主又有集中的领导体制，逐步建立起一支又红又专的职工队伍，逐步建立起一套科学文明的管理制度；六好要求，即通过三项建设，使企业能够正确地处理国家、企业、职工个人三者的经济关系，出色地完成国家计划，达到三者兼顾好、产品质量好、经济效益好、劳动纪律好、文明生产好、政治工作好，成为六好企业。

(二) 全面整顿的进展

中共中央、国务院《关于国营工业企业进行全面整顿的决定》下达后，以提高经济

[①]《中国经济年鉴》(1983)，经济管理杂志社 1984 年版，第Ⅷ-21 页。

效益为目标的企业全面整顿工作立即在全国范围内展开。按预算内工业企业统计，1982 年全国列入第一批整顿的工业企业共 9155 个，总产值占预算内工业企业总产值的 55.9%，上缴利润占 65.3%，税金占 58.4%。在整顿过程中，各地区、各部门根据决定的要求，结合本地区、本部门的实际情况，制定了所属企业进行全面整顿规划，对大中型骨干企业采取了分期分批、有步骤、有重点地部署整顿工作，把提高经济效益作为企业整顿的出发点和落脚点。围绕提高经济效益这个目标，实行几个转变，即从重点抓产值、产量，转向注意抓品种、质量、消耗、成本；从主要抓外延扩大再生产，转向注意抓内涵扩大再生产；从不大重视科学技术的作用，转向注意抓科学技术工作；从只抓生产管理，转向生产、经营一起抓。总体来看，整顿工作的进展是健康的，并取得了一定的成效。

（1）企业的领导班子朝着革命化、年轻化、知识化、专业化的要求迈进了一大步。整顿好企业的领导班子，是搞好企业全面整顿的关键。由于历史的原因，我国工业企业的领导班子，普遍存在年龄偏大、人员偏多、文化偏低、专业技术干部偏少的状况。在企业的全面整顿中，多数企业针对这种状况，进行了初步的调整，选拔了一批德才兼备的中青年干部到领导岗位上来，妥善地安排了一批老干部退居二三线，使企业领导班子的素质、结构发生了变化。据 1982 年底对 804 个大中型骨干企业的统计，领导班子的平均人数已由整顿前的 8.7 人减为 6.5 人，减少了 25.3%，其中新进领导班子的人数平均为 1.6 人，占新领导班子人数的 24.6%；平均年龄由整顿前的 51.2 岁降为 47.9 岁，下降了 3.3 岁；具有大学和高中文化程度的，由整顿前的 36.9% 增加到 55%；有技术业务职称的由 24.6% 提高到 41.1%。在选择企业领导人的做法上，多数地区、部门进行了改革，实行了上级考核、选拔与民意测验、职工群众选举相结合的办法。因而调整后的领导班子比较符合职工群众的心愿，上级也比较满意。

但是，从全国国营工业企业的状况看，经过 1982 年的整顿，多数企业领导班子的整顿还不够理想。一是进度不快，二是有些经过整顿的企业领导班子，仍然存在年龄偏大、文化程度偏低、缺乏经营管理知识、结构不合理等问题。在经营指导思想上还存在片面追求产值速度、忽视经济效益的倾向。针对这些问题，1983 年全国工交座谈会提出，工业企业领导班子的整顿必须解决好以下五个问题：

1）进一步克服"左"的影响。选拔、配备企业领导班子一定要坚持革命化、年轻化、知识化、专业化的标准，注意把好政治关、年龄关、文化关，特别要强调尊重知识，大胆起用人才，坚决把优秀的经营管理人员和专业技术人员提拔到领导岗位上来。

2）合理使用人才，注意发挥专长，选拔专业科技干部担任党政领导职务时，要注意看他们的组织领导才能，或者在组织领导才能方面是否有发展前途，避免使用不当。

3）做好新老干部交替工作。企业生产经营活动比较复杂，新老干部交替时，要注意工作的连续性。

4）对年龄和文化程度的要求要从实际出发，在掌握企业领导班子的年龄和文化程度的标准上，既要态度坚决，又要从干部队伍的现状出发。在年龄上不要搞层层递减。

党委工作干部和专业性强的科室干部，年龄可以稍宽一些。选拔企业主要负责人，不仅要看年龄、文化、专业知识，还要看决策能力、业务能力、组织能力、协调能力。

5）加强新领导班子的思想建设和业务建设，分期分批地对省、自治区、直辖市和重点工业城市的经委领导干部以及全国轻工业公司、部分大型企业的领导干部进行轮训。

根据上述精神，1983年下半年和1984年，继续进行了企业领导班子的调整工作，着重解决了以下四个问题：①初步完成了中小企业领导班子的调整工作；②对已经调整的企业领导班子，组织力量进行了复查，对班子专业不配套的进行了必要的补充；③结合国家对厂长进行统考的要求，分批组织了轮训学习，着重学习了党的经济建设方针政策、经济科学和经营管理知识；④进行了第三梯队的建设，加强了后备力量的选拔和培养，逐步形成了梯形年龄结构。经过几年的整顿，企业领导班子向革命化、年轻化、知识化、专业化迈进了一大步。按中共中央组织部要求应该调整的3070个大中型骨干企业领导班子，到1984年已调整2088个，占68%，其中合格的企业有1681个，占已调整的80.5%。调整后企业党政领导班子成员的平均年龄为44.5岁，比调整前降低了4.7岁；有大专文化程度的占69.9%。一大批有开拓精神、有专业知识的中青年干部已经走上企业各级领导岗位。

（2）进一步健全了企业内部的经济责任制。在企业整顿中，各个企业都把健全内部的经济责任制作为整顿工作的重点。首都钢铁公司实行经济责任制的经验在全国得到了普遍推广。按照这个经验，在大多数企业中，从厂长到工人，普遍按照责、权、利相结合的原则，逐级建立了经济责任制。为了保证全面完成国家计划，采取指标分解、逐级落实、层层包、层层保、严格考核、奖罚分明等办法，在企业中初步形成了一套纵横连锁的经济责任制体系，从而使企业内部的各个系统、各个环节围绕实现统一的经营目标，互相协调，互相促进。

（3）企业管理的基础工作得到了比较全面的加强，企业管理现代化取得了一定的进展。在整顿过程中，对企业管理的各项基础工作，如标准化工作、定额工作、原始记录、计量工作、信息工作、基础教育等，进行了整顿，充实了必要的专业人员和计量测试手段，提高了基础工作的完备程度，加强了原始记录和统计分析，建立了情报机构和档案制度，按照行业平均先进水平修订了定额，制订了先进的技术标准和管理标准，同时对职工进行了安全生产、应知应会等教育。

在推进企业管理现代化方面，各地都有不少企业试行了市场预测和经营决策、目标管理、系统工程、价值工程、网络技术等现代化的管理方法，取得了一定的效果。不少企业逐步运用了电子计算机等现代化手段。这些措施对提高企业经营管理水平和经济效益，都起到了积极作用。

（4）企业劳动组织得到改善。在整顿企业劳动组织方面，长期以来存在的企业人员过多，一二线人员结构不合理，人浮于事的状况有所改变。截至1982年底，全国第一批整顿的1万多个工业企业，约有1/2已经完成劳动组织的整顿。经过整顿，劳动定额水平一般提高 10%，富余人员为 15%~20%，生产第一线的力量得到了充实和加强。对富余的人员采取了多种办法进行安置，有的充实到新建车间，或通过行业内部调剂调到了需要增加人员的企业。大多数富余人员由企业或企业的主管部门组织起来，举办劳动服务公司或生活服务公司，发展第三产业。

（5）企业思想政治工作有所加强。中共十二大以后，工业企业在抓好生产经营管理的同时，开始重视精神文明的建设，思想政治工作普遍有所加强。在抓职工队伍建设中，注意把加强思想政治工作同正确贯彻物质利益原则结合起来，把发扬党的优良传统同探索新时期思想政治工作的特点结合起来，采取了多种形式，对职工进行爱国主义、集体主义、社会主义教育；还围绕提高经济效益这个中心，进行了经济形势和方针政策教育，进行了正确处理国家、集体、个人三者利益的教育，从而增强了职工的主人翁责任感，出勤率、劳动生产率普遍有所提高。

经过整顿、调整、改革和技术改造，企业的经济效益不断提高。1981~1984 年，国营独立核算工业企业资金利税率分别为 23.8%、23.5%、23.2%、24.2%；亏损企业亏损总额分别为 45.96 亿元、49.57 亿元、32.11 亿元、26.61 亿元。[①] 在这方面，企业整顿显然起到了积极作用。

但是，企业全面整顿的工作发展很不平衡。到 1984 年底，还有不少地区和部门的企业整顿没有完全完成预定的计划，有些影响企业素质和企业经济效益的关键问题还没有得到很好解决，有一定数量的企业整顿工作存在着降低标准走过场的倾向。

第二节　企业领导制度改革与完善

一、从党委领导下的厂长负责制逐步改为厂长负责制

中共十一届三中全会在阐述我国经济体制改革问题时，指出要认真解决党政企不分、以党代政、以政代企的现象。[②] 1980 年 1 月，邓小平在谈到改善党的领导的问题时又指出："工厂要实行党委领导下的厂长负责制……这样是不是有利于工厂……的工作？能不能体现党的领导作用？如果这个问题解决得不好，可能损害党的领导，削弱党的领导，而不是加强党的领导。"[③] 这些重要论述，提出了我国工业企业领导制度中一个长期没有得到很好解决的问题，并打开了关于这个问题的思想禁区，推动了工业管理部门、党的组织部门以及经济理论界对这个问题的重新思考和进一步研究。

---

① 《中国统计年鉴》（1985），中国统计出版社 1986 年版，第 375 页；《中国统计年鉴》（1997），中国统计出版社 1998 年版，第 439 页。

② 《中国经济年鉴》（1981），经济管理杂志社 1982 年版，第Ⅱ–20~22 页。

③ 《邓小平文选》第 2 卷，人民出版社 1993 年版，第 270 页。

1980年，根据党中央的精神，国家经委、全国总工会以及中国社会科学院等有关部门在北京选择了若干企业进行企业领导制度改革的试点。通过调查研究和改革的试点，开始认识到党委领导下的厂长负责制的一些弊端：

（1）不利于真正加强党对企业的思想政治领导，党委陷于日常行政事务，党组织变成了一个普通的行政机构，形成了党不管党、以党代政的现象。

（2）不利于发挥厂长集中统一指挥的作用，不适应社会化大生产的客观要求。党委领导下的厂长负责制，在实际上已普遍成为党委书记一长制，决策权和指挥权集中于党委书记，削弱了厂长对生产经营的统一指挥职能。而且名义上是党委集体负责，实际上是谁也不负责任。因此，这种制度本身容易造成企业管理效能低。

（3）不利于发挥专家的作用。多数企业的决策权、指挥权集中于一些不大懂技术、不大懂经济、也不大懂管理的一些干部手中，因此往往造成瞎指挥。企业里的工程技术人员、经营管理人员的积极性往往受到抑制。

（4）不利于加强法制，健全经济责任制。党委领导下的厂长负责制的一个明显缺陷是权力和责任分离，党委行使决策权，但不具有法人资格，因此不负经济责任。厂长作为企业法人的代表，应当负经济责任，但没有决策权和实际上的指挥权。责任和权力的分离，使厂长在生产经营管理中往往当断不断、当决不决，降低了管理工作的效率。

（5）不利于按客观经济规律的要求，实行跨部门、跨地区的经济联合。经济联合体大多数需要由经济联合委员会或董事会作为该联合体的最高决策机构，行使最高决策权。而隶属于某一地方党委的企业的党组织，不可能作为经济联合体的最高决策机构。

但是，对于上述问题的认识，人们的意见并不是一致的。一种意见认为，产生上述问题，是党委领导下的厂长负责制这种领导体制的必然产物，不是哪一个人的工作作风和工作方法问题。因此，必须改革这种领导体制本身。另一种意见认为，这种领导体制本身是没有问题的，只是在实行过程中出现了偏差，需要对这种领导体制进行完善。如果要取消党委领导下的厂长负责制，就会削弱党对企业的领导。由于认识截然不同，如果立即取消党委领导下的厂长负责制，势必容易造成思想上和管理工作上的混乱。党中央对这个问题采取了十分慎重的做法，一方面，继续在少数企业进行改革的试点；另一方面，在大多数企业继续实行党委领导下的厂长负责制，并根据新的情况，不断改进企业的党政工作。

1982年1月，中共中央、国务院颁发了《国营工厂厂长工作暂行条例》（以下简称《条例》）。①《条例》明确规定了厂长责任、职权、指挥系统和责任制，以及对厂长的奖惩。《条例》规定，工厂实行党委领导下的厂长负责制。厂长是工厂的行政负责人，受国家委托，负责工厂的经营管理和生产，这方面的问题由厂长全权决定。厂长可按照干部管理权限，由上级委派，或经职工代表大会选举，由上级任命，厂长的任期一般为4年。

---

① 《中国经济年鉴》（1982），经济管理杂志社1983年版，第Ⅲ-46页。

这个《条例》虽然延续了党委领导下的厂长负责制的企业领导体制，但在实行党政分工，克服以党代政，加强厂长责任，赋予厂长更大的生产经营指挥权方面，大大前进了一步，在一定的程度上体现了厂长责、权、利的统一，从而为逐步推行厂长负责制做了准备。

为了加强和改善企业中党的领导，提高基层党组织的战斗力，中共中央于1982年5月颁发了《中国共产党工业企业基层组织工作暂行条例》（以下简称《条例》）。《条例》明确了工业企业中党委的地位与任务。《条例》规定，在社会主义企业中，实行党委领导下的厂长负责制和党委领导下的职工代表大会制。按照党委集体领导、职工民主管理、厂长行政指挥的根本原则，不断改善和加强党对企业的领导。党委是企业的领导核心。

但是，由于企业领导体制还没有从根本上加以改革，因此前述的党委领导下的厂长负责制的弊端也就不可能得到根本解决。尤其是责、权、利的不统一，使厂长难以有效地行使对生产行政工作的统一指挥。随着企业自主权的扩大和改革的深入发展，这些矛盾也越来越突出，同时也使越来越多的人认识到，必须改革长期以来所实行的企业领导体制。

于是，在企业的全面整顿过程中，1982年开始在北京、天津、上海、沈阳、大连、常州6个城市的191个企业中进行厂长负责制的试点工作。后来逐步扩大到各地区、各部门的2913个企业试行厂长负责制。厂长负责制的建立，带动了企业内部组织机构、劳动人事、工资奖励和生产经营等方面的配套改革。试点搞得好的企业，厂长指挥灵了，决策快了，效率高了。同时，党委开始集中精力加强党的建设和思想政治工作，民主管理也有了加强。根据党中央精神，人们认识的发展和对实践经验的总结，1984年5月，六届全国人大二次会议的政府工作报告中，正式宣布国营企业将逐步实行厂长负责制。在这种精神的指引下，我国工业企业领导体制的改革又进入了新的发展阶段，厂长负责制开始在所有工业企业中推行。

二、企业职工代表大会制度的逐步完善

粉碎"四人帮"以后，在企业整顿中，一些企业逐步恢复了党委领导下职工代表大会或职工大会制。1978年4月颁发的《中共中央有关加快工业发展若干问题的决定》，要求企业定期举行职工代表大会或职工大会，听取企业领导的工作报告，讨论企业有关重大问题，对企业的工作提出批评、建议，对企业的领导干部进行监督。职工代表大会或职工大会，有权向上级建议处分、撤换某些严重失职、作风恶劣的领导人员。

1981年7月，中共中央、国务院转发了由中华全国总工会、国家经委、中央组织部共同制定的《国营工业企业职工代表大会暂行条例》（以下简称《条例》），要求各地区、各部门在所属的企业贯彻实施。《条例》规定，职工代表大会（或职工大会）是企业实行民主管理的基本形式，是职工群众参加决策和管理、监督干部的权力机构。职工代表大会在党委领导下行使职权。主要职权包括：讨论审议企业生产经营管理方面的重大问题；讨论决定企业职工福利、奖励等有关职工切身利益的问题；讨论通过企

业体制改革、职工调资、职工培训计划及全厂性重要规章制度问题；监督企业各级领导干部和工作人员，建议上级机关对卓有成绩的干部予以表扬、奖励、升职晋级，对失职人员予以批评、处分或罢免；根据企业主管机关的部署，选举企业行政领导人员，民主选举的干部要依照干部管理范围报主管机关审批任命；厂长要定期向职工代表大会报告工作，负责执行和处理职工代表大会有关企业生产、行政方面的决议和提议，并接受职工代表大会的检查和监督。职工代表大会要支持厂长行使职权，维护生产指挥系统的高度权威，教育职工不断提高主人翁的责任感。

《条例》的颁发和贯彻执行，使我国工业企业职工代表大会制度进一步完善，同时为后来的企业领导制度的改革积累了经验，准备了条件，使企业的民主管理逐步得到加强。在实行厂长负责制以后，如何把厂长负责制同职工的民主管理结合起来，成为企业领导体制改革中的一个新的课题。从一些企业的经验来看，工业企业职工代表大会工作的重点要转向：①审议企业的重大决策；②监督企业行政领导的工作；③维护职工的合法权益；④发动职工为改善企业的经营管理献计献策；⑤加强对职工的教育，提高他们的主人翁责任感。通过这些工作，既支持了厂长的集中统一指挥，又保障了职工群众在企业中的主人翁地位。

如上所述，1979~1984 年，国有工业经历了调整、改革、整顿和提高，这些推动了国有工业的发展，国有工业总产值由 1978 年的 3289.2 亿元增长到 1984 年的 5262.7 亿元。[①]

---

① 《新中国六十年统计资料汇编》，中国统计出版社，第 40 页。

第三十一章　集体工业的调整、改革、整顿与发展

第一节　城镇集体工业的调整、改革、整顿与发展

1966~1976 年，城镇集体工业有了一定的发展。但由于"左"的路线的束缚，特别是"文化大革命"的破坏，这种发展受到了极大的限制。粉碎"四人帮"以后，结束了"文化大革命"的破坏，但还需要清除"左"的路线的影响。经过揭批"四人帮"，特别是在中共十一届三中全会之后，逐步清除了"左"的路线的影响，其中包括在对待集体工业问题上"左"的错误。这种"左"的错误最根本的表现，就是否定集体所有制在我国社会主义经济中的地位和作用。

与清除"左"的任务相联系，并且为了适应国民经济发展的需要，主要生产轻工业产品的城镇集体工业，这期间也面临着贯彻调整、改革、整顿、提高方针的任务。为了实现这个任务，在中共十一届三中全会重新确定的实事求是的思想路线指引下，在不断总结经验的基础上，党中央、国务院发布了一系列政策。在这方面，重要的有：1981 年 10 月党中央、国务院《关于广开就业门路，搞活经济，解决城镇就业问题的若干决定》，[①] 以及 1984 年 4 月国务院《关于城镇集体所有制经济若干政策问题的暂行规定》。"城镇集体所有制经济是社会主义公有制经济的一个重要组成部分，是我国基本的经济形式之一。它适合我国生产力发展的水平，有旺盛的生命力。发展城镇集体所有制经济，是党和国家的一项长期的、重要的政策，不是权宜之计。发挥集体所有制经济点多面广、经营灵活、方便群众、投资少、见效快、容纳劳动力较多等优点，对于发展生产、扩大就业、搞活经济、满足需要、增加出口、积累资金，都有重大作用。国家保护城镇集体所有制经济组织合法的权利和利益，并根据政策、计划进行统筹安

---

① 《中国经济年鉴》（1983），经济管理杂志社 1984 年版，第Ⅲ-84~85 页。

排，积极鼓励、扶持、帮助其发展。"① 这个规定，从理论到政策根本否定了长期以来企图根本否定集体所有制的"左"的路线。

一、调整

适应整个国民经济调整重工业和轻工业比例关系的需要，以及"文化大革命"结束以后（特别是中共十一届三中全会以后）人民生活改善的需要，这期间作为主要生产消费品的城镇集体工业也不断进行了调整。调整的主要方面有：①大力增加城市市场供不应求的短线产品的生产，压缩供过于求的长线产品的生产，以提高为城市人民生活服务的产品的比重；②面向广大农村，大力发展适合农村需要的日用工业品，满足8亿农民的生活需要；③进一步发展社会各类群体（包括各种职业群体，如矿业工人、林业工人、盐工和渔民等，老人、小孩和妇女，以及残疾人等）需要的产品；④积极开发新产品，加速产品的更新换代。

二、改革

改革以前，集体所有制工业管理体制存在的主要问题如下：

（1）改变集体所有制。各级地方政府往往把那些生产比较稳定、经营效果比较好的集体企业，一级一级地上收归自己管理。地方政府的主管部门运用行政手段直接干预所辖集体企业的经济活动，随意调拨和无偿动用集体所有制企业的生产资料及其产品。因此，生产资料所有权名义上属于集体，实际上支配权已掌握在各级地方政府的主管部门手里。

（2）实行统负盈亏。集体所有制工业收归地方政府主管部门管理后，虽然仍独立核算，但已不再自负盈亏，而是由有关主管部门统收统支，统负盈亏，造成集体企业之间"吃大锅饭"、搞平均主义的现象。

（3）管理"国营化"。生产和销售计划由主管的上级统一下达，劳动力由地方劳动部门统一安排，积累由主管的上级部门统一支配，工资和奖金福利由地方劳动部门统一规定，厂领导由上级任命。

（4）盲目升级过渡。在十年动乱时期，由于极"左"思想盛行，大搞"穷过渡"，许多集体所有制工业升级为地方国营企业。在粉碎"四人帮"以后的两年里，这种"升级"之风仍未完全刹住。不少地方还以"组织专业化协作"、"行业归口"等名义上收集体企业。

中共十一届三中全会以后，针对上述问题，对集体所有制工业的管理体制进行了改革。改革的主要做法如下：

（1）还权于集体所有制工业企业。各地在改革中，逐步将属于集体所有制工业企业的权力交还给企业，按照"企业自己管，盈亏自己负，厂长自己选，工人自己招，工

---

① 《中国经济年鉴》（1984），经济管理杂志社1985年版，第XI-56~58页。

资自己定，生意自己做"的原则，由企业自主经营。集体所有制工业企业在国家的政策法令和计划指导下，有独立进行经营活动的自主权，并受国家法律保护。任何部门和个人不得以任何形式平调、侵吞集体企业的财产，无偿调用劳动力。对于侵犯集体企业合法权益的行为，企业有权抵制，索赔经济损失。

（2）改统一核算、统负盈亏为独立核算、自负盈亏。这有以下四种情况：

1）各级联社统一核算、统负盈亏的大集体企业，改为企业独立核算，自负盈亏。

2）有些规模较大、机械化水平较高的企业，划小核算单位，实行车间或班组层层核算，自负盈亏。

3）多品种综合性企业改为按产品单独核算，自负盈亏。

4）修理行业改统一经营、统一核算为统一管理，分散经营，由小组或个人承包，自负盈亏。

（3）改固定工资为浮动工资，采取计件、分成以及计分制、大包干等多种工资形式。根据各尽所能、按劳分配、多劳多得的原则，使职工的劳动报酬同企业盈亏和个人劳动贡献直接挂钩，随企业经营好坏和个人劳动成果的大小而浮动，工资金额不受工资级别的限制，以克服干与不干、干多干少、干好干坏一个样的平均主义倾向。经营得好的集体企业，职工待遇和集体福利可以高于同类型的国营企业。

三、整顿

针对"文化大革命"给集体工业企业管理制度造成的破坏，领导班子领导不力，企业管理混乱等情况，这期间采取了一系列整顿措施。

（1）民主选举干部，实行民主管理。有的企业恢复或建立职工大会或职工代表大会、理事会、监事会。职工大会或职工代表大会成为企业的权力机构。企业的发展规划、生产经营方向、人员增减、收益分配、职工奖惩等重大问题，都要经过职工大会或职工代表大会讨论决定。企业的民主选举，一般采取有领导、有组织地进行。凡是符合进领导班子条件的，不论是干部还是工人，都可以当选。民主选举的干部，报主管部门审批。

（2）调整企业结构，精简管理机构。根据集体所有制工业企业点多面广、小型分散的特点，按照有利于生产、便于经营的要求，许多地方对企业规模和企业内部生产组织进行了调整，使企业的规模和核算形式与生产经营相适应。例如，把一些规模过大、产品混杂，不利于经营管理的企业适当划小；有的改集中生产为分散生产。在调整企业规模和生产结构过程中，一般都对厂部的管理机构进行了精简，充实了第一线的生产人员。

（3）实行入股和按股分红。职工股金和企业盈利挂钩，企业盈利可以向职工分红，企业亏损，职工也承担一定的损失。

（4）恢复灵活经营的传统，改生产型企业为生产经营型企业。整顿前，大多数集体企业套用国营企业的模式，计划靠下达，材料靠分配，产品靠包销，关门搞生产，不问经营和销售，不抓产品开拓。在整顿中，许多企业按照集体企业自主经营的原则，从经营思想、管理方法、产品结构、销售方法等方面向经营型转变，按市场需要组织生产。有的恢复前店后厂，厂店挂钩，有的采取同商业部门联销、代销、工业自销等多种经营方式。

（5）抓好各项基础管理。在整顿中逐步恢复和建立起企业的原始记录、定额管理、质量管理、财务成本、市场预测、信息反馈和各项规章制度。

调整、改革和整顿以及政府的政策支持，给集体所有制工业增添了活力，使集体所有制工业长期受"左"的影响所造成的各种弊端逐步得到克服，调动了企业和职工的积极性，集体所有制工业生产不断发展。1978~1984年，城镇集体工业产值由562.56亿元增长到1017.74亿元；在全国工业总产值中的比重由13.3%上升到13.4%。平均每年增长9.7%。[①]

这期间城镇集体工业的发展也存在一些问题。由于过去"左"的影响还没有完全清除，许多集体工业企业还没有完全成为集体所有制企业，还没有完全搞活。在搞活集体所有制工业的过程中，宏观控制手段还不健全，一些企业经营管理人员的经营思想不正确，因而也出现了一些新的问题。主要是在如何处理国家、集体、个人三者的利益关系方面，还没完全解决好。

第二节　乡镇集体工业的调整、改革、整顿与发展[②]

与城镇集体工业相同，粉碎"四人帮"以后，农村集体工业面临着揭批"四人帮"、清除"左"的错误路线的任务，还面临着贯彻执行调整、改革、整顿、提高方针的任务。为此，中共中央、国务院也发布了一系列政策决定。重要的有：1979年7月3日国务院《关于发展社队企业若干问题的规定》（试行草案），[③] 1981年5月4日国务院《关于社队企业贯彻国民经济调整方针的决定》，[④] 以及1984年3月1日中共中央、

[①]《中国统计年鉴》（1993），中国统计出版社1994年版，第396、412、413、443页。

[②] 这里说明两点：第一，随着1983年农村政企分设，公社、大队逐步转化为乡、村合作经济组织。改革以来，农村又出现了许多联产合办、跨区联办等形式的合作性质企业以及个体和私营企业。这些企业要逐步向小集镇集中。因此，原来使用的"社队企业"这个名称，已经不能反映上述新的情况。所以，中共中央、国务院在1984年3月1日转发农牧渔业部和部党组《〈关于开创社队企业新局面的报告〉的通知》中提出："将社队企业名称改为乡镇企业。"所以，本书在叙述农村集体工业发展时，1984年以前用的是"社队企业"这个名称；此后用的是"乡镇企业"这个名称。

第二，改革以前，社队工业企业单纯就是集体所有制性质的企业。改革以后，社队（乡镇）企业包括以下四种类型：一是社队（乡镇）企业，二是社员联营合作企业，三是其他形式的合作企业，四是个体和私营企业。本书在叙述改革以来农村集体工业发展过程时只包括前三种类型。至于第四种类型的工业，则放在非公有制工业的章中去叙述。

[③]《中国经济年鉴》（1981），经济管理杂志社1982年版，第Ⅱ-96~98页。

[④]《中国经济年鉴》（1982），经济管理杂志社1983年版，第Ⅲ-13~15页。

国务院《转发农牧渔业部和部党组〈关于开创社队企业新局面的报告〉的通知》。[①]

针对长期存在的"左"的路线错误，依据农村集体工业的重要性及其发展滞后的状况，中共十一届三中全会明确提出：包括社队工业在内的社队企业要有一个大发展。[②]农村集体工业在促进农业生产发展和农业现代化、农业和农村经济结构优化以及农民生活改善，在发展小城镇建设，服务城市工业，增加商品市场供应，扩大就业，增加财政税收和扩大出口等方面都有重要的作用。因此，包括社队工业在内的社队企业，不仅是农村经济的重要组成部分，而且是国民经济的重要组成部分。

一、调整

适应农村经济和国民经济调整和发展的需要，从 1979 年开始，包括工业在内的社队企业也开始了调整。调整的主要方向，是以种植业和养殖业为基础，发展为农业生产、为人民生活、为小集镇建设、为大工业、为外贸出口服务的生产性行业和生活服务性事业。具体到当时社队工业的各个行业，对生产能力已经过剩或经济效益不好的棉纺厂、卷烟厂、小酒厂、小盐场和小制药厂等要停产、限产或转产；对机械工业要重点生产中、小农具和维修农机具，或为大工业生产零部件，或为科研单位试制新产品，产品无销路的也要转产；对采矿业要进行技术改造，或者停产。

在 1979~1983 年社队企业调整取得成效的基础上，从 1984 年开始继续进行了调整。就农村范围来说，适应当时已经达到很大规模、并且正在发展的农村多种经营的需要，社队工业要调整到着重为农村多种经营的产前、产后服务。就全国范围来说，适应国民经济发展和人民生活提高的需要，社队工业要大力发展农副产品加工业，特别是食品工业、饲料工业、建材工业和建筑业，更重要的是能源工业。

二、改革

相对城镇集体工业来说，改革以后发展起来的农村集体工业企业，多数一开始就是自负盈亏的，大部分产品的生产和销售都是由市场调节的，因而后者的改革任务不像前者那样突出。但是，多数社队企业都是由作为政社合一的社队（或作为基层政权的乡村）举办的，这里也有实现政企分离的问题。至于社队企业内部的管理制度更会受传统体制的影响。如在人事、劳动和工资制度等方面也在一定程度上存在着"铁交椅"、"铁饭碗"、"铁工资"的现象。这期间在这两方面都进行了一定的改革。例如，许多乡村对企业实行放权，通过集体承包、厂长（经理）承包等形式，把企业承包给集体或个人，并实行厂长（经理）负责制，给企业充分的自主权。这些自主权包括经营决策权、干部任免权、技术人员招聘权、新职工择优录用权、奖惩权、与外单位协作权、新产品试制权、企业留用资金支配权等。同时，在企业内部改干部委任制为选举

①《中国经济年鉴》(1985)，经济管理出版社 1986 年版，第 X–13~15 页。
②《中国经济年鉴》(1981)，经济管理杂志社 1982 年版，第 II–96 页。

制或招聘制，改推荐职工制为择优录用制，改固定工制为合同工制，改固定工资制为计件工资制或浮动工资制。

三、整顿

从 1979 年开始，一直延续到 20 世纪 80 年代上半期，不断地对社队（乡镇）企业进行了整顿。整顿的重要内容有：①加强民主管理。要建立企业领导干部由本企业人员选举的制度；要建立职工代表大会制度，讨论和决定企业生产、经营和分配中的重大问题。②建立生产责任制，切实把企业的经营成果、职工的劳动贡献与职工的物质利益结合起来。③整顿财务管理，推行经济核算，降低生产成本。

调整、改革、整顿和政府的大力支持，推动了社队（乡镇）工业的高速增长。1978~1984 年，社队（乡镇）工业总产值由 385.26 亿元增长到 1245.35 亿元；平均每年增长 20.8%，远远超过了全国工业和城镇集体工业的增长速度，开始展现了乡镇企业异军突起的面貌。[①]但总的来说，这期间乡镇工业还处于改革以来的初步发展阶段。

在乡镇工业急速发展的形势下，企业管理水平低、职工素质差、技术设备落后以及环境污染等问题也显得很突出，亟待解决。

---

① 《中国统计年鉴》（1993），中国统计出版社 1994 年版，第 396、412、413、443 页。1984 年乡镇工业 1245.35 亿元产值中，有少量个体工业产值未剔除。

第三十二章　非公有制工业的恢复和初步发展

在中共十一届三中全会精神指导下，党和政府发布了旨在保障和推动个体经济和外资经济的一系列文件。除了前面已经提到的中共十二大文件以外，这里还值得提到的是 1982 年 12 月 4 日五届全国人大五次会议通过的《宪法》规定："城乡劳动者个体经济，是社会主义公有制经济的补充。"国家允许外国的企业和其他经济组织或者个人"在中国投资，同中国的企业和其他经济组织进行各种形式的经济合作"。[①] 这期间，非公有制工业的恢复和发展，就是在这些政策和法律的规范、指导下进行的。

第一节　个体工业的恢复

新中国成立初期，由于我国生产资料私有制社会主义改造的面过宽，致使改造基本完成以后的 1957 年，剩下的城镇个体工业劳动者只有 64 万人，比 1953 年的 375 万人减少了 311 万人。1958 年开始的"大跃进"大刮"共产风"，以致作为社会主义初级阶段国民经济必要组成部分的个体工业受到进一步摧残，到 1960 年，城镇个体工业劳动者又减少到 35 万人。经过 1961~1965 年的经济调整，1965 年城镇个体工业劳动者也只达到 39 万人。1966~1976 年"文化大革命"，个体工业几乎被扫荡无遗，1976 年城镇个体工业劳动者只剩下 4 万人。1977~1978 年由于继续推行"左"的政策，这两年城镇个体工业劳动者又下降到 3 万人。[②] 至于农村个体工业在"大跃进"和"文化大革命"期间受到的摧残，比城市个体工业还要严重，以致统计资料中找不到这方面的数字。

只是在 1978 年底召开的中共十一届三中全会以后，个体工业才逐步得到了恢复和发展。为此，党和政府发布了一系列政策规定。重要的有：1981 年 7 月 7 日国务院发布《关于城镇非农业个体经济若干政策性规定》。[③] 1984 年 2 月 27 日国务院又发布了

---

① 《中国经济年鉴》（1983），经济管理杂志社 1984 年版，第Ⅱ-27~28 页。
② 《中国劳动工资统计资料（1949~1985）》，中国统计出版社，第 78 页。
③ 《中国经济年鉴》（1982），经济管理杂志社 1983 年版，第Ⅲ-91~93 页。

《关于农村个体工商业的若干规定》；同年 4 月 13 日又发布了《关于城镇非农业个体经济若干政策性规定的补充规定》。[①]

经验证明：在坚持公有经济占主体地位的前提下，恢复和发展城乡个体经济（包括个体工业，下同），对于发展生产、活跃市场、扩大就业、满足人民生活需要都有重要意义。因此，政府有关部门在资金、货源、场地、价格、税收和市场管理等方面要给予个体经营户支持。

国营企业和集体企业要依据需要和可能将一部分适合分散经营的手工业等租给或包给个体经营者经营。

个体经营户，一般是一人经营或家庭经营；必要时可以请 1~2 个帮手；技术性较强或者特殊技艺的，可以带 2~3 个学徒，最多不超过 5 个。请帮手、带学徒，都要订立合同，规定双方的权利和义务、期限和报酬。

为了发挥个体经营户经营灵活、方便群众的特点，允许他们采取多种多样的方式。如来料加工、自产自销、经销代销、摆设摊点、走街串巷、流动售货等。

个体经营户可以向保险机构投保，以解决老年、医疗等保险问题。

个体经营者同全民所有制、集体所有制单位的劳动者一样，享有同等的政治权利和社会地位。

国家要保护个体经营户的正当经营、合法收益和资产。但个体经营户也必须遵守国家的政策法令。

上述保护个体经济一系列政策的贯彻执行，纠正了从 20 世纪 50 年代下半期以来就存在的并且愈演愈烈的束缚、摧残以至消灭个体经济的"左"的政策，促进了个体工业的迅速恢复。1980~1984 年，城乡个体工业产值由 0.81 亿元增长到 14.81 亿元；平均每年增长 107.9%。这样，1984 年，城乡个体工业的产值就大大超过了 1957 年的 5.84 亿元。但比重（1984 年为 0.19%）还远远低于 1957 年 0.88%。[②] 1957 年的比重相对社会主义初级阶段社会生产力的发展要求来说，也是比较低的。因此，截至 1984 年，也只能认为是城乡个体工业的恢复阶段。但这期间城乡个体工业的恢复速度确实是很快的。

在城乡个体工业迅速恢复的形势下，一方面，由于对其的管理工作一时难以跟上，特别是由于个体经济本身的局限性以及个体工业户中一些人素质较差，这方面的违法经营问题（如坑害消费者和偷税漏税等）比较突出；另一方面，由于阻碍个体工业发展的"左"的思想还有待继续清除，发展城乡个体工业的各种条件（如原材料供应和融资等）也有待继续创造，城乡个体工业的发展也还有不少困难。

这里还要提到：按照经济规律，随着个体经济的发展，必然产生而且已经产生了资本主义性质的私营工业。不过在当时的条件下，这些私营工业为了取得合法地位，

[①]《中国经济年鉴》(1984)，经济管理杂志社 1985 年版，第 IX-55、72 页。
[②]《中国工业经济统计年鉴》(1993)，中国统计出版社 1994 年版，第 35~36 页。

都是在个体工业甚至在集体工业的名义下经营的。直到 1984 年，党中央对私营经济采取了"看一看"的方针，既不禁止也不宣传，观察其发展趋势。在当时采取这个方针，实际只是一种谨慎的允许其存在和发展的方针。由于当时私营经济毕竟不像个体经济那样已取得合法地位，数量也不多，而且不以私营名义出现。因此，统计资料中找不到私营经济的资料。这也就是本章没有设置专节叙述私营工业的发展原因。

第二节　外商投资工业企业①的初步发展

新中国成立初期的一段时间内，曾在沿海一些大城市保留过新中国成立前留下的少量外商投资的企业。20 世纪 50 年代初，我国政府与苏联政府、波兰政府共同投资创办了五个合资经营的企业。此后，直到改革开放前，我国都没有外商直接投资的企业。

1978 年底召开的中共十一届三中全会，才做出了对外开放的重大决策。② 1981 年 11 月，五届全国人大四次会议进一步明确提出："实行对外开放政策，加强国际经济技术交流，是我们坚定不移的方针。"③ 后来，对外开放政策又被写入 1982 年 12 月召开的五届全国人大五次会议通过的《宪法》。④ 至此，对外开放作为我国的基本国策就最终确定了。

直接利用外资是实现对外开放政策的一项最重要内容。这对于引进资金、设备、技术和管理科学，实现结构优化和技术升级，增加就业、进出口贸易和财政收入，以及促进市场取向的经济改革，都有很重要的意义。

这期间，国家为了推动作为直接利用外资主要形式的"三资"企业的发展，采取了一系列政策措施。

（1）除了清除在直接利用外资问题上"左"的影响以及加强基础设施建设以外，就是开展涉外立法工作，以便为外商投资创造必要的舆论氛围、物质条件和法律保障。1979~1984 年，在这方面先后颁布的重要立法有：《中华人民共和国中外合资经营企业法》（1979 年）、《中华人民共和国外国企业所得税法》（1981 年）和《关于中外合作经营企业进出口货物的监督和征免税的规定》（1984 年）等。这些立法明确规定了中外双方的权利、责任和义务，规范了中外双方的行为，增强了外商投资的信心，激发了他们投资的积极性。

（2）为了充分利用沿海地区的有利条件，促进包括直接利用外资在内的对外开放工

---

① "三资"企业是中外合资经营企业、中外合作经营企业和外商独资经营企业的简称。这三种企业是外商直接投资的主要形式。在这种相联系的意义上，本书将两者当同义语使用。

② 《中国经济年鉴》（1981），经济管理杂志社 1982 年版，第Ⅱ-22 页。

③ 《中国经济年鉴》（1982），经济管理杂志社 1983 年版，第Ⅱ-17 页。

④ 《中国经济年鉴》（1983），经济管理杂志社 1984 年版，第Ⅱ-27 页。

作，建立了经济特区和开放城市。1979 年 7 月，党中央、国务院决定在广东和福建两省实行对外经济活动的特殊政策和灵活措施；并决定在深圳、珠海、汕头和厦门试办经济特区。按照当时有关规定，经济特区是社会主义中国在统一政策指导下对外实行特殊政策的地区。在特区以吸引外商投资为主，发展外向型经济为主，以市场调节为主，对前来投资的外商给予特殊优惠政策，特区本身也拥有较大的自主权。1984 年 4 月，党中央、国务院在总结对外开放实践经验的基础上，决定进一步开放天津、上海、大连、秦皇岛、烟台、青岛、连云港、南通、宁波、温州、福州、广州、湛江和北海 14 个沿海城市和海南行政区。开放这些城市和地区的基本内容有两方面：①扩大这些地方对外开展经济活动的权力；②给外商投资以优惠政策的待遇。还决定在沿海开放城市兴办经济技术开发区。开发区以引进高科技的工业项目、知识密集型项目和科研项目为主，同时发展合作生产、合作研究和合作设计，成为开发新技术和新产品的基地。

（3）为了加强直接利用外资的工作，并发挥地方和部门在这方面的积极性，国务院建立了专门的管理机构，并下放了管理权限。1979 年 8 月，国务院建立了外国投资管理委员会（已于 1982 年撤销），作为全国利用外资工作的归口管理机构。1982 年 3 月，该委员会的职能由当时新成立的对外经济贸易部行使。该部所属的外国投资管理司，负责管理外商直接投资的具体业务。1983 年以来，国务院还多次下放外商投资项目的审批权限。按有关规定：限额以上的项目，或供产销等需要全国综合平衡的项目，由国家计委、经贸部会同有关部门审批项目建议书、可行性研究报告、合同和章程；限额以下的项目分别由各省、自治区、直辖市、计划单列市、经济特区、沿海开放城市人民政府或国务院有关部门审批。地方和部门的审批权限是：生产性项目，天津、北京、上海、辽宁、河北、山东、江苏、浙江、福建、广东、广西、海南等沿海省市区以及深圳、珠海、厦门、汕头经济特区投资总额在 3000 万美元以内；其他省、自治区以及国务院各部委投资总额在 1000 万美元以内。非生产性项目，除需要全国综合平衡的项目和国家限制发展的项目以外，不受投资总额的限制，由地方政府和国务院各部委自行审批。①

这些政策措施促进了包括工业在内的"三资"企业的发展。1979~1984 年，合资经营企业达到 931 个，合同金额 13.95 亿美元，实际使用金额 4.28 亿美元；合作经营企业达到 2158 个，合同金额 60.7 亿美元，实际使用金额 12.23 亿美元；外资企业达到 74 个，合同金额 104.06 亿美元，实际使用金额 0.98 亿美元；合作开发项目达到 31 个，合同金额 24.21 亿美元，实际使用金额 13.12 亿美元；总计企业（项目）达到 3120 个，合同金额 178.71 亿美元，实际使用金额 29.63 亿美元。

但是，1979~1984 年毕竟是新中国成立以后利用外商直接投资的起步阶段。与此相联系的基础设施很不完备，涉外经济立法很不健全，涉外经济管理人员也很缺乏，这

---

① 刘向来：《中国对外经济贸易政策指南》，经济管理出版社 1993 年版，第 926~927、932 页。

方面过去长期存在的"左"的政策的影响还有待继续清除。因此，这期间直接利用外资的速度虽然很快（1984 年实际利用外资金额相当于 1979~1983 年的 70%），但规模不大（1979~1984 年平均每年实际利用外资金额只有 5.1 亿美元），[①] 只是直接利用外资及其主要形式——"三资"企业的起步阶段。与此相联系，同发展"三资"企业相关的重复引进、国有资产流失和环境污染等方面的问题还暴露得不充分，没有引起人们的足够注意。

---

　　①《中国对外经济贸易年鉴》（有关年份），中国社会出版社。说明：没有独立的"三资"工业企业的统计资料。下同。

第三十三章　经济体制改革的起步

需要说明：其一，本书所说的经济体制改革，不仅包括国营工业，而且是包括各种所有制工业在内的整个工业经济。当然，改革对各种所有制工业企业的作用是有重大差别的。其二，工业经济体制改革和整个国民经济的体制改革是有区别的，但在主要方面又是联系在一起的。故本书在论述工业经济体制改革时都是从整个国民经济体制改革着眼的。其三，经济体制改革涉及计划、投资、价格、财政税收、金融、商业、外贸、劳动、工资、社会保障和国家机构等方面的改革。这里只提及其中的重要方面。其四，限于篇幅，本书在论述经济体制改革时不能像前文论述企业改革那样，论述其决策、实施过程及其结果。而只能叙说其实施结果。本书以下各篇有关章节也都是循着这个思路展开的。

这期间经济体制改革开始起步。这期间开始改革以指令计划为特征的计划投资体制。主要是下放计划管理权限，缩小指令性计划范围。在建设方面，过去国家对用预算内资金、自筹资金以及利用外资进行的建设，都实行指令性计划。这期间改为只对预算内拨款改贷款的基本建设投资、纳入国家信贷计划内的基本建设贷款以及利用国际金融组织和外国政府贷款安排的基本建设，实行指令性计划；对地方、部门、企业自筹资金和用自借自还的外资安排的基本建设，实行指导性计划。还放宽了基本建设、技术改造和利用外资项目的审批权限。生产性建设项目由国家计委审批的资金限额，由原来的 1000 万元以上提高到 3000 万元以上；限额以下的项目由地方、部门自行审批。利用外资建设的项目审批限额，各省、自治区、直辖市和沿海开放城市根据情况不同分别放宽到 500 万~3000 万美元。在生产方面，由国家指令计划管理的工业产品，改革前为 120 多种，1984 年下降到 60 多种；其产值占工业总产值的比重也由 80% 左右下降到 40% 左右。对大量工业品生产实行指导性计划。对许多日用小商品完全实行市场调节。在流通方面，由国家收购调拨的重要商品，由改革前的 65 种减少到 1984 年的 20 种；由国家统一安排供应出口的商品由 70 多种减少到 36 种；国家统一分配的物资由 256 种减少到 65 种。[1]

---

[1]《中国经济年鉴》(1985)，经济管理出版社 1986 年版，第 II-3~6 页。

这期间，价格改革采取调（调整不合理比价）放（放开指令价格）结合、以调为主的方针：

（1）陆续提高了农副产品以及煤炭、矿石、冶金、建材和铁路、水运的价格，降低了一部分电子、机械等产品的价格，使得农产品同工业品以及能源、交通、原材料同加工工业产品之间比价不合理的状况有了一些改善。

（2）按照减少国家定价，扩大企业定价的方向，缩小了国家指令价的比重，扩大了国家指导价和市场调节价的比重。1978~1984年，国家定价的农产品价格比重由92.7%下降到40%以上，国家定价的社会零售商品价格比重由97%下降到50%以上，国家定价的生产资料价格比重由100%下降到60%以上。与此相对应的数字就是政府指导价和市场调节价的比重。这是从这期间价格体制改革总的方面来说的。这期间价格体制改革还在以下两方面取得重要突破：①对几百种日用小商品和大部分修理服务行业的价格，国家不再统一规定价格，由企业自行定价。②对煤炭等重要生产资料，开始实行价格"双轨制"。即在坚持计划内产品执行国家定价的前提下，允许企业将超计划生产的产品，以高于或低于国家规定的价格自行销售。

这期间，为了改变统收统支的局面，开始在财税体制方面进行了改革。在政府与企业的财务关系方面，改革的内容主要包括：

（1）从1978年开始，政府把折旧基金的企业留用比例由40%提高到50%。

（2）1979年以后，原来由财政拨款的企业定额流动资金也改由银行贷款。1983年以后，企业须从留用的生产发展基金中提取10%~30%补充流动资金。地方、部门和企业用自筹资金新建、扩建的企业投产，必须筹足30%的流动资金。

（3）从1980年起，企业的技术改造资金也开始由财政拨款改为银行贷款。

（4）1979年开始基本建设投资改财政拨款为银行贷款的试点。从1981年起，凡是实行独立核算、有还款能力的企业，其基本建设投资都由财政拨款改银行贷款。[①] 这些改革在打破国家和企业之间的"大锅饭"体制方面取得了一定进展。

在中央政府与地方政府的财务关系方面，1980年实行了旨在打破原来"大锅饭"体制"分灶吃饭"的制度。其基本内容是：依据国有企事业单位的行政隶属关系，划分中央政府和地方政府的收支范围，依此范围确定各个地方政府的包干基数。中央政府与地方政府的分成比例以及中央政府向地方政府的补助额，都是一定五年，地方政府可以自行安排预算，多收可以多支，少收也可以少支，自求收支平衡。

在税收改革方面，除了前述的在利改税方面所做的探索以外，还进行了以下重要改革。一是完善原来的税制。如1984年将原来单一的工商税分解为产品税、增值税、营业税和盐税四种。之后又缩小产品税的范围，并扩大增值税的范围。二是建立新的税种。如奖金税以及外商投资企业所得税和个人所得税。这些都是为了适应改革开放的需要，并发挥税收的调节作用。

---

① 《中国经济改革十年》，经济管理出版社1988年版，第500、506页。

这期间金融方面的改革主要包括：

（1）1981~1983 年，国务院先后提出并正式确立中国人民银行的中央银行地位，令其集中力量承担全国金融的宏观管理。其原来兼办的信贷、储蓄业务，由恢复和新建的工商银行、农业银行、中国银行和建设银行等承担。1982 年，国务院还决定将国家外汇管理局划给中国人民银行直接领导，改变了外汇管理局同中国银行"两块牌子一套机构"的状况。

（2）1979 年以前，中国人民银行主要运用行政指令计划控制现金流通量。在信贷管理方面实行指标控制法。即信贷资金集中管理，统收统支，分行吸收的存款全部上交总行，分行全部贷款按总行下达的指标发放。1983 年以后，中央银行开始运用贷款利率和存款准备金等经济手段调节货币供应量。在信贷管理方面，由原来的存贷款总额指标管理改为存货差额指标管理。即在完成总行计划的前提下，分行可以多存多贷，从而有一定的贷款自主权。

（3）开始发展金融市场。

这期间，开始改革原来统包统配的劳动制度。主要有三方面：

（1）在国家规划指导下，实行劳动部门介绍就业、自愿组织就业和自谋职业。

（2）建立劳动服务公司，使其成为组织、管理、培训、输送和调节劳动力的社会劳动组织。到 1984 年底，全国各级各类劳动服务公司已达 2.7 万多家。

（3）改革用工制度。开始在新招收的工人中实行劳动合同制。1982 年，国营经济单位使用的劳动合同制职工为 16 万人，1983 年为 57.6 万人，1984 年增加到 174 万人，占全部职工比重为 2%。[①] 还在有些地方试行下放招收劳动合同制职工的权力。企业在职工总数增长不超过生产增长一定比例范围内，可依生产需要，自行招收劳动合同制职工，或在不超过工资总额的前提下，按有关政策，自行增减职工。

这期间工资制度的改革主要是政府对企业下放一定的工资管理权限。开始是实行企业可依经济效益提取奖励基金，企业自主使用奖励基金（包括用于增加奖金和浮动工资）的制度。在这个基础上，又有许多企业试行工资总额与经济效益挂钩浮动的制度。其具体形式有：工资总额与最终产品产量（产值）挂钩浮动，工资总额增减幅度与上缴利润（利税）增减幅度挂钩浮动，工资总额增减幅度与实现利润（净产值或销售额）增减幅度挂钩浮动等。同时，企业可以在内部试行许多新的工资形式，如浮动工资制、结构工资制和职务岗位工资制等。

这期间开始进行社会保障制度改革的组织准备、法律准备和试点。1978 年全国五届人大一次会议决定重新设立民政部，统一管理全国的社会保险、社会救济、社会福利等项社会保障工作。1982 年全国五届人大五次会议通过的《中华人民共和国宪法》，专门就社会保障问题做了比之前宪法更全面的规定。从 1984 年开始，就国有企业职工

---

① 《中国经济年鉴》（1987），经济管理出版社 1988 年版，第 V–41 页；《中国统计年鉴》（1997），中国统计出版社 1998 年版，第 113 页。

退休费用试行社会统筹问题先在江苏、广东等省的一些县市进行了试点。即由专门机构统一筹集、统一管理、统一调剂使用退休费用。统筹费用原则上用于退休人员的长期性开支，一般依一定工资总额的百分比提取。

这期间，为适应经济改革和经济发展的需要，1982年进行了一次规模较大的政府机构改革。这次改革在精简政府机构，解决由十年动乱造成的干部严重老龄化，废除事实上存在的领导职务终身制，实现干部队伍革命化、年轻化、知识化和专业化方面，起到了重要作用。经过1982年的政府机构改革，国务院机构由原来的100个减少到61个，1982年以后，地方政府机构改革也取得了重要进展。当然，这项改革也是初步的，很不彻底。

总之，1979~1984年，经济体制改革已有良好开端。但是，这期间改革的基本指导原则，主要就是1982年中共十二大提出的"计划经济为主，市场调节为辅"。相对于"大跃进"时期和"文化大革命"时期完全否定市场调节来说，这无疑是一个很大的进步。但它并没有根本摆脱1956年中共八大的有关提法。与此相联系，改革的办法也很不成熟。扩大企业自主权、实行经济责任制和利改税，以及其他经济改革，是市场取向改革整个过程的一个必经阶段，或者说是必须进行的一种探索，是改革的起步。但这种办法本身并没有从根本上跳出计划经济的框框，依靠它并不能使企业摆脱国家行政附属物的地位，成为自主经营、自负盈亏的经济实体，也不能建成社会主义市场经济体制，因而不能实现改革的根本任务。所以，从市场取向改革的全过程来看，可以把这个期间的改革看作是改革的起步阶段。

第三十四章　工业经济改革发展的主要成就和经验

第一节　主要成就

中共十一届三中全会以来，由于贯彻执行了调整、改革、整顿、提高的方针，1979~1984 年我国工业改革和发展获得了巨大发展。

（1）以社会主义公有制为主体、多种所有制共同发展的格局初步形成。在工业总产值中，1978 年，国有工业和集体工业产值分别占 77.63% 和 22.37%，个体工业和以"三资"工业为主体的其他经济类型工业的产值比重均为 0；到 1984 年，国有工业比重下降到 69.1%，集体工业比重上升到 29.71%，个体工业和其他经济类型工业比重分别上升到 0.19% 和 1.01%。[①] 这里要着重提到：这期间集体工业特别是农村乡镇工业有了迅速的发展，开始显露出异军突起的风貌。1984 年工业总产值比 1978 年增加了 3380.5 亿元。国有工业占了 58.4%，非国营工业占 41.6%，其中，乡镇工业（包括乡镇集体工业和非集体工业）占 25.3%。企业改革、对外开放和经济体制改革也已开始迈出重要步伐。这表明市场取向改革已经起步。

（2）工业固定资产投资大幅上升。工业固定资产投资由 1979 年的 330.85 亿元增长到 1984 年的 783.42 亿元。这期间工业新增固定资产累计达到 794.94 亿元。[②] 这样，工业新增生产能力也大大增长。特别是各工业部门已拥有一批具有现代化水平的新技术装备，采用了某些新材料和新工艺，生产出了一些达到当代国际水平的新产品。例如，冶金工业已拥有 2580 立方米和 4000 多立方米的大高炉，并采用了顶燃式热风炉等新技术；我国自行设计制造的 1.7 米轧机也已投入生产。机械工业已能制造 30 万千瓦火电机组，150 万吨钢铁联合企业的成套设备，3 万吨模锻水压机，30 万吨合成氨和 24

---

① 《中国工业经济统计年鉴》（1993），中国统计出版社 1994 年版，第 36 页。
② 《中国固定资产投资统计年鉴》（1954~1995），中国统计出版社，第 364、404 页。

万吨尿素的成套设备。石油工业已打成 6000 米超深井，初步掌握了海上打深井和斜井的技术等。建筑材料工业已掌握了水泥窑外分解新技术。电子工业的大中型电子计算机、微型机已经初具生产规模。运载火箭的制造、人造地球卫星的发射和准确回收，标志着我国航天工业跨入了当代世界先进国家的行列。

（3）工业增加值和主要产品产量迅速增长。1978~1984 年，工业增加值由 1607.0 亿元增加到 2789.0 亿元；增长 1.7 倍。[①] 在这期间，主要工业产品中除少数产品产量下降以外，大多数工业产品产量都有很大的增长。其中尤以家电产品（如电冰箱、洗衣机、录放机、电视机和照相机等）的高速增长最为突出。

随着产量的高速增长，一些主要产品产量居世界的位次也显著上升。1978~1984 年，钢产量居世界位次由第五位升至第四位，煤由第三位升至第二位，原油由第八位升至第六位，发电量由第七位升至第六位，水泥由第四位升至第二位，化学纤维由第七位升至第五位，糖由第八位升至第六位，电视机由第八位升至第三位。

（4）产业结构趋于优化。一是轻工业和重工业趋于协调发展。1984 年轻工业总产值为 3608 亿元，比 1978 年增长 100.76%，平均每年增长 12.3%；重工业产值为 4009 亿元，比 1978 年增长 52%，平均每年增长 7.2%。[②] 在工业总产值中，轻工业与重工业的比例已由 1978 年的 43.1∶56.9 变为 1984 年的 47.4∶52.6。[③] 这说明在实现轻工业和重工业协调发展方面已取得了明显的成效，从根本上改变了过去长期存在的轻工业落后于重工业的局面。这是改革以来实行的第一次产业结构调整。二是这期间家电耐用消费品有了飞速发展，并开始普遍进入职工家庭，开始在耐用消费品生产方面实现了升级换代。这是这期间产业技术升级和结构变化的一个重要方面。这些都是我国工业具有重大意义的发展。三是能源生产稳步上升，能源节约取得显著成效。1978~1984 年，能源工业产值由 521.4 亿元稳步增长到 764.4 亿元。这期间能源工业产值占工业总产值比重由 12.3% 下降到 10.9%，节能工作取得很大成效。亿元工业产值能耗由 1980 年的 8.05 万吨，逐年下降到 1984 年的 6.5 万吨。由于能耗下降，1981~1984 年工业部门共节约能源 9300 万吨，节能量占全国节能总量的 68%。[④]

（5）职工生活有了较大改善。1978~1984 年，采掘业、制造业和电力、煤气及水的生产供应业的平均货币工资分别由 676 元增加到 1066 元，由 597 元增加到 955 元，由 850 元增加到 1321 元；三者平均实际工资分别增长了 31.5%、33.2%、29.5%。[⑤] 这样，职工的物质生活水平已开始由温饱型向小康型过渡。这在我国历史上是破天荒的第一次。

总之，中共十一届三中全会以来的 6 年（1979~1984 年），我国无论在实现工业高速发展方面，还是在改善职工的生活方面，都取得了显著的成效，在实现 20 世纪最后

① 《新中国六十年统计资料汇编》，中国统计出版社，第 9、11 页。
② 《中国统计年鉴》（1993），中国统计出版社 1994 年版，第 58~60 页。
③ 《中国工业经济统计年鉴》（1993），中国统计出版社 1994 年版，第 23 页。
④ 《中国工业经济统计资料》（1949~1984）和《中国统计年鉴》（1997），中国统计出版社。
⑤ 《中国劳动工资统计年鉴》（1996），中国统计出版社 1994 年版，第 44~65 页。

20 年经济发展战略目标方面（即实现经济总量翻两番、人民生活达到小康水平）迈出了重要一步。这期间开创了"一五"时期结束以来未曾有过的新局面，并成为我国国民经济开始出现高速发展新局面最重要的组成部分和强有力的推进因素。

第二节 主要经验

在中共十一届三中全会重新确立的实事求是思想路线的指引下，1979～1984 年在工业改革发展方面积累了许多有益的经验。

（1）把党和国家的工作重点转移到社会主义经济建设上来。在我国生产资料私有制的社会主义改造基本完成以后，仍然坚持实行"以阶级斗争为纲"的路线。这是过去长期存在的"左"倾错误的一个基本点。正是这条路线，多次导致阶级斗争扩大化，特别是"十年动乱"。这是过去我国工业没有得到应有发展的一个基本原因。粉碎"四人帮"以后的头两年，在"两个凡是"的思想指导下继续坚持"以阶级斗争为纲"的错误路线。中共十一届三中全会坚决批判了"两个凡是"的错误方针，果断地停止使用"以阶级斗争为纲"这个不适用于社会主义社会的口号，并依据当时全国规模地揭批林彪、"四人帮"的群众运动已经基本完成的情况，做出了把党和国家的工作重点转移到社会主义现代化建设上来的战略决策。可以说，没有党和国家工作重点的转移，就不会有之后工业的巨大发展。

（2）全部经济工作以提高经济效益为中心。过去在经济建设的指导思想上长期存在着"左"的错误，盲目追求工业（主要是重工业特别是钢铁工业）的高速度，严重忽视甚至根本不讲经济效益的提高，这是过去工业没有得到应有发展的一个基本原因。在粉碎"四人帮"之后，过去那种"左"的指导思想还没有立即改变，这也是过去工业没有得到应有发展的另一个基本原因。为了使我国工业和国民经济得到健康的发展，必须把经济工作转到以提高经济效益为中心的轨道上来。1981 年五届全国人大四次会议提出："要切实改变长期以来'左'的思想指导下的一套老的做法，真正从我国的实际情况出发，走出一条速度比较实在、经济效益比较好、人民得到更多实惠的新路子。"① 正是这条新路子，使得 1979 年以来我国工业得到较快的发展，使得职工生活得到较多的改善。

（3）贯彻实事求是、量力而行的原则。不量力而行，急于求成，也是过去长期存在的经济工作指导思想"左"的错误的一个基本方面。这个"左"的错误曾经几次造成了国民经济比例关系的严重失调，严重阻碍了工业和整个国民经济的发展。粉碎"四人帮"之后的头两年，在经济工作中仍然存在着急于求成的思想，经济建设规模的安

---

① 《中国经济年鉴》（1982），经济管理杂志社 1983 年版，第 Ⅱ-8～9 页。

排，超出了国家财力、物力的可能，加剧了国民经济比例失调的状况。中共十一届三中全会之后，通过总结过去工业建设上急于求成的教训，认识到搞现代化建设必须坚持实事求是、量力而行的原则。确定工业发展速度和工业建设规模，必须从我国国情出发，做到与国力相适应。正是在这项基本原则的指导下，这期间的经济调整工作得以进行，促进了工业和国民经济的高速发展。

（4）注重农业、轻工业和重工业的协调发展。在中共十一届三中全会以前相当长的一个时期内，由于"左"的错误的影响，片面强调生产资料的优先增长，突出发展重工业，忽视农业和轻工业，结果造成农轻重比例严重失调。十一届三中全会以后，摆脱了这种"左"的思想影响，做出了对国民经济进行调整的重要决策。先从加快农业的发展入手，调整了政策，主要是实行联产承包生产责任制和提高农产品价格，大大解放了农业生产力，农业生产走向全面、持续高涨。在调整工作中，把消费品工业的发展放在重要地位，对轻纺工业实行了六个优先的政策。对于重工业的发展，首先抛弃了1958年以后长期实行的"以钢为纲"的方针，放慢重工业的发展速度，调整重工业的服务方向和产品结构，加强了对老企业的技术改造。从而使重工业与农业和轻工业的比例关系以及重工业内部的比例关系逐步趋于协调，实现了农业、轻工业和重工业相互适应、相互促进地发展。

（5）加强能源、交通运输和通信等基础设施的建设。能源、交通运输和通信过去一直是我国经济发展中的薄弱环节，对工业和国民经济都产生了极为不利的影响。1982年中共十二大把能源、交通和通信作为经济发展的战略重点之一。在国民经济调整过程中，通过资金、物资分配和引进技术、外资等措施，大大加强了能源、交通和通信等基础设施的建设，这是我国工业和国民经济高速增长的极重要因素。

（6）加强对现有工业企业的技术改造。过去，我们进行工业扩大再生产主要是靠建新厂，这在奠定工业基础的时期是必要的。经过30多年的建设，我国已经建立了独立的、比较完整的工业体系，工业的发展有可能也完全有必要从以新建为主的外延扩大再生产转向以加强对现有企业技术改造为主的内涵扩大再生产。另外，世界新技术革命的兴起和发展，工业结构和生产技术的面貌正在发生迅速变化。所有这些，都要求我们不失时机地搞好对现有企业的技术改造。在工业调整过程中，党中央、国务院确定了加强对现有企业进行技术改造的方针，在政策上采取了一系列措施（包括投资、贷款和物资分配、提高折旧率和引进技术等），推动现有企业的技术改造，从而加快了工业的发展。

（7）合理调整工业布局。由于我国工业布局在20世纪60年代中期以后片面强调"以战备为中心"，20世纪70年代初期主张各个地区建立独立完整的工业体系，因此造成工业布局不合理。主要是：沿海工业没有得到应有的改造，因而工业基础比较雄厚的优势得不到发挥；"三线"地区在六七十年代新建的工业，布点分散，基础设施落后，生产能力不配套，因此生产能力得不到发挥。在调整期间，先调整了工业布局指导思想，确立了以提高经济效益为中心，发挥优势、扬长避短的原则，放弃了"以战备为中心"和片面追求地区独立完整的工业体系的指导思想。在调整工业布局的做法上，根据各地的自然条件、资源状况、现有生产力水平和地区内在的经济联系，确定工业发展的战略和步骤。对我国工业基础雄厚、科学技术和文化教育水平较高的沿海工业基地，着重加强技术改造，采用先进技术，改造传统工业，开拓新兴产业，使沿海工业向消耗能源和原材料少的技术密集型工业发展。对于中部地区：①根据这一地区能源资源丰富的条件，大力加强能源基地的建设，以便为本地区和东部地区提供更多的能源；②通过工业改组、联合和布点的调整，提高地区的工业综合生产能力，充分发挥军工科研力量集中的优势。对于经济不发达的西部地区：①查清资源，打好基础，为今后大规模地开发西部地区做好准备；②立足本地资源，加快发展具有本地特色的、经济效益好的地方工业和传统手工业；③与东部沿海地区发展联合，开发本地资源，发展初级加工。总之，整个工业布局的调整已经初见成效，并促进了工业的发展。

（8）贯彻"一要吃饭，二要建设"的原则。在过去的很长时期内，由于"左"的错误的影响，片面强调基本建设，忽视人民生活。在基本建设中，又片面强调扩大重工业的建设规模，忽视轻工业的建设，忽视住宅和城市其他公用设施的建设。其结果是，不仅经济效益很差，人民生活也得不到应有的改善。中共十一届三中全会以后，总结了这方面的经验，把"一要吃饭，二要建设"作为指导我国经济工作的一项基本原则。随着这项原则的贯彻执行，在工业和其他社会生产发展的基础上，包括职工在内的人民的生活有了显著改善，并有力地促进了社会主义生产的发展。

（9）在社会主义国有经济为主导、公有经济为主体的条件下，积极发展多种经济形式和多种经营方式。在过去的长时期内，由于"左"的错误的影响，认为公有化程度越高越先进，盲目地、单纯地追求社会主义全民所有制，对作为社会主义初级阶段的经济必要组成部分的个体经济，甚至对社会主义集体所有制经济也采取了限制和排挤的政策；对社会主义全民所有制企业又是盲目地、单纯地追求国家直接经营这一种经营方式。这种"左"的政策并不符合我国国情，不适应我国社会生产力的发展状况。它不仅阻碍了集体经济和非社会主义经济形式的发展，而且不利于社会主义全民所有制本身的发展。中共十一届三中全会以后，采取了在社会主义公有经济为主体的条件下，发展多种经济形式和多种经营方式的方针。实践证明：在坚持社会主义公有制占主体地位的条件下，发展多种经济形式和多种经营方式的方针，是一个加速包括工业在内的社会主义经济建设的方针。

（10）积极地改革工业管理体制。我国工业管理体制的主要弊端是政企职责不分，条块分割，国家对企业统得过多过死，忽视市场调节的作用，分配中平均主义严重。这就造成了企业缺乏应有的自主权，企业吃国家"大锅饭"、职工吃企业"大锅饭"的局面，严重压抑了企业和广大职工群众的积极性，使社会主义工业经济在很大程度上失去了活力。中共十一届三中全会以后，从扩大工业企业自主权入手，对工业管理体制进行了一系列重大改革，并成为推动工业发展的强有力因素。

（11）实行对外开放，积极发展对外经济技术交流。在过去的长时期内，由于国际形势和"左"的错误的影响，实行了闭关锁国的政策，阻碍了我国社会主义建设的发展。中共十一届三中全会以后，把对外开放作为我国长期的基本国策，并在实践中已经取得显著成效。1978~1984 年，我国进出口贸易总额由 355 亿元猛增到 1201 亿元。1979~1984 年，实际利用外资总额达到 171.43 亿美元，对外承包工程和劳务合作实际完成营业额总计为 15.93 亿美元。[①]实践证明：在独立自主、平等互利的基础上，积极发展对外经济合作和技术交流，也是一个加快包括工业在内的社会主义经济建设的战略方针。

（12）在建设高度物质文明的同时，建设高度的社会主义精神文明。中共十一届三中全会以来，党中央曾经多次郑重提出：我们在建设高度物质文明的同时，一定要努力建设高度的社会主义精神文明。这是建设社会主义的一个战略方针。历史经验证明：是否坚持这样的方针，不仅关系到我国工业和整个国民经济的高速发展，而且关系到物质文明建设的社会主义方向，关系到社会主义事业的兴衰和成败。1979 年以来我国工业高速发展，是同贯彻这个方针紧密相连的。

我们在前文叙说了中共十一届三中全会以来工业改革发展的重要经验。这里需要说明：

（1）这些方针本身的某些方面还不完善，甚至还有很大的局限性。例如，就经济改革的核心问题——计划与市场的关系来说，按照 1979 年 4 月中共中央工作会议以及 1982 年 9 月中共十二大的提法，还是"计划经济为主、市场调节为辅"。[②]当然，就作为改革开放总设计师邓小平来说，他在 1979 年 11 月就提出"社会主义也可以搞市场经济"。[③]就改革的实践来说，实际上已越出 1958 年和 1970 年两次改革的行政性分权的框框，走上了市场取向改革的轨道。但就这期间改革的指导思想来说，中共十二大的提法，还没有从根本上摆脱 1956 年 9 月中共八大的有关提法。[④]

（2）这些方针的许多方面，由于主客观多种条件的限制，并没有得到充分的贯彻，而只是在不同程度上得到了执行。例如，20 世纪 80 年代初，党中央、国务院提出的全部经济工作要以提高经济效益为中心的方针，是完全正确的，但在这期间并没有得到很好的执行。实际上，在这期间，过去长期存在的急于求成的指导思想，片面追求经济增长速度的战略，在实际工作中还是产生了很大影响，以致 1984 年又开始出现了经济过热。至于许多具体的发展和改革措施，其缺陷就更多了。例如，1981 年开始实行的基本建设投资拨款改贷款的办法，就操之过急，办法简单，以致后来许多国营企业技术改造资金匮乏和资产负债率过高。上述各种缺陷和局限，既制约了这期间工业和国民经济的改革，也制约了工业和国民经济的发展。上述问题的发生，固然有过去长

---

①《中国统计年鉴》（1993），中国统计出版社 1994 年版，第 633、647、652 页。
②《中国共产党第十二次全国代表大会文件汇编》，人民出版社 1982 年版，第 24 页。
③《邓小平文选》（第三卷），人民出版社 1994 年版，第 231 页。
④《中国共产党第八次全国代表大会文件汇编》，人民出版社 1980 年版，第 84 页。

期存在的"左"的思想以及传统的经济体制和发展战略的影响，但更重要的是理论上、认识上的局限。因此，上述问题无论就其发生的原因还是就其造成的后果来说，都与中共十一届三中全会以前发生过的"左"的路线错误存在着原则性差别。

第八篇
市场取向改革全面展开阶段的工业经济

——以实现经济总量翻两番、人民生活达到小康水平为
战略目标的社会主义建设新时期的工业经济（二）
（1985~1992 年）

  1984 年 10 月召开的中共十二届三中全会分析了我国的经济和政治形势，总结了我国社会主义建设正反两方面的经验，特别是十一届三中全会以后城乡经济体制改革的经验，做出了《关于经济体制改革的决定》（以下简称《决定》），①《决定》提出加快以城市为重点的整个经济体制改革的步伐，以利于更好地开创社会主义现代化建设的新局面。《决定》全面地阐述了经济体制改革的方向、原则和步骤，为全面改革制订了蓝图。《决定》突破了把计划经济同商品经济对立起来的传统观念，指出社会主义计划经济必须自觉依据和运用价值规律，是在公有制基础上的有计划的商品经济。《决定》标志着我国经济体制改革进入了以城市为重点的全面展开阶段，是本篇叙述的改革的纲领性文件。在改革的理论方面，1987 年中共十三大报告在总结经验的基础上又做了重大发展。报告提出：社会主义是计划商品经济的体制，应该是计划与市场内在统一的体制。新的经济运行机制，总体上来说应当是"国家调节市场，市场引导企业"的机制。这里虽然没有像后来中共十四大那样明确提出"社会主义市场经济"的概念，但却包含了这一概念的核心内容。至于这期间经济发展的战略目标，仍然是中共十二大提出的在 20 世纪末实现经济总量翻两番、人民生活达到小康水平。下面依据上述指导思想叙述 1985~1992 年工业改革和发展的历史进程。

---

①《中共中央关于经济体制改革的决定》，人民出版社 1984 年版，第 1~35 页。

第三十五章 以实行企业承包经营责任制为特征的国有工业改革

依据中共十二届三中全会以来的有关文件，以及在这些文件指导下的实践，在本篇所考察的时间内，工业经济体制改革的中心环节仍然是国营企业改革；这期间国有工业企业改革包括以下四个方面。①对国有大中型工业企业实行承包经营责任制；②对国有小型工业企业实行租赁经营责任制；③对少数有条件的大中型工业企业实行股份制试点；④组建企业集团。我们在下面分四节叙述这四个历史过程。

第一节 对国有大中型工业企业实行承包制

经过 1979~1984 年的改革（包括扩大企业自主权、实行经济责任制和第一步利改税），总的来说，国营企业活力有了一定的增强。但由于这些改革本身的局限性，国营企业特别是国营大中型企业还没有真正活起来。据统计，1984 年全国独立核算的大中型工业企业 5837 家，占工业企业总数的不到 2%，占固定资产总数的 66%，占工业总产值的 47%，占上缴利税的 66%。其中，搞得比较活的只占 15% 左右，处在变活过程之中的占 65% 左右，基本没有活起来的占 20% 左右。[①] 1984 年 10 月以后实行的第二步利改税，虽有积极作用，但也由于其本身的局限性，特别是所得税率过高，影响了企业的积极性和发展后劲，以致造成了工业企业利润从 1985 年 8 月到 1987 年 3 月连续 20 个月滑坡的严重后果。[②]

国营企业没有真正活起来的原因，涉及许多方面，但其主要原因是：①国家规定下放给企业的一系列自主权，为一些部门和地区截留，没有落实到企业；②对企业的扩权，没有有效实现权、责、利的结合。因此，要深化旨在增强企业（特别是大中型

---

① 盖军主编：《改革开放十四年纪事》，中共中央党校出版社 1993 年版，第 504 页。
② 杨启光主编：《国营企业改革的基本出路》，中国大百科全书出版社 1993 年版，第 2 页。

企业）活力的改革，除了要把国家规定的下放给企业的自主权坚决落实到企业以外，就是要把改革的重点放到转变企业的经营机制上。即依据所有权和经营权分离的原则，实行多种形式的承包经营责任制，使企业真正成为自主经营、自负盈亏的经济实体。因此，在1986年进行承包经营责任制试点的基础上，1987年5月国务院决定在全国普遍推广承包经营责任制。当时，促成这一点的还有一个重要因素，1987年第一季度，预算内工业企业成本比1986年同期上升5%，亏损面增加40%，财政收入下降2.3%，[①]这是经济滑坡的预兆。为了防止这一点，推广承包经营责任制，就势在必行了。经过推广，到1987年底，在11402家国营大中型工业企业中，实行承包经营责任制的达8843家，占企业总数的77.6%。其中，实行两保一挂的（即保上缴利税和技术改造，上缴利税与工资总额挂钩）为1364家，占承包企业总数的15.4%；实行上缴利润递增包干的为2029家，占22.9%；实行上缴基数包干、超收分档分成的为3337家，占37.7%；实行企业资产经营责任制的（即对企业增长利润只收3.5%的所得税，并将税前还贷改为税后还贷）为580家，占6.6%；实行亏损包干的为683家，占7.7%。承包期在三年以上的，占承包企业总数的64%。

推行承包经营责任制，增强了企业活力，使承包企业的经济效益一般均好于未实行承包的企业。同1986年相比，1987年实行承包的国营大中型工业企业完成产值2452.1亿元，增长11%，比未实行承包的企业增幅高出0.5个百分点；销售收入2797.2亿元，增长18.2%，比未实行承包的企业增幅高出2.3个百分点；实现利润291.1亿元，增长14.8%，比未实行承包的企业增幅高出10.2个百分点；上缴国家财政收入增长4.7%，而未实行承包的企业还下降了21.8%。[②]这样，推行承包经营责任制，就大大缓解了实行利改税带来的问题。一方面增强了企业的活力；另一方面保证了国家财政收入。

当然，1987年推广的承包经营责任制也有许多不完善之处。如企业上缴国家的指标偏低，甚至负盈不负亏；企业之间也存在苦乐不均，以致鞭打快牛；企业内部责任制也不健全；企业通过涨价获取利润；企业留利中用于发展生产的部分偏少，用于职工消费的部分偏多等。

为了完善和发展国营工业企业的承包经营责任制，1988年2月国务院发布了《全民所有制工业企业承包经营责任制暂行条例》，对这方面存在的一系列基本问题做了明确规定：[③]

（1）承包经营责任制的概念和原则。承包经营责任制，是在坚持企业社会主义全民所有制的基础上，按照所有权与经营权分离的原则，以承包经营合同形式，确定国家与企业的责、权、利关系，使企业做到自主经营、自负盈亏的经营管理制度。实行承包经营责任制，应当按照责、权、利相结合的原则，切实落实企业的经营自主权，保

---

①《中国经济年鉴》（1988），经济管理出版社1989年版，第Ⅲ-2页。

②《中国经济年鉴》（1988），经济管理出版社1990年版，第Ⅳ-10、37页。

③《中国经济年鉴》（1989），经济管理出版社1990年版，第Ⅷ-18~20页。

护企业的合法权益；还要按照包死基数、确保上缴、超收多留、欠收自补的原则，确定国家与企业的分配关系。

（2）承包经营责任制的内容和形式。主要内容是：包上缴国家利润，包完成技术改造任务，实行工资总额与经济效益挂钩。承包上缴国家利润的形式有：上缴利润递增包干；上缴利润基数包干，超收分成；微利企业上缴利润定额包干；亏损企业减亏（或补贴）包干等。上缴利润基数一般以上年上缴的利润（实行第二步利改税的企业，是指缴纳的所得税、调节税部分）为准。

（3）承包经营合同。这部分规定了合同的原则、内容、期限（一般不得少于3年）和双方的权利和义务。

（4）企业经营者。实行承包经营责任制的，一般应当采取公开招标办法，通过竞争确定企业经营者。企业经营者的年收入，视完成承包经营合同状况，可高于本企业职工年平均收入的1~3倍，贡献突出的，还可适当高一些。完不成合同时，应扣减企业经营者的收入，直至只保留其基本工资的一半。

（5）承包经营企业的管理。实行承包经营责任制的企业，要试行资金分账制度，划分国家资金和企业资金，分别列账；要合理核定留利中的生产发展基金、福利基金和奖励基金的分配比例；要严格遵守国家的物价政策；要实行厂长负责制，建立、健全内部经济责任制和分配制度。

这样，这个条例就在企业承包经营责任制的范围内，较好地把企业的盈亏机制、风险机制以及企业经营者的竞争机制和奖惩机制引入了实行承包经营责任制的企业。这就有利于发挥这种责任制的优越性，克服其局限性，从而推动这种责任制的健康发展。

这里还要提到：1988年4月七届全国人大一次会议通过的《中华人民共和国全民所有制工业企业法》（以下简称《工业企业法》），在保证和促进承包经营责任制方面，也起到了重要作用。《工业企业法》明确规定："企业的财产属于全民所有，国家依照所有权和经营权分离的原则授予企业经营管理权。"不说《工业企业法》所规范的企业内部关系，仅就其规范的国家和企业的关系来说，所有权与经营权分离的原则，是《工业企业法》的核心内容。而这一点又是承包经营责任制的基本原则。而且，《工业企业法》还明确规定："企业根据政府主管部门的决定，可以采取承包、租赁等经营责任制形式。"[①]

在上述的《工业企业法》和暂行条例的规范和指导下，1988年以后承包经营责任制又得到进一步推广，并获得了较好的经济效益。依据对9937家国营大中型工业企业的调查，1988年已有9024家实行了各种形式的承包经营责任制，占被调查企业总数的90.8%。其工业产值比1987年增长12.5%，比全部大中型工业企业增幅高出0.5个百分点；实现利税比1987年增长20.8%，增幅也高出2个百分点。[②]

---

① 《中国经济年鉴》（1989），经济管理出版社1990年版，第Ⅷ-15页。
② 《中国经济年鉴》（1989），经济管理出版社1990年版，第Ⅳ-7页。

1990 年，大多数实行承包经营责任制企业的第一轮承包年已经到期。但"八五"计划规定，"八五"期间（1991~1995 年）还要"继续坚持和完善企业承包经营责任制"。① 据此，1990 年开展了第二轮承包合同的签订工作。到 1991 年初，已有 95%的企业签订了新一轮承包合同。②

在签订第二轮承包合同时，针对当时这方面存在的问题，进一步完善了承包经营责任制。主要是：形成了包括企业的经济效益指标、发展后劲指标和管理指标在内的综合配套的承包指标体系；调整了承包基数和上缴比例；加强了企业的盈亏机制和企业经营者的竞争机制。

总的来说，从 1987 年开始普遍推广企业承包经营责任制以来，国营大中型企业的活力是有增强的。依据对 710 家国营大中型工业企业的调查和统计，1987 年活力强的企业有 113 家，占总数的 15.91%；活力中等的有 376 家，占 52.95%；活力弱的有 221 家，占 31.1%。但到 1991 年，活力强的增加到 157 家，比重上升到 22.11%；活力中等的减少到 358 家，比重下降到 50.42%；活力弱的减少到 195 家，比重下降到 27.47%。企业活力的增强，主要得益于实行承包经营责任制。在被调查的 710 家企业中，实行国家统负盈亏的企业有 18 家，其活力度由 1987 年的 61.3 下降到 1991 年的 61.0；而实行承包经营的有 600 家，其活力度由 62.7 上升到 64.1。③ 这些数字表明，在改革的进程中，承包经营责任制是起过积极作用的。

但承包经营责任制仍然有重大缺陷和局限。最明显的是，税利合一混淆了税利的不同功能；税前还贷，也显得不妥，并弱化了对企业的约束功能。为了克服这些缺陷，在实行承包经营责任制的进程中，也进行了"税利分流、税后还贷、税后承包"的试点。到 1992 年，进行这种试点的企业达到 2500 多家。④ 但这些试点并不能从根本上克服承包经营责任制的缺陷。

问题在于：在实行承包经营责任制的条件下，承包基数和分成比例等指标确定，取决于政府发包部门与承包企业之间一对一的谈判，既缺乏科学、统一和平等的标准，又不能适应千变万化的市场。这样，很难避免工资侵蚀利润倾向，企业苦乐不均和鞭打快牛倾向，自发涨价倾向以及奖励、福利基金侵蚀发展基金的倾向。

当然，从根本上来说，承包经营责任制的局限性还在于：它不能真正做到政企分开，并使企业成为自主经营、自负盈亏的市场主体，不可能使企业经营机制发生根本转变。因而不能从根本上解决企业活力问题。我们在前文列举的 710 家国营大中型工业企业的材料，固然证明了承包经营责任制可以在一定程度上增强企业的活力，但这个材料同时也说明经过 1987~1991 年的实践，活力中等和活力弱的企业的比重还占 77.89%。另据 20 世纪 90 年代初对 31 个省、自治区、直辖市和计划单列市的统计分

① 《中国经济年鉴》（1991），经济管理出版社 1992 年版，第 I–67 页。
② 《中国经济年鉴》（1992），经济管理出版社 1992 年版，第 47 页。
③ 刘树人等：《中国企业活力定量评价》，中国国际广播出版社 1995 年版，第 233、237 页。
④ 《中国经济年鉴》（1993），经济管理出版社 1994 年版，第 99~100 页。

析，在国营大中型工业企业中，有活力的仅占 20%，有潜力搞活的占 50%，无活力的占 30%。[①] 形成这种活力不强的状况，有多方面的原因，但也证明靠承包经营责任制不能从根本上解决企业活力问题。

还要提到：为了增强国营大中型工业企业的活力，1985 年 9 月国务院批转了国家经委、国家体改委《关于增强大中型国营工业活力若干问题的暂行规定》；[②] 1986 年 12 月国务院又做出了《关于深化企业改革、增强企业活力的若干规定》；[③] 1991 年初国务院又提出了增强国营大中型企业活力的 11 条政策措施；同年 9 月中共中央工作会议又提出搞好国营企业的 20 条措施。[④] 这里需要着重提到：1992 年 7 月国务院发布的《全民所有制工业企业转换经营机制条例》。[⑤] 该条例全面地规定了作为市场主体的企业应该享有的经营自主权和承担的自负盈亏的责任，是 1979 年以来关于国营企业改革的最好文件。但所有这些，虽然在增强活力方面起过一定的作用，但都没有从根本上改变承包制在增强企业活力方面的乏力状态。这些经验表明：要根本转变企业经营机制，增强企业活力，靠实行承包制是难以实现的。

第二节　对国有小型工业企业实行租赁制

租赁经营责任制与承包经营责任制都实现了所有权与经营权的某种分离。但前者分离的程度更大，因而实行租赁经营责任制企业的自主权更大，在它适用的国营小型企业范围内增强企业活力的作用也更大。所以，在 1987 年普遍推行承包经营责任制以前，就在一些小企业中进行了租赁经营责任制的试点。在这以后，对国有小型工业企业，除了对其中的一部分实行承包经营责任制和有偿转让给集体与个人以外，重点是推行租赁经营责任制，并取得了进展。到 1987 年底，在 88000 家国营小型工业企业中，实行租赁经营、承包经营和转让的达到 40000 家，占总数的 46%。[⑥]

为了规范和促进租赁经营责任制的发展，在总结以往经验的基础上，1988 年 6 月国务院发布了《全民所有制小型工业企业租赁经营暂行条例》。[⑦] 该条例对实行租赁经营责任制的一系列重要问题做了明确规定。该条例所称租赁经营，是指在不改变社会主义全民所有制的条件下，实行所有权与经营权的分离，国家授权单位为出租方，将企业有期限地交给承租方经营，承租方向出租方交付租金并依照合同规定对企业实行自

①《中国大中型企业改革与发展之路》上册，中共中央党校出版社 1993 年版，第 527 页。
②《中国经济年鉴》(1986)，经济管理出版社 1987 年版，第 X–13 页。
③《中国经济年鉴》(1987)，经济管理出版社 1988 年版，第 X–31 页。
④《中国经济年鉴》(1992)，经济管理出版社 1993 年版，第 60 页。
⑤《中国经济年鉴》(1993)，经济管理出版社 1994 年版，第 595~601 页。
⑥《中国经济体制改革十年》，经济管理出版社 1988 年版，第 797 页。
⑦《中国经济年鉴》(1989)，经济管理出版社 1990 年版，第 Ⅷ–20~22 页。

主经营的方式。

实行承租经营必须兼顾国家、企业、职工和承租方的利益。

承租方可以采取一人承租、合伙承租、全员承租、一家企业承租另一家企业等形式。

每届承租期限为 3~5 年。

承租经营者是企业租赁期间的法定代表人，行使厂长职权，对企业全面负责，并需提供财产或资金担保。

出租方在评估资产的基础上，依据行业和本企业的资金利润率确定标底，并实行租赁招标。还须订立租赁经营合同，规定出租方和承租方的权利、义务。

租赁经营企业实现的利润依法纳税后，分为承租方的收入（含租金）、企业生产发展基金、职工集体福利基金、职工奖励基金四部分，按规定的比例进行分配。还可在规定的工资总额（包括奖金）范围内，自主确定企业内部的分配。

该条例的贯彻执行，促进了国营小型工业企业租赁经营的进一步发展。

第三节 实行股份制企业试点

对国营企业推行承包制和租赁制，在某种程度上实现所有权与经营权的分离，也要冲破计划经济体制下形成的传统观念。但国营企业实行股份制，遇到的传统观念阻力要大得多。例如，按照传统观念，股份制是资本主义私有制企业的组织形式。因此，在普遍推行承包制和租赁制的时候，还只能在少数有条件的国营大中型企业进行股份制试点。当然，之所以这样做，并不只是因为这一点。主要是因为，推行股份制比推行承包制和租赁制的条件严格得多。诸如股份公司和股票市场的组织、运作，以及政府对股份公司和股票市场的管理都需要规范化。否则，就不能发挥股份制的优越性，抑制其负面影响，不能使股份制得到健康发展。但推行股份制，毕竟是实行所有权与经营权分离，使企业成为自主经营、自负盈亏的市场主体，是实现国营资产保值增值、筹集资金以及调整经济结构的更有效途径。而所有这些，又都是我国经济改革和经济发展亟须解决的重大问题。因此，股份制企业的试点及其发展，又会呈现出一种不可阻挡的趋势。

1979 年经济体制改革以来，伴随着乡镇企业的发展，出现了一些股份合作制企业。后来，随着横向经济联合的发展，又有了企业之间的资金合作，开始出现了股份制企业。1984 年以后，在中共十二届三中全会关于要实现所有权与经营权适当分开，使企业成为相对独立的经济实体的精神指导下，股份制的试点才正式展开。例如，1984 年11 月，上海电声总厂发起的上海飞乐音响公司，就是这期间建立的第一家比较规范的、向社会公开发行股票的股份有限公司，共筹集资金 40 多万元。

1987 年 10 月，中共十三大报告明确提出："改革中所采取的一些措施，例如……发行债券、股票，都是伴随社会化大生产和商品经济的发展必然出现的，并不是资本主义所特有的。社会主义可以而且应当利用它们为自己服务，并在实践中限制其消极作用。""公有制经济本身也有多种形式。除了全民所有制、集体所有制以外，还应发展全民所有制和集体所有制联合建立的公有制企业，以及各地区、部门、企业相互参股等形式的公有制企业。""改革中出现的股份制形式，包括国家控股和部门、地区、企业间参股以及个人入股，是社会主义企业财产的一种组织形式，可以继续试行。"[①] 在这个精神的指导下，1987~1989 年上半年，股份制试点又进一步展开，各地股份制试点企业迅速增多。

但在股份制试点初期，在股份制企业的组织和运作方面不按股份制原则办事、行为不规范的情况相当普遍。针对这些问题，国家体改委先后采取了一些措施进行引导，并有一定程度的改进。

但 1989 年夏季以后，传统的计划经济观念又出现了某种回潮。虽然这时对已经进行试点的股份制企业进行了完善，但总的来说，处于改革前沿的股份制试点实际上出现了停滞状态。

1990 年 12 月中共十三届七中全会提出，并经 1991 年 4 月七届全国人大四次会议通过的《国民经济和社会发展十年规划和第八个五年计划纲要》提出："继续进行股份制试点，并抓紧制定有关法规。""在有条件的大城市稳妥地进行证券交易所试点，并逐步形成规范化的交易制度。"[②] 于是，继 1990 年 11 月批准建立上海证券交易所之后，1991 年 4 月又批准建立了深圳证券交易所。此后，股份制试点企业又获得了较快的发展。

据对 34 个省、自治区、直辖市和计划单列市的不完全统计，到 1991 年底，全国共有各种类型的股份制试点企业 3220 家（不包括乡镇企业中的股份合作制和中外合资、国内联营企业）。其中，法人持股的试点企业 380 家，占总数的 12%；内部职工持股的 2751 家，占 85%；向社会公开发行股票的 89 家，占 3%。在这 3220 家股份制试点企业中，按所有制分，原来为集体所有制企业的占 63%，原来为国营企业的占 22%；按行业分，工业企业 1781 家，占 55%，商业企业 942 家，占 30%；另有金融企业 171 家，建筑企业 58 家，交通运输企业 28 家，其他行业 240 家，合计占 15%。可见，在股份制试点企业中，主要是公有制企业和工商企业。

在地区的分布方面，股份制试点企业主要集中在东部地区。其中，内部职工持股的股份制试点企业主要集中在辽宁、山东、黑龙江等省。据统计，这三省内部职工持股的股份制试点企业约占全国同类企业的 80%；向社会公开发行股票的股份制试点企业则主要集中在上海、深圳、浙江、四川等地，共 65 家，约占全国同类企业的 73%。

内部职工持股的股份制试点企业，虽然占试点企业总数的绝大多数，但规模都不

①《中国共产党第十三次全国代表大会文件汇编》，人民出版社 1987 年版，第 25~31 页。
②《中华人民共和国第七届全国人民代表大会第四次会议文件汇编》，人民出版社 1991 年版，第 112、115 页。

大。其中，职工持股金额约 3 亿元，占企业股金总额的比重平均不到 20%。而 89 家公开向社会发行股票的股份制试点企业的规模则较大，共有股金总额 58.1 亿元。其中，国家股 27.4 亿元，占总数的 47%；企业法人股 16.8 亿元，占 29%；个人股 8.3 亿元，占 14%；外资股 5.6 亿元，占 10%。

在 89 家向社会公开发行股票的试点企业中，上海、深圳有 34 家在这两市的证券交易所上市，浙江有一家企业在上海证券交易所上市。[①]

据统计，1992 年，全国股份制试点企业又发展到 3700 家，在上海、深圳证券交易所公开上市的有 92 家。[②]

股份制试点企业的经验表明：实行这种企业组织形式，有利于根本转变企业经营机制，使企业成为自主经营、自负盈亏、自我发展、自我约束的市场主体，有利于增强企业活力，有利于国营资产的保值和增值，有利于筹集资金，有利于促进经济结构的调整。例如，前文引证过的 710 家企业中，1987~1991 年，实行国家统负盈亏的有 18 家企业，其活力度由 61.3 下降到 61.0，下降了 0.3 个百分点；实行承包制的有 600 家企业，其活力度由 62.7 上升到 64.1，上升了 1.4 个百分点；而实行股份制的有 6 家企业，其活力度由 64.6 上升到 70.4，上升了 5.8 个百分点，原来的活力度最强，上升的速度也最快。[③] 又如，1988~1990 年，深圳五家上市公司利润平均每年增长 97%，净资产增长 1.3 倍，增幅远远超出了非股份制企业。再如，上述向社会公开发行股票的 89 家试点企业，共筹集资金 58.1 亿元，其中有 8.3 亿元是由消费基金转化而来的。[④] 这不仅迅速满足了这些企业发展急需的生产资金，而且大大增强了企业活力，有效地实现了这些企业公有资产的增值。

但在这期间，股份制试点方面仍然存在许多亟待解决的重大问题：

（1）有些试点企业不进行资产评估，或评估过低。在企业内部职工持股的股份制试点企业中，多是以企业账面净产值折股，既未计算土地使用费、厂房和设备的重置价值，也未考虑企业的无形资产；有的甚至根本不进行资产评估。这就引起了公有资产的流失。

（2）有些试点企业不按股份制原则办事。有的试点企业违背股权平等、同股同利原则，对国家股、法人股和个人股实行不同的分红率，一般是个人股高于国家股、法人股。有的试点企业混淆股权与债权、股票收益与利息收入的原则区别，对股票既保息又分红，而且将股息计入成本。有的企业不开股东会，董事会由上级主管部门任命，董事会也不健全，甚至形同虚设。

（3）有关部门对股份制试点企业的管理仍然采取原来的老办法，使得股份制试点企业无法正常运转。

---

① 《股份制企业组建和试点政策汇编》，企业管理出版社 1992 年版，第 25~27 页。
② 《中国经济年鉴》(1993)，经济管理出版社 1994 年版，第 53 页。
③ 刘树人等：《中国企业活力定量评价》，中国国际广播出版社 1995 年版，第 237 页。
④ 《股份制企业组建和试点政策汇编》，企业管理出版社 1992 年版，第 28、30 页。

（4）在股票的发行和交易方面，由于供求关系严重失衡，引起股价波动幅度过大，出现过度投机。

解决这些问题的关键，在于使股份制企业和股票市场的组织、运作，以及政府对它们的监管实行规范化和法制化。为此，国家体改委同政府有关部门于1993年5月发布了《股份制企业试点办法》。[①] 该办法依据国际经验并结合我国实际情况就股份制企业试点的一系列基本问题初步做了规定：

（1）股份制企业试点的目的。①转换企业经营机制，促进政企职责分开，实现企业的自主经营、自负盈亏、自我发展和自我约束；②开辟新的融资渠道，提高资金使用效益；③促进生产要素的合理流动，实现社会资源优化配置；④提高国营资产的运营效率，实现国营资产的保值、增值。

（2）股份制企业试点的原则。主要是：坚持以公有制为主体；贯彻国家产业政策；坚持股权平等；不准把公有资产以股份形式分给个人；坚持加强领导、大胆试验、稳步推进、严格规范的原则。

（3）股份制企业的组织形式。主要有股份有限公司和责任有限公司两种组织形式。

（4）股份制企业的股权设置。依据投资主体的不同，股权设置有国家股、法人股、个人股和外资股四种形式。

（5）股份制企业试点的范围。涉及国家安全、国防尖端技术和必须由国家专卖的企业等，不进行股份制试点；国家产业政策重点发展的能源、交通、通信等垄断性较强的行业，可以进行公有资产控股的试点；符合国家产业政策的竞争性较强的行业，尤其是资金密集型和规模经济要求高的行业，鼓励进行股份制试点。

该办法还对股份制试点企业的审批程序以及政府对股份制企业的管理，做了严格规定。

为了实施该办法，上述政府有关部门还于1992年5月颁发了《股份有限公司规范意见》和《有限责任公司规范意见》，以及与之相配套的股份制试点企业的宏观管理，会计制度、劳动工资管理、税收、审计、财务管理，物资供销管理，土地资产管理的暂行规定。

这一整套指导股份制试点企业的政策法规，初步为试点企业提供了行为规范，有利于之后股份制试点企业的健康发展。

第四节　组建企业集团的试点

实行承包制、租赁制和股份制，可以在不同程度上实现所有权和经营权的分离，

---

① 《股份制企业组建和试点政策汇编》，企业管理出版社1992年版，第37~44页。

并增强企业活力。组建企业集团在这方面也有重要作用。而且，企业集团是国营经济乃至整个国民经济的骨干，是实现结构优化和技术升级的决定性力量，是参与国际市场竞争的主力。事实上，国务院在《关于深化企业改革、增强企业活力的若干规定》中，就把鼓励发展企业集团作为增强企业活力的一条重要措施提了出来。[①]

1979 年以来，随着经济体制改革的开展，企业自主权的扩大，市场调节和竞争作用的发挥，中心城市综合改革的起步，各地相继组建了一些横向经济联合体。这些经济联合体，既包括地区之间的联合，也包括企业之间的联合。这些经济联合体一出现，就在打破由传统计划经济体制造成的地区封锁和部门分割，企业组织"大而全"、"小而全"和规模不经济，避免重复生产和重复建设，发展专业化协作和规模经济，在当时正在进行的经济调整等方面，发挥出重要作用。

为了促进这种经济联合的健康发展，国务院于 1980 年 7 月和 10 月先后发布了《关于推动经济联合的暂行规定》和《关于开展和保护社会主义竞争的暂行规定》（以下简称两个《暂行规定》）。这两个《暂行规定》肯定了经济联合和竞争在促进经济发展与改革方面的积极作用，并就进一步发展经济联合和竞争做了初步规定。[②] 在这两个《暂行规定》的推动下，企业联合体进一步发展起来。在这个基础上，就产生了一些企业集团。这可以看作是企业集团的起步阶段。

1984 年 10 月中共十二届三中全会《关于经济体制改革的决定》（以下简称《决定》）提出："要在自愿互利的基础上广泛发展全民、集体、个体经济相互之间灵活多样的合作经营和经济联合。"[③] 以此《决定》为标志，我国经济联合以及与之相联系的企业集团开始进入了发展阶段。推动这个发展的有以下三个重要因素：

（1）企业承包制特别是股份制的发展，为企业集团的发展提供了良好的微观基础。

（2）企业兼并的发展是企业集团发展强有力的催化剂。随着市场调节作用的发挥和竞争的展开，企业之间的兼并也开始发展起来。1986 年颁布的《中华人民共和国企业破产法（试行）》，进一步推动了企业的兼并。[④] 以致兼并范围越来越大，由最初少数几个城市本地区、本行业内的企业兼并，向全国许多城市跨地区、跨行业的兼并发展；兼并数量越来越多。仅依据 24 个省、自治区、直辖市的不完全统计，1986~1988 年就有2739 家企业兼并了 3265 家企业。[⑤]

（3）企业之间和地区之间的横向经济联合更大规模的发展，为企业集团的发展提供了更坚实的基础。例如，1981 年全国各地主要协作项目有 8555 个，1984 年发展到17000 个，1985 年超过 40000 个，当年落实的经济联合项目总金额达到 60 亿元，比

①《中国经济年鉴》(1987)，经济管理出版社 1988 年版，第 X-31-32 页。
②《中国经济年鉴》(1981)，经济管理杂志社 1982 年版，第 II-128-129 页。
③《中共中央关于经济体制改革的决定》，人民出版社 1984 年版，第 33 页。
④《中国经济年鉴》(1987)，经济管理出版社 1988 年版，第 X-29~31 页。
⑤《中国经济年鉴》(1989)，经济管理出版社 1990 年版，第 III-14-15 页。

1984 年增加了 20 亿元。[①]

1986 年 3 月国务院依据对发展横向经济联合的经验的总结，并针对这方面存在的问题，做出了《关于进一步推动横向经济联合若干问题的规定》（以下简称《规定》），就发展横向经济联合（特别是企业之间的横向联合）一系列重要问题做了规定。[②]《规定》指出：企业之间的联合，是横向经济联合的基本形式，是发展的重点。企业之间的横向经济联合，要在自愿的基础上，坚持"扬长避短、形式多样、互惠互利、共同发展"的原则，不受地区、部门、行业和所有制的限制。要通过企业之间的横向经济联合，发展一批企业集团。

企业之间的经济联合，提倡以大中型企业为骨干，以优质品牌产品为龙头进行组织。联合可以是紧密型的、半紧密型的或松散型的。

发展经济横向联合，要有利于提高经济效益，有利于促进企业组织结构、产业结构和地区布局合理化，有利于形成商品市场、资金市场和技术市场，有利于打破条块分割，实现政企职责分开，以及所有权与经营权分开。

要维护企业横向经济联合的自主权，允许企业自愿参加，自愿退出。政府要积极推动和引导企业横向经济联合，特别是跨地区、跨部门、跨行业之间的经济联合，但要防止继续采取行政办法拼凑所谓的经济联合组织。企业之间的横向经济联合组织是企业性的，不能变成行政性的公司。

这个《规定》还要求政府在改进计划管理、促进物资和资金的横向流通、加强生产与科技结合以及保障经济联合组织的合法权益方面，给予支持。

这个《规定》进一步推动了企业横向经济联合的发展。

在上述各个因素的推动下，企业集团有了较大的发展。据对 28 个省市的统计，到 1988 年底，全国各类企业集团已经达到了 1326 个。其中，大型集团有 100 多个。[③]

总的来说，企业集团的发展，对我国经济的发展和改革起了积极作用，但真正符合规范要求的不多。于是，1987 年 12 月，国家体改委和国家经委依据国务院的有关规定，联合提出了《关于组建和发展企业集团的几点意见》，以期规范企业集团的发展。[④]

但企业集团规范化，需要很长时间。这样，1991 年 8 月，国家计委、国家体改委、国务院生产办公室根据国务院关于选择一批大型企业集团进行试点的精神，就实现这项任务向国务院提出了请示意见。[⑤]

企业集团进行试点的目的是：促进企业组织结构的调整；推动生产要素合理流动；形成群体优势和综合功能；提高国际竞争能力；提高宏观调控的有效性。

试点企业集团必须具备的条件是：有一个实力强大、具有投资中心功能的集团核

① 《中国经济体制改革十年》，经济管理出版社 1988 年版，第 294~295 页。
② 《中国经济年鉴》（1987），经济管理出版社 1990 年版，第Ⅹ–10~12 页。
③ 《中国经济年鉴》（1989），经济管理出版社 1988 年版，第Ⅲ–5 页。
④ 《中国经济年鉴》（1988），经济管理出版社 1989 年版，第Ⅸ–17 页。
⑤ 《中国大中型企业改革与发展之路》下册，中共中央党校出版社 1993 年版，第 247~249 页。

心和多层次的组织结构；企业集团的核心企业与其他成员之间，要通过资产和生产经营的环节组成一个有机的整体，但各自都具有法人资格。

选择试点企业集团要遵循的原则有：符合国家经济发展战略和产业政策，在生产建设和出口创汇中占有重要地位；提倡采取公有制企业间相互参股的形式，协调中央和地方、核心企业与成员企业之间的利益关系；提倡发展跨地区、跨部门的竞争性企业集团，不搞行业垄断与地区封锁；坚持政企职责分开，企业集团的核心企业不能承担政府的行政管理职能，也不能把行政性公司翻牌为企业集团；既要积极引导，又要谨慎稳妥，切忌一哄而起。

这个请示意见还就企业集团的内部管理以及政府对企业集团的管理提出了要求。

1991 年 12 月 14 日，国务院在批转国家计委、国家体改委、国务院生产办公室《关于选择一批大型企业集团进行试点请示的通知》中提出：决定选择一批大型企业集团进行试点。

这个决定的贯彻执行，推动了企业集团试点的规范化。

第五节　国有资产管理的加强及其改革的开始

新中国成立以来，经过几十年的建设，我国国营资产已经达到了很大的规模。据国营资产管理局汇总，1989 年全国预算内国营企业和事业单位国营资产总额达到 17343 亿元。[①] 这样，有效地实现国营资产的保值和增值，对于推进改革、发展生产就具有十分重要的意义。而且，随着改革的发展，国营资产流失状况也日趋严重。因而，加强国营资产管理工作就被提上重要日程。为此，1990 年 7 月，国务院发布了《关于加强国营资产管理工作的通知》。[②] 加强国营资产管理，也作为一项重要的改革任务，列入了"八五"计划纲要（1991~1995 年）。[③] 据此，20 世纪 90 年代，在加强国营资产管理方面做了以下几项重要工作：

（1）逐步建立和健全国营资产管理机构。国务院确定，由财政部和国家国营资产管理局行使国营资产所有者的职能，国营资产管理局专职进行这项工作，并由财政部归口管理。

（2）开展清产核资、资产评估、界定产权和产权登记。在当时资产不清、资产未评或低评、产权不清的情况下，这些都是加强国营资产管理的必要的基础工作。

（3）加强了企业改革中国营产权的管理。针对承包制实施中发生的承包指标过低，

---

①《中国经济年鉴》（1991），经济管理出版社 1992 年版，第Ⅲ-229 页。
②《中国大中型企业改革与发展之路》下册，中共中央党校出版社 1993 年版，第 234~235 页。
③《中国经济年鉴》（1991），经济管理出版社 1992 年版，第Ⅰ-68 页。

折旧基金和生产发展基金提得不足的情况，设置了国营资产增长率、折旧基金提足率和生产发展基金的提取比例等综合配套的指标，并加强了这方面的考核。还针对租赁制实施中租金流失以及股份制试点中国家股、法人股和个人股同股不同权的情况，采取了相应措施。

（4）财政部和国家国营资产管理局积极进行各种试点，探索建立国营资产管理新体制。例如，依据邮电行业自然垄断的特点，国营资产管理局委托邮电部门对其所属的国营资产进行经营管理。又如，国营资产管理局委托中国科学院控股公司对其下属公司的国营资产进行经营管理。

当然，所有这些都只能看作是加强国营资产管理工作和国营资产管理体制改革的起步。

第三十六章 国有工业企业内部的制度改革与经营管理

第一节 普遍推行厂长负责制

1985~1992 年，国营工业内部的制度改革主要包括两方面：①普遍推行厂长负责制；②人事、劳动、工资制度的改革。我们分两节叙述这些改革。

1984 年 5 月六届全国人大二次会议正式宣布：逐步将国营企业党委领导下的厂长负责制改为厂长负责制。1984 年 10 月中共十二届三中全会又强调了要实行厂长负责制。据此，先在北京、天津、上海、沈阳、大连、常州六个城市进行了厂长负责制试点。依据这些试点总结的经验，并且为了规范厂长负责制以及厂长与企业党组织和职代会之间的关系，1986 年 9 月，中共中央、国务院颁发了《全民所有制工业企业厂长工作条例》、《中国共产党全民所有制工业企业基层组织工作条例》和《全民所有制工业企业职工代表大会条例》。[①] 在这些条例的规范和推动下，厂长负责制在工业企业中迅速推开。

为了使厂长负责制取得更有力的法律保障，依据推行厂长负责制经验的进一步总结，1988 年 4 月七届全国人大一次会议通过的《中华人民共和国全民所有制工业企业法》，又对厂长负责制做了专门的规定。[②] 如果仅就国营企业内部制度的改革来说，实行厂长负责制，是这部工业企业法的灵魂。

这些条例和法律对厂长负责制以及企业基层党委和职工代表大会的职权做了明确规定。

---

① 《中国大中型企业改革与发展之路》下册，中共中央党校出版社 1993 年版，第 192~197 页。
② 《中国经济年鉴》（1989），经济管理出版社 1990 年版，第Ⅷ–15 页。

一、关于厂长负责制

厂长的产生和任期。其产生方式有两个：一是主管部门委任或者招聘；二是企业职工代表大会选举。政府主管部门委任或者招聘的厂长人选，须征求职工代表的意见；企业职工代表大会选举的厂长，须报主管部门批准。厂长实行任期制，每届任期 3~5 年，可以连任。

厂长的地位和职权。厂长是企业法定代表人。企业建立以厂长为首的生产经营管理系统。厂长在企业中处于中心地位，对企业的物质文明和精神文明建设负有全面责任。厂长依法领导企业的生产经营管理工作，行使下列职权：决定或者报请审查批准企业计划；决定企业行政机构设置；提请政府主管部门任免或者聘任、解聘副厂级行政领导干部；任免或者聘任、解聘企业中层行政领导干部；提出工资调整、奖金分配和福利基金使用的方案，以及重要的规章制度，提请职工代表大会审查同意或审议决定；奖惩职工，提请政府主管部门奖惩副厂级行政领导干部。

企业设立管理委员会。该委员会由企业各方面负责人和职工代表组成，厂长任主任，协助厂长决定企业的重大问题。

厂长的奖惩。厂长在领导企业完成计划、提高产品质量和服务质量、提高经济效益和加强精神文明建设等方面成绩显著，由政府主管部门给予奖励。厂长在工作中发生过错，也由主管部门依据情节轻重给予处分。[①]

二、关于党的企业基层组织

企业中党的基层委员会的主要任务：保证和监督党和国家各项方针、政策的贯彻实施；搞好企业的思想建设、组织建设，改进工作作风；支持厂长实现任期目标和生产经营的统一指挥，做好职工思想政治工作；加强对群众组织的思想政治领导，做好群众工作。

保证和监督的主要内容：企业生产经营的社会主义方向；企业职工能够充分享有民主权利；企业正确处理好国家、企业和职工三者之间的利益关系；企业遵纪守法，维护国家利益和企业的合法权益；企业和厂长正确执行党的方针、政策。

保证监督的主要方法：组织党员、干部学习党和国家的方针、政策、法律、法规，发挥党员的先锋模范作用；定期听取厂长的工作报告，提出意见和建议；加强纪律检查工作；健全党的组织生活制度，开展批评与自我批评；通过各种形式监督干部。

---

① 这里需要补充指出：1986 年 12 月国务院《关于深化企业改革增强企业活力的若干规定》对厂长的奖惩问题还做了具体规定："凡全面完成任期内年度责任目标的，经营者的个人收入可以高于职工平均收入的一至三倍。做出突出贡献的还可以再高一些。完不成年度责任目标的，应扣减厂长的个人收入。"载《中国经济年鉴》（1987），经济管理出版社 1988 年版，第 X–31 页。

三、关于职工和职工代表大会

职工有参加企业民主管理的权利；有享受劳动保护、劳动保险、休息、休假的权利；有对领导干部提出批评和控告的权利。

职工代表大会是企业实行民主管理的基本形式，是职工行使民主管理权力的机构。职工代表大会行使下列职权：听取和审议厂长关于企业的经营方针、长远规划、年度计划、基本建设方案、重大技术改造方案、职工培训计划、留用资金分配方案、承包和租赁经营责任制方案的报告；审查同意或者否决企业的工资调整方案、奖金分配方案、劳动保护措施、奖惩办法以及其他重要的规章制度；审议决定职工福利基金使用方案、职工住宅分配方案和其他有关职工生活福利的重大事项；评议、监督企业各级行政领导干部，提出奖惩和任免的建议；根据政府主管部门的决定选举厂长，报政府主管部门批准。

在这些条例和法律的推动下，厂长负责制在国营工业企业中以燎原之势迅速铺开。到 1987 年 12 月底，国营工业企业实行厂长负责制的已达 4.4 万家，占同类企业总数的 77%。1988 年底，全国有 95% 的国营工业企业实行了厂长负责制。根据 29 个省、自治区、直辖市和国务院 34 个部委对 2.76 万家已经实行厂长负责制的工业企业的统计分析，厂长能够较好地行使指挥权、决策权、用人权，党政工三者关系协调，企业工作有很大起色的占 40%；工作有起色，但效果一般的占 50%；问题较多，领导班子内部不团结的占 10%。[①] 可见，厂长负责制对我国经济发展起到了积极的推动作用。

显然，上述各项条例和法律仍然是以政企不分为前提的。因此，按照这些规定实行的厂长负责制，同现代企业制度所要求的法人治理结构还有重大差别。但这些条例和法律，相对于 1983 年国务院颁发的《国营工业企业暂行条例》规定的党委领导下的厂长负责制来说，仍不失为我国工业企业领导制度的重大变革。

第二节　改革企业内部的人事、劳动和工资制度

在计划经济体制下，在人事、劳动和工资制度方面，事实上逐步形成了干部任职终身制、职工就业终身制和分配方面的平均主义。这三方面的形象说法是"铁交椅"、"铁饭碗"和"大锅饭"。市场取向的改革，在人事、劳动和工资方面，就是要根本改变"铁交椅"、"铁饭碗"、"大锅饭"。

---

① 《中国经济体制改革十年》，经济管理出版社 1988 年版，第 236 页；《中国经济年鉴》(1989)，经济管理出版社 1990 年版，第Ⅲ-4 页。

一、人事制度的改革

这期间，人事制度的改革主要就是前面说过的由党委领导下的厂长负责制改为厂长负责制。除此以外，还开始进行了以下两项重要改革：

（1）实行公开招标选聘承包经营者。1987 年普遍推行承包经营责任制以后，就开始试行通过公开招标的方式，择优选聘承包经营者。1988 年，全国实行承包制的国营工业企业中，通过公开招标选聘承包经营者的约占 30%。[①] 有些地方还开始建立承包经营者市场。经验证明：通过公开招标选聘承包经营者，不仅有利于优化承包经营方案，而且有利于克服"铁交椅"的弊端，有利于经营者市场的形成，有利于企业家的成长。

（2）干部聘任制。这期间开始推行这项制度的范围，不仅包括企业主管部门对厂长的聘任，而且扩及厂长对副厂长、中层干部和技术人员的聘任。实行这种制度，要求有明确的聘任期内的目标责任制。聘任期满以后，依据完成目标责任的状况，决定是否续聘和奖惩。随着承包经营责任制和厂长负责制的实行，干部聘任制也在许多企业逐步开展起来。并且对"铁交椅"形成了强大冲击。

二、劳动制度的改革

1980 年以后，我国就开始了劳动制度的改革。到 20 世纪 80 年代中期，这项改革已经取得了很大进展。依据这项改革经验的总结，1986 年 7 月，国务院发布了关于劳动制度改革的四个规定。即《国营企业实行劳动合同制暂行规定》、《国营企业招收工人暂行规定》、《国营企业辞退违纪职工暂行规定》和《国营企业职工待业保险暂行规定》。[②] 1988 年 4 月七届全国人大一次会议通过的《中华人民共和国全民所有制工业企业法》，[③] 以及 1992 年 7 月国务院发布的《全民所有制工业企业转换经营机制条例》，[④] 对劳动制度改革问题做了进一步规定：

（1）企业享有劳动招工权。企业按照面向社会、公开招收、全面考核、择优录用的原则，自主决定招工。

（2）企业有权决定用工形式。企业可以实行合同化管理或者全员劳动合同制。企业可以与职工签订有固定期限、无固定期限或者以完成特定生产工作任务为期限的劳动合同。企业和职工按照劳动合同规定，享有权利和承担义务。

（3）企业有权在做好定员、定额的基础上，通过公开考评，择优上岗，实行合理劳动组合。对富余人员，企业可以采取发展第三产业、厂内转岗培训、提前退出岗位休养以及其他方式安置；政府有关部门可以通过厂际交流、职业介绍机构调剂等方式，

① 《中国大中型企业改革与发展之路》下册，中共中央党校出版社 1993 年版，第 64 页。
② 《中国大中型企业改革与发展之路》下册，中共中央党校出版社 1993 年版，第 188–192 页。
③ 《中国经济年鉴》（1989），经济管理出版社 1990 年版，第Ⅷ–15 页。
④ 《中国经济年鉴》（1993），经济管理出版社 1994 年版，第 595~601 页。

帮助其转换工作单位。富余人员也可以自谋职业。

（4）企业有权依照法律、法规和企业规章，解除劳动合同，辞退、开除职工。对被解除劳动合同、辞退和开除的职工，待业保险机构依法提供待业保险金，劳动部门应当提供再就业机会。

（5）待业保险基金的筹集和使用。职工待业保险基金的来源是：企业按照其全部职工标准工资总额的 1% 缴纳的待业保险基金；职工待业保险基金存入银行后，由银行按国家规定支付的利息；地方财政补贴。

职工待业保险基金的开支是：宣告破产的企业职工和濒临破产的企业在法定整顿期间被精减的职工，在待业期间的待业救济金、医疗费和救济费；上述两类企业的离休、退休职工或符合离休、退休条件的职工的离休、退休金；企业辞退的职工和终止、解除合同的工人，在待业期间的待业救济金和医疗补助费；待业职工的转岗训练费和生产自救费等。

上述各项规定推动了我国劳动制度的改革。

三、工资制度的改革

1979 年以后，我国就开始了工资制度的改革。但在 1985 年以前，主要还是伴随着扩大企业自主权，扩大了企业对奖金的分配权。此外，还有一些企业进行了两方面试点：一是工资总额与经济效益挂钩浮动；二是试行新的工资形式。但在 1985 年以后，随着以扩大企业自主权为特征的工业经济体制改革的进一步发展，特别是随着以实行承包制为重点的工业经济体制的扩展，工资制度改革也向前发展了。

为了贯彻中共十二届三中全会《关于经济体制改革的决定》的精神，国务院于 1985年 1 月发布了《关于国营企业工资改革问题的通知》，就国营企业工资改革一系列问题做了明确规定。[①] 1992 年 7 月国务院发布的《全民所有制工业企业转换经营机制条例》，又对工资改革问题做了进一步规定。[②]

从 1985 年起，在国营大中型工业企业中，实行职工工资总额同经济效益挂钩的制度。

（1）企业的工资总额依照政府规定的工资总额与经济效益挂钩的办法确定，企业在提取的工资总额内，有权自主使用、自主分配。

（2）要从实际出发，选择能够反映企业经济效益的指标，作为挂钩指标。工业企业一般可以实行工资总额与上缴利税挂钩，产品单一的企业可以同最终产品的销量挂钩。政策性亏损企业，可以按减亏幅度作为主要经济指标与工资总额挂钩。经营性亏损企业，在扭亏为盈以后，工资总额才可以随经济效益按比例浮动。

（3）企业工资总额与经济效益挂钩浮动的比例，一般上缴利税总额增长 1%，工资

---

①《中国大中型企业改革与发展之路》下册，中共中央党校出版社 1993 年版，第 171~172 页。
②《中国经济年鉴》（1993），经济管理出版社 1994 年版，第 595~601 页。

总额增长 0.3%~0.7%，某些特殊行业和地区，可以超过 0.7%，但最多不超过 1%。上缴利税下降时，工资总额要相应下浮。为了保证职工的基本生活，下浮工资总额可作适当限制。

（4）企业内部的工资改革，要贯彻按劳分配原则，体现奖勤罚懒、奖优罚劣，体现多劳多得、少劳少得，体现脑力劳动和体力劳动、简单劳动和复杂劳动、熟练劳动和非熟练劳动、繁重劳动和非繁重劳动之间的合理差别。至于具体工资分配形式，是实行计件工资还是计时工资，工资制度是实行等级制还是实行岗位（职务）工资制、结构工资制，是否建立津贴、补贴制度，以及浮动工资、浮动升级等，均由企业根据实际情况自行研究决定。但不论实行什么工资形式和工资制度，都必须同建立、健全以承包为主的多种形式的经济责任制结合起来，层层落实，明确每个岗位、每个职工的工作要求，使职工的劳动报酬与其劳动贡献挂起钩来。

至于国营小型工业企业，按照国家有关规定，继续实行全民所有、集体经营、照章纳税、自负盈亏的办法，在缴足国家税收、留足企业发展基金之后，由企业自主分配。

1988 年，在 40 多万家国营企业中，已有 80% 的企业在不同程度上推进了企业内部分配制度的改革。这些工资改革对提高经济效益起了有益的作用。据有关部门 1989 年的调查，实行工资总额与经济效益挂钩的企业的利税率，比没有实行挂钩的企业要高出 5 个多百分点，而工资增长率要低 1~2 个百分点。[①]

但是，上述企业内部的人事、劳动和工资改革，同承包经营责任制和厂长负责制一样，都是以政企不分为前提的，因而本身就存在很大局限性，而且在执行中也存在诸多问题。但它们毕竟是市场取向改革中的一个过渡环节，起到了有益作用。

第三节 加强企业经营管理

1976 年粉碎"四人帮"以后对企业进行的整顿，特别是 1979 年以后对企业进行的整顿，使国营工业企业面貌发生了很大变化。但是，由于计划经济体制还未根本改革，企业经营管理人员素质不高，以及以包（各种形式的承包经营责任制）代管（企业管理）倾向等多种因素的影响，企业经营管理落后的面貌并没有根本改变。其突出表现是许多企业产品质量差，物质消耗高，经济效益差。这种情况不适应市场取向改革的要求，也不适应社会主义现代化建设的要求。为此，1986 年 7 月国务院发布了《关于加强工业企业管理若干问题的决定》。[②]

（1）要把提高产品质量、降低物质消耗和提高经济效益，作为考核企业经营管理水

---

①《中国经济年鉴》（1989），经济管理出版社 1990 年版，第Ⅳ–48 页。
②《中国大中型企业改革与发展之路》下册，中共中央党校出版社 1993 年版，第 186~187 页。

平的主要指标。为此，提出国家特级企业、国家一级企业、国家二级企业和省（自治区、直辖市）级先进企业的主要标准。

国家特级企业的主要标准是：主要产品质量和物质消耗指标，达到国际先进水平，进入世界先进行列。国家一级企业的主要标准是：主要产品质量达到 20 世纪 70 年代末 80 年代初的国际先进水平，主要物质消耗指标达到 1985 年国内同行业先进水平。国家二级企业的主要标准是：有在国内同行业领先、适合市场需要的优质名牌产品，主要物质消耗指标达到 1985 年国内同行先进水平。省（自治区、直辖市）级先进企业的主要标准是：有在省内同行业领先、适合市场需要的优质名牌产品，主要物质消耗指标达到 1985 年省（自治区、直辖市）内同行业先进水平。

（2）为了实现上述目标，要积极推行和完善全面质量管理，建立质量保证体系；要认真搞好节约能源、降低物质消耗工作；要加强企业管理基础工作，加快企业管理现代化步伐；大力推进企业的技术进步，加快产品更新换代和技术改造；要加强财务管理，搞好经济核算；要改进和加强经营工作，从生产型转变为生产经营型；要认真抓好生产安全工作。

（3）为了加强企业的经营管理，要普遍推行厂长负责制，同时健全职工民主管理制度；要完善和发展企业内部的经济责任制，做到责权利相结合；要切实搞好职工培训，不断提高职工队伍素质；要加强劳动纪律，从严治厂；要加强和改进思想政治工作。同时，政府各级经济管理部门要贯彻政企分开原则，保证企业的正当权益，并从多方面为企业提高经营管理水平创造良好的外部环境。

上述各项加强企业经营管理规定的贯彻执行，使企业管理基础工作有所加强。许多企业抓了标准化、计量、定额、信息、规章制度、基础教育、班组建设七项管理建设并取得一定成效。据教育和劳动部门统计，1989 年培训的工人达 1830 万人，占工人总数的 24.5%；其中岗位和技术业务培训的职工分别为 490 万人和 1340 万人。在大中型企业中，各种定额已建立起来。据机电、冶金、化工、纺织等 11 个部门的不完全统计，已制定劳动、物资、资金、费用等各项劳动定额 20 多万项，定额覆盖面已占全部生产工人的 50%以上。在产品技术标准方面，据国家技术监督局统计，全国工业企业制定和修订的国家标准 2652 个，国家标准的累计数已达 1.6 万个，其中 70%达到 20 世纪 70 年代末 80 年代初的国际水平，部分已达当代世界先进水平；制定各行各业的专业标准更多，当年有 1257 个，累计数已达 5500 多个。计量工作也有发展，全国制定一级计量合格标准的企业有 150 个，累计数已达 734 个；制定二级计量合格标准的企业有 1800 个，累计数已达 12000 多个。这些企业的计量器具配备率、计量检测率都在90%以上。同时，一批管理基础好的大中型企业，结合技术进步，用现代化管理技术来改进传统的管理方式，创造了一些具有特色的管理方法。归纳起来大体有：企业整体优化法、专业系统控制法和生产现场规范管理法三大类。与此同时，各地区、各部门还抓了以"抓管理、上等级、全面提高素质"为主要内容的企业升级工作。1987~1990年通过企业自愿申请、地区和部门推荐，主管部门严格考核，审定了一级企业 133 家；

二级企业 4211 家，其中工业企业 3629 家，占二级企业的 86.2%，占预算内工业企业总数的 9.3%；省、自治区、直辖市审定的先进企业 18000 家。与升级前的 1985 年相比，45 个国家一级企业中 60% 的产品质量上了一个等级，利润、消耗和效益指标，大大优于同行业平均水平。其中百元资金利税率高出 3.28 倍，人均实现利税高出 5.8 倍，全员劳动生产率高出 3.96 倍。

以搞革新、攻难关、赛劳动、比贡献的合理化建议活动，在各地普遍展开。据全国总工会发布的公报，全国有 139 万职工提出各类合理化建议 1389 万件，其中被采纳的有 653 万件。在已实施的合理化建议中，能计算价值的有 176 万件，创造和节约的价值达 156 亿元。同时，全国有 371 万个基层单位开展了社会主义劳动竞赛，为国家多创经济效益 100 亿元。[①]

但是，企业经营管理改善状况很不理想。例如，1984~1992 年，国营独立核算工业企业资金利税率由 24.2% 下降到 9.71%；亏损企业亏损总额由 26.61 亿元增加到 369.27 亿元。[②] 当然，造成这种经济效益大幅度下降的原因是多方面的。举其要者有：由农产品和基础工业产品价格上扬、工资上升和贷款利息增长而导致的企业成本大幅上升，由乱收费、乱摊派、乱罚款而导致的企业收入的大量流失等。但上述经济效益下降状况也表明这期间企业经营管理水平并无显著提高。

但总的来说，1985~1992 年，国有工业改革得到了进一步发展，企业管理得到了进一步加强，并有很大的发展。1992 年，国有工业总产值增长到 17824.15 亿元，比 1984 年的 7030 亿元还是大大增长了。[③]

---

①《中国经济年鉴》(1990)，经济管理出版社 1991 年版，第 Ⅱ−18 页；《中国企业管理年鉴》(1991)，企业管理出版社 1992 年版，第 595 页。

②《中国统计年鉴》(1985)，中国统计出版社 1986 年版，第 375 页；《中国统计年鉴》(1993)，中国统计出版社 1994 年版，第 430、438 页。

③《中国统计年鉴》(1993)，中国统计出版社 1994 年版，第 409 页。

第三十七章　集体工业的改革与发展

第一节　城镇集体工业的改革与发展

一、城镇集体工业的改革

中共十一届三中全会以后，就开始纠正过去长期存在的根本否定集体所有制，用管理国营企业的办法管理集体企业的"左"的错误，并在把经营自主权归还给集体企业、改统负盈亏为自负盈亏等方面取得了重要进展。但由于各种因素的制约，这方面的正确政策并没得到有效的贯彻；而且，已经取得的改革成果并没有得到巩固，甚至有反复。其一，有些地方的城镇集体企业的主管部门将已归还企业的自主权又收回来。其二，20 世纪 50 年代建立起来的集体所有制实现形式的本身，也需要适应生产力发展的要求，并依据改革经验的总结来进行改革。其三，伴随国营经济改革的深入发展，集体经济的改革，也显得更迫切了。凡此种种情况表明，城镇集体工业的经济改革，仍然是这期间的一项重要任务。而且，这方面的改革仍然是这期间城镇集体工业发展的一个最重要动力。

为此，1984 年 10 月，轻工业部、中华全国手工业合作总社依据中共十二届三中全会《关于经济体制改革的决议》做出了《关于轻工业集体企业若干问题的暂行规定》。同年 11 月，国务院批转了这个规定。[①] 依据这些决议和规定，这期间在城镇集体工业方面进行了以下七项重要改革：

（1）进一步维护集体所有制，把集体企业应该享有的权利全部归还给企业。为此，1986 年 6 月，国务院就批转轻工业部、中华全国手工业合作总社《关于纠正平调二轻集体企事业资产问题的报告》并发出通知，要求保护集体经济的合法权益，禁止任何组织

---

① 《中国经济年鉴》（1985），经济管理出版社 1986 年版，第 X–27 页。

或个人用任何手段侵占或破坏集体财产。要求各地区各部门对本地区所发生的平调二轻集体企事业资产的问题，进行一次认真检查，并采取坚决措施加以纠正。①

（2）广泛推行以承包制为重点的多种形式的经营责任制。20世纪80年代初，各地城镇集体企业就开始实行多种形式的承包经营责任制。到1984年底，实行这种责任制的城市集体企业已经达到了总数的70%；到1985年底，又上升到85%。1987年国营企业普遍实行承包经营责任制以后，城市集体企业的承包经营责任制又得到了进一步发展，并借鉴国营企业实行公开竞争招标和抵押承包的经验，将竞争机制和风险机制引入承包制，进一步完善了这种责任制。

在城市集体企业普遍实行承包经营责任制的同时，有些小型集体企业也开始试行租赁经营责任制。1988年6月，国务院发布的《全民所有制小型工业企业租赁经营暂行条例》明确提出："集体所有制工业企业实行租赁经营的，可参照本条例执行。"② 在这个精神的指导下，租赁制在城市集体企业中得到了进一步发展和完善。

（3）开始推行股份合作制和股份制。如果说，推行以承包制为重点的多种形式经营责任制，还只是实行所有权和经营权分离的改革，那么，实行股份合作制则是一种根本的产权制度改革。因为股份合作制既有劳动的联合，又有资本的联合；收入分配也是根据劳动和资本这两种要素进行的。但这种制度在20世纪50年代中期我国手工业合作化过程中就已经产生了。后来，由于急于求成的"左"的错误，否定了这种适合我国社会生产力要求的、很有生命力的制度，代之以完全劳动联合并完全按劳分配的手工业生产合作社。然而，改革以后在有些城镇集体企业中试行的股份合作制，又不是完全重复过去的做法。例如，仅就资本入股来说，就不只是集体企业成员的个人资本，还有集体企业的资本（由集体企业自身积累而来），以及国家和联社的投资。

相对股份合作制来说，股份制更是一种根本性产权制度改革。因为这里只有资本的联合，而且股份制是公司制中发展最完善的形态。当然，这两种制度各有适用的条件和范围，具有各自的优越性和局限性。这期间，在城镇集体企业中也开始实行股份制。依据对34个省、自治区、直辖市和计划单列市的不完全统计，到1991年底，全国共有各种类型的股份制企业3220家，其中原来为城镇集体企业的就占到总数的63%。③

（4）在发展横向联合的基础上，组建企业集团。像国营企业一样，随着竞争的开展，城镇集体企业之间以及它与其他各种所有制企业之间的横向联合也发展起来了。在这个基础上，许多企业集团也组建起来。这期间组建起来的企业集团主要有以下四种形式：①由联合或兼并形成的专业化企业集团，如由32家企业联合建成的广东半球

①《改革开放十四年纪事》，中共中央党校出版社1993年，第593页。这里需要说明：我国轻工系统包括一轻系统和二轻系统，属于前者的是国营工业，属于后者的是集体工业。
②《中国经济年鉴》（1989），经济管理出版社1990年版，第Ⅷ-22页。
③《股份制企业组建和试点政策汇编》，企业管理出版社1992年版，第25~27页。

实业集团；②由多家企业参股形成的股份制企业集团，如由 150 多个入股成员组成的金狮集团股份有限公司；③由工贸结合形成的企业集团，如广州万宝电器集团公司；④以资产为纽带，集生产、经营和服务于一体的综合性企业集团，如浙江二轻企业集团。

（5）在对外开放方面也取得了重要进展。对外开放是经济改革的延伸和重要内容。改革开放以来，城镇集体企业（特别是东南沿海地区的城镇集体企业）在引进外国资金和技术、发展对外贸易以及举办"三来一补"、中外合资企业和中外合作企业等方面，发挥了越来越重要的作用。20 世纪 80 年代中期以后，随着全国对外开放事业的发展，这种作用就更为明显。到 1988 年，全国轻工系统累计利用外资总额已达 15.1 亿美元，占当年全国利用外资总额 102.26 亿美元的 14.7%。[①] 其中，1115 家中外合资和合作经营企业直接吸收外资 5 亿美元；引进技术、设备 2 亿美元；"三来一补"费用 3 亿美元；外国贷款 4.2 亿美元。

（6）推行厂长负责制。以上五方面的改革，主要是涉及城镇集体企业的外部改革。第六点是城镇集体企业的内部改革。20 世纪 80 年代初，在城镇集体企业中就开始进行厂长负责制改革试点。1984 年党中央、国务院决定在国营企业逐步推行厂长负责制以后，厂长负责制也在城镇集体企业中推行开来。到 1986 年底，辽宁省二轻系统已有 81% 的城镇集体企业实行了厂长负责制，其中部分企业还实行了厂长任期目标责任制。全国其他各省在这方面的情况也大体类似。

（7）实行职工退休费统筹。改革以前，城镇集体企业职工的退休费，都由各企业自己支付，但由于有些企业经营状况不佳和退休职工人数增加等原因而支付不了。为此，轻工业部依据国务院的精神在 1984 年和 1985 年两次发出关于轻工业集体企业实行退休费用统筹的规定，要求二轻系统集体企业退休费由企业自支逐步转向社会统筹。到 20 世纪 90 年代初，大体实现了这个转变过程，从而初步解决了城镇集体企业职工老有所养的问题。

以上各项改革都是初步的、不规范的、不巩固的。为了巩固和规范已有的改革，把改革进一步向前推进，同时也为了规范和加强城镇集体企业内部的管理，依据总结的改革经验，1991 年 9 月国务院发布了《城镇集体所有制企业条例》。

二、《城镇集体所有制企业条例》的主要内容[②]

城镇集体企业的性质。城镇集体所有制企业是财产属于劳动群众集体所有，实行共同劳动，在分配方式上以按劳分配为主体的社会主义经济组织。

集体企业应当遵循的原则：自愿组合、自筹资金，独立核算、自负盈亏，自主经营、民主管理，集体积累、自主支配，按劳分配、入股分红。

集体企业、职工代表大会和厂长（经理）在国家法律、法规的规定范围内享有的

---

① 《中国统计年鉴》（1993），中国统计出版社 1994 年版，第 647 页。
② 《中国经济年鉴》（1992），经济管理出版社 1993 年版，第 708~712 页。

权利（职权）如下：

（1）集体企业的权利是：对其全部财产享有占有、使用、收益和处分的权利，有权拒绝任何形式的平调；自主安排生产经营、服务活动；享有法定的定价、外贸、信贷和投资方面的权利；确定经济责任制形式、工资形式和奖金、分红办法的权利；决定机构设置、人员编制、劳动组织形式、用工办法以及录用、辞退和奖惩职工的权利等。

（2）职工代表大会的职权是：制定、修改集体企业章程；选举、罢免、聘用、解聘厂长（经理）、副厂长（副经理）；审议厂长（经理）提交的议案，决定企业重大的经营管理问题；审议并决定企业职工工资形式、工资调整方案、奖金和分红方案、职工住宅分配方案以及职工奖惩办法等。

（3）厂长（经理）的职权是：领导企业日常生产经营和行政工作；主持编制并向职工代表大会提出企业的中长期发展规划、年度生产经营计划和固定资产投资方案，以及机构设置方案和劳动组织的调整方案；任免或者聘任、解聘企业中层行政领导干部；提出企业年度财务预算、决算方案和利润分配方案，以及经济责任制方案、工资调整方案、劳动保护措施方案和奖惩办法等。

集体企业和厂长（经理）也要按照国家的法律、法规的规定承担相应的义务（职责）。

集体企业的财产管理。集体企业的公共积累，归本企业劳动群众集体所有；集体企业中的联合经济组织的投资，归该组织内的劳动群众集体所有；职工股金，为职工个人所有；集体企业以外的单位和个人投资，归投资者所有。

集体企业的收益分配。集体企业的税后利润，由企业依法自主支配，按规定确定公积金、公益金、劳动分红和股金分红的比例；企业职工劳动报酬必须坚持按劳分配原则；股金分红要同企业盈亏相结合。企业盈利，按股分红，企业亏损，不得分红；企业必须提取职工养老、待业等保险基金。

显然，这个条例还很不成熟，甚至还有许多计划经济体制的色彩。但在当时起到了巩固和促进城镇集体企业改革的作用，加强了企业管理，并因此推进了城镇集体企业生产的发展。

三、城镇集体工业的发展

这期间的改革和发展措施促进了城镇集体工业生产的发展。1984~1992 年，城镇集体工业产值由 1017.74 亿元增加到 2777.21 亿元；平均每年增长 8%；但其增速低于其他所有制工业，因而占全国工业总产值比重由 13.5% 下降到 7.5%。[①]

这些数字表明，这期间城镇集体工业仍然得到了较快的发展。但是，相对城镇集体工业 1979~1984 年的增长速度来说，速度还是下降了。这主要是由于城镇集体企业受计划经济体制的影响比乡镇集体企业要深得多；而这期间对城镇集体企业推行的以

①《中国统计年鉴》（1993），中国统计出版社 1994 年版，第 396、412、413、443 页。

承包制为重点的经营责任制，像国营企业一样，在增强企业活力方面也呈现出乏力状态。

第二节 乡镇集体工业的改革与发展

一、乡镇集体工业的改革

中共十一届三中全会以后，乡镇集体工业在改革方面取得了显著成效。但在这方面，乡镇集体工业也存在本章第一节叙述过的城镇集体工业的情况，还有深化改革的任务。

这期间，乡镇集体工业改革的主要要求是："进一步完善适应社会主义有计划商品经济发展的乡镇企业运行机制，如市场导向的经营机制、自负盈亏的风险机制、优胜劣汰的竞争机制、多劳多得的分配机制、合同聘用的劳动机制、外引内育的人才机制、自我积累的发展机制、自我监督的约束机制等，使乡镇企业进一步适应外部环境和市场变化，不断增强企业活力。"[1]

其主要内容是：在巩固和发展集体所有制的前提下，建立和完善以承包制为重点的多种形式的经营责任制，以及建立和完善以厂长负责制为重点的企业内部制度改革；同时，试行了股份合作制、股份制，以及在发展横向经济联合的基础上组建了企业集团。到1988年，乡镇集体工业企业普遍推行了承包经营责任制。第一轮承包到期后，1990年底，又有95%的乡镇集体工业企业开始了第二轮承包。在这个过程中，逐步实行了公开招标确定承包人，实行风险抵押承包，合理确定承包指标体系和承包期；在普遍实行厂长负责制的基础上，把承包制与厂长目标责任制结合起来；又通过把承包指标层层分解，把承包制与企业内部的各种经济责任制结合起来。这样，就初步把竞争机制、风险机制、约束机制和激励机制纳入了承包制和厂长负责制，使它们逐步趋于完善。

二、乡镇集体工业的发展

这期间乡镇集体工业的发展，除了主要依靠深化改革以外，还有以下三个重要因素：[2]

（一）调整产业结构和地区布局

这期间在这些方面的主要要求是：在产业结构方面，乡镇工业企业要因地制宜，

---

[1]《国务院批转农业部关于促进乡镇企业持续健康发展报告的通知》（1992年3月18日），《中国经济年鉴》（1993），经济管理出版社，第625页。

[2]《国务院批转农业部关于促进乡镇企业持续健康发展报告的通知》（1992年3月18日），《中国经济年鉴》（1993），经济管理出版社，第623~626页。

积极开发利用当地资源，大力发展农副产品加工业、原材料工业、建材工业和农用工业；在合理开发资源的前提下发展采矿业；根据条件和市场需求，积极发展大工业配套服务、出口创汇、劳动密集型产品和生活必需品，特别是要大力发展出口创汇产业。在地区布局方面，沿海地区和有条件的地区要立足于现有企业的技术改造，在提高中发展；中部地区要发挥当地的资源优势，搞好综合开发，实行发展与提高并重；西部和起步较晚的地区，要根据自己的特点，坚持以经济开发为主的方针，加快发展，并在发展中提高。

　　这期间在上述各方面都取得显著进展。在调整产业结构方面，尤其是 1988 年下半年开始经济调整后的一段时间内表现尤为明显。1989 年，乡镇工业企业关闭 2.51 万家，减少职工 51.96 万人，减少产值 39.55 亿元。其中，国家产业政策限制的工业行业，关闭企业数、减少职工数、减少产值分别占总数的 70.7%、71.7%、77.1%；停产 4.55 万家，减少职工 63.37 万人，减少产值 55.51 亿元，其中，国家产业政策限制的行业，关闭企业数、减少职工数、减少产值分别占总数的 36.5%、76.5%、76%。在这些关停的企业中，由于产业调整的占 12.1%，原料短缺的占 10.9%，耗能高的占 2.6%，环境污染的占 1.2%，资金短缺的占 25%，管理不善的占 16.6%。[①] 这些数字表明，这些关停的企业，大部分都与经济调整直接或间接相联系。

　　这期间乡镇工业企业在发展创汇产业方面也取得了突出的进展。改革以前，农产品的加工品虽然在出口商品中占有很大的份额，但多与当时的社队工业企业无缘。但到 1992 年，乡镇企业出口交货总额（主要是工业品）达到 1192.7 亿元，约占全国外贸出口商品收购总额的 1/4 以上，约占乡镇工业总产值的 9%。[②]

　　这期间在地区布局方面，尽管东部和中部、西部三个地区在乡镇工业发展水平上还存在较大的差距，但这三个地区的乡镇工业都有很大的发展。到 1991 年，全国乡镇企业总产值为 11613.5 亿元，占社会总产值的 26.51%，占农村社会总产值的 61.11%，平均每个职工全年劳动生产率为 9613.6 元。其中，东部地区这四项的数字分别为 7631.2 亿元、30.56%、69.62%、16192 元；中部地区这四项的数字分别为 3500.7 亿元、24.17%、55.10%、8624 元；西部地区这四项的数字分别为 481.6 亿元、11.16%、28.50%、5722 元。[③] 当然，这些数字同时表明：调整乡镇企业布局还是一个长期的任务。

（二）提高企业素质

　　改革以来，乡镇工业虽然有了很大的发展，但从总体上说，技术水平、管理水平和职工文化水平低仍然是制约乡镇工业发展的重要因素。因此，从技术、管理和职工

　　①《中国经济年鉴》（1990），经济管理出版社 1991 年版，第Ⅲ-13 页。
　　②《中国经济年鉴》（1993），经济管理出版社 1994 年版，第 123 页；《中国统计年鉴》（1993），中国统计出版社 1994 年版，第 397、633 页。
　　③《中国乡镇企业》，1993 年第 5 期。说明：东部地区包括北京、天津、河北、辽宁、上海、江苏、浙江、福建、山东和广东；中部地区包括山西、吉林、黑龙江、安徽、江西、河南、湖北、湖南、四川和陕西；西部地区包括内蒙古、广西、海南、贵州、云南、西藏、甘肃、青海、宁夏和新疆。

等方面提高企业素质，仍然是发展乡镇工业的迫切要求。这期间在这些方面也有很大的提高。到 1990 年，在乡镇集体企业中，共有 117 家获"国家二级企业"称号，1893 家获"省级先进企业"称号，3057 家获"地市级先进企业"称号，5696 家获"县级先进企业"称号；600 多家被批准为"国家出口基地企业"。企业升级工作带动了企业的管理、职工培训和技术进步。到 1992 年，乡镇集体企业职工中具有初中以上文化水平的约占职工总数的 70%；工程技术人员 187.1 万人，占职工总数的 3.7%；平均每个乡镇集体企业职工占有固定资产原值从 1984 年的 1200 多元提高到 6603 元。[①]

（三）政府的支持

政府依据我国经济改革与发展的需要和乡镇企业的情况，确定了对乡镇集体企业实行积极扶持、合理规划、正确引导、加强管理的方针。根据国家的产业政策和行业发展规划，对企业的发展方向进行指导和监督；对企业开展技术指导、人才培训和经济、技术服务；指导、帮助和监督企业开展劳动保护、环境保护等工作。为符合国家产业政策、经济和社会效益好的企业，在能源、原材料、资金、运输以及培训、招用专业技术人才和引进先进技术等方面创造条件。这些都是促进这期间乡镇集体工业发展的重要因素。

为了巩固和规范乡镇集体工业的改革和发展，1990 年 7 月，国务院发布了《乡村集体所有制企业条例》；1992 年 3 月，国务院又批转了农业部《关于促进乡镇企业持续健康发展的报告》。[②]这两个重要文件，对包括工业在内的乡镇集体企业的改革和发展的基本问题做了明确规定。

三、《乡村集体所有制企业条例》的主要内容

（1）乡镇集体企业的性质和国家的政策。乡村集体所有制企业是我国社会主义公有制经济的组成部分。乡村集体所有制企业实行自主经营，独立核算，自负盈亏。

（2）国家保护乡村集体所有制企业的合法权益，禁止任何组织和个人侵犯其财产。国家对集体所有制企业实行积极扶持、合理规划、正确引导、加强管理的方针。

（3）乡村集体企业的所有者和经营者。企业财产属于举办该企业的乡或村范围内的全体农民集体所有，由乡或村的农民大会（农民代表会议）或者代表全体农民的集体经济组织行使企业财产的所有权。企业实行承包、租赁制或者与其他所有制企业联营的，企业财产的所有权不变。企业所有者依法决定企业的经营方向、经营形式和厂长（经理）人选。实行承包或租赁制的企业，企业所有者应当采取公开招标、招聘和推荐等方式确定经营者。

---

①《中国经济年鉴》（1991），经济管理出版社 1992 年版，第Ⅱ–12、Ⅲ–12 页；《中国经济年鉴》（1993），经济管理出版社 1992 年版，第 123~124 页。

②《中国经济年鉴》（1991），经济管理出版社 1992 年版，第Ⅵ–18–20 页；《中国经济年鉴》（1993），经济管理出版社，第 623–626 页。说明：后一个文件的主要内容，我们在本节第一、第二部分已经涉及，在第三部分是叙述前一个文件的主要内容。

（4）企业经营者是企业的厂长（经理）。企业实行厂长负责制，厂长（经理）对企业全面负责，代表企业行使职权。

（5）乡村集体企业的管理。企业职工（或职工代表大会）有参加企业民主管理，对厂长（经理）和其他管理人员提出批评和控告的权利。

（6）企业招用职工应当依法签订劳动合同，实行灵活的用工形式。企业对职工实行按劳分配的原则。有条件的企业，应当参照国家有关规定实行职工社会保险。

（7）企业税后利润，留给企业的部分不应低于60%，由企业自主安排，主要用作增加生产发展基金，进行技术改造和扩大再生产，适当增加福利基金和奖励基金。企业税后利润交给企业所有者的部分，主要用于扶持农业基本建设、农业技术服务、农村公益事业、企业更新改造或者发展新企业。

这一条例虽然还有许多不完善之处，但在当时，对促进包括工业在内的乡镇集体企业的生产和发展起到了积极作用。

同这期间整个国民经济发展进程（详见本篇第六章）相联系，乡镇集体工业的发展也经历了三个阶段。一是1985~1988年的高速发展，二是1989~1991年的治理整顿，三是1992年的高速增长。但总体来说，这期间乡镇集体企业处于高速增长阶段。1984~1992年，乡镇集体工业产值由1245.35亿元增加到11323.98亿元，占全国工业产值的比重由16.3%上升到30.6%。1985~1992年，乡镇集体工业产值平均每年增长25.5%，不仅显著超过1979~1984年的增长速度，而且大大超过了1985~1992年全国工业的增长速度（16.1%），更是远远超过了这期间城镇集体工业的增长速度，充分显示了乡镇企业异军突起的风貌。[①]

然而，乡镇企业素质差（包括管理、职工和技术等方面）、结构不合理和污染环境重等问题仍有待解决。

①《中国统计年鉴》（1993），中国统计出版社1994年版，第396、412、413、443页。

第三十八章　非公有制工业的进一步发展

第一节　个体工业的发展

1984 年 10 月召开的中共十二届三中全会提出："坚持多种经济形式和经营方式的共同发展，是我们长期的方针。""当前要注意为城市和乡镇集体经济和个体经济的发展扫除障碍，创造条件，并给予法律保护。特别是在以劳务为主和适宜分散经营的经济活动中，个体经济应该大力发展。"[①] 在这个精神的鼓舞下，再加上在 1985 年全国经济高速增长的形势下，当年个体工业获得了飞速的发展。1985 年个体工业产值由 1984 年的 14.81 亿元增长到 179.75 亿元，增长了 12.1 倍。

在这种情况下，个体工业发展中的各种问题也突出起来。除了继续存在的阻碍城乡个体工业顺利发展的"左"的思想和乱收费以外，这些问题主要有：

（1）部分个体工业户生产经营中的违章违法活动。包括偷工减料，以次充好，短尺少秤，掺杂使假；生产经营有害健康的食品、假冒伪劣产品、毒品以及反动、荒诞、海淫海盗的文化产品等。

（2）由于一部分个体工业户偷税漏税或税收征管不严以及其他因素的作用，使得一部分个体工业户收入过高。据 1986 年上半年对北京、上海、浙江、福建、沈阳、武汉、重庆等 12 个省市 5 万多城乡个体工商户的抽样调查，1985 年人均年收入为 3063 元，约高于工薪人员收入（包括工资、劳动保险和福利等）的 1 倍。其中，年收入在 1500 元以下的占 48.9%，1500~3000 元的占 20%，3000~5000 元的占 18.3%，5000~10000 元的占 7.1%，10000 元以上的占 5.7%。[②] 个体工业户缺乏医疗、住房和劳保福利，有自己的投资，承担一定风险，部分人的劳动强度大、劳动时间长，因而收入应

[①]《中共中央关于经济体制改革的决定》，人民出版社 1984 年版，第 33 页。
[②]《中国经济年鉴》(1987)，经济管理出版社 1988 年版，第 V-50 页。

该高一些。但其中确有一部分人采取了偷税漏税等非法手段实现高收入。

（3）对个体工业户的管理法规不健全，工商行政管理部门人员少，部分人素质差。工商行政管理部门和税务、银行、城建、物价、劳动、卫生、公安、交通、商业等部门，都对个体工业户实行管理，很不协调，甚至抵消了管理力量。这些都造成了对个体工业户的管理力度很不够。

为了解决这些问题，这期间政府采取了以下重要措施：

（1）为了加强对个体工商户的监督、管理，保护其合法权益，1987 年 8 月国务院发布了《城乡个体工商户管理条例》，[①]对个体工商户的一系列生产经营问题进一步做了明确规定。

个体工商户的合法权益受国家法律保护，任何单位和个人不得侵害。除有法律和政策规定的以外，任何单位和个人不得向个体工商户收取费用。

个体工商户可以在国家法律和政策允许的范围内，经营工业、手工业、建筑业、交通运输业、商业、饮食业、服务业和修理业等。

个体工商户，可以个人经营，也可以家庭经营。个人经营的，以个人全部财产承担民事责任；家庭经营的，以家庭全部财产承担民事责任。

个体工商户可以根据经营情况请一两个帮手；有技术的个体工商户可以带三五个学徒。请帮手、带学徒应当签订书面合同，约定双方的权利和义务，规定劳动报酬、劳动保护、福利待遇、合同期限等。

个体工商户生产经营所需场地以及原材料、燃料和货源等，经政府批准的要统筹安排，由国营批发单位供货的要合理安排，不得歧视。个体工商户可以凭营业执照在银行或其他金融机构开立账户，申请贷款。

个体工商户应当遵守国家法律和政策的规定，自觉维护市场秩序，遵守职业道德，正当经营，不得从事违法活动。

个体工商户应当按照税务机关的规定纳税，不得漏税、偷税、抗税。为了加强对个体工商户税收的征管工作，1986 年 1 月国务院发布了《城乡个体工商户所得税暂行条例》，规定：城乡个体工商户按照十级超额累进所得税税率缴纳所得税，累进税率范围为 7%~60%。[②]

（2）为了强化国家对个体工商户的管理，这期间对个体工商户进行了整顿。特别是 1989 年下半年至 1990 年上半年的治理整顿，取得了比较明显的成效。依据 14 个省市的不完全统计，这次整顿共查处违法违章行为 46.6 万多起，查处非法经营重要生产资料和耐用消费品的有 1.7 万多户，强买强卖、欺行霸市、哄抬物价的有 13000 多户，责令停业整顿的有 8000 多户，吊销营业执照的有 4500 多户，触犯刑律移交司法机关惩处的有 495 人。在治理整顿中，还在个体工商户中进行了法制教育和职业道德教育，

①《中国经济年鉴》（1988），经济管理出版社 1989 年版，第Ⅸ–72~74 页。
②《中国经济年鉴》（1987），经济管理出版社 1988 年版，第Ⅹ–49 页。

促进了守法经营。1990 年，个体工商户违法违章率比 1989 年下降了 20%。^①

（3）为了加强个体工商户的自律，1986 年 12 月，经国家经委批准，成立了中国个体劳动者协会。在这次成立会上，通过了《中国个体劳动者协会章程》，选举了第一届理事会会长和副会长，还表彰了 500 多名先进的个体工商户。^② 这对加强个体工商户的自律，产生了深远的影响。

经过上述各项工作，这期间个体工业进入了快速发展阶段。1984~1992 年，个体工业产值由 14.81 亿元增长到 2006.00 亿元，占全国工业总产值的比重由 0.19% 上升到 5.8%。1985~1992 年，个体工业平均每年增长 45.7%。当然，这期间个体工业适应整个国民经济调整的需要，各年的经济增长速度也有波动。例如，1988 年开始经济调整以后，这年城乡个体工业产值增长速度就由 1987 年的 56.59% 下降到 47.34%，1989 年、1990 年分别进一步下降到 23.7%、21.11%。但即使 21.11% 仍是很高的增长速度。

第二节　私营工业的初步发展

实践证明，在我国社会主义初级阶段，具有资本主义性质的私营工业在一定范围内存在和发展，是适应社会生产力发展要求的。但 1955 年下半年掀起的对生产资料私有制进行社会主义改造的高潮，在取得伟大成就的同时，也存在改造速度过快、改造范围过宽的严重缺陷，使得包括私营工业在内的生产资料私有制在 1956 年上半年就基本改造成为社会主义公有制。1958 年开始的"大跃进"和 1966 年开始的"文化大革命"，又进一步把残存的资本主义私有制扫荡无遗。

1978 年底召开的中共十一届三中全会，实现了从以"阶级斗争为纲"到以社会主义经济建设为中心的根本转变，并开始实行旨在解放和发展生产力的改革开放政策。在这种政治、经济形势下，适应社会生产力发展要求的私营工业就应运而生。而且，改革以来，个体经济的发展，也必然会在一定范围内导致私营工业的再生。事实也正是这样。但这时私营企业还未取得合法地位，都是存在于个体经济和集体企业的名义下。据有关单位估算，经过 20 世纪 80 年代初（特别是 1984 年）以来的发展，到 1987 年底，存在于个体经济和集体企业名义下的私营企业总数全国已经达到 22.5 万家，从业人员总数为 360 万人。^③ 事实证明，在坚持以社会主义公有制为主体的前提下，发展包括私营工业在内的非公有制经济，对于充分利用社会生产资源，增加生产、市场供应、财政税收和出口创汇，扩大就业、丰富人民生活，乃至促进社会主义市场经济的

---

①《中国经济年鉴》(1991)，经济管理出版社 1992 年版，第Ⅲ-270 页。
②《中国经济年鉴》(1987)，经济管理出版社 1988 年版，第Ⅴ-50 页。
③《中国经济年鉴》(1988)，经济管理出版社 1989 年版，第Ⅺ-157~158 页。

形成，都有积极作用。当然，也有负面影响。但这不是主要的，而且是可以限制的。总之，经济改革和经济发展提出迫切要求：进一步解放思想，从根本上清除长期以来存在的根本否定私营经济在我国社会主义初级阶段的地位和作用的"左"的思想，给私营经济应有的合法地位。

　　为适应这一客观要求，1987年10月召开的中共十三大报告中首次明确提出：私营经济是存在雇佣劳动关系的经济成分。但在社会主义条件下，私营经济一定程度上的发展，是公有制经济必要的和有益的补充。必须尽快制定有关私营经济的政策和法律，保护它们的合法利益，加强对它们的引导、监督和管理。①

　　这个建议为1988年4月召开的七届全国人大一次会议所接受，并在通过的《宪法修正案》中做了相应的规定。宪法规定：国家允许私营经济在法律规定的范围内存在和发展。国家保护私营经济的合法权利和利益，对私营经济实行引导、监督和管理。② 从此，私营经济在我国社会主义初级阶段的法律地位，就在作为根本大法的《宪法》中被确定下来。

　　但当时私营经济还有许多重要问题有待解决。诸如对私营企业权益的保护，对私营企业违章、违法经营的管理，对私营企业税赋的处理等，都需要法规给予解决。为此，国务院于1988年6月发布了《私营企业暂行条例》、《私营企业所得税暂行条例》和《关于征收私营企业投资者个人收入调节税的规定》。③

　　按照《私营企业暂行条例》，私营企业是指企业资产属于私人所有、雇工8人以上的营利性的经济组织。私营经济是社会主义公有制经济的补充。国家保护私营企业的合法权益。私营企业必须在国家法律法规和政策规定的范围内从事经营活动。《私营企业暂行条例》对私营企业的种类、开办和关闭、权利和义务、劳动管理、财务和税收、监督和处罚等方面的重要问题做了明确规定。

　　按照上述的税收条例规定，私营企业所得税依照35%的比例税率计算征收；其税后利润用于生产发展基金的部分，免征个人收入调节税。相对当时个体经济的税收来说，这些税收政策是比较优惠的。

　　这些法律法规对私营企业在社会主义初级阶段地位和作用的估计，虽然没有达到1997年召开的中共十五大那样的高度，但在当时的条件下，这些法律法规的制定和贯彻执行，就在形成必要的法律环境、消除对私营企业的歧视和私营企业主本身的顾虑，确认私营企业应有的生产经营权利（包括与外资企业合资经营、合作经营和承揽来料加工、来样加工、来件装配、从事补偿贸易的权利），以及提供比较优惠的税收政策等方面，为私营经济的发展创造了有利条件，从而促进了私营经济的发展。

　　但在1989年夏季以后的一段时间内，私营经济的发展又有所减缓。后来，特别是

---

①《中国共产党第十三次全国代表大会文件汇编》，人民出版社1987年版，第32页。
②《中华人民共和国第七届全国人民代表大会第一次会议文件汇编》，人民出版社1988年版，第119页。
③《中国经济年鉴》(1989)，经济管理出版社1990年版，第Ⅷ–6~8、25~26页。

在 1992 年初邓小平发表南方谈话以后，又为私营经济的发展创造了良好的舆论氛围。所以，总体来说，1984 年以来，私营经济得到了比较快的发展。当然，还只是初步发展。这种发展的重要特征如下：

（1）发展很快，在全国工业总产值中已占一定的比重。改革以后私营工业的发展是从零起步的。但到 1992 年，私营工业产值已达到 189 亿元，占全国工业总产值的 0.6%。[①] 此外，还有大量的私营工业是以个体工业和集体工业的名义存在的。

（2）私营工业企业以独资企业和合伙企业为主，但有限责任公司的发展很快，比重上升。1991 年，在私营工业中，独资企业、合伙企业和有限责任公司分别占总户数的 56.8%、40.5% 和 2.7%。但 1992 年，有限责任公司户数上升到 17673 户，比 1991 年增加了 165%，其速度远远超过了独资企业和合伙企业，比重也显著上升。

（3）私营工业企业以小型为主，但规模在扩大。户均注册资金，1991 年仅为 9.7 万元，1992 年增加到 15.8 万元，上升了 62.9%。

（4）科技型和出口创汇型私营企业迅速增长。1992 年，私营科技型企业增长到 2348 户，比 1991 年增加了 151%；出口创汇型企业达到 2230 户，比 1991 年增加了 78%；创汇金额折合人民币 9.6 亿元，比 1991 年增长 77%。另据不完全统计，全国约有 600 多家私营企业与外商举办合资企业和合作经营企业。还有一部分私营企业到境外投资办企业。[②]

（5）私营工业企业在改革后开始发展时主要分布在农村和东部地区，但后来城市和中西部地区的私营工业企业的发展速度在加快，比重在上升。1991 年，在私营企业的户数、从业人员和注册资金的总数中，农村分别占 58%、63% 和 49%，城市分别占 42%、37% 和 51%。但 1992 年农村这三个指标仅分别增长了 18%、16% 和 41%，而城市分别增长了 46%、44% 和 117%。因此，1992 年，在私营企业的户数、从业人员和注册资金的总数中，农村占的比重分别下降到 53%、58% 和 38%，城市占的比重分别上升到 47%、42% 和 62%。[③] 改革开始以后，私营工业主要分布在东部地区，中部、西部地区不多。后来，虽然中部、西部地区在发展私营工业方面的速度加快，但直到 20 世纪 90 年代初都变化不大。1992 年，在全国私营工业企业户数和注册资金的总数中，东部地区分别占 68.5% 和 76.9%，中部地区仅占 20.2% 和 14.6%，西部地区更少，只占 11.3% 和 8.5%。[④]

尽管这期间私营工业获得了迅速发展，但在这方面也还存在众多问题。如"左"的影响还存在，对私营企业仍有歧视，私营企业主也有顾虑；私营企业在融资等方面

①《中国工业经济统计年鉴》（1993），中国统计出版社 1994 年版，第 35 页；《中国工业发展报告》（1997），经济管理出版社 1994 年版，第 302 页。

②《中国经济年鉴》（1993），经济管理出版社，第 841 页。

③《中国经济年鉴》（1993），经济管理出版社，第 841 页。这里说的私营企业不只包括私营工业企业，还包括其他的私营企业。

④《中国工业发展报告》（1996），经济管理出版社，第 297 页。

还有困难，私营企业本身有消极因素，再加上部分私营企业主素质差，违章违法经营时有发生，劳资关系问题也不少；管理法规不配套，多部门管理的不协调，工商行政管理部门人员少，其中部分人员素质不高，从而造成管理不力，乱收费、乱摊派、乱罚款等对私营企业也有影响。

第三节　外商投资企业的进一步发展

"三资"工业企业在 1979~1984 年初步发展的基础上，1985~1992 年得到了进一步的发展。为了促进这期间"三资"企业的发展，政府进一步采取了一系列政策措施。

（1）进一步建立和健全涉外立法。这期间先后颁布的重要法律和法规有：《中华人民共和国外资企业法》（1986 年）、《中华人民共和国中外合作经营企业法》（1988 年）、《中华人民共和国中外合资经营企业法》（根据 1990 年 4 月 4 日中共第七届全国人民代表大会第三次会议关于修改《中华人民共和国中外合资经营企业法的决定》修正），以及《国务院关于鼓励外商投资的规定》（1986 年）、《国务院关于鼓励台湾同胞投资的规定》（1988 年）和《国务院关于鼓励华侨和港澳同胞投资的规定》（1990 年）。这些法律和法规不仅涵盖了全部"三资"企业，而且囊括了外国商人和中国香港、中国澳门、中国台湾地区商人的投资，同时放宽了政策。例如，1990 年新修订的《中华人民共和国中外合资经营企业法》明确规定：对合资企业不实行国有化；外方也可以担任合资企业董事长；合资企业可以规定合营期限，也可以不规定合营期限等。[①]

（2）进一步扩大开放地区。1985 年 2 月，国务院决定将长江三角洲、珠江三角洲和闽南厦门、漳州、泉州三角地区开辟为沿海经济开放区。1988 年上半年，又先后设立了山东半岛和辽东半岛经济开放区，以及全国最大的经济特区——海南省经济特区。1990 年 6 月，又决定开发和开放上海浦东。这对全国改革开放是一件具有重要意义的事件。1992 年以来，在这方面又采取了更大步骤：①实行沿边开放，将黑河、绥芬河、满洲里、珲春、凭祥、东兴镇、河口县、畹町、瑞丽、伊宁、塔城、博乐、二连浩特开辟为边境开放城市；②进一步对内陆省市扩大开放，将重庆、岳阳、武汉、九江和芜湖五个沿长江城市，哈尔滨、长春、呼和浩特和石家庄四个边境、沿海地区省会（首府）城市，太原、合肥、南昌、郑州、长沙、成都、贵阳、西安、兰州、西宁和银川 11 个内陆地区省会（首府），实行沿海开放城市政策。这样，我国对外开放就形成了经济特区—沿海开放城市—沿海经济开放区—内地开放城市这样一个包括不同开放层次、具有不同开放功能的梯度推进格局。

（3）进一步拓宽外商投资领域。改革以来，外商在华投资遍及第一、第二、第三产

---

① 《中国经济年鉴》（1991），经济管理出版社 1992 年版，第 VI-32~33 页。

业，但以第二产业中的轻工业居多。这同政府对外商投资领域实行的鼓励、限制和禁止政策是相关的。当然，这项政策还需要坚持下去。但有些项目长期放在禁止之列，不利于经济发展，为此，1992年政府放宽了对投资领域的限制。过去被列为禁止的商业、外贸、金融、保险、航空、律师、会计等，允许开展试点投资；过去限制投资的土地开发、房地产、宾馆、饭店、信息咨询等逐步放开。

（4）进一步开放国内市场。改革以来，对外商投资企业的内销控制很严，致使外国大的跨国公司投资大型生产项目受阻。1992年以后，强调以市场换技术，允许有些符合条件的项目以内销为主，甚至全部内销。这些项目主要有高技术项目；能替代进口的项目，大多是原材料工业；大型生产性项目。至于那些国内已具备生产能力、技术又不先进的一般产品，不在开放市场之列。

（5）进一步扩大税收减免。改革以来，就对外商投资企业实行税收减免政策。但优惠有限。其表现是：①合营企业所得税率一般是33%，其优惠是1年免征所得税，2年减半；②工商统一税没有减免；③外商作为投资进口的机器设备还要缴关税。1991年以后，进一步扩大税收减免：①外商投资企业的所得税率一律为33%，但设在经济特区的外商投资企业和设在经济技术开放区的外商生产性投资企业减按15%的税率征收企业所得税，对于外商生产性投资企业，经营期在10年以上的，从开始获利的年度起，第一年、第二年免征企业所得税，第三年、第四年、第五年减半征收企业所得税；②外商作为投资进口的机器设备和物料免征关税；③对外商投资企业的工商统一税也实行了一些减税优惠。

（6）实现外汇平衡的措施。政府为解决外商投资企业的外汇平衡问题，1988年成立了全国和省市外汇调剂中心，外商投资企业可以在该中心按外汇调剂价调剂外汇余缺。

（7）发展股份制外商投资企业。为适应国际惯例和扩大开放的需要，1992年，政府开始扩大试行股份制外商投资企业，上海、深圳批准举办约20家中外双方投资的股份有限公司，并批准一些企业通过发行B股股票来筹集资金。

（8）成立外商投资企业协会。为沟通政府和外商投资企业之间的信息，1987年全国成立了外商投资企业协会，并在44个省、自治区、直辖市和计划单列市成立了分会。

此外，这期间还在下放吸引外资审批权限和简化审批手续以及加强基础设施等方面进一步改善了外商投资环境。

上述各项政策措施大大促进了这期间包括工业在内的"三资"企业的发展。1985~1992年，合资经营企业总计达到57979家，合同金额为443.79亿美元，实际使用金额173.81亿美元；合作经营企业达到14673家，合同金额255.11亿美元，实际使用金额70.49亿美元；外资企业达到14895家，合同金额136.03亿美元，实际使用金额79.75亿美元；"三资"企业合计达到87547家，合同金额834.93亿美元，实际使用金额324.05亿美元。可见，1985~1992年"三资"企业的发展规模大大超过了1979~1984年的发展。数据表明，这三年"三资"企业工业产值的增长速度大大超过了全国工业的平均增长速度。

但这期间"三资"企业的发展也是有曲折的。例如，1989 年由于国内外经济、政治因素的影响，外商投资企业协议项目数比 1988 年减少了 2.79%，协议投资和实际使用投资也仅分别比 1988 年增长 5.71% 和 6.23%。而 1992 年在邓小平南方谈话的推动下，外商投资企业协议项目数比 1991 年增长了 250.6%，协议投资和实际使用投资也分别比 1991 年增长了 160.1% 和 107.4%。所以，总体来说，1985~1992 年（特别是 1992 年）"三资"企业获得了迅速的发展，由 1979~1984 年的起步阶段进入了这期间的发展阶段。

这期间"三资"企业发展的重要特点是：

（1）在"三资"企业中，合资企业和外资企业比重大幅度上升，合作经营企业比重大幅度下降。1985~1992 年，合资企业在项目总数、协议资金和实际使用资金中的比重分别由 13.4% 上升到 64.9%，由 34.2% 上升到 47.7%，由 35% 上升到 57.2%；合作经营企业分别由 52.4% 下降到 18.6%，由 58.9% 下降到 29.7%，由 35.2% 下降到 26.6%；外资企业由 1.5% 上升到 16.5%，由 0.8% 上升到 22.6%，由 0.8% 上升到 16.2%。[①]

（2）"三资"企业高度集中在沿海地区，特别是集中在广东、福建两省及其所属的深圳、珠海、汕头、厦门四个经济特区。在 1979~1991 年外商投资项目和协议金额总数中，沿海地区分别占 89.7% 和 81.5%，内地分别占 9.5% 和 7.1%。

（3）"三资"企业开始集中在第三产业（主要是宾馆和饭店等），后来比重下降，但仍不小；第一产业占的比重一直较小；第二产业开始占的比重也不大，后来稳步上升。但多数集中在劳动密集型的轻工业，资金、技术密集型产业的比重不大。

（4）"三资"企业的外方资金来源主要是集中在少数国家和地区，特别是中国香港、中国澳门、中国台湾地区。到 1991 年，按照协议金额总数计算，中国香港、中国澳门地区占 62.2%，中国台湾地区占 5.7%，合计占 67.9%。

（5）"三资"企业在我国经济生活中的地位上升。这表现在增加投资、产值、出口和税收，提高技术和管理水平，以及扩大就业等方面。

但在这期间，随着"三资"企业的加速发展，也带来诸多问题。主要是：①由于在下放引进外资权力的同时，缺乏有效的宏观调控，导致重复引进现象严重；②由于对外商作为投资的设备估价高，对国有资产估价低，导致国有资产流失；③由于对外商投入设备和物料计价高，对出口产品计价低，导致利润不合理的外流和实盈虚亏；④由于对"三资"企业实行优惠政策，事实上使国营企业处于不平等的竞争地位，对国营企业形成一定的冲击；⑤部分"三资"企业中职工的工作时间长，劳动强度大，劳动条件差，劳动保险没建立，导致劳资关系紧张；⑥部分"三资"企业造成环境污染。

---

① 相关年份《中国对外经济贸易年鉴》，中国社会出版社。

　　但是，这些问题只是这期间发展"三资"企业的次要方面，主要方面是取得的成就。而且，有些问题在发展"三资"企业过程中是难以完全避免的，随着各方面条件的成熟和工作的改进，可以逐步得到解决。当然，也需要认真解决这些问题。

第三十九章　经济体制改革的全面展开

　　1985~1992 年，经济体制改革在各个领域都展开了。这期间在深化计划、投资体制改革方面，总的来说，主要是继续缩小国家对重要产品产量的指令性计划范围，扩大指导性计划和市场调节范围；扩大地方、部门、企业在固定资产投资计划管理方面的权限；实行多种形式的计划承包责任制和利用各种经济手段。为了增强企业活力和增强国家宏观调控能力，1987~1991 年国家计委还相继对大型联营企业实行计划单列，对大型基本建设集团项目实行专项安排，对 55 家大型企业集团实行计划单列试点。1984~1992 年，国家指令计划管理的工业产品产值比重由 40%左右下降到 11.7%，国家统一分配的物资由 60 多种减少到 19 种。

　　仅就投资体制来说，这期间开始实行了以下一些重要改革：

　　（1）对长期、重大建设实行分层次管理：全国性重点建设工程由中央政府或以中央政府为主承担；区域性重点工程和一般工程由地方政府承担。同时扩大企业投资决策权，使其成为一般建设的投资主体。

　　（2）为了保证重点建设有稳定的资金来源，建立基本建设基金制。

　　（3）为了用经济手段管理投资，建立投资公司。

　　（4）为了增强企业的投资能力和提高投资效益，还在项目建设管理、投资决策和拓宽投资渠道等方面推行了一系列改革。主要是全面推行基本建设项目投资包干、工程指标承包、技术经济承包和设备承包等项责任制；建立投资项目评估审议制度；推广基本建设"拨改贷"制度，发展金融市场和鼓励外商投资。

　　这期间价格改革采取了调放结合、以放为主的方针。主要是实行了三次较大的价格改革。一是从 1985 年开始，除粮、油的合同定购部分和棉花、糖料等少数几种关系国计民生的重要农产品收购价格仍由国家定价外，绝大部分农产品价格均由市场调节。二是从 1985 年开始，先后放开了多种重要工业消费品（包括缝纫机、手表、收音机、自行车、名烟、名酒、电风扇和电冰箱）的价格。三是对工业生产资料继续实行"双轨制"，并在 1985 年以后，将此前生产资料计划外部分实行加价 20%的办法，放宽为计划外部分实行议价。这期间在放开物价方面取得了重要成就。1984~1992 年，国家定价的农副产品价格比重由 40%以上下降到 12.5%，国家定价的社会零售商品价格比重由 50%以上下降到 5.9%，国家定价的生产资料价格比重由 60%以上下降到 18.7%。与此相对应的，就是政府指导价和市场调节价比重的上升。①同时，一些重要工业生产资料价格双轨制的范围以及计划价与市场价的差价均趋于缩小。所以，如果仅就最主要产品的价格来说，改革前存在的行政指令定价的格局已经主要由市场调节了。

这期间在深化财税体制改革方面做了多方面的探索。在政府和企业的财务关系方面，主要就是前述的承包经营制，同时继续推广基本建设投资的"拨改贷"。在中央政府和地方政府的财务关系方面，1980年开始实行的"分灶吃饭"制度到期以后，为了改变原来在地方政府之间存在的苦乐不均和中央政府财政收入比重下降过大的状况，在1985年和1986年对"分社吃饭"制度做了某些调整，但作为主要内容的包干制并没有根本改变。在中央政府财政部门与各经济主管部门的财政关系方面，进一步推行了财务大包干制和基金制，即把原要列入国家预算的一部分财政收支划给有关经济部门，由其自行管理收支。在税收方面，1985年以后，相继开征了城市维护建设税、房产税、车船使用税和城镇土地使用税四种地方税；还开征了一些新税种，包括集体企业和事业单位的奖金税，固定资产投资方向调节税、印花税和特别消费税等；进一步完善了个人所得税，包括开征本国公民的个人收入以及集体企业、个体工商户和私营企业的所得税。还要提到：承包经营责任制和利改税虽然各有不同的作用，但都混淆了税和利这两种不同的功能，需要改变。为此，从1989年起，又进行了税利分流的试点，为1994年的税制改革做了准备。

这期间深化金融改革的内容主要包括：

（1）进一步建立金融系统。1986年重组建了交通银行。此后，还陆续建立了中信实业银行、光大银行、华夏银行、民生银行、招商银行、深圳发展银行、浦东发展银行和广东发展银行，建设大批城市信用社、信贷投资公司和证券公司，以及上海证券交易所和深圳证券交易所。继1983年中国人民保险公司成为独立的经济实体以后，1986年又建立了新疆建设兵团农牧业保险公司，其后又恢复了中国人寿保险公司在国内的业务，建立了平安保险公司和四川省人寿保险公司，并恢复了典当业务。

（2）进一步改进信贷资金管理制度。1985年，为了加强宏观经济调控，中央银行将原来实行的存贷差额指标的管理办法改成实存实贷的管理办法。而在后来面临严重通货膨胀的形势下，1989年又将实存实贷改成限额管理。在这期间，进一步重视运用经济手段开拓信贷资金来源和贷款途径。如1988年在物价大幅上扬的情况下，曾经实行过保值储蓄。

（3）进一步发展金融市场。

（4）改革涉外金融制度。主要内容有两个：一是逐步放开国内金融机构经营外汇业务。继1982年国家外汇管理局成为独立的经济实体以后，又成立了承担吸收外资、经营外汇的中国国际信托投资公司。后来，各国商业银行和交通银行等金融机构也都经营外汇业务。这就打破了原来中国银行独家经营外汇业务的格局，在外汇经营领域

---

① 相关年份《中国经济年鉴》（经济管理出版社）和相关年份《中国物价年鉴》（中国物价编辑部）。

开始形成多家经营的寡头垄断竞争局面。二是陆续引进了一批外资金融机构。到 1992 年底，已有 29 个国家和地区的金融机构在我国 15 个城市设立了 231 家代表处。伴随以上各项金融改革的深化，中央银行在宏观经济调控中的作用也逐步加强起来。

这期间还推动了劳动、工资和社会保障制度的改革。1992 年，国有经济单位使用的劳动合同制职工由 1984 年的 174 万人增加到 2058.5 万人，占职工总数的比重也由 2% 上升到 18.9%；实行工资总额与经济效益挂钩浮动的企业已经达到 95544 家，职工人数达到 3223.2 万人；参加基本养老保险的职工 9456.2 万人。1992 年已经基本实现了养老保险费用的县（市）统筹，还有 11 个省（自治区、直辖市）已过渡到省（自治区、直辖市）统筹，铁路、水利、电力、邮电、建筑等系统实行了按行业统筹；参加失业保险的企业 47.6 万家，职工 7443 万人。[①]

这期间又进行了一次政府机构改革。1982 年的政府机构改革没有也不可能真正到位。而且此后行政机构和人员再次膨胀，与经济改革和发展的矛盾又尖锐起来。于是，从 1988 年开始，国务院按照转变职能、精简机构、精减人员、提高效率以及逐步理顺政府和企事业单位的关系等项原则，再次进行机构改革，将国务院机构由原来的 76 个精简到 66 个。这次机构改革并没在地方政府进行，也不可能真正到位，精简的机构和人员又出现反复。但这次改革提出的以转变政府职能为目标，对之后的政府机构改革具有深远影响。

综上所述，这期间各个领域的经济体制改革全面展开了。需要着重提到的是：就产品的计划体制和价格体制的改革来说，基本打破了改革前以计划调节为主的格局，初步形成了以市场调节为主的格局。

但是，就这期间改革的指导思想来说，1984 年中共十二届三中全会关于"有计划的商品经济"的提法，特别是 1987 年中共十三大关于"国家调节市场，市场引导企业"的提法，比 1982 年中共十二大关于"计划经济为主、市场调节为辅"的提法大大前进了，但毕竟没有像后来那样把经济体制改革的目标确定为建立社会主义市场经济。就改革的措施来说，有的是不成熟的（例如，依靠实行承包制，并不能使企业成为自主经营和自负盈亏的市场主体）；有的虽有正面作用，但负面作用比较大（如 1985 年不区分新老企业的情况，一刀切地实行拨改贷，成为许多国营企业技术改造乏力、资产负债率过高的一个重要原因）；有的虽然当时有些作用，但只是改革进程中的一种探索（如这期间继续推行的利改税）。就改革进程来说，这期间总的方向是前进的，但在 1989 年夏季以后的一段时间内，改革的某些方面虽在前进（其中，价格改革方面还有重大进展），也有一些重要方面事实上处于停顿状态。当然，其原因部分是受调整经济的制约，部分是由于计划经济观念的回潮。但更重要的原因在于：改革是极其艰巨的任务，它的实施需要一系列条件，它的完成需要很长的时间。因此，尽管这期间改革取得了重大进展，但并不能从根本上完成改革任务。

---

① 相关各年《中国统计年鉴》，中国统计出版社。

第四十章　经济调控与运行

第一节　1985~1988 年，经济在乏力的调控中从过热走向过热

一、1985 年上半年超高速增长，下半年急速回落

由于传统的经济体制和发展战略的影响，以及体制和战略转轨时期各种特有矛盾的作用，导致 1984 年第四季度工业的超高速增长。其具体过程是：1984 年下半年在酝酿全面开展经济体制改革时，国务院决定要给银行信贷自主权。有关部门确定的办法，是以 1984 年的贷款总额作为 1985 年的贷款限额。但由于没有考虑银行吃惯了 "大锅饭"，还没有自主管理信贷的经验。于是，银行为扩大 1985 年的信贷限额，1984 年 10 月起放手发放固定资产贷款，由此造成投资失控。同时，国务院还决定要使国营企业职工工资总额同本企业经济效益挂钩。有关部门在研究具体办法时，设想以 1984 年的工资总额作为 1985 年的工资总额基数，企业职工工资可以按此基数同经济效益挂钩。但也由于没有考虑国营企业吃惯了 "大锅饭"，还没有做到自负盈亏，这个办法刚刚风传下去，企业就突击提工资，竞发奖金，以扩大本企业的工资总额基数。由此造成消费基金增长失控。这两个失控又造成货币发行失控。1984 年第四季度货币发行量比 1983 年同期增加了 164%；全年合计，年末货币流通总量比 1983 年末增加 49.5%。投资和消费过度膨胀又导致工业超高速增长。1984 年第一至第三季度工业增长速度达到 12.5%，已属不低；第四季度又遽然增长到 17.9%。[①] 由此造成消费品特别是投资品（主要是能源、交通和原材料）供应紧张，物价大幅度上扬，进口物资剧增和外汇储备大幅下泻。显然，工业的这种超高速增长不仅不可能持久，而且还会对经济改革和发展

[①]《中国经济年鉴》(1989)，经济管理出版社 1990 年版，第 Ⅱ–25 页。

造成严重后果。

为此，国务院于 1984 年 11 月中旬发出严格控制银行信贷和发放职工奖金的紧急通知。但由于失控来势很猛，失控现象仍在继续发展，工业过热势头也在发展。以致 1985 年第一季度工业生产比 1984 年同期增长 22.97%，第二季度增长 23.4%。

这种形势迫使人们不得不加大经济调整的力度。1985 年 2~10 月，国务院先后召开四次省长会议，以期在制止工业和整个经济过热方面统一思想。1985 年还在这方面采取了一系列经济的、法律的和行政的措施。

在控制信贷失控方面，采取了紧缩银根的方针。重要措施有：实行"统一计划、划分资金、实贷实存、相互融通"的信贷资金管理办法；先后两次提高城乡居民定期存款利率和贷款利率；中国人民银行总行对所属分行和各专业银行总行的信贷计划、信贷差额、现金投放和回笼计划，按季进行控制和检查；乡镇企业和专业户向农业银行和信用社贷款一般要有 50% 的自有资金；加强对低息贷款的管理。

在控制投资过度膨胀方面，采取了以下重要措施：重申严格按计划办事，实行行政首长负责制；各级银行不准发放计划外固定资产贷款；各地区、各部门不准以自筹资金名义用银行贷款擅自扩大基本建设规模；除建设银行外，其他银行不得办理自筹基本建设的存款和贷款。

控制消费基金过快的主要措施有：严格征收奖金税；下达 1985 年国营单位工资总额计划指标，从总量上控制工资总额的增长；对实行工资与经济效益挂钩的国营企业开征工资调节税，对国营事业单位也开征奖金税；要求各级政府和事业单位削减行政经费，控制社会集团购买力。

控制外汇收支的主要措施有：坚持实行额度管理，严禁非法倒卖外汇，加强贸易外汇的管理；实行计划控制。对地方、部门使用自有外汇进口，实行严格的计划控制；由国家下达的进口计划用汇指标，各地区、各部门不得突破；对出口商品收汇，实行全额比例留成。一般出口商品收汇留成，按 25% 留给地方、部门和企业；利用税收调节外汇收支。对进出口产品征、退产品税或增值税，对若干进口商品开征进口调节税；为控制盲目引进和多头对外，对进出口商品实行许可证制度。

在控制物价上涨方面，实行的主要措施有：重大的价格改革措施和重要商品调价，必须按国务院统一部署进行；凡属国家定价的生活资料和工业生产资料，都必须严格执行国家规定的价格；重要生产资料的供应业务和紧缺耐用消费品的批发业务，都应掌握在国营商业、供销社、物资供销部门和生产这种产品的生产单位手中；对实行市场调节的农副产品，国营商业和供销社要积极参与市场调节，平抑市价；服务、饮食行业不得乱涨价、乱收费。

上述各项措施是在经济体制转轨时期采用的，因而相对过去来说，已经包含了较多的经济、立法等间接手段，但行政手段还很突出。而且，为了适应调整经济的需要，还不得不恢复部分行政管理手段。这样，与行政手段相联系的弊病（如一刀切的调整）就不可避免。

但这些措施有效地制止了工业和整个国民经济的过热。由于各项调控措施到位并发生作用，从 1985 年第三季度起，基本建设投资和工业生产的增长都趋于下降。与 1984 年同期相比，基本建设投资的增长速度，7 月略减，为 50.2%，8 月降到 28.6%，9 月降到 23.7%，10~12 月略有回升；工业生产的增长速度，7 月开始下降到 20.4%，8 月下降到 17.5%，9 月下降到 14.5%，10 月下降到 11.7%，11 月下降到 8.8%，12 月略有回升，为 10.2%。社会商品零售物价指数第一、第二、第三季度分别为 5.6%、8.8%、10.1%，但 10 月达到高峰后，物价上升势头也开始放缓。[①]

正因为上述各项措施到下半年才到位和发生作用，因而从 1985 年全年看，工业和整个国民经济仍然过热。这年工业总产值和国内生产总值分别比 1984 年增长了 21.4% 和 13.5%；全社会固定资产投资、工业基本建设投资分别增长了 38.8%、30.7%；社会总需求大于总供给的差率为 25.2%；现金流通量增长了 24.7%；社会商品零售价格增长了 8.8%。[②] 这里需要说明：1985 年物价上升不完全是由社会总需求大于总供给引起的，与下放副食品价格的价格改革也有很大关系。

上述各项措施虽然没有改变 1985 年工业和国民经济的过热状态，但却有利于 1986 年和 1987 年进一步缓解这种过热状态。

二、1986~1987 年"软着陆"未实现

1985 年 9 月，中国共产党全国代表会议《关于制定"七五"计划建议的说明》指出："七五"期间，大体可分为两个阶段。前两年要控制社会总需求，解决经济增长速度过快、固定资产投资规模过大和消费基金增长过猛的问题，在保持 1985 年固定资产投资总规模的条件下，做一些小的调整，改善投资结构，加强重点建设。这样用两年多逐步解决当前存在的问题，比在 1985 年下半年集中解决效果好些，可以避免由于刹车过急而造成的损失和震动。但分散两年解决，不易引起大家的重视，搞不好也可能控制不住。这一点需要各级领导特别加以注意。"七五"后三年，再根据情况，适当增加投资。但对建设总规模仍需进行必要的控制，这是多年来的重要历史经验。[③] 这里虽然未用"软着陆"这个词，但就其内容来说，针对 1984 年第四季度以来发生的工业和整个国民经济过热问题，实际上提出了"软着陆"的方针，分析了"软着陆"政策的好处及其可能发生的危险（即"软着陆"不成功）。

依据这个政策精神，由国务院提出并经 1986 年 3 月六届全国人大四次会议通过的国民经济和社会发展计划规定：1986 年工业总产值比上年增长 8.8%，大大低于 1985 年的增长速度；国营单位固定资产投资为 1570 亿元，大体上维持在 1985 年实际水平。[④] 这些主要指标集中体现了紧缩的财政、货币政策。

① 《中国经济年鉴》（1986），经济管理出版社 1987 年版，第 II-2、3 页。
② 《中国统计年鉴》（1997），中国统计出版社 1998 年版，第 42、150、155、160、267、413 页；《中国经济年鉴》（1989），经济管理出版社 1990 年版，第 II-7 页。
③ 《中国经济年鉴》（1986），经济管理出版社 1987 年版，第 II-20、21 页。
④ 《中国经济年鉴》（1986），经济管理出版社 1987 年版，第 II-76 页。

但是，1986年第一季度工业产值与1985年同期相比仅增长了4.4%。于是，经济"滑坡"的呼声四起。但实际上这是工业从高速增长回落到正常增长的必经过程，其结果也不会造成经济"滑坡"。1986年第一季度工业增长4.4%，是以1985年第一季度超高速增长（其增幅为22.97%）为基数的。而且1985年下半年工业增幅是逐季回落的。所以，只要1986年能够保持正常的发展势头，这年工业增长速度仍然可以达到计划规定的8.8%。但经济"滑坡"的呼声，不仅是由于对1986年第一季度工业增长4.4%的误解，更深层的原因是片面追求经济增长战略在实际经济工作中的影响。由于顶不住这种呼声的压力和这种战略的影响，从1986年第二季度起，又开始放松了财政、货币的双紧政策。于是，又导致1986年第二季度至第四季度工业增幅逐季上升，第二季度为5.3%，第三季度为9%，第四季度又高达15.8%。[1]

但总的来说，1986年还是执行了财政、金融的双紧政策，因而1985年出现的工业和整个国民经济的过热状态有所缓解。1986年工业总产值和国内生产总值分别比1985年增长了11.67%和8.5%；全社会固定资产投资和工业基本建设投资分别增长了22.7%和19.1%；社会总需求大于社会总供给的差率为13.45%；现金流通量增长了23.3%；社会商品零售价格增长了6%。[2] 1986年工业和国内生产总值的增长速度比1985年有了大幅度下降。全社会的和工业的固定资产投资的增幅比1985年略有下降，但即使扣除了价格上涨因素，仍然大大超过工业、国民经济的增长率和1985年的投资规模。社会总需求大于总供给的差率比1985年还有扩大。现金流通量增幅比1985年稍有下降，但显著超过了经济增长率和物价上涨率之和。物价上涨率虽然低于1985年，但1986年不仅没有大的价格措施出台，而且加强了物价的行政指令管制。所以，这些数据表明，1984年第四季度和1985年上半年出现的经济过热，在1986年只是得到了进一步缓解，但远未消除。

鉴于1986年只是初步抑制了1984年末和1985年的工业和国民经济过热状态，1987年3月由国务院提出并经六届全国人大五次会议通过的国民经济和社会发展计划，仍然按照"七五"计划头两年的部署，把1987年工业总产值的增长速度定为7%；把国营单位的固定资产投资定为1950亿元，大体上维持在1986年的水平。并且针对1986年计划外投资、非生产性建设投资和非重点建设投资增长过快的情况，提出了"三保三压"的方针，即保计划内建设，压计划外建设；保生产性建设，压非生产性建设；保国家重点建设，压非国家重点建设。[3] 显然，这些规定也体现了紧缩的财政、货币政策。

由于这些政策的贯彻执行，经济过热状态得到了进一步遏制。1987年工业总产值

① 《中国经济年鉴》（1987），经济管理出版社1988年版，第Ⅱ-1页；《中国经济年鉴》（1988）《序》，经济管理出版社。

② 《中国统计年鉴》（1997），中国统计出版社1998年版，第42、150、155、160、267、413页；《中国经济年鉴》（1989），经济管理出版社1990年版，第Ⅱ-7页。

③ 《中国经济年鉴》（1987），经济管理出版社1988年版，第Ⅱ-24~26页。

和国内生产总值分别比 1986 年增长了 17.69% 和 11.6%；全社会固定资产投资和工业基本建设投资分别比 1986 年增长了 21.5% 和 28.4%；社会总需求大于总供给的差率为 13.6%；现金流通量增长了 19.4%；社会商品零售价格上升了 7.3%。① 上述各项指标同 1985 年相比，除了社会总需求大于总供给的差率有所扩大外，工业和国内生产总值增长率、投资增长率、现金流通量增长率和社会商品零售价格上涨率均显著降低。但同 1986 年相比，除了投资增长率和现金流通量增长率下降以外，工业和国内生产总值增长率、社会总需求大于总供给的差率以及社会商品零售价格上涨率均有上升。所以，同 1985 年相比，可以说工业和国民经济过热状态在 1987 年得到了进一步缓解；但同 1986 年相比，工业和国民经济的过热状态又有回升。但无论如何，1985 年 9 月确定的"七五"计划头两年实现经济"软着陆"的方针，以及与之相联系的财政、货币双紧政策，并未在 1987 年得到真正、完全的落实。

三、1988 年再次过热

鉴于上述情况，1988 年 3 月由国务院提出并经七届全国人大一次会议通过的国民经济和社会发展计划规定：1988 年经济工作的基本方针，是进一步解放思想，进一步稳定经济，进一步深化改革，以改革总揽全局。依此方针，确定 1988 年工业和国民生产总值的增长率分别为 8% 和 7.5%；全社会固定资产投资总规模为 3300 亿元，其中国营单位固定资产投资 2060 亿元，略低于 1987 年的实际水平。② 可以认为，这些主要经济指标体现了进一步稳定经济方针的要求。

但不久，又对 1987 年的经济调整工作做了过于乐观的估计，认为这年经济增长速度比较高，也比较正常，我国经济生活中开始出现了增长和稳定相统一的新情况。还提出了加快沿海地区经济发展的全国性战略。从根本上来说，这种估计和战略都是同急于求成的传统经济发展战略相联系的。这样，就导致在实际上完全放弃了稳定经济的方针和紧缩的财政、货币政策，而代之以高经济增长方针和扩张的财政、货币政策。

于是，从 1988 年第一季度起，工业和国民经济急剧升温。1988 年第一季度工业比 1987 年同期增长 16.9%，第二季度增长 17.5%，第三季度增长 18.1%，第四季度增长 18.8%。1988 年 1 月，社会商品零售价格比 1987 年同期上升 9.5%；1~9 月，每月以 1~4 个百分点的增幅上升，到 9 月上升为 25.4%；10 月以后物价上升势头趋缓，12 月仍上升为 26.7%。③ 于是，这年 8 月中下旬，全国许多城市爆发了居民争提存款、抢购商品的风潮。

在工业和国民经济过热的形势下，1988 年 9 月召开的中共十三届三中全会，提出了治理经济环境、整顿经济秩序、全面深化改革的方针。由于这个方针的贯彻执行，

---

① 《中国统计年鉴》(1997)，中国统计出版社 1998 年版，第 42、150、155、160、267、413 页；《中国经济年鉴》(1989)，经济管理出版社 1990 年版，第 II-7 页。

② 《中国经济年鉴》(1988)，经济管理出版社 1989 年版，第 II-46 页。

③ 《中国经济年鉴》(1988)，经济管理出版社 1989 年版，第 II-3、VI-43 页。

从 1988 年第四季度起，工业和国民经济的过热状态开始降温。

　　但从 1988 年全年来看，这年工业和国民经济仍然是过热的。这年工业总产值和国内生产总值分别比 1987 年增长了 20.79% 和 11.3%；全社会固定资产投资和工业基本建设投资分别增长了 25.4% 和 19%；社会总需求大于社会总供给的差率为 16.2%；现金流通量增长了 46.7%；社会商品零售物价上升了 18.5%。[1] 上述各项指标均大大超过了处于经济降温阶段的 1986 年和 1987 年；而且除了工业、国内生产总值和全社会固定资产投资的增幅低于经济过热的 1985 年以外，社会总需求大于总供给的差率、现金流通量增长率和社会商品零售价格的增幅均大大超过了 1985 年。可以认为，1988 年工业和国民经济过热状态超过了 1985 年。这种过热状态的形成原因，除了上述经济体制、经济战略和转轨时期各种特有矛盾以外，还由于 1984 年底以来工业、国民经济过热的持续发展及其作用的叠加。就物价涨幅过高的原因来说，除了主要由于多年积累的、过大的社会总需求大于总供给的差率以外，还同经济秩序混乱相联系的乱涨价有关，也同推进价格改革时机的选择不当有关。1988 年上半年，物价涨幅已经很高，更大的物价涨势已经成为群众的消费预期。在这种情况下，党和政府在 6 月还提出价格改革要"闯关"，接着又提出要在 5 年内理顺价格。这无疑对价格涨势起到了火上浇油的作用。

　　与工业和国民经济再次过热相联系，工业、整个产业结构失衡和地区结构趋同状态更加严重，技术升级缓慢，市场秩序更加混乱。1985~1988 年，工业与农业产值增长速度之比由 1∶0.22 扩大为 1∶0.15；电力、成品钢材和运输量的弹性系数（以工业产值增长率为 1）分别由 0.58 缩小为 0.52，由 0.56 缩小为 0.40 和由 0.22 缩小为 0.10。[2] 这样，工业和国民经济的再次调整就成为势在必行的事。

　　但需着重指出：尽管就工业和国民经济的运行来说，1985~1988 年从过热走向过热，但这期间我国工业获得了高速增长，经济上了一个大台阶。这是必须充分肯定的。

第二节　1989~1991 年，工业在治理整顿中发展

一、治理整顿方针的提出

　　前文所述的 1988 年工业和国民经济的过热与结构失衡，以及经济秩序的混乱，就是提出治理整顿方针最重要的历史背景。

　　1988 年 9 月召开的中共十三届三中全会提出了治理经济环境、整顿经济秩序、全

---

　　[1]《中国经济年鉴》(1989)，经济管理出版社 1990 年版，第Ⅱ-7 页；《中国统计年鉴》(1997)，中国统计出版社 1998 年版，第 42、150、155、160、267、413 页。
　　[2]《中国经济年鉴》(1989)，经济管理出版社 1990 年版，第Ⅱ-4 页。

面深化改革的方针。依据党中央决定，1989 年 3 月七届全国人大二次会议提出"坚决贯彻治理整顿和深化改革的方针"。1989 年 11 月召开的中共十三届五中全会又做出了《关于进一步治理整顿和深化改革的决定》，就治理整顿的任务、主要目标、必须抓住的重要环节以及必须实行的基本政策措施等一系列问题，做了明确规定。[①]

从 1989 年起，用 3 年或者更长的时间完成治理整顿的基本任务，即努力缓解社会总需求超过总供给的矛盾，逐步减小通货膨胀，使国民经济基本走上持续稳定协调发展的轨道，为 20 世纪末实现国民生产总值翻两番的战略目标打下良好的基础。

具体来说，有以下五点：

（1）坚决控制社会总需求，是治理整顿的首要任务。为此，要压缩投资总规模，坚决调整投资结构，切实控制消费需求的过快增长，坚持实行从紧的财政信贷政策。

（2）加强农业等基础产业，调整经济结构。要集中力量办好农业；努力保持能源和重要原材料生产的稳定增长，大力提高运输效率；大力调整加工工业，克服盲目发展现象。

（3）认真整顿经济秩序特别是流通秩序。要进一步治理整顿公司特别是流通领域的公司，逐步消除流通领域秩序混乱的状态；坚决整顿市场秩序；逐步解决生产资料价格"双轨制"问题；下大力量加强市场管理和物价管理；坚决制止和纠正乱收费、乱摊派、乱罚款现象。

（4）千方百计提高经济效益。要坚定不移地把经济工作转到以提高经济效益为中心的轨道上来；提高经济效益必须依靠科技进步；强化企业管理，提高管理水平；认真抓紧抓好扭亏增盈工作；扎扎实实地全面深入开展"双增双节"运动。

（5）继续深化改革和扩大对外开放。

可见，这次治理整顿的主要目标，不但有压缩需求、解决总量失衡的要求，而且有调整结构、解决结构失衡的要求，还有深化经济体制改革、解决总量和结构失衡机制的要求，以期为经济持续、稳定、协调发展打下良好基础。

因此，如果不说这次治理整顿所包括的深化经济改革的要求，那么，它实际上就是一次经济调整。有关这期间深化工业经济改革和提高工业企业管理的历史过程，我们在本篇第 35 章、第 36 章已经做过叙述。下面着重叙述这期间同工业有关的总量控制和结构调整的历史过程。

二、1989 年治理整顿的起步

在党中央、国务院治理整顿方针的指引下，1989 年治理整顿迈出了重要一步。

（1）工业和国民经济的超高速增长有了急剧的改变。1989 年计划规定，工业产值比 1988 年增长 8%，国民生产总值增长 7.5%。执行结果，工业实际增长 8.5%，国民生

[①]《中共中央工业进一步治理整顿和深化改革的决定》，人民出版社 1989 年版。

产总值增长 4.2%。[①] 前者略超计划,后者显著低于计划;前者比 1989 年增幅回落了 12.3 个百分点,后者回落了 7.1 个百分点。这年下半年工业生产还出现了逐季、逐月下滑过多的局面。与 1988 年相比,1989 年第一季度工业增长 10.4%,第二季度增长 11.1%,第三季度增长 5.4%,第四季度增长 0.7%。按月计划,7 月增长 9.6%,8 月增长 6.1%,9 月增长 0.9%,10 月下降 2.1%,11 月增长 0.9%,12 月增长 3.4%。[②] 为了遏制工业下滑的势头,这年政府在增拨流动资金和保证能源生产等方面,先后采取了一系列措施。

(2)社会总需求得到有效控制。首先是大幅度压缩了投资需求。这是压缩社会总需求和调整经济的决定性措施。1989 年计划安排,全社会固定资产投资 3300 亿元,比 1988 年预计完成的 4220 亿元压缩 920 亿元,下降 21.8%。其中,国营单位的固定资产投资 2100 亿元,压缩 510 亿元,下降 19%。[③] 为此,不仅砍掉了一批包括楼堂馆所在内的非生产性项目,而且停建、缓建了一批一般的生产性项目,特别是加工工业项目。据统计,1989 年国营单位的基本建设和更新改造项目,比 1988 年减少 4.3 万个,压缩了 26%;当年新开工项目比 1988 年减少 4.1 万个,压缩了 53%。[④] 这样,执行结果是:1989 年全社会固定资产投资实际为 4410.4 亿元,比 1989 年实际完成数减少了 7.2%;国营单位的固定资产投资为 2808.2 亿元,减少了 7%;国营单位的基本建设投资为 1551.74 亿元,减少了 1.6%;国营单位工业基本建设投资为 822.22 亿元,增加了 1.2%。虽然没有完成原定的投资计划,但全社会和国营单位的固定资产投资下降幅度还是很大的。再考虑到价格上升因素,下降幅度就更大了。扣除价格上升因素,国营单位的全部基本建设投资和工业基本投资也都是大幅下降的。在压缩投资规模的同时,还调整了投资结构。1989 年国营单位基本建设投资中,生产性建设投资比重由 1988 年的 65.9% 上升到 68.6%;能源工业和运输邮电业的投资比重分别由 24.7% 上升到 28.8%,由 14.4% 上升到 15.1%。其次是压缩了消费需求。1989 年全国居民消费水平比 1988 年实际下降了 0.5%;其中,农业居民下降了 0.8%,非农业居民下降了 1.6%。这年社会集团购买力为 693 亿元,比 1988 年下降了 12%。[⑤]

(3)工业和整个产业的结构有了初步调整。依据治理整顿的要求,在压缩投资规模的同时调整了投资结构,再加上其他调整结构的措施,就使得农业、能源、原材料和交通运输的增长速度都加快了,加工工业的发展速度受到了抑制,使工业和整个产业的结构有了一定程度的调整。工业与农业产值、能源总量、主要原材料、铁路货运量的增长速度的对比关系,分别由 1988 年的 1:0.15 上升为 1:0.25,由 1:0.29 上升为

---

①《中国经济年鉴》(1989),经济管理出版社 1990 年版,第 Ⅱ-18 页;《中国统计年鉴》(1997),中国统计出版社 1998 年版,第 42、413 页。

②《中国经济年鉴》(1990),经济管理出版社 1991 年版,第 Ⅱ-16 页。

③《中国经济年鉴》(1989),经济管理出版社 1990 年版,第 Ⅱ-18 页。

④《中国经济年鉴》(1990),经济管理出版社 1991 年版,第 Ⅱ-1 页。

⑤《中国统计年鉴》(1997),中国统计出版社 1998 年版,第 150、155、160、292 页;《中国经济年鉴》(1990),经济管理出版社 1991 年版,第 Ⅱ-2-9 页。

1∶0.54，由 1∶0.35 上升为 1∶0.53，由 1∶0.15 上升为 1∶0.53。[①]

（4）物价涨势回落。由于大幅度压缩了社会总需求，并通过经济增长（特别是农业丰收）和结构调整增加了有效供给，使社会总需求大于总供给的差率由 1988 年的 16.9%下降为 1989 年的 8%。还由于实行紧缩的财政政策特别是紧缩的信贷政策，再加上两次提高居民储蓄存款利息率，并实行保值储蓄，使现金流通量的增长率由 1988 年的 46.7%下降到 9.8%。这样，物价涨势逐月回落。与 1988 年同期相比，1 月、2 月的物价指数分别为 27%、27.9%，以后逐月下降，到 10 月、11 月、12 月分别为 8.7%、7.1%、6.4%；全年物价上涨 17.8%，比 1988 年的 18.5%下降了 0.7 个百分点。但其中的新涨价因素只有 6.4 个百分点，明显低于 1988 年的 15.9 个百分点。[②]

可见，1989 年虽然是治理整顿的开端，但取得了明显进展。

但是，经济的总量和结构失衡、经济效益低下以及通货膨胀等原来存在的老问题并没有得到根本解决，而且工业速度滑坡和市场销售疲软等新问题又产生了。在治理整顿期间，工业增幅在一定范围内下降，是治理整顿的一个主要要求。但下降过多，特别是 1989 年 9~11 月出现的接近零增长甚至负增长，就很不正常。这年工业速度滑坡是同市场疲软相联系的。1989 年 8 月以后，社会商品零售总额也出现负增长，全年累计增长 8.9%，扣除物价上升因素，实际下降 7.6%。这年物资系统的生产资料销售额名义下降 0.8%，实际下降 18.2%。[③]在经济体制和经济战略的转轨时期，是一种"速度效益型"经济。这样，随着工业速度的滑坡，工业经济效益又进一步下滑了。1989 年国营独立核算工业企业资金利税率由 1988 年的 20.6%下降到 17.2%；亏损企业亏损总额由 81.92 亿元猛增到 180.19 亿元。[④]与工业速度滑坡、市场疲软相联系，工业企业的产成品资金、企业之间的相互拖欠货款的"三角债"、工厂的停工和半停工、潜在的失业和待业工人都大大增长了。凡此种种都是治理整顿需要进一步解决的问题。

三、1990 年治理整顿的进展

1990 年，党中央和国务院决定继续推进治理整顿，并采取了坚持总量控制、适时调整紧缩力度和积极调整结构等一系列措施，在治理整顿方面继续取得了进展。

（1）保持了工业和国民经济的适度增长。1990 年计划规定，工业和国民生产总值分别比 1989 年增长 6%和 5%。执行结果，两者实际分别增长了 7.8%和 4.4%。[⑤]前者超过计划，后者低于计划；前者比 1989 年低 0.7 个百分点，后者与 1989 年持平。这年年初，工业生产继续呈现从 1989 年第四季度开始的下滑局面，但从第二季度开始回升。

---

①《中国经济年鉴》（1990），经济管理出版社 1991 年版，第Ⅱ-16~17 页。

②《中国统计年鉴》（1997），中国统计出版社 1998 年版，第 267 页；《中国经济年鉴》（1990），经济管理出版社 1991 年版，第Ⅱ-2 页。

③《中国经济年鉴》（1990），中国经济管理出版社 1991 年版，第Ⅱ-2 页。

④《中国统计年鉴》（1993），中国统计出版社 1994 年版，第 430、437 页。

⑤《中国统计年鉴》（1997），中国统计出版社 1998 年版，第 42、413 页。

这年 1~2 月工业负增长，3 月开始正增长，第一季度比 1989 年同期仅增长 0.3%；第二季度增长 4.1%；第三季度增长 5%；第四季度增长 14.2%，其中 11~12 月达到 15% 左右。[①]为了扭转与市场销售疲软相联系的年初工业生产滑坡的局面，1990 年采取了一系列刺激需求和改善工业生产条件的措施。主要是在坚持财政、货币双紧政策的前提下，适度增加了固定资产投资和流动资金贷款；放松了对社会集团购买力的限制；3 月和 8 月两次调低存款利率 2.34 个百分点；继 1989 年 12 月下调人民币对美元汇率 21.1% 之后，1990 年再次下调 9.6%；恢复托收承付的结算方式和大力清理企业之间的"三角债"；加快价格的结构性调整；对煤炭实行"四统一"（即统一分配、统一订货、统一运输和统一调度）；对部分重点骨干企业实行"双保"（国家保企业的基本生产条件，企业保完成国家的计划任务和上缴税利）；建立国务院安全生产委员会，以加强对工业、交通生产的领导。

（2）继续控制了社会总需求的增长。首先是控制固定资产投资规模，并调整投资结构。1990 年计划规定，全社会固定资产投资 4100 亿元，低于 1989 年实际完成数。执行结果，全社会固定资产投资为 4517 亿元，比 1989 年增长 2.4%；工业基本建设投资为 852.6 亿元，比 1989 年增长 4%。[②]虽然都超过了计划指标，但扣除价格上升因素，实际低于 1989 年或比 1989 年略有增加。同时，调整了投资结构。1990 年，在国营单位基本建设投资中，农林水利投资比重由 1989 年的 3.3% 上升到 4.1%，能源工业投资由 28.8% 上升到 32%，运输邮电业投资由 15.1% 上升到 15.9%；生产性投资比重由 68.6% 上升到 72.2%，非生产性投资由 31.4% 下降到 27.8%。[③]这样，基础工业和基础设施的建设得到了加强，一般加工工业和非生产性的建设受到了控制。

其次是控制消费需求的增长。1990 年全国居民消费水平、农业居民和非农业居民的消费水平分别比 1989 年增长了 3.4%、0.3% 和 7.5%。[④]前两个指标增幅都不高，第三个指标增幅高一些，但也显著低于 1988 年；而且三者都是在 1989 年负增长的基础上提高的。但社会集团消费增幅稍大一些。这年社会集团消费零售总额比 1989 年增长 4.3%。[⑤]

（3）进一步调整了工业和整个产业的结构。这年基础工业有了加强，加工工业受到控制。1990 年，基础工业比 1989 年增长 6.5%，加工工业增长 4.1%；前者占工业总产值的比重由 1989 年的 21.2% 上升到 21.5%，后者由 46.9% 下降到 46.4%。[⑥]

（4）进一步控制了物价涨势。由于继续控制了社会总需求，并在保持工业和国民经济适度增长的条件下调整了工业和国民经济结构，特别是由于农业连续两年丰收，有

①《中国经济年鉴》（1991），经济管理出版社 1992 年版，第 Ⅱ-2 页。
②《中国统计年鉴》（1997），中国统计出版社 1998 年版，第 150、155、160 页。
③《中国经济年鉴》（1990），经济管理出版社 1991 年版，第 Ⅱ-8 页。
④《中国统计年鉴》（1997），中国统计出版社 1998 年版，第 292 页。
⑤《中国经济年鉴》（1991），经济管理出版社 1992 年版，第 Ⅱ-3 页。
⑥《中国经济年鉴》（1991），经济管理出版社 1992 年版，第 Ⅱ-15 页。

效供给有了进一步增长，于是社会总需求大于总供给的差率由 1989 年的 8% 下降为 1990 年的 4%，回到了正常区间。诚然，这年财政货币双紧政策有所松动，现金流通量增幅为 12.8%，高于 1989 年的 9.8%。但由于 1989 年 3 月开始的物价增幅下降势头的惯性作用，1990 年前三季度各项物价指数仍呈逐季下降趋势，第四季度稍有回升，但仍低于前两个季度。全年社会商品零售物价比 1989 年上升 2.1%，比 1989 年回落了 15.1 个百分点；生产资料价格涨幅为 3.1%，比 1989 年回落了 18.4% 个百分点。[①] 而且，1990 年物价涨幅回落是在改革以来价格调整迈出最大步伐的条件下取得的。1990 年先后调高了 10 多项工农业基础产品和民用燃料、生活消费品以及 20 多项服务项目的价格，其出台项目之多，调价幅度之大，调价金额之巨，超过以往各年。

可见，1990 年治理整顿取得了重大进展。

但是，由于这年货币流通量增长幅度超过经济增长和物价的增幅，潜在的通货膨胀压力增大，以至于工业和整个产业结构失衡、市场销售疲软、工业产成品积压、企业互欠货款以及经济效益低下的问题，都还没有解决或没有根本解决。例如，社会商品零售总额直到 1990 年 6 月才开始正增长，并逐月回升，1~5 月平均下降 2.6%，6~8 月平均增长 1.5%，9~10 月平均增长 5.5%，11~12 月平均增长 10.3%，全年仅比 1989 年增长 1.9%，扣除物价因素，实际有所下降。[②] 再如，国营独立核算工业企业资金利税率由 1989 年的 17.2% 下降到 1990 年的 12.4%，亏损企业的亏损总额由 180.19 亿元增加到 348.76 亿元。[③]

四、1991 年治理整顿的基本完成

1991 年是"八五"（1991~1995 年）计划的第一年，也是治理整顿的第三年。这年继续推进了治理整顿，并基本完成了治理整顿的主要任务。

（1）继续推进工业和国民经济的适度增长。1991 年计划规定，工业和国民生产总值分别比 1990 年增长 6% 和 4.5%。执行结果，两者实际分别增长了 14.77% 和 9.1%，[④] 都大大超过了原定计划和上年的增长速度，速度都偏高，特别是工业的增长速度偏高。为了促进工业的增长，这年除了继续深化改革和扩大开放，增加投资总量和调整投资结构，继续增补流动资金和新产品开发基金，治理"三乱"，继续整顿经济秩序特别是流通秩序以及开展"质量、品种、效益年"活动，提高企业管理水平以外，还着重抓了以下两项工作：

1）促进市场销售，改变前两年市场销售疲软的局面。1991 年，全国社会商品零售总额达到 9397.7 亿元，比 1990 年增长了 13.2%，扣除物价上升因素，实际增长 10%。这年生产资料销售额达到 3129.1 亿元，比 1990 年增长 24.5%。

①《中国经济年鉴》(1991)，经济管理出版社 1992 年版，第Ⅱ-4 页。
②《中国经济年鉴》(1991)，经济管理出版社 1992 年版，第Ⅱ-3 页。
③《中国统计年鉴》(1997)，中国统计出版社 1998 年版，第 430、437 页。
④《中国统计年鉴》(1997)，中国统计出版社 1998 年版，第 42、413 页。

2）清理"三角债"和限产压库取得明显成效。这年全国"三角债"估计约 2500 亿元。其形成原因主要是：固定资产投资有缺口；企业亏损；产成品积压；商品交易秩序混乱，结算纪律松弛。从 1991 年 9 月起，在国务院统一领导下，在全国范围内开展了从固定资产项目拖欠源头入手清理"三角债"，截至 12 月末，国家注入银行贷款 306 亿元，地方政府和企业自筹 24 亿元，共清理"三角债"1360 亿元，超额完成全年清理 1000 亿元的计划目标，取得了投入 1 元资金清理 4 元的效果。据中国工商银行对 40000 户国营工业企业统计，1991 年末产成品资金占用额为 1096 亿元，比 6 月末减少 229 亿元，超额完成全年压缩产成品资金占用 200 亿元的计划目标。[①]

（2）继续控制固定资产投资规模，进一步改善投资结构。1991 年计划规定，全社会固定资产投资总规模为 5000 亿元；按现价计算，均高于 1990 年完成数。执行结果，全社会固定资产投资达到 5594.5 亿元，比 1990 年增长 21.6%；工业基本建设投资达 1147.21 亿元，比 1990 年增长 34.6%。[②]这两项指标均超过了计划，即使扣除物价因素，也都有大幅度增长。同时，调整了投资结构，进一步加强了基础工业和基础设施建设。1991 年国营单位基本建设投资中，农林水利投资增长了 31.2%，原材料工业投资增长了 24%，运输邮电业投资增长了 40.1%。[③]

（3）1991 年原计划继续调整工业和产业结构，但在执行过程中，尽管基础工业和基础产业都有发展，但由于工业的增长速度偏高，远没有达到预期的目的。这年农业、能源总量和货运总量分别比 1990 年增长了 3.7%、0.9% 和 1.6%，与工业增长速度的比例关系分别为 1∶0.25、1∶0.06 和 1∶0.11。[④]

（4）继续实现物价的基本稳定。1991 年社会总供给和总需求都有较大幅度的增长，因而前者大于后者的差率仅比 1990 年略有提高，约为 5% 以上，还是居于正常区间。与此相联系，1991 年社会商品零售价格比上年提高 2.9%，生产资料销售价格总水平与 1990 年持平。[⑤]还要提到，这年物价基本稳定也是在价格调整和改革迈出较大步伐条件下实现的。1991 年先后提高了原油、钢铁、铁路货运和粮油的销售价格，放开了部分工业消费品价格，并对部分工业原材料双轨价格进行了并轨。

因此，到 1991 年为止，治理调整的主要任务已经基本完成。但是，供需总量基本平衡的基础仍很脆弱，通货膨胀的压力在加大，工业和整个产业结构失衡以及经济效益低下状态并未根本改变。国营独立核算工业企业资金利税率由 1990 年的 12.4% 下降到 1991 年的 11.8%，亏损企业的亏损总额由 348.76 亿元增加到 367 亿元。[⑥]但就治理整顿的主要目标来说，基本上是实现了。

---

①《中国经济年鉴》(1992)，经济管理出版社 1993 年版，第 59 页。
②《中国统计年鉴》(1997)，中国统计出版社 1998 年版，第 150、155、156 页。
③《中国经济年鉴》(1992)，经济管理出版社 1993 年版，第 51 页。
④《中国统计年鉴》(1997)，中国统计出版社 1998 年版，第 215、369、413、514 页。
⑤《中国经济年鉴》(1992)，经济管理出版社 1993 年版，第 52 页。
⑥《中国统计年鉴》(1993)，中国统计出版社 1994 年版，第 430、437 页。

第三节 1992 年，经济迅速步入高增长

1992 年是基本完成治理整顿主要任务后的第一年，也是"八五"计划的第二年。依据邓小平 1992 年初南方谈话和 3 月中共中央政治局会议的精神，国务院提出了抓住有利时机、加快经济发展的方针。

为了促进工业在提高经济效益的前提下加快发展，除了深化改革和扩大开放，加强农业、水利、交通运输、邮电等基础产业和基础设施建设，调整第一、第二、第三产业结构和地区经济布局以外，主要采取了以下两项措施：

（1）加快调整工业结构，提高工业经济效益。其主要要求是：①继续保持能源和重要原材料等基础工业的稳定增长；②按照市场需求组织生产，限制供大于求、不适销不对路产品的生产，不再造成新的积压；③调整产品结构和企业组织结构，关停并转一部分生产能力过大、产品无销路和扭亏无望的企业；④大力抓好资源、能源的节约和综合利用；⑤努力提高产品质量，加速资金周转，降低消耗，减少亏损，增加实现利税。为此，主要采取了以下办法：

1）从 1992 年起，把工业总产值只作为一般统计指标，建立工业增加值指标，以完善工业经济效益评价考核指标。[①]

2）从贷款、税收、物资供应和运力等方面支持适销对路产品、名优产品、高新技术产品和其他要鼓励发展的产品的生产。

3）公布对主要产品停产、限产和鼓励生产的目录，及时发布市场信息。

4）实行压缩不合理库存与技术改造、流动资金贷款双挂钩，推进限产压库工作。

5）为了促进工业资金循环，继续 1991 年开始的清理"三角债"的做法，从解决"三角债"源头入手。重点对固定资产投资项目拖欠这个源头进行了清理，1991~1992 年全国共注入资金 540 亿元（其中包括银行贷款 505 亿元，地方和企业自筹 34.3 亿元），清理拖欠项目 14121 个（其中，基本建设项目 5420 个，技术改造项目 8701 个），连环清理 1838 亿元。同时还组织重点行业、重点企业清理流动资金 325 亿元。这样，除少数项目外，全国基本建设和技术改造项目在 1991 年以前形成的拖欠已经基本清理完毕。这两年共清理拖欠款 2163 亿元（其中，1991 年清理 1360 亿元，1992 年清理 803 亿元），实现了注入 1 元资金清理拖欠 4 元的效果。[②]

6）继续开展"质量、品种、效益年"活动，同时严厉打击制造和贩卖假冒伪劣产品的违法行为。

[①]《中国经济年鉴》（1993），经济管理出版社 1994 年版，第 628 页。

[②]《中国经济年鉴》（1993），经济管理出版社 1994 年版，第 65 页。

7）大力开拓国内外市场，促进工业品的销售。

（2）合理安排工业固定资产投资的规模和结构。工业基本建设投资的使用，主要是继续加强能源、原材料建设，支持高新技术发展。加工工业主要搞技术改造，原则上不再铺新摊子。技术改造投资的使用，重点是大力降低能源、原材料消耗；提高产品质量和档次，开发新产品，增加短线产品的生产能力；搞好引进技术的消化吸收，增加出口创汇产品的生产。采取措施防止不必要的重复建设、重复引进。1992年固定资产投资达到8080.1亿元，比1991年增长44.4%。其中，工业基本建设投资和工业技术改造投资分别为1458.31亿元和1076.68亿元，分别比1991年增长27.1%和36.3%。[①]

上述各项重要措施促进了1992年工业生产的发展。这年工业总产值比1991年增长了24.7%，比1991年增长速度提高了近10个百分点。[②] 1992年工业的高速增长有多方面原因：

1）1989~1991年的治理整顿期间，相对来说，工业的增长速度是比较低的。因而，1992年工业高速增长带有一定的恢复性增长。

2）这3年的治理整顿，为工业的高速增长形成了相对宽松的总供需环境，并积累了一定的物质条件。如1989~1991年钢材供给大于使用1223万吨，到1991年末，钢材库存达到1581万吨，为当年消费量的45%。[③]

3）在邓小平1992年初南方谈话精神的鼓舞下，经济改革有了很大的发展，为包括工业在内的发展创造了许多条件。如直接融资在资金筹集中的作用明显上升。

4）就经济周期看，1992年是周期的上升阶段。

但是，这年工业毕竟发展过快了，由此带来了一系列问题：

1）基础产业和基础设施的"瓶颈"制约作用再次突出，交通运力不足，能源供应紧张。

2）货币流通量增长过大。1992年现金流通量比1991年增长了36.4%，[④] 大大超过了经济增幅和货币化程度提高的需要。

3）全年物价涨幅明显加大，逐季呈上升趋势。1992年商品零售价格比1991年上升了5.4%，大大超过了1991年2.9%的增幅；[⑤] 其中，上半年增幅为4.9%，到12月为6.8%。生产资料价格也呈上升势头，第一季度上升4.5%，上半年上升6.4%，全年上升9.3%。当然，这年物价上涨，同价格改革有很大关系。在商品零售价格上升的5.4%中，属于国家计划调整和放开价格的部分约占4个百分点，属于市场调节自发上涨的部分约占1.4个百分点。[⑥]

---

① 《中国统计年鉴》（1997），中国统计出版社1998年版，第150、155、160、174页。

② 《中国统计年鉴》（1997），中国统计出版社1998年版，第413页。

③ 《中国经济年鉴》（1993），经济管理出版社1994年版，第72页。

④ 《中国统计年鉴》（1997），中国统计出版社1998年版，第664页。

⑤ 《中国统计年鉴》（1997），中国统计出版社1998年版，第267页。

⑥ 《中国经济年鉴》（1993），经济管理出版社1994年版，第104–105页。

4）金融秩序混乱和股票热、房地产热、开发区热等泡沫经济已经开始出现。如有的金融机构以高利率向系统外拆出资金，这些资金大量用于炒股票、炒房地产和投资开发区。

5）工业经济效益低下状况并无改变。国营独立核算工业企业资金利税率由 1991年的 11.8%下降到 1992 年的 9.7%，亏损企业亏损总额由 367 亿元增加到 369.27 亿元。[①]

工业发展速度过快的原因，从认识上说，是片面理解了邓小平在 1992 年初南方谈话中提到的"抓住时机，发展自己，关键是发展经济"的精神，忽视了他同时提到的"不是鼓励不切实际的高速度，还是要扎扎实实，讲求效益，稳步协调地发展"的精神。[②] 当然，从根本上说，还是传统的经济体制和经济战略的影响，以及体制和战略转轨时期特殊矛盾的作用。例如，在 1992 年基本建设投资总额中，国家预算内的投资只占 12.4%，而国内贷款和自筹资金则分别占了 27.4%和 40.3%；在更新改造投资总额中，这三方面投资比重分别为 1.4%、40.7%和 49.6%。[③] 显然，这种状况是同投资主体多元化带来的盲目性以及缺乏有力的企业自我约束机制和宏观调控机制相联系的。

[①]《中国统计年鉴》（1993），中国统计出版社 1994 年版，第 430、437 页。

[②]《邓小平文选》第 3 卷，人民出版社 1993 年版，第 375 页。

[③]《中国经济年鉴》（1993），经济管理出版社 1994 年版，第 75~76 页。

第四十一章　1985~1992年，工业改革发展的主要成就和经验

第一节　主要成就

（1）以社会主义公有制为主体、多种所有制共同发展的格局进一步发展。1984~1992年，国有工业占工业总产值比重由69.1%下降到51.52%，集体工业由29.71%上升到35.07%，个体工业由0.19%上升到5.8%，主要由"三资"企业组成的其他经济类型工业由1.01%上升到7.61%。[①]这里还要着重提到，乡镇工业在1984年以后充分显示了异军突起的面貌。国有、集体企业改革和改革开放以及经济体制改革也全面展开。这表明市场取向改革已进入全面开展阶段。

（2）固定资产投资有了巨大增长。1984年全社会工业固定资产投资为783.42亿元，1992年增长到3715.95亿元。投资的增长带来工业新增的固定资产和生产能力的巨大增长。1984年工业新增固定资产为258.8亿元，1992年达到979.3亿元。[②]仅1992年，基本建设投资新增煤炭开采能力2792万吨，发电机组容量1379万千瓦，石油开采1542.5吨，新建铁路交付营运里程1055公里，新建公路4458公里，沿海港口吞吐能力3117万吨。在这期间，有一大批技术先进的大中型项目建成投产。如1991年投产的年炼铁和炼钢各300万吨的宝钢二期工程、上海南浦大桥、秦山核电站和安阳彩色显像管厂等。

（3）工业增加值和主要产品产量高速增长。1992年工业增加值由1984年的2789亿元增长到10284.5亿元；增长2.56倍。[③]在这期间，除了少数产品产量下降以外，多

---

①《中国工业经济统计年鉴》（1993），中国统计出版社1994年版，第36页。
②《中国固定资产投资统计》（1950~1995），中国统计出版社，第364、404页。
③《新中国六十年统计资料汇编》，中国统计出版社，第9、11页。

数产品产量都有很大的增长。其中，发电量、钢材、水泥、纯碱、乙烯、塑料、发电设备和汽车的增长幅度都很高，家电耐用消费品继续保持了高速增长的态势。以至到1991年，家电耐用消费品开始出现供大于求的局面，销售价稳中趋降。这一点，也是我国工业发展史上一个具有重要意义的变化。随着工业产量的大幅增长，一些主要工业产品产量在世界的位次比重继续显著上升。1984~1992年，钢产量居世界的位次由第四位升至第三位，煤由第二位升至第一位，原油由第六位升至第五位，发电量由第六位升至第四位，水泥由第二位升至第一位，化学纤维由第五位升至第二位，糖由第六位升至第三位，电视机由第三位升至第一位。

（4）轻工业和重工业继续协调发展。1984~1992年，轻工业和重工业占工业总产值的比重分别由47.4%下降到46.6%，由52.6%上升到53.4%，[①]大体上还是协调的。但是，在重工业产值中，制造工业产值比重在这期间由50.9%上升到53.7%，采掘工业和原材料工业由49.1%下降到46.3%。这样，从整个工业（包括轻工业和重工业）的基础工业和加工工业的关系来看，又出现了基础工业发展滞后的问题，以致基础工业的"瓶颈"作用进一步加剧。

（5）工业地区布局有所改善。1984~1992年，东部地区工业产值比重由59.78%上升到65.73%，中部和西部地区由40.22%下降到34.27%。这就改变了20世纪60年代中期以后工业过于向中部和西部地区集中的状况，并且适应了社会生产发展的要求。

（6）职工生活水平有了显著提高。1984~1992年，采掘业、制造业以及电力、煤气和水的生产及供应业平均货币工资分别由1066元增加到3209元，由955元增加到2635元，由1321元增加到3392元，平均实际工资分别增长了42.2%、30.5%、21.3%。

总之，这期间无论是在发展工业的生产建设方面，还是在实现职工生活向小康水平挺进方面，都向前推进了一大步。

第二节   主要经验

伴随着工业改革和发展实践的总结，我们在第七篇第七章叙述的发展工业的经验也有了进一步发展。1986年提出的"七五"计划，1991年提出的十年规划和"八五"计划，对这些经验做了全面、系统的总结。特别是中共十三大报告对这些经验做了精辟的概括。

第一，这个报告第一次系统地提出和论述了社会主义初级阶段的理论以及党在这个阶段的基本路线。

第二，这个报告明确提出了社会主义商品经济体制是计划和市场内在统一的体制。

---

① 《中国工业经济统计年鉴》（1995），中国统计出版社1996年版，第23页。

第三，在发展方面，这个报告强调"必须坚定不移地贯彻执行注重效益、提高质量、协调发展、稳定增长的战略"。这个战略的基本要求，归根到底，就是要从粗放经营为主逐步转向集约经营为主的轨道。为此，必须着重解决好以下三个重要问题：①把发展科学技术和教育事业放在首要位置，使经济建设转到依靠科学技术进步和提高劳动者素质的轨道上来；②保持社会总需求和总供给的基本平衡，合理调整和改造产业结构；③进一步扩大对外开放的广度和深度，不断发展对外经济技术交流与合作。这个报告还特别指出，推行环境保护和生态平衡是关系经济和社会发展全局的重要问题。

1985~1992 年发展工业生产建设的巨大成就，是同贯彻作为这些经验总结的理论和政策相联系的。这突出表现为以下两个重要方面：

（1）贯彻社会主义公有制为主体、发展多种经济成分的方针，对这期间工业的高速增长起到了最重要的作用。1992 年工业总产值比 1984 年增加了 26981.7 亿元。在这个增加额中，国营工业只占 46.6%，集体工业占 36.6%，个体工业占 7.3%，以"三资"工业为主的其他经济类型工业占 9.4%。非国营工业合计占了 53.4%，单是乡镇工业（包括乡镇工业中的集体工业和非集体工业）就占了 44.3%。

（2）如前文所述，1986~1987 年经济调整取得了一定进展，特别是 1989~1991 年治理整顿的成就，都是同贯彻经济总量基本平衡和调整产业结构相联系的。

但是，像我们在本书第七篇第三十四章提到的那样，这些政策本身也有不完善的地方，在许多方面又没有得到充分的贯彻：

（1）工业和国民经济增长很不稳定，基础产业"瓶颈"制约和地区产业结构趋同加剧。如 1985 年发生了工业和国民经济过热，1988 年又发生了一次。在 1978 年、1984 年和 1992 年这三年里，基础产业产值在社会总产值中占的比重由 49.61% 下降到 44.97%，再下降到 36.1%；而非基础产业由 50.39% 上升到 55.03%，再上升到 63.9%。[①]这期间产业结构趋同情况也进一步加剧。

（2）原来在计划经济体制下长期存在的以外延扩大再生产方式为主的状况并无根本改变。在 1980 年、1984 年和 1992 年这三年，国营工业更新改造投资在固定资产投资中的比重，虽然略有上升，但分别只有 29.2%、34.5%、39%。[②]

（3）国营企业改革滞后。这期间改革的许多方面都取得了重大进展，特别是产品价格体制改革在 1992 年取得了决定性进展。但相对来说，国营企业改革是滞后的。其原因除了国营企业改革缺乏经验，本身难度较大（包括形成配套条件的工作量大，传统观念的阻力大，触及各类社会群体的利害既广泛又深刻等）以外，主要是由于没有把国营企业改革真正摆在经济体制改革的中心位置上。与此相联系，没有抓紧国营企业改革的配套条件的建设，主要是失业、医疗和养老保险制度的建设。再有，就是同1989 年以后广泛流行的计划经济与市场调节相结合的提法，也有重要的联系。

[①]《中国工业经济统计年鉴》（1988~1995）和《中国统计年鉴》（1996），中国统计出版社。
[②]《中国固定资产投资统计》（1950~1995），中国统计出版社，第 46~48 页。

（4）上述各点必然造成经济效益下滑。

上述各种问题的发生，主要还是计划经济体制、传统经济战略和"左"的思想的影响，以及理论上、认识上的局限。而且，整个来说，1985~1992年，我国经济体制改革呈现出全面展开阶段的特征，在发展方面又上了一个新的台阶。所以，这些问题同1978年以前长期犯的"左"的路线错误，是有原则区别的。

第九篇

市场取向改革制度初步建立阶段的工业经济

—— 以实现经济总量（或人均国民生产总值）翻两番、人民生活达到小康水平为战略目标的社会主义建设新时期的工业经济（三）（1993~2000 年）

在邓小平 1992 年初南方谈话精神的指导下，1992 年 10 月召开的中共十四大做出了建立社会主义市场经济体制的决定。据此，1993 年 11 月召开了中共十四届三中全会做出了《关于建立社会主义市场经济体制若干问题的决定》，把中共十四大关于经济体制改革的目标和基本原则加以系统化、具体化，是我国 20 世纪 90 年代进行经济体制改革的纲领。1996 年 3 月召开的八届全国人大四次会议依据中共十四届五中全会通过的《关于制定国民经济和社会发展"九五"计划和 2010 年远景目标的建议》，提出"九五"时期全面完成现代化建设的第二步战略部署，2000 年在人口将比 1980 年增长 3 亿左右的情况下，实现人均国民生产总值比 1980 年翻两番；基本消除贫困现象，人民生活达到小康水平；加快现代企业制度建设，初步建立社会主义市场经济体制。1997 年召开的中共十五大确立邓小平理论为党的指导思想，同时大大发展了经济改革和经济发展的战略。这次会议提出：从现在起到 21 世纪的前 10 年，是我国实现第二步战略目标、向第三步战略目标迈进的关键时期。我们要积极推进经济体制和经济增长方式的根本转变，努力实现"九五"计划和 2010 年远景目标，为 21 世纪中叶基本实现现代化打下坚实基础。在这个时期，建立比较完善的社会主义市场经济体制，保持国民经济持续、快速、健康发展，是必须解决好的两大课题。我们在下面依据上述指导思想来叙述这期间（1993~2000 年）工业改革和发展的历史过程。

第四十二章 以国有企业建立现代企业制度为特征的国有工业改革

第一节 以国有企业改革为重点和加快国有企业改革方针的提出

就总的发展趋势看，1978年中共十一届三中全会以来，我国经济体制改革走的是一条以国有企业改革为中心的路子。1984年中共十二届三中全会还明确提出了这一点。但是，由于缺乏经验，国有企业改革本身的难度很大，它所要求的配套条件很高，并且因为传统计划经济观念的束缚，实际上对这项工作抓得不得力，特别对建立社会保障制度的工作抓得不得力，国有企业改革实际上迟迟没有成为经济体制改革的重点。

20世纪90年代以来，特别是1994年以来，由于非国有经济（特别是非公有经济）继续以很高的速度发展，传统计划经济体制下形成的卖方市场向买方市场的过渡，适应市场经济要求的宏观调控基本框架的初步形成，全方位的、多元化的、宽领域的对外开放格局的发展，市场竞争变得异常激烈起来。在这种情况下，国有企业改革、发展滞后，就成为十分突出的经济、政治问题。但这时国有企业改革成为经济体制改革重点，不仅是异常迫切的经济、政治需要，而且有了更成熟的条件。这主要是：1978年以来在这方面已经积累了较丰富的经验，全党、全国人民已在这方面形成了较多的共识，中共十四大、十四届三中、五中全会的决议提出了国有企业改革的完整方针。正是在这种情况下，党中央、国务院提出了国有企业改革是体制改革的重点以及加快国有企业改革发展步伐的方针。

第二节　国有大中型工业企业的改革

一、抓大放小方针提出的依据

依据我国社会主义初级阶段社会生产力发展水平、国有企业发展的历史和现状以及经济体制改革的经验，为了巩固和加强国有经济的主导地位，推进现代化建设，包括工业在内的国有企业改革，必须从搞活整体国有经济着眼，对现有国有经济进行战略性改组，贯彻抓大放小的方针。

抓大放小方针的提出，还依据了对大企业和小企业在国民经济中地位的分析。据第三次全国工业普查，1995 年国有大中型工业企业为 15668 家，仅占工业企业单位数的 0.2%；资产总计 39346.4 亿元，占 44.5%；工业增加值 7122.1 亿元，占 29.2%；产品销售收入 21518.8 亿元，占 27.9%；上缴税金 2265.5 亿元，占 48.8%；实现利润 705 亿元，占乡及乡以上工业的 43.1%。与此相应的数字，就是国有小型工业企业的数字。[①] 1995 年，国务院确定要抓的 1000 户国有大型企业中，有 878 户是工业企业。这 878 户工业企业仅占全部预算内工业企业总数的 2.82%，而资产总额占 63%，产值占 69.6%，销售收入占 70%，利税占 74%。[②]

基于上述分析，本章在叙述 1993~2000 年国有工业企业改革时，是将大中型企业与小型企业的改革进程分开叙述的。在叙述大中型企业改革进程时，着重分析了建立现代企业制度的试点和股份制企业的发展，组建企业集团的试点和企业集团的发展。

二、《中华人民共和国公司法》的颁布

国有企业特别是国有大中型企业的改革方向，是建立以公司制作为企业组织形式的现代企业制度。为了适应建立现代企业制度的需要，规范公司的组织和行为，我国政府于 1993 年 12 月 29 日公布了《中华人民共和国公司法》（以下简称《公司法》），[③] 并于 1994 年 7 月 1 日起施行。

《公司法》在第一章总则中提出：本法所称公司是指依照本法在中国境内设立的有限责任公司和股份有限公司。有限责任公司和股份有限公司是企业法人。有限责任公司，股东以其出资额为限对公司承担责任，公司以其全部资产对公司的债务承担责任。股份有限公司，其全部资本分为等额股份，股东以其所持股份为限对公司承担责任，

---

①《人民日报》1997 年 2 月 19 日第 2 版。
②《中国工业发展报告》(1996)，经济管理出版社 1996 年版，第 213 页。
③ 陈清泰主编：《建立现代企业制度试点工作手册》，中国经济出版社 1996 年版，第 435~459 页。

公司以其全部资产对公司的债务承担责任。

公司股东作为出资者按投入公司的资本额享有所有者的资产受益、重大决策和选择管理者等权利。公司享有由股东投资形成的全部法人财产权，依法享有民事权利，承担民事责任。公司中的国有资产所有权属于国家。

公司以其全部法人财产，依法自主经营，自负盈亏。公司在国家宏观调控下，按照市场需求自主组织生产经营，以提高经济效益、劳动生产率和实现资产保值增值为目的。公司实行权责分明、管理科学、激励和约束相结合的内部管理体制。

国有企业改建为公司，必须依照法律、行政法规规定的条件和要求，转换经营机制，有步骤地清产核资，界定产权，清理债权债务，评估资产，建立规范的内部管理机构。

设立公司必须依照本法制定公司章程。公司章程对公司、股东、董事、监事、经理具有约束力。公司的经营范围由公司章程规定，并依法登记。

公司可以设立分公司，分公司不具有企业法人资格，其民事责任由公司承担。

公司可以设立子公司，子公司具有企业法人资格，依法独立承担民事责任。

公司从事经营活动，必须遵守法律，遵守职业道德，加强社会主义精神文明建设，接受政府和社会公众的监督。公司的合法权益受法律保护，不受侵犯。

公司职工依法组织工会，开展工会活动，维护职工的合法权益。公司应当为公司工会提供必要的活动条件。国有独资公司和两个以上国有企业或者其他两个以上国有投资主体投资设立的有限责任公司，依照宪法和有关法律的规定，通过职工代表大会和其他形式，实行民主管理。

公司中中国共产党基层组织的活动，依照中国共产党章程办理。

《公司法》第二章至第十章中，分别就有限责任公司的设立和组织机构、股份有限公司的设立和组织机构、股份有限公司的股份发行和转让、公司债券、公司财务和会计、公司合并和分立、公司破产解散和清算、外国公司的分支机构以及法律责任做了规定。

《公司法》的颁布和实施，为建立现代企业制度的试点，为规范已经建立的公司组织和行为，为规范政府对公司的管理，提供了法律依据。

三、建立现代企业制度的试点和股份制企业的发展

20 世纪 90 年代初，我国公司制企业已经发展到了很大的规模，但很不规范。为了积极稳妥地推进国有企业建立现代企业制度的工作，还需进行这方面的试点。1993 年 12 月，国务院建立了现代企业制度试点工作协调会议制度，由国家经贸委和国家体改委等 14 个部委、局参加，并由有关部委起草试点方案。到 1994 年 11 月初，形成了以中共十四届三中全会决议和《公司法》为依据、并经国务院同意的《关于选择一批国有大中型企业进行现代企业制度试点的方案（草案）》，就试点的一系列基本问题做了

规定。[1]

（1）试点的目的和原则。通过试点，要达到以下目的：寻求公有制与市场经济相结合的有效途径，转换企业经营机制；转变政府职能，探索政企职责分开的路子；理顺产权关系，逐步建立国有资产管理体系，确立企业法人财产权；完善企业内部领导体制和组织管理制度。试点工作应遵循以下原则：发挥国有经济的主导作用，确保国有资产（资本）保值增值；出资者所有权（股权）与企业法人财产权相分离，保障出资者、债权人和企业的合法权益；贯彻执行《公司法》，重在企业组织制度创新和转换企业经营机制；从我国国情和企业实际出发，吸收借鉴国外有益经验，继承、借鉴与创新相结合；推进相关的配套改革，为建立现代企业制度创造必要的外部条件；分类指导，稳步推进，发挥地方、部门、企业和职工的积极性，搞好试点。

（2）试点的内容。包括：完善企业法人制度；确定试点企业国有资产投资主体；确立企业改建为公司的组织形式；建立科学、规范的公司内部组织管理机构；改革企业劳动、人事、工资制度；健全企业财务会计制度；发挥党组织的政治核心作用。

（3）试点的配套措施。包括：转变政府职能，改革政府机构；调整企业资产负债结构；加快建立社会保险制度；减轻企业及社会的负担；解决试点企业的富余人员问题；发展和规范各类市场中介组织。

（4）试点的步骤。包括以下三个阶段：

1）准备阶段，完成制定试点方案，确定试点企业名单，报国务院批准后公布实施。

2）实施阶段，完成试点企业清产核资，界定产权，清理债权债务，评估资产，核实企业法人财产占用量；明确投资主体；设置合理的股权结构，制定公司章程，建立公司治理结构，依法注册登记；改建后的公司按《公司法》规范运作。

3）总结完善阶段，要认真总结试点经验，写出试点工作报告，提出在全国范围内推进建立现代企业制度的意见。

以上三个阶段的工作大体上分别在 1994 年、1995~1996 年和 1997 年基本完成，并取得了试点的成效。

国家抓的百户建立现代企业制度试点在制度创新和提高经济效益等方面都取得了重要进展。截至 1996 年底，百户试点企业的改革方案都已经批复并开始实施。100 户试点企业中的 98 户，分别按以下四种形式进行改制：

（1）17 户由工厂制直接改制为多元股东持股的公司制，其中，股份有限公司 11户，有限责任公司 6 户。

（2）有 69 户由工厂制企业改为国有独资公司。其中，先改制为国有独资公司，再由国有独资公司作为投资主体，将生产主体部分改制为股份有限公司或有限责任公司的有 29 户。这样，多元投资主体的已有 46 户。

（3）由原行业主管厅局"转体"改制为纯粹控股型国有独资公司的有 10 户。

① 《全国建立现代企业制度试点工作会议文件汇编》，改革出版社 1995 年版，第 120~131 页。

（4）按照先改组后改制的原则进行结构调整实行资产重组改组的有 2 户，即上海无线电三厂解体、淄博化纤总厂被齐鲁石化公司兼并。[①] 在 100 户试点企业中有 84 家成立了董事会，有 72 家成立了监事会。

地方政府抓的 2343 户现代企业试点也取得了重大进展。其中，到 1997 年上半年，已经有 540 户改造成股份有限公司，占 23%；改造成有限责任公司的企业 540 户，也占 23%；改造成国有独资公司的企业 909 户，占 38.8%；尚未完成改造的有 307 户，占 13.2%。在已改制为公司的 1989 家企业中，有 71.9% 的企业已组成了董事会，63% 的企业成立了监事会，总经理由董事会聘任的已占 61%，多数试点企业的总经理已能够行使《公司法》赋予其的职权。

1996 年中央和地方试点企业资产负债率为 65.8%，比 1995 年下降 2.4 个百分点；资产增值率 26.5%；分流社会性服务机构 2265 个，分离人员 11.7 万人；分流的企业富余人员 61.1 万人，约占试点企业职工总数的 6%。其中安排到其他单位的 13.1 万人，下岗培训的 11.5 万人，提前退休的 15.4 万人，待业的 21.1 万人。

但是，由于各种条件的限制，在中央政府和地方政府抓的建立现代企业制度的试点中，在政企分离、理顺产权关系和建立法人治理结构等方面，也存在需要进一步解决的问题。

这期间我国国有大中型企业改革的进展，并不限于百户建立现代企业制度的试点，大量企业还表现为股份制企业（包括责任有限公司和股份有限公司）的发展。据不完全统计，截至 1996 年底，全国股份制企业已达 3.6 万家。其中，有限责任公司 2.68 万家，以国有企业为主改建或新设的股份有限公司 9200 多家，股本总额约 6000 亿元，从业人员约 750 万人。9200 多家股份有限公司固定资产平均余额约为 5300 亿元，分别占全国工业企业固定资产净值平均余额的 13.6%，占全国国有工业企业的 20.6%，占全国国有大中型企业的 24.9%。

这期间以《公司法》为依据而进行的规范工作也取得了重要进展。据估算，上述 9200 多家股份有限公司经规范后，能纳入《公司法》轨道，进行依法登记大致有 6000 多家。

股份制企业的发展，对我国改革和发展起了重要作用：

（1）与百户建立现代企业制度试点相类似（当然是在更大的范围内），在理顺产权关系、建立法人治理结构、实现科学管理等方面，为建立现代企业制度探索和积累了经验。

（2）开辟了国有企业直接融资的渠道，建立了企业资本金补充机制，降低了企业资产负债率。据对 9200 多家股份有限公司的统计，共向社会筹资约 1500 亿元，向内部职工筹资约 350 亿元，筹集外资约 800 亿元。许多上市公司建立起资本的补充机制。这样，降低了企业的资产负债率，提高了企业的资信度。据统计，已上市的 27 家境外

[①]《中国经济年鉴》（1997），中国经济年鉴社 1998 年版，第 679 页。

上市公司，在境外发行股票前，资产负债率平均在 70%以上。发行股票后，负债比例通常降至 50%左右。另外，据对全国 2000 多家股份公司的测算，1995 年其资产负债率平均为 57.8%，比同期全国国有企业平均 67.8%的资产负债率低 10 个百分点。

（3）增强了国有资产的保值增值能力。这主要来自四个方面：

1）国有资产经过评估，在公司设立参股时就有了较大的增值。据国家国资局对 2700 多家股份公司统计，其改制为股份公司时，国有企业净资产评估增值率为 27%。

2）股份有限公司股票溢价发行使国有资产增值。据 1996 年上市的 200 多家股份有限公司统计，其股票溢价水平平均增幅为 300%~400%。

3）堵住了国有资产流失的暗渠，大多数股份公司都按规定建立健全了财务制度，实行资产负债管理。年度财务报告经过注册会计师查证，所有者权益得到相应的保护。

4）国有资产控制和支配社会资本的能力不断增强。在 9200 多家股份有限公司的 6000 多亿元股本总额中，国家股占 43%，法人股占 25.1%。在这些企业中，国家以 43%的份额控制和支配 57%的社会资本。

（4）扩大了企业规模，提高了经济效益。据 1995 年末的测算，深沪上市公司的平均净资产总额为 5.76 亿元/户，而国有大中型企业年末固定资产净值平均为 9293 万元/户。1995 年，国有工业企业平均销售利润为 562 万元/户，而 2000 多家股份有限公司平均销售利润为 1816 万元/户；国有大中型企业平均销售利润为 2299 万元/户，而同期在沪深上市的股份公司平均税后利润为 6338 万元/户。[①]

但是，相对 100 户建立现代企业制度的试点来说，这里叙述的大范围股份制企业的发展，在政企关系、产权关系和法人治理结构等方面还存在很多不规范问题。

1998 年 6 月，国家经贸委依据国务院的决定提出：为实现到 20 世纪末使大多数国有大中型骨干企业初步建立起现代企业制度的目标，1998 年要在认真总结国务院确定的 100 户企业建立现代企业制度试点工作经验的基础上，按照"产权清晰、权责明确、政企分开、管理科学"的要求，依据《公司法》，对具备条件的国有大中型骨干企业有步骤地进行规范改制。[②]这表明，在 20 世纪的最后 3 年，我国要对国有大中型骨干企业全面推行建立现代企业制度的工作。

从总的情况来看，到 2000 年底，大多数国有大中型骨干企业初步建立现代企业制度的目标基本实现：

（1）大多数骨干企业进行了公司制改革。截至 2000 年底，2919 户国有大中型企业已按《公司法》进行公司制改革的企业 2005 户，改制面达到 68.7%。其中被列入国家重点企业的 514 户国有及国有控股企业已经改制的 440 户，改制面为 85.6%。

（2）大多数企业都依法设立了股东会、董事会和经理层，并明确了各自的职责，形成各负其责、协调运转、有效制衡的公司法人治理结构。在改制企业中，由董事会按

---

①《中国经济年鉴》（1997），中国经济年鉴社 1998 年版，第 690~692 页。
②《经济日报》1998 年 6 月 22 日第 2 版。

法定程序聘任总经理的有 1414 户，占改制企业的 70.5%，董事长不兼总经理的有 922 户，占改制企业的 46%；董事会成员中 1/3 以上的董事不在经理层任职的有 793 户，占改制企业的 39.6%；通过向国有独资公司派出外部监事会和企业聘请外部人员任监事，公司监事会中不在本企业任职人员担任监事的有 599 户，占改制企业的 29.9%。这说明公司法人治理结构开始向规范化发展。[①]

四、组建企业集团的试点和企业集团的发展

20 世纪 90 年代初，我国企业集团已经有了很大的发展，但多数都不规范。为此，1991 年 12 月国务院决定选择一批大型企业集团进行试点。第一批为 57 户。经过试点在这方面取得了重要进展。

（1）基本上完成了第一批 57 户试点企业集团的组建工作。到 1997 年上半年，在 57 户企业集团中，有 15 户参加了建立现代企业制度的试点，有 32 户成为股票上市公司。其中，发行 A 股的有 30 家，发行 B 股的有 3 家，境外上市的有 10 家。同时，试点企业集团已初步形成了比较规范的母子公司体制，并在深化母公司内部改革方面取得了进展。

（2）制定了一系列配套改革政策，为企业集团的发展创造了较好的外部条件。

1）落实了自营进出口权、外经权和外事权。到 1997 年上半年，57 家企业集团基本上都取得了自营进出口权，有 27 家拥有外经权，51 家取得了外事权。

2）落实了融资政策。到 1997 年上半年，57 家试点企业集团中有 38 家成立了财务公司，43 家企业股票在境内外上市，属于国家重点企业的 512 户都实行了主办银行制度。

3）落实了税收政策。到 1997 年上半年，有 25 家企业集团实行了母子公司合并报表、统一纳税。

4）国家对试点企业集团的技术创新给予了支持。到 1997 年上半年，已有 26 家试点企业集团建立了技术中心。

5）落实了增资减债政策。到 1997 年上半年，基本上实现了试点企业集团（包括核心企业及其全资或控股的子公司）的"拨改贷"资金本息余额转为国家资本金，金额达到 140 亿元。

（3）为企业集团的进一步发展积累了许多好经验。主要包括：理顺产权关系，规范母子公司体制和法人治理结构；完善集团融资功能，强化集团公司主体地位；立足市场，强化集团战略管理；统一营销策略，提高市场辐射功能；依托资本市场，强化资本经营；实行投资控制，优化资本结构；实施名牌战略，拓展国内外市场；推进技术创新，增强发展后劲。

（4）扩展了企业集团功能，壮大了集团实力，初步形成了一批在市场上具有一定竞

---

① 《中国经济年鉴》（2001），中国经济年鉴社 2002 年版，第 795 页。

争力的企业集团，从而对促进结构调整和提高规模效益起到了一定的积极作用。

但企业集团试点也还存在许多问题：

（1）外部环境还没完全理顺。主要是：企业集团组建过程中，"拉郎配"等形式的行政干预依然存在；政企不分，妨碍了集团母公司的现代企业制度建立；投融资体制改革还没到位，限额以上项目还要经过层层行政审批；条块分割问题还存在，跨地区、跨行业企业集团的建立和发展都会遇到很多困难。

（2）集团母公司内部改革也没到位，科技、产品和市场的开发能力不足。

显然，这些问题主要还是靠深化企业集团试点的工作来解决。为此，国务院于1997年5月批转了国家计委、国家经贸委、国家体改委《关于深化大型企业集团试点工作意见的通知》，对深化大型企业集团试点工作提出了新的要求，试点企业集团由57家扩大到120家。这120家试点企业集团在全国独立核算国有工业企业中，资产、销售收入、实现利税的比重均在1/4左右，而实现利润则超过一半。这些试点企业集团在关系国民经济命脉的重要部门和关键领域占有支配地位。

深化大型企业集团试点工作的主要目的是：①在国民经济的关键领域和关键行业中形成一批大型企业集团，积极发挥大型企业集团在国民经济中的骨干作用；②20世纪末，大型企业集团初步建立以资本为主要联结纽带的母子公司模式的现代企业制度，成为自主经营、自负盈亏、自我发展、自我约束的法人实体和市场竞争主体；③推动生产要素的合理流动和资源的优化配置，联结和带动一批企业的改组和发展，形成规模经济，增强在国内外市场上的竞争力；④提高国有资产的营运效率和效益，确保国有资产的保值增值；⑤转变政府职能，逐步实现政企分开，促进跨地区、跨行业的经济联合，增强国家宏观调控的能力。

深化大型企业集团试点，需要重点解决三个问题。

（1）试点企业集团母公司及其成员企业在清产核资、界定产权的基础上，按照《公司法》的有关规定进行规范或改建，逐步理顺集团内部产权关系，形成以资本为主要联结纽带的母子公司体制。

（2）明确试点企业集团母公司的出资人地位，建立出资人制度，其中，试点集团母公司是国有独资公司，其出资人应是国家授权投资的机构或国家授权的部门；少数具备条件的试点集团母公司，经国务院批准，可以作为国家授权投资的机构。

（3）建立科学、民主的领导体制和决策体制。试点企业集团母公司与子公司都要按照《公司法》建立法人治理结构，形成权力机构、经营机构和监督机构相互分离和制衡的机制。

深化大型企业集团试点工作，需要采取的重要措施是：加快现代企业制度建设，强化内部管理和提高经营者素质，建立真正的市场优势，在结构调整中实现发展。还要推进各项配套改革，主要包括改革投资体制，拓宽融资渠道；改革财税体制以适应跨地区企业集团的发展；兼并、破产、减人增效、增资减债等方面也要适应企业集团发展的需要。

经过上述工作，企业集团得到发展。

第一，截至 2000 年底，全部企业集团（指全国省部级以上部门批准成立的企业集团和年末资产总计和主营收入均在 5 亿元以上的企业集团，下同）2655 家，企业集团资产总计 106984 亿元，比 1999 年增长 12.7%；营业收入 53260 亿元，比 1999 年增长 21.7%。

第二，国有企业集团在试点企业集团中占据重要地位。2000 年全部企业集团中，母公司为国有及国有控股企业集团的资产总计为 100321 亿元，占全部企业集团的 93.8%，比 1999 年增长 23.4%。参加统计的国家试点企业集团 119 家，占全部企业集团总数的 4.48%，拥有年末资产总计为 45151 亿元，营业收入为 22872 亿元，分别占全部企业集团资产的 42.2% 和 42.9%。

第三，特大型企业集团增多。1998 年，中国石油天然气集团公司、中国石油化工集团公司和上海宝钢集团公司成立。1999 年，航天、航空、核工业、船舶、兵器五个年军工总公司改组为 10 个集团总公司。2000 年，中国电信、中国移动通信、中国联合通信和中国卫星通信四大集团公司又相继建立。

第四，企业集团总体上经济效益好转，科技开发投入力度加大。2000 年，全部企业集团实现利润总额 2903 亿元，比 1999 年增长 68.5%，其中国有及国有控股企业集团实现利润总额 2588 亿元，比 1999 年增长 81.4%。2000 年，全部企业集团资产负债率为 58.8%，比 1999 年下降 1 个百分点；总资产报酬率为 4%，比 1999 年提高 1.8 个百分点；劳动生产率为人均 23.3 万元，比 1999 年的 18.7 万元提高了 24.6%；研究开发费用达到 480 亿元，比 1999 年增长 35.3%，研究开发费用占主营业务收入比重为 0.9%，比 1999 年提高 0.1 个百分点。

第五，一批特大型企业集团进入《财富》500 大企业。2000 年，年末资产总计和营业收入均在 50 亿元以上的特大型企业集团 140 家，比 1999 年增加 15 家。根据《财富》杂志公布的结果，2000 年我国 12 家大型企业集团进入美国《财富》500 大企业。它们是中国石油化工总公司（68 名）、国家电力公司（77 名）、中国石油天然气集团公司（83 名）、中国工商银行（213 名）、中国电信集团（228 名）、中国银行（251 名）、中国化工进出口总公司（276 名）、中国移动通信集团公司（336 名）、中国建设银行（411 名）、中国粮油进出口总公司（414 名）、中国农业银行（448 名）、怡和集团（中国香港地区）（494 名）。[①]

但企业集团的改革和发展方面也存在不少问题。如组建企业集团中存在不合理的行政干预及其他困难；集团公司内部的关系有待理顺；企业集团盲目扩张，主业不突出，竞争力弱；在部分行业存在垄断等。

---

① 《中国经济年鉴》（2001），中国经济年鉴社 2002 年版，第 797~798 页。

第三节 国有小型工业企业的改革

小型企业是国民经济的重要组成部分，是地方财政收入的重要来源，在促进经济繁荣、提供就业机会、改善人民生活、保障社会稳定等方面发挥着重要作用。国有小型企业改革是企业改革的重要组成部分。为了充分发挥小企业在国民经济和社会发展中的积极作用，必须加大改革力度，加快放开搞活小企业的步伐。为此，国家经贸委于1996年7月颁发了《关于放开搞活国有小型企业的意见》，以推动各地放开搞活国有小企业工作健康发展。

放开、放活小企业的原则。认真贯彻中共十四届三中全会决定精神，以邓小平同志提出的"三个有利于"作为决定小企业改革措施取舍和检验其得失的根本标准，大胆探索，勇于实践；着眼于从整体上搞好国有经济，"搞好大的"与"放活小的"并举；在确保国家所有者权益的条件下，从实际出发，采取多种形式和方法放开搞活小企业；紧密依靠职工群众，将小企业的改革和发展与职工切身利益结合起来，加强职工的参与和监督；把放开搞活小企业的权力和责任主要放在地方政府，加强领导，统筹规划，稳步推进。

小企业改革的方向是实行政企分开，使企业自主走向市场；转换经营机制，使企业成为自主经营、自负盈亏、自我发展、自我约束的法人实体。

小企业改革要因地制宜、因行业制宜、因企业制宜，允许企业依据自身特点，选择适合企业生产力水平的改制形式，区别对待，分类指导，形式多样，不搞一个模式，不一刀切。①在保留原所有者权益的基础上，吸收其他投资，依照《公司法》组建有限责任公司；②改建为股份合作制，吸收职工参股，实行劳动合作与资本合作相结合，按劳分红与按股分红相结合，实施民主管理；③鼓励跨地区、跨行业、跨所有制的联合、兼并；④不变更企业所有者，将企业全部或部分资产出租，或依照承包协议将经营权赋予承包人；⑤通过公开竞价或协议定价，有偿转让企业的部分或全部净资产；⑥鼓励小企业引资嫁接改造，嫁接的方式可以是整体嫁接，也可以是部分嫁接，合资比例不限；⑦长期亏损、扭亏无望、不能清偿到期债务的企业，依法实行破产；⑧可将管理混乱、经营不善的困难小企业委托实力较强的优势企业经营管理；⑨生产、经营情况好的，可继续保持原企业组织形式，加强管理，提高经济效益；⑩其他可以采取的形式。

在小企业改制中要注意做到：①要落实企业债务责任，严防逃、废债；要进行资产评估，防止国有资产流失，不得将国有资产无偿量化分给职工；②小企业要紧密围绕市场开展生产和经营活动，以市场为出发点和落脚点；③小企业要把改革、改组、改造和加强企业管理结合起来；④要增强改制工作的透明度，调动职工群众参与改革的积极性，改制后的企业根据不同情况，都要采取相应形式加强职工的民主管理和监督；⑤妥善处理好改制后职工的分流安置和离退休职工的生活保障问题；⑥加强小企业改革的宏观政策指导；⑦要建立和完善为小企业服务的各种中介机构；⑧金融机构要创造条件，积极探索，发展面向小企业的各项服务；⑨要建立小企业管理人员和职工的培训制度；⑩要加快有关小企业的市场法规建设。

相对国有大中型企业改制来说，小型企业改制难度较小，因而获得了迅速发展。到 2000 年底，国有小企业已实现改制的有 51698 户，改制面达到了 81.4%。[①]

但在这方面也存在不少问题。例如对放活小企业采取放任自流和一卖了之的态度；在推行股份合作制企业中又存在"刮风"的情况；在已改制的公司制和股份合作制企业中还存在不规范的状况。因此，要完全实现小型企业的改制，还是一个艰巨的任务。为此，不仅要坚持贯彻和发展这方面已有的有效政策和措施，而且特别需要把小企业改制与对小企业的必要扶持结合起来，发展小企业的服务体系（包括融资、购销、技术和管理培训以及信息提供等）。

第四节　国有资产管理改革在探索中曲折前进

1992 年中共十四大明确了中国经济体制改革的目标是建立社会主义市场经济体制。并强调要通过理顺产权关系，实行政企分开，使企业真正成为法人实体和市场竞争主体，并承担国有资产保值增值的责任。在这种形势下，推进国有资产管理改革，就显得更加重要了。这突出表现为以下三点：①它是解决政企职责分开、国有资产所有权与经营权分离的一个必要前提；②它是国有企业真正成为市场主体的关键；③它是解决当时突出存在的国有资产状况不清、管理混乱、资产闲置浪费和被侵占流失问题的根本出路。

依据中共十四大精神以及中国深化改革的实际需要，对国有资产管理体制改革，中共十四届三中全会明确提出："加强企业中的国有资产管理。对国有资产实行国家统一所有、政府分级监管、企业自主经营的体制。按照政府的社会经济管理职能和国有资产所有者职能分开的原则，积极探索国有资产管理和经营的合理形式和途径。加强中央和省、自治区、直辖市两级政府专司国有资产管理的机构。有关部门对其分工监管的企业国有资产要负起监督职责。根据需要可派出监事会，对企业的国有资产保值增值实行监督。"[②] 党中央和国务院还提出："允许地方试点，探索建立国有资产管理的具体方式。"

---

①《中国经济年鉴》(2001)，中国经济年鉴社 2002 年版，第 800 页。
②《中共中央关于建立社会主义市场经济体制若干问题的决定》，人民出版社 1993 年版，第 9 页。

　　依据这些精神，这期间在改革国有资产管理体制问题上，从以下三个方面做了探索和实践：

　　第一，在构建国有资产的管理、监督和经营体系方面的探索和实践。在这方面，上海和深圳等地的实践创造了好的经验。上海从 1993 年 7 月起着手对国有资产管理体制进行改革，形成了"两级管理、三个层次"的国有资产管理体制。所谓"两级管理"，即通过市对区县的综合授权，市、区县两级政府对所属企业中的国有资产行使所有者职能；所谓"三个层次"，即构造国有资产管理委员会及专司机构——国有资产管理办公室，国有资产经营公司，以及国有独资公司、控股公司和参股公司三个层次的国有资产管理和营运体系。第一层次由市政府设立市国有资产管理委员会及其办事机构——市国有资产管理办公室，实现政府的社会经济管理职能同国有资产所有者职能的分离。市国有资产管理委员会作为市国有资产所有权的总代表，依法对本市国有资产进行管理，并对其行使所有者职能，负责组建市国有资产经营机构并授权其经营国有资产。市国有资产管理办公室同时又是市政府专司国有资产管理的职能部门。第二层次组建国有资产经营机构，并以授权方式使其承担国有资产的经营职能，实现国有资产管理职能同国有资产经营职能的分离。国有资产经营机构主要有两种形式。一是将企业主管局改制为国有资产控股公司，按政企分开的原则将其原有的行政职能移交给市经委等政府部门。二是以优势企业为龙头组建企业集团公司。第三层次对国有企业进行公司制改造，重构产权制度，实现出资者所有权与企业法人财产权的分离。改组后的国有企业成为规范的国有独资公司、控股公司和参股公司依法拥有法人财产权，成为具有法人地位的市场竞争主体，实行自主经营、自负盈亏。作为国有资产经营机构，国有控股公司或集团公司依据其投资份额，行使出资人职能，享有相应的资产收益权、重大决策权和选择经营者等出资者权利，同时承担相应的义务和责任。

　　上海在构造国有资产管理、经营体系的过程中，同步进行了国有资产监控体系的建设。在机构设置上，首先，在国有资产管理办公室下设立专职监控机构，对全市国有资产行使监控职能。其次，在国有资产经营机构设立监事会，监事会成员由体外监事和体内监事两部分组成，按资产运营和资产监督分工原则，体外监事由政府部门领导和有关专家组成。最后，资产经营机构向所投资企业外派监事会。为了加强对公司财务会计活动的管理和监督，还实行了向公司委派财务总监和财务会计主管的制度。

　　这些地区对建立社会主义市场经济条件下的国有资产管理、监督和经营体系进行了积极探索，尽管还有不少问题需要研究，但为构建新的国有资产管理体制提供了有益经验。把这些经验概括起来，就是建立国有资产的管理、监督和经营体系。这个体系可以包括以下三个层次：

　　（1）建立国有资产管理局，承担国有资产的管理和监督职能，但不承担国有资本的经营职能。

　　（2）建立承担国有资本经营职能的单位，保证国有资本的保值增值。从现有的实践看，可采取以下三种形式：组建新的国有资本经营公司，专司国有资本的营运；对有条件的大型企业或企业集团授权，使其成为国有资本的投资主体；由企业主管部门转变职能，改组为授权的国有资本投资主体。

（3）依据现代企业制度所要求的出资者所有权与公司法人财产权分离的原则，在国有资本投资主体的基础上，把原有的国有企业改造作为市场竞争主体的现代企业制度。

第二，在加强国有资产监管方面的探索和实践。国务院依据中共十四届三中全会精神于 1994 年发布了《国有企业财产监督管理条例》，① 为建立国有资产监督管理体系，明确政府有关部门和企业对国有资产保值增值的责任，防止国有企业资产流失提供了法律保障。有关地区、部门和企业贯彻条例工作取得了以下成效：①初步形成了国有企业财产监管制度；②强化了企业经营管理国有资产的意识，促进了企业资产经营管理；③从资产经营的角度客观评价经营者的经营业绩，加强了对经营者的监督。

随着改革的发展，政府对国有企业监督不力的问题暴露得很尖锐。在这种情况下，国务院于 1998 年 5 月 7 日发出《关于向国有重点大型企业派出稽查特派员方案的通知》，随即付诸实施。建立稽查特派员制度是实现政企分开的重大举措，是国家对国有企业管理方式的重大转变，也是对企业领导人员管理制度的重大改革。这个制度符合国际惯例，实际上也是 1994 年国务院颁布的《国有企业财产监督管理条例》的发展。实践表明，它对于推进国有企业改革和规范企业行为，具有重要意义。

此后，特别是 2000 年以来，针对企业法人治理结构不健全，内部人控制严重的情况，在加强国有企业监管方面又采取了一系列重大举措。

（1）建立健全了国有企业监事会制度。为了进一步从体制上加强对国有企业的监督，确保国有资产及其权益不受侵犯，2000 年 3 月 15 日，国务院发布了《国有企业监事会暂行条例》，决定由国务院向国有重点大型企业派出监事会，并授权各省、自治区、直辖市人民政府参照条例规定，对其下属企业派出监事会。这是对稽查特派员制度的进一步完善，目的是从制度上规范和强化国有企业监督，变外部监督为内部监督，变临时监督为日常监督。按照《国有企业监事会暂行条例》的规定，国有重点大型企业监事会由国务院派出，向国务院报告，代表国家对国有重点大型企业的国有资产保值增值状况实施监督。监事会以财务监督为核心，对企业的财务活动及企业负责人的经营管理行为进行监督，确保国有资产及其权益不受侵犯。监事会与企业是监督与被监督的关系，不参与、不干预企业的经营决策和经营管理，尊重企业的经营自主权，保护企业负责人搞好企业的积极性。通过检查企业财务、经营效益、利润分配、国有资产保值增值、资产运营等情况，监事会对企业负责人的经营管理业绩进行评价，提出奖罚、任免建议。每次监事会对企业的检查结束后，要及时做出检查报告。② 同时废止了 1994 年 7 月 24 日发布的《国有企业财产监督管理条例》。

（2）积极推进财务总监委派制和聘任制，进一步强化国有企业财务总监监督机制。

---

① 《建立现代企业制度试点工作手册》，中国经济出版社 1996 年版，第 465~469 页。
② 《经济日报》2000 年 8 月 18 日第 2 版。

为维护国有企业的所有者权益，强化对企业的财务监控，在明确企业产权关系的基础上，积极试行财务总监委派制和聘任制，国有资产授权经营公司董事会聘任财务总监，母公司可向所属全资或控股的子公司委派或推荐财务总监。《国有企业监事会暂行条例》发布以后，为了加强对国有企业的监督管理，许多地方明确规定：财务总监以外部监事身份进入企业监事会，进一步加强企业财务监督力量。

（3）继续推行对国有企业会计委派制试点。据调查，2000年全国已有20个省、市、自治区对国有大中型工业企业进行了会计委派制试点，试点总数为618家，被委派人员大都处在企业财会体系的关键位置；其个人利益与派驻企业脱钩。实施会计委派制有助于提高会计信息的真实性，使政府对国有企业的财务监督力度进一步加大。这些措施都会有力促进对国有企业的监管。但这方面任务仍很艰巨。

第三，建立国有资产管理机构的改革实践在曲折中发展前进。如前文所述，1988年建立国有资产管理局具有过渡性的特点，其作用也没有得到充分的发挥。但就其实现国家的社会经济管理职能与国有资产所有权职能分离这个改革方向来说是正确的。但到1998年国务院机构改革时，将独立的国有资产管理局并入财政部。这固然是出于精简庞大的政府机构的需要，但也反映了对原有国有资产管理体制的弊病及其改革方向认识不清。就其实现国家社会经济管理职能与国有资产所有权职能合一的回归来说，是国有资产管理体制改革的一种倒退。当然，也应该看到：1998年以后，政府在构建国有资产的管理、监督和经营体系，加强国有资产监管以及切实精简政府机构和转变政府职能方面做了大量工作，并取得了显著成效。

但是，撤销独立的国家国有资产管理部门，不符合国有资产管理体制改革方向。问题在于：在独立的国有资产管理局撤销以后，国有资产管理由政府各个职能部门分割行使：人事权在人事部、组织部或大企业工委，投资权在计委，国有企业的宏观调控和资产处置权在经贸委，资产收益权在财政部。有关国有资产的重大决策、选择经营者等权力，实质上仍然为各个部门所把握，国有资产管理部门或者根本不存在，或者有名无实，要实现政府双重职能的转变，在实践中由于专门的国有资产管理机构缺失而无法操作。这样，在改革已经取得进展的情况下又引发了一系列问题。主要是：

（1）政府对国有资产管理又实行多头管理，管人、管事和管资产相脱节。如，主管企业的干部考核部门不考核资产经营效益，却负责选择经营者。国家经济综合部门监督着国有资产的运营，却不能选择经营者。这种人为的分割导致了国有资产运营效率低下等一系列问题。

（2）国有资产无人真正负责，造成了国有企业的"内部人控制"问题，引发了国有资产流失、收入分配混乱、逃税、逃废银行债务等现象。

（3）政府职能没有真正转变，干预企业的问题仍然存在，企业的自主经营权还没有真正落实。

上述问题的产生与撤销国有资产管理局相联系。具体来说，有两方面：一是国有企业的出资人职能由不同部门分割行使，形成"九龙治水"的局面，名义上大家都负责，实际上谁也不负责，也负不了责，形不成真正意义上的"问责"制度。二是政资不分，政府部门既承担社会经济管理职能，又承担国有资产管理者职能，造成了政府以国有资产管理者的身份干预企业的正常经营活动。

还需指出，由多个政府职能部门分割行使国有资产出资人职能，而没有一个专门的国有资产管理机构，似乎与计划经济体制下的国有资产管理机构设置有相同之处。但是，那时国家是把国有企业的管理与对国有资产的管理捆在一起进行，没有一个专门的国有资产管理机构，其弊端表现为管理效率低下，尽管如此，却没有出现管理真空和管理失控。但在 1998 年撤销国有资产管理局以后，一方面，强调在微观上要给予国有企业自主权，要摆脱对国家投资企业的行政管理而转向产权管理；另一方面，却没有统一的国有资产管理机构作为现实的产权主体。这种国有资产管理机构改革与国有企业改革的不配套，其结果就不仅是国有资产管理效率低，而更多的是内部人控制和严重的国有资产流失。在这种情况下，对国有资产管理机构的改革显得更加必要和紧迫。正是依据上述经验的总结和改革的要求，2002 年召开的中共十六大提出建立国有资产管理机构。这当然不是 1988 年建立国有资产管理局的简单重复，而是在新的更高层次上的再建。

第四十三章　国有企业的改组、改造和管理

第一节　"三改一加强"方针的提出

　　1996 年 5 月，党中央提出：把国有企业的改革同改组、改造和加强管理结合起来，以构造产业结构优化和经济高效运行的微观基础。这是党中央在 1992 年中共十四大以后提出的搞好国有企业改革和发展的一条十分重要的方针，是对国有企业改革和发展新经验的全面总结，是符合我国国有企业实际状况的。改革之后的一段时期内，人们自觉不自觉地把国有企业搞不活的原因归结为国有企业改革的滞后。这一点确实是国有企业活力不强的最重要、最基本的原因。但实践表明，国有企业搞不活的原因，还有诸多其他方面。其中重要的还有，企业组织和产业组织不合理，企业技术改造进展缓慢，企业管理落后。

第二节　对国有企业实行战略性改组

　　企业组织形态的"大而全"、"小而全"以及企业承担办社会职能，是传统计划经济体制的伴生物。1958 年，中共中央就提出和实施建立比较完整的工业体系的区域经济的任务。20 世纪 60 年代中期以后更加强化了这一点。这样，改革以前，企业组织"大而全"、"小而全"，企业办社会以及地区之间过多重复建设已经发展到了很严重的地步。改革以后，政企分开一直没有得到根本解决。20 世纪 80 年代初开始实行的财政分灶吃饭制度，延续了十多年。1994 年开始实行以划分中央政府和地方政府事权为基础的分税制，但改革并没有做到位。改革以来，中央政府逐步下放了投资和引进外资的权限，但有效的宏观调控并没跟上。这期间，市场虽有很大发展，但发育并不健全，行政性

垄断和无序的、不平等的、过度的竞争还相当普遍。这样，企业组织、产业组织和产业结构不合理状态不仅没有得到扭转，甚至有所加剧。在实行对外开放的条件下，还出现了盲目重复引进。在社会生产力快速发展的条件下，又出现了生产能力相对过剩，主要是结构性过剩。分别来说，有以下六个方面：

（1）大中小型企业的总量规模和平均规模都小，大企业比重低，企业规模不经济和规模结构不合理。1996 年，全国乡和乡以上独立核算工业企业总产值为 64886 亿元。其中，大、中、小型企业总产值分别为 24756 亿元、9539 亿元、30591 亿元；三者比重分别为 38.2%、14.7%、47.1%。全国平均每个企业产值为 1238.8 万元。其中，大、中、小型企业分别为 35038.6 万元、5659.2 万元、590 万元。[1]

（2）企业组织"大而全"、"小而全"，地区产业结构趋同，企业之间和地区之间的专业化协作程度低。机械工业是最有条件实行专业化生产的行业。但 20 世纪 90 年代下半期，中国机械工业专业化程度大约只达到经济发达国家五六十年代的水平。例如，中国铸造行业专业化比重只有 30%，锻造为 15%，热处理为 20%，电镀为 40%；而经济发达国家这四项数据分别为 80%、75%、70%、90%。中国机电行业约有 80% 的企业为"大而全"、"小而全"的厂子。[2] 据计算，我国各省工业结构相似系数大于 0.9 的，1981 年为 18 个，1984 年为 17 个，1989 年为 17 个，1994 年为 13 个；大于 0.8 的，1981 年为 25 个，1984 年为 25 个，1989 年为 22 个，1994 年为 21 个。"九五"期间，30 个省、自治区、直辖市中，将机械工业定为本省（市、区）支柱产业的有 25 个，电子业 24 个，化工业 23 个，建筑业 19 个，冶金业 15 个，轻纺业 11 个。

（3）产业集中度低。据有关学者按 1993~1995 年平均数计算，在全国 37 个主要工业部门中，产量较多的 8 个厂集中度超过 50% 以上的只有 1 个（即具有自然垄断性质的石油天然气开采业），集中度 40%~50% 的有 3 个，30%~40% 的有 2 个，20%~30% 的有 7 个，10%~20% 的有 6 个，10% 以下的有 18 个。

（4）许多工业部门的生产能力相对过剩。按一般标准，生产能力利用率达到 80% 的算正常。但 1995 年全国第三次工业普查资料表明：在 94 种主要工业产品中，生产能力利用率在 60% 以上的就有 59 种，占总数的 62.8%；在 50% 以下的有 18 种，占 19.1%。另据有关单位统计，1997 年 900 多种工业产品中，半数以上生产能力利用率在 60% 以下。

（5）国有资产在产业之间的分布，也有同国有经济主导地位不适应的情况。20 世纪 90 年代中期，国有资产存量约有 60% 分布在工业和建筑业等竞争性比较强的领域，分布在交通、邮电等基础产业和基础设施垄断性较强的领域的不足 20%。

（6）许多国有企业资产质量差，经济效益低，亏损严重。

这些情况表明，对国有企业的改革和发展来说，实行战略性改组已是一项十分重

---

① 《中国统计年鉴》(1997)，中国统计出版社 1998 年版，第 413 页。
② 《中国工业发展报告》(1996)，经济管理出版社 1997 年版，第 218 页。

要、紧迫的任务。

诚然，改革以来，随着地区之间横向经济联合的展开，股份制企业、非国有企业的发展，市场体系（包括股票市场）的发育以及《中华人民共和国破产法》（以下简称《破产法》）的实行，国有资产存量调整工作和企业的兼并、破产已经有了一定的进展。据粗略统计，在 20 世纪 80 年代，全国 25 个省、自治区、直辖市和 14 个计划单列市共有 6226 户企业兼并 6966 户企业，共转移存量资产 82.25 亿元，减少亏损企业 4095户，减少亏损金额 5.22 亿元。[①]《破产法》从 1988 年实施到 1993 年全国共破产企业 940户。[②] 这些企业大多数是集体企业，但也有一部分是国有企业。

为了促进国有企业的改革和发展，还必须大力推进国有企业的战略性改组。为此，1994 年 6 月 24 日，国务院原则上同意了国家经贸委等 9 部委《关于在若干城市进行企业"优化资本结构"试点的请示》，并对试点工作提出了明确要求："试点应在整体推进转换国有企业经营机制的前提下，在补充企业资本金、减轻企业债务负担、分离社会服务职能、建立优胜劣汰机制等方面实现重点突破。"[③] 为此，1994 年 10 月国务院下达了《国务院关于在若干城市试行国有企业破产有关问题的通知》。1997 年 3 月，国务院又下达了《关于在若干城市试行国有企业兼并破产和职工再就业有关问题的补充通知》，对企业兼并破产和职工再就业工作的组织领导，企业兼并破产和职工再就业工作计划的制定与审批，企业破产预案的制定，资产评估机构资格及破产财产处置，妥善安置破产企业职工，简化呆坏账核销手续，破产责任的追究，严格按照有关文件规定规范企业破产，加大鼓励企业兼并的政策力度，以产定人，下岗分流，适当减免贷款利息，缓解企业困难等一系列问题做了规定；要求优化资本结构试点城市都要建立再就业服务中心。

为此，1997 年 8 月，劳动部、国家经贸委、财政部联合发出《关于在企业"优化资本结构"试点城市建立再就业服务中心的通知》。要求试点城市把建立再就业服务中心、保证资金到位、落实再就业计划等作为实施企业兼并破产、减员增效计划和核销银行呆坏账准备金的前提条件。再就业服务中心的基本任务是在规定的时间内为下岗职工提供职业培训、职业介绍、就业指导、组织劳务输出、办理社会保险等促进再就业方面的帮助和服务，同时发放基本生活和门诊医疗费用。再就业服务中心的管理，要采用托管合同的方式，即区分破产企业、兼并企业、减员增效企业三种情况签订不同类型的合同。托管时间最长不超过两年，如果受托管的下岗职工两次无正当理由不接受再就业服务中心介绍就业岗位的，再就业服务中心可以提前解除托管合同。下岗职工实现了再就业，就与再就业服务中心解除托管关系，并与原企业解除劳动关系。托管期满，仍未就业的下岗职工，应与再就业服务中心解除托管合同，并与原企业解除劳动关系，到当地就业服务机构登记，符合规定的享受失业保险的有关待遇。通知

---

① 《改革》1994 年第 12 期。
② 《中国工业发展报告》(1998)，经济管理出版社 1999 年版，第 108 页。
③ 《全国建立现代企业制度试点工作会议文件汇编》，改革出版社 1995 年版，第 91 页。

规定，采用政府、社会、企业各出一部分资金的办法，破产企业依法取得的土地使用权和资产变现中所得的职工安置费，兼并企业和减员增效的企业或主管部门为下岗职工缴纳的职工安置费应一律拨付给再就业服务中心统筹使用。试点城市根据企业兼并破产和职工再就业的数量，确定政府、企业和社会三部分用于再就业服务的资金比例，并尽快将资金拨入再就业服务中心。各再就业服务中心根据筹集到的资金的承受能力，确定接收下岗职工的数量。

1994 年，国务院确定的优化资本结构试点城市为 18 个，1996 年扩大到 58 个，1997 年又扩大到 111 个，并在这方面取得了重要进展。1996 年，58 个试点城市兼并企业 1192 户，资产总额 292 亿元，负债总额 278 亿元，其中银行贷款本息余额 197 亿元，已停息或免息 13.3 亿元，涉及职工 113 万人；破产企业 1099 户，资产总额 249.8 亿元，负债总额 429.9 亿元，涉及职工 68 万人。1996 年试点城市的企业分离非生产机构 5908 个，涉及 103 万人。[1]

1997 年在这方面继续取得了进展。这年破产终结的企业 675 户，被兼并企业 1022 户，减人增效企业 789 户，核销银行呆坏账准备金 320.5 亿元。其中用于破产企业 170.35 亿元，用于被兼并企业 90.15 亿元，用于减员增效企业 60 亿元。1997 年，在企业增资减债方面，着重抓了两项工作：①"拨改贷"本息余额转为国家资本金的工作；②股票上市。截至 1997 年，已累计将约 600 亿元"拨改贷"本息余额转为国家资本金。1997 年股票发行重点支持 100 户现代企业制度试点企业、512 户重点国有企业和 120 家企业集团，全年共选定 A 股企业 209 家，其中，属于 100 户现代企业制度试点和 120 家企业集团范围的企业 79 家。100 户现代企业制度试点企业中已有 40 家改制上市，占总数的 40%；512 家重点企业中已有 186 家改制上市，占总数的 36%；120 家试点企业集团中也已有 59 家有了上市公司，占总数的 49%。1997 年 3 月，试点城市建立职工再就业服务中心 1777 个，进入中心的人数达 89.6 万人。据统计，截至 1997 年底，通过实施再就业工程，使得包括试点城市在内的全国 433.5 万名国有企业下岗人员实现了再就业。[2]

1998 年继续大力推进这方面的工作。如前文所述，1998 年 6 月 9 日党中央、国务院专门下发了《关于切实做好国有企业下岗职工基本生活保障和再就业工作的通知》。[3] 这虽然是面向全国发布的，但对优化资本结构试点城市的再就业工作有推动作用。国务院还决定，1998 年将核销银行呆账坏账准备金的总额增加到 400 亿元，把"拨改贷"和基本建设经营性基金转为国家资本金增加到 500 亿元。[4]

---

① 这里还要补充说明：企业办社会负担中最突出的问题是企业自办中小学校、医院、后勤服务单位以及富余人员的安置。据统计，20 世纪 90 年代下半期，全国企业自办中小学校达 1.8 万所，在校生 610 万人，教职工 60 万人，每年需教育经费 30 亿元（不包括基本建设投资）。全国企业及非卫生部门自办的卫生机构 11 万个，职工 140 万人，约占全国卫生机构的 1/3。据试点城市国有大中型企业调查，富余职工约占职工总数的 17.12%。

② 《光明日报》1998 年 6 月 24 日。

③ 《人民日报》1998 年 6 月 23 日第 1~2 版。

④ 《中华人民共和国第九届全国人民代表大会第一次会议文件汇编》，人民出版社 1998 年版，第 20 页。

还要提到：1997年，国务院就把纺织、兵器、航天三个行业列入了优化资本结构试点的计划。1998年初，国务院又发出《关于纺织工业深化改革调整结构解困扭亏工作有关问题的通知》，全面贯彻落实鼓励兼并、规范破产、下岗分流、减员增效和再就业工程的方针，以压缩淘汰落后棉纺锭为手段，以国有纺织工业企业集中的城市的结构调整为重点，妥善分流安置下岗职工，坚定不移地走"压锭、减员、调整、增效"的路子，切实抓好纺织工业深化改革、调整结构、解困扭亏工作，[1]并将这项工作逐步推广到煤炭、机械等行业。这些也都是实现国有企业战略性改组的重要措施。

但这期间，国有企业战略性改组并不限于上述优化资本结构试点的城市和行业，更多地还是试点范围以外的国有企业。这里需要特别提到：这期间开始出现了对实现这种战略改组具有重大意义的强强联合和兼并。1997年10月，金陵石化、扬子石化、仪征化纤、南化公司以及江苏石油集团联合组建了中国东联石化集团有限责任公司；同年11月，中国石化总公司齐鲁石化公司实现了对淄博化纤总厂和淄博石油化工厂的兼并，这起兼并涉及债务总额30多亿元。两者分别是改革以来最大的国有企业之间的强强联合和兼并。[2]

但这期间国有企业的战略改组也还存在许多需要进一步解决的问题。例如政企未分开，部门分割和地区分割，行政干预过多，社会保障制度还未基本建立，使这种改组还存在很多困难。要完成国有企业战略性改组，还有赖于经济改革的深化，还要做出艰苦的努力。

第三节　加强国有企业的技术改造

改革以来，国有企业技术改造取得了重大进展。"六五"期间，依据重工业比重过大、轻工业比重过小的情况，技术改造重点支持了轻工业，促进了轻工业的迅速发展和升级换代以及轻重工业的协调发展。"七五"期间，依据经济增长中的"瓶颈"制约，技术改造重点转向了能源、交通、通信、原材料等基础产业，缓解了"瓶颈"制约。"八五"期间，企业技术改造总量达到1.07万亿元，超过了前10年的总和。这期间依据长期存在的技术改造投资使用分散，以致长线产品得不到有效控制，短线产品得不到充分发展，形不成合理的经济规模等问题，提高了技术改造投资的集中度，资金逐步转向国家重点建设项目。这期间，全国开发重点新产品约3万项，投产率80%，新产品实现利税220多亿元，增长2.54倍。[3]1994年开始实施的对重点行业的重点企业加

①《经济日报》1998年6月22日第2版。
②《人民日报》1993年11月10日第1版。
③《人民日报》1995年10月21日第1版。

大技术改造力度、加快改革步伐的"双加"工程，涉及 56 个技术改造重点项目，投资总额达 1000 亿元以上，更是加快了企业技术改造。

"九五"以来，在这方面继续取得进展。例如，1997 年工业企业新产品产值比 1996 年增长 13.3%，比工业产值增幅高 2.1 个百分点；新产品产值率为 5.9%，比 1996 年提高 0.2 个百分点。但是，由于传统的重外延、轻内涵的经济发展战略和经济体制没有得到根本改变，企业技术进步缓慢状态也没有发生根本变化。据统计，1995 年底，国有大中型企业经过比较全面的技术改造的只有 20% 左右；设备老化率已达 25%；技术装备水平达到 20 世纪 80 年代国际水平的只有 26.1%，属于国内先进水平的仅占 27.7%，属于国内一般水平的占 33.4%，属于国内落后水平的占 12.8%。[1] 其新度系数平均为 69%，其中机械工业还只有 60%。机电一体化比重更低，数控机床产量比重仅为 1.4%，拥有量比重为 5%，远远低于发达国家 30% 和 80% 的比重。据估计，20 世纪 90 年代下半期，我国多数国有企业的技术装备水平比国际先进水平大约落后 15~20 年。据计算，20 世纪 90 年代下半期，技术进步对我国经济增长的贡献率不到 30%，远远低于发达国家 50%~70% 的水平。这些数字表明，加强国有企业的技术改造，对国有企业的改革和发展来说，也是一个极为重要的紧迫任务。

20 世纪 90 年代下半期，从以下六方面采取措施，来加强企业的技术改造：

（1）政府和企业都要在经济增长方式方面实现观念的转变。在传统的经济体制和经济战略的影响下，形成了根深蒂固的重外延、轻内涵的观念。"八五"期间，国有单位技术改造投资占固定资产投资和银行贷款的比重分别为 29.4% 和 31.3%，分别比"七五"期间下降了 2.4 和 4.8 个百分点。国有工业技术改造投资占固定资产投资的比重，由 1992 年的 39% 下降到 1997 年的 32.4%，下降了 6.6 个百分点。这个数字表明，如果不在经济增长方式方面实现观念的根本转变，国有企业的技术改造就很难得到加强。当然，这种观念固定化的根源还是传统经济体制。

（2）深化国有企业改革，使它成为市场主体和投资主体，形成激励和约束相结合的技术改造机制，以根本改变当时许多国有企业在这方面既缺乏动力又不承担风险的状况。

（3）进一步发育产品市场和要素市场，形成全国统一的、有序的、平等竞争的、价格机制合理的市场体系，从市场方面增强企业技术改造的压力，并规范其行为，根本改变当时在地方保护下形成的低水平的重复建设、重复引进和过度竞争，乃至依靠制造假冒伪劣产品来维持企业生存的状况。

（4）深化科技体制改革，推进"产、学、研"联合，以根本改变在计划经济体制下形成的，当时还普遍存在的"产、学、研"分离的状况，加速科技成果的转化。

（5）逐步建立完善的、有效的全社会技术改造的宏观调控体系，着重综合运用财政、金融、产业政策和法律手段，建立新的投资统计体系和投资导向信息发布制度，

---

[1]《人民日报》1997 年 7 月 19 日第 2 版。

以切实提高技术改造投资在固定资产投资中的比重和效益，减少无效投资和低效投资，特别是要避免低水平的重复建设，并促进乃至强制淘汰落后设备。在宏观调控方面，还要把加强国有企业技术改造与企业改制和改组结合起来。要使改造成为促进改制和改组的重要手段，特别是要运用各种调控手段把改造投资流向引导到产业政策需要的国有大企业方面来，在低息贷款和股票上市的选择上更要向这方面倾斜。要继续实施对重点行业的加快技术改造力度、加快改革步伐的"双加"工程。当然，同时需要给国有小企业和非国有企业以适当支持。还要从提高外资利用水平来推进国有企业的技术改造。这既要重视引进，又要重视消化、吸收和创新；既要重视设备的引进，又要重视新产品开发技术的引进，特别是要避免低水平重复引进，切实把引进作为推进企业技术改造的有效手段。

（6）把企业技术改造纳入技术创新工程。技术创新工程是新技术的研究开发到首次商业化应用，要求以企业作为技术创新的主体，创新的各个环节保持系统性，并以市场作为检验技术创新成功与否的最终标准。为此，一要建立健全企业技术创新运行机制，加强企业技术中心建设，推动"产、学、研"的联合，使企业具有开发自主知识产权的产品和技术。二要严格遵守项目决策程序，切实做好市场的预算与市场容量的分析以及经济效益的评估，以提高项目决策的科学性。三要切实做好技术改造项目全过程的管理工作。

第四节　加强国有企业的经营管理

改革以来，特别是20世纪90年代以来，许多国有工业企业的经营管理取得了以下六项重大进展：

（1）经营方式的转变。主要是：由过去在计划经济体制下只面向计划逐步转变为面向市场；由过去只重视基础管理、专业管理和日常管理逐步转变为在重视这些管理的同时，高度重视战略管理；由过去单纯的产品经营逐步转变为在搞好产品经营的同时，全方位开展资本经营，并推行多角经营、国际经营和名牌战略。

（2）企业管理制度的完善和创新。1984年普遍推广的厂长负责制得到了巩固和发展。在推行公司化改造的企业中，开始建立董事会、总经理和监事会相互制衡的新的企业领导制度。新的劳动、人事和工资制度也得到了进一步发展。1993年7月实施了与国际接轨的新的财务会计制度。

（3）企业组织机构的调整和创新。调整企业组织机构，逐步采用事业部和矩阵式管理。适应计划经济要求的橄榄型的企业组织（企业技术开发机构小，生产机构大，营销机构小）开始向适应市场经济要求的哑铃型的企业组织（企业技术开发机构大，生产机构小，营销机构大）转变。

（4）企业职业道德建设和文化建设的发展。在加强职业道德建设的同时，开始运用 20 世纪 90 年代初从经济发达国家传入的企业形象设计（CLS），以加强企业的文化建设，塑造企业形象，端正企业经营思想，激发职工积极性，增强企业凝聚力。

（5）企业管理现代化的发展。主要是电子计算机在企业管理的全过程和全系统开始得到广泛运用，加强了企业的各项管理。

（6）企业专业管理和基础管理的加强。

1）采用国际标准（包括国际先进标准）、现代的管理方法和手段，制定科学的质量控制规范，推行严格的质量监测和控制。1994 年又相继成立"质量体系认证机构国家认可委员会"、"实验室国家认可委员会"和"认证人员国家注册委员会"，并开展工作。这就使产品质量认证、质量体系认证和实验室认可工作取得了重大进展，许多产品质量有了显著提高。

2）企业技术管理和技术开发能力有了提高。与 1990 年相比，1995 年我国大中型工业企业建立的技术开发机构、从事技术开发的科技人员和技术开发经费分别增长了 61.5%、60.1% 和 193%。

3）在企业生产组织中开始运用数控加工（CNC）、柔性制造（FMS）和计算机集成系统（CIMS）等现代柔性生产形式，以增强企业的灵活应变能力、生产效率和竞争能力。

但是，上述各点并不是全部国有企业的情况，而只是其中部分企业在这些方面取得的不同程度的进展。实际上，到 20 世纪 90 年代为止，多数国有企业还没有从根本上摆脱管理落后的状况。据 1994 年有关研究单位对 2012 户亏损企业的调查，由于管理混乱而造成亏损的企业达到 697 户，占调查总数的 34.64%。[①] 另外，据 1995 年有关研究单位的一次调查资料，国有企业的基础管理水平有提高的占 25%，保持原有水平的占 30%，水平下降的占 45%；专业管理、现场管理和经营战略管理这三项数据分别依次为 23%、40%、37%、20%、27%、53%、63%、23%、10%。与此相联系，企业经济效益下滑。国有独立核算工业企业的资金利税由 1992 年的 9.71% 下降到 1997 年的 6.54%。上述数字在某种程度上反映了企业管理的落后状况。当然，国有企业经济效益不佳有多方面原因。摘其要者有：由于传统的经济体制和经济战略的影响，转轨时期改革和发展某些方面的失误所造成的企业技术改造缓慢、富余人员多、资产负债率高和企业办社会的负担重；由改革导致的企业利润的转移（如价格和工资改革引起的企业成本的上升）；由乱收费、乱摊派、乱罚款造成的企业收入的流失等。

为了改变这种落后状况，总的来说，需要继续以贯彻《"九五"企业管理纲要》为契机，推动企业面向市场，进行管理创新。这包括经营方式、管理制度、组织形式、职业道德建设和文化建设以及管理手段的创新。在这方面，当时提倡要继续深入开展学习邯郸钢铁总厂的活动。1991~1995 年该厂在内部创造了"模拟市场，成本否决"的

[①]《经济日报》1994 年 6 月 6 日第 2 版。

管理办法，大大提高了企业管理水平和企业经济效益。这种办法的实质是：企业面向市场，自觉运用作为市场经济基本规律的价值规律，通过加强企业管理，提高生产要素的运营效益。1996 年初，国务院和国家经贸委在该厂召开了"全国学习邯钢经验暨企业管理工作会议"，号召全国学习邯钢经验。

还要按照 1997 年 1 月中共中央《关于进一步加强和改进国有企业党的建设工作的通知》，①突出抓好国有企业领导班子建设，大大提高领导人员素质。这是加强企业管理、搞好国有企业的关键。为此，要做好以下五项工作：

（1）选好配强党委书记、厂长（经理）和董事长，优化领导班子的整体结构。实行公司制的企业，党委书记、董事长可由 1 人担任。由 1 人担任的，应具备两个职务所要求的条件和能力，同时配备 1 名党委副书记主抓党的工作。党委书记和董事长分开配备的，党员董事长可任党委副书记，党委书记可任副董事长。根据工作需要和人员条件，党委成员可依法分别进入董事会、监事会和经理班子；董事会、监事会、经理班子中的党员，具备条件的，可按照有关规定进入党委会。董事长与总经理原则上应分设。实行工厂制的国有中小企业党政领导的任职形式，要根据本单位的实际和本人条件，宜分则分，宜兼则兼，不搞"一刀切"。

（2）改进管理国有企业领导人员的办法。要适应建立社会主义市场经济体制的要求，合理确定对企业领导人员的管理范围，制定适合企业特点的具体办法，切实严格管理。要积极探索通过市场配置企业经营者的有效途径，推进企业经营者职业化的改革试点工作。

（3）切实加强对国有企业领导班子成员的政治、业务培训。按照《中共中央组织部、国家经贸委关于印发〈"九五"期间全国企业管理人员培训纲要〉的通知》的要求，分级负责，用 3 年左右，对国有大中型企业的领导人员普遍进行一次工商管理培训，培训中要突出邓小平理论和社会主义市场经济的内容。通过培训，使企业领导人增强党的观念、群众观念、法制观念，树立正确的世界观、人生观、价值观，增强参与市场竞争的能力。

（4）切实加强对国有企业领导人员的监督。要充分运用党内监督、法律监督、职工民主监督、财务审计监督和舆论监督等手段，加强对他们在重大问题特别是资金运作、用人决策上的监督。严格实行资产经营责任制、企业年度审计和厂长（经理）离任审计制度、企业领导人员收入申报制度、直系亲属工作安排回避制度和职工代表大会民主评议企业领导人员制度。

（5）建立对国有企业领导人员的激励机制。逐步形成比较规范的对优秀领导人员的奖励制度，把物质奖励和精神奖励结合起来。

加强国有企业领导班子的工作已经开始取得成效。按照党中央、国务院的部署，在全国范围内对国有企业领导班子进行了考核。截至 1997 年底，全国已基本完成考核

①《人民日报》1997 年 3 月 11 日第 1、3 版。

任务的国有企业为 13 万户，占应考核总数的 94%；调整企业领导班子 4.2 万个，占已考核总数的 31.5%；调整企业领导班子成员 7.9 万人，占已考核人员总数的 14%。经过考核和调整，国有企业领导班子的整体素质有所提高。

此外，进一步实行和完善新的企业经济效益评价指标。[①] 按照建立现代企业制度的要求，为了综合、全面地评价和反映企业经济效益状况，财政部决定从 1995 年起采用新的企业经济效益评价指标体系。这套体系包括销售利润率、总资产报酬率、资本收益率、资本保值增值率、资产负债率、流动比率（或速动比率）、应收账款周转率、存货周转率、社会贡献率、社会积累率。上述企业经济效益评价指标主要是从企业投资者、债权人以及企业对社会的贡献三个方面来考虑。从投资者的角度来看，侧重于企业盈利能力和资本保值增值情况。其指标包括销售利润率、总资产报酬率、资本收益率、资本保值增值率。从债权人的角度来看，侧重于企业财务状况，即企业资产负债水平和偿债能力。其指标包括资产负债率、流动比率（即速动比率）、应收账款周转率、存货周转率。从国家或社会的角度来看，主要是衡量企业对国家或社会的贡献水平。其指标包括社会贡献率和社会积累率。

20 世纪 90 年代以来，上述各项措施已经在不同程度上得到了贯彻，并已取得了一定的成效。它的继续贯彻，将会进一步提高国有企业的经营管理水平。

第五节　贯彻"三改一加强"方针的成效

这期间贯彻"三改一加强"方针取得了阶段性的成效。其突出表现是：在 20 世纪最后三年基本实现了国有企业脱困的目标。

1997 年提出三年脱困目标时，国有及国有控股工业实现利润 806.5 亿元，大中型亏损企业 6599 户，12 个省区市整体亏损。

但通过"三改一加强"、扭亏为盈工作和加强宏观经济调控（详见本篇第四十七章），到 2000 年国有及国有控股工业实现利润 2391.9 亿元，同比增长 1.4 倍。全国 31 个省区市整体盈利。6599 户国有大中型亏损企业减少 4800 户，脱困率 72.7%，这些企业有些实现了扭亏为盈，有些通过破产关闭退出了市场，还有的被兼并或进行了改制。2000 年国有小企业实现利润 48.1 亿元，从而结束了连续 6 年净亏损的局面。[②]

总的来说，这期间国有工业企业仍有很大发展。到 2000 年，国有及国有控股工业总产值上升到 40554.37 亿元。但其增速比非国有工业要低，因而其在工业总产值中的占比进一步下降到 47.3%。[③]

---

① 《人民日报》1995 年 1 月 10 日第 2 版。
② 《中国经济年鉴》（2001），中国经济年鉴社，第 101~102 页。
③ 《中国统计年鉴》（2012），中国统计出版社 2013 年版，第 508、518 页。

第四十四章　集体工业的改革深化与发展

第一节　城镇集体工业的改革深化与发展

1993 年，《中共中央关于建立社会主义市场经济体制若干问题的决定》指出："现有城镇集体企业，也要理顺产权关系，区别不同情况可改组为股份合作制企业或合伙企业，有条件的也可以组建为有限责任公司，少数规模大、效益好的，也可以组建为股份有限公司或企业集团。"[①] 在这些思想的指导下，这期间城镇集体工业的改革得到了进一步深化。

第一，开展了这项改革的两项基础性工作。

（1）清产核资是深化集体企业改革的一项基础性工作。为了统筹协调这项工作，1995 年国家成立了由国家经贸委、财政部、国家税务总局三部委组成的城镇集体企业清产核资办公室（以下简称"清产办"）。在全国城镇集体企业清产核资办公室的统一组织下，全国各地开展了城镇集体企业清产核资工作，这是新中国成立以来的第一次。全国城镇集体企业清产办通过对试点的 13313 户城镇集体企业进行清产核资，基本摸清了这些企业的家底。据清产办的统计，1996 年 6 月底，全国城镇集体所有制企业、单位共有 51.4 万个。13313 户试点企业占全国城镇集体企业总数的 2.6%，其中大中型企业 588 户，工业企业 2538 户，涉及全国 226 个市（地）。1.3 万多户企业资产总额为 1417.1 亿元，其中，固定资产占 23.9%，流动资产占 66.1%，长期投资占 6.7%，无形资产占 0.9%，递延及其他资产占 2.4%。全部负债总额为 1173 亿元，资产负债率为 80.3%。企业所有者权益总额为 279.8 亿元，其中，实收资本 255.6 亿元，占 91.4%；资本公积金 37.2 亿元，占 13.3%；盈余公积金 54.8 亿元，占 19.6%；未分配利润 67.8 亿元，占 24.2%。在实收资本中，集体资本、国家资本、法人资本、外商资本和个人资

[①]《中国经济年鉴》(1994)，中国经济年鉴社 1995 年版，第 5 页。

本分别占 77.2%、1.9%、13%、2% 和 5.9%。全部试点企业资产损失资金挂账总额为 155.1 亿元，其中，资产损失净额为 81.7 亿元，占 52.7%；资金挂账为 73.4 亿元，占 47.3%。1.3 万户试点企业 1995 年实现销售收入 1237 亿元，利润 1.1 亿元，上缴税金总额 23.92 亿元。总资产报酬率为 0.08%，净资产利润率为 0.4%，人均创利 76.8 元。[①]1997 年，城镇集体企业清产核资试点工作有了进一步扩大，1998 年以后在全国展开。

（2）界定产权是深化集体企业改革的另一项基础工作。1996 年城镇集体企业产权界定工作取得重大进展。通过有关部门的共同努力，产权界定政策文件于 1996 年初正式发布。主要文件有：财政部、国家经贸委和国家税务总局联合发布的《城镇集体所有制企业、单位清产核资财务处理暂行办法》，劳动部、国家国有资产管理局、国家税务总局联合发布的《劳动就业服务企业产权界定规定》，中国轻工总会、中华全国手工业合作总社、国家税务总局联合发布的《轻工业企业集体资产管理暂行规定》。这些办法和规定基本上解决了长期困扰城镇集体企业的产权关系界定上的矛盾，为集体企业的改革与发展创造了有利条件。有关规定在以下两个方面取得了政策性突破：①明确区分了国家政策行为与投资行为的界限，这项规定从根本上否定了有关部门过去将国家对集体企业的政策优惠行为视为投资行为，进而要追索国有产权的错误做法；②明确区分了国有单位一般扶持行为与投资行为的界限，这些规定从根本上否定了有关部门和企业过去长期将国有单位对集体企业的扶持行为（包括贷款担保行为）当作投资行为，进而要索取集体企业产权的错误做法。[②]这些文件促进了界定产权的工作。

第二，在上述工作的基础上，大中小型集体企业都有发展。一是在城镇集体企业中居于重要地位的小企业的改革有了重大进展。20 世纪 90 年代中期以来，许多地区对这类企业的改革采取了"兼并、租赁、转产、调整、扶持、拍卖、破产"等办法，区别企业不同情况，"一厂一策"，分类实施。二是在深化城镇集体企业改革中具有重要作用的股份合作制企业有了迅速的发展。三是有些规模大、经济效益好的企业继续向股份有限公司或企业集团发展。据 1996 年上半年对全国综合改革试点县（市）小企业（主要是城镇集体小企业）改革的调查，组建集团占 1.69%，企业兼并占 5.47%，组建公司占 7.80%，股份合作制占 35.13%，承包租赁占 15.70%，委托经营占 15.24%，出售转让占 11.02%，合资经营占 3.42%，破产处理占 1.03%，其他占 3.81%。[③]

但是，城镇集体企业在改革和发展方面存在许多困难。主要有：由于来自行政机关方面的阻力，难以实现政企分离；侵犯集体企业财产和权益的事屡有发生，导致集体资产流失；许多集体企业设备老化，缺乏资金、技术和管理人才，经济效益差；有些部门和地区还没有把城镇集体企业改革和发展放在应有的位置；国家在保障、扶持和促进城镇集体企业改革和发展方面的法规、政策、管理机构和调控手段还很不完善。

---

① 《中国经济年鉴》(1997)，中国经济年鉴社 1998 年版，第 683 页。
② 《中国经济年鉴》(1997)，中国经济年鉴社 1998 年版，第 684 页。
③ 《中国工业经济》1997 年第 3 期第 10 页。

所有这些都造成集体企业活力不强，使得包括城镇集体工业在内的集体工业总产值由
1992 年的 12135 亿元下降到 2000 年的 11907.9 亿元，在工业总产值中的比重由 35.1%
下降到 13.8%。① 其中有统计口径变化的因素，但也反映了集体企业活力不强。因而，急
需采取包括改革在内的措施，以增强集体企业的活力。

第二节　乡镇集体工业的改革深化与发展

一、乡镇集体工业改革和发展的法律保证

1996 年 10 月，我国颁布了《中华人民共和国乡镇企业法》（以下简称《乡镇企业
法》）。②《乡镇企业法》的公布实行，确立了乡镇企业在国民经济中的法律地位，用法律
的形式将党中央、国务院发展乡镇企业的一系列方针政策稳定下来，明确了发展乡镇
企业的基本方针、重要原则和主要任务，明晰了乡镇企业的产权关系，理顺了乡镇企
业的管理体制。《乡镇企业法》还提出了国家促进和扶持乡镇企业发展的很多具体措施，
对乡镇企业多年来一些政策措施和成功经验也用法律的形式予以肯定。《乡镇企业法》提
出，侵犯乡镇企业合法权益以及乡镇企业不履行义务、违反有关法律和行政法规规定
的行为，应承担法律责任。《乡镇企业法》的公布施行，标志着乡镇企业的改革发展有
了强有力的法律保证。

二、促进乡镇集体工业改革和发展的主要措施

1992 年 3 月，国务院批转了《农业部关于促进乡镇企业持续健康发展的报告》。为
了适应乡镇企业深化改革和健康发展的需要，在总结新的经验的基础上，1997 年 3 月，
中共中央、国务院又转发了《农业部关于我国乡镇企业状况和今后改革与发展意见的报
告》。③ 这个报告系统地提出了今后 15 年乡镇企业改革和发展的主要措施。但这些措施
是在 1992 年 3 月报告的基础上提出来的，并且是以总结 20 世纪 90 年代以来的经验为
依据的，因而实际上早已得到了实施，并取得了巨大成就。

（一）不断深化企业改革

深化乡镇企业改革，必须坚持以"三个有利于"为标准，认真贯彻党中央、国务
院关于"积极支持，正确引导，总结经验，逐步规范"的原则，尊重农民的实践，积
极探索创新，注重实际效果。改革的形式可以多种多样。有条件的企业可以组建有限

---

① 《新中国六十年统计资料汇编》，中国统计出版社 2009 年版，第 640 页。说明：没有单独的城镇集体工业的
统计资料。
② 《经济日报》1996 年 10 月 31 日第 2 版。
③ 《经济日报》1997 年 4 月 24 日第 2 版。

责任公司、股份有限公司或企业集团；一般的集体企业可以完善承包制，也可以实行股份合作制；小型、微利、亏损企业，可以通过租赁、拍卖、联合、兼并、破产等办法进行要素重组。不论哪种形式，都要坚持以下三点：①政企职责分开，政府从直接管理生产经营转向宏观规划、指导、管理、监督、协调、服务，使企业真正成为自主经营、自负盈亏、自我约束、自我发展的市场主体；②优化企业内部的经营机制和激励机制，使所有者、经营者、劳动者能够充分发挥积极性，主动为企业的发展多做贡献；③确保企业集体资产保值增值，不得流失。

股份合作制改造在 20 世纪 90 年代乡镇企业改革中引人注目。到 1996 年底，农村各种形式的股份合作制企业达约 14.4 万家。乡镇企业改制为股份合作制的，东部沿海地区比重较大。1996 年，山东省占 41.6%，江苏省占 25.9%，广东省占 20%左右；温州市、泉州市各类乡镇企业中，股份合作制企业的数量和产值占 80%以上。据农业部对全国 14.4 万家改制的股份合作制乡镇企业的调查，这些企业总资本金 1245 亿元当中，国家股金 37.4 亿元，占 3%；乡村集体资本金 541 亿元，占 43.5%；法人资本金 240 亿元，占 19.3%；个人资本金 317 亿元，占 25.5%；外商资本金 108 亿元，占 8.7%。[①] 1997 年，全国乡镇企业中的股份合作制企业增加到 16.9 万家，股份制企业达到 24621 家，股票上市公司 35 家；全国性的企业集团达到 1039 家。[②]

（二）大力推进科技进步

乡镇企业要不断提高科技进步对经济增长的贡献率，积极采用新技术、新工艺、新设备和新材料，加快技术改造，不断开发新产品，提高产品的技术含量。依托现有科研开发机构，不断进行技术开发和创新。提倡有条件的企业自办科研所，不断提高消化、吸收、创新技术的能力。有条件的企业要大力发展高新技术产业，要同国有企业、科研院所、大专院校进行各种形式的经济、技术合作。要十分重视人才培养和引进，造就一支庞大的乡镇企业人才队伍。

科技进步对乡镇集体企业经济增长的贡献率，"七五"末为 35%，"八五"末上升到 45%。1992~1996 年，乡村两级企业中大专以上学历的人员由 29.34 万人增加到 76 万人；中高级技术职称的人员由 30.69 万人增加到 100.3 万人；工程技术人员由 187 万人增加到 370 万人，占职工总数的比重由 3.6%提高到 6.2%；企业培训人员达到 2000 多万人次。[③]

（三）切实加强经营管理

抓好企业基础管理、专业管理和现场管理，积极推行现代化管理，提高科学管理水平。建立健全各项管理制度，建立和完善企业民主管理和监督制度。1996 年，全国有 1000 多家乡镇企业执行了 ISO9000 标准，60 多家企业通过了国际质量认证，2000

① 《人民日报》1998 年 2 月 6 日第 2 版。
② 《人民日报》1998 年 2 月 28 日第 6 版；《经济日报》1998 年 5 月 31 日第 7 版。
③ 《光明日报》1997 年 8 月 20 日第 2 版。

多家企业通过了全面质量管理验收，验收合格企业累计达到 22000 家。[①]

（四）努力优化产业、产品结构

要根据市场需求、国家产业政策和本地资源优势，合理调整结构。继续实行多业并举，发展优势产业和产品，积极带动第一产业，调整优化第二产业，加快发展第三产业，促进农村第一、第二、第三产业协调发展。大力兴办集约型农业企业。特别注意利用农副产品资源优势，大力发展农副产品加工业和储藏、保鲜、运销业，实行种养加、产供销一条龙，农工商、贸工农一体化，使农民和企业建立稳定的经济联系，形成利益共同体，为农户与市场之间架起桥梁，形成以市场牵"龙头"，"龙头"建基地、基地连农户的格局，带动农业的企业化、集约化和产业化。1996 年底，在全国乡镇企业中，累计批准贸工农联合商品基地 1100 家，获外贸进出口权的企业 546 家。[②]1997 年，全国乡镇企业中外合资、合作企业 29779 家；出口创汇企业 15 万家；出口交货值达到 6947 亿元，超过了全国的 40%。[③]

（五）坚持实行大中小企业并举

要不断优化乡镇企业组织结构，积极培植大中型乡镇企业，发展规模经济，引导一批企业向大规模、高科技和外向型方向发展。继续推进横向经济技术联合，鼓励以骨干企业为龙头，以名牌产品为依托，以资产为纽带，组建和创办跨地区、跨行业、跨所有制，集生产经营、科技开发、内外贸于一体的各种类型的企业集团，提高规模效益。数量众多的中小型乡镇企业要走小而专、小而精、专业化生产、社会化协作的路子。

"八五"期间，一大批大中型乡镇企业迅速崛起。按照国家大中型企业划型标准，到 1995 年底，已有 4531 家乡镇企业被确认为大中型乡镇企业。这些大中型乡镇企业个数只占全国乡镇企业总数的 0.02%，但拥有的资产总额却占全国乡镇企业资产总额的 10.8%，其销售收入、利税总额和出口交货值分别占全国乡镇企业的 6.5%、8.1%和 13.2%。1995 年，全国大中型乡镇企业固定资产（原值）平均为 3564 万元，是全国乡镇企业固定资产平均水平 5.8 万元的 615 倍；平均实现工业增加值 2891 万元，是全国乡镇企业平均水平 15 万元的 193 倍；实现利润平均为 671 万元，上缴税金平均为 355 万元，分别比全国乡镇企业的平均水平高出 398 倍和 380 倍；投入 450 亿元，占同期全国乡镇企业总投入的 15%；所开发出的新产品占全国乡镇企业新产品总数的四成以上；大中型乡镇企业国家统检产品合格率为 95%，高出全国乡镇企业平均水平 26 个百分点；大中型乡镇企业的产销率和优质产品率均在 90%以上；1768 个大中型出口创汇乡镇企业完成出口产品交货值 710 亿元，占全国乡镇企业出口总额的 13.2%，其中出口交货值在 2000 万元以上的企业 900 多家。这些乡镇企业大都兴办了中外合资、合作企

①②《中国经济年鉴》（1997），中国经济年鉴社 1998 年版，第 685 页。
③《经济日报》1998 年 5 月 17 日第 7 版，5 月 31 日第 7 版。

业，并在境外办企业近 900 家。[①]

(六) 积极引导集中连片发展

发展乡镇企业要十分注意从原来的分散布局向相对集中、连片开发转变，与工业小区和小城镇建设互为依托、互相促进，共同发展；节约土地，减少公共设施投入，保护和建设环境，提高聚集效应，带动第三产业的发展，增加就业容量。

(七) 继续推进东西合作

东部地区乡镇企业基础较好，要发挥资金、人才、管理和区位优势，大力发展技术密集型、资金密集型产业和外向型经济，努力推动企业上规模，技术上水平，产品上档次，在有利于优化产业、产品结构的前提下，逐步把一些劳动密集型、资源加工型产业向中西部地区转移。中西部地区要充分发挥自然资源和劳动力优势，大力发展资源加工型和劳动密集型产业，提高深加工、精加工水平，增加产品附加值，加快发展步伐。东中西部要坚持优势互补、互利互惠的原则，加强联合与协作，全面实施东西合作示范工程，各展所长，共同发展，走出一条以东带西、以西促东、携手共进的发展道路。"九五"时期以来，中西部乡镇企业发展速度明显加快。1996 年，中部和西部乡镇工业增加值分别比 1995 年增长 37.22% 和 39.24%，分别比东部地区高 20.91 和 22.93 个百分点。从各地区所占比重看，1996 年，东部地区乡镇工业增加值占全国的 62.67%，比 1995 年下降 3.6 个百分点；中部地区占 35.06%，比 1995 年上升 3.39 个百分点；西部地区占 2.27%，比 1995 年上升 0.29 个百分点。[②]

(八) 重视资源和环境保护

乡镇企业要坚决贯彻可持续发展战略，要注意合理地开发利用资源，保护耕地，保护环境，决不能滥占耕地，破坏资源，不能走先污染、后治理的路子。各地通过加强环境管理，进行产业结构、行业结构和产品结构的调整，开展污染治理，使乡镇企业环境污染加重的趋势有所控制。1996 年乡镇企业万元工业增加值的废水、废气和废渣排放量分别比 1990 年降低 52.3%、49.9% 和 50.6%，关停了 43000 家污染企业。[③]

对乡镇企业实行"积极扶持，合理规划，分类指导，依法管理"的方针，努力创造乡镇企业改造和发展的政策环境。主要内容包括：坚持以集体经济为主导，多种经济成分共同发展；鼓励和重点扶持经济欠发达地区、革命老区和少数民族地区发展乡镇企业；鼓励和支持乡镇企业按规定多形式、多渠道筹集发展资金；运用信贷、财政手段鼓励和扶持乡镇企业发展；积极鼓励和支持人才的培养；大力支持发展外向型经济；加快技术改造和科技开发；鼓励扶持治理环境污染；切实减轻乡镇企业负担。

上述政策措施以及这期间我国整个国民经济高速增长的宏观环境，使乡镇集体企业获得了高速增长。1992~2000 年，乡镇企业增加值由 1992 年的 4485.34 亿元增加到

① 《人民日报》1996 年 9 月 26 日第 1 版。
② 《中国经济年鉴》(1997)，中国经济年鉴社 1998 年版，第 685 页。
③ 《中国经济年鉴》(1997)，中国经济年鉴社 1998 年版，第 686 页。

27156.23 亿元,其中包括集体工业在内的集体企业增加产值由 3007.94 亿元增长到 9424.87 亿元;这期间乡镇企业增速较高,而乡镇集体企业增速较低,因而前者占国内 生产总值的比重由 1992 年的 16.7% 上升到 27.4%,而后者由 11.2% 下降到 9.8%。[①]

第四十五章　非公有制工业持续发展

第一节　个体工业持续发展

1993～2000 年，个体工业的发展获得了前所未有的有利的社会条件：

（1）在邓小平 1992 年初南方谈话和中共十四大以后，人们进一步从"左"的思想禁锢中解放出来，以"三个有利于"的标准正确认识个体工业的发展，以更积极的态度贯彻执行以公有制为主体、多种经济成分共同发展的方针。此后，全国各省、自治区、直辖市和计划单列市都发布了促进个体经济发展的政策措施。国家工商局也于 1993 年制定了《关于促进个体经济、私营经济发展的若干规定》，在从业人员、经营范围、经营方式和审批程序上都有不同程度的放宽。[①] 这里还要特别提到：中共十五大指出，"公有制为主体、多种所有制共同发展，是我国社会主义初级阶段的一项基本经济制度"；"非公有制经济是我国社会主义市场经济的重要组成部分"。[②] 这就为包括个体经济在内的非公有制经济做了正确的定性和定位，为其发展拓展了广阔的空间。

（2）1993 年以来，我国经济开始步入了稳定、持续、高速增长的阶段。这就为这期间个体工业的迅速发展提供了有利的宏观经济环境。

（3）1993 年夏季以后，由于加强了宏观经济管理，混乱的市场秩序和"三乱"状况有了很大的改变。这就为个体经济的发展提供了有利的市场条件和社会条件。

（4）20 世纪 90 年代以来，特别是 20 世纪 90 年代中期以来，城市个体工业比农村个体工业有了更快的发展，中西部个体工业比东部个体工业有了更快的发展，个体工业中的科技型工业有了更快的发展。这种城乡结构、地区结构和产业结构的变化，是这期间个体工业迅速发展的一个重要因素。1991～1996 年，由于城市个体工业产值的增

---

① 《中国经济年鉴》（1994），中国经济年鉴社 1995 年版，第 667 页。
② 《中国共产党第十五次代表大会文件汇编》，人民出版社 1993 年版，第 21～23 页。

长速度大于乡村工业，前者占个体工业的比重由 23.9% 上升到 27.4%，后者由 76.9% 下降到 72.6%。1993~1996 年，东部、中部和西部地区个体工商户的注册资金分别由 486 亿元增加到 1092.7 亿元、由 258 亿元增加到 813 亿元、由 111 亿元增加到 253.8 亿元，占注册资金总额的比重分别由 56.8% 下降到 50.6%、由 30.2% 上升到 37.6%、由 13% 下降到 11.8%；中西部注册资金总额比重合计由 43.3% 上升到 49.4%。①

（5）改革初期，个体工业的从业人员主要是农民、城市待业人员和社会其他闲散人员。而 20 世纪 90 年代以来，除了上述人员以外，越来越多的大中专毕业生和研究生，从国家机关企业、事业单位的管理人员、科技人员和工人（包括离休、退休和停薪留职、辞职人员）投身个体工业。个体工业从业人员数量增加、结构变化和素质提高，也是这期间个体工业迅速发展的一个重要因素。

（6）20 世纪 90 年代以来，随着个体经济的发展，个体工业的规模迅速扩大。这也促进了个体工业的发展。1991~1996 年，全国城乡个体工业户均从业人员由 2.2 人增加到 2.5 人，户均自有资金由 0.49 万元增加到 1.02 万元，户均总产值由 2.2 万元增加到 9.4 万元。

（7）1998 年 6 月，中共中央、国务院《关于切实做好国有企业下岗职工基本生活保障和再就业工作的通知》指出：要大力发展集体和个体、私营经济，鼓励下岗职工自谋职业或组织起来就业。对下岗职工申请从事个体工商经营、家庭手工业或开办私营企业的，工商、城建等部门要及时办理有关手续，开业 1 年内减免工商管理等行政性收费；对符合产业政策、产品适销对路的，金融机构应给予贷款。② 这表明，发展个体经济已经成为国有企业下岗职工实现再就业的一条重要渠道。因而要进一步促进个体工业的发展。

1992~2000 年，个体工商户由 1534 万户增加到 2571 万户，增长 67.6%；从业人员由 2468 万人增加到 5070 万人，增长 105.4%；注册资金由 601 亿元增加到 3315 亿元，增长 451.6%。③ 这期间，个体经济结构仍呈现以下特点：主要分布在第三产业、农村和东部。2000 年，在个体工商户的总户数中，第一、第二、第三产业的比重分别为 5.4%、12%、82.6%；农村和城镇所占比重分别为 56.2% 和 43.8%；东部、中部、西部所占比重分别为 48.3%、34%、17.7%。④

但是，个体工业的发展也存在很多问题。主要是：不利于个体经济发展的"左"的思想尚未完全消除，对个体经济的多头行政管理也有不利影响；"三乱"加重了个体经济的负担；个体经济的市场建设和融资等方面还有困难；个体经济本身的消极因素。

① 《中国经济年鉴》（1995），中国经济年鉴社 1996 年版，第 609 页；《中国经济年鉴》（1996），中国经济年鉴社 1997 年版，第 716 页；《中国经济年鉴》（1997），中国经济年鉴社 1998 年版，第 688 页。
② 《经济日报》1998 年 6 月 23 日第 3 版。
③ 有关各年《中国市场统计年鉴》和有关各年《中国统计年鉴》，中国统计出版社。说明：没有单独个体工业的统计资料。下同。
④ 《中国经济年鉴》（2001），中国经济年鉴社 2002 年版，第 790 页。

第二节　私营工业的进一步发展

　　像本章第一节叙述个体工业一样，这期间私营工业的发展也获得了改革以来前所未有的有利条件：

　　（1）1992 年中共十四大以来，特别是中共十五大以来，私营经济和其他非公有制经济一起，不是被确定为社会主义经济必要的、有益的补充，而是被确定为社会主义市场经济的重要组成部分。这就为私营工业的发展营造了良好的政策环境。这种良好的政策环境，不仅是私营工业高速增长最重要的条件，而且使早已存在的、大量的、以集体工业名义存在的私营工业纷纷丢掉"红帽子"，还其真面目。

　　（2）1992 年初邓小平南方谈话发表以后，我国改革步伐大大加快。1995 年党中央对国有企业改革提出了"抓大放小"的方针。这个方针对集体企业的改革也有指导意义。这样，无论是国有企业的"放小"，还是集体企业的改制，都要在坚持公有制为主体的前提下，采取多种方式。其中一种方式就是将一部分公有企业出卖给私人企业主。这就为私营工业的资本扩张提供了兼并对象。但改革深化在促进私营工业方面还不仅限于这一点。例如，随着劳动制度改革的深化，就为私营工业发展释放了大量职工，特别是其中的经营管理人员和工程技术人员。而在 1998 年 6 月中共中央、国务院发出《关于切实做好国有企业下岗职工基本生活保障和再就业工作的通知》以后，发展私营经济又成为与国有企业深化改革相联系的下岗职工实现再就业的一条重要渠道。总之，深化改革的环境，是推动这期间私营工业发展的一个重要因素。

　　（3）1993 年以来，我国经济开始步入了稳定、高速增长的阶段。这种宏观经济环境不仅在需求和供给等方面为私营工业的发展提供了条件，而且要求进一步开发和利用包括私营经济在内的非公有制经济的生产资源，以推动整个社会生产力的发展。

　　（4）1993 年夏季以后，随着宏观经济管理的加强，整顿市场秩序取得了进展，为私营工业的发展营造了较好的市场环境。

　　这期间私营企业的发展呈现以下特点：

　　（1）高速增长。1992~2000 年，私营企业户数由 139633 户增长到 1761769 户，增长 11.61 倍；从业人员由 232 万人增长到 2406 万人，增长 9.4 倍；注册资金由 221 亿元增长到 13307 亿元，增长 59.2 倍；产值由 205 亿元增长到 10739 亿元，增长 51.4 倍；消费品零售额由 91 亿元增长到 5813 亿元，增长 62.9 倍。

　　（2）这期间私营企业中有限责任公司的比重上升很快，占有主要地位。2000 年，在 1761769 户私营企业中，独资企业、合伙企业和有限责任公司分别占 28.4%、9.9% 和 61.7%。

　　（3）这期间私营企业虽然仍以小型企业为主，但规模迅速扩大，大型企业增速很快。1992~2000 年，私营企业户均注册资金由 15.7 万元增加到 75.6 万元。①

（4）在私营企业中，总体来说，管理、技术水平都低，但资金和技术密集型企业、科技型企业和出口创汇型企业迅速增长。1997 年，在科技型企业中，国有企业占 21%，集体企业占 47%，股份制和股份合作制企业占 9%，个体和私营企业也占到 13%。

（5）在产业结构方面，私营企业仍以第三产业为主。2000 年，私营企业中，第一、第二、第三产业的户数比重分别为 2.3%、39.4%、58.3%。

（6）相对农村来说，城市私营企业发展速度较快，并已经占了大部分；相对东部来说，中部和西部发展较快，但也没有从根本上改变原来存在的东部占主要地位的格局。到 2000 年，城市私营企业户数比重上升到 61.3%，农村户数比重下降到 38.7%；东部地区私营企业户数为 68.5%，中部为 18.1%，西部为 13.4%。② 这些情况表明，私营经济经历了改革以来的初步发展以后，从 1992 年起进入了持续高速发展阶段。这期间私营经济虽然发展很快，但我们在第八篇第三十八章第四节已经提到的问题并没有得到完全解决。

第三节　外商投资工业的持续发展

1993~2000 年"三资"工业获得了持续高速增长的有利条件。主要是：

（1）像个体工业和私营工业的发展一样，在 1992 年初邓小平南方谈话以后，"三资"工业的发展也获得了前所未有的、宽松的政策环境。而在中共十五大以后，"三资"工业也不再只是被看作社会主义经济必要的和有益的补充，而是被看作社会主义经济的重要组成部分。这就为"三资"工业的发展开辟了广阔的空间。

（2）20 世纪 90 年代以来，我国经济开始步入稳定、高速增长阶段。这种宏观经济环境是"三资"工业高速增长的重要条件。这里值得着重提出：1997 年 7 月以后，亚洲一些国家先后发生了金融危机。这种危机对我国经济发展也产生了重大影响。但我国在承担人民币不贬值并给予一些国家资金援助的条件下，仍然赢得了经济的稳定、高速增长。这也为"三资"工业的持续高速发展创造了一个重要条件。

（3）20 世纪 90 年代中期，中共中央、国务院提出了对国有企业实行"三改一加强"。这一方针的贯彻执行，在许多方面和不同程度上都有赖于"三资"工业，同时也有利于"三资"工业的发展。

（4）1996 年以来，我国利用外资政策不断调整，也促进了"三资"工业的发展和

---

① 有关各年《中国市场统计年鉴》和有关各年《中国统计年鉴》，中国统计出版社。说明：没有单独的私营工业的统计资料。下同。

②《经济日报》，1997 年 10 月 5 日第 3 版；《中国经济年鉴》（2001），中国经济年鉴社 2002 年版，第 788~789 页。

提高。在改革开放初期，为了吸引外资，我国制定了许多对外商投资的优惠政策。但是，经过 10 多年的改革开放，我国已经吸收了大量的外资。形势的变化使我国必须对外资政策进行适当的调整。为了使外商投资符合我国的产业政策，原国家计划委员会、国家经济贸易委员会和原对外贸易经济合作部于 1995 年 6 月 20 日联合颁布了《指导外商投资方向暂行规定》（以下简称《暂行规定》），并同时发布了《外商投资产业指导目录》（以下简称《指导目录》）。其重要内容有：

（1）鼓励外商投资领域有所扩大。按照《九十年代国家产业纲要》，结合外商投资的特点，《暂行规定》明确规定，属于农业新技术、农业综合开发和能源、交通、重要原材料工业建设的项目及其他五个方面的项目，列为鼓励类外商投资项目。《指导目录》按 18 大类分列了 172 项鼓励外商投资的产业和项目。这就扩大了鼓励外商投资的范围。

（2）对外商开放领域有所放宽。过去不对外商开放即禁止外商投资的一些领域，如航空运输、民用航空、商业、物资供销、对外贸易、金融、保险、证券、会计、审计、法律咨询服务、贵金属矿开采、冶炼、加工，金刚石及其他天然宝石等贵重非金属矿的勘探、开采及加工等，允许在一定范围内有步骤地进行吸收外商投资的试点。

（3）吸引外商到中西部投资有优惠的规定。为了吸引外商到中西部地区投资，加快中西部地区的经济发展，《暂行规定》规定，属于能够发挥中西部地区的人力和资源优势，并符合国家产业政策的项目，列入鼓励类外商投资项目；属于国内已开发或者引进技术，生产能力已能满足国内市场需要的项目，如确能发挥中西部地区资源优势且符合国家产业政策的，可以适当放宽对外商投资的限制。[①] 1996 年又对外商投资企业的减免税政策进行了调整。为了使内资企业与外商投资企业平等竞争，我国决定从 1996 年 4 月 1 日起，逐步取消对外商投资企业资本性货物进口的税收优惠政策。但在 1997 年 7 月以后，亚洲一些国家发生了金融危机。面对这种形势，我国在利用外资方面又做了有利于吸引外资的调整。[②] 2000 年 10 月又修改了《中华人民共和国合作经营法》和《中华人民共和国外资企业法》，以利于利用外资。

上述因素推动了这期间包括工业在内的"三资"企业的持续高速增长。2000 年实际利用外资由 1992 年的 192.02 亿美元增长到 593.56 亿美元。其中，外商直接投资由 110.07 亿美元增长到 407.15 亿美元。在外商直接投资中，合资企业由 61.15 亿美元增长到 143.43 亿美元，合作企业由 21.22 亿美元增长到 65.96 亿美元，独资企业由 25.02 亿美元增长到 192.64 亿美元。1993~2000 年，实际利用外资合计数分别相当于 1979~1984 年的 24.5 倍，1985~1992 年的 5.2 倍。1993 年以来，我国在引进外资方面连续多年居世界第二位（仅次于美国），居发展中国家第一位。

这期间，"三资"企业的发展具有以下重要特点：

---

①《人民日报》1995 年 6 月 28 日第 2 版；《经济日报》1995 年 6 月 28 日第 5 版，《经济日报》1995 年 7 月 5 日第 3 版。

②《人民日报》1995 年 6 月 28 日第 2 版；7 月 5 日，第 3 版；1998 年 6 月 17 日第 1 版。

（1）从外商投资来源来看，尽管这期间在实现投资来源多元化方面有了重大进展，但中国港澳台地区投资还占一半以上。到 2000 年底，中国港澳台地区企业占外资企业总数的 63.3%，占认缴资本额的 53.3%。

（2）从外商投资企业的形式来看，已经发生了重大变化。1984 年，中外合作企业在外商直接投资中居第一位，合资企业居第二位，独资企业居第三位；到 1992 年，合资企业居第一位，独资企业居第二位，合作企业居第三位。到 2000 年，独资企业居第一位，合资企业居第二位，合作企业居第三位。

（3）从外商投资企业的规模来看，以小型企业为主。2000 年，新增外商投资企业 20727 户，其中 3000 万美元以上企业仅为 118 户，1000 万~3000 万美元的企业为 1354 户，其余 19255 户均为 100 万美元以下的企业。

（4）就外商投资的产业布局来看，第二产业逐步上升到第一位，第三产业居第二位，第一产业仍居第三位。在 2000 年新增的外资企业中，第二产业为 15300 户（其中制造业中就有 14901 户），居第一位；第三产业为 4799 户，居第二位；第一产业 628 户，居第三位。

（5）就外商投资的地区布局来看，仍然保持东部第一、中部第二、西部第三的格局。在 2000 年新增的外资企业中，东部就占了 17816 户，中部为 2015 户，西部仅有 896 户。[①]

（6）就外商投资企业的生产经营状况看，总的情况是好的。据财政部对 46000 家外商投资工业企业 1995 年的财务报表统计，外商投资工业企业平均资本利润率和销售利润率分别为 6% 和 3.5%，均高于国有工业。如果考虑一些外商投资企业通过转移价格方式降低利润的因素，其实际盈利状况还要好得多。

以上各点表明：这期间我国"三资"企业已经进入了持续高速发展阶段。

随着"三资"企业的发展，它在我国社会经济生活中的重要地位趋于上升。这表现在增加投资、就业、出口和税收以及提高技术和管理等方面。例如，2000 年外商投资约占当年我国固定资产投资总额的 10.3%。

但是，随着"三资"企业的发展，不仅原有的某些问题加重，而且带来了新的问题。例如一些行业中的股权控制、市场支配和品牌收购损害了民族工业；以技术换市场在许多场合不能实现，市场转让了，但先进技术未能引进；由于对"三资"企业仍有优惠政策，国内企业处于不平等的竞争地位；由于中方企业竞相合资，导致中方利益受损；外方采用价格手段，导致利润外流，虚亏实盈；有些中方股权代表的素质不高，也缺乏有效制约和监督机制，导致国有资产流失；在有些"三资"企业中，中方职工的物质福利得不到保证等。

---

①《新中国六十年统计资料汇编》，中国统计出版社；《中国经济年鉴》（2001），中国经济年鉴社 2002 年版。

第四十六章　经济体制基本框架的初步建立

　　这期间经济体制改革取得了重大进展。其中有些方面还取得了突破性进展。主要是：这期间计划投资体制改革取得了重要进展。指令性计划大幅度缩小，指导性计划逐步成为计划的主要形式，市场逐步成为社会生产资源配置的主要方式。在生产方面，1979 年以前，国家计划对 25 种主要农产品产量实行指令性计划管理，到 20 世纪 90 年代末已全部取消。改革前，有 120 多种工业产品由原国家计委下达指令性计划，到 20 世纪 90 年代末也已减少到不到 5 种，占全国工业总产值的比重由 70%下降到不足 4%。在流通方面，原国家计委负责平衡、分配的统配物资，1979 年为 256 种，国家计划收购和调度的农产品、工业消费品和农业生产资料为 65 种；到 20 世纪 90 年代末，两者分别减少到不足 5 种和不足 10 种。

　　投资体制改革尽管滞后，但也取得重要进展。改革以前，作为计划经济体制重要组成部分的投资体制，具有投资主体单一（主要是中央政府）、投资决策层次单一（主要也是中央政府）、投资方式单一（主要是中央政府财政拨款）、投资来源单一（主要是中央政府财政资金）和管理方式单一（主要是中央政府的行政指令）五个特点。经过 20 多年的改革，到 20 世纪 90 年代末，这五个方面都发生了巨大变化。一是投资主体多元化，形成了中央和地方政府、企业以及国内外私人等投资主体的多元化格局。二是投资决策多层次，形成了中央政府、地方政府、行业部门、企业和私人等多层次项目决策。三是投资方式多样化，形成了政府投资与合资、合作、股份合作、项目融资、承包、租赁等多种方式。四是投资来源多渠道，形成了财政拨款、国内银行贷款、投资主体自有资金、发行债券、国外贷款、外商直接投资等多种资金来源渠道。五是管理方式间接化，国家在投资管理中用指导性计划逐步取代指令性计划；逐步依靠市场机制作用和运用经济杠杆来取代行政命令。但投融资体制仍不适应发展社会主义市场经济的要求。主要表现在：政府投资包揽过多，企业作为最重要的投资主体还缺乏充分的投资决策权，对非国有投资领域限制过多；国有资本的产权关系不够明晰，出资人不到位，激励和约束机制不健全，投资决策主体与投资责任主体不一致；直接融资和间接融资都还存在许多体制性障碍，融资渠道和融资方式不宽；市场秩序混乱，尚未形成公开、公平、有序的竞争局面；投资宏观管理体系不完善，特别是投资项目管理基本上还是沿用计划经济的行政审批制。因此，亟须深化改革。

这期间价格改革继续取得重要进展。

其一是继续放开竞争性商品价格。主要包括：

（1）用先调后放的办法，各地区先后放开粮食和食用油的销价。这样，实行了约40年的低价供应城镇居民粮油制度，从此宣告结束，粮油购销价格倒挂问题得到较为彻底的解决。

（2）继续放开尚未放开的工业消费品价格。

（3）工业生产资料大部分并轨实行单一的市场价格。

（4）大幅度地调高了农产品收购价格和能源、原材料价格。

这样，到2000年，政府定价在社会商品零售总额中的比重，由1992年的5.9%下降到3.2%；在农副产品收购总额中的比重，则由12.5%下降到4.7%；在生产资料销售总额中的比重则由18.7%上升到8.4%。① 据此可以认为，产品价格改革已经基本完成。

其二是建立健全价格宏观调控体制。主要是初步建立了重要商品的价格调节基金制度和重要商品的储备制度；建立与价格宏观调控体制相适应的省市区一级调控体系；建立全面、准确、及时反映价格总水平变动的价格指数体系，从宏观上监测市场价格的变化。

这期间财税体制改革取得的重大进展如下：

第一，在财政体制改革方面，建立了中央和地方分税制为基础的分级财政管理体制；停止财政向银行透支，中央财政赤字通过发行国债来弥补，地方财政不准打赤字；并由单一预算逐步转向复式预算，开始建立中央财政向地方财政的转移支付制度，试行零基预算和国库集中统一支付制度。初步形成了公共财政制度框架。

第二，税收体制改革的主要内容有：在商品课税方面，取消了原来的统一工商税，确立了以规范的增值税为核心，辅之以消费税、营业税的新流转税体系，原对农、林、牧、水产业征收的产品税改为征收农林特产税；在所得税方面，将过去对不同所有制企业征收不同的所得税改为实行统一的内资企业所得税，并建立了普遍使用于中外籍人员和城乡个体工商户的统一的个人所得税；在其他工商税制方面，扩大了资源税征收范围，开征了土地增值税，取消、合并了一些小税种；在税收征管制度方面，各地税务机构分设国税局和地方税务局。由此初步构建了新的税收制度的基本框架。

这期间金融体制改革取得的重大进展，集中起来说，就是初步建立了适应社会主义市场经济要求的金融体制框架。

第一，初步建立了金融组织体系的基本框架。中国金融组织体系由四类金融机构组成：

（1）国家金融管理机构，就是中央银行，即中国人民银行。中央银行享有货币发行

---

① 有关各年《中国物价年鉴》，中国物价编辑部。

垄断权，是唯一的货币发行银行；它代表政府依法监管全国的金融活动和金融机构[1]，维护支付、清算系统的正常运行，持有、管理、经营国家外汇储备和黄金储备，代理国库收支和从事相关金融业务，代表政府从事有关国际金融活动，因而被称为政府的银行；它作为最后贷款人，在商业银行资金不足时，可向其发放贷款或提供再贴现，因而又被称为银行的银行；它负责制定和实施货币政策，调节全社会货币供应量，以保持货币币值的稳定，是国家重要的宏观经济调控机构。

（2）商业银行，包括国有独资银行、股份制商业银行，是以经营存、贷款和办理转账为主要业务，以盈利为主要目的的金融企业。

（3）政策性银行。这是由政府设立、以贯彻国家产业、区域和对外经济政策为目的的金融机构。中国设有三家政策性银行：国家开发银行、中国进出口银行和中国农业发展银行。政策性银行的资金来源主要靠财政拨款、发行政策性金融债券以及回收的贷款，不面向社会公众吸收存款，有特定的服务领域并往往提供有财政贴息的优惠贷款。但政策性银行的资金不同于财政资金，它的贷款也要还本付息，经营也要考虑盈亏，力求做到保本微利。

（4）非银行金融机构。这主要包括保险公司、城市及农村信用合作社、信托投资公司、财务公司、证券公司、证券交易中心、基金管理公司、金融租赁公司、邮政储金汇业局和典当行等。

第二，中央银行金融宏观调控体系初步建立。中国人民银行确定保持人民币币值的稳定，并以此促进经济的发展，作为货币政策的目标；推出了货币供应量指标体系，将货币供应量作为货币政策的中介目标；调控方式已基本实现了从信贷规模管理这种直接调控向间接调控的转变，即运用存款准备金、再贴现、利率、公开市场操作、中央银行贷款等货币政策工具，控制货币供应量，调节信贷结构。

这期间劳动、工资制度的改革也取得了重大进展：

第一，在劳动制度改革方面，可以说这期间市场择业已成为主导方式。改革的重要内容包括：①大力发展就业服务事业；②全面实施再就业工程；③实施了农村劳动力跨地区流动有序化工程；④加强宏观经济政策在扩大就业方面的力度。经过以上工作，初步形成了国家政策指导，企业自主用人，个人自主择业，市场调节供求，社会提供服务的就业格局。[2]

第二，在工资制度的改革方面，到20世纪90年代末，伴随劳动就业的市场化，工资也市场化了。这时在工资的调控方面，全国各省、自治区、直辖市对未实行公司化改造的企业，改进了企业工资总额同经济效益挂钩的办法，把国有资产保值增值作为挂钩企业提取新增效益工资的决定指标；对已实行公司化改造的企业不实行挂钩办法，按工资总额增长低于经济效益增长、实际平均工资增长低于劳动生产率增长的原

则调控工资水平；颁布或进一步调整了最低工资标准。还有许多地方政府进行了国有企业经营者实行年薪制试点工作。

这期间社会保障制度改革取得的重大进展，除了继续建立健全有关政策法规和进一步改革社会保障管理体制以外，主要对组成社会保障体系的各个项目，特别是对作为重点的养老、医疗和失业保险以及社会救济制度进行了重大改革。

（1）养老保险制度的改革。随着改革的进展，1997年，我国正式开始在全国建立统一的城镇企业职工基本养老保险制度，采取社会统筹与个人账户相结合的模式。企业缴费比例为工资总额的20%左右，个人缴费比例为本人工资的8%。企业缴费的基本养老保险费一部分用于建立统筹基金，另一部分划入个人账户；个人缴纳的基本养老保险费记入个人账户。基本养老金由基础养老金和个人账户养老金组成，基础养老金由社会统筹基金支付，月基础养老金为职工社会平均工资的20%，月个人账户养老金为个人账户基金积累额的 $\frac{1}{12}$。经过几年的推进，基本养老保险的参保职工已由1992年的9456.2万人增加到2000年的13617.4万人；但机关事业单位职工和退休人员仍实行原有的养老保障制度。此外，1991年，中国部分农村地区开始实行养老保险制度试点。农村养老保险制度以"个人缴费为主、集体补助为辅、政府给予政策扶持"为基本原则，实行基金积累的个人账户模式。到2001年底，全国已有几千万农民参加了农村社会养老保险。

（2）医疗保险制度的改革。1998年，我国正式开始在全国建立城镇职工基本医疗保险制度。也采取社会统筹与个人账户相结合的模式。所有企业、国家行政机关、事业单位和其他单位及其职工必须履行缴纳基本医疗保险费的义务。用人单位的缴费比例为工资总额的6%左右，个人缴费比例为本人工资的2%。单位缴纳的基本医疗保险费一部分用于建立统筹基金，另一部分划入个人账户；个人缴纳的基本医疗保险费记入个人账户。统筹基金主要用于支付住院和部分慢性病门诊治疗的费用；个人账户主要用于支付一般门诊费用。1994~2000年，参加基本医疗保险的职工人数由374.6万人增加到2000年2862.8万人。

（3）失业保险制度的改革。自1986年开始，中国开始建立失业保险制度，为职工失业后提供基本生活保障。1999年，中国又把失业保险推进到一个新的发展阶段。失业保险覆盖城镇所有企业、事业单位及其职工；所有企业、事业单位及其职工必须缴纳失业保险费。单位的缴费比例为工资总额的2%，个人缴费比例为本人工资的1%。失业保险待遇主要是失业保险金。失业保险金按月发放，标准低于最低工资标准、高于城市居民最低生活保障标准。1992~2000年，失业保险参保人数由7443万人扩大到10408.4万人。

（4）改革社会救济制度，建立最低生活保障制度。1993年，中国正式开始对城市社会救济制度进行改革，尝试建立最低生活保障制度。到1999年，全国所有城市和有建制镇的县城均建立了最低生活保障制度。地方政府根据当地维持城市居民基本生活所必需的费用来确定最低生活保障标准。家庭人均收入低于最低生活保障标准的城市居民均可申请领取最低生活保障待遇。到 2001 年，全国领域领取城市最低生活保障金的人数达 1170.7 万人。①

总结上述情况，我国以国有企业职工基本养老保险、失业保险、医疗保险和城市居民最低生活保障制度为重点的生活保障体系已经初步形成。但是，中国社会保障制度的改革和建设并未完成，并且面临着多方面的严峻挑战：①城市社会保障覆盖范围还不够宽，大量城市集体、私营和外商投资企业的职工、自由职业者、个体工商户和进城农民工仍未纳入社会保障范围；②社保资金筹集困难，逃缴拖欠保费现象严重，地方财政支出结构调整力度不够，对中央财政依赖性较大，一些补充社会保障基金的渠道尚未落实；③人口老龄化和失业压力加大，对养老、失业和医疗保险提出更高要求，而资金积累和保障服务功能很不适应；④农村和小城镇社会保障刚开始探索，大部分地区还是空白。

这期间适应经济改革和发展的需要，进行了两次政府机构改革：

（1）1993 年的改革。与 1982 年和 1988 年两次改革相比较有所不同，这次改革的特点，一是把适应建立社会主义市场经济体制的要求作为改革目标，二是把转变政府职能作为改革重点。具体要求是：按照市场取向改革的要求，增加宏观经济调控和监督部门以及社会管理部门，减少行政事务和对企业的直接管理；合理划分各部门的职责权限，避免交叉重复，调整机构设置，并精简各部门的内设机构。这次改革是在试点的基础上，由中央政府到地方政府逐步展开的，历时三年这次改革取得成效。这次改革前国务院机构有 70 个，改革后精简到 59 个，同时精简了内设机构。

（2）1998 年的改革。这次改革按照发展社会主义市场经济的要求，根据精简、统一、效能的原则，转变政府职能，实现政企分开，建立办事高效、运转协调、行为规范的行政管理体系，完善国家公务员制度，建设高素质的专业化行政管理干部队伍。国务院机构改革的重点，是调整和撤销那些直接管理经济的专门部门，加强宏观调控和执法监管部门，按照权责一致的要求，调整部门的职责权限，明确划分部门之间的职责分工，完善行政运行机制。这次改革在中央政府和地方政府方面取得了较大成效。就国务院来说，除国务院办公厅外，国务院组成从 40 个减少到 29 个。国务院直属机构与办事机构也进行相应的调整与改革。按照转变政府职能、实行政企分开的要求，国务院各部门转交给企业、社会中介组织和地方的职能有 200 多项；在部门之间调整转移的职能有 100 多项；部门内设的司局级机构减少 200 多个，精简了 1/4；人员编制总数减少 47.5%。

总之，在这期间，宏观经济体制基本框架已初步建立。但也只是初步的，而且管理体制各组成部分的改革进展也不平衡。如投资、金融和社会保障等方面改革滞后的状况，并未从根本改变。

① 有关各年《中国统计年鉴》，中国统计出版社；《经济日报》，2002 年 4 月 30 日第 8 版，3 月 1 日第 4 版，3 月 6 日第 2 版，3 月 11 日第 3 版。

第四十七章　经济调控与运行

第一节　1993年上半年，经济再次过热与加强宏观调控方针的提出和实施

1993年上半年，在邓小平南方谈话和中共十四大精神的鼓舞下，广大干部和群众加快发展的热情高涨，改革开放不断取得新进展，生产、建设、流通和对外经济技术交流全面发展。但是，我国经济在继续大踏步前进中，也出现了一些新的问题，某些方面情况还比较严峻，主要是从1992年开始的工业和整个国民经济过热状态进一步加剧。主要是：

（1）货币过量投放，金融秩序混乱。截至1993年6月23日，全国货币净投放585亿元，比1992年同期多投放532亿元。由于乱集资、乱拆借的影响，居民储蓄增长缓慢，大量资金体外循环，银行正常贷款不能完全保证，有些基层银行出现支付困难。1993年1~5月城乡居民储蓄存款增加912亿元，比1992年同期少增加226亿元。

（2）投资需求和消费需求都出现膨胀的趋势。1993年上半年国有单位固定资产投资比1992年同期增长70.6%，银行工资性现金支出和对个人其他现金支出增长36.7%，行政企事业管理费现金支出增长90%，都大大超过经济增长的幅度。

（3）财政困难状况加剧。1~5月，国内财政收入比1992年同期下降2.2%，而财政支出比上年同期增长15.9%，收支相抵仅结余11亿元，比1992年同期少结余206亿元。

（4）工业增长速度越来越快，基础设施和基础工业的"瓶颈"制约进一步强化。1993年6月工业增幅达到30.2%。交通运输特别是铁路运输十分紧张，一些干线限制口的通过能力仅能满足需求的30%~40%。电力、油品供需缺口越来越大，有的地方又出现"停三开四"现象。钢材、水泥、木材等建筑材料由于供需矛盾突出，价格上涨较猛。

（5）出口增长乏力，进口增长过快，国家外汇结存下降较多。据海关统计，1~5月

出口总额比 1992 年同期增长 8.2%，进口总额增长 26.9%。截至 6 月 10 日，国家外汇结存 193 亿美元，比 1992 年同期减少 56 亿美元。

（6）物价上涨越来越快，通货膨胀呈现加速之势。从 1992 年 10 月开始，物价上涨幅度逐月加快，到 1993 年 1 月，上涨幅度达到 8.4%，3 月开始突破两位数，为 10.2%，6 月达到 13.9%。加上服务项目涨价较快，6 月全国居民生活费用价格指数上涨幅度已达 16.6%。1993 年上半年生产资料价格指数比 1992 年同期上升 44.7%。上述情况表明，如果不抓住时机，进一步深化改革，抓紧实施宏观调控措施，势必导致社会供需总量严重失衡，通货膨胀进一步加剧，甚至会引起大的经济波动，影响社会安定。

党中央、国务院高度重视这些问题。1993 年初以来多次指出，要认真对待，抓紧解决，并相继采取了稳定和加强农业，制止乱集资、违章拆借和规范股票市场以及加强房地产投资和交易管理、清理整顿开发区等一系列措施。6 月 24 日，中共中央、国务院发出了《关于当前经济情况和加强宏观调控的意见》，做出了加强宏观调控的重大决策。[①] 党中央、国务院强调指出：为了保持经济发展的良好势头，现在必须下定决心，解决经济中的突出问题。在解决问题时，需要注意把握以下三点：

（1）统一思想认识。由于对工业发展速度是否过快、投资规模是否过大、货币供应量是否过多、通货膨胀是否在加剧等问题的看法不完全一致，影响了宏观调控措施的贯彻落实。为了解决当前经济中的突出问题，必须先进一步统一思想认识，特别是各级领导干部对当前经济形势要有正确的、清醒的认识。要按照中央的要求，积极、正确、全面地领会邓小平南方谈话和中共十四大精神，把解放思想和实事求是统一起来，切实贯彻"在经济工作中要抓住机遇，加快发展。同时要注意稳妥，避免损失，特别要避免大的损失"的重要指导思想，把加快发展的注意力集中到深化改革、转换机制、优化结构、提高效益上来。

（2）着眼于加快改革步伐。当前经济中出现的问题，从根本上讲是原有体制的弊端没有消除，社会主义市场经济体制尚未形成，那种盲目扩张投资、竞相攀比速度、缺乏有效约束机制等问题没有得到根本解决。在这种情况下，解决当前问题必须采用新思路、新办法，从加快新旧体制转换中找出路，把改进和加强宏观调控、解决经济中的突出问题，变成加快改革、建立社会主义市场经济体制的动力。

（3）主要运用经济办法，也要采取必要的行政手段和组织措施。要强化间接调控，更多地采取经济手段、经济政策和经济立法。通过加强宏观调控，既能有效解决当前经济问题，又有利于继续增强微观经济活力和市场机制作用的充分发挥。对那些主要由行政行为导致经济秩序混乱的问题，也要采取必要的行政手段加以解决。特别是在当前经济运行机制不健全的情况下，行政手段更不可缺少。

针对 1993 年经济生活中存在的问题，党中央、国务院决定采取以下加强和改善宏

---

① 《中国经济年鉴》（1994），中国经济年鉴社 1995 年版，第 45~46 页。

观调控的措施：

（1）严格控制货币发行，稳定金融形势。全年货币发行量要控制在 1500 亿元，这要作为 1993 年宏观调控的首要目标。先要把住基础货币投放这个闸门，严格控制社会需求的过快增长，认真整顿金融秩序，切实加强现金管理。

（2）坚决纠正违章拆借资金。

（3）灵活运用利率杠杆，大力增加储蓄存款。

（4）坚决制止各种乱集资。

（5）严格控制信贷总规模。强化中央银行对全社会信贷总规模的宏观控制，各家银行和非银行金融机构要严格按照中国人民银行总行下达的年度信贷计划执行，未经批准不得突破，并按季监控，按月考核。银行贷款要先支持农业生产和农副产品收购；支持产品在国内外市场有销路、效益好的国有工业企业的流动资金需要，对于产品无销路、效益不好或挪用资金参与乱集资、炒房地产、炒股票的企业要减少甚至停止贷款；积极支持外贸出口的贷款需要，对囤积外汇或不按规定及时结汇的外贸公司，要从严控制贷款发放；固定资产投资贷款要集中用于国家计划内的农业、交通、通信、能源、重要原材料、水利等国家重点建设项目，特别是铁路建设和 1993 年内可以竣工投产的建设项目。

（6）专业银行要保证对储蓄存款的支付。各专业银行和商业银行要建立存款支付责任制，大力组织存款，压缩一般贷款，清理收回不合理贷款和拆借资金，以增强银行的支付能力。

（7）加快金融改革步伐，强化中央银行的金融宏观调控能力。中国人民银行要通过深化改革，真正成为对全国信贷、货币进行宏观调控和统一管理各类金融机构的中央银行。贷款规模的调剂权集中到中国人民银行总行，取消中国人民银行省级分行 7% 的贷款规模调剂权。

（8）投资体制改革要与金融体制改革相结合。从改革投资体制入手，尽快建立政策性银行，逐步实现政策性金融与商业性金融相分离。组建国家长期开发信用银行、出口信贷银行等政策性银行，专门承担政策性投融资和贷款任务。当前，各专业银行也可先采取过渡办法，在内部分设账户、分别管理，实行政策性和商业性业务分开。过渡期间的财务核算办法，实行单独记账，统负盈亏。

（9）限期完成国库券发行任务。1993 年发行国库券的利率，随着银行再次提高利率而相应提高。各地区、各部门必须在 1993 年 7 月 15 日以前完成国库券发行任务。

（10）进一步完善有价证券发行和规范市场管理。

（11）改进外汇管理办法，稳定外汇市场价格。

（12）加强房地产市场的宏观管理，促进房地产业的健康发展。

（13）强化税收征管，堵住减免税漏洞。

（14）对在建项目进行审核排队，严格控制新开工项目。对不符合国家产业政策、资金来源不落实、建设条件不具备、市场前景不明的项目，特别是高档宾馆、写字楼、度假村等，要下决心停建、缓建，腾出资金保国家重点建设项目，保 1993 年计划内项目。各级政府和财政、银行部门，要加强建设资金的调度，保证国家预算内建设资金和银行投资贷款按资金的正常需要比例到位。所有新开工项目，必须是有正当资金来源、产品有市场销路和经济效益好的项目。新开工基本建设大中型项目，必须经国务院批准后方能开工。对于基本建设小型项目，除农业、水利、交通、能源、学校、医院、粮棉仓储设施、城市公用设施、职工住宅以及合同已经生效的利用外资项目外，其他项目 1993 年内也要严格控制新开工。借用国外商业贷款，要严格按国家计划执行，不得任意突破，特别是不准用商业贷款倒换人民币来扩大建设规模。

（15）积极稳妥地推进物价改革，抑制物价总水平过快上涨。1993 年内，除按原计划再出台提高铁路货运价和整顿电价外，各地方都不要再出台新的调价项目（包括服务收费项目）。受国家调价影响较大的后续产品，价格调整也要从严掌握。对 1992 年下半年以来一些地区和部门，未经国家批准越权出台的提价项目和行政性收费要进行清理，并严格按价格管理条例进行查处。对已经放开的重要商品价格要加强监测，通过立法规范企业价格行为。已经放开粮价的地区，要进一步发挥国有粮食部门稳定市场、稳定粮价的作用。严格执行农业生产资料最高限价。

（16）严格控制社会集团购买力的过快增长。在实施上述措施的过程中，必须继续高度重视农业问题；要大力开展增产节约、增收节支活动，反对铺张浪费；继续抓好《全民所有制工业企业转换经营机制条例》的落实，进一步强化企业内部经营管理，推进企业的技术进步和扭亏增盈工作；要坚持"两手抓"，抓住一些大案要案，坚决果断处理，纠正各种不正之风，反对贪污腐败，改变社会不良风气，使中央的宏观调控措施得到人民群众的拥护和支持。

党中央、国务院关于加强宏观调控措施的实施取得了积极成效。主要表现在：制止并收回了大部分违章拆借的资金，初步控制住了乱集资，金融秩序得到整顿，居民储蓄存款回升，货币投放得到有效控制，1993 年全年货币发行量基本实现了预期的控制目标，金融形势趋于好转；外汇调剂市场上人民币对美元的汇价下半年迅速回落并稳定在基本正常的水平；过高的经济和工业速度开始得到控制，开发区热、房地产热开始降温；财政收入进度加快，全年财政赤字控制在年初预算目标之内；投资品价格猛涨的势头有所控制；重点建设和技术改造得到加强等。

但是，由于加强宏观调控措施的政策效应充分显现出来需要一个过程，深层次的体制性、结构性矛盾还有待于通过深化改革和结构调整逐步地加以解决，1993 年工业和国民经济的发展还存在诸多重大问题：

（1）包括工业在内的全社会固定资产投资规模过大。1993 年全社会固定资产投资达到 13072.3 亿元，比 1992 年增长了 61.8%。

（2）工业和国内生产总值增长速度过快。1993 年，国内生产总值和工业增加值分别达到了 34634.4 亿元和 14143.8 亿元，分别比 1992 年增长了 13.5% 和 20.1%。

（3）包括工业品在内的各种物价涨幅过高。1993 年，居民消费价格、工业品出厂价格、主要原料燃料和动力购进价格分别比 1992 年提高了 14.7%、24% 和 35.1%。[①] 可见，党中央、国务院加强宏观调控方针的贯彻执行，虽然在 1993 年取得了重大成就，但在消除 1992~1993 年上半年形成的工业和国民经济过热方面，仅开了一个好头，更艰巨的任务还在后面。

但后来的实践证明，这个方针在避免工业和国民经济的大起大落，实现经济"软着陆"方面起到了决定性的作用。

第二节　1994~1997 年，实现"软着陆"

一、1994 年"软着陆"起步

由于各种因素的制约（其中包括工业和国民经济增长以及物价上升的惯性作用），1994 年工业和经济过热状态并无显著改变。

（1）工业和国民经济总量的增长速度比 1993 年虽有下降，但降幅不大，仍处于过热状态。1994 年国内生产总值和工业增加值分别达到 48197.9 亿元和 19480.7 亿元，分别比 1993 年增长了 13.1% 和 18.9%。

（2）包括工业在内的全社会固定投资规模增幅比 1993 年有了大幅下降，但规模仍然偏大，结构也有不合理之处。1994 年全社会固定资产投资达到 17042.1 亿元，比 1993 年增长了 30.3%。

（3）包括工业品在内的各种物价指数比 1993 年有更大幅度的上升。1994 年居民消费价格、工业品出厂价格、主要原料燃料动力价格分别比 1993 年提高了 24.1%、19.5%、18.2%。[②]

这是改革以来物价涨幅最高的一年，是多种因素的综合作用：

（1）1992 年以来，工业和国民经济持续过热，投资和消费基金持续膨胀，货币供应持续过快增长。

（2）农业基础相对脆弱，在盲目追求工业高速增长的过程中又在一定程度上忽视了农业生产，致使农产品供应不足，成为推动物价上涨的一个最重要因素。1994 年，与农业生产直接相关的食品价格的上涨因素，大约占了零售价格上涨 21.7% 中的 13 个百分点，即占了 60%。[③]

（3）各项经济改革，特别是价格改革，也在一定程度上推动了物价总水平的上升。

---

① 《新中国六十年统计资料汇编》，中国统计出版社，第 9、11、13、23 页。
② 《新中国六十年统计资料汇编》，中国统计出版社，第 9、11、15、23、41 页。
③ 《中国经济年鉴》（1995），中国经济年鉴社 1996 年版，第 4 页。

（4）对物价管理有所放松，法制不健全，市场交易不规范，流通秩序比较混乱，乱涨价现象比较普遍。这些在物价上涨方面也起了推波助澜的作用。

总体来说，1994年在实现工业和国民经济"软着陆"方面已经取得了重要进展，但远未实现"软着陆"，只是实现"软着陆"的起步。

二、1995年"软着陆"迈出重大步伐

由于党中央、国务院关于改革和发展的一系列政策的更进一步贯彻，以及宏观调控力度加大等方面的原因，1995年在实现工业和国民经济"软着陆"方面迈出了重大步伐。

（1）1995年，工业和国民经济增幅在1994年下降的基础上，又以更大的幅度下降；但结构调整进展迟缓。1995年国内生产总值、工业增加值分别达到60783.7亿元、29447.6亿元；分别比1994年增长10.9%、14%，增幅分别比1994年下降2.2、4.9个百分点。这里还要着重提到：到1995年，我国已经提前5年实现了原定的国民生产总值翻两番的目标。

（2）这年包括工业在内的全社会的固定资产投资在1994年大幅度下降的基础上，又大幅下降，投资产业结构未见改善。1995年全社会固定资产投资达到20019.3亿元，比1994年增长了17.4%。

（3）包括工业品在内的诸种价格指数大幅下降。1995年居民消费价格，工业品出厂价格，主要原料、燃料、动力购进价格分别比1994年提高了17.1%、14.9%、15.3%。[1]尽管这年价格指数仍然很高，但涨幅已比1994年有大幅度下降。因此，1995年在实现"软着陆"方面已经迈出了重大步伐。当然，还没有完成"软着陆"的任务。

三、1996~1997年实现"软着陆"

由于上述政策的继续贯彻执行，在1996年初步实现了"软着陆"。这年工业经济运行的结果如下：

（1）1996年工业和国民经济的增幅回到了合理的增长区间。[2]1996年国内生产总值、工业增加值分别达到了71176.6亿元、29447.6亿元，分别比1995年增长了9.6%、12.5%。

（2）这年包括工业在内的全社会的固定资产投资又有了大幅度下降。1996年，全社会固定资产投资达到了22974亿元，比1995年增长了14.7%。

（3）包括工业品在内的各种价格指数又有了大幅度下降。1996年，居民消费价格，工业品出厂价格，主要原料、燃料、动力价格分别比1995年增长了8.3%、2.9%、3.9%。[3]其中，居民消费价格涨幅偏高。但包括居民消费价格在内，所有价格涨幅均低

---

①③《新中国六十年统计资料汇编》，中国统计出版社，第9、11、15、23页。
② 依据潜在经济增长率的要求，这期间国内生产总值年增长率都可以看作是合理的高速增长区间。

于国内生产总值的增长率。据此，1996 年初步实现了"软着陆"。当然，结构调整以及提高经济质量和效益的任务还远没有完成。但是，相对 1986 年以后那次"软着陆"未成功和 1989 年那次"硬着陆"带来的市场疲软来说，这次成功实现"软着陆"是改革以来的第一次，是一个伟大的创造，具有极其重要的意义。

由于继续实施适度从紧的财政政策和货币政策，注意掌握调控力度，1997 年最终实现了"软着陆"。

（1）1997 年工业和国民经济总量增幅继续回落到合理增长区间。这年国内生产总值、工业增加值分别达到了 78973.0 亿元、32931.4 亿元，分别比 1996 年增长了 9.3%、11.3%。

（2）1997 年包括工业在内的全社会固定资产投资的增幅比 1996 年又进一步回落。1997 年全社会固定资产投资达到 24941.1 亿元，比 1996 年增长了 8.8%。这年国有工业固定资产投资达到 7326 亿元，比 1996 年增长 6.1%。

（3）开始形成买方市场，包括工业品在内的价格指数进一步下降。

总体上看，1997 年消费品市场、生产资料市场和投资品市场都开始呈现出买方市场的基本格局。据对 613 种主要商品供求情况的调查分析，1997 年上半年供求基本平衡的商品比例为 89.0%，供不应求和供过于求的各为 5.5%。到下半年，供求基本平衡的商品比例变为 66.6%，比上半年下降 22.4 个百分点；供过于求的占 31.8%，上升了 26.3 个百分点，供不应求的仅占 1.6%，下降了 3.9 个百分点。1997 年居民消费价格增长了 2.8%，工业品出厂价格下降了 0.3%，主要原料、燃料价格比 1996 年上升了 1.3%，动力价格比 1996 年上升了 1.7%。[1]

依据上述情况，可以认为，1997 年由于执行党中央、国务院的一系列方针政策，在坚持适度从紧的货币政策的同时，注意了适度微调，从而使 1997 年成功实现"软着陆"。需要着重指出：这年形成的高增长、低通胀的局面，是过去多年没有的。这年基础产业和基础设施的制约作用也明显缓解。1997 年初步形成的买方市场，又是一个具有重大历史意义的根本性转变。这些成就又是在亚洲一些国家 1997 年 7 月开始发生的金融危机并对我国经济发生重大影响的条件下取得的。所以，1997 年工业和国民经济发展的成果是显著的。当然，调整结构和提高经济质量等问题还没有得到根本解决。

---

[1]《新中国六十年统计资料汇编》，中国统计出版社，第 9、11、15、23 页。

第三节　1998~2000年，在反过冷中实现持续快速发展

一、1998~1999年，在反过冷中遏制了增速下滑趋势

依据中共十五大精神和1998年的情况（如有效需求不足和市场销售不旺，亚洲一些国家金融危机的深化及其对我国经济发展的负面影响加大等），这年还要实行适度从紧的货币政策。

就发展工业来说，还要采取以下政策措施：

（1）适度扩大投资需求，增加基础设施、高新技术产业和企业技术改造的投入。增加投资仍是经济增长、刺激内需的重要措施，1998年包括工业在内的全社会固定资产投资预定达到27850亿元，增长10%以上。要把投资重点放在农林水利建设，铁路、公路、通信、环保等基础设施建设，普通居民住宅建设以及高新技术产业和企业技术改造方面。在加快投资的同时，还要注意保护好国内企业，防止一些亚洲国家利用货币贬值，将大量廉价的钢材、水泥等基建材料投放国内市场，确保新增加的固定资产投资能够主要转化为国内需求而不是进口需求。同时，切实防止单纯扩大生产规模和盲目重复建设，充分发挥现有企业的潜力，不能再盲目铺新摊子，集中力量加快有市场前景、效益好的在建项目建设。

（2）积极开拓国内市场特别是农村市场，促进消费需求的适度增长，扩大工业品的市场空间。①工业企业要主动适应市场需求的变化，及时调整产品结构，不断推出市场前景好、效益高的拳头产品，提高生产企业开拓市场的能力；②要加强对市场变化的分析研究，发挥市场信息引导作用，搞好产销衔接；③要大力开拓市场，改善城乡居民的消费环境和消费条件，促进消费需求的增长；④要加大普通居民住宅建设和市政基础设施投资力度，积极培育新的经济增长点。

（3）积极扩大出口，保持合理进口，坚决打击非法进口与走私。

1）要进一步推进以质取胜和市场多元化战略。优化出口商品结构，提高出口商品的质量和档次，大力开拓独联体和东欧、非洲、拉美等潜力较大的新市场。

2）要深化外贸体制改革，积极推进大中型生产企业实行自营出口；对国家确定的重点企业，赋予进出口经营权，尽快由审批制改为登记备案制，商品出口配额要更多地向生产企业倾斜。

3）要在还贷有保证的条件下，扩大进出口银行和其他商业银行的出口信贷规模，支持成套设备出口和工程承包。

4）要继续完善出口退税政策，根据国家财力，提高某些重要出口商品的出口退税率。

5）要鼓励有条件的企业向上述市场潜力较大的地区销售产品，特别是利用当地的市场和资源投资办厂，转移国内过剩生产能力。

6）要加强对进口的宏观调控，严禁成品油和新闻纸等商品过度进口冲击国内市场。进一步加强打击走私、逃税骗税和反倾销的工作力度，防止非法进口和不正当竞争对国内市场的冲击。

（4）要加快结构调整，大力发展高新技术产业，加快利用高新产业改造传统产业。要加快重点产品的升级步伐，在机电、化工、汽车、能源、通信、重要原材料、信息、生物等重点产业中，抓一批有高附加值、高技术含量和成本有优势、市场有前景的重点产品，带动产品结构合理化和提高产品竞争力。要重点促进电子、信息及自动化技术的发展，积极探索建立符合我国国情的高新技术风险投资机制，促进科技成果的转化，并有重点地引进一批高新技术，组织好消化吸收。对市场前景好、拥有自主知识产权的高新技术项目，予以重点扶持，尽快实现产业化。加快采用高新技术改造传统产业。重点是应用生物技术等改造我国传统的农业，发展高效、优质和高产农业；应用集成电路技术、光纤通信技术、计算机技术、先进制造技术等改造我国的机械、电子、汽车、石油化工和建筑等国民经济支柱产业；应用高速铁路运输技术、内河航运技术、电子技术、煤炭洁净利用技术等发展我国的公路、铁路、水运、航空、电力、煤炭等基础设施和基础工业。

（5）促进乡镇企业和中小企业的发展。要采取有效措施，遏制近几年乡镇企业增长速度大幅度下滑的趋势。①要加快乡镇企业改革，进一步发挥其机制灵活的优势；②把发展乡镇企业与推进农业产业化和建设农村社会化服务体系结合起来，使之相互促进；③积极鼓励东部地区同中西部地区合作发展乡镇企业，在产品开发和市场开拓上进一步加强联合；④清理整顿乡镇企业税外收费，减轻乡镇企业负担。在巩固和强化大型企业和企业集团在国民经济中地位的同时，积极扶持和促进中小型企业的发展。引导中小型企业向"小而精"、"小而专"、"小而特"的方向发展。信贷投放要注意支持那些产品有市场、有效益和开发应用新技术的中小型企业。各有关方面要在市场信息、新技术推广、人员培训、市场开拓、国际合作等方面，加强对中小型企业的指导和服务。

上述政策措施的实施，使1998年上半年工业经济的运行取得了以下成果：

（1）工业和国民经济平稳增长。1998年上半年国内生产总值达到34731亿元，比1997年同期增长7%；工业增加值9209亿元，比1997年同期增长7.9%。

（2）包括工业在内的全社会固定资产投资持续增长。上半年，国有单位固定资产投资5828亿元，同比增长13.8%。[①]

（3）买方市场进一步发展，市场价格低位运行。全国商品零售价格同比下降2.1%，居民消费价格下降0.3%，工业品出厂价格下降了5%。据对601种主要商品的调查，

[①]《人民日报》1998年7月18日第1版；《经济日报》1998年7月25日第1版。

上半年供过于求的占 74.2%，供求基本平衡的占 25.8%，已无供不应求的商品。①

上述数据表明，党和政府一系列政策的贯彻执行，特别是 1998 年初实施的扩大内需、刺激经济增长的措施已经初见成效。

但 1998 年上半年经济增长率并没有达到 8% 的计划预期目标。其主要原因：

（1）亚洲金融危机不仅没有减弱，还在继续发展，使我国第二季度出口增幅明显放慢，第一季度出口增长 13.2%，第二季度仅增长 7.6%，回落 5.6 个百分点。这必然影响到中国经济的增长。

（2）上半年十几个省出现严重的水灾，使我国夏粮减产 11%，第二季度农业增长速度明显放慢。根据测算，这使 GDP 增长速度减少 0.4 个百分点。此外，水灾还对有关省份的工业、投资、交通运输业造成影响。初步测算，由于阴雨、水灾，广东、广西、江西、安徽等省份的工业增加值至少减少 100 亿元。②

（3）经济增速下降具有惯性。

（4）扩大内需等项政策的实施力度难以把握，其完全落实也需要一个过程。

正是在这种情况下，1998 年 6~7 月，中共中央、国务院又转发了国家发展计划委员会《关于今年上半年经济运行情况和下半年工作建议》，并决定实施积极的财政政策，增发 1000 亿元财政债券，并配套增加 1000 亿元银行贷款，用于增加基础设施建设投资。这是必要的、及时的。据有关单位当时测算，这笔国债的使用，大约可以带动银行增加配套贷款 1000 亿元。这 2000 亿元的投资形成的最终需求，可推动国内生产总值增长约两个多百分点。当然，形成这种需求也有一个过程。但 1998 年即使按一半收效计算，也可使增长率提高一个多百分点，从而可以有力地促进 8% 的经济增长目标实现。但这笔巨额投入的意义并不仅限于此。它对于改变基础设施发展滞后、中西部地区落后于东部地区的状况、调整产业结构和缓解就业矛盾以及改善人民生活，也都有重要作用。当然，要使这批投入真正发挥推动经济增长的作用，还必须使投资用于基础设施建设，不能用于一般的加工项目，更不能用于盲目重复建设；要用于建设周期短、投资见效快的项目；要引入竞争机制，按照投资体制改革的要求，实行项目公开招标制、项目法人责任制和工程监理制；要警惕由于行政权力的加强导致某些旧体制复归；要切实保证建设工程质量。1998 年 7 月，中央再次重申："在当前通货紧缩的形势下，中央决定采取更加积极的财政政策，筹集更多的资金，进一步加大基础设施建设，这是扩大内需的最有力措施。"③ 紧接着，以实行积极财政政策、扩大基础设施为核心的扩大内需的一系列重大政策相继出台。至此，可以认为，一个确保经济增长目标实现的、以扩大内需为主的、以实行积极财政政策扩大基础设施建设为核心的宏观调控政策体系，已经最终形成。

---

① 《人民日报》1998 年 7 月 18 日第 1 版；《光明日报》1998 年 7 月 24 日第 6 版；《经济日报》1998 年 7 月 25 日第 1 版。

② 《人民日报》1998 年 7 月 18 日第 1 版。

③ 《人民日报》1999 年 1 月 14 日第 2 版。

在上述宏观调控政策体系指导下，1998年经过反过冷反通缩，终于制止了增速的过度下滑，继续保持了工业和国民经济的持续快速增长。

（1）1998年，国内生产总值达到84402.3亿元，比1997年增长了7.8%，工业增加值达到34018.4亿元，比1997年增长8.9%。

（2）包括工业在内的全社会固定资产投资达到28406.2亿元，比1997年增长8.8%，仅比1997年增幅下降了1.5个百分点。

（3）居民消费价格比1997年下降了0.8个百分点。工业品出厂价格下降了4.1%，原材料、燃料、动力价格下降了4.2%。

（4）全国工业实现利润1458亿元，比1997年下降了8.6%。[①]

在这方面，上述宏观调控政策体系，特别是积极的财政政策起了至关重要的作用。有关部门事后计算，1998年国债投资拉动经济增长1.5个百分点。[②] 这就意味着如果1998年不推行积极的财政政策，当年经济增长率就只能达到6.3%，下滑到现阶段经济适度增长合理区间下限为7%以下。

在上述政策的推动下，1999年第一季度还保持了良好的经济发展态势。但第二季度又出现了经济增速下滑的态势。这年第一季度国内生产总值比1997年同期增长了8.3%，第二季度和第三季度经济增长率分别下降到7.6%和7.4%。在这个关键时刻，党中央、国务院又做出加大实施积极的财政政策力度，增发国债，增加居民收入，以进一步扩大内需，并综合运用各种宏观调控手段，促进投资、消费和出口，以拉动经济增长。这年下半年，在年初确定的国债发行规模的基础上，由财政部再向商业银行增发600亿元长期国债。同时较大幅度增加了城镇中低收入者的收入，国家财政增加支出540亿元。[③] 这些又遏制了经济增长速度下滑的趋势。①1999年，国内生产总值达到了89677.1亿元，比1998年增长了7.6%，增幅仅比1998年下降了0.2个百分点；工业增加值达到了35861.5亿元，比1998年增长了8.5%，增速仅比1998年下降了0.4个百分点。②包括工业在内的全社会固定资产投资为29854.7亿元，比1998年增长了5.1%。③包括工业品在内的价格指数进一步下降。居民消费价格比1998年下降了1.4个百分点，工业品出厂价格下降了2.4个百分点，原材料、燃料、动力购进价格下降了3.3个百分点。[④] 在这方面，上述宏观政策调控体系，特别使积极的财政政策又发挥了十分重要的作用。据有关部门计算，单是1999年的国债投资就拉动了经济增长2个百分点。[⑤] 因此，如果不推行这项政策，1998年经济增长率就只能达到5.1%。

①④《新中国六十年统计资料汇编》，中国统计出版社，第9、11、15、23、41页。

②⑤《经济日报》2001年3月19日第3版。

③《中国经济年鉴》（2000），中国经济年鉴社2001年版，第316页。

二、2000 年实现增速回升

鉴于 1999 年经济增速下滑以及通货紧缩趋势并没有得到根本遏制，2000 年继续推行了上述以确保经济增长目标实现的，以扩大内需为主的，以实行积极财政政策为核心的宏观调控政策体系。

2000 年继续实行积极财政政策的主要内容，包括以下三个方面：

（1）发行 1000 亿元长期国债，重点投向水利、交通、通信等基础设施建设，科技和教育设施建设，环境整治与生态建设和企业技术改造，并向中西部地区倾斜。

（2）继续贯彻落实 1999 年出台的调整收入分配的各项政策措施，保障城镇中低收入居民的收入稳定增长。企业也应在提高经济效益的基础上适当增加职工工资。

（3）进一步运用税收、价格等手段，并继续清理某些限制消费的政策和法规，鼓励投资，促进消费，增加出口。

进一步发挥货币政策的作用。金融系统要正确处理支持经济增长与防范金融风险的关系，在坚持稳健经营的原则下，从多方面加大对经济发展的支持力度。中国人民银行要运用多种货币政策工具，及时调控货币供应总量。国有银行应加强内部资金调度，合理划分贷款审批权限，及时发放与国债投资项目配套的固定资产贷款，保证有市场、有效益、守信用企业特别是科技型企业的贷款。努力解决农民贷款难问题。对重复建设、产品积压和需要压缩生产能力的企业，应当停止或压缩贷款。要大力发展住房、助学和大件商品的消费信贷，改进办法，简化手续，提高审贷效率。进一步规范和发展证券市场，提高企业直接融资比重。完善股票发行上市制度，支持国有大型企业和高新技术企业上市融资。依法严格审批保险企业，积极拓展保险业务。

2000 年，除继续保持国债投资规模外，相应增加银行固定资产投资贷款和鼓励企业自筹投资，引导集体、私营、个体经济增加投资，并改善投资环境，吸引更多的外商直接投资，提高改革措施的透明度，改善居民的心理预期，促使居民增加即期消费。

由于上述政策的贯彻实行，2000 年扭转了 1993 年以来工业和国民经济增速连续七年下降的局面，出现了经济回升。

（1）这年国内生产总值达到 99214.6 亿元，比 1999 年增长了 8.4%，增幅比 1999 年提高了 0.8 个百分点；工业增加值达到 40033.6 亿元，比 1999 年增长了 9.8%，增幅比 1999 年提高了 1.4 个百分点。

（2）包括工业在内的全社会固定资产投资达到 32917.73 亿元，比 1999 年增长了10.3%。

（3）包括工业品在内的价格指数回升。居民消费价格比 1999 年上升了 0.4 个百分点，工业品出厂价格上升了 2.8 个百分点；原材料、燃料、动力购进价格上升了 5.1%。这样，就扭转了 1998 年连续两年下降的局面，有了小幅回升。[①] 在这方面，上述宏观调

[①]《新中国六十年统计资料汇编》，中国统计出版社，第 9、11、15、23、41 页。

控政策仍然功不可没。据有关部门事后计算，2000 年积极的财政政策推动经济增长 1.7 个百分点。[1] 可见，如果不继续实行积极的财政政策，2000 年经济增速也只能达到 6.7%，仍处于我国现阶段适度经济增长率的下限（7%）。

---

[1]《经济日报》2001 年 3 月 1 日第 6 版。

第四十八章　1993~2000 年，工业经济改革发展的主要成就和经验

第一节　主要成就

（1）以社会主义公有制为主体、多种所有制共同发展的格局已经基本形成。中共十一届三中全会以后，逐步推行了以社会主义公有制为主体的多种所有制共同发展的方针。经过近 22 年的发展，这种共同发展的基本格局已经初步形成。2000 年，在全部国有及规模以上非国有工业的工业总产值中，国有及国有控股企业产值占 47.3%，集体企业占 13.8%，私营企业占 2.1%，"三资企业"占 27.3%，混合所有制企业（包括股份制）占 11.8%。同时，现代企业制度、宏观调控体制和对外开放的总体格局已经初步形成。这表明社会主义市场经济体制基本框架初步建立。

（2）工业固定资产投资取得重大进展。1992 年全社会工业固定资产投资为 3715.95 亿元，2000 年增长到 8120.7 亿元。随着固定资产投资的增长，工业新增固定资产和新增生产能力也有巨大增长，有一大批技术水平先进的大中型项目建成投产。如京九、南昆铁路全线投入运营，长江三峡和黄河小浪底水利水电枢纽工程顺利截流等。

（3）工业持续高速增长。1992~2000 年，工业增加值由 10284.5 亿元增加到 40033.6 亿元，增长 2.65 倍。[①] 这期间不仅工业增长速度高，而且成功地实现了"软着陆"。这同 1985 年以后"软着陆"未实现又起飞和 1988 年以后"硬着陆"导致市场销售疲软接着又过热的情况，是有原则区别的，是工业发展中的巨大进步。这期间主要工业产品产量，除了自行车和缝纫机等少数产品产量下降以外，许多产品的产量又有很大的增长。伴随着工业产量（还要加上农业产量）持续、高速增长，计划经济体制（还要加上生产力水平低）下形成的、长期存在的商品（包括消费资料和生产资料）短缺经

---

① 《新中国六十年统计资料汇编》，中国统计出版社，第 9、12 页。

济已经有了根本改观，消费品和投资品都出现了供求平衡或供大于求的格局，初步形成了买方市场。这是我国工业发展史上一个具有历史意义的重大转折。伴随着工业产量的大幅增长，一些主要工业产品产量和工业增加值在世界的位次连续上升。2000 年，钢产量居世界位次由 1992 年的第三位上升到第一位，发电量由第四位上升到第二位，化肥由第三位上升到第二位。据测算，1980~2000 年，中国工业增加值占世界工业的比重由 1.1% 上升到 5.8%，居世界前列。[①]

（4）产业结构升级取得重要进展。2000 年重工业产值占工业总产值比重由 1993 年的 53.4% 上升到 60.2%，轻工业由 46.6% 下降到 39.8%。[②] 随着基础产业以较高速度增长，同时比重上升，改革以来多年存在的基础产业制约开始缓解。这是此期间产业结构调整方面取得的一项重大成就。这期间产业结构发展的另一个重要方面，就是高技术产业有了很大发展，比重上升。2000 年高技术产业增长值占制造业产值比重由 1992 年的不到 1% 上升到近 9%。

（5）职工生活继续显著提高。1992~2000 年，全国采掘业、制造业和电力、煤气及水的生产供应业职工的平均货币工资由 3209 元增加到 8340 元，由 2635 元增加到 8750元，由 3392 元增加到 12830 元，三者平均实际工资分别增长了 41.0%、80.2%、105.3%。[③] 还要着重提到：1995 年，我国城镇职工实行了每周 5 天工作制。这在我国历史上是破天荒第一次。

总体来说，1993~2000 年，我国工业和国民经济发展取得了伟大成就！归结起来就是：成功实现了"软着陆"和高增长、低通胀；消费品、投资品买方市场的初步形成和基础产业"瓶颈"制约缓解；经济总量翻两番的战略目标提前 5 年于 1995 年实现；人均国内生产总值增长了 4.1 倍，超额完成了人均国内生产总值翻两番的目标。以社会主义公有制为主体，多种所有制共同发展的基本格局已经初步形成；适应市场经济发展要求的宏观调控体系的框架初步建立；对外开放的总体格局基本形成；职工和人民生活水平总体上实现了小康目标。

第二节　主要经验

1993~2000 年，发展工业生产建设的经验以及作为这些经验总结的政策，有了更大的发展。其中有些方面还有了质的飞跃。1992 年中共十四大报告、1993 年中共十四届三中全会的决定、1996 年国务院《关于国民经济和社会发展"九五"计划和 2010 年远

---

① 《中国经济史研究》，2016 年第 1 期，第 4 页。
② 《中国统计年鉴》（2005），中国统计出版社 2006 年版，第 438 页。
③ 有关各年《中国统计年鉴》，中国统计出版社。

景目标纲要的报告》、1997 年中共十五大报告和 1999 年中共十五届四中全会的决定，对这期间工业和国民经济发展的主要经验已经做了系统、全面的总结。这里只是着重提到其中的三点。

第一，在邓小平理论的基础上首次系统地论述了作为党的指导思想的中国特色社会主义理论。

第二，在改革方面，首次提出以建立社会主义市场经济体制为改革目标，并构建了社会主义市场经济体制的基本框架。提出公有制为主体、多种所有制经济共同发展，是我国社会主义初级阶段的一项基本经济制度。界定了公有制主体地位的含义及其实现形式。在确定国有经济主导作用的同时，提出要把国有企业改革作为经济体制改革的中心环节。从战略上调整国有经济布局，推进国有企业战略性调整，建立和完善现代企业制度以及加强和改善国有企业管理。确定集体所有制经济是公有制经济的重要组成部分，还确定非公有制经济是我国社会主义市场经济的重要组成部分。提出要完善分配结构和分配方式，充分发挥市场机制作用，健全宏观经济调控体系，坚定不移地实行对外开放。

第三，在经济和社会发展方面，提出和着重强调了以下方针：保持国民经济持续、快速、健康发展；积极推进经济增长方式转变；实施科教兴国战略和可持续发展战略；把农业放在发展国民经济的首位；坚持区域经济协调发展；坚持物质文明和精神文明共同进步。

但这期间也存在前文提到的问题：政策的许多方面没有得到充分贯彻，以致在实现经济增长方式从粗放型向集约型的根本转变方面进展迟缓。由此造成的结果：其一，大批企业技术改造乏力，产业技术升级缓慢，以致技术水平较低成为我国工业的一个重大缺陷。其二，在产业结构方面，尽管基础产业"瓶颈"制约已经缓解，但基础产业发展滞后的问题并没有得到根本解决。高新技术产业比重虽有提高，但仍然较低。地区产业结构趋同情况在这期间也无多少变化。其三，在企业组织和产业组织方面，计划经济体制下形成的、长期存在的企业"大而全"、"小而全"，企业平均规模小，大企业比重低，生产和销售的集中度低以及产能过剩等方面的情况，在这期间并无根本改变。其四，国有企业改革滞后状况，以致这一点成为当时影响改革、发展和稳定的一个最重要问题。其五，上述各点必然使工业经济效益低的状况不能得到根本扭转。但所有这些并不能否定这期间在发展工业和国民经济方面取得的伟大成就！

第十篇
市场取向改革继续推进阶段的工业经济

——以全面建设小康社会为战略目标的社会主义建设新时期的工业经济（四）（2001~2011 年）

在中共十五大文件的基础上，2002 年召开的中共十六大提出：我们要在 21 世纪头 20 年，集中力量全面建设惠及十几亿人口的更高水平的小康社会。在论述全面建设小康社会的目标时，中共十六大首先指出："在优化结构和提高效益的基础上，国内生产总值到 2020 年力争比 2000 年翻两番，综合国力和国际竞争力明显增强，基本实现工业化，建成完善的社会主义市场经济体制和更具活力、更加开放的经济体系。"[①] 为了贯彻中共十六大精神，2003 年召开的中共十六届三中全会做出了《关于完善社会主义市场经济若干问题的决定》，规定了完善社会主义市场经济体制的目标、任务、指导思想和原则，并就改革的各个主要方面做了系统的规定。[②] 2007 年召开的中共十七大报告第一次明确、系统、完整地提出和阐述了作为改革、发展的基本指导思想的科学发展观，并适应国内外形势的新变化，在中共十六大确立的全面建设小康社会目标的基础上对我国改革和发展提出了新的更高要求。在经济发展和改革的目标方面，报告指出：转变发展方式取得重大进展，在优化结构、提高效益、降低消耗、保护环境的基础上，实现人均国内生产总值到 2020 年比 2000 年翻两番。社会主义市场经济体制更加完善。[③] 上述各点就是这期间（2001~2011 年）工业经济改革和发展最重要的指导思想。

[①]《中国共产党第十六次全国人民代表大会文件汇编》，人民出版社 2002 年版，第 17~41 页。
[②]《中共中央关于完善社会主义市场经济若干问题的决定》，人民出版社 2003 年版，第 12~32 页。
[③]《中国共产党第十七次全国人民代表大会文件汇编》，人民出版社 2007 年版，第 14~21 页。

第四十九章 以继续建立现代企业制度为特征的国有工业改革

第一节 继续推进国有经济布局和结构的战略性调整

改革以来，特别是"九五"以来，在国有经济布局和结构调整方面已经取得重要成就，国有经济布局趋于优化。其主要表现是经营性国有资产向基础产业和大型企业集聚。2001年，国有基础产业资产占国有工商企业资产总量的62.2%，比重较1995年提高7.3个百分点；国有大型工商企业资产总量占国有工商企业国有资产总量的76.9%，比重较1995年提高16.6个百分点。而且，在国有经济布局调整过程中，国有资产继续增加。2001年底我国国有净资产总量比1995年增长91.4%，年均增长超过11%。

但国有经济对国内生产总值的贡献率则逐步降低，从1978年的56%降到1997年的42%。[①] 其中最重要原因就是这方面的不合理状况并未根本改变。其主要表现有四个：

第一，改革以来，国有经济占国民经济的比重仍然偏大，而且布局和结构不合理。一是资产和增加值的比重偏大。2000年，国有及国有控股工业企业资产总量为84014.94亿元，占全国规模以上工业企业资产总额的66.6%；如果加上其他方面（如金融业）的经营性资产、资源性资产、土地资产和无形资产，那么国有经济资产的比重还要大得多。工业总产值为40554.37亿元，占47.3%。[②] 二是国有经济分布的面过宽，不仅在竞争性行业占的比重过大，而且在垄断性行业占的比重也过大。在608个工业门类中，国有企业涉及604个，其中大中型国有企业涉及533类，占全部门类的87.7%。按销售收入计算，国有经济在一些行业和领域所占比重分别为：石油92.1%、

---

① 《十六大报告辅导读本》，人民出版社2002年版，第171页。
② 《中国统计年鉴》（2012）中国统计出版社2013年版，第508、518页。

石化 69.3%、电力 90.6%、汽车 72.0%、冶金 64.4%、铁路 83.1%，在军工、金融、民航、通信等领域均占 90% 以上。三是相对东部地区来说，中部和西部地区国有经济占的比重更是偏大。当然，就国有经济绝对量来说，东部地区比中西部地区多得多。到 2002 年底，全国 31 个省市区中，东部省份国有经营性资产是中部省份的 3.29 倍，是西部省份的 5.14 倍。按营业收入计算，东部沿海地区国有经济的比重为 43.5%，中部地区和西部地区这一比重分别为 66.1% 和 64.9%。四是在重点企业中，国有经济的比重过大。中央企业更是如此，在这些企业中，国有资本比重超过 96%。五是与此相联系，在股权比重上，国有经济在许多有限责任公司和股份公司中比重过大。2001 年全国上市公司中第一大股东持股额占公司总股本超过 50% 的近 900 家，占全部上市公司总数的近 80%。绝大多数大股东是国有股东和法人股东，而相当一部分法人股东也是国有资本控股的。

第二，企业规模偏小。截至 2002 年底，国有及国有控股大型企业 9436 户，净资产 52637.2 亿元，销售收入 56868.5 亿元，平均每户企业净资产 5.58 亿元，销售收入 6.03 亿元，规模偏小。当时进入世界 500 强的企业，销售额最少的都在 100 亿美元以上。

第三，国有企业不仅有大量辅业没有分离，也不仅承担大量的办社会职能，并有大量冗员，而且还有一大批需要关闭破产的企业没有退出市场。据统计，2002 年末，全国国有企业办的各类社会机构有 2.8 万多个，其中，中小学校 1.1 万多所，公检法机构 3000 多个，医疗机构 6000 多所。在这些社会机构中，中央企业办社会机构有 1.22 万个，占 43.6%。全国国有企业 2002 年支付所办各类社会机构的补贴额 456 亿元，其中，中央企业支付的补贴额为 352 亿元，占 77.2%。2002 年全国国有企业职工由 1997 年的 6975.6 万人减少到 4680.5 多万人，下岗分流了 2500 多万人，但国有企业的富余人员仍然过多。当时全国符合破产关闭条件的资源枯竭矿山和国有大中型企业还有 2500 多户，涉及职工近 510 万人，涉及金融债权 2400 多亿元。

第四，以上各点必然造成国有企业整体素质不高，国际竞争力不强以及经济效益不高的后果。根据粗略估计，21 世纪初，国有经济在社会总资产中的比重大约为 60%，在银行新增流动资金贷款中的比重为 70%~80%。但是国有经济对经济增长的贡献与其所占用资产的比重很不匹配，约占 1/3。2002 年全部国有工业企业净资产收益率为 2.9%，比规模以上非国有工业企业低 2 个百分点，而分布在一般竞争性行业的国有企业的净资产收益率为 1.2%，比全部国有企业平均水平低 1.7 个百分点。2002 年末全国国有企业不良资产占总资产的比重达 11.5%。[①] 这些问题严重影响国有经济主导作用的发挥、资源配置优化以及国际竞争力的提高。因此，坚持和继续强调推进国有经济布局和结构的战略性调整，仍然是 21 世纪深化经济改革的一项重要任务。

---

① 资料来源：《中国新闻网》，2003 年 11 月 19 日；《经济日报》，2003 年 12 月 8 日第 6 版，2004 年 1 月 16 日第 9 版，4 月 29 日第 1 版，8 月 1 日第 2 版。

为此,需要确定和采取一系列的原则和措施。主要是:

第一,总的来说,就是要按照"有进有退、有所为有所不为"的原则,逐步收缩国有经济战线,加强重点,提高国有资本利用效率,解决国有资本战线过长、运营效率不高的问题,实现国有资本的优化配置,发挥国有经济在国民经济中的主导作用。具体来说,一是在国防军事工业的核心领域,国有资本必须保持绝对控制地位。对必须保留的国有独资军工企业,要精干主体,分离辅助,加大重组力度,转换机制;其他军工企业向军民品兼营的方向发展,逐步改组为国有控股和参股企业。二是在提供重要公共产品和服务以及自然垄断的领域,目前国有资本还要占据支配地位。在电网、供热、自来水、煤气等行业以及木材采运、陆上油气、贵金属和稀有稀土金属矿等领域,国有资本对重点企业实行控股,同时吸引非国有资本进入。对食盐、烟草生产及批发业继续实行国家专营。三是在石油化工、汽车、信息产业、机械装备行业和高新技术等体现综合国力的领域,少数重要国有骨干企业国有资本继续占据支配地位,同时鼓励各种经济成分共同发展。四是在高技术的关键和核心领域,国有资本要发挥带头作用。国家一般不再采取投资办厂的进入方式,重点在项目资本金筹措、基础研究、应用研究等方面给予支持,并以此吸引社会公众投资和国际资本。五是在一般竞争性领域,主要运用市场机制提高国有资本的运营效率和整体素质。加大依法破产力度,探索不良债务处置的途径,积极疏通和规范企业退出市场的通道。①

第二,继续把"抓大放小"作为对国有经济进行战略调整的主要方针。在 21 世纪初,贯彻这个方针具有重要意义。2001 年我国 0.9 万户国有大型和特大型企业的资产总额为 109643.8 亿元,户均资产规模 12.2 亿元,占全部国有企业资产总额的 65.8%,实现利润 2731 亿元,占全部国有企业利润总额的 97.1%。2000 年全国国有中小型企业 18.1 万户,占全部国有企业总户数的 94.8%,其中亏损企业 9.4 万户,亏损面为 52%,国有中小亏损企业占全部国有亏损工商企业户数的 96.9%,亏损额 1086.8 亿元,占全部国有工商企业亏损额的 58.9%。在全部国有企业中,资不抵债(即负债大于资产)和空壳企业(即损失挂账大于所有者权益)合计为 8.5 万户,占全部国有企业总户数的 44.5%,其中绝大部分也是国有中小企业。② 这说明"抓大放小"对于从战略上调整国有经济具有十分重要的意义。

"抓大"要着力培育具有核心竞争力并拥有自主知识产权和知名品牌的大公司和大企业集团。为此,一是要遵循市场经济规律,以企业为主体,通过市场形成,不能搞"拉郎配"。二是加快股份制改革步伐,完善现代企业制度,建立规范的产权结构、公司治理结构和母子公司体制,并深化内部改革,加强内部监控,建立强有力的制衡、约束、激励和监督的机制。三是继续推进企业重组、优化结构,实现优势互补。四是减少集团管理层次,实现管理扁平化。五是做强做大主业,实现主辅分离。六是完善

①《经济日报》,2001 年 11 月 20 日第 2 版。
②《十六大报告辅导读本》,人民出版社 2002 年版,第 172~173 页。

技术创新机制，实行人才强企战略，增加研发投入，加快技术创新，拥有自主知识产权的名牌产品。七是发挥资本、技术和管理优势，增强国际竞争力，实行"走出去"战略。多年来，由于逐步实行了这些措施，培育大公司和企业集团已经取得了重要进展。

这期间，在"放小"方面，继续实施和不断完善各项放开搞活小企业的措施（详见本书第九篇第四十二章），各地通过改组、联合、兼并、租赁、承包经营、股份合作、出售等多种形式加大了国有小企业改革的力度，改制面由 2000 年的 81.4% 扩大到 2008 年的 90% 以上。至此，"放小"任务已经基本完成。

第三，要把并购重组作为实现国有经济战略调整的主要形式，并采取以下措施。一是未来一段时间内，把并购重点放在一般竞争性领域。二是有条件地吸收外商和民营企业的并购。三是企业管理层收购只适用于中小企业。四是采取的市场化运作方式，做到公开、公正、公平，严防国有资产的流失。五是依法严格保护出资人、债权人和职工的利益。

第四，继续制定法规，为促进国有资产的战略调整，提供法律保障。在这方面，制定有关企业国有产权转让法规尤为重要。它有利于保障企业国有产权的有序流转，促进国有经济的战略调整，并防止国有资产的流失。

第五，继续推行政策性破产。在由计划经济体制向社会主义市场经济转变时期，需要在越来越大的程度上依靠市场机制实现企业破产。但这个时期也需要实行政策性破产，使一批长期亏损、资不抵债的企业和资源枯竭的矿山退出市场。

多年来，由于贯彻执行了上述各项原则和措施，在国有经济的战略调整方面已经取得了重要进展。主要是：

第一，国有资本向国有大型企业集中，实力增强。2000~2011 年国有及国有控股工业企业数由 53489 家减少到 17051 家，减少了 68.2%；但每家平均资产规模由 1.57 亿元增加到 16.51 亿元，增长了 9.51 倍。需要说明的是：减少的企业主要是国有小企业和竞争性领域的经营亏损企业。在 2003 年国务院国有资产监督管理委员会（简称国资委）成立时，其监管的中央企业为 196 家。经多次重组，2011 年减少到 117 家。但在国民经济重要行业和关键领域的中央企业户数占全部中央企业的 25%，而资产总额占 75%，实现利润占到 80%。

第二，国有资本继续向国家安全部门和国民经济命脉的重要行业和关键领域集中。2011 年，中央企业 80% 的资产集中在石油石化、电力、国防、通信、运输、矿业、冶金和机械行业等重要行业和关键领域。[①]

---

① 《中国经济年鉴》（2012），中国经济年鉴社 2013 年版，第 28、528 页；《中国统计年鉴》（2012），中国统计出版社 2013 年版，第 518 页。

第二节　继续建立和完善现代企业制度

如前文所述，2000 年在国有大中型骨干企业中初步建立了现代企业制度的基本框架。但同完善的现代企业制度的要求还相去甚远。其主要表现是：

第一，股权多元化还没有得到应有的发展，国有独资或一股独大的情况还相当普遍。这既不利于政企分开，又不利于规范法人治理结构，并损害股市的健康发展。

第二，国有经济法人治理结构不规范的状况还很多。比较普遍的问题是：股东大会形同虚设，董事会不到位，不能很好地代表出资人利益，存在"内部人控制"现象，即使上市公司董事会也有不少是由第一大股东控制。这些必然造成"内部人控制"，以致国有资产严重流失。

第三，传统计划经济体制留下的企业劳动、人事和分配制度还未完全改革，适应市场经济要求的企业内部经营机制还未真正建立。

为了实现完善现代企业制度的任务，21 世纪以来进行了以下几方面工作：

第一，继续扩大股份制改造面，实现股权多元化，明晰产权关系。其一，这期间无论是国有中央企业还是地方企业的股份制改造面都在扩大。2011 年，国有企业股份制改造面提高到 80%。其二，这期间不仅垄断行业（如电力、电信、民航等），而且在国民经济中处于中枢地位的银行业的股份制改造都取得了突破性进展。如最大的四大商业银行（中国工商银行、中国银行、建设银行和中国农业银行）都实现了股份制改造，前三家已经成为上市公司；原来作为政策性银行的中国开发银行也已建立股份有限公司。其三，伴随着我国事业单位改革的发展和文化事业的产业化，众多原来的国有事业单位也转变为公司制的企业。其四，处理了过去股份制改造遗留下的股权分置问题。2006 年后，全国除金融机构控股的上市公司外，801 家国有控股上市公司中已有 785 家完成或启动了股改程序，占 98%。这项任务已于 2007 年基本完成。

第二，建立规范的法人治理结构。为此，着重推进了以下工作：一是通过建立健全全国国有资产监管机构，确保出资人到位。不仅要做到不缺位，而且要做到不错位不越位，既保证董事会、经理层和监事会有效地发挥作用，又防止"内部人控制"，确保国有资本的增值。二是发挥董事会在治理结构中的核心作用。为此，优化董事会的构成，设立真正发挥作用的外部董事和独立董事；并建立主要由外部董事和独立董事组成的审计委员会、提名委员会和薪酬委员会等；避免董事会和总经理交叉任职；实行董事会的集体决策和个人负责的决策机制；确定经理人员的薪酬制度，注重长效激励。到 2011 年，在国资委监管的中央企业中，建立规范董事会的企业已达到 42 家。[①]

[①]《中国经济年鉴》(2013)，中国经济年鉴社 2014 年版，第 28、528 页。

三是强化监事会的监督作用。还要发挥股东的监督作用。为此，要建立真实的、公开的、有效的信息披露制度，特别是健全股市。

第三，根本改革计划经济体制下形成的劳动、人事和工资制度，建立与现代企业制度相适应的经营机制。一是在改革劳动制度方面，实现了市场化。二是在改革人事制度方面，也进行了有益实践。主要包括：对国有企业领导人员实行产权代表委任制和公司经理的聘任制，实行年度考核和任期考核，建立完善年薪制和持有股权等分配方式，强化监督约束机制等。三是在改革工资制度、建立现代薪酬制度方面，也进行了多方面实践：

（1）转变政府对企业工资收入分配的管理方式。在调控方式上，从直接调控向间接调控转变；在调控目标上，从总量调控向水平调控转变；在调控手段上，从以行政手段为主向以法律、经济手段为主转变。政府通过转变管理方式，为深化企业工资收入分配制度改革创造良好的外部环境。

（2）进一步完善企业工资收入分配宏观调控体系。按照依法规范、加强指导、提供服务和实施监督的原则，完善以"三个指导、两项立法、一个监督"为重点的企业工资收入分配宏观调控体系。三个指导即建立指导企业工资分配的三项制度，包括工资指导线制度、劳动力市场工资指导价位制度和人工成本预测预警制度。两项立法即企业工资最低保障立法和工资支付立法。一个监督即政府对企业执行国家关于工资收入分配法律法规和政策情况进行监督，并依法对企业违规行为进行处理。

（3）深化企业内部分配制度改革，大力推行岗位工资为主的基本工资制度，推行竞争上岗、以岗定薪、岗变薪变，岗位工资参照劳动力市场价位确定，职工工资收入主要由其岗位和工作实绩决定，切实解决企业工资分配激励不足、约束不严的问题。

（4）推进企业经营者收入分配制度改革。实行其收入与责任、业绩和风险相挂钩的岗位绩效工资，并探索多种激励形式相结合、长期激励与短期激励相结合的激励和约束机制。如实行年薪制和股权激励等。

（5）探索建立市场化的、多种形式的工资决定机制。对一些未改制的国有企业和已经改制的国有独资公司，充分发挥职代会对工资分配的作用，通过完善厂务公开制度，建立工资分配的民主决定机制；对一些已按《公司法》规范改制的国有控股或参股的股份公司和有限责任公司，通过大力推行工资集体协商试点，探索建立适合国有控股或参股公司特点的工资决定机制。

第四，加强企业的科学管理。一是推行人才兴企战略，探索建立吸引人才、留住人才和发挥人才的机制，发挥人力资本在企业发展中的作用。二是继续推进企业管理的信息化。三是实行厂务公开，加强民主管理。四是加强企业文化建设。多年来，在继承党的思想政治工作和我国优良传统道德的基础上，吸收了现代企业管理理论的精华，依据以人为本的理念，推进了企业文化建设。

上述四个方面的措施，促进了现代企业制度的完善。

第三节 推进国有垄断行业、事业单位和存续企业的改革

尽管 2000 年国有大中型骨干企业初步建立了现代企业制度的框架，但不仅现代企业制度不完善，而且企业改制面还有待扩大。在这方面，最重要的是推进国有垄断行业、金融企业和事业单位和存续企业的改革。这里只叙说垄断行业、事业单位和存续企业的改革，金融企业的改革放在本篇第五十二章分析。

一、推进国有垄断行业的改革

推进国有垄断行业的改革，对于深化国有经济改革，发挥市场在资源配置方面的作用，增强国有经济的主导作用和国际竞争力，具有十分重要的作用。

经过多年努力，我国垄断行业改革取得了明显进展。一是在电信、电力、民航等行业，实现了新组建公司与相应行业管理机构的脱钩，政府管理职能基本移交政府相关部门，初步实现了政企分开、政资分开，重要垄断行业的行政性垄断问题初步得到解决。二是通过重组和进一步引入竞争，多个市场主体平等参与市场竞争的格局初步形成。如电信行业重组后，几大集团公司在原有业务经营范围的基础上，可以在对方区域内建设本地电话网和经营本地固定电话等业务，并相互提供平等接入等互惠服务，初步形成了市场竞争的局面。三是一些垄断行业的国有企业改革取得一定进展。电信、民航、电力、石油和石化等行业按照政企分开、政资分开的原则，组建了一批特大型公司或企业集团。其中，电信、石油和石化等行业的企业通过改制上市，引入了多元股东，推动了现代企业制度的建立，在公司治理结构、运行机制和内部管理制度等方面取得了一定进展。四是垄断行业的现代监管体制正在形成。

虽然垄断行业改革重组取得了一定进展，但并未完成。主要问题有：一是垄断行业改革的范围较窄，层次较浅。当时改革仅集中于带有网络性质的自然垄断行业，如电力、电信、民航、油气、城市供水（热、气等）、铁路、邮政等行业。二是垄断行业进行有效竞争的市场环境尚未形成。三是垄断行业中特大型国有企业改革滞后。四是监管制度改革需要加强，政府职能需要转变。

加快推进垄断行业改革的主要举措：一是加快政府职能转变，进一步实行政企分开、政资分开、政事分开。政府要从直接干预企业的烦琐事务中解脱出来，将主要精力集中于制定规则、政策引导、依法监督等方面。二是要加快推进垄断行业国有企业的公司制改革，建立现代企业制度。三是要尽快建立新的监管体系，即在开放市场准入的同时，依据公开、透明、专业、诚信等原则，建立现代监管体系。四是要尽快制定和完善相关法律法规，将垄断行业改革纳入法制化轨道。

二、 推进国有事业单位的改革

在国有经济的改革中，国有事业单位的重要地位仅次于国有企业。21 世纪初，中国全部事业单位 130 多万个，其中独立核算事业单位 95.2 万个，被纳入政府事业单位编制的人员近 3000 万人，占据 60%的社会人才，1/3 的国有资产，1/3 的国家预算开支；而对国内生产总值的贡献只有 5%~10%。[①] 而且，当前我们国有事业单位构成很复杂：有提供公共产品和服务职能的（如科教文卫以及与公共基础设施和公用事业相关的服务等），有承担各种市场中介职能的，甚至有直接承担政府职能的。这些事业单位不仅经济性质、隶属关系、资金来源和运作方式各异，而且改革发展很不平衡。因此，国有事业单位的改革，不仅很重要，而且很艰巨。

多年以来，我国国有事业单位改革取得了一定的进展。但是，总的来看，相对国有企业来说，国有事业单位改革更为滞后。整体来说，适应社会主义市场经济要求的事业单位体制的框架还未建立。依据社会主义市场经济的要求和当前情况以及已有的改革经验，要采取以下措施推进国有事业单位的改革。一是改革后中国事业单位的定性应是：主要从事社会事业和公益事业的、独立于政府和企业之外的非营利组织。其基本特点是：非政府（也非"二政府"）、非企业（也非准企业）、非盈利（也非变相盈利）。二是大力调整事业单位结构。按照改革后事业单位的性质定位，从总体上收缩规模、调整结构。①能够撤销的，在做好相关善后工作的基础上坚决撤销。②目前已承担着政府职能且不宜撤销的，应明确转变为政府部门（公益性事务较少、可以改制为企业的，或者目前已从事大量市场经营活动，企业色彩比较浓重的事业单位，应明确转变为企业；承担着非沟通协调职能，其服务与市场经营活动密切相关的中介性事业单位，应明确转变为市场中介组织）。③把国家财政全额拨款的事业单位减少到必要的限度，依此原则，对现有全额拨款的事业单位，通过合并、重组形式进行整合。④不宜再由政府出资兴办且有市场前途的事业单位，可通过招标拍卖的方式，让渡给其他投资者。三是创新机制，强化事业单位内部管理。①建立新型的法人治理结构。对财政全额拨款的事业单位，实行理事会领导下的执行人日常负责制度。其理事会应通过竞争方式选出的，包括出资者、业内专家等在内的若干代表性人士组成。日常运营由执行人负责。执行人由理事会向社会公开招聘选出，并向理事会负责。形成事业单位监管机构、理事会和执行人相互间的有效制衡机制。由多元投资形成的事业单位，可以参照企业建立董事会领导下的总经理负责制度。②全面实行管理者聘任制和全体职员竞争上岗、优胜劣汰的制度，并建立有效的激励和约束制度。四是加强对事业单位的监管。①科学设立监管机构；②切实做到依法监管。[②] 在推行以上各项改革的同时，配套措施（特别是社会保障制度的建设）要紧紧跟上。

---

① 《经济日报》，2004 年 4 月 12 日第 5 版，8 月 9 日第 10 版。
② 《经济日报》，2004 年 4 月 12 日第 5 版。

国有事业单位改革是一个复杂的系统工程，它的完全实现需要经过一个长期的探索和实践过程。

三、推进国有存续企业的改革

20世纪90年代以来，我国为了加快国有企业改革以及尽快让国有企业上市融资，国有企业较为普遍地采用了存续分立改制的方式，即把企业核心业务及相关优良资产进行剥离、重组、改制上市。上市后以国有独资企业集团公司或母公司的形式存在的未上市企业，被称为国有存续企业。存续分立改制上市对推动国有企业改革起到了一定作用，但国有存续企业是当时国有企业改制不彻底的产物。这种做法是将国有企业改革必须解决的问题集中到存续企业，因此引发了国有存续企业改革问题。当前，国有存续企业普遍存在的问题有以下五个：一是改革滞后，运行机制不适应市场经济发展的要求。二是存续企业接受的资产在规模及质量方面都明显地次于已上市企业，大量的债务、非核心业务、离退休人员、下岗职工、规范改制企业的富余人员等，大都留在存续企业。三是存续企业的业务往往是依附于上市公司主业的附属业务，还有办社会职能，盈利能力低下甚至亏损。四是有些主业上市公司与存续的关系扭曲企业引发了一系列问题。如主业公司成了存续企业的"提款机"，或者存续企业成了主业公司的"利润缓冲池"。五是有些企业对存续企业采用多级法人决策体系与行政管理相结合的体制。这种体制易于引发企业总部和下属单位关系不明确、总部对下属企业控制不到位，下属企业激励不足、短期行为普遍等问题。

为此，一是需要改变以往国有企业改革治标未治本、将矛盾集中在存续企业的做法。改制上市公司应推进彻底的、不留后遗症的改革。二是有关部门要加快消化国有存续企业的存量。主要是要进一步消化历史遗留问题；要理顺上市公司主业与存续企业的关系，加快市场化进程。三是相关国有企业应以业务分类重组为存续企业改革的主线。主要是明确存续企业的核心业务，有条件的企业对业务进行再次重组，重点支持其发展壮大；在进一步分离办社会职能的同时，对辅助生产、生活后勤进行优化重组。同时，将股权多元化作为存续企业改革的主要途径，加快产权制度改革。还有，要将员工身份置换及分流安置作为存续企业改革的基础，引导和鼓励员工整体带资分流、有偿解除劳动合同和参股、控股改制企业，深化劳动用工制度改革，建立起员工能进能出、能上能下的竞争机制。[①]

①《经济日报》，2004年11月11日第2版。

第四节　继续建立国有资产管理制度

改革以来，我国国有资产管理体制改革取得了一定的进展。但直到 20 世纪末，适应社会主义市场经济要求的国有资产管理体制的基本框架还未建立，国有资产管理体制性障碍还没有从根本上得到解决。国有资产存在资产质量不够高、运营效率低、产权转让不尽规范、资产流失损失等问题，这其中一个根本原因就是国有资产管理体制改革滞后。突出表现为出资人没有真正到位和对国有资产多头管理。一方面，政府的公共管理职能与出资人职能没有分开，在内设机构和分工上既行使公共管理职能，又行使国有资产出资人职能；另一方面，监管国有资产的职能实际上分散在若干部门，权力、义务和职责不统一，管资产和管人、管事相脱节。这就使得职责不清、权责脱节的现象屡屡出现。为从根本上解决上述问题，2002 年中共十六大决定，国家要制定法律法规，建立中央政府和地方政府分别代表国家履行出资人职责，享有所有者权益，权力、义务和责任相统一，管资产和管人、管事相结合的国有资产管理体制。中共十六届二中全会明确了国有资产监管机构的性质、职能、监管范围和与企业的关系等一系列重要问题。中共十六届三中全会进一步强调，要坚持政府的公共管理职能与国有资产出资人职能分开，国有资产监管机构对国家授权监管的国有资本履行出资人职责，并提出要建立国有经营预算制度和企业经营业绩考核体系，积极探索国有资产监管和经营的有效形式，完善授权经营制度。

依据中共十六大和十六届三中全会的精神以及完善社会主义市场经济的要求，用 3 年或更久，构建中央政府和地方政府分别代表国家履行出资人职责，享有所有者权益，权力、义务和责任相统一，管资产和管人、管事相结合的国有资产管理体制的基本框架，实现国有资产保值增值。在此基础上，争取到 2010 年，建立起适应社会主义市场经济体制要求的比较完善的国有资产管理、监督、运营体制和机制。[①]

依据中共十六大的精神，2003 年 5 月国务院建立了国有资产监督管理委员会（简称国资委）。这是第一次在中央政府层面上真正做到了政府的公共管理职能与出资人职能分离，实现管资产与管人、管事相结合，表明代表国家股东的出资人机构已经到位。

国资委成立后，依据中共十六大精神，采取以下措施来构筑新的国有资产管理的基本框架：

第一，制定和完善国有资产监督管理的法律法规体系。国资委成立以后，就配合国务院法制办着手起草《企业国有资产监督管理暂行条例》（以下简称《条例》）。该《条

---

① 《〈中共中央关于完善社会主义市场经济体制若干问题的决定〉辅导读本》，人民出版社 2003 年版，第 68、74 页。

例》于 2003 年 6 月由国务院公布实施。《条例》关于企业国有资产监督管理体制主要规定有：企业国有资产属于国家所有。国务院代表国家对关系国民经济命脉和国家安全的大型国有及国有控股、国有参股企业，重要基础设施和重要自然资源等领域的国有及国有控股、国有参股企业，履行出资人职责。省、自治区、直辖市人民政府和设区的市、自治州人民政府分别代表国家由国务院履行出资人职责以外的国有及国有控股、国有参股企业，履行出资人职责。同时，《条例》就国有资产管理机构的设立做出明确规定，国务院，省、自治区、直辖市人民政府，设区的市、自治州人民政府，分别设立国有资产监督管理机构。国有资产监督管理机构根据授权，按照"权力、义务和责任相统一，管资产与管人、管事相结合"的原则，依法履行出资人职责，依法对企业国有资产进行监督管理。《条例》还明确要求各级人民政府应当坚持政府社会经济管理职能与国有资产出资人的职能分开，坚持政企分开，实行所有权与经营权分离。国有资产监督管理机构不行使政府的社会经济管理职能，政府其他机构、部门不履行企业国有资产出资人职责。《条例》关于国有资产监督管理机构作为履行出资人职责的机构，对所出资企业国有资产实施监督管理的主要内容包括：①对所出资企业负责人实施管理；②对所出资企业的重大事项实施管理；③对企业国有资产实施管理。《条例》规定，国有资产监督管理机构对企业国有资产采取不同的监管方式。国有资产监督管理机构依照法定程序，直接决定国有独资企业、国有独资公司的重大事项；对国有控股公司，国有资产管理监督机构依照《公司法》规定，通过派出的股东代表、董事，参加股东会、董事会，按照国有资产监督管理机构的指示发表意见，行使表决权，对企业国有资产实施监督管理。① 为了使《条例》得到有效实施，需要制定相配套的法规。2008年 10 月 28 日全国人大常委会通过的《企业国有资产法》，进一步完善了对国有资产的监督管理。到 2011 年，国资委共出台规章 27 件和规范化文件 200 多项。地方政府国资委也出台了大量规范文件。②

第二，切实做到出资人层层到位。为此，一是要建立健全权责明确、管理规范、上下协调、精干高效的中央和省、市（地）国有资产监管机构，在政府层面实现出资人到位。为此，2003 年国资委建立以后，即着手组建省、市（地）级国有资产监管机构。到 2005 年，31 个省市区的国有资产监管机构已经组建完毕；431 个市（地）级国有资产监管机构中有 282 个已经基本完成组建工作。二是要规范公司制、股份制改造，规范法人治理结构，理顺母子公司体制，把国有资产保值增值责任制落实到基层企业。为此，2003 年 12 月国务院办公厅转发了国资委《关于规范国有企业改制工作的意见》，为国有企业改制重申或制定了以下规则：方案报批；清产核资；财务审计；资产评估；交易管理；定价管理；转让价款管理；依法保护责权人利益，维护职工合法权益以及规范管理层收购。三是继续探索和完善国有资产的授权经营。授权经营是指国有资产

① 《经济日报》，2004 年 11 月 11 日第 2 版。
② 《中国经济年鉴》（2012），中国经济年鉴社 2013 年版，第 68 页。

出资人将由其行使的部分权力授予其所出资企业中具备条件的国有独资企业、国有独资公司行使。被授权企业对其全资、控股、参股企业中国家投资形成的国有资产依法进行经营、管理和监督，并承担企业国有资产保值增值责任。被授权企业要基本建立现代企业制度，并有健全的内部管理制度。被授权经营的企业可以是从事生产经营的大公司大企业集团，也可以是国有资产控股公司、国有资产经营公司、国有资产投资公司和金融资产管理公司等。改革以来，有些地方已经在这方面创造了一些有益经验。例如，到2003年，珠海市已经搭建了以国有资产管理部门为第一层、资产营运机构和授权经营主体为第二层、经营企业为第三层的"三层架构"，形成管理、运营、监督责权利明晰的"三层体系"。

第三，建立一套科学的国有资产经营责任制度。主要包括以下两方面，一是建立国有资本经营预算制度。国有资本经营预算是国有资产监管机构依据政府授权，以国有资产出资人身份依法取得国有资本经营收入、安排国有资本经营支出的专门预算，是政府预算的重要组成部分。收入主要包括国有资本经营收入、国有资产出售收入、公共财政预算转入收入、政府性基金收入及其他收入，支出主要包括投资性支出、各项补贴支出及其他支出。实行国有资本经营预算是国有资产监管机构履行国有资产出资人职责的重要方式，是对国有资本管理和运营进行评价考核的重要方面。编制国有资本经营预算要遵循收支平衡、量入为出的原则，并实现中央政府和地方政府国有资产监管机构分级编制、保值增值的原则。二是建立企业经营业绩考核体系。企业经营业绩考核体系是国有资产监管机构依法对出资企业经营业绩进行考核的一系列指标所构成的综合体系，是年度考核与任期考核相结合、结果考核与过程评价相统一、考核与奖惩紧密挂钩的新的考核体系。这是从总体上考核国有资产经营效率，实行国有资产经营目标管理以及落实国有资产经营责任制度的重要手段。与经营业绩体系相配套，要建立企业国有资产统计评价体系。企业绩效评价体系是根据企业年度经营结果，以投入产出分析为核心，对企业绩效进行评价的一整套办法。还要建立符合社会主义市场基金要求的国有企业领导人员选拔任用和激励约束机制，建立有别于国家机关干部的企业领导人员选聘制度，逐步实现内部竞聘上岗、社会公开招聘、人才市场选聘等多种形式的经营者市场化配置，实行经营业绩与报酬挂钩。为此，国资委于2003年11月公布了《中央企业负责人经营业绩考核暂行办法》，到2004年11月已完成了187户中央企业年度经营业绩责任书的签订工作。2007年以来，国资委为了改进对中央企业负责人的考核，在上海、深圳等地试点，用"经济增加值"这个核心指标取代"净资产收益率"这个核心指标，并于2010年全面实行。这是借鉴国际先进经验、推行价值管理的一个重要措施。到2008年，中央企业先后分七批向国内外公开招聘了103名中央企业高级经营管理者，通过市场化方式选用的各级经营管理人才约占总数的30%。[①] 国资委还建立健全国有资产流失的责任追究制度。

①《国资委网》，2009年9月26日。

第四，继续推进国有企业监事会的工作。改革以来，在这方面已经取得一定进展。建立监事会制度，向国家重点企业派出监事会，是国务院从体制上加强对国有资产监督的一项重要决策。2003年，就已派出监事会主席42位，专职监事265人，兼职监事360多人，聘请的会计师事务所工作人员120多人，特别技术助理40多人。适应国有资产管理体制改革的需要，监事会由国务院派出调整为由国资委派出，继续推进国有企业监事会工作。在监事会派出行使上，对中央企业中的国有独资企业、国有独资公司继续实行外派监事会制度；国有参股、国有控股企业中关系国计民生和国家安全的，经国务院批准，应继续实行外派监事会制度；其他国有控股公司和参股公司，依照国家股权比例，由国资委派出监事，进入监事会。还进一步完善监事会制度，加强对国企的财务、审计监督和纪检监察，建立健全国有资产产权交易监督管理制度，研究制定对所出资企业重大事项的管理办法。

上述继续推进国有经济布局和结构的战略性调整、建立和完善现代企业制度以及建立健全国有资产管理制度，不仅使国有资本逐步向大型企业集中并向关系国家安全和国民经济命脉的重要行业和关键领域集中（数据已见前述），而且使国有企业在逐步做大的同时，向做强的方向发展。由此使得国有企业保值增值的活力增强，掌握社会资本的功能放大，对国民经济的控制力增强，对国民经济的主导作用得到进一步发挥。这一点在国资委管理的中央企业方面，表现得尤为明显。2003年，国务院国资委成立时，中央企业进入美国《财富》500强的只有6家。到2011年上升到37家。就国有企业上市公司来看，其掌握社会资本的功能和经济实力大大增强。仅2011年企业通过境内外股市就筹集资金7506.23亿元。由于上述多重因素的积极作用，不仅中央企业在做大做强方面取得了丰硕成果，全国国有企业在总体上也呈现出良好的发展态势。2000~2011年，国有及国有控股工业企业由53489家减少到17052家，但工业总产值、资产总额、所有者权益、营业收入、上缴税金和利润分别由40554.37亿元增长到221036.25亿元、由84014.94亿元增长到281673.87亿元、由32714.81亿元增长到109233.21亿元、由42203.12亿元增长到228900.13亿元、由1105.28亿元增长到9053.12亿元、由2408.33亿元增长到16457.57亿元。[1]

但同时需要指出，在推进国有经济战略性调整、完善现代企业制度以及健全国有资产管理体制三方面还存在诸多问题。由此必然造成经济效益低。其集中表现就是：2011年，国有及国有控股工业企业的总资产贡献率仅为13.69，低于全国平均水平2.4个百分点。[2]可见，国有工业还面临着深化改革的艰巨任务。

---

[1]《中国经济年鉴》(2012)，中国经济年鉴社2013年版，第528、537页；《中国统计年鉴》(2012)，中国统计出版社，第518、520页。

[2]《中国统计年鉴》(2012)，中国统计出版社2013年版，第511、521页。

第五十章　继续推进集体工业的改革和发展

改革开始以后，相对国有企业来说，集体企业活力较强，而非公有制企业还没有发展起来。从 20 世纪 70 年代到 90 年代中期，集体工业发展速度较快，在工业总产值中所占比重呈上升趋势。但是，由于国有企业改革深化，活力趋于增强，特别是由于非公有制经济发展很快，市场竞争加剧，而集体工业由于各种历史和现实的原因，改革滞后，并存在许多特殊困难，再加上产业结构调整加快等方面的原因，致使规模以上包括城乡在内的集体工业产值下降，企业资产负债率高，职工收入普遍较低，下岗职工生活困难。但是，集体企业在我国社会经济生活中具有不容忽视的地位，亟须积极发展集体经济。

多年来，城镇集体企业萎缩的根本原因是改革滞后，以致严重影响了它的发展。主要是：

第一，产权关系不清。所有者不明确，表现是：企业职工人人都是所有者，但人人又不实际拥有企业财产权益；城镇集体资产的占有、使用、收益和处分，在一定程度上还是上级主管部门说了算；上级单位行使所有权，厂长和经理行使经营权和管理权，但谁也不承担风险和责任。

第二，管理机构不健全。从中央到地方还没有建立一个健全的、统一的指导集体企业改革的部门，甚至许多地方仍用"二国营"的传统办法来管理集体企业。

第三，法规建立滞后。城镇集体企业长期沿用 1991 年 9 月颁布的《中华人民共和国城镇集体所有制企业条例》。这个条例曾经起过重要的作用，但在许多方面已经不能适应当前城镇集体企业深化改革的需要。

第四，政策支持不到位。在税收、融资和兼并破产等方面，都缺乏支持集体企业改革的政策，以致这项改革举步维艰。

第五，许多集体企业难以支付改革成本，特别是安置职工和离退休人员需要的生活费、养老费、失业保险费和医疗费等费用。乡镇集体企业在很多方面也存在这种情况。

解决集体企业困难的根本出路是深化改革。针对上述情况，中共十六届三中全会提出："以明晰产权为重点深化集体企业改革，发展多种形式的集体经济。"① 中共十七大又一次重申："推进集体企业改革，发展多种形式的集体经济、合作经济。"② 依据这种根本思路采取了相应的措施：

第一，明晰产权。首先，产权界定。企业在实行转制、出售、兼并、合并、分立等产权变更时，必须按国家法规进行产权界定，按照"谁投资谁所有、谁积累谁所有"的原则，合理划分投资积累和劳动积累比例，切实保证劳动群众和企业投资人的权益。其次，所有权确认和行使。集体资产在明晰产权归属时必须确立所有权人。所有权人属于法人或自然人，他是出资人；所有者是劳动群众集体时，就应由职工大会行使所有权。最后，资产量化。通过资产量化，实现产权主体人格化，明确企业所有权、经营权和收益权归属，消除产权模糊的弊端。

第二，在建立现代企业制度的同时，发展多种形式的集体经济。要根据企业具体情况，除少数以出售形式转制外，大部分可采用收购、兼并、合资合作、存量折股等形式，改组改造为多种形式的股份制企业（包括有限责任公司和股份有限公司）、股份合作制企业，或者以劳动者资本联合为主的供销、信用费等合作经济组织。

第三，要切实实行政企分开，割断政府部门干预集体企业经营的资产纽带。

第四，建立资产监督管理体系。在建立现代企业制度中，要建立运营与监管机制，明确城镇集体资产的所有者、经营者、管理者和监督者各自的职责与权益，各司其职，各负其责。

第五，加强立法，规范企业的改革。

第六，要在税收、融资、兼并破产和解除职工劳动关系等方面制定相应的政策，解决集体企业改革中的困难，并使得职工（包括退休职工和解除劳动关系的职工）的合法权益得到保证。

第七，要切实明确统一管理集体企业改革的政府部门。在深化改革的基础上，企业本身也要从加强经营和民主管理、产品调整、技术改造和职工培训等方面下大功夫，以巩固改革成果，并推进集体经济的发展。

上述改革已经开始取得积极成效。一是企业产权归属实现了明晰化。许多企业已成新型集体经济，成为资产归职工个人所有、企业集体占有的、产权明晰的市场主体。二是企业组织形式实现了多样化。主要有以下新的实现形式：①集体资本共同所有的企业，包括联合经济组织全额投资兴办的集体企业；②职工持股的股份合作制企业，这类企业中，职工既是劳动者，又是所有者，职工与企业形成了命运共同体；③集体资产、职工资产参、控股与国有、私人资产共同组建的混合所有制企业；④集体资本参、控股的中外合资企业。三是企业管理机制有了新突破。城镇集体企业通过改革，实现了政企分开，成为独立的市场主体。这些改革使新型的集体企业充满了活力。但

---

① 《中共中央关于完善社会主义市场经济体制若干问题的决定》，人民出版社 2003 年版，第 14 页。
② 《中国共产党第十七次全国代表大会文件汇编》，人民出版社 2007 年版，第 25 页。

城镇集体企业的改革仍然任重道远。

在乡镇集体工业方面，21世纪以来，继续在改革和发展方面采取了许多措施，以促进乡镇集体企业的发展。主要是：

第一，深化乡镇企业改革。这期间实现了各种形式的产权制度改革，包括转为股份制和股份合作制企业以及个体私营企业。

第二，继续推进产业结构调整。

第三，发展规模经济的同时，加快技术进步。

第四，布局进一步集中，聚集效应显现。

第五，企业职工素质、管理水平、产品质量和信用状况都得到了改善。这些都促进了乡镇集体经济的发展。

但乡镇企业发展仍然面临很多困难：

第一，产权不明晰和法人治理结构不健全的问题仍然广泛存在。

第二，自身素质有待提高。乡镇企业以中小型企业为主，技术创新力不强；品牌意识、知识产权意识、自觉维护市场经济秩序的意识不强，使许多企业既不能适应激烈的市场竞争，又常常受到监督部门的制裁与处罚。

第三，结构调整有待加强。传统产业占的比重大，大多数乡镇企业产业趋同，无序竞争现象比较普遍；布局分散，区域性特色经济发展不够；地区间发展很不平衡，东部与中西部的差距进一步拉大。

第四，发展环境有待改善。贷款难成为制约乡镇企业发展的"瓶颈"。乡镇企业在出口配额、用地政策、股票上市等诸多方面不能完全享受国民待遇。企业负担过重，各种规费项目过多、标准过高等普遍存在。

第五，服务体系有待建立。多年来乡镇企业行政管理部门工作条件差、服务手段弱的问题一直没有解决，无法网罗社会资源，建立起乡镇企业的社会化服务体系。

因此，需要针对上述情况采取有效措施，促进乡镇集体企业的发展。特别需要继续按照中共十六届三中全会的精神，以明晰产权为重点深化集体企业的改革，发展多种形式的集体经济。同时要建立健全从中央到地方的、负责指导这项改革的机构，加强这方面的法制建设，健全有关政策。

正是由于上述城乡集体工业生产经营上的困难状况，致使规模以上的集体工业产值又由2000年的11907.9亿元下降到2011年的11059亿元。在工业生产总值中的占比由13.8%下降到1.3%。而且2012~2015年这种趋势也无变化。2012~2015年集体工业主营业务收入由11148亿元下降到6947.5亿元，其占比由1.3%下降到0.6%。[①] 当然，改革进展（如集体所有制转变为混合所有制和私有制等）和结构调整（如由工业转变为第三产业等），也是决定这种下降的重要因素。但也反映了集体工业在生产经营上的困难；这又是由集体工业发展的外部环境（如经济体制改革不到位）及其内部条件

---

① 《中国统计年鉴》（2012），中国统计出版社2013年版，第501页；《国家统计局网》。

（如企业改革和管理上的问题）决定的。

正是基于 2012~2015 年集体工业的这种变化趋势，本书第十一篇不设专门章节叙述集体工业在这期间的历史发展过程。

第五十一章 继续推进非公有制工业快速发展

第一节 继续推进个体、私营工业的快速发展

1997年中共十五大提出："非公有制经济是我国社会主义市场经济的重要组成部分。"[①] 2002年中共十六大进一步提出："充分发挥个体、私营等非公有制经济在促进经济增长、扩大就业和活跃市场等方面的重要作用。放宽国内民间资本的市场准入领域，在投融资、税收、土地使用和对外贸易等方面采取措施，实现公平竞争。依法加强监督和管理，促进非公有制经济健康发展。完善保护私人财产的法律制度。"[②] 后来，《中共中央关于修改宪法部分内容的建议》（以下简称《建议》）将这些指导思想进一步上升为根本大法。《建议》提出，《宪法》第十一条第二款修改为："国家保护个体经济、私营经济等非公有制经济的合法的权力和利益。国家鼓励、支持和引导非公有制经济的发展，并对非公有制经济依法实行监督和管理。"《建议》还提出，《宪法》第十三条修改为："公民的合法的私有财产不受侵犯。""国家依照法律规定保护公民的私有财产权和继承权。""国家为了公共利益的需要，可以依照法律规定对公民的私有财产实行征收或者征用，并给予补偿。"这些建议已经在2004年3月全国人大十届二次会议上高票通过。[③]

在这期间，国务院及其有关部门依据上述决议和新修订的《宪法》规定制定了一系列促进个体私营经济发展的政策。2002年1月，国家计委颁发的《国家计委关于促进和引导民间投资的若干意见》提出，凡是鼓励和允许外商投资进入的领域，均鼓励和允许民间投资进入；在实行优惠政策的投资领域，其优惠政策对民间投资同样使用；鼓励和引进民间投资以独资、合作、联营、参股、特许经营等方式，参与经营性的基础设

---

① 《中国共产党第十五次全国代表大会文件汇编》，人民出版社1997年版，第22~23页。
② 《中国共产党第十六次全国代表大会文件汇编》，人民出版社2002年版，第26页。
③ 《经济日报》，2004年4月5日第5版。

施和公益事业项目建设；鼓励和引导民间投资参与供水、污水和垃圾处理、道路、桥梁等城市基础设施建设；鼓励有条件的民间投资者到境外投资。要求国有商业银行要把支持民间投资作为信贷工作的重要内容，对民间投资者的贷款申请要一视同仁。鼓励建立为民间投资服务的信用和贷款担保机构。要求证券监管部门在健全完善核准制的基础上，为民间投资项目上市融资提供平等的机会。要积极稳妥地发展风险投资基金，为民间投资者进行高技术项目投资提供资金支持。要求各地区、各有关部门对与民间投资有关的税费科目进行清理和规范，调整不公平的税赋，取消不合理的收费，切实减轻民间投资者的负担。要进一步完善法律法规，依法保护民间投资者的合法权益。民间投资者在评定职称、评选先进、户籍管理、子女就业以及因商务和技术交流需办理出国（境）手续等方面，享有与国有单位人员同等的待遇。[①] 这期间还在市场准入、投资领域、税收、信贷、中小企业板块上市、粮食收购和外贸等方面，对非公有制实行同等待遇采取了一系列措施。还要提到，2011 年政府还颁布了《个体工商户条例》，成为促进个体工商户发展的重要指导文件。

这样，从作为国家根本大法的《宪法》到各项具体政策，为个体、私营经济的发展营造了更宽松的法律和政策环境。这些环境，加上个体私营企业在加强经营管理、实现技术进步、调整产品结构和培训人才等方面所做的努力，个体、私营经济在 21 世纪头 11 年继续获得了快速发展。

2011 年，个体工商户户数由 2000 年的 2571 万户增加到 3756.47 万户，从业人员也由 5070 万人增长到 7945.28 万人，注册资金由 3315 亿元增长到 16177.57 亿元。[②] 这期间，个体经济结构的变化表现出以下特点：一是在地区分布上仍是东部多，中部次之，西部少。2011 年，东部个体工商户户数所占比重为 48.92%，注册资金所占比重为 53.8%；中部户数和注册资金的比重分别为 30.71% 和 30.3%；西部这两者的比重分别为 20.37% 和 15.6%。二是城市化加速导致城镇个体工商户比重逐年上升，农村个体工商户比重逐年下降。到 2011 年底，全国城镇个体工商户户数、从业人员和资金的比重分别达到 66.51%、65.78% 和 64.9%；农村个体工商户户数、从业人员和资金的比重分别为 33.99%、34.22% 和 35.1%。三是第一、第二产业比重进一步下降，第三产业比重增长。2011 年第三产业户数占总户数的比重为 90.23%，占注册资金总额的 79.7%。第二产业户数占总户数的比重为 8.12%，占注册资金总数的 13.6%；第一产业占总户数的比重为 1.65%，占注册资金总数的 6.18%。

这期间私营经济也快速发展。2011 年，全国登记的私营企业由 2000 年的 176.17 万户增长到 967.68 万户；注册资本由 13307 亿元增长到 257900 亿元；从业人员由 2406 万人增长到 10400 人。这期间是私营企业登记以来增长最快的年份。

这期间私营经济发展呈现以下特点：

---

① 《经济日报》，2002 年 1 月 31 日第 2 版。
② 《中国经济年鉴》（2012），中国经济年鉴社 2013 年版，第 568~569 页。

第一，私营企业经营规模迅速扩大。2011 年，全国私营企业户均注册资本由 2000 年的 117.47 万元增长到 266.49 万元。

第二，在企业组织形式方面，私营有限责任公司作为私营企业主要组织形式的特征更趋明显。2011 年，私营有限责任公司达 808.68 万户，占总户数的 83.57%；注册基本金 22.48 万亿元占注册资本总额的 87.16%。

第三，在地区发展不平衡方面，东强西弱的格局没有变化。2011 年，东部地区有私营企业 632.47 万家，占总量比重为 65.40%；西部地区私营企业数为 138.6 万家，比重为 14.32%；中部地区私营企业户数为 196.61 万家，比重为 20.32%。

第四，在城乡分布方面，城镇私营企业数所占比重继续上升。2011 年，城镇私营企业数为 703.5 万家，所占比重上升到 72.7%；农村私营企业数为 264.18 万家，比重下降到 27.3%。

第五，在产业结构方面，仍以第三产业为主。2011 年，私营企业第一产业为 24.46 万户，所占比重为 2.53%，注册资金 5200 亿元，所占比重为 2.02%；第二产业 269.47 万户，比重为 23.85%，注册资金 80700 亿元，比重为 31.29%；第三产业 673.75 万户，比重为 69.63%，注册资金 172000 亿元，占比重 66.69%。[①]

伴随个体、私营经济的发展，它们在我国经济中的地位显著上升。这充分体现在它们提供的增加值、投资、吸纳就业、进出口以及税收在全国占比上升等方面。

但是，个体、私营企业的发展，还存在许多问题。就企业层面说，例如企业规模小、技术水平低、经营管理能力差、产品结构趋同、人才缺乏和竞争力不强以及制假贩假、信用缺失、偷税漏税和劳资关系不协调等不同程度地普遍存在。就政府层面来说，在市场准入、投资领域、税收、融资等方面，对私营经济实行国民待遇政策的落实，也还需要一个艰难的长过程。但个体、私营经济作为我国产业经济一支重要力量的发展趋势则是不可逆转的。

第二节　继续推进外商投资工业的快速发展

2001 年 12 月 11 日我国正式加入了世界贸易组织（WTO）。"入世"是推动对外开放总体格局进一步发展的重要动力，它从扩大利用外资、对外贸易和对外技术经济合作等方面大大促进了对外开放的发展。在这期间，外商投资企业又有进一步发展。这主要得益于下列因素和措施。

第一，改革以来，我国逐渐形成了一系列比较优势。如全球潜力最大的市场、高素质和低成本的巨大人力资源、社会政治稳定和经济快速增长、竞争力强的工业基础、

---

①《中国经济年鉴》(2012)，中国经济年鉴社 2013 年版，第 566~568 页。

良好的基础设施、不断完善的法律环境和不断增强的开放意识等。

第二，抓住了新一轮全球产业转移的重大机遇。20 世纪 80 年代，我国抓住了国际上以轻纺产品为代表的劳动密集型产业向发展中国家转移的机遇；20 世纪 90 年代，我国又一次抓住了国际产业转移的机遇，促进了机电产业发展；世纪之交，我国抓住了"入世"带来的新机遇，成为全球跨国投资的首选之地，新一轮以信息产业为代表的高科技产业生产制造环节大规模向我国转移的高潮正在形成，长江三角洲、珠江三角洲、环渤海、福建厦门沿海地区初步形成了各具特色的信息产业基地。

第三，提出了利用外资的新思路，并采取相应办法。例如，吸引外资向有条件的地区和符合国家产业政策的领域扩展，力争再形成若干个外资密集、内外结合、带动力强的经济增长带。具体说来，长江三角洲地区要建设成为重要的经济、金融和贸易中心，成为高新技术产业研发和制造基地；珠江三角洲地区要着力加快产业升级步伐，发展广深高新技术产业带，逐步建成技术水平较高的全球制造业基地；京津唐地区要发挥科研和人才优势，重点发展技术和知识密集型产业；东北等老工业基地要鼓励发展装备制造业和重化工业，结合大力改造传统产业，有选择地发展高新技术产业，逐步建成开放型的工业基地；山东半岛要依托一批骨干企业，加快发展一批特色突出的产业集群和现代农业基地；以成都、重庆、西安、武汉等中心城市为龙头的中西部地区，要根据各自特点，有重点地发展高新技术产业，并主动利用沿海地区产业转移的机遇加快发展，努力建设一批资源产业、特色产业和现代农业的基地。[①] 为了把吸引外资同我国产业结构调整和实施西部大开发战略结合起来，经国务院批准，国家计委、国家经贸委和原外经贸部于 2002 年 3 月公布新的《外商投资产业指导目录》及附件。新目录分鼓励、允许、限制和禁止四类，共列 371 个条目。其特点是：一是坚持扩大对外开放，积极鼓励外商来华投资。鼓励类由 186 条增加到 262 条，限制类由 112 条减少到 75 条，放宽外商投资的股比限制，将原禁止外商投资的电信和燃气、热力、供排水等城市管网首次列为对外开放领域。二是与我国"入世"的承诺相衔接，按照承诺的地域、数量、经营范围、股比要求和时间表，进一步开放银行、保险、商业、外贸、旅游、电信、运输、会计、审计、法律等服务贸易领域。三是鼓励外商投资西部地区，放宽外商投资西部地区的股比和行业限制。四是发挥市场竞争机制作用，将一般工业产品划入允许类，通过竞争促进我国产业、产品结构的升级。[②] 为了把吸引外资同国有经济调整和改革结合起来，2003 年 3 月，由外经贸部、国家税务总局、国家工商总局和国家外汇管理局联合发布的《外商投资并购境内企业暂行规定》，规范了外资以购买股权、购买资产等方式并购不同组织形式及所有制形态的境内企业，在相对完整的意义上建立了我国外资并购的法律规范。[③] 2011 年，又修订并公布了《外商投资产业指导

①《〈中共中央关于完善社会主义市场经济体制若干问题的决定〉辅导读本》，人民出版社 2003 年版，第 296~297 页。

② 有关各年《中国经济年鉴》，中国经济年鉴社。

③《经济日报》，2003 年 11 月 12 日第 3 版。

目录》，进一步明确了外商投资的产业导向。

第四，为了给吸引外资提供更完善的法律环境，2001 年修改和实施了《中外合资企业法》、《中外合作企业法》和《外资企业法》这三个关于外商直接投资的基本法律及其实施细则。这些法律进一步体现了对外资企业实施的国民待遇原则。

第五，为了推进吸引外资工作，2002 年以来，建立了外商投资企业注册局，并修订了全国统一的新式外商投资企业登记注册表格，开通了《中国外资登记网》，完善了外资登记管理法规体系（如出台了《关于外商投资企业创业投资管理规定》和《关于外国投资者并购国内企业的规定》等）。①

第六，为了在外汇方面给吸引外资创造有利条件，继续推行了汇率和人民币在资本项目下可兑换的改革。改革以来，我国先后采取了调整国家外汇牌价、实行贸易结算价、允许外汇调剂市场按供求确定汇率等多种改革措施。1994 年汇率并轨以后，我国开始实行以市场供求为基础的、单一的、有管理的浮动汇率制度，初步确立了市场配置外汇资源的基本框架。而且，我国已于 1996 年底正式接受国际货币基金组织协定第八条款义务，实现了人民币经常项目可兑换。2005 年又进一步实行以市场供求为基础、参考"一篮子"货币、有管理的人民币汇率制度。国际货币基金组织将资本项目交易划分为 43 项。当时，我国已有 19 项不受限制或只有较少限制，有 24 项受到较多限制或严格管制。② 因此，我国已经实现了资本项目的部分可兑换。今后任务就是从部分可兑换过渡到基本可兑换，最后到完全可兑换。资本项目可兑换，就实现了人民币完全可兑换。我国按照改革的整体部署，从本国实际需要出发，积极创造条件，稳步推进汇率形成机制改革以及人民币在资本项目下的基本可兑换。

以上各点推动了包括工业在内的外商投资企业的发展。2000~2011 年，外商直接投资由 407.15 亿美元增长到 1160.11 亿美元。其中，合资企业由 143.43 亿美元增长到 214.15 亿美元，合作企业由 65.96 亿美元下降到 17.57 亿美元，独资企业由 192.64 亿美元增长到 912.05 亿美元。③ 2011 年，我国在吸引外商直接投资方面不仅连续居发展中国家第一位，而且上升到世界前列。

就 2011 年的情况来看，外商投资企业发展具有以下特点：

第一，就外商投资的地区来看，以亚洲投资居多，占外商投资总额的 77.1%。

第二，就外商企业形式来看，独资企业继续居第一位，合资企业和合作企业继续分别居第二位、第三位，而且独资企业占外商直接比重进一步上升，合资企业特别是合作企业的比重进一步下降。

第三，就外商投资的规模看，企业平均投资数量增大，大型企业比重上升。当时全球最大的 500 家跨国公司中大部分已在华投资。跨国公司在华投资呈现以下特点：

① 有关各年《中国经济年鉴》，中国经济年鉴社。
②《中国金融改革开放 30 年研究》，经济管理出版社 2008 年版，第 98 页。
③《中国统计年鉴》（2012），中国统计出版社 2013 年版，第 259 页。

①单项投资规模高；②一揽子合作或跨行业关联性投资明显增多；③投资呈系统化、多功能，具有较强的战略意图；④跨国公司对华投资的主要方式是并购。

第四，就外商投资企业的产业布局来看，在 2011 年外商投资中，第二产业占 50.7%，其中制造业占 44.9%；第三产业占 47.2%；第一产业占 1.7%。

第五，就外商投资企业的地区分布来看，在 2011 年外商投资中，东部地区占 83.3%，中部地区占 6.7%，西部地区占 10.0%。①

伴随外商投资企业的发展，它在我国经济生活中的作用也趋于上升。这体现在外资企业工业产值占全国总额的比重、进出口额占全国进出口额的比重、缴纳税收占全国税收总额的比重以及吸纳就业人员占全国就业人员总数的比重等方面。

当然，我国吸收外资的领域还需扩大，外资企业的技术水平还需提高，外资企业的产业结构和地区布局还需优化，引进外资的方式还需创新，这方面的法律法规还需完善，监管还需加强，以维护国家经济安全。

---

① 《中国经济年鉴》(2012)，中国经济年鉴社 2013 年版，第 56 页。

第五十二章　继续推进经济体制改革

　　这期间，作为计划经济体制的重要组成部分，而改革又相对滞后的投资体制改革，开始迈出实质性步伐。如前文所述，改革以来，已经对传统投资体制进行了一系列改革，打破了高度集中的投资管理体制，初步形成了投资主体多元化、资金来源多渠道、投资方式多样化、项目建设市场化的新格局。但投资体制还存在诸多问题，特别是企业投资决策权还没有完全落实，政府投资决策的科学化、民主化水平需要进一步提高，投资宏观调控和监督的有效性需要提高。为此，国务院于 2004 年 7 月发布了《关于投资体制改革的决定》（以下简称《决定》），其要点是：一是改革投资管理制度，确立企业投资主体地位。要按照"谁投资、谁决策、谁收益、谁承担风险"的原则，落实企业投资自主权。对企业不使用政府投资建设的项目，一律不再实行审批制，区别不同情况实行核准制和备案制。进一步扩大大型企业的投资决策权，拓宽企业投资项目融资渠道。国家鼓励社会投资，允许社会资本进入法律法规未禁止进入的行业和领域。金融机构要改进和完善固定资产贷款制度，不断提高自主审贷的能力和水平，切实防范金融风险。二是完善政府投资体制，提高政府投资的社会效益和效率。政府投资主要用于关系国家安全和市场不能有效配置资源的经济和社会领域。要提高投资决策的科学化、民主化水平，建立政府投资责任追究机制，合理划分审批权限，简化规范审批程序，规范投资资金管理，改进建设实施方式。对非经营性政府投资项目要加快推行"代建制"。各级政府要创造条件，吸引社会资本投资公益事业和基础设施项目建设。三是加强和改善投资宏观调控，促进总量平衡和结构优化。要综合运用经济的、法律的和必要的行政手段，用好投资核准、价格、利率、税收等经济杠杆，对全社会投资进行间接调控。要通过规划和政策引导、信息发布和规范市场准入，引导社会投资方向。四是加强和改进投资的监督管理，规范和维护投资与建设的市场秩序。要建立和完善对企业投资、政府投资以及对投资中介服务机构的监管体系。加强投资立法，严格执法监督，依法规范各类投资主体的行为。[①] 这个《决定》的发布和实施，是我国投资体制改革进入实质性改革的标志。这突出表现在实行投资主体多元化方面。2000~

---

① 《经济日报》，2004 年 7 月 23 日第 1 版，26 日第 6 版。

2011 年，全社会固定资产投资实际到位资金由 33110.3 亿元增加到 345984.2 亿元。其中国家预算资金占比由 6.4% 下降到 4.7%，国内贷款（包括向银行和非银行金融机构的各种贷款）占比由 20.3% 下降到 13.4%，自筹资金（包括企事业单位自筹的资金）和其他资金（包括社会集资和个人资金等）占比由 68.2% 上升到 80.9%。[①]

这期间，价格改革总趋向仍然是市场化，即继续缩小政府行政指令价，扩大政府指导价和市场调节价。2000~2007 年，在社会商品零售总额中，政府定价的比重由 3.2% 下降到 2.6%，政府指导价和市场调节价的比重由 96.8% 上升 97.4%；在农副产品收购总额中，政府定价的比重由 4.7% 下降到 1.1%，政府指导价和市场调节价的比重由 95.3% 上升到 98.9%；在生产资料销售总额中，政府定价的比重由 8.4% 下降到 5.4%，政府指导价和市场调节价的比重由 91.6% 上升到 94.6%。[②] 至此，产品价格改革已经基本实现。这期间价格改革的突出进展有以下四点：一是从 2001 年起，将实行了近 50 年的粮食购销的政府定价，先后放开了粮食收购价格和销售价格，并继续实行粮食收购的保护价。二是伴随一些重要垄断行业（包括电力、铁路、民航、电信和石油等）和公用事业（包括城市供水、供气和交通等）以及教育和卫生事业改革的进展，调整和改革了这些行业的价格管理体制。特别是推进了资源性产品（包括电、油、水等）价格改革，还加快了建立矿产资源有偿使用和生态补偿机制的进程。三是加强了价格方面的立法和司法力度，规范了政府的价格管理行为，并整顿了市场价格秩序。四是建立和完善重要商品价格的监测、预警和应急机制。

这期间，在 20 世纪末初步建立公共财政体制的基础上，财税改革又取得了进展。财政方面的进展主要有：取消了农业税，并加大了对"三农"和公共产品的投入；完善了分税制和转移支付制度。这样，就在实现城乡统一的、基本公共服务均等化，中央和地方在事权和财权相互匹配的公共财政体制方面又向前迈出了重要的一步。在预算方面的进展主要有：部门预算制度逐步建立；国库集中收付制度改革逐步推开；"收支两条线"管理稳步推进；政府采购制度改革也基本实现了由试点到全面实施的转变。

税收方面的进展主要有：一是所得税收入分享改革。从 2002 年 1 月 1 日起，实施所得税收入分享改革。除少数特殊行业或企业外，绝大部分企业所得税和全部个人所得税实行中央与地方按比例分享，分享范围和比例全国统一。二是农村税费改革已经取得成功。三是实现了增值税由生产型向消费型的转变。这项改革是在 2004~2008 年完成的。四是完善了出口退税机制，多次调整了出口税率。五是统一了内外资企业所得税。六是实行了综合和分类相结合的个人所得税。七是调整和完善了消费税。八是着手推进统一规范的物业税（即房地产税）的实施。

这期间，主要从以下四个方面推进了金融体制的改革：一是推进了多种所有制结

① 《中国统计年鉴》（2012），中国统计出版社 2013 年版，第 161 页。
② 有关年份《中国物价年鉴》，中国物价编辑部。

构、多种金融机构并存的金融企业体系的形成。这个体系主要包括国家控股商业银行、政策性银行和邮政储蓄银行、股份制商业银行、城市商业银行和城市信用社、农村信用社和农村商业银行；证券公司和保险公司、信托投资公司、财务公司、金融租赁公司、基金管理公司、期货经纪公司和资产经营管理公司以及外资金融机构。二是深化以国有商业银行为重点的金融企业改革。2003 年，国有商业银行总资产为 15.6 亿元，占金融机构资金来源总额的 69.4%。[①] 但以建立现代企业制度为目标的国有商业银行的改革却远没有到位。因此，推进国有商业改革具有十分重要的意义。国务院于 2003 年 12 月 30 日决定，先对中国银行和建设银行进行股份制改造试点，希望用三年左右将其改造成为符合现代企业制度要求的、具有国际先进水平的股份制商业银行。其具体步骤是：首先，充实资本金和处理不良资产。为此，成立中央汇金投资有限公司，向两家银行注资 450 亿美元。同时，两家试点银行累计核销损失类贷款 1993 亿元，处置可疑类贷款 2787 亿元；正式启动次级债的发行工作，中国银行已经发行次级债 260 亿元，建设银行已经发行次级债 233 亿元，增强了资本金实力。截至 2004 年 9 月末，中国银行、中国建设银行不良贷款比率已经分别降至 5.16%、3.84%，资本充足率分别提高到 8.18%、9.39%，不良贷款拨备覆盖率也分别提高到 68.35%、87.70%。其次，在股权多元化基础上，建立股份有限公司。中国银行股份有限公司和中国建设银行股份有限公司已分别在 2004 年 8 月和 9 月注册成立。再次，两家银行按照现代公司治理结构规范设置了内部结构。中国银行和中国建设银行的股东大会、董事会、监事会和高管人员基本按照现代公司治理结构的框架设置。[②] 最后，2005 年，中国建设银行在中国香港上市。2006 年中国银行也在中国香港上市。中国工商银行经过股份制改造以后，也于 2006 年在中国香港和上海上市。2009 年，中国农业银行也完成了股份制改造，正在准备上市；国家开发银行也已改造成为国家控股的商业银行。三是完善金融监管体制。改革以来，初步形成了以《中国人民银行法》、《证券法》和《保险法》等金融法律为核心的金融监管法律体系框架，并先后建立了中国证券监督管理委员会和中国保险监督管理委员会。2003 年又成立了中国银行业监督管理委员会（简称银监会）。至此，中国银行业、证券业和保险业的分业经营和分业监管体制完全形成。银监会根据十届人大常委会二次会议的有关决定，统一监督管理银行、金融资产管理公司、信托投资公司及其他存款类金融机构，维护银行业的合法、稳健运行。银监会的主要职责是：制定有关银行业金融机构监管的规章制度和办法；审批银行业金融机构及分支机构的设立、变更、终止及其业务范围；对银行业金融机构实行现场和非现场监管，依法对违法违规行为进行查处；审查银行业金融机构高级管理人员的任职资格；负责统一编制全国银行数据、报表，并按照国家有关规定予以公布；会同有关部门提出存款类金融机构紧急风险处置的意见和建议；负责国有重点银行业金融机构监事会的日常管理工作；

①《中国统计年鉴》(2004)，中国统计出版社 2005 年版，第 761、767 页。
②《经济日报》2004 年 9 月 21 日第 11 版；11 月 29 日第 2 版；12 月 8 日第 5 版。

承担国务院交办的其他事项。① 银监会成立以后，中国银监会、中国证监会、中国保监会三家监管机构之间已经建立了合作监管框架，互通信息，协调解决相关问题。四是健全金融调控机制。主要是在中央银行运用货币政策引导市场利率的同时，建立健全由市场供求决定利率的机制，使市场机制在金融资源配置中发挥基础作用。改革以来，先后放开了同业拆借利率、债券回购利率、转贴现利率、国债和政策性金融债券发行利率；扩大了金融机构贷款利率浮动权。2004 年 10 月，中国人民银行又在实施上调人民币基准利率的同时，进一步放宽了金融机构贷款利率的浮动区间，还首次允许存款利率下浮。这是人民币利率市场化的一个步骤。但总体上，我国利率远未充分反映资金市场的供求关系。根据我国国情，我国利率市场化改革的总体思路是：先外币、后本币；先贷款、后存款；先长期、大额，后短期、小额。

这期间，劳动体制改革获得了进一步的发展。多年来，我国已经形成了劳动者自主择业、市场调节和政府促进就业的方针。这是一个适应现代市场经济要求的、实现劳动体制改革的完整方针。关于劳动者自主择业和市场调节就业前文已涉及。这里仅述政府促进就业。在这方面，多年来，已经采取了一系列措施。

第一，把扩大就业放在经济社会发展更加突出的位置，把降低失业率作为宏观经济调控的重要目标。

第二，把经济改革发展和调整与扩大就业紧密结合起来。在改革方面，从市场准入、税收、融资和保险等方面，鼓励劳动者自主创业和企业创造更多的就业岗位。其中包括鼓励非公有经济和中小企业的发展，也包括支持国有企业实现主业和辅业分离，并实现辅业改制，以减少下岗分流人员。在发展方面，注意保持经济的持续快速增长，以增加就业人数。在调整方面，注重发展劳动密集型产业，以扩大就业容量。

第三，增加财政用于促进就业的资金投入，并将城镇失业人员作为资金投入的重点，逐步从失业保障转到促进就业人员，以推行积极的就业政策。

第四，扩大和加强就业技能培训，提高劳动者的就业和再就业能力。

第五，建立健全就业服务体系。

第六，依法规范企业用工行为，保障劳动者合法权益。

第七，省（自治区、直辖市）在劳动就业方面都建立了政府目标责任制。这些使得我国在劳动就业方面取得了显著成效。多年来，与国有企业和集体企业改革深化相联系的数以千万计的职工下岗，再加上新增劳动力的大幅增长，就业形势很严峻，但还能把城镇登记失业率控制在维系社会稳定还能承受的限度内。2011 年，城镇就业人员由 2000 年的 23151 万人增加到 35914 万人，城镇登记失业率仅为 4.1%，比 2000 年的 3.1%上升了 1 个百分点，但比 1952 年的 13.2%下降了 9.1 个百分点，比 1978 年的 5.3%下降了 0.9 个百分点。②

---

① 《经济日报》，2003 年 5 月 9 日第 1 版。
② 有关各年《中国统计年鉴》，中国统计出版社。

改革以来，原来在公有经济中存在的平均主义的工资制已经基本上被打破。但我国适应社会主义市场经济要求的工资制度还没有建立起来。突出问题是城乡之间、地区之间、垄断行业与非垄断行业之间的工资差别过大。其原因主要是城乡二元体制，国有企业（特别是在垄断行业）和财税体制等方面的改革还没有真正到位。为此，加快了城乡二元体制的改革；加快垄断行业的改革，并对其收入分配加强监管；加快公共财政的建设，加大转移支付的力度；建立健全个人收入监测办法，并强化个人所得税的征管。但并没有扭转收入差别扩大的趋势。例如，城乡居民收入之比（即城镇居民人均可支配收入与农村居民人均纯收入之比），从 2000 年的 2.79 上升到 2009 年的 3.33，达到峰值。[①] 因此，这方面的改革任务还很艰巨。

这期间，继续推进了社会保障制度的各项改革，并取得了重要进展。2000~2011 年，全国城镇职工和居民基本养老保险参保人数由 1.4 亿人增加到 6.2 亿人，城镇职工失业保险参保人数由 1.0 亿人增加到 1.4 亿人，基本医疗保险参保人数由 0.4 亿人增加到 4.7 亿人，参加工伤保险人数由 0.4 亿人增加到 1.8 亿人，参加生育保险人数由 0.3 亿人增加到 1.4 亿人。[②]

这期间，推进了行政管理体制的改革。其重要内容之一，就是进行了两次政府机构改革。2003 年进行的国务院机构改革，是按照完善社会主义市场经济体制和推进政治体制改革的要求，坚持政企分开、精简、统一、效能和依法行政的原则，进一步转变政府职能，调整和完善政府机构设置，理顺政府部门职能分工，提高政府管理水平，形成行为规范、运转协调、公正透明、廉洁高效的行政管理体制。这次国务院机构改革的主要任务有：①深化国有资产管理体制改革，设立国务院国有资产监督管理委员会；②完善宏观调控体系，将国家发展计划委员会改组为国家发展和改革委员会；③健全金融监管体制，设立中国银行业监督管理委员会；④继续推进流通管理体制改革，组建商务部；⑤加强食品安全和安全生产监管体制建设，在国家药品监督管理局基础上组建国家食品药品监督管理局，将国家经济贸易委员会管理的国家安全生产监督管理局改为国务院直属机构；⑥将国家计划生育委员会更名为国家人口和计划生育委员会；⑦不再保留国家经济贸易委员会、对外贸易经济合作部。这次改革以后，国务院共设置 53 个部门，其中组成部门 28 个，直属机构 18 个，办事机构 7 个。[③]

2008 年又进行了一次政府机构改革。这次改革的重点是：①加强和改善宏观调控，促进科学发展；②保障和改善民生，加强社会管理和公共部门；③依据职能有机统一的大部门体制的要求，对一些职能相近部门进行整合，综合设置，理顺关系。在这次改革中，国务院新组建了工业和信息化部、交通运输部、人力资源和社会保障部、环境保护部、住房和城乡建设部。改革涉及调整变动的机构近 20 个，增减相抵，国务院

---

①《国家行政学院学报》，2015 年第 6 期，第 7 页。
②《中国经济年鉴》（2012），中国经济年鉴社 2013 年版，第 70 页。
③《经济日报》，2003 年 3 月 11 日第 2 版。

正部级机构减少 6 个。[①] 2008 年国务院机构改革基本完成，并推进了地方政府机构改革。

　　行政管理体制改革的另一项重要内容，就是依据发展市场经济、转变政府职能和实现公共管理的要求，到 2004 年国务院先后分三批取消和调整行政审批项目达到了 1806 个；到 2008 年，国务院又取消和调整了 186 个审批项目。[②]

　　这期间尽管在完善宏观经济管理体制方面取得了重要进展，但这方面还面临着艰巨的长期任务。

[①]《十一届全国人大二次会议〈政府工作报告〉辅导读本》，人民出版社 2009 年版，第 432~433 页。

[②]《经济日报》，2004 年 9 月 15 日第 3 版；《中国经济年鉴》(2008)，中国经济年鉴社 2009 年版，第 96 页。

第五十三章　经济调控与运行

第一节　2001~2002 年经济平稳上升

2000 年，我国已经实现了从总体上建设小康社会的任务，整个经济形势是很好的。但 2001 年的经济发展也存在不少困难。除了完善社会主义市场经济体制和调整经济结构这些艰难任务以外，一是内需不足的局面有待继续扭转。其中，民间投资不旺和消费需求不足尤为突出。二是 2001 年，我国经济发展面临比亚洲金融危机更严峻的国际经济形势：占世界经济总量 70% 以上的美国、日本、欧洲三大经济体同时陷入低潮，世界经济和贸易出现 10 年来最缓慢的增长。在上述情况下，需要继续贯彻 1998 年开始实行的扩大内需政策，以及与之相联系的积极的财政政策和稳健的货币政策。

2001 年在继续实施积极的财政政策方面，一是发行 1500 亿元长期建设国债用于基础设施建设，重点用于在建项目和启动重大西部大开发项目。二是积极支持企业技术改造。三是继续实施调整收入分配改革。两次增加包括离退休人员在内的机关事业单位人员的工资待遇，提高了三条生活保障线标准，增加居民收入水平。这些举措从投资和需求两方面拉动了经济增长。其中国债投资拉动 2001 年经济增长约 1.8 个百分点。

2001 年在继续执行稳健的货币政策方面，一是扩大公开市场操作，适时调节基础货币供应和商业银行流动性。二是充分发挥利率杠杆的作用，合理确定本外币利率水平。三是加强信贷政策指导，优化信贷结构，促进经济结构调整。①在防范金融风险的前提下，积极发展个人住房、助学、汽车等消费信贷业务；②调整农村信用社贷款政策，进一步加大支农力度；③进一步改进对中小企业的金融服务，支持中小企业发展；④积极支持扩大出口。上述措施使得稳健货币政策取得明显成效，货币供应量增长与经济增长基本相适应。

2001 年还加大了对外开放的步伐，促进了外贸增长。这样，就从投资、消费和外贸三方面需求促进了经济增长。2001 年还通过深化改革，调整结构，实施西部大开发、科教兴国和可持续发展战略等途径，从增加供给总量和改善供给结构以及提高经济效益方面，促进了经济增长。这样，2001年国内生产总值比2000年增长了8.3%，[1]是"十五"开局良好的一年。要说明的是：虽然2001年经济增速比2000年下降了0.1个百分点，但与1999年增速下降不同。1999年增速由波峰年1992年的14.3%下降到7.6%，是波谷年。而2001年是经济上升阶段增速略有曲折变化的一年，即由2000年的8.4%转为2001年的8.3%，再转为2002年的上升。[2]

2002年的经济发展具有许多有利条件，但也有不利方面。在国际经济形势方面，世界经济增速明显放缓；世界贸易增长大幅放缓，而且贸易保护主义抬头，各种贸易摩擦连续发生并不断升级；国际投资大幅下挫，全球跨国并购呈现收缩态势。这种情况对我国这样的经济对外依存度已经很高的国家来说，对经济增长的影响是很大的。就国内来说，除了深化改革和调整结构等根本性困难以外，值得提出的还有两点。一是内需不足（包括民间投资和居民消费）的局面仍有待继续扭转。二是2001年12月10日我国正式加入世界贸易组织。从总体上来说，这会促进我国经济的发展。但在近期内也会形成对某些竞争力不强的行业和企业的冲击。为此，仍必须坚持扩大内需的方针，并继续实施积极的财政政策和稳健的货币政策。

第一，扩大国内需求，增加城乡居民特别是低收入群体的收入，培育和提高居民的购买力。为此，一是采取更有力的措施，千方百计增加农民收入，切实减轻农民负担。二是进一步完善城镇社会保障体系。当务之急仍然是落实"两个"确保，确保国有企业下岗职工基本生活费和离退休人员基本养老金按时足额发放，任何地方都不得产生新的拖欠。还要完善失业保险制度。同时，强化城市居民最低生活保障制度建设，使所有符合条件的城市贫困居民都能得到最低生活保障，做到应保尽保。中央财政预算较大幅度地增加了"低保"资金，地方财政预算也必须增加所需资金。对特困行业和企业的职工，还要采取有效措施帮助他们解决困难。继续推进城镇职工基本医疗保险制度、医疗卫生体制和药品生产流通体制改革。三是继续适当提高机关事业单位职工基本工资，并相应增加机关事业单位离退休人员离退休金。在严格定编定员的基础上，对发放工资确有困难的省、自治区、直辖市，中央财政通过转移支付予以补助。四是积极扩大就业和再就业。大力发展就业容量大的劳动密集型产业、服务业、中小企业；扩大社区服务就业门路，实行弹性大、灵活性强、多样化的就业形式。发展劳动力市场，完善就业服务体系。认真落实鼓励自谋职业和促进就业的优惠政策措施。对弱势群体给予特殊的就业援助。五是拓宽消费领域，改善消费环境。通过深化改革，调整政策，消除各种限制消费的障碍。鼓励居民扩大住房、旅游、汽车、电信、文化、体育和其他服务性消费，培育新的消费热点。

第二，坚持实施积极的财政政策，继续发行1500亿元长期建设国债。国债资金的

① 《新中国六十年统计资料汇编》，中国统计出版社，第613页。
② 汪海波：《我国"九五"、"十五"宏观经济分析》，经济管理出版社2002年版，第96~100页。

使用，首先，确保长江中下游干堤加固、农村电网改造、城市基础设施、中央直属储备粮库等在建国债项目尽快建成投入使用，发挥效益。其次，继续向中西部地区倾斜，安排好已开工的西部开发项目，新开工一批必要的项目，包括"西气东输"、涩北气田、格尔木机场、"西电东送"北通道、西部国道主干线和省际公路重要路段等。最后，加快现有企业的技术改造，适当开工建设被列入规划的重大项目，加大教育、卫生、文化、公检法司的投入力度。同时，通过改进服务、拓展渠道、开放领域，积极鼓励和引导非公有制经济投向基础设施和公益事业。

第三，继续实行稳健的货币政策。金融机构在防范和化解金融风险的同时，积极支持经济发展。为此，银行调整了信贷结构，重点支持国债投资项目、农业结构调整、企业技术改造、中小企业特别是科技型中小企业的发展，尽量满足有市场、有效益、有信用的企业对流动资金的贷款需求，发展个人住房、助学贷款等消费信贷业务。银行还通过存贷款利率调整和市场化改革，公开市场业务操作，信贷政策以及再贷款与再贴现，促使了稳健的货币政策的实施，使得货币供应量增长与经济增长大体相适应。

2001年还适应"入世"新形势，提高了对外开放水平，促进了外资的发展。依据"入世"的要求，做了大量的工作。先是清理了全国性的相关法规、规章，废止和修改、制定了一批法律法规。并从2002年1月1日起，将我国关税总水平由15.3%降到12%，涉及5300多个税目。再进一步以增强国际竞争力为核心，重点抓好了以下四个方面工作。一是按照法制统一、非歧视、公开透明的原则，抓紧完善既符合世贸组织规则，又符合我国国情的涉外经济法律法规体系，确保执法公正与效率。二是按照"入世"的承诺，有步骤地扩大开放领域。同时，加快制定和修订质量、卫生、防疫、环保、安全等方面的市场准入标准。三是认真研究、掌握和充分行使我国作为世贸成员享有的各项权力，积极推动和参与区域经济合作。四是组织世贸有关知识和规则的学习、宣传和培训。分期分批对国家公务员特别是县（处）级以上领导干部和大中型企业管理人员进行普遍培训。加快培养熟悉世贸规则和国际经济贸易的各类专业人才。同时，认真做好对外贸易工作。为此，一是继续实施市场多元化战略和科技兴贸战略，加快国有外贸企业的改革，实行外贸经营主体多元化以及走出去战略。二是落实鼓励外贸出口的政策措施。优先保证出口创汇多、信誉好的重点企业及时足额退税。抓紧改革和完善出口退税机制，对生产企业自营或委托外贸企业代理出口的自产商品，全面实行"免、抵、退"税办法。扩大出口信贷和信用保险，加大对出口的支持。海关通过深化改革，进一步提高通关效率和监管水平。[①]

以上工作拉动了2002年投资、消费和外贸三方面需求的增长。2002年还把扩大内需同经济结构调整、深化经济体制改革结合起来。这样，又从增加和改善供给以及提高经济效益方面促进了经济发展。以上各项政策措施的实行，使得2002年经济增长了

[①]《中国经济年鉴》（2002），中国经济年鉴社2003年版。

9.1%。① 可见，2001~2002 年在 2000 年经济上升的基础上实现了平稳上升。

第二节　2003~2007 年经济从偏热走向过热

2003 年，依据国内外形势的分析，确定要坚持扩大内需的方针，并继续实施积极的财政政策和稳健的货币政策，保持消费、投资需求对经济增长的双拉动。要先努力扩大消费需求。为此，要继续增加城镇居民特别是低收入者的收入，千方百计增加农民收入，减轻农民负担；切实解决好困难群众的生产生活问题；继续改善消费环境，完善消费政策，拓宽消费领域。同时要保持投资较快增长。综合考虑各方面因素，2003 年发行 1400 亿元长期建设国债。但要调整国债资金使用方向。先用于续建项目和收尾项目，还要安排一些必要的新开工项目；加大对西部大开发、改善农村生产生活条件、企业技术改造、生态环境建设和科技卫生事业等方面的支持力度。同时要拓宽社会投资和企业融资渠道，引导社会资金投入国家鼓励的产业和建设项目。在货币政府方面，要在继续防范和化解金融风险的同时，加大金融对经济发展的支持力度。银行要优先为国债项目提供配套贷款，增加对有市场、有效益、有信誉企业的贷款，加大对农业和农村经济、中小企业和服务业的信贷支持，规范发展消费信贷。②

2003 年经济发展是在抗击非典（非典型性肺炎）和实施适时适度的宏观调控中实现的。

第一，抗击非典。2003 年第一季度我国国内生产总值比 2002 年增长 9.9%，出现了多年同期未有的高增长。但 2003 年春天突如其来的非典疫情在很大程度上打断了这个进程。2003 年春天，我国内地有 24 个省、市、区先后发生了非典疫情，累计报告病例 5327 例，死亡 349 例。这次疫情严重危害人民健康和生命，并对部分行业造成较大冲击，影响了经济发展。2003 年第二季度经济增长率下降到 6.7%。③

面对突如其来的非典疫情，党中央、国务院高度重视，果断决策，出台了一系列防治非典、应对影响的政策措施。主要是：①迅速建立突发公共卫生事件应急机制；②全面加强预防，控制疫情蔓延；③调集财力、物力、人力，保证满足非典防治工作需要；④加强市场监测和调控，有效保障市场重要商品供给；⑤及时出台政策措施，减轻非典对经济发展的影响。经过全国上下共同努力，疫情迅速得到控制。2003 年 6 月 24 日，世界卫生组织撤销对北京的旅行警告，标志着我国已经有效地控制了非典疫情，抗击非典取得阶段性重大胜利。上述工作还大大减轻了非典对经济增长的负面影

---

①《中国统计年鉴》（2015），中国统计出版社 2016 年版，第 64 页。

②《中国经济年鉴》（2003），中国经济年鉴社 2004 年版，第 23 页。

③《经济日报》，2003 年 10 月 18 日第 1 版。

响，使得 2003 年第三季度经济增长率恢复到 9.1%。据专家测算，非典对 2003 年经济增长率综合的负面影响约为 0.8 个百分点。[1]

第二，适时适度宏观调控。2003 年第一季度，我国经济形势总体上是很好的。但是，政府换届带来的地方政府行政性投资冲动和企业固有的盲目性投资冲动，以及两者作用的叠加，也造成了局部领域过热。其突出表现就是不少地方兴起的"政绩工程"、"形象工程"、"开发区过热"和"房地产热"等。值得提出的是，尽管非典使得第二季度经济增速下降，但上述局部领域过热的状况并未改变。但这仅是一方面情况；另一方面，消费需求不足和作为国民经济基础的农业发展滞后的情况并没有改变。

根据这两方面情况，2003 年 3 月，十届人大二次会议政府工作报告提出："在调控中，注意适度微调和区别对待。"[2]针对后一方面情况，继续贯彻扩大内需的方针，以及与之相联系的积极的财政政策和稳健的货币政策。特别是加大"三农"工作力度，保护粮食主产区和广大农民的种粮积极性。并采取措施增加供给，引导需求合理增长，缓解煤、电、油、运和重要原材料供应紧张状况；还积极推进对经济结构增长和结构调整有重大促进作用的重点项目建设，特别是加快水利、能源、交通等项目的开工和建设。针对前一种情况，主要运用经济、法律手段，采取综合措施，引导和调控社会投资。进一步整顿和规范土地市场秩序，全面清理各类开发区，制止乱征滥占耕地。适当提高金融机构存款准备金率，控制货币信贷过快增长势头。接着在 4 月中旬，党中央、国务院继续召开四次会议，深入研究了经济运行中的问题，并于 5 月初下发了《关于当前经济发展主要情况和政策建议》。鉴于非典后经济运行中的问题进一步显现出来，7 月中旬，党中央、国务院又连续召开四次会议，进一步分析了经济形势，并于同月 21 日下发了《关于当前经济运行情况和做好下半年工作的建议》。在 7 月底全国防治非典的总结会议、10 月中共十六届三中全会和 11 月经济工作会议基础上，党中央用大量事实说明必须对新出现的苗头性和局部性问题，采取果断措施，努力加以解决，防止演变为全局性问题。[3]

由于上述各项政策措施的贯彻，尽管 2003 年有非典的干扰，使得各季度经济增长率出现了波动，但没有改变经济高速增长的态势，经济增速仍然达到 10%，[4]达到了现阶段经济增长率的上限。2003 年我国经济持续升温，并不是偶然现象。它主要是由以下因素决定的：经济全球化条件下深化改革和扩大开放效应；知识经济时代科技进步效应；当前工业化阶段效应；积累了适应现代市场经济发展要求的全过程、多方面的宏观调控效应；发展中大国的正面效应；享有较长时期的稳定政治局面和国际和平环境。[5]此外，2000 年北京市申办奥运成功，2001 年正式"入世"，2002 年中共十六大召

①《中国经济年鉴》(2004)，中国经济年鉴社 2005 年版，第 52~53 页；《经济日报》，2003 年 10 月 18 日第 1 版。
②《中国经济年鉴》(2004)，中国经济年鉴社 2005 年版，第 3 页。
③《经济日报》，2005 年 1 月 11 日第 1 版。
④《新中国六十年统计资料汇编》，中国统计出版社，第 613 页。
⑤ 汪海波：《我国"九五"、"十五"宏观经济分析》，经济管理出版社 2002 年版，第 108~121 页。

开，2003 年政府换届，也起了促进作用，但同宏观经济调控没有到位也有关系。

依据上述情况，为了实现经济的平稳较快增长，2004 年 3 月，十届人大二次会议提出：搞好宏观调控，既要保持宏观经济政策的连续性和稳定性，又要根据经济形势发展变化，适时适度调整政策实施的力度和重点。适时，就是把握好调控措施出台的时机，见微知著，防患于未然；适度，就是松紧得当，不"急刹车"，不"一刀切"。要坚持扩大内需的方针，继续实施积极的财政政策和稳健的货币政策。发行建设国债是在需求不足的情况下采取的阶段性政策，随着社会投资增长加快，应逐步调减发债规模。2004 年拟发行建设国债 1100 亿元，比 2003 年减少 300 亿元。同时要调整建设国债使用方向，集中用于促进经济结构调整和社会全面发展。国债投资要向农村、社会事业、西部开发、东北地区等老工业基地、生态建设和环境保护倾斜，保证续建国债项目建设。要充分发挥货币政策的作用，适当控制货币信贷规模，优化信贷结构，既要支持经济增长，又要防止通货膨胀和防范金融风险。还要适当控制固定资产投资规模，坚决遏制部分行业和地区盲目投资、低水平重复建设。要坚持以市场为导向，主要运用经济、法律手段，辅之以必要的行政手段，加强引导和调控。要保持经济平稳较快发展，必须缓解当前能源、重要原材料和运输的供求矛盾。还要合理调整投资与消费的关系。[①]

这期间宏观经济调控方面的一个最重要特点就是采取了有压有保的区别对待政策。在压的方面，即就治理经济过热来说，在上述政策措施中，最重要的有两个方面，即把住信贷和土地两个闸门。这是两个基本的生产要素，把住了这两点，就能从源头上制止局部领域的投资膨胀。在信贷方面，中国人民银行在 2004 年首次提出稳健的货币政策在取向上"适度从紧"，这主要是为了控制经济过热。为此，中国人民银行采取了一系列总量控制的措施。如加大公开市场操作力度，适时上调存款准备金率等，并最终动用了价格手段即利率杠杆的调控作用，控制了信贷的过快增长。在土地方面，主要是加强土地管理的法制建设和司法力度。如 2004 年通过了修改过的《中华人民共和国土地管理法》，11 月国务院又做出了《关于深化改革严格土地管理的决定》。并依法广泛开展了以开发区为重点的全国土地市场的治理整顿。

在保的方面，就促进发展滞后的领域来说，最重要的政策措施就是加强农业。就当时的情况来说，要促进农业发展，最根本的就是要增加农民收入。为此，2003 年 12 月 31 日中共中央国务院做出了《关于促进农民增加收入若干政策的意见》，并在 2004 年推出了一系列首创的加强农业的措施。概括起来就是：一是对种粮农民实行普遍的直接补贴。全国共安排粮食直补资金 116 亿元。二是明确提出在全国范围取消农业税的目标。三是在全国放开粮食购销和价格。四是启动了国家优质粮食产业工程规划。集中力量建设一批国家优质专用粮食生产基地。五是明确将部分土地出让金用于农业土地开发。规定市、县将不低于土地出让金平均纯收益的 15%用于农业土地开发，增

---

①《中国经济年鉴》（2004），中国经济年鉴社 2005 年版，第 5~6 页。

辟了农业资金来源。六是在全国范围内清欠农民工工资和征地补偿金。在此基础上，着手建立确保如期兑现的制度。①这六个"首次"，给9亿农民带来的实惠，调动了农民积极性，大大促进了农业的发展。2004年农业增加值达到21412.7亿元，比2003年增加了6.3%，是1990年以后增速最高的一年。其中，作为最重要农产品的粮食产量达到46946.9万吨，比2003年增长9%，扭转了1999年以来增速连续五年下滑的局面。

以上改善宏观调控的措施，控制了经济趋热的势头。2004年国内生产总值增长10.1%，比2003年仅提高了0.1个百分点，②但这年对经济偏热治理并没完全到位。至于哪些具有根本性的体制改革、结构调整和经济增长方式转变问题，则没有（也不可能）在这一年得到解决。

2005~2007年，在推进经济结构调整、转变经济发展方式和深化经济改革的同时，加强和改善了宏观经济调控。特别是在2005年实现了从1998年开始实行的扩张性的积极财政政策向稳健财政政策的转变。但这三年主要由于转轨时期以地方政府为主的投资膨胀机制的作用，部分地也由于宏观经济调控没到位，以致2005年经济继续趋于偏热（经济增速为11.3%），2006~2007年还陷入了经济过热（经济增速分别达到了12.7%和14.2%）。

连续五年的经济趋热，既是经济中基本比例关系失衡的结果，又进一步加深了这种失衡。这一点尤为突出地表现在投资与消费的失衡和内需与外需的失衡上。投资率由2003年的39.9%上升到2007年的40.7%，消费率由52.9%下降到50.6%，货物和服务净出口总额占国内生产总值的比重由2.2%上升到8.7%。③这种失衡状况表明：经济周期由上行阶段步入下行阶段，已经成为必然趋势。

第三节　2008~2011年经济平稳下行，但未改变经济偏热

如前文所述，2003~2007年，经济增速由10.0%上升到14.2%，经济由偏热转入过热。2007年成为这一轮经济周期的波峰年。与此相联系的，作为最重要价格指数的消费价格指数也由2003年低度通胀的下限（101.2）上升到2007年低度通胀的上限（104.8）。这样，2007年，我国经济面临经济过热加剧以及由低度通胀向中度通胀转变的双重危险。据此，在2007年底召开的中央经济工作会议上提出了"双防"（防经济过热和通胀）方针。2008年3月十一届全国人民代表大会一次会议上重申了这个"双防"方针。并将这一点作为2008年宏观经济调控的首要任务。同时，又在2005年将

①《经济日报》，2004年2月9日第6版，2005年1月8日第7版。
②《中国统计年鉴》（2015），中国统计出版社2016年版，第64页。
③《中国统计年鉴》（2015），中国统计出版社2016年版，第64、77页。

积极的财政政策转变为稳健的财政政策的基础上，将多年实行的稳健的货币政策调整为从紧的货币政策。[①] 还需说明：尽管此前实行的是稳健的货币政策，但伴随 2004 年以来的经济逐年趋热，执行中是向适度从紧的方向调整的。这一点，对于遏制经济趋热起到了重要作用。例如，2004 年 10 月至 2007 年 12 月，央行 9 次提高了金融机构人民币贷款基准利率，其中六个月至一年的利率由 5.58% 提高到 7.47%。在这期间，央行还 14 次提高了金融机构的存款准备金率，使其由 7.5% 提高到 14.5%。2008 年 1~6 月，央行又 5 次提高了存款准备金率，使其进一步提高到 17.5%。[②] 诚然，这期间高频率大幅度提高存款准备金率，主要是为了对冲外汇占款。但从总体上说，这些货币政策工具的运用，对降低经济增速起到了重要的积极作用。例如，2008 年前三季度货币增速就显著回落。2008 年 9 月末，广义货币（M2）余额为 45.3 万亿元，同比增长 15.3%，比 2007 年同期回落 3.2 个百分点；狭义货币（M1）为 15.6 万亿元，增长 9.4%，回落 12.6 个百分点；流通中现金（M0）为 31725 亿元，增长 9.3%，回落 3.7 个百分点。[③] 这些数据表明：上述方针和政策在避免 2008 年上半年经济过热加剧方面起到了重要作用。但到 2008 年中，由 2007 年 7 月美国次贷危机引发的世界金融危机，对我国经济的冲击已经明显暴露出来。这样，我国经济增长面临着经济周期下行和国际金融危机的双重冲击。针对国内外复杂多变的经济形势，在宏观经济调控方面做了及时、有力的调整。2008 年 7 月，在经济增速出现下降过快、通胀仍处于中位通胀的形势下，提出了"保增长、控通胀"的方针。2008 年 10 月，又进一步提出把保持经济稳定增长放在首位。2008 年 11 月，依据世界金融危机对我国经济增长影响加剧的形势，果断地把宏观调控的着力点转到防止经济增速过快下滑上来，并将原来实行的稳健的财政政策调整为积极的财政政策，将从紧的货币政策调整为适度宽松的货币政策。为了发挥积极的财政政策在保增长方面的独特优势，2008 年 11 月初，国务院提出在两年内安排 4 万亿元投资，用于加快保障性安居工程，农村民生工程和农村基础设施，铁路公路和机场等重大基础设施建设，医疗卫生文化教育事业，生态环境工程以及自主创新和结构调整等方面；并于 2008 年第四季度在原计划的基础上，先增加安排中央财政资金 1000 亿元。在货币政策方面，2008 年 9 月以后，央行 5 次下调金融机构人民币存贷款基准利率，4 次下调了金融机构存款准备金率。这期间，执行财政、货币政策出手之快及力度之大都是前所未有的。

接着在 2008 年 12 月举行的中央经济工作会议又提出：必须把保持经济平稳较快增长作为 2009 年经济工作的首要任务。要着力在保增长上下功夫，把扩大内需作为保增长的根本途径，把加快发展方式转变和结构调整作为保增长的主攻方向，把深化重要领域和关键环节改革、提高对外开放水平作为保增长的根本动力，把改善民生作为

[①]《中国经济年鉴》(2007)，中国经济年鉴社 2008 年版，第 7~8 页。

[②]《中国人民银行网》，有关各月。

[③]《国家统计局网》，2008 年 10 月 20 日。

保增长的出发点和落脚点。[1]

这可以看作是指导 2009 年全部经济工作的总纲。据此，2009 年 3 月第十一届全国人民代表大会二次会议提出：2009 年的政府工作，要以应对国际金融危机、促进经济平稳较快发展为主线，统筹兼顾，突出重点，全面实施促进经济平稳较快发展的一揽子计划。大规模增加政府投资，实施总额 4 万亿元的两年投资计划，其中中央政府拟新增 1.18 万亿元，实行结构性减锐，扩大国内需求；大范围实施调整振兴产业规划，提高国民经济整体竞争力；大力推进自主创新，加强科技支撑，增强发展后劲；大幅度提高社会保障水平，扩大城乡就业，促进社会事业发展。在实施积极的财政政策方面，一是大幅度增加政府支出。为弥补财政减收增支形成的缺口，拟安排中央财政赤字 7500 亿元，比 2008 年增加 5700 亿元，同时国务院同意地方发行 2000 亿元债券，由财政部代理发行，列入省级预算管理。全国财政赤字合计 9500 亿元，占国内生产总值的比重在 3% 以内。累计国债余额占国内生产总值的比重为 20% 左右，这是我国综合国力可以承受的，总体上也是安全的。二是实行结构性减税和推进税费改革。初步测算，2009 年全面实施增值税转型，落实已出台的中小企业、房地产和证券交易相关税收优惠以及出口退税等方面政策，加上取消和停征 100 项行政事业性收费，可减轻企业和居民负担约 5000 亿元。三是优化财政支出结构。继续加大对重点领域的投入，严格控制一般性开支，努力降低行政成本。在实施适度宽松的货币政策方面，一是改善金融调控。保证货币信贷总量满足经济发展需求，广义货币增长 17% 左右，新增贷款 5 万亿元以上。二是优化信贷结构。加大对"三农"、中小企业等薄弱环节的金融支持，切实解决一些企业融资难问题。严格控制对高耗能、高污染和产能过剩行业企业的贷款。三是进一步理顺货币政策传送机制，保证资金渠道畅通。四是加强和改进金融监管。[2]

2010~2011 年，连续实行了加强和改善宏观调控、促进经济平稳发展的方针。而且，2008 年以来，在加强和改善宏观调控的同时，在推进经济结构调整、经济发展方式转变和改革深化等方面也采取了一系列措施。这就使得我国经济在国内外复杂多变的形势下，仍然保持了平稳较快发展。这样，2008~2011 年经济增速仍然分别达到了 9.6%、9.2%、10.6% 和 9.5%。[3] 这些数据表明：2008~2011 年，我国经济增长既改变了 2003~2007 年经济趋于过热的局面，又制止了 2008 年第三季度以后经济增长过度下滑的势头，使得经济增速呈现出经济平稳下行的状态，但并没有改变经济偏热的状态。

①《新华网》，2008 年 12 月 10 日。

②《中国经济年鉴》(2009)，中国经济年鉴社 2010 年版，第 8~9 页。

③《中国统计年鉴》(2015)，中国统计出版社 2016 年版，第 64 页。

第五十四章　工业经济改革发展的主要成就和经验

第一节　主要成就

（1）在完善社会主义市场经济体制方面迈出重要步伐。其主要表现是：国有经济推进了以完善现代企业制度为特征的经济改革；继续推进了非公有经济的发展；进一步发展了以国有经济为主导、多种所有制共同发展的格局；继续完善了宏观经济管理体制；进一步发展了对外开放的总体格局。就规模以上工业来说，国有及国有控股企业在主营业务收入中的占比由 2000 年的 50.2% 下降到 2011 年 27.2%，私营企业的占比由 5.7% 上升到 29.0%，外资企业的占比由 26.8% 下降到 25.7%。[1]

（2）工业固定资产投资以及与之相联系的工业新增固定资产和生产能力都有大幅增长。2000~2011 年，工业固定投资由 8120.7 亿元增长到 129119.6 亿元，工业新增固定资产由 10058.2 亿元增长到 87928.9 亿元。[2] 这样，工业新增生产能力，特别是拥有高技术的工业生产能力显著增长。

（3）工业总量获得巨大增长。工业增加值由 2000 年的 39931.8 亿元增长到 2011 年的 191570.8 亿元；增长 2.24 倍。[3] 据测算，2010 年工业增加值在世界的占比已上升到 13.5%，居世界前列。其中制造业已上升到世界第一位。这期间许多工业产品（特别是高技术工业产品）大幅增长，世界位次显著上升。例如，在传统产业方面，2000~2011 年，原油由世界第五位上升到第四位，发电量由第二位上升到第一位。在战略性新兴产业方面，在这期间，中国太阳能电池、光伏发电容量和核电在建规模均居世界第一位，国电装机容量也达到世界第四位。

---

① 《中国统计年鉴》（2015），中国统计出版社 2016 年版，第 431、445、447 页。

② 有关各年《中国统计年鉴》，中国统计出版社。

③ 《中国统计年鉴》（2015），中国统计出版社 2016 年版，第 58、66 页。

（4）产业自主创新能力增强。2004~2011 年，在规模以上工业企业中，有研发活动的企业在企业总数中的占比由 6.2%上升到 11.5%，研发人员全时当量由 54.2 万·人·年增加到 193.9 万·人·年，研发经费支出占主营业务收入的比重由 0.56 上升到 0.71，开发新产品销售收入由 20808.6 亿元增加到 100582.7 亿元，有效发明专利由 30315 件增加到 201089 件。在高技术产业的自主创新能力有明显提高。例如，拥有自主 CPU 的"神龙蓝光"千万亿次超级计算机、"蛟龙"号深海载人潜水器和首座超导变电站等一批重大创新成果跻身世界前列，特别是"天宫一号"目标飞行器与"神舟八号"先后成功发射并顺利成功实现空间交会对接，更是我国载人航天史上新的里程碑。

（5）产业结构优化升级加快。其主要标志有五个：一是高技术产业产值占工业总产值的比重由 2000 年的不到 9%上升到 10.5%。二是工业化与信息化的融合进一步深化。例如，这期间主要行业大中型企业数字化工具普及率超过 60%，重点行业的关键工序数控化率也超过 50%。三是生产性服务业占比迅速上升。据计算，生产性服务性在国内生产总值中的占比达 22%以上，在工业中占 30%左右。四是文化产业与工业的融合迅速发展，这也是现代化条件下工业产业结构优化的一个重要方面。在我国雄厚的优秀传统文化的条件下，这一点显得尤为重要。2001~2010 年，我国文化产业在国内生产总值中的占比由 1.7%上升到 2.8%。与此同时，文化产业与工业融合也在发展，并成为促进工业发展的一个重要因素。五是淘汰工业落后产能是工业结构优化的一个重要标志。据统计，在"十一五"期间，淘汰煤铁产能 1.2 亿吨，煤钢产能 7200 万吨，水泥产能 3.5 亿吨。

（6）改革以来，尽管改变了此前工业生产建设过多集中于"三线"地区的情况，但地区经济差别又进一步加大。于是提出了区域总体发展战略（包括先后提出的东部率先发展、西部大开发、中部崛起、振兴东北等老工业基地战略）。在这个战略的指导下，这期间各地区包括工业在内的经济差别过大的势头开始有了改变。据测算，2000~2011 年，东部地区工业增加值在全国工业增加值中的占比由 57.8%下降到 51.8%，中部地区由 16.9%上升到 21.0%，西部地区由 13.9%上升到 18.3%，东北地区由 11.3%下降到 8.9%。

（7）节能环保取得重要进展。例如，2011 年国内生产总值能耗比 2010 年下降 2.01%；二氧化硫、化学需要量、氨氮排放量分别比 2010 年下降 2.2%、2.0%、1.5%；万元工业增加值用水量比 2010 年下降 8.9%，工业固体废物综合利用率达到 66.74%，城市污水处理率和生活垃圾无害化处理率分别达到 86.6%和 78.0%。[①]

（8）职工工资大幅增长。2011 年，全国采掘业、制造业和电力、煤气及水的生产供应业职工平均货币工资分别由 2000 年的 8340 元增加到 52230 元，由 8750 元增加到 36665 元，由 12830 元增加到 52723 元；三者平均实际工资分别提高了 4.96 倍、2.99

---

①《中国经济年鉴》(2012)，中国经济年鉴社 2013 年版，第 28、545 页；《中国工业发展报告》(2012)，经济管理出版社 2013 年版，第 83、92、106、368 页。

倍、2.91 倍。[①]

综上所述，2001~2011 年，我国工业在全面建设小康社会的康庄大道上已经迈出了重要一步。这期间社会主义市场经济体制得到了初步完善，工业生产实现了持续快速增长，结构调整有了明显进步，职工生活得到了提高。需要着重指出：这些重大成就还是在多次发生严重传染疾病和自然灾害（2003 年以后发生的非典、甲流和雨雪冰冻、四川汶川大地震等），特别是在 2007 年美国次贷危机引发的世界金融危机条件下取得的，实属来之不易，是举世瞩目的伟大成就！

但由于各种历史和现实的原因，我国工业在改革和发展方面还存在诸多问题（其中有些问题甚至很严重），在实现调整结构、转变发展方式、实现科技自主创新、改善职工生活、缩小贫富差别以及节能环保等方面，还面临着艰巨的任务。

第二节　主要经验

2002 年中共十六大及以后召开的中共十六届三中、四中全会，在中共十三大、中共十四大和中共十五大所总结的党的社会主义初级阶段的基本理论、基本路线和基本纲领的基础上，又总结了建设中国特色社会主义的新经验，进一步推进了中国特色社会主义理论。其一，2007 年中共十七大第一次明确、系统、完整地提出和阐述了科学发展观，是中国特色社会主义理论的重大发展，并成为我国改革和发展的指导思想。其二，在改革方面，这期间就完善社会主义市场经济体制提出了一系列政策。在对外开放方面提出要拓展对外开放的广度和深度，提高开放型经济水平。这期间还在宏观经济调控方面积累了极其重要的新经验，从而进一步发展了 20 世纪 90 年代以来这方面的经验。20 世纪 90 年代以来，尽管我国宏观经济调控政策存在诸多问题，但在不同阶段却也形成了各有特点的宏观调控政策体系。简要概括来说，1992~1997 年形成和实践了以反过热、反通胀、实现"软着陆"为特征的宏观调控政策体系。1998~1999 年形成和实践了以反过冷、反通缩、制止经济增速过度下滑为特征的宏观调控政策体系。2000~2003 年形成和实践了以实现经济回暖为特征的宏观调控政策体系。2003~2007年，形成和实践了以反经济偏热和过热、避免经济大起为特征的宏观调控政策体系。2008~2011 年，形成和实践了应对我国经济周期下行和国际金融危机双重冲击，制止严重通缩和经济增速急剧下滑，实现经济稳步下行为特征的宏观调控政策体系。总的来说，尽管这期间也发生过经济过热，但宏观经济调控政策体系的发展和完善，是这期间实现经济平稳较快发展的一个最重要因素。其三，这期间在发展方面提出了新型工业化道路。即坚持以信息化带动工业化，以工业化促进信息化，走出了一条科技含金

---

① 有关各年《中国统计年鉴》，中国统计出版社。

量高、经济效益好、资源能耗低、环境污染少、人力资源优势得到充分发挥的新型工业化路子。这可以看作是继续推进工业化总纲。在工业和国民经济的发展战略方面，还要着重提到以下五点：一是提高作为发展战略核心的自主创新能力，建设创新型国家。二是加快经济发展方式的转变，推动产业结构优化升级。为此，要坚持扩大国内需求特别是消费需求的方针，促进经济增长由主要依靠投资、出口拉动向依靠消费、投资、出口协调拉动转变，由主要依靠第二产业带动向依靠第一、第二、第三产业协调带动转变，由主要依靠物质资源消耗向依靠科技进步、劳动者素质提高、管理创新转变。还需要发展现代产业体系，提升高新技术产业，加快发展现代服务业、现代能源产业和综合运输体系。三是统筹城乡发展，推进社会主义新农村建设。四是推动区域协调发展，优化国土开放格局。五是加强能源资源节约和生态环境保护，增强可持续发展能力。以上各点就是这期间发展工业和国民经济最重要的经验总结。

当然，作为这期间工业和国民经济发展的经验总结的政策，还需要进一步完善，贯彻落实得也不够，以至第九篇第四十八章提到的问题，还在不同程度上存在着。

第十一篇

以市场取向改革为重点的全面深化改革阶段的工业经济

——以全面建设小康社会为战略目标的社会主义建设新时期的工业经济（五）（2012~2015 年）[①]

2012 年召开的中共十八大及以后召开的中共十八届三中、四中、五中全会先后提出："根据我国经济社会发展实际，要在十六大、十七大确立的全面建设小康社会目标的基础上努力实现新的要求。""经济持续健康发展。转变增长方式取得重大进展，在发展平衡性、协调性、可持续性明显增强的基础上，实现国内生产总值和城乡居民人均收入比 2010 年翻一番。科技进步对经济增长的贡献大幅上升，进入创新型国家行列。工业化基本实现，信息化水平大幅上升，城镇化质量明显提高，农业现代化和社会主义新农村建设成效显著，区域协调发展机制基本形成。对外开放水平进一步提高，国际竞争力明显增强。"必须"全面落实经济建设、政治建设、文化建设、社会建设、生态文明建设五位一体的总体布局"。[②] 要实现以经济体制改革为重点的全面深化改革。到 2020 年，在重要领域和关键环节改革上取得决定性成果，完成本决定提出的改革任务，形成系统完备、科学规范、运行有效的制度体系，使各方面制度更加成熟、更加定型。[③] 必须"坚持全面建设小康社会、全面深化改革、全面依法治国、全面从严治党的战略布局"。必须"牢固树立并切实贯彻创新、协调、绿色、开放、共享的发展理念"。[④] 这期间包括工业在内的经济改革和发展就是在这些最重要思想的指导下实现的。

如前文所述，本篇不设集体工业一章。但鉴于混合所有制企业、小微型企业和对外直接投资企业在经济中的地位显著上升，故相应增加了混合所有制工业企业、小微型工业企业和对外直接投资工业企业三章。

[①] 按照中共十六大以来的规定，全面建设小康社会预期到 2020 年实现。但本书只叙述到 2015 年。
[②]《中国共产党第十八次全国代表大会文件汇编》，人民出版社 2012 年版，第 8、16 页。
[③]《中共中央关于全面深化改革若干重大问题的决定》，人民出版社 2013 年版，第 5、7 页。
[④]《中国共产党第十八届中央委员会第五次全体会议公报》，人民出版社 2015 年版，第 5-7 页。

第五十五章　从由主要管企业走向主要管资本为特征的国有工业改革

如前文所述，改革以来包括国有经济改革在内的整个经济体制改革取得了巨大成就。但这方面的改革还没有真正到位。作为改革重点的国有企业（包括国有工业企业）改革更是如此。其突出表现就是一些国有企业的现代企业制度和公司法人治理结构还不健全，特别是国家对企业的监管还没有从根本上摆脱传统计划经济体制下国家管企业的思路。诚然，改革以来，这方面的改革也是在逐步推进的。但一直没有实现由主要管企业到主要管资本的转变。而这种转变正是实现政企分开和确立企业主体地位的根本前提。

2012 年中共十八大提出了全面深化经济体制改革的任务。2013 年中共十八届三中全会做出了《关于全面深化改革若干重大问题的决定》（以下简称《决定》）。在国有经济改革方面，《决定》在提出积极发展混合所有制的同时，还提出：完善国有资产管理体制，以管资本为主加强国有资产监管，改革国有资本授权经营体制，组成若干国有资本运营公司，支持有条件的国有企业改组为国有资本投资公司；国有资本投资运营要服务于国家战略目标，更多投向关系国家安全、国民经济命脉的重要行业和关键领域，重点提供公共服务、发展具有前瞻性战略性生产、保护生态环境、支持科技进步、保障国家安全；推动国有企业完善现代企业制度。准确界定不同国有企业功能；健全协调运转、有效制衡的公司法人治理结构。[①] 就党中央的文献来看，这是第一次提出以管资本为主加强国有资产监管。

2015 年，中共中央、国务院又发布了《关于深化国有企业改革的指导意见》，包括了当前深化国有企业改革各个重要方面，是这方面完整的指导文件。

一、《指导意见》提出：分类推进国有企业改革

划分国有企业不同类别。根据国有资本的战略定位和发展目标，结合不同国有企业在经济社会发展中的作用、现状和发展需要，将国有企业分为商业类和公益类。通

---

① 《中共中央关于全面深化改革若干重大问题的决定》，人民出版社 2013 年，第 8~10 页。

过界定功能、划分类别，实行分类改革、分类发展、分类监管、分类定责、分类考核，提高改革的针对性、监管的有效性、考核评价的科学性，推动国有企业同市场经济深入融合，促进国有企业经济效益和社会效益有机统一。

推进商业类国有企业改革。商业类国有企业按照市场化要求实行商业化运作，以增强国有经济活力、放大国有资本功能、实现国有资产保值增值为主要目标，依法独立自主开展生产经营活动，实现优胜劣汰、有序进退。

主业处于充分竞争行业和领域的商业类国有企业，原则上都要实行公司制股份制改革，积极引入其他国有资本或各类非国有资本实现股权多元化，国有资本可以绝对控股、相对控股，也可以参股，并着力推进整体上市。对这些国有企业，重点考核经营业绩指标、国有资产保值增值和市场竞争能力。

主业处于关系国家安全、国民经济命脉的重要行业和关键领域、主要承担重大专项任务的商业类国有企业，要保持国有资本控股地位，支持非国有资本参股。对自然垄断行业，实行以政企分开、政资分开、特许经营、政府监管为主要内容的改革，根据不同行业特点实行网运分开、放开竞争性业务，促进公共资源配置市场化；对需要实行国有全资的企业，也要积极引入其他国有资本以实行股权多元化；对特殊业务和竞争性业务，实行业务板块有效分离，独立运作、独立核算。对这些国有企业，在考核经营业绩指标和国有资产保值增值情况的同时，加强对服务国家战略、保障国家安全和国民经济运行、发展前瞻性战略性产业以及完成特殊任务的考核。

推进公益类国有企业改革。公益类国有企业以保障民生、服务社会、提供公共产品和服务为主要目标，引入市场机制，提高公共服务效率和能力。这类企业可以采取国有独资形式，具备条件的也可以推行投资主体多元化，还可以通过购买服务、特许经营、委托代理等方式，鼓励非国有企业参与经营。对公益类国有企业，重点考核成本控制、产品服务质量、营运效率和保障能力，根据企业不同特点有区别地考核经营业绩指标和国有资产保值增值情况，考核中要引入社会评价。

二、《指导意见》提出：完善现代企业制度

推进公司制股份制改革。加大集团层面的公司制改革力度，积极引入各类投资者，实现股权多元化，大力推动国有企业改制上市，创造条件实现集团公司整体上市。根据不同企业的功能定位，逐步调整国有股权比例，形成股权结构多元、股东行为规范、内部约束有效、运行高效灵活的经营机制。允许将部分国有资本转化为优先股，在少数特定领域探索建立国家特殊管理股制度。

健全公司法人治理结构。重点是推进董事会建设，建立健全权责对等、运转协调、有效制衡的决策执行监督机制，规范董事长、总经理的行权行为，充分发挥董事会的决策作用、监事会的监督作用、经理层的经营管理作用、党组织的政治核心作用，切实解决一些企业董事会形同虚设、"一把手"说了算的问题，实现规范的公司治理。要切实落实和维护董事会依法行使重大决策、选人用人、薪酬分配等权利，保障经理层

经营自主权，无授权任何政府部门和机构不得干预。加强董事会内部的制衡约束，国有独资、全资公司的董事会和监事会均应设有职工代表，董事会外部董事应占多数，落实一人一票的表决制度，董事对董事会决议承担责任。改进董事会和董事评价办法，强化对董事的考核评价和管理，对重大决策失误负有直接责任的要及时调整或解聘，并依法追究责任。进一步加强外部董事队伍建设，拓宽来源渠道。

建立国有企业领导人员分类分层管理制度。坚持党管干部原则与董事会依法产生、董事会依法选择经营管理者、经营管理者依法行使用人权相结合，不断创新有效实现形式。上级党组织和国有资产监管机构按照管理权限加强对国有企业领导人员的管理，广开推荐渠道，依规考察提名，严格履行选用程序。根据不同企业类别和层级，实行选任制、委任制、聘任制等不同的选人用人方式。推行职业经理人制度，实行内部培养和外部引进相结合，畅通现有经营管理者与职业经理人身份转换通道，董事会按市场化方式选聘和管理职业经理人，合理增加市场化选聘比例，加快建立退出机制。推行企业经理层成员任期制和契约化管理，明确责任、权利、义务，严格任期管理和目标考核。

实行与社会主义市场经济相适应的企业薪酬分配制度。企业内部的薪酬分配权是企业的法定权利，由企业依法依规自主决定，完善既有激励又有约束、既讲效率又讲公平、既符合企业一般规律又体现国有企业特点的分配机制。建立健全与劳动力市场基本适应、与企业经济效益和劳动生产率挂钩的工资决定和正常增长机制。推进全员绩效考核，以业绩为导向，科学评价不同岗位员工的贡献，合理拉开收入分配差距，切实做到收入能增能减和奖惩分明，充分调动广大职工的积极性。对国有企业领导人员实行与选任方式相匹配、与企业功能性质相适应、与经营业绩相挂钩的差异化薪酬分配办法。对党中央、国务院和地方党委、政府及其部门任命的国有企业领导人员，合理确定基本年薪、绩效年薪和任期激励收入。对市场化选聘的职业经理人，实行市场化薪酬分配机制，可以采取多种方式探索并完善中长期激励机制。健全与激励机制相对称的经济责任审计、信息披露、延期支付、追索扣回等约束机制。严格规范履职待遇、业务支出，严禁将公款用于个人支出。

深化企业内部用人制度改革。建立健全企业各类管理人员公开招聘、竞争上岗等制度，对特殊管理人员可以通过委托人才中介机构推荐等方式，拓宽选人用人视野和渠道。建立分级分类的企业员工市场化公开招聘制度，切实做到信息公开、过程公开、结果公开。构建和谐劳动关系，依法规范企业各类用工管理，建立健全以合同管理为核心、以岗位管理为基础的市场化用工制度，真正形成企业各类管理人员能上能下、员工能进能出的合理流动机制。

三、《指导意见》提出：完善国有资产管理体制

以管资本为主推进国有资产监管机构职能转变。国有资产监管机构要准确把握并依法履行出资人职责的定位，科学界定国有资产出资人监管的边界，建立监管权力清

单和责任清单，实现以管企业为主向以管资本为主的转变。该管的要科学管理、绝不缺位，重点管好国有资本布局、规范资本运作、提高资本回报、维护资本安全；不该管的要依法放权、绝不越位，将依法应由企业自主经营决策的事项归位于企业，延伸到子企业的管理事项原则上归位于一级企业，将配合承担的公共管理职能归位于相关政府部门和单位。大力推进依法监管，着力创新监管方式和手段，改变行政化管理方式，改进考核体系和办法，提高监管的科学性、有效性。

以管资本为主改革国有资本授权经营体制。改组组建国有资本投资、运营公司，探索有效的运营模式，通过开展投资融资、产业培育、资本整合，推动产业集聚和转型升级，优化国有资本布局结构；通过股权运作、价值管理、有序进退，促进国有资本合理流动，实现保值增值。科学界定国有资本所有权和经营权的边界，国有资产监管机构依法对国有资本投资、运营公司和其他直接监管的企业履行出资人职责，并授权国有资本投资、运营公司对授权范围内的国有资本履行出资人职责。国有资本投资、运营公司作为国有资本市场化运作的专业平台，依法自主开展国有资本运作，对所出资企业行使股东职责，按照责权对应原则切实承担起国有资产保值增值的责任。开展政府直接授权国有资本投资、运营公司履行出资人职责的试点。

以管资本为主推动国有资本优化配置。坚持以市场为导向、以企业为主体，有进有退、有所为有所不为，优化国有资本布局结构，增强国有经济整体功能和效率。紧紧围绕服务国家战略、落实国家产业政策和重点产业布局调整的总体要求，优化国有资本重点投资方向和领域，推动国有资本向关系国家安全、国民经济命脉和国计民生的重要行业和关键领域、重点基础设施集中，向前瞻性战略性产业集中，向具有核心竞争力的优势企业集中。发挥国有资本投资、运营公司的作用，清理退出一批、重组整合一批、创新发展一批国有企业。建立健全优胜劣汰的市场化退出机制，充分发挥失业救济和再就业培训等的作用，解决好职工安置问题，切实保障退出企业依法实现关闭或破产，加快处置低效无效资产，淘汰落后产能。支持企业通过证券交易、产权交易等资本市场，以市场公允价格处置企业资产，实现国有资本形态转换，变现的国有资本用于更需要的领域和行业。推动国有企业加快管理创新、商业模式创新，合理界定法人层级，有效压缩管理层级。发挥国有企业在实施创新驱动发展战略和制造强国战略中的骨干和表率作用，强化企业在技术创新中的主体地位，重视培养科研人才和高技能人才。支持国有企业开展国际化经营，鼓励国有企业之间以及与其他所有制企业以资本为纽带，强强联合、优势互补，加快培育一批具有世界一流水平的跨国公司。

以管资本为主推进经营性国有资产集中统一监管。稳步将党政机关、事业单位所属企业的国有资本纳入经营性国有资产集中统一监管体系，具备条件的进入国有资本投资、运营公司。加强国有资产基础管理，按照统一制度规范、统一工作体系的原则，抓紧制定企业国有资产基础管理条例。建立覆盖全部国有企业、分级管理的国有资本经营预算管理制度，提高国有资本收益上缴公共财政比例，2020年提高到30%，多用于保障和改善民生。划转部分国有资本充实社会保障基金。①

在以上政策措施的指导和推动下，这期间由主要管企业走向主要管资本，企业分类改革、建立和完善现代企业制度以及企业重组等方面的改革进一步深化。以作为国有企业主要骨干的中央企业来说，这期间国资委主要推行了以下改革：

（1）在国有企业分类改革和功能界定方面，到 2015 年已有 40 家中央企业提出方案。这是推进国有企业全部改革的一个重要前提。

（2）在继续推行股份制改革的同时，还推进了中央企业改制上市和资产证券化工作。在中央企业整体改制上市方面，报经国务院同意，批复中国广核、建筑设计研究院、中国工艺等中央企业整体改制上市方案。在中央企业控股境内上市公司国际化方面，批复原中国北车、中国化学工程等已在 A 股上市企业的赴境外上市方案。在资产证券化方面，2014 年共有 7 家中央企业控股公司在境内外资本市场首次公开发行股份并上市，共募集资金 367.47 亿元，较 2013 年增长 174.2%。其中，中材集团所属中材节能等 3 家企业在 A 股首发上市，筹资 21.65 亿元；中国广核所属中国广核电力等 4 家企业在中国香港联交所首发上市，筹资 345.82 亿元。在资本市场融资方面，2014 年有 38 家中央企业控股上市公司在境内外资本市场实施增发或配股，共募集资金约 1039 亿元（不含向大股东募资），同比增长 26.4%。这就使得上市公司在中央企业集团中的地位进一步上升。随着主业资产、优质资产逐步向上市公司集中，中央企业控股上市公司成为中央企业最重要的组成部分。截至 2014 年底，112 家中央企业实际控制了 378 家境内外上市公司②（相比 2013 年净增加 1 家）。其中，纯境内上市 259 家（A 股 241 家、A+B 股 13 家、B 股 5 家），纯境外上市 87 家（79 家在中国香港上市，其中，H 股 26 家，红筹股 53 家；8 家在境外其他资本市场上市，其中，加拿大、澳大利亚、英国各 1 家，新加坡 5 家），境内外多地上市 32 家（A+H 股 31 家、A+B+S 股 1 家）。上市公司总资产 22.3 万亿元，较 2013 年增加 10.4%；净资产 8.7 万亿元，较 2013 年增长 10.1%；营业收入 15.9 万亿元，较 2013 年增长 3.2%；净利润 7349.5 亿元，较 2013 年下降 3.9%。上述财务数据占央企集团公司的比重分别约为 57.6%、60.8%、63.3%、74.6%。同时，中央企业控股上市公司在资本市场的地位进一步上升。中央企业借助资本市场获得了较快发展，同时中央企业控股上市公司也成为中国资本市场的中流砥柱。截至 2014 年底，中国 A 股市场共有上市公司 2711 家，其中央企控股 A 股上市公司 286 家，约占 A 股上市公司总数的 11%。各项财务指标中，央企控股 A 股上市公司总资产 15.2 万亿元，较 2013 年增长 5.6%；净资产 5.4 万亿元，较 2013 年增长 3.8%；营业收入 12.4 万亿元，较 2013 年增长 0.8%；净利润 4051.4 亿元，较 2013 年下降 6.7%。上述指标占全部 A 股上市公司的比重分别约为 10.1%、24.5%、43%、16.8%。

①《中共中央、国务院关于深化国有企业改革的指导意见》，《中央政府网》，2015 年 9 月 13 日。
② 央企上市公司主要指央企集团直接或间接持股比例高于 20%，且为实际控制人的上市公司。此外，对个别控股比例略低于 20%，但央企集团仍为实际控制人的上市公司也包含在内。另外，招商银行、招商证券、招商局中国基金三家金融企业不在内。

（3）在公司法人治理结构方面。2015年中央企业建设规范董事会的企业增加11家，总数达到85户。

（4）改组和组建国有资本投资运营公司方面取得了初步进展。2014年，国资委形成了改组国有资本投资公司和组建国有资产运营公司两类公司的总体思路，明确了核心问题，并启动了国有资本投资公司的改组试点工作。2014年国资委通过了《中央企业改组国有资本投资公司试点工作方案》，确定国家开发投资公司和中粮集团有限公司作为首批试点企业。

（5）在推进中央企业并购重组方面也取得了明显进展。主要是：

1）成立铁塔公司。这是促进电信行业资源整合共享、提升电信网络基础设施效率和效应的有效途径。

2）形成《关于我国核能企业重组调整的意见》。

3）中国南车和中国北车合并。通过整合两家公司各具优势的销售和市场资源、产品开发和技术研发能力，实现以轨道交通装备为核心、跨国经营、全球领先的大型综合性产业集团的目标。

4）推进中粮集团有限公司与中国华孚集团有限公司、南光（集团）有限公司与珠海振戎公司的重组工作，推进中国机械工业集团有限公司和中国第二重型机械集团公司重组后的深度整合。

5）协调推进大唐国际发电股份有限公司煤化工项目重组转让工作，大唐国际与中国国新控股有限责任公司已经完成财务审计和资产评估工作。

就整个国有企业的并购重组来说，2014年继2013年再次呈现爆发式增长，被称为"中国并购市场井喷之年"。据统计，2014年国有企业共发生兼并重组交易481起，比2013年增长9.6%，创历史新高。[①]

（6）在推行混合所有制改革方面取得了显著进展（详见本篇第三章）。

这期间国有企业改革推动了国有经济的进展：

1）2014年，国有企业实现利润总额为24765.4亿元，同比增长3.4%。其中，中央企业为17280.2亿元，同比增长3.6%；地方国有企业为7485.2亿元，同比增长2.8%。

2）2014年，国有企业应交税金为37860.8亿元，同比增长5.7%。其中，中央企业为29169.9亿元，同比增长6.6%；地方国有企业为8690.9亿元，同比增长2.8%。

3）2014年，国有企业营业总收入为480636.4亿元，同比增长4%。其中，中央企业为293790.3亿元，同比增长3.1%；地方国有企业为186846.1亿元，同比增长5.5%。

4）2014年12月末，国有企业资产总额为1021187.8亿元，同比增长12.1%；负债总额为665558.4亿元，同比增长12.2%；所有者权益合计为355629.4亿元，同比增长11.8%。其中，中央企业资产总额为537068亿元，同比增长10.9%；负债总额为

①《中国经济年鉴》（2015），中国经济年鉴社2016年版，第511~513、520~521页；《中国工业经济发展报告》（2015），经济管理出版社2016年版，第479页；《中国经济时报》，2016年2月25日。

352621.4 亿元，同比增长 10.8%；所有者权益为 184446.6 亿元，同比增长 11.2%。地方国有企业资产总额为 484119.8 亿元，同比增长 13.3%；负债总额为 312937 亿元，同比增长 13.8%；所有者权益为 171182.8 亿元，同比增长 12.4%。2014 年，国资委监管的中央企业实现了平稳健康发展。2014 年，中央企业累计实现营业收入为 25.1 万亿元，同比增长 3.8%；累计上交税费总额为 2.1 万亿元，同比增长 4.4%；累计实现利润总额为 1.4 万亿元，同比增长 4.2%；归属于母公司的所有者净利润为 6269.2 亿元，同比增长 6.9%。[1]

但由管企业为主走向管资本为主以及国有企业分类改革都起步不久，完善现代企业制度（包括公司制改革、发展混合所有制、实行员工持股、完善法人治理结构、推行高管人员选控及其薪酬的市场化等）和国有企业重组、调整等方面的改革也都没有到位。这样，国有企业的发展方面也存在不少问题。其突出表现就是国有企业经济效益较低的状况还没有根本改变。但就中共十八大以来国有企业改革的发展趋势来看，只要认真贯彻落实新的中央领导集体关于国有企业改革的一系列政策，并不断使其趋于完善，完全可以如期实现国有企业的改革目标。即到 2020 年，在国有企业改革重要领域和关键环节取得决定性成果，形成更加符合我国基本经济制度和社会主义市场经济发展要求的国有资产管理体制、现代企业制度、市场化经营机制，国有资本布局结构更趋合理，造就一大批德才兼备、善于经营、充满活力的优秀企业家，培育一大批具有创新能力和国际竞争力的国有骨干企业，国有经济活力、控制力、影响力、抗风险能力明显增强。[2]

①《中国经济年鉴》（2015），中国经济年鉴社 2016 年版，第 511 页。
②《中共中央、国务院关于深化国有企业改革的指导意见》，《中国政府网》，2015 年 9 月 13 日。

第五十六章 非公有制工业持续快速发展

第一节 个体工业和私营工业持续快速发展

在以往党的文件（见本书第十篇第五十一章）的基础上，中共十八大提出："毫不动摇鼓励、支持引导非公有制经济发展，保证各种所有制经济依法平等使用生产要素，公平参与市场竞争、同等受到法律保护。"[①] 中共十八届三中全会进一步提出："公有制为主体、多种所有制共同发展的基本经济制度，是中国特色社会主义制度的重要支柱，也是社会主义市场经济的根基。公有制经济和非公有制经济都是社会主义市场的重要组成部分，都是我国经济社会发展的重要基础。"[②] 这就把非公有制经济的地位提高到一个新的高度。

在这种政策精神的指导下，商事制度改革得到了推进。例如，2014 年对《个体独资企业登记管理办法》、《个体工商户登记管理办法》两部规章进行了修改，将年检验照制度改为年度报告公示制度。2015 年又深入进行了商事制度改革。主要是完成了"三证合一，一照一码"的改革，加快推进了"先照后证"的改革。这样，非公有制经济发展就获得了更为宽松的政策和法律环境，从而获得了持续快速发展。

2011~2014 年，个体工商户的数量由 3756.47 万户增加到 4984.06 万户，人数由 7945.28 万人增加到 10584.56 万人，资金由 16177.57 亿元增加到 29344.79 亿元。

在个体工商户产业分布方面，仍集中在第三产业，所占比重超过 90%的格局基本未变。2014 年第一产业中有个体工商户 117.8 万户，占个体工商户总数的 2.36%；第二产业中有个体工商户 351.53 万户，占个体工商户总数的 7.05%；第三产业中有个体工商户 4514.92 万户，占个体工商户总数的 90.59%。在第三产业中，信息技术和金融等

---

① 《中国共产党第十八次全国人民代表大会文件汇编》，人民出版社 2012 年，第 19 页。
② 《中共中央关于全面深化改革若干重大问题的决定》，人民出版社 2013 年，第 7~8 页。

现代服务业的占比上升，结构趋于优化。

在个体工商业区域分布方面，东部地区居多、中部地区次之、西部地区最少的格局也未改变。截至 2014 年底，东部地区实有个体工商户 2319.64 万户，占全国个体工商户总户数的 46.54%；中部地区实有个体工商户 1627.47 万户，占全国个体工商户总户数的 32.65%；西部地区实有个体工商户 1036.95 万户，占全国个体工商户总户数的 20.81%。

在个体工商户城乡分布方面，仍是城市居多、乡村居少的格局。2014 年个体工商户从业人员中，城镇个体工商户从业人员 7009.31 万人，占个体工商户从业人员的 66.22%；农村个体工商户从业人员 3575.25 万人，占个体工商户从业人员的 33.78%。

在这期间，私营企业也得到了持续快速发展。其一，2011~2014 年全国实有私营企业由 967.68 万户增加到 1546.37 万户，注册资金由 25.79 万亿元增加到 59.21 万亿元，从业人员由 1.04 亿人增加到 1.44 亿人。其中，投资者人数 2963.08 万人，雇工人数 1.14 亿人。其二，2010 年以来，私营企业数量和资本在企业总体中所占比重不断上升。截至 2014 年底，全国实有私营企业数量占企业总体的比重为 85%，资本总额所占比重为 47.91%。其三，在户均资本规模方面，私营企业户均资本由 2010 年末的 227.14 万元增长到 2014 年的 382.87 万元，年均增速 13.94%。其四，2014 年全国新登记私营企业 345.13 万户，同比增长达 48.3%，新增私营企业注册资本合计 14.63 万亿元，同比增长 152.51%。2014 年全国新登记私营企业总量和资本总额同比增速均创历年新高。

私营企业的基本结构如下：

（1）产业结构。2014 年，私营企业在第一产业实有 53.55 万户，占私营企业总户数的 3.46%；注册资金 1.44 万亿元，占私营企业总注册资金的 2.43%。第二产业实有私营企业 366.38 万户，占全国私营企业总户数的 23.69%；注册资金 15.56 万亿元，占私营企业总注册资金的 26.27%。私营企业在第三产业实有 1126.44 万户，占全国私营企业总户数的 72.84%；注册资金 42.21 万亿元，占私营企业总注册资金的 71.3%。

（2）区域结构。2014 年西部地区实有私营企业 242.62 万户，占全国私营企业实有总户数的 15.69%；东部地区实有私营企业户数 982.5 万户，占全国私营企业总户数的 63.54%；中部地区实有私营企业 321.25 万户，占全国私营企业总户数的 20.77%。

（3）城乡结构。2014 年全国城镇实有私营企业 1128.93 万户，占全国私营企业总户数的 73.01%；投资者人数 2229.94 万人，雇工人数 7627.41 万人；注册资本 46.28 万亿元。农村私营企业 417.44 万户，占全国私营企业总户数的 26.99%；投资者人数 733.14 万人，雇工 3799.91 万人；注册资本 12.93 万亿元。[①]

① 《中国经济年鉴》（2015），中国经济年鉴社 2016 年版，第 517~524 页。

第二节　外商投资工业持续快速发展

中共十八大提出了"全面提高开放型经济水平"的任务。[①] 中共十八届三中全会就"构建开放型经济新体制"做了全面部署。主要是：改变投资准入，加快自由贸易区建设和扩大内陆沿边开放。[②] 这就推动了外商投资方面的进一步改革。例如，2014 年国务院印发《国务院关于取消和调整一批行政审批项目等事项的决定》，取消"鼓励类外商投资企业项目确认审批"。这样，外商投资企业就获得了持续快速发展。

2011~2015 年，外商非金融类直接投资由 1160.11 亿美元增加到 1262.7 亿美元。其中，合资企业由 214.15 亿美元增加到 258.9 亿美元，合作企业由 17.57 亿美元增加到 18.50 亿美元，独资企业由 912.05 亿美元增加到 952.90 亿美元。[③] 这样，2014 年以来，使用外商直接投资就上升到世界第一位。

就 2014 年外商投资看，在地区结构方面，2014 年亚洲投资额占投资总额的 70.4%；拉丁美洲投资额占投资总额的 9.67%；欧洲投资额占投资总额的 8.25%。

从产业结构来看，2014 年，全国第三产业实有外商投资企业 28.35 万户，占实有总户数的 61.55%；第二产业实有 17.09 万户，占 37.1%；第一产业 0.62 万户，占 1.35%。

从行业结构来看，外商投资企业户数前五位的行业是：制造业（16.11 万户），批发和零售业（10.06 万户），租赁与商务服务业（4.44 万户），信息传输、软件和信息技术服务业（4.34 万户）以及住宿和餐饮业（2.42 万户），分别占外商投资企业总数的 34.98%、21.83%、9.63%、9.43%、5.26%。

就各行业外商投资企业增长态势看，外商投资行业有四类。一为成熟型。这类行业外商投资企业数量多，增长速度快，发展潜力也较大，主要集中在第三产业，如批发和零售业、租赁和商务服务业以及住宿和餐饮业。二为成长型。虽然外商投资企业在这类行业所占比重不是很高，但是近年来增速较快，有很大的上升空间。如金融业外商投资企业所占比重为 2.15%，科学研究和技术服务业所占比重为 4.55%，文化、体育和娱乐业所占比重为 0.62%，卫生和社会工作所占比重为 0.05%，同比增长 8.3%。三为稳定型。外商投资已经在这类行业形成一定规模，市场份额相对稳定，发展空间有限，但长期来看仍是外商投资的主要行业。主要集中在制造业以及信息传输、软件和信息技术服务业。四为停滞型。外商投资较难找到这类行业合适的进入点，所占比重和增速都较低。如水利、环境和公共设施管理业外商投资企业所占比重为 0.23%，建

①《中国共产党第十八次全国人民代表大会文件汇编》，人民出版社 2012 年版，第 22 页。
②《中共中央关于全面深化改革若干重大问题的决定》，人民出版社 2013 年，第 25~28 页。
③《中国统计年鉴》（2015），中国统计出版社，第 377、381 页；商务部商务数据中心。

筑业所占比重为 1.09%，电力、热力、燃气及水的生产和供应业所占比重为 0.94%，农、林、牧、渔业所占比重为 1.47%，教育业所占比重为 0.09%，交通运输、仓储和邮政业所占比重为 2.47%，房地产业所占比重为 3.8%，采矿业所占比重为 0.18%，居民服务、修理和其他服务业所占比重为 0.98%。

就外商投资地区看，2014 年广东外商投资企业户数占全国总数的 22.69%，上海占 14.97%，江苏占 11.21%，浙江占 6.73%，北京占 6.09%，山东占 5.65%，福建占 5.28%，天津占 2.50%。仅这九个地区的外商投资企业户数就占了全国总数的 78.83%。这九个地区外商投资企业注册资本在全国总数中的占比分别是：江苏为 17.58%，广东为 15.43%，上海为 15.39%，浙江为 6.99%，辽宁为 5.51%，北京为 5.46%，山东为 5.18%，福建为 4.33%，天津为 3.78%，这九个地区总共占全国总数的 79.69%。[①]

总体来说，这期间包括个体工商户、私营企业和外商投资企业在内的民营经济持续快速发展，对我国经济社会的发展起到了重要作用。到 2015 年，民营经济占企业总数的 97.1%（其中，个体工商户占民营经济总户数的 90.4%，私营企业占 29.3%，外商投资企业占 4.3%），占国内生产总值的 60% 以上，占就业人数的 80% 以上，占新增固定资产的 60% 以上。[②] 当然，经营环境和政策支持等方面也还有诸多需要进一步完善的地方。但它们作为我国社会主义基本经济制度的重要组成部分，已经确定无疑地建立起来，并将得到进一步发展。

[①]《中国经济年鉴》(2015)，中国经济年鉴社 2016 年版，第 513~517 页。
[②]《国家统计局网》，2016 年 3 月 3 日；《中国经济时报》，2016 年 3 月 16 日。

第五十七章　混合所有制工业企业蓬勃发展

就党中央的文献看，1997 年中共十五大第一次提出了发展混合所有制经济的决定。十五大提出："公有制经济不仅包括国有经济和集体经济，还包括混合所有制经济中的国有成分和集体成分。"[1] 这意味着混合所有制经济是公有制经济的实现形式。1999 年，中共十五届四中全会《关于国有企业改革和发展若干重大问题的决定》进一步提出，"国有大中型企业尤其是优势企业，宜于实行股份制的，要通过规范上市、中外合资和企业互相参股等形式，改为股份制企业，发展混合所有制经济，重要的企业由国家控股。"[2] 此后，中共十六大、中共十六届三中全会和中共十七大又发展了发展混合所有制经济的思想。2013 年中共十八届三中全会《关于全面深化改革若干重大问题的决定》进一步做出了"积极发展混合所有制经济"的决策。[3] 2015 年，《党中央、国务院关于深化国有企业改革的指导意见》将发展混合所有制经济列为其中的主要内容。[4] 同年，国务院发布《关于国有企业发展混合所有制经济的意见》（以下简称《意见》），就国有企业混合所有制做了全面部署。

一、分类推进国有企业混合所有制改革

稳妥推进主业处于充分竞争行业和领域的商业类国有企业混合所有制改革。按照市场化、国际化要求，以增强国有经济活力、放大国有资本功能、实现国有资产保值增值为主要目标，以提高经济效益和创新商业模式为导向，充分运用整体上市等方式，积极引入其他国有资本或各类非国有资本实现股权多元化。坚持以资本为纽带完善混合所有制企业治理结构和管理方式，国有资本出资人和各类非国有资本出资人以股东身份履行权利和职责，使混合所有制企业成为真正的市场主体。

有效探索主业处于重要行业和关键领域的商业类国有企业混合所有制改革。对主业处于关系国家安全、国民经济命脉的重要行业和关键领域、主要承担重大专项任务

---

[1]《中国共产党第十五次代表大会文件汇编》，人民出版社 1997 年版，第 21 页。
[2]《中共中央关于国有企业改革和发展若干重大问题的决定》，人民出版社 1999 年版，第 8 页。
[3]《中共中央关于全面深化改革若干重大问题的决定》，人民出版社 2013 年版，第 8 页。
[4]《党中央、国务院关于深化国有企业改革的指导意见》，《中国政府网》，2015 年 9 月 13 日。

的商业类国有企业，要保持国有资本控股地位，支持非国有资本参股。对自然垄断行业，实行以政企分开、政资分开、特许经营、政府监管为主要内容的改革，根据不同行业特点实行网运分开、放开竞争性业务，促进公共资源配置市场化，同时加强依法分类监管，规范盈利模式。

引导公益类国有企业规范开展混合所有制改革。在水电气热、公共交通、公共设施等提供公共产品和服务的行业和领域，根据不同业务特点，加强分类指导，推进具备条件的企业实现投资主体多元化。通过购买服务、特许经营、委托代理等方式，鼓励非国有企业参与经营。政府要加强对价格水平、成本控制、服务质量、安全标准、信息披露、营运效率、保障能力等方面的监管，根据企业不同特点有区别地考核其经营业绩指标和国有资产保值增值情况，考核中要引入社会评价。

二、分层推进国有企业混合所有制改革

引导在子公司层面有序推进混合所有制改革。对国有企业集团公司二级及以下企业，以研发创新、生产服务等实体企业为重点，引入非国有资本，加快技术创新、管理创新、商业模式创新，合理限定法人层级，有效压缩管理层级。明确股东的法律地位和股东在资本收益、企业重大决策、选择管理者等方面的权利，股东依法按出资比例和公司章程规定行权履职。

探索在集团公司层面推进混合所有制改革。在国家有明确规定的特定领域，坚持国有资本控股，形成合理的治理结构和市场化经营机制；在其他领域，鼓励通过整体上市、并购重组、发行可转债等方式，逐步调整国有股权比例，积极引入各类投资者，形成股权结构多元、股东行为规范、内部约束有效、运行高效灵活的经营机制。

鼓励地方从实际出发推进混合所有制改革。各地区要认真贯彻落实中央要求，区分不同情况，制定并完善改革方案和相关配套措施，指导国有企业稳妥开展混合所有制改革，确保改革依法合规、有序推进。

三、鼓励各类资本参与国有企业混合所有制改革

鼓励非公有资本参与国有企业混合所有制改革。非公有资本投资主体可通过出资入股、收购股权、认购可转债、股权置换等多种方式，参与国有企业改制重组或国有控股上市公司增资扩股以及企业经营管理。非公有资本投资主体可以货币出资，或以实物、股权、土地使用权等法律法规允许的方式出资。企业转让国有产权或国有股权时，除国家另有规定外，一般不再向受让人资质条件中对民间投资主体单独设置附加条件。

支持集体资本参与国有企业混合所有制改革。明晰集体资产产权，发展股权多元化、经营产业化、管理规范化的经济实体。允许经确权认定的集体资本、资产和其他生产要素作价入股，参与国有企业混合所有制改革。研究制定股份合作经济（企业）管理办法。

有序吸收外资参与国有企业混合所有制改革。引入外资参与国有企业改制重组、合资合作，鼓励通过海外并购、投融资合作、离岸金融等方式，充分利用国际市场、技术、人才等资源要素，发展混合所有制经济，深度参与国际竞争和全球产业分工，提高资源全球化配置能力。按照扩大开放与加强监管同步的要求，依照《外商投资产业指导目录》和相关安全审查规定，完善外资安全审查工作机制，切实加强风险防范。

推广政府和社会资本合作（PPP）模式。优化政府投资方式，通过投资补助、基金注资、担保补贴、贷款贴息等，优先支持引入社会资本的项目。以项目运营绩效评价结果为依据，适时对价格和补贴进行调整。组合引入保险资金、社保基金等长期投资者参与国家重点工程投资。鼓励社会资本投资或参股基础设施、公用事业、公共服务等领域项目，使投资者在平等竞争中获取合理收益。加强信息公开和项目储备，建立综合信息服务平台。

鼓励国有资本以多种方式入股非国有企业。在公共服务、高新技术、生态环境保护和战略性产业等重点领域，以市场选择为前提，以资本为纽带，充分发挥国有资本投资、运营公司的资本运作平台作用，对发展潜力大、成长性强的非国有企业进行股权投资。鼓励国有企业通过投资入股、联合投资、并购重组等多种方式，与非国有企业进行股权融合、战略合作、资源整合，发展混合所有制经济。支持国有资本与非国有资本共同设立股权投资基金，参与企业改制重组。

探索完善优先股和国家特殊管理股方式。国有资本参股非国有企业或国有企业引入非国有资本时，允许将部分国有资本转化为优先股。在少数特定领域探索建立国家特殊管理股制度，依照相关法律法规和公司章程规定，行使特定事项否决权，保证国有资本在特定领域的控制力。

探索实行混合所有制企业员工持股。坚持激励和约束相结合的原则，通过试点稳妥推进员工持股。员工持股主要采取增资扩股、出资新设等方式，优先支持人才资本和技术要素贡献占比较高的转制科研院所、高新技术企业和科技服务型企业开展试点，支持对企业经营业绩和持续发展有直接或较大影响的科研人员、经营管理人员和业务骨干等持股。完善相关政策，健全审核程序，规范操作流程，严格资产评估，建立健全股权流转和退出机制，确保员工持股公开透明，严禁暗箱操作，防止利益输送。混合所有制企业实行员工持股，要按照混合所有制企业实行员工持股试点的有关工作要求组织实施。

四、建立健全混合所有制企业治理机制

进一步确立和落实企业的市场主体地位。政府不得干预企业自主经营，股东不得干预企业日常运营，确保企业治理规范、激励约束机制到位。落实董事会对经理层成员等高级经营管理人员选聘、业绩考核和薪酬管理等职权，维护企业真正的市场主体地位。

健全混合所有制企业法人治理结构。混合所有制企业要建立健全现代企业制度，

明晰产权，同股同权，依法保护各类股东权益。规范企业股东（大）会、董事会、经理层、监事会和党组织的权责关系，按章程行权，监管资本，靠市场选人，依规则运行，形成定位清晰、权责对等、运转协调、制衡有效的法人治理结构。

推行混合所有制企业职业经理人制度。按照现代企业制度要求，建立市场导向的选人用人和激励约束机制，通过市场化方式选聘职业经理人来依法负责企业经营管理，畅通现有经营管理者与职业经理人的身份转换通道。职业经理人实行任期制和契约化管理，按照市场化原则决定薪酬，可以采取多种方式探索中长期激励机制。严格职业经理人任期管理和绩效考核，加快建立退出机制。

五、建立依法合规的操作规则

严格规范操作流程和审批程序。健全国有资产定价机制。切实加强监管，政府有关部门要加强对国有企业混合所有制改革的监管，完善国有产权交易规则和监管制度。

营造国有企业混合所有制改革的良好环境。加强产权保护。健全多层次资本市场。完善支持国有企业混合所有制改革的政策。加快建立健全法律法规制度。[①]

在上述政策措施的指导和推动下，混合所有制工业得到了迅速发展。[②] 从发挥国有经济的主导作用看，国有控股工业企业是最重要的混合所有制经济。它是整个国民经济最重要的主导力量。2013 年，国有控股工业企业为 18179 个，占全部工业企业总额的 4.9%。但其资产为 342689.2 亿元，占全部工业资产总额的 39.4%；其所有者权益为 130538.3 亿元，占全部工业企业所有者权益总额的 38.4%；其主营业务收入为 258242.6 亿元，占全部工业企业主营业务收入总额的 24.9%；其利润额为 68378.9 亿元，占全部工业企业利润总额的 22.2%。[③]

以上只是就工业而言的，从包括工商业的全部企业来看，混合所有制经济的发展也是很快的。截至 2014 年底，全国工商登记注册存续企业共有 1819.28 万家。其中，非国有投资企业 1782.11 万家，占 97.96%；国有投资企业 37.17 万家，占 2.04%。在 37.17 万家国有投资企业中，国有全资企业 20.03 万家，占 53.89%；混合所有制企业 17.14 万家，占 46.11%。大致说来，1/3 混合所有制企业为国有资产存量改制形成的，2/3 为国有资本与非国有资本共同出资新设的。尽管国有投资企业及混合所有制企业数量少，但规模大。从注册资本看，国有投资企业占全部企业的 37.28%，混合所有制企业占国有投资企业的 50.15%。所以，无论从数量还是从注册资本看，在国有投资企业中混合所有制企业已经占到一半左右。[④]

"十二五"以来，混合所有制企业发展呈现以下特点：①增长速度快，2011~2014

---

① 《国务院关于发展混合所有制经济的意见》，《中国政府网》，2015 年 9 月 24 日。
② 在我国社会主义市场经济条件下，无论从概念的科学性来说，还是从党的文献的内容看，混合所有制经济都只能而且必须界定为公有制经济和非公有制经济共同出资的企业，那种超出这个范围的观点，是值得斟酌的。
③ 《中国工业发展报告》（2015），经济管理出版社，第 453 页。
④ 《中国经济时报》，2016 年 3 月 1 日。

年，混合所有制企业由 11.88 万家增长到 17.14 万家，年均增速为 9.6%，比"十一五"时期提高 4.77 个百分点；②中央企业对混合所有制企业发展的作用增强，其企业占比由"十一五"初期的 8.77% 上升到 2014 年的 17.63%；③在地区分布方面，五成以上混合所有制企业集中在东部地区，中部和西部地区各占二成以上；④各类混合所有制企业呈现竞相发展的格局。近 10 年含私营成分的混合所有制企业增加 3.28 万家，年均增速为 7.81%；含外资成分的混合所有制企业增加 0.6 万家，年均增速为 4.9%；含自然人投资的混合所有制企业增加 2.06 万家，年均增速为 4.62%。①

所以，尽管发展混合所有制经济在资本管理体制和公司治理结构等方面还存在众多问题，但从发展趋势看，包括工业在内的混合所有制经济，完全有望实现中共十八届三中全会的预期："国有资本、集体资本、非公有资本等交叉持股、相互融合的混合所有制经济，是基本经济制度的重要实现形式。"②

---

① 《中国工商时报》，2015 年 12 月 16 日。
② 《中共中央关于全面深化改革若干重大问题的决定》，人民出版社，第 8 页。

第五十八章 对外投资工业企业迅速铺开

就党中央文献看，中共十四大在确立社会主义市场经济改革目标的同时，第一次提出了"积极扩大我国企业的对外投资和跨国经营"。[1] 2002年中共十六大明确提出"坚持'引进来'和'走出去'相结合，全面提高对外开放的水平，强调实施'走出去'战略是对外开放新阶段的重大举措。"[2] 此后，中共十七大延续和发展了这一战略。2012年，中共十八大进一步提出"全面提高开放型经济水平"，强调"要加快走出去步伐"。[3] 2013年，中共十八届三中全会就此做出了战略部署，提出"构建开放型经济新体制"。其中，提出要"扩大企业及个人对外投资，确立企业及个人对外投资地位，允许发挥自身优势到境外开展投资合作，允许自担风险到各国各地区自由承揽工程和劳务合作项目，允许创新方式走出去开展绿地投资、并购投资、证券投资、联合投资等。加快同有关国家和地区商签投资协定，改革涉外投资审批体制，完善领事保护制度，提供权益保障，投资风险预警等更多服务，扩大投资合作空间"。[4] 这些规定大大地提高了企业和个人对外投资的自由度，提高了他们的积极性；大大拓展了对外投资的空间；并从权益保障和风险防患等方面创造了有利条件，从而把我国包括工业在内的对外直接投资推进到一个新的发展阶段。

在党中央政策指导下，我国对外投资呈现迅速铺开的态势。其一，2003年国家统计局开始发布对外直接投资的数据，2003年非金融类对外直接投资为28.5亿美元。到2014年，我国对外直接投资创下1231.2亿美元的历史最高值。2015年，由于受到世界主要经济体经济复苏缓慢的影响，对外直接投资略有下降，但仍达到1180.2亿美元。其二，自2003年以来，连续12年实现增长，2014年流量是2002年的45.6倍，2014年末存量是2002年的近30倍。其三，2015年我国对外直接投资流量连续四年成为世界第三大对外投资国。2014年末投资存量8826.4亿美元，首次步入全球前10名行列。其四，2014年，我国对外直接投资与我国吸引外资仅差53.8亿美元。双向投资首次接

① 《中国共产党第十四次全国代表大会文件汇编》，人民出版社1992年版，第27页。
② 《中国共产党第十六次全国代表大会文件汇编》，人民出版社2002年版，第28-29页。
③ 《中国共产党第十八次全国代表大会文件汇编》，人民出版社2012年版，第22页。
④ 《中共中央关于全面深化改革若干重大问题的决定》，人民出版社2013年版，第25-27页。

近平衡。2015 年也只差 82.5 亿美元。这就大大改变了此前两者相差悬殊的情况。2003 年外商直接投资高达 535.04 亿美元，而我国对外直接投资仅有 28.54 亿美元，两者相差 506.5 亿美元。

对外直接投资经过改革以来的发展，其基本特点如下：一是非国有企业所占比重虽有上升，但国有企业仍占大部分。截至 2014 年末，在对外非金融类直接投资的 7450.2 亿美元当量中，国有企业占 53.6%，非国有企业占 46.4%。按照单个项目投资规模来看，国有企业排名前列，更为明显。通信、石油勘探开发、能源等企业表现尤为突出。二是地方投资比重上升；仍以东部地区为主。2014 年，地方企业非金融类对外直接投资流量达 547.26 亿美元，同比增长 50.3%，占全国非金融类流量的 51.1%，首次超过中央企业和单位对外直接投资规模。东部地区为 447.8 亿美元，占地方投资流量的 81.8%，西部地区 65.19 亿美元，占 11.9%；中部地区 34.27 亿美元，占 6.3%。三是在对外直接投资流量构成方面有较大改善。2014 年，新增股权投资 557.3 亿美元，占 2014 年流量总额的 45.3%，比 2013 年上升 16.8 个百分点；收益再投资 444 亿美元，占 36.1%，比 2013 年提升 0.6 个百分点；股权和收益再投资共计 1001.3 亿美元，占 2014 年流量总额的 81.3%。由于境外融资成本低于中国境内，致使境内投资主体直接给境外企业提供的贷款减少，债务比重下降明显，仅占 2014 年流量总额的 18.6%，比 2013 年下降 40.7%。四是在对外直接投资方式方面，2014 年，中国企业共实施对外投资并购项目 595 起，涉及 69 个国家和地区，实际交易总额为 569 亿美元，平均项目交易额为 0.96 亿美元。其中，直接投资 324.8 亿美元，占并购交易总额的 57.1%；境外融资 244.2 亿美元，占并购金额的 42.9%。五是在对外直接投资企业的地区分布较为广泛，但很集中。中国企业对外直接投资遍布全球近八成的国家和地区。截至 2014 年底，已有 1.85 万家中国企业开展了对外直接投资，在境外设立了 2.97 万家企业，分布在全球 186 个国家和地区。投资地域又很集中，2014 年底对外直接投资存量前 20 位的国家和地区存量占总量的近 90%。六是门类比较齐全，但第三产业占大部分。2014 年，中国对外直接投资涵盖了国民经济的 18 个行业大类。三次产业投资流量所占比重分别为 1.3%、25.3% 和 73.4%；截至 2014 年末，三次产业存量所占比重分别为 1%、24% 和 75%。第三产业投资流量、存量均超七成。投资存量规模超过 1000 亿美元的行业有四个，依次分别为租赁和商务服务业、金融业、采矿业、批发和零售业，上述四个行业累计投资存量达 6867.5 亿美元，占中国对外直接投资存量总额的 77.8%。[①]

改革以来，我国对外直接投资已经取得了巨大成就。且在下述因素的推动作用下，其发展前景仍然美好！这些因素主要有：中共十八届三中全会提出的"构建开放型经济体制"正在形成和发展；我国经济正在持续快速健康发展；"一带一路"（即丝绸之路经济带和 21 世纪海上丝绸之路）的战略正在付诸实施；我国提出的合作共赢的对外

---

①《对外直接投资公报》（2014~2015），商务部商务数据中心；《中国统计年鉴》（2005、2015），中国统计出版社；《中国经济年鉴》（2015），中国经济年鉴社，第 534–535 页。

经济关系基本原则，正在获得越来越多国家（特别是发展中国家）的认同和支持；知识经济化和经济全球化的世界潮流继续向前涌进。显然，这些因素在促进我国对外直接投资方面将会产生越来越大的作用。

第五十九章　小型微型工业企业崛起

按照国家统计局 2011 年发布的划分大中小微型企业的划分标准，在工业中，大型企业的从业人员数等于或大于 1000 人，营业收入等于或大于 40000 万元；中型企业的从业人员数等于或大于 300 人、小于 1000 人，营业收入等于或大于 20000 万元、小于 40000 万元；小型企业的从业人员数等于或大于 20 人，营业收入等于或大于 300 万元、小于 40000 万元；微型企业的从业人员数小于 20 人，营业收入小于 300 万元。[①]

以此标准，2014 年我国规模以上工业企业大中小型企业单位数分别为 9893 家、55408 家、312578 家，分别占企业总数的 2.69%、14.66%、82.72%；三者主营业务收入分别为 436746 亿元、268281 亿元、402005 亿元，分别占主营业务收入总额的 39.45%、24.23%、36.31%。这里所说的规模以上工业企业是指非主营业务收入为 2000 万元及以上的企业。[②] 也就是说未包括小型企业。但即便如此，小型企业在我国工业中的地位仍是很重要的。如果加上为数更为众多的微型企业，其地位就更加重要了。当然，大中型企业是我国工业的骨干。

实践表明：小微企业在稳增长、促创新、转方式、调结构、扩就业、惠民生、保稳定等方面都有不可替代的重要作用。

为此，国务院于 2014 年 10 月 31 日发布了《关于扶持小型微型企业健康发展的意见》（以下简称《意见》）。《意见》提出。

（1）充分发挥现有中小企业专项资金的引导作用，鼓励地方中小企业扶持资金将小型微型企业纳入支持范围。

（2）认真落实已经出台的支持小型微型企业税收优惠政策，根据形势发展的需要研究出台继续支持的政策。小型微型企业从事国家鼓励发展的投资项目，进口自用且国内不能生产的先进设备，按照有关规定免征关税。

（3）加大中小企业专项资金对小企业创业基地（微型企业孵化园、科技孵化器、商贸企业集聚区等）建设的支持力度。鼓励大中型企业带动产业链上的小型微型企业，

[①]《国家统计局网》，2011 年 9 月 2 日。
[②]《中国统计年鉴》（2015），中国统计出版社，第 425 页。

实现产业集聚和抱团发展。

（4）对小型微型企业吸纳就业困难人员就业的，按照规定给予社会保险补贴。

（5）鼓励各级政府设立的创业投资引导基金积极支持小型微型企业。积极引导创业投资基金、天使基金、种子基金投资小型微型企业。符合条件的小型微型企业可按规定享受小额担保贷款扶持政策。

（6）进一步完善小型微型企业融资担保政策。大力发展政府支持的担保机构，引导其提高小型微型企业担保业务规模，合理确定担保费用。进一步加大对小型微型企业融资担保的财政支持力度，综合运用业务补助、增量业务奖励、资本投入、代偿补偿、创新奖励等方式，引导担保、机构金融和外贸综合服务企业等为小型微型企业提供融资服务。

（7）鼓励大型银行充分利用机构和网点优势，加大小型微型企业金融服务专营机构建设力度。引导中小型银行将改进小型微型企业金融服务和战略转型相结合，科学调整信贷结构，重点支持小型微型企业和区域经济发展。引导银行业金融机构针对小型微型企业的经营特点和融资需求特征，创新产品和服务。各银行业金融机构在商业可持续和有效控制风险的前提下，单列小型微型企业信贷计划。在加强监管的前提下，大力推进具备条件的民间资本依法设立中小型银行等金融机构。

（8）高校毕业生到小型微型企业就业的，其档案可由当地市、县一级的公共就业人才服务机构免费保管。

（9）建立支持小型微型企业发展的信息互联互通机制。依托工商行政管理部门的企业信用信息公示系统，在企业自愿申报的基础上建立小型微型企业名录，集中公开各类扶持政策及企业享受扶持政策的信息。通过统一的信用信息平台，汇集工商注册登记、行政许可、税收缴纳、社保缴费等信息，推进小型微型企业共享信用信息，促进小型微型企业信用体系建设。通过信息公开和共享，利用大数据、云计算等现代信息技术，推动政府部门和银行、证券、保险等专业机构提供更有效的服务。从小型微型企业中抽取一定比例的样本企业，进行跟踪调查，加强监测分析。

（10）大力推进小型微型企业公共服务平台建设，加大政府购买服务力度，为小型微型企业免费提供管理指导、技能培训、市场开拓、标准咨询、检验检测认证等服务。[①]

发展小型微型企业与推进大众创业、万众创新两者不仅存在密切联系，而且在很大程度上是融合在一起的。从这方面说，推进大众创业、万众创新的政策也就是对发展小型微型企业的改革。

2015年6月11日国务院发布了《关于大力推进大众创业万众创新若干政策措施的意见》提出：创新体制机制，实现创业便利化。

（1）完善公平竞争市场环境。进一步转变政府职能，增加公共产品和服务供给，为创业者提供更多机会。逐步清理并废除妨碍创业发展的制度和规定，打破地方保护主

[①]《关于扶持小型微型企业健康发展的意见》，中国政府网。

义。加快出台公平竞争审查制度，建立统一透明、有序规范的市场环境。依法反垄断和反不正当竞争，消除不利于创业创新发展的垄断协议、滥用市场支配地位以及其他不正当竞争行为。清理并规范涉企收费项目，完善收费目录管理制度，制定事中事后监管办法。建立和规范企业信用信息发布制度，制定严重违法企业名单管理办法，把创业主体信用与市场准入、享受优惠政策挂钩，完善以信用管理为基础的创业创新监管模式。

（2）深化商事制度改革。加快实施工商营业执照、组织机构代码证、税务登记证"三证合一"、"一照一码"，落实"先照后证"改革，推进全程电子化登记和电子营业执照应用。支持各地结合实际放宽新注册企业场所登记条件，推动"一址多照"、集群注册等住所登记改革，为创业创新提供便利的工商登记服务。建立市场准入等负面清单，破除不合理的行业准入限制。开展企业简易注销试点，建立便捷的市场退出机制。依托企业信用信息公示系统建立小微企业名录，增强创业企业的信息透明度。

（3）加强创业知识产权保护。研究商业模式等新形态创新成果的知识产权保护办法。积极推进知识产权交易，加快建立全国知识产权运营公共服务平台。完善知识产权快速维权与维权援助机制，缩短确权审查、侵权处理周期。集中查处一批侵犯知识产权的大案要案，加大对反复侵权、恶意侵权等行为的处罚力度，探索实施惩罚性赔偿制度。完善权利人维权机制，合理划分权利人举证责任，完善行政调解等非诉讼纠纷解决途径。

（4）健全创业人才培养与流动机制。把创业精神培育和创业素质教育纳入国民教育体系，实现创业教育和培训制度化、体系化。加快完善创业课程设置，加强创业实训体系建设。加强创业创新知识普及教育，使大众创业、万众创新深入人心。加强创业导师队伍建设，提高创业服务水平。加快推进社会保障制度改革，破除人才自由流动制度障碍，实现党政机关、企事业单位、社会各方面人才顺畅流动。加快建立创业创新绩效评价机制，让一批富有创业精神、勇于承担风险的人才脱颖而出。

优化财税政策，强化创业扶持。

（1）加大财政资金支持和统筹力度。各级财政要根据创业创新需要，统筹安排各类支持小微企业和创业创新的资金，加大创业创新支持力度，强化资金预算执行和监管，加强资金使用绩效评价。支持有条件的地方政府设立创业基金，扶持创业创新发展。在确保公平竞争的前提下，鼓励对众创空间等孵化机构的办公用房、用水、用能、网络等软硬件设施给予适当优惠，减轻创业者负担。

（2）完善普惠性税收措施。落实扶持小微企业发展的各项税收优惠政策。落实科技企业孵化器、大学科技园、研发费用加计扣除、固定资产加速折旧等税收优惠政策。对符合条件的众创空间等新型孵化机构适用科技企业孵化器税收优惠政策。按照税制改革方向和要求，对包括天使投资在内的投向种子期、初创期等创新活动的投资，统筹研究相关税收支持政策。修订完善《高新技术企业认定办法》，完善创业投资企业享受70%应纳所得额税收抵免政策。抓紧推广中关村国家自主创新示范区税收试点政策，将企业转增股本分期缴纳个人所得税试点政策、股权奖励分期缴纳个人所得税试点政策推广至全国。落实促进高校毕业生、残疾人、退役军人、登记失业人员等创业就业的税收政策。

（3）发挥政府采购支持作用。完善促进中小企业发展的政府采购政策，加强对采购单位的政策指导和监督检查，督促采购单位改进采购计划编制和项目预留管理，增强政策对小微企业发展的支持效果。加大创新产品和服务的采购力度，把政府采购与支持创业发展紧密结合起来。

搞活金融市场，实现便捷融资。

（1）优化资本市场。支持符合条件的创业企业上市或发行票据融资，并鼓励创业企业通过债券市场筹集资金。积极研究尚未盈利的互联网和高新技术企业到创业板上市的制度，推动在上海证券交易所建立战略新兴产业板。加快推进全国中小企业股份转让系统向创业板转板试点。研究解决特殊股权结构类创业企业在境内上市的制度性障碍，完善资本市场规则。规范发展服务于中小微企业的区域性股权市场，推动建立工商登记部门与区域性股权市场的股权登记对接机制，支持股权质押融资。支持符合条件的发行主体发行小微企业增信集合债等企业债券创新品种。

（2）创新银行支持方式。鼓励银行提高针对创业创新企业的金融服务专业化水平，不断创新组织架构、管理方式和金融产品。推动银行与其他金融机构加强合作，对创业创新活动给予有针对性的股权和债权融资支持。鼓励银行业金融机构向创业企业提供结算、融资、理财、咨询等系统化的一站式金融服务。

（3）丰富创业融资新模式。支持互联网金融发展，引导和鼓励众筹融资平台规范发展，开展公开、小额股权众筹融资试点，加强风险控制和规范管理。丰富完善创业担保贷款政策。支持保险资金参与创业创新，发展相互保险等新业务。完善知识产权估值、质押和流转体系，依法合规推动知识产权质押融资、专利许可费收益权证券化、专利保险等服务常态化、规模化发展，支持知识产权金融发展。

扩大创业投资，支持创业起步、成长。

（1）建立和完善创业投资引导机制。不断扩大社会资本参与新兴产业创投计划参股基金规模，做大直接融资平台，引导创业投资更多地向创业企业起步成长的前端延伸。不断完善新兴产业创业投资政策体系、制度体系、融资体系、监管和预警体系，加快建立考核评价体系。加快设立国家新兴产业创业投资引导基金和国家中小企业发展基金，逐步建立支持创业创新和新兴产业发展的市场化长效运行机制。发展联合投资等新模式，探索建立风险补偿机制。鼓励各地方政府建立和完善创业投资引导基金。加强创业投资立法，完善促进天使投资的政策法规。促进国家新兴产业创业投资引导基金、科技型中小企业创业投资引导基金、国家科技成果转化引导基金、国家中小企业发展基金等协同联动。推进创业投资行业协会建设，加强行业自律。

（2）拓宽创业投资资金供给渠道。加快实施新兴产业"双创"三年行动计划，建立一批新兴产业"双创"示范基地，引导社会资金支持大众创业。推动商业银行在依法合规、风险隔离的前提下，与创业投资机构建立市场化长期性合作。进一步降低商业保险资金进入创业投资的门槛。推动发展投贷联动、投保联动、投债联动等新模式，不断加大对创业创新企业的融资支持。

（3）发展国有资本创业投资。研究制定鼓励国有资本参与创业投资的系统性政策措施，完善国有创业投资机构激励约束机制、监督管理机制。引导和鼓励中央企业和其他国有企业参与新兴产业创业投资基金、设立国有资本创业投资基金等，充分发挥国有资本在创业创新中的作用。研究完善国有创业投资机构国有股转持的豁免政策。

（4）推动创业投资"引进来"与"走出去"。抓紧修订外商投资创业投资企业的相关规定，按照内外资一致的管理原则，放宽外商投资准入，完善外资创业投资机构管理制度，简化管理流程，鼓励外资开展创业投资业务。放宽对外资创业投资基金投资的限制，鼓励中外合资创业投资机构发展。引导和鼓励创业投资机构加大对境外高端研发项目的投资，积极分享境外高端技术成果。按投资领域、用途、募集资金规模，完善创业投资境外投资管理。

发展创业服务，构建创业生态。

（1）加快发展创业孵化服务。大力发展创新工场、车库咖啡等新型孵化器，做大做强众创空间，完善创业孵化服务。引导和鼓励各类创业孵化器与天使投资、创业投资相结合，完善投融资模式。引导和推动与创业孵化高校、科研院所等的技术成果转移相结合，完善技术支撑服务。引导和鼓励国内资本与境外合作设立新型创业孵化平台，引进境外先进创业孵化模式，提升孵化能力。

（2）大力发展第三方专业服务。加快发展企业管理、财务咨询、市场营销、人力资源、法律顾问、知识产权、检验检测、现代物流等第三方专业化服务，不断丰富和完善创业服务。

（3）发展"互联网+"创业服务。加快发展"互联网+"创业网络体系，建设一批小微企业创业创新基地，促进创业与创新、创业与就业、线上与线下相结合，降低全社会的创业门槛和成本。加强政府数据开放共享，推动大型互联网企业和基础电信企业向创业者开放计算、存储和数据资源。积极推广众包、用户参与设计、云设计等新型研发组织模式和创业创新模式。

（4）研究探索创业券、创新券等公共服务新模式。有条件的地方继续探索通过创业券、创新券等方式对创业者和创新企业提供社会培训、管理咨询、检验检测、软件开发、研发设计等服务，建立和规范相关管理制度和运行机制，逐步形成可复制、可推广的经验。

建设创业创新平台，增强支撑作用。

（1）打造创业创新公共平台。加强创业创新信息资源整合，建立创业政策集中发布平台，完善专业化、网络化服务体系，增强创业创新信息透明度。鼓励开展各类公益讲坛、创业论坛、创业培训等活动，丰富创业平台形式和内容。支持各类创业创新大赛，定期办好中国创新创业大赛、中国农业科技创新创业大赛和创新挑战大赛等赛事。

加强和完善中小企业公共服务平台网络建设。充分发挥企业的创新主体作用，鼓励和支持有条件的大型企业发展创业平台、投资并购小微企业等，支持企业内外部创业者创业，增强企业的创业创新活力。为创业失败者再创业建立必要的指导和援助机制，不断增强创业信心和创业能力。加快建立创业企业、天使投资、创业投资统计指标体系，规范统计口径和调查方法，加强监测和分析。

（2）用好创业创新技术平台。建立科技基础设施、大型科研仪器和专利信息资源向全社会开放的长效机制。完善国家重点实验室等国家级科研平台（基地）向社会开放的机制，为大众创业、万众创新提供有力支撑。鼓励企业建立一批专业化、市场化的技术转移平台。鼓励依托三维（3D）打印、网络制造等先进技术和发展模式，开展面向创业者的社会化服务。引导和支持有条件的领军企业创建特色服务平台，面向企业内部和外部创业者提供资金、技术和服务支撑。加快建立军民两用技术项目实施、信息交互和标准化协调机制，促进军民创新资源融合。

（3）发展创业创新区域平台。支持开展全面创新改革试验的省（市、区）、国家综合配套改革试验区等，依托改革试验平台在创业创新体制机制改革方面积极探索，发挥示范和带动作用，为创业创新制度的体系建设提供可复制、可推广的经验。依托自由贸易试验区、国家自主创新示范区、战略性新兴产业集聚区等创业创新资源密集区域，打造若干具有全球影响力的创业创新中心。引导和鼓励创业创新型城市完善环境，推动区域集聚发展。推动实施小微企业创业基地城市示范。鼓励有条件的地方出台各具特色的支持政策，积极盘活闲置的商业用房、工业厂房、企业库房、物流设施和家庭住所、租赁房等资源，为创业者提供低成本办公场所和居住条件。

激发创造活力，发展创新型创业。

（1）支持科研人员创业。加快落实高校、科研院所等专业技术人员离岗创业政策，对经同意离岗的可在三年内保留人事关系，建立健全科研人员双向流动机制。进一步完善创新型中小企业上市股权激励和员工持股计划制度。鼓励符合条件的企业按照有关规定，通过股权、期权、分红等激励方式，调动科研人员创业积极性。支持鼓励学会、协会、研究会等科技社团为科技人员和创业企业提供咨询服务。

（2）支持大学生创业。深入实施大学生创业引领计划，整合发展高校毕业生就业创业基金。引导和鼓励高校统筹资源，抓紧落实大学生创业指导服务机构、人员、场地、经费等。引导和鼓励成功创业者、知名企业家、天使和创业投资人、专家学者等担任兼职创业导师，提供创业方案、创业渠道等创业辅导。建立健全弹性学制管理办法，支持大学生保留学籍休学创业。

（3）支持境外人才来华创业。发挥留学回国人才特别是领军人才、高端人才的创业引领带动作用。继续推进人力资源市场对外开放，建立和完善境外高端创业创新人才引进机制。进一步放宽来华创业的外籍高端人才办理签证、永久居留证等条件，简化开办企业审批流程，探索由事前审批调整为事后备案。引导和鼓励地方对回国创业高端人才和境外高端人才来华创办高科技企业给予一次性创业启动资金，在配偶就业、子女入学、医疗、住房、社会保障等方面完善相关措施。加强海外科技人才离岸创业基地建设，把更多的国外创业创新资源引入国内。

拓展城乡创业渠道，实现创业带动就业。

（1）支持电子商务向基层延伸。引导和鼓励集办公服务、投融资支持、创业辅导、渠道开拓于一体的市场化电商创业平台发展。鼓励龙头企业结合乡村特点建立电子商务交易服务平台、商品集散平台和物流中心，推动农村依托互联网创业。鼓励电子商务第三方交易平台渠道下沉，带动城乡基层创业人员依托其平台和经营网络开展创业。完善有利于中小网商发展的相关措施，在风险可控、商业可持续的前提下支持发展面向中小网商的融资贷款业务。

（2）支持返乡创业集聚发展。结合城乡区域特点，建立有市场竞争力的协作创业模式，形成各具特色的返乡人员创业联盟。引导返乡创业人员融入特色专业市场，打造具有区域特点的创业集群和优势产业集群。深入实施农村青年创业富民行动，支持返乡创业人员因地制宜地围绕休闲农业、农产品深加工、乡村旅游、农村服务业等开展创业，完善家庭农场等新型农业经营主体发展环境。

（3）完善基层创业支撑服务。加强城乡基层创业人员社保、住房、教育、医疗等公共服务体系建设，完善跨区域创业转移接续制度。健全职业技能培训体系，加强远程公益创业培训，提升基层创业人员的创业能力。引导和鼓励中小金融机构开展面向基层创业创新的金融产品创新，发挥社区地理和软环境优势，支持社区创业者创业。引导和鼓励行业龙头企业、大型物流企业发挥优势，拓展乡村信息资源、物流仓储等技术和服务网络，为基层创业提供支撑。[①]

在上述政策措施的引导和推动下，我国小型微型企业的发展呈铺天盖地之势。2015年，全国新登记市场主体高达1479.8万家；而2012~2014年，新增市场主体仅为410.8万家。[②] 而这年新增的市场主体均为小型微型企业。据百县万家小微企业调查，2015年第一季度新设立的小微企业发展形势总体良好。一是从开业情况看，企业开业率达到71.4%，其中初次创业企业占84.6%。二是从经营状况看，八成开业企业已有收入，创新和触网的小微企业盈利比例较高。特别是，开业企业中超过半数的企业已纳税。纳税额在1万元以下的最多，占22.1%，纳税额1~3万元的占14.2%，纳税额在10万元以上的占5.3%。三是从就业看，企业从业人员由开业时平均每家7.7人增加到8.5人，其中，高校应届毕业生、失业人员再就业人员分别占12.5%、12.4%，对扩大就业做出重要贡献。[③] 这些数据确凿地表明：大力发展小型微型企业，对我国实现改革、发展和稳定已经并将继续发挥其独特的重要作用。

---

① 《国务院关于大力推进大众创业、万众创新若干政策措施的意见》，中国政府网。
② 《中国统计年鉴》（2015），中国统计出版社2016年版，第18页；《中国经济时报》，2016年3月2日。
③ 《国家工商总局2016年一季度新闻发布会》，国家工商总局网，2016年4月15日。

第六十章　全面深化经济体制改革

转变政府职能，实现计划经济体制下社会生产资源主要由政府行政指令配置到主要由市场配置的转变，是市场取向改革的基本内容。推行行政体制改革，实行简政放权，是转变政府职能的最重要方面。中共十八届三中全会提出："必须切实转变政府职能，深化行政体制改革。""进一步简政放权，深化行政审批制度改革，最大限度减少中央政府对微观事务的管理，市场机制能有效调节的经济活动，一律取消审批，对保留的行政审批事项要规范管理，提高效率；直接面向基层，量大面广，由地方管理更方便的经济社会事项，一律下放给地方和基层管理。"① 在全面深化改革阶段的 2012~2015 年，这方面改革步伐大大加快。在 2008~2013 年国务院各部门取消和调整审批事项 498 项的基础上，2013 年取消和下放了 416 项行政审批事项；2014 年再取消和下放了 246 项行政审批事项；2015 年又取消和下放了 311 项行政审批事项，取消了 123 项职业资格许可和认定事项，彻底终结了非行政许可审批。工商登记前置审批精简 85%，全面实施三证合一、一照一码。同时加强事中事后监管，优化公共服务流程。②

这期间投资体制改革进一步深化。2013 年的中共十八届三中全会决定："深化投资改革，确立企业投资主体地位。企业投资项目，除关系国家安全和生态安全、涉及全国重大生产力布局、战略性资源开发和重大公共利益等项目外，一律由企业依法依规自主决策，政府不再审批。"③

2014 年，国务院发布《关于创新重点领域投融资机制鼓励社会投资的指导意见》（以下简称《意见》）又提出："为推进经济结构战略性调整，加强薄弱环节建设，促进经济持续健康发展，迫切需要在公共服务、资源环境、生态建设、基础设施等重点领域进一步创新投融资机制，充分发挥社会资本特别是民间资本的积极作用。"

《意见》提出的基本原则是：实行统一市场准入，创造平等投资机会；创新投资运营机制，扩大社会资本投资途径；优化政府投资使用方向和方式，发挥引导带动作用；

---

① 《中共中央关于全面深化改革若干重大问题的决定》，人民出版社 2013 年版，第 16-18 页。
② 《第十二届全国人大第一二三四次会议〈政府工作报告〉辅导读本》（2013~2016），人民出版社。
③ 《中共中央关于全面深化改革若干重大问题的决定》，人民出版社 2013 年版，第 17 页。

创新融资方式，拓宽融资渠道；完善价格形成机制，发挥价格杠杆作用。

创新生态环保投资运营机制。鼓励社会资本投资运营农业和水利工程。推进市政基础设施投资运营市场化。改革完善交通投融资机制。鼓励社会资本加强能源设施投资。推进信息和基础设施投资主体多元化。鼓励社会资本加大社会事业投资力度。建立健全政府和社会资本合作（PPP）机制。充分发挥政府投资的引导带动作用，创新融资方式，拓宽融资渠道。①

这些政策措施的贯彻执行，大大激发了企业（特别是民间企业）投资的积极性。其主要表现：一是民间投资更加活跃。2013~2015年，固定资产投资中民间投资年均增长17%，比全部投资年均增速高2个百分点，占全部投资的平均比重为63.8%，比2012年提高2.6个百分点；国有控股投资年均增长12.8%，比全部投资年均增速低2.2个百分点，占全部投资的平均比重为32.6%，比2012年下降1.5个百分点；外商及中国港澳台商控股投资年均增长2.8%，比全部投资年均增速低12.2个百分点，占全部投资的平均比重为3.6%，比2012年下降1.1个百分点。民间投资年均增速分别比国有控股投资和外商及中国港澳台商控股投资高4.2和14.2个百分点，比重已超过60%。二是投资资金来源更加多样。2013~2015年，投资到位资金年均增长12.8%。按资金渠道分，其中自筹资金年均增长14.7%，比全部到位资金年均增速高1.9个百分点，占全部到位资金的69.3%，比2012年提高2.1个百分点，在全部到位资金中占比最高；国家预算资金年均增长17.7%，占全部到位资金的5.0%，比2012年提高0.3个百分点；国内贷款年均增长5.8%，占全部到位资金的11.6%，比2012年下降1.2个百分点；利用外资年均下降13.9%，占全部到位资金的平均比重为0.7%，比2012年下降0.4个百分点。资金结构的变化反映出投资资金来源的日益多样化，以社会资本为主的自筹资金日益成为投资资金的主导力量。② 这些数据表明：原来作为计划经济体制最重要组成部分的投资体制大大削弱，而由市场调节的投资大大增长。

这期间价格体制改革也获得了进一步深化。中共十八届三中全会决定，"凡是能由市场形成价格的都交给市场，政府不进行不当干预。推进水、石油、天然气、电力、交通、电信等领域价格改革，放开竞争性环节价格改革。政府定价范围主要限定在重要公用事业、公益性服务、网络型自然垄断环节，提高透明度，接受社会监督。"③

2015年，中共中央国务院又发布了《关于推进价格机制改革的若干意见》，提出的基本原则是：坚持市场决定；坚持放管结合；坚持改革创新；坚持稳慎推进。提出的主要目标是：到2017年，竞争性领域和环节价格基本放开，政府定价范围主要限定在重要公用事业、公益性服务、网络型自然垄断环节。到2020年，市场决定价格机制基本完善，科学、规范、透明的价格监管制度和反垄断执法体系基本建立，价格调控机

---

① 《关于创新重点领域投融资机制鼓励社会投资的指导意见》，2014年11月16日，中国政府网。
② 《国家统计局网》，2016年3月3日。
③ 《中共中央关于全面深化改革若干重大问题的决定》，人民出版社2013年版，第12~13页。

制基本健全。

深化重点领域价格改革，充分发挥市场决定价格的作用。完善农产品价格形成机制；加快推进能源价格市场化；完善环境服务价格的政策；理顺医疗服务价格；健全交通运输价格机制；创新公用事业和公益性服务价格管理。

建立健全政府定价制度，使权力在阳光下运行。推进政府定价项目清单化；规范政府定价程序；加强成本监审和成本信息公开。

加强市场价格监管和反垄断执法，逐步确立竞争政策的基础性地位。健全市场价格行为规则；推进宽带网络提速降费；加强市场价格监管；强化反垄断执法；完善价格社会监督体系。

充分发挥价格杠杆作用，更好地为宏观调控服务。加强价格总水平调控；健全生产领域节能环保价格政策；完善资源有偿使用制度和生态补偿制度；创新促进区域发展的价格政策。[①]

以上政策措施的实行，使得 2012 年以来价格改革又取得了重要进展，主要是：

（1）政府定价大幅减少。全部电信业务资费、非公立医院医疗服务、社会资本投资新建铁路货运和客运专线价格、绝大部分药品价格、绝大部分专业服务价格都已经放开。新修订的《中央定价目录》与 2001 年的目录相比，政府定价由 13 种（类）缩减到 7 种（类），具体定价项目压减了约 80%。已完成修订的 28 个省份地方定价目录，具体定价项目平均压减了约 50%。

（2）农产品价格形成机制不断完善。政府确定的烟叶收购价格于 2015 年放开后，全部农产品价格都由市场竞争形成。

（3）新一轮电价市场化改革启动。包括：放开了跨区跨省电能交易价格；输配电价改革试点已由深圳市和蒙西电网扩大到安徽、湖北、宁夏、云南、贵州五省（区）。

（4）天然气价格形成机制进一步完善。实现了非居民用天然气存量气和增量气价格并轨。放开直供用户天然气价格后，实行市场调节价的天然气占消费总量的 40%。

（5）铁路货运价格基本理顺，实现了铁路与公路货运保持合理比价关系的改革目标。建立货物运价上下浮动的机制，上浮不超过 10%、下浮不限，进一步增强运价弹性，为铁路运输企业灵活应对市场环境变化，提供了更宽松的政策环境。

（6）居民阶梯价格制度顺利推进。居民阶梯电价制度已在除新疆、西藏外的全部省（区、市）实施。26 个省（区、市）的 289 个城市已建立居民阶梯水价制度，14 个省（区、市）的 58 个城市已建立居民阶梯气价制度，其余城市正在积极有序推进。

（7）清理收费、公布清单。清理规范涉企的各类收费，制定收费目录清单。通过清理不合理收费，降低偏高收费标准，近 3 年共减少企业支出近 400 亿元。

（8）调整资源环保价格。各地合理调整水资源费、排污费、污水处理费等资源环保价格，对高耗能、高污染和产能严重过剩行业实行差别电价、水价和排污费收费标准，

---

①《中共中央国务院关于推进价格机制改革的若干意见》，人民网，2015 年 10 月 16 日。

促进节能减排、结构调整和转型升级。

在简政放权的同时，努力做到放管结合、优化服务。一是逐步建立了经济、法律手段为主、行政手段为辅的价格调控机制，促进了价格总水平的基本稳定。二是不断强化市场价格监管和反垄断执法，查处了一批重大案件。2013年以来，全国共查处价格违法案件8.25万件，实施经济处罚193.95亿元。其中，退还消费者20.19亿元，没收违法所得46.03亿元，罚款127.73亿元。①

中共十八大提出了"加快财税改革"的任务。② 中共十八届三中全会就此做了部署，提出"改造预算管理制度"、"完善税收制度"、"建立事权和支出责任相适应的制度"。③ 2014年国务院发布了《关于深化预算管理制度的决定》（以下简称《决定》）提出的基本原则是：遵循现代国家治理理念；划清市场和政府的界限；着力推进预算公开透明；坚持总体设计、协同推进。

《决定》提出全面推进深化预算管理制度改革的各项工作：①完善政府预算体系，积极推进预算公开；②改进预算管理和控制，建立跨年度预算平衡机制；③加强财政收入管理，清理规范税收优惠政策；④优化财政支出结构，加强结转结余资金管理；⑤加强预算执行管理，提高财政支出绩效；⑥规范地方政府债务管理，防范化解财政风险；⑦规范理财行为，严肃财经纪律。

《决定》提出切实做好深化预算管理制度改革的实施保障工作。④

2014年国务院还发布了《关于改革和完善中央对地方转移支付制度的意见》，提出的基本原则是：加强顶层设计，做好分步实施；合理划分事权，明确支出责任；清理整合规范，增强统筹能力；市场调节为主，促进公平竞争；规范资金管理，提高资金效率。

优化转移支付结构。合理划分中央和地方的事权与支出责任，逐步推进转移支付制度改革，形成以均衡地区间基本财力、由地方政府统筹安排使用的一般性转移支付为主体、一般性转移支付和专项转移支付相结合的转移支付制度。

完善一般性转移支付制度。清理整合一般性转移支付；建立一般性转移支付稳定增长机制；加强一般性转移支付管理。

从严控制专项转移支付。清理整合专项转移支付；逐步改变以收定支专项管理办法；严格控制新设专项；规范专项资金管理办法。

规范专项转移支付分配和使用。规范资金分配；取消地方资金配套要求；严格资金使用。

逐步取消竞争性领域专项转移支付。取消部分竞争性领域专项；研究用税收优惠政策替代部分竞争性领域专项；探索实行基金管理等市场化运作模式。

---

① 《经济参考报》，2016年3月2日；智坤教育 www.zhikun@cdu.com。
② 《中国共产党第十八次全国代表大会文件汇编》，人民出版社2012年版，第19页。
③ 《中共中央关于深化改革若干问题的决定》，人民出版社2013年版，第19~21页。
④ 《国务院关于深化预算管理制度的决定》，《中国政府网》，2014年9月26日。

强化转移支付预算管理。及时下达预算；推进信息公开；做好绩效评价；加强政府性基金预算和一般公共预算的统筹力度；将一般性转移支付纳入重点支出统计范围。

调整优化中央基建投资专项；完善省以下转移支付制度；加快转移支付立法和制度建设。[①]

2014 年中央政治局审议通过了财政部提交的《财税体制改革总体方案》（以下简称《方案》），税制改革方面包括：

（1）推进增值税改革。包括四个方面：一是按照税收中性原则，建立规范的消费型增值税制度。二是全面实行营改增，将营改增范围逐步扩大到生活服务业、建筑业、房地产业、金融业等各个领域。三是清理增值税优惠政策，结合将不动产纳入抵扣范围，简并增值税税率，将四档税率简并为三档或两档税率，全面优化增值税制度。四是落实税收法定原则，适时完成增值税立法，提升增值税的法律级次。

（2）完善消费税制度。包括五个方面：一是加强调控，调整范围。二是征管可控、后移环节。三是合理负担、优化税率。四是因地制宜、下放税权。五是总体设计、分步实施。

（3）加快资源税改革。包括五个方面：一是 2014 年 10 月起在全国范围内实施煤炭资源税从价计征改革，按 2%~10% 的税率从价计征（具体税率由各省政府结合试点前税费负担水平确定），同时清理煤炭及已实行从价计征的原油、天然气相关收费基金。二是 2015 年起实施其他品目资源税从价计征改革，并全面取消矿产资源补偿费，清理取消价格调节基金等相关收费基金，理顺资源产品的税费关系。三是逐步将资源税征收范围扩展到占用或开发水流、森林、草原、滩涂等自然生态空间。四是海洋石油资源税收入归中央，其他资源税收入归各省。五是适时启动资源税立法工作。

（4）建立环境保护税制度。包括四个方面：一是通过实施费改税将现行排污费改为环境保护税，由全国人大立法后开征。二是按照现行排污费收费项目设置税目，包括大气污染物、水污染物、固体废物、噪声等，择机对二氧化碳排放征收环境保护税。三是将排放量作为主要计税依据。四是不再对污染物征收排污费，原由排污费安排的支出通过财政预算安排。

（5）加快房地产税立法并适时推进改革。包括三个方面：一是加快推进房地产税立法，统筹考虑税收与收费等因素，合理设置房地产建设、交易和保有环节的税负水平，在保障基本居住需求的基础上，将城乡个人住房及工商业房地产全部纳入征税范围，按房地产评估价值确定计税依据。二是对个人住房实行幅度比例税率，并授权省级政府在幅度内确定本地区适用的税率。实行纳税人自行申报、税务部门核实征收的征管模式；对工商业房地产按评估值征收房地产税，实行全国统一的比例税率，促进工商业节约集约使用土地。四是改革后房地产税逐步成为地方政府持续稳定的财政收入来源和县（市）级主体税种。

---

① 《关于改革和完善中央对地方转移支付制度的意见》，《中国政府网》，2014 年 12 月 20 日。

（6）逐步建立综合与分类相结合的个人所得税制度。包括四个方面：一是合并部分税目。二是完善税前扣除。三是适时引入家庭支出申报制度。四是优化税率结构。

《方案》在调整中央与地方政府间财政关系方面提出以下七项内容：一是全国实施营改增后，合理确定中央增值税分享比例。二是进口环节征收的消费税收入为中央收入，其他环节征收的消费税收入改为中央与地方共享收入。三是海洋原油天然气资源税收入仍为中央收入，其他资源税收入为地方收入并调整为省级收入，市、县级政府不再参与分享，对财政困难的市、县可由省级财政通过转移支付办法解决。四是房地产税作为市、县财政收入。五是证券交易印花税收入为中央收入。六是大幅降低出口退税的地方负担比例。七是中央与地方继续共享个人所得税和企业所得税。上述收入划分调整后，地方形成的财力缺口，由中央财政通过税收返还方式解决。同时，建立事权与支出责任相适应的制度改革，合理划分政府间事权与支出责任，适当提高中央财政直接支出比重。[①]

在上述政策措施的推动下，2013年扩大了"营改增"试点，取消和免征行政事业性收费348项，减轻企业负担1500多亿元。2014年深化财税改革总体方案获得中央政治局会议审议通过后，财税改革各方面获得了进一步发展。一是预算管理制度改革全面推开。除经国务院批准，印发深化预算体制改革决定等文件以外，还加大了预算公开力度，中央预决算和部门预决算公开到了"项"级科目，专项转移支付预算公开到了具体项目。各省（市、区）全部公开了本地区一般公共预算和本级部门预算。全国社会保险基金预算首次编入预算草案。中央国有资本经营预算调入一般公共预算的比例提高五个百分点。中央对地方专项转移支付项目比上年减少1/3以上。地方政府债券自发自还试点顺利推进等。

二是税收改革实现突破：

（1）平稳有序推进税制改革。在三个税种改革上取得新进展：持续平稳扩大"营改增"试点范围。铁路运输、邮政和电信业相继纳入试点，"营改增"政策效应进一步显现，全年减税1918亿元；深化资源税改革。煤炭资源清费正税、从价计征改革在全国推开；实施成品油等税目消费税改革。

（2）放管结合，深化税务行政审批制度改革。全年取消和下放了45项审批事项。同时，配套修订税务规章并全面清理税收规范性文件。改进审批方式，推进网上审批，提高审批效率。

（3）提出和落实税收优惠政策。新出台12类26项较大的税收优惠政策，加大了减免税力度。

（4）加快推进税收法律制度建设。

2015年财税改革深入推进。中央对地方专项转移支付项目又减少1/3，一般性转移支出规模增加。"营改增"稳步实施，资源税从价计征的范围继续扩大。从2012年开展

---

①《中华工商时报》，2015年8月28日。

"营改增"试点以来，截至 2015 年底，全国"营改增"试点累计实现减税 6412 亿元。[①]

中共十八届三中全会提出了"完善金融市场体系"的任务。"扩大金融业对内对外开放，在加强监管的前提下，允许具备条件的民间资本依法发起设立中小型银行等金融机构。推行政策性金融机构改革。健全多层次资本市场体系，推进股票发行注册制改革，多渠道推动股权融资，发展并规范债券市场，提高直接融资比重。完善保险经济补偿机制，建立巨灾保险制度。发展普惠金融。鼓动金融创新，丰富金融层次和产品。""完善人民币汇率市场化形成机制，加快推进利率市场化，健全反映市场供求关系的国债收益率曲线。推动资本市场双向开放，有序提高跨境资本和金融交易可兑换程度，建立健全宏观审慎管理框架下的外债和资本流动管理体系，加速实现人民币资本项目可兑换。""落实金融监管改革措施和稳健标准，完善监管协调机制，界定中央和地方金融监管责任和风险处置责任。建立存款保险制度，完善金融市场化退出机制。加强金融基础设施建设，保障金融市场安全高效运行和整体稳定。"[②] 2014 年以来，国务院还发布了《关于进一步促进资本市场健康发展的若干意见》和《关于加快发展现代保险服务业的若干意见》等项文件。在这些政策措施的引领和推动下，金融改革全面深化。

在银行业方面，一是国家开发银行、中国银行和中国进出口银行三家政策性、开发性金融机构改革取得突破；中国工商银行、中国农业银行、中国银行、中国建设银行和交通银行这些大型商业银行继续深化改革，公司治理进一步完善。二是在 2013 年全面放开贷款利率管制的基础上，2014 年将人民币利率浮动区间上限由基准利率的 1.1 倍扩大至 1.2 倍。2015 年取消存款利率上浮限制。这表明利率市场化取得决定性进展。三是存款保险制度建设取得进展。2015 年存款保险覆盖在中国境内设立的商业银行、农村合作银行、农村信用合作社等吸收存款的银行业金融机构。存款保险实行基准费率与风险差别费率相结合的制度。四是汇率市场化也迈出重大步伐。2014 年，银行间即期外汇市场人民币兑美元交易价浮动幅度由 1% 扩大至 2%，并取消银行对客户美元挂牌买卖价差管理，至此，银行对客户外币挂牌汇价区间限制全部取消。央行基本退出常态外汇干预，市场供求在汇率形成中发挥更大作用。五是这期间强化了审慎监管。监管内容包括：宏观审慎监管、公司治理与内部控制、资本监管、信用风险监管、流动性风险监管、操作风险监管、信息科技风险监管、市场风险监管、国别风险监管和声誉风险监管。监管方式包括：市场准入、非现场监管、现场检查、风险处置与市场退出和监管问责与处罚。

在证券业方面，一是多层次资本市场快速发展。二是完善资本市场体制机制建设。三是深化行政审批制度改革。四是加大信息披露监管和风险防控力度。五是拓展证券期货业发展空间。六是强化稽查执法的核心职责。七是加强投资者保护工作。八是资本市场双向开放取得进展。

①《十二届全国人大第二、三、四次会议〈政府工作报告〉辅导读本》(2014~2016)，人民出版社；《中国经济年鉴》(2015)，第 21~24 页，中国经济年鉴社；《中国经济时报》，2016 年 3 月 25 日。
②《中共中央关于深化改革若干问题的决定》，人民出版社 2013 年版，第 13~14 页。

在保险业方面，一是保险市场迅速发展。二是行业发展活力增强。三是严监管防风险。四是保险消费者权益保护工作取得进展。五是推进保险监管现代化建设。[①]

这期间继续贯彻了改革后实行多年的劳动者自主择业、市场调节和政府促进就业的方针，并着重强调和实施了新形势下就业创业的政策。2015 年 4 月国务院又发布了《关于进一步做好新形势下就业创业工作的意见》，提出以下五点：一是深入实施就业优先战略。坚持扩大就业发展战略；发展吸纳就业能力强的产业；发挥小微企业就业主渠道作用；积极预防和有效调控失业风险。二是积极推进创业带动就业。营造宽松便捷的准入环境；培育创业创新公共平台；拓宽创业投融资渠道；支持创业担保贷款发展；加大减税降费力度；调动科研人员创业积极性，鼓励农村劳动力创业；营造大众创业的良好氛围。三是统筹推进高校毕业生等重点群体就业。鼓励高校毕业生多渠道就业；加强对困难人员的就业援助；推进农村劳动力转移就业；促进退役军人就业。四是加强就业创业服务和职业培训。强化公共就业创业服务；加快公共就业服务信息化；加强人力资源市场建设；加强职业培训和创业培训；建立健全失业保险、社会救助与就业的联动机制；完善失业登记办法。五是强化组织领导。健全协调机制；落实目标责任制；保障资金投入；建立健全就业创业统计监测体系；注重舆论引导。[②]

这些政策充分表明：这期间我国劳动就业制度有了很大的发展。这样，尽管这期间我国仍然面临严峻的就业形势，但这方面的工作还是取得了巨大成就。2015 年，城镇就业人员由 2011 年的 35914 万人增加到 40410 万人；而城镇登记失业率由 4.10%下降到 4.05%。[③]

这期间我国收入分配制度的改革也进一步深化。2013 年 2 月 3 日，国务院批转了国家发展改革委员会等部门《关于深化收入分配制度改革若干意见》，提出深化收入分配制度改革的主要目标是：城乡居民收入实现倍增；力争中低收入者收入增长更快一些，人民生活水平全面提高；收入分配差距逐步缩小。城乡、区域和居民之间收入差距较大的问题得到有效缓解，扶贫对象大幅减少，中等收入群体持续扩大，"橄榄型"分配结构逐步形成；收入分配秩序明显改善。合法收入得到有力保护，过高收入得到合理调节，隐性收入得到有效规范，非法收入坚决予以取缔；收入分配格局趋于合理。居民收入在国民收入分配中的比重、劳动报酬在初次分配中的比重逐步提高，社会保障和就业等民生支出占财政支出的比重明显提升。

继续完善初次分配机制。完善劳动、资本、技术、管理等要素按贡献参与分配的初次分配机制。实施就业优先战略和更加积极的就业政策，扩大就业创业规模，创造平等就业环境，提升劳动者获取收入的能力，实现更高质量的就业。深化工资制度改革，完善企业、机关、事业单位工资决定和增长机制。推动各种所有制经济依法平等

①《中国经济年鉴》（2015），中国经济年鉴社 2016 年版，第 26~31 页。
②《中国政府网》，2015 年 4 月 27 日。
③《中国统计年鉴》（2015），中国统计出版社 2016 年版，第 111 页；《国家统计局网》，2016 年 2 月 29 日。

使用生产要素、公平参与市场竞争、受到法律同等保护，形成主要由市场决定生产要素价格的机制。

加快健全再分配调节机制。加快健全以税收、社会保障、转移支付为主要手段的再分配调节机制。健全公共财政体系，完善转移支付制度，调整财政支出结构，大力推进基本公共服务均等化。加大税收调节力度，改革个人所得税，完善财产税，推进结构性减税，减轻中低收入者和小型微型企业的税费负担，形成有利于结构优化、社会公平的税收制度。全面建成覆盖城乡居民的社会保障体系，按照全覆盖、保基本、多层次、可持续方针，以增强公平性、适应流动性、保证可持续性为重点，不断完善社会保险、社会救助和社会福利制度，稳步提高保障水平，实行全国统一的社会保障制度。

建立健全促进农民收入较快增长的长效机制。坚持工业反哺农业、城市支持农村和多予少取的放活方针，加快完善城乡发展一体化体制机制，加大强农惠农富农政策力度，促进工业化、信息化、城镇化和农业现代化同步发展，促进公共资源在城乡之间均衡配置、生产要素在城乡之间平等交换和自由流动，促进城乡规划、基础设施、公共服务一体化，建立健全农业转移人口市民化机制，统筹推进户籍制度改革和基本公共服务均等化。

推动形成公开透明、公正合理的收入分配秩序。大力整顿和规范收入分配秩序，加强制度建设，健全法律法规；加强执法监管，加大反腐力度；加强信息公开，实行社会监督；加强基础工作，提升技术保障，保护合法收入，规范隐性收入，取缔非法收入。[①]

这些政策和措施的贯彻执行取得了显著成效。一是这期间全国居民可支配收入在国民收入中的占比上升。1996~2008 年，这一占比由 69.0% 下降到 57.2%；2009~2013年，这一占比由 57.2% 回升到 61.3%；2014~2015 年仍然延续了这一上升态势。例如，2015 年全国居民可支配收入实际增长 7.4%，比国内生产总值增速要高 0.5 个百分点。这意味着这一占比仍在上升。二是这期间农村和城镇居民人均可支配收入持续大幅增长。2012~2015 年，前者年均增速为 9.2%，后者为 7.5%。三是城乡居民收入相对差距是缩小趋势。2000~2009 年，城乡居民收入之比由 2.79 上升到 3.33；2009~2015 年，两者之比 3.33 下降到 2.73。四是居民收入基尼系数也呈回落态势。2004~2008 年，这一系数由 0.473 上升到 0.491；2008~2014 年，这一系数由 0.491 下降到 0.469。[②]

这期间社会保障制度进一步趋于完善。2012 年 6 月 14 日，国务院批转了人力资源社会保障部等单位《关于社会保障"十二五"规划纲要》（以下简称《纲要》），提出未来五年社会保障事业发展的主要目标是：社会保障制度基本完备，体系比较健全，覆盖范围进一步扩大，保障水平稳步提高，历史遗留问题基本得到解决，为全面建设小

---

①《关于深化收入分配制度改革若干意见》，中国政府网。
②《国家行政学院学报》，2015 年第 6 期，第 6~7 页；《国家统计局网》，2016 年 2 月 29 日。

康社会提供水平适度、持续稳定的社会保障网。

大力推进社会保障制度建设，基本解决制度缺失问题。加快健全养老保险制度；加快完善医疗、工伤、失业、生育保险制度体系；实施应对人口老龄化的社会保障政策；建立健全家庭养老支持政策；健全残疾人社会保障制度；大力发展补充保险；进一步健全社会救助制度。

加快城乡社会保障统筹，稳步推进保障制度和管理服务一体化建设。统筹城乡社会保障体系；进一步提高统筹层次；切实做好社会保险关系转移接续工作。

进一步扩大社会保障覆盖范围，基本养老、基本医疗保险保障人群实现基本覆盖。

逐步提高保障标准，增强保障能力。根据经济社会发展情况，逐步提高各项社会保障水平，缩小城乡、区域、群体之间的社会保障待遇差距。统筹建立基本养老金正常调整机制，继续提高企业退休人员基本养老金水平，提高新农合和城镇居民社会养老保险基础养老金标准。以基层医疗卫生机构为依托，普遍开展和推进城镇居民基本医疗保险、新农合门诊医疗费用统筹，逐步将门诊常见病、多发病纳入保障范围。逐步提高基本医疗保险最高支付限额和住院费用支付比例，均衡职工基本医疗保险、城镇居民基本医疗保险、新农合的待遇水平。逐步提高各级财政对新农合、城镇居民社会养老保险、城镇居民基本医疗保险和新农合的补助标准。进一步完善失业保险金申领发放办法，健全失业保险金正常调整机制。建立健全职业康复标准、劳动能力鉴定标准和伤残辅助器具配置标准。健全城乡低保标准动态调整机制，逐步提高城乡最低生活保障水平。

建立健全社会救助体系，大力发展福利和慈善事业。

加强社会保障管理与监督，提升管理服务水平，严格基金监管；进一步加强医疗保险基金支付管理；改进和加强社会保障管理服务。

强化基础保障，确保纲要实施。加强社会保障法制建设；加大政府公共财政对社会保障的投入；健全社会保障公共服务体系；推行社会保障一卡通；继续做大做强社会保障战略储备资金；加强社会保障科学研究和宣传；加强社会保障国际交流与合作；实施社会保障重大项目。[①]

这期间《纲要》的贯彻实施取得了巨大成就。2015 年，全国参加城镇职工基本养老保险人数高达 35361 万人，比 2014 年末增加 1236 万人。参加城乡居民基本养老保险人数为 50472 万人，增加 365 万人。参加城镇基本医疗保险人数为 66570 万人，增加 6823 万人。其中，参加职工基本医疗保险人数为 28894 万人，增加 598 万人；参加城镇居民基本医疗保险人数为 37675 万人，增加 6225 万人。参加失业保险人数为 17326 万人，增加 283 万人。年末全国领取失业保险金人数为 227 万人。参加工伤保险人数为 21404 万人，增加 765 万人，其中参加工伤保险的农民工人数为 7489 万人，增加 127 万人。参加生育保险人数为 17769 万人，增加 730 万人。年末全国共有 1708.0 万

---

① 《关于社会保障"十二五"规划纲要》，中国政府网。

人享受城市居民最低生活保障，4903.2 万人享受农村居民最低生活保障，农村五保供养 517.5 万人。全年资助 5910.3 万城乡困难群众参加基本医疗保险。按照每人每年 2300 元（2010 年不变价）的农村扶贫标准计算，2015 年农村贫困人口 5575 万人，比 2014 年减少 1442 万人。[1]

概括来说，这期间我国在全面深化改革方面已经迈出了坚实的一步。所以，尽管当前还面临着艰巨的改革任务。但这期间的实践经验表明：完全可以实现中共十八届三中全会的预定目标。"到 2020 年，在重要领域和关键环节改革上取得决定性成果，完成本决定提出的改革任务，形成系统完备、科学规范、运行有效的制度体系，使各方面制度更加成熟更加完整。"[2]

---

[1]《国家统计局网》，2016 年 2 月 29 日。
[2]《中共中央关于深化改革若干问题的决定》，人民出版社 2013 年版，第 7 页。

第六十一章　经济调控和运行

　　如前文所述，到 2011 年，我国在全面建设小康社会方面已经取得了巨大成就！当然，还没有完全实现这一宏伟任务。2012 年以来，我国处于并将处于长期发展战略机遇期，也是各种矛盾的多发期。但总的形势是良好的。在国际形势方面，和平与发展仍是世界的主要潮流。当然，在 2008 年爆发世界经济危机以后，各主要经济体的复苏处于艰难境地，进展缓慢。但总的来说，对我国经济发展也是有利的。为了促使经济增长真正转到以提高经济发展质量和效益为中心的轨道上，在 2011 年经济增长率达到 9.5% 的情况下，2012 年《政府工作报告》仍将作为首要宏观经济指标的国内生产总值的预期增长目标定为 7.5%。并着重说明，国内生产总值增长率略微调低，主要是要与"十二五"规划目标逐步衔接，引导各方面把工作着力点放到加快经济发展方式、切实提高经济发展质量和效益上来，以利于实现更长时期、更高水平、更好质量的发展。还提出：综合考察各方面情况，要继续实施积极的财政政策和稳健的货币政策，根据形势变化适时适度微调，进一步提高政策的针对性、灵活性和前瞻性。强调必须把突出主题、贯穿主线、统筹兼顾、协调推进，把稳增长、控物价、调结构、惠民生、抓改革、促和谐更好地结合起来。稳增长，就是要坚持扩大内需、稳定外需、大力发展实体经济，努力克服国内外各种不确定因素的影响，及时解决苗头性、倾向性问题，保持经济平稳运行。[①]

　　由于贯彻了以上政策措施，克服了国内外各种不利影响，2012 年国内生产总值仍然赢得了 7.7% 的增速。[②]

　　基于前文已经说过的原因，2013 年《政府工作报告》仍将国内生产总值增长预期目标定为 7.5% 左右。并指出 2013 年经济增长预期目标定为 7.5% 左右，主要基于两方面考虑：一方面，要继续抓住机遇、促进发展。这些年，我国制造业积累了较大产能，基础设施状况大为改善，支撑能力明显增强，储蓄率高，劳动力总量仍然很大。必须优化配置和利用生产要素，保持合理的增长速度，为增加就业、改善民生提供必要条

---

①《十一届全国人大五次会议〈政府工作报告〉辅导读本》(2012)，人民出版社 2012 年版，第 12~15 页。
②《中国统计年鉴》(2015)，中国统计出版社 2016 年版，第 64 页。

件，为转方式、调结构创造稳定环境；必须使经济增长与潜在经济增长率相协调，与生产要素的供给能力和资源环境的承受能力相适应。另一方面，要切实按照科学发展观的要求，引导各方面把工作重心放到加快转变发展方式和调整经济结构上，推动经济持续健康发展。综合权衡，2013 年的经济增长目标定为 7.5% 左右是必要的、适宜的，实现这个目标需要付出艰苦努力。为了实现上述目标，还必须继续实施积极的财政政策和稳健的货币政策，保持政策的连续性和稳定性，增强前瞻性、针对性和灵活性。[①]

2013 年，政府工作坚持稳中求进的工作总基调，统筹稳增长、调结构、促改革，坚持宏观经济政策要稳、微观政策要活、社会政策要托底，创新宏观调控思路和方式，采取一系列既利当前、更惠长远的举措，稳中有为、稳中提质、稳中求进，各项工作实现良好开局。其举措是：着力深化改革开放，激发市场活力和内生动力；创新宏观调控思路和方式，确定经济运行处于合理区间；注意调整经济结构，提高发展质量和效益；切实保障和改善民生，促进社会公平正义；改进社会治理方式，保持社会和谐稳定。[②]

由于实施了这些重要举措，在世界主要经济体系复苏艰难，国内经济周期处于下行阶段，自然灾害频发，各种社会矛盾交织的复杂形势下，仍然圆满实现了 2013 年经济社会发展的主要预期目标。其中，国内生产总值增长率仍然达到了 7.7%，[③] 与 2012 年持平。

2014 年，仍然坚持稳中求进的工作总基调，把改革创新贯穿于社会发展各个领域、各个环节，保持宏观经济政策的连续性、稳定性，增强调控的前瞻性、针对性，全面深化改革，不断扩大开放，实施创新驱动，坚持中国特色新型工业化、信息化、城镇化、农业现代化道路，加快转方式、调结构、促升级，加强基本公共服务体系建设，着力保障和改善民生，切实提高发展质量和效益，大力推进社会主义经济建设、政治建设、文化建设、社会建设、生态文明建设，实现经济持续健康发展和社会和谐稳定。据此，2014 年《政府工作报告》确定了 2014 年经济社会发展的主要预期目标。其中国内生产总值增长率为 7.5% 左右。并说明我国仍是一个发展中国家，还处于社会主义初级阶段，发展是解决我国所有问题的关键，必须牢牢扭住经济建设这个中心，保持合理的经济增长速度。经过认真比较、反复平衡，把经济增长目标定在 7.5% 左右，兼顾了需要和可能。这与全面建设小康社会相衔接，有利于增强市场信心和调整优化经济结构。稳增长更是为了保就业，既要满足城镇新增就业的需要，又要为农村转移劳动力进城务工留出空间，根本上是为了增加城乡人民收入，改善人民生活。实现 2014 年增长目标有不少积极因素，但必须付出艰辛努力。[④]

---

① 《十二届全国人大一次会议〈政府工作报告〉辅导读本》(2013)，人民出版社 2013 年版，第 16~18 页。
② 《十二届全国人大二次会议〈政府工作报告〉辅导读本》(2014)，人民出版社 2014 年版，第 2~8 页。
③ 《中国统计年鉴》(2015)，中国统计出版社 2016 年版，第 64 页。
④ 《十二届全国人大二次会议〈政府工作报告〉辅导读本》(2014)，人民出版社 2014 年版，第 10~11 页。

为了实现以上目标，2014 年主要做了以下工作：一是在区间调控基础上定向调控，保持经济稳定增长。二是深化改革开放，激发经济社会发展活力。三是加大结构调整力度，增强发展后劲。四是织密织牢民生保障网，增进人民生活福祉。五是加强城乡社会治理，促进和谐稳定。[①]

这样，2014 年我国经济社会发展总体平稳，稳中有进。稳的主要标志是：经济增长处于合理区间。作为最重要指标的经济增长率达到了 7.3%。[②] 这主要是由于当前处于我国经济周期的下行阶段，经济增速只比 2013 年下降 0.4 个百分点。

2015 年继续坚持稳中求进的工作总基调，保持经济在合理区间运行，着力提高经济发展质量和效益，把转方式、调结构放到更加重要的位置，狠抓改革攻坚，突出创新趋动，强化风险防控，加强民生保障，处理好改革、发展、稳定关系，全面推进社会主义经济建设、政治建设、文化建设、社会建设、生态文明建设。促进经济平稳健康发展和社会和谐稳定。依据这个总基调，2015 年《政府工作报告》将 2015 年的经济增长的预期目标定为 7% 左右。

做好 2015 年工作，要把握以下三点：

第一，稳定和完善宏观经济政策，继续实施积极的财政政策和稳健的货币政策，更加注重微调，更加注重定向调控，用好增量，盘活存量，重点支持薄弱环节。以微观活力支撑宏观稳定，以供给创新带动需求扩大，以结构调整促进总量平衡，确保经济在合理区间运行。

第二，保持稳增长与调结构的平衡。我国发展面临"三期叠加"矛盾，资源环境的约束力加大，劳动力成本等要素成本上升、高投入、高消耗、偏重数量扩张方式已经难以为继，必须推动经济在稳定增长中优化结构。既要稳定速度，确保经济平稳运行，确保居民就业和收入持续增加，为调结构、转方式创造有利条件；又要调整结构，夯实稳定增长的基础。要增加研发投入，提高全要素生产率，加强质量、标准和品牌建设，促进服务业和战略性新兴产业比重提高，水平提升。优化经济发展空间格局，加快培育新的增长点和增长极，实现在发展中升级，在升级中发展。

第三，培育和催生经济社会发展新动力。当前经济增长的传统动力减弱，必须加大结构性改革力度，加快实施创新趋动战略，改造传统引擎，打造新引擎。一方面，增加公共产品和服务供给，加大政府对教育、卫生等的投入，鼓励社会参与，提高供给效率。这既能补短板、惠民生，也有利于扩需求、促发展。另一方面，推动大众创业、万众创新。这既可以扩大就业，增加居民收入，又有利于促进社会纵向流动和公平正义。[③]

2015 年，由于贯彻了以上措施，我国经济社会发展仍然总体平稳，稳中有进。

①《十二届全国人大三次会议〈政府工作报告〉辅导读本》(2015)，人民出版社 2015 年版，第 2~8 页。
②《中国统计年鉴》(2015)，中国统计出版社，第 64 页。
③《十二届全国人大三次会议〈政府工作报告〉辅导读本》(2015)，人民出版社 2015 年版，第 10~14 页。

"稳"的主要标志是：经济运行处于合理增长区间。其中最重要的是：2015年国内生产总值增长率仍然达到了 6.9%。[①] 仅比 2014 年低 0.4 个百分点。这仍然主要是由于我国处于经济周期的下行阶段。

综上所述，2012 年以来我国经济增长的一个最显著特点，就是在改革以后第一次真正实现了经济的平稳增长。2015 年的经济增速只是比 2012 年下降了 0.8 个百分点。经济的平稳增长既是经济持续健康发展的基础，又是调结构、转方式、促改革、保环境和惠民生所必需的经济环境，其意义既重要又深远。

[①]《国家统计局网》，2016 年 1 月 19 日。

第六十二章 2012~2015 年，工业经济改革发展的主要成就和经验

第一节 主要成就

第一，社会主义市场经济体制进一步趋于完善。首先，社会主义市场经济的基本经济制度有了进一步发展。2015 年规模以上工业主营业务收入为 1103300.7 亿元。其中，国有控股企业的占比由 2011 年的 27.2%进一步下降到 2015 年的 21.4%，集体企业的占比由 1.3%下降到 0.6%，私营企业的占比由 29.0%上升到 35.0%，外资企业的占比由 25.7%进一步下降到 22.6%。[①] 同时，由主要管企业到主要管资本为特征的国有工业改革已经启动，宏观经济体制改革进一步深化，开放型经济体制进一步发展。这期间包括工业在内的经济发展的根本动力正是这些改革。

第二，在创新趋动发展战略的引领下，科技创新能力、水平及其对生产的推动作用都大大增强。

（1）研发能力大大提高。到 2015 年，我国科技人力资源总量已经超过 7100 万人，研发人员超过 535 万人这是其一。其二，2015 年全国研发经费投入总量为 1.4 万亿元，比 2012 年增长 38.1%。按汇率折算，我国研发经费继 2010 年超过德国之后，2013 年又超过日本，目前我国研发经费投入已成为仅次于美国的世界第二大国家。2015 年我国研发经费投入强度（研发经费占国内生产总值的比重）为 2.10%，比 2012 年提高 0.17 个百分点，已达到中等发达国家水平，居发展中国家前列。其三，研发人员和经费向作为研发主体的企业集中。2015 年我国企业研发人员达到 398 万人，占研发人员总数的 74.4%；企业研发经费 1.1 万亿元，比 2012 年增长 40.4%，占全社会研发经费的比重为 77.4%，比 2012 年提高 1.2 个百分点。这样，我国科技进步就由跟踪为主进

[①]《国家统计局网》，2016 年 1 月 27 日。

入跟踪和并跑、领跑并存的新阶段。

（2）基础研究和应用研究成果显著。其一，2015 年我国基础研究经费为 670.6 亿元，比 2012 年增长 34.4%；其中作为知识创新主体的高等学校和研究机构的基础研究经费分别为 347.2 亿元和 295 亿元，分别比 2012 年增长 26% 和 49%。2015 年我国基础研究经费占全社会研发经费的比重为 4.7%。2012 年以来，我国基础研究在量子反常霍尔效应、铁基高温超导、外尔费米子、暗物质粒子探测卫星、热休克蛋白 90α、CIPS 干细胞等研究领域取得重大突破。其二，2015 年我国专利申请受理数为 279.9 万件，比 2012 年增长 36.5%；其中发明专利申请受理数为 110.2 万件，比 2012 年增长 68.8%，发明专利申请受理数已连续五年居世界首位。2015 年我国专利授权数为 171.8 万件，比 2012 年增长 36.9%；其中发明专利授权数为 35.9 万件，比 2012 年增长 65.5%。发明专利授权数占专利授权数的比重为 20.9%，比 2012 年提高 3.6 个百分点。截至 2015 年底，我国有效专利和有效发明专利分别为 547.8 万件和 147.2 万件，分别比 2012 年增加了 196.9 万件和 59.7 万件。

（3）对生产发展的推动作用大大增强。这突出表现在高技术产业生产能力的增长上。2015 年末 4G 用户数超过 3.8 亿人；自主研发的新一代高速铁路技术世界领先，高铁运营总里程达 1.9 万公里，占世界的 60% 以上；ARJ 支线飞机成功实现商业销售；在油气开发专项上再造一个西部大庆；半导体照明产业整体规模达 4245 亿元；全球首个生物工程角膜艾欣瞳以及阿帕替尼、西达本胺等抗肿瘤新药成功上市。集中起来说，就是科技进步对经济增长的贡献率已由 2010 年的 50.9% 上升到 2015 年的 55.1%。①科技进步已经开始成为我国经济发展的第一推动力，我国经济发展已经开始由主要依靠劳动力和物质资源的增加走上以科技进步为主的新阶段。

第三，产业结构优化升级进展迅速。

（1）高技术产业增长加快，占比上升。2013~2015 年，高技术产业增加值年均增长 11.4%，增速高于全部规模以上工业 3.4 个百分点；主营业务收入和利润总额年均分别增长 9.9% 和 14.4%，增速分别高出全部规模以上工业 3.6 和 10.2 个百分点。其中，一些新兴行业迅猛发展。2013~2015 年，城市轨道交通设备制造行业增加值年均增长 32.2%，通信设备制造行业年均增长 20.3%，生物药品制造行业年均增长 13%，电子和电工机械专用设备制造行业年均增长 12.4%，电子器件制造行业年均增长 12.3%。在这方面，智能制造的增长更为显著。2015 年，新型智能化自动化设备和高端信息电子产品成为新增长点，新能源汽车产量比 2014 年增长 161.2%，工业机器人增长 21.7%，智能电视增长 14.9%，智能手机增长 11.3%，自动售货机、售票机产量成倍增长，太阳能电池（光伏电池）、光纤、光缆、光电子器件、动车组、城市轨道车辆、安全自动化监控设备、电子工业专用设备等产品产量均实现两位数快速增长。高技术产业的快速增长，必然使其比重连年上升且上升幅度逐年递增。2013~2015 年，高技术产业增加值占

---

① 国家统计局网，2016 年 3 月 9 日；经济参考报，2016 年 2 月 25 日；行政管理改革，2016 年第 2 期。

全部规模以上工业的比重依次为 9.9%、10.6% 和 11.8%。

（2）适应社会需要的利润快速增长的行业也显示出产业升级。2013~2015 年，全国规模以上工业中，装备制造业共实现利润总额 66683 亿元，年均增长 10.8%，增速高出规模以上工业 6.6 个百分点；消费品制造业实现利润总额 50943 亿元，年均增长 8.8%，高出规模以上工业 4.6 个百分点。这样，装备制造业成为工业比重最大的行业，2015 年在全部规模以上工业中的比重为 31.8%；消费品制造业的比重不断上升，2013~2015 年增加值比重依次为 24.5%、25.1% 和 26.1%。

（3）传统行业通过产业链价值提升和产品结构优化等方式实现转型发展。传统行业生产份额更多地向附加值高的产业链环节调整。如钢铁、有色工业中，附加值相对较低的冶炼行业生产份额减少、增速走低，而附加值相对较高的压延加工行业生产份额增加。2013~2015 年，钢压延加工生产实现了 8.6% 的较快年均增长；有色金属压延加工生产年均增长 13.5%。

（4）高耗能行业及上游采矿业比重逐年下降，六大高耗能行业比重 2013 年、2014 年和 2015 年依次为 28.9%、28.4% 和 27.8%，采矿业比重依次为 12.4%、11% 和 8.6%，显示出工业经济发展过度依赖资源的状况正在得到改善。[①]

第四，这期间我国已经开始实现了主要由投资拉动经济增长走向主要依靠消费的转变，但投资在经济增长中仍起了重要作用，2010~2015 年，最终消费对经济增长的贡献率由 46.3% 上升到 66.4%；资本形成由 65.2% 下降到 43.8%。但投资对我国经济增长仍有关键作用。这是因为尽管这期间投资增速回落，占比下降，但仍保持较高水平。中国资本形成率 2013 年、2014 年和 2015 年分别为 46.5%、45.9% 和 43.8%，虽然呈缓慢下降走势，但仍保持在 40% 以上，远高于 2013 年 22.2% 的世界平均水平，反映了投资对经济增长的巨大拉动作用。更重要的是投资结构趋于优化。主要是：

（1）注意重补短线生产。

1）基础设施投资快速增长。2013~2015 年，全国基础设施投资年均增长 20%，比全部投资年均增速高 5 个百分点；基础设施投资占全部投资的平均比重为 17.4%，比 2012 年提高 1.2 个百分点。基础设施投资快速增长，使得交通网络、港口泊位、通信光缆等主要基础设施领域新增生产能力不断提高。2013~2015 年，全国新建铁路投产里程 23544 公里，其中高速铁路 10469 公里；新建公路 206935 公里，其中，高速公路 26919 公里；新增港口万吨级码头泊位吞吐能力 115159 万吨；新增光缆线路长度 1008 万公里。

2）保障性安居工程建设迅速推进。2013~2015 年，城镇保障性安居工程累计新开工 2189 万套。

3）中西部地区投资增长较快。2013~2015 年，中部地区投资年均增长 16.7%，比全部投资年均增速高 1.7 个百分点，占全部投资的平均比重为 28.7%，比 2012 年提高

---

① 《国家统计局网》，2016 年 3 月 3 日。

0.7 个百分点；西部地区投资年均增长 16.7%，比全部投资年均增速高 1.7 个百分点，占全部投资的平均比重为 24.8%，比 2012 年提高 1.1 个百分点；东部地区投资年均增长 13.1%，比全部投资年均增速低 1.9 个百分点，占全部投资的平均比重为 45.3%，比 2012 年下降 1.3 个百分点。

（2）注重促进产业升级。

1）第三产业投资较快增长。2013~2015 年，第二产业投资年均增长 12.5%，比全部投资年均增速低 2.5 个百分点，占全部投资的平均比重为 41.4%，比 2012 年下降 1.8 个百分点；第三产业投资年均增长 15.9%，比全部投资年均增速高 0.9 个百分点，占全部投资的平均比重为 56.2%，比 2012 年提高 1.3 个百分点。第三产业投资增速比第二产业高 3.4 个百分点，占全部投资的比重比第二产业高 14.8 个百分点。

2）高技术产业投资增长迅猛。2013~2015 年，高技术产业投资年均增长 18.5%，比全部投资年均增速高 3.5 个百分点。其中，高技术制造业投资年均增长 14.3%，比全部制造业投资年均增速高 1.1 个百分点；高技术服务业投资年均增长 26.4%，比全部服务业投资增速高 10.5 个百分点。

3）高耗能行业投资增速明显放缓，产能严重过剩行业投资负增长。2013~2015 年，高耗能行业投资年均增长 9.9%，比工业投资年均增速低 2.6 个百分点；占工业投资的平均比重为 29.9%，比 2012 年下降 1.5 个百分点。2013~2015 年，钢铁、水泥、电解铝、平板玻璃、船舶五大产能严重过剩行业连续三年均为负增长，年均下降 7.8%。[①]

（3）注重增添企业活力。这突出表现为民间投资增速最快，其占比上升（已见前述）。

第五，经济增速实现向潜在经济增长率的合理回归，持续平稳增长。从根本上说，现实经济增长率是由潜在经济增长率（即总供给增长率）决定的。刺激需求或抑制需求的政策只能在一定时限内和一定程度上促进或阻滞经济增长。[②] 就我国现阶段的情况来看，潜在经济增长率也就是 7% 左右。而 2012~2015 年的经济增速正是处在这个区间。这四年的经济增速依次为 7.7%、7.7%、7.3% 和 6.9%。[③]

这样，这期间就在新中国成立后第一次实现了由超强波周期（波峰年与波谷年经济增速的落差在 20 个百分点以上）、强波周期（落差为 10 个百分点以上）、中波周期（落差为 5 个百分点以上）到微波周期（落差为一个百分点左右）的转变。我国改革前曾发生了五次超强波周期和强波周期，改革后也发生了五次中波周期。[④] 这次以 2012 年为起点的经济周期有望实现微波周期。这样，就真正实现了经济的平稳持续增长。这种增长的重大意义并不限于这一点，还在于它为促改革、调结构、转方式、提效益、保环境、惠民生创造了必要的良好的宏观经济环境。

---

① 《国家统计局网》，2016 年 2 月 29 日、3 月 3 日。
② 《试论潜在经济增长率》，载《汪海波文集》第十卷，经济管理出版社 2011 年版，第 346~360 页。
③ 《国家统计局网》，2016 年 2 月 29 日。
④ 《试论经济周期的历史发展》，载《汪海波文集》第十一卷，经济管理出版社 2016 年版，第 144~171 页。

当然，这种增长包含工业增速下降。2012~2015 年，工业增加值增速分别为 7.9%、7.6%、6.9% 和 5.9%。这就必然导致工业在经济总量中占比下降。但主要包括工业在内的第二产业占比下降和第三产业占比的上升，并不是经济发展的倒退，而是由工业化发展到现代化的一个重要标志。[①] 而且，尽管工业增速下降，但其总量增加很大。2015 年比 2011 年增加了 37403.3 亿元。这意味着 2015 年增加一个百分点所包含的工业增加值比 2011 年要大得多。

第六，工业经济效益大大提升。以最重要的并具较大可比性的劳动生产率来说，按可比价算，工业全员劳动生产率 1952 年为 961 元（人·年），1978 年上升到 4661 元（人·年），增长 4.85 倍，年均增长 6.3%；2014 年上升到 115658 元（人·年），比 1978 年增长 24.8 倍，年均增长 16.7%。[②]

第七，资源利用和环境治理取得重要进展。2015 年全国能源生产总量 36.2 亿吨标准煤，比 2012 年增长 3.1%，年均增长 1%，比 2005~2012 年年均增幅低 5.3 个百分点，保持了增长态势。更重要的是能源结构优化。2015 年，在一次能源生产构成中，原煤占 72.1%，比 2012 年下降 4.1 个百分点；原油占 8.5%，与 2012 年持平；天然气消费占 4.9%，比 2012 年提高 0.8 个百分点；一次电力及其他能源占 14.5%，比 2012 年提高 3.3 个百分点。能源消费结构也不断优化。2015 年煤炭消费占 64.0%，比 2012 年下降 4.5 个百分点；石油消费占 18.1%，比 2012 年提高 1.1 个百分点；天然气消费占 5.9%，比 2012 年提高 1.1 个百分点；一次电力及其他能源消费占 12%，比 2012 年提高 2.3 个百分点；清洁能源消费共占 17.9%，比 2012 年提高 3.4 个百分点。同时，能源利用效率不断提高。2013~2015 年，全国单位国内生产总值能耗分别比上年降低 3.7%、4.8% 和 5.6%，降幅一年比一年大，累计降低 13.5%。这期间能源加工转换效率明显提高。与 2012 年相比，2015 年规模以上工业能源加工转换总效率提高 2.0 个百分点。能源回收利用水平不断提高。2015 年，规模以上工业企业回收利用能源 14908 万吨标准煤，比 2012 年增长 19.6%；回收利用率为 2.5%，比 2012 年提高 0.2 个百分点。2015 年，万元工业增加值用水量也比 2014 年下降 3.9%。[③]

这期间在治理环境污染方面也取得重要进展。2012~2014 年，环境污染治理投资累计达到 26866.2 亿元。并在这方面取得了重要成效。一是在主要污染物的排放治理方面，2014 年，化学需氧量排放总量为 2294.6 万吨，同比下降 2.47%；氨氮排放总量为 238.5 万吨，同比下降 2.9%；二氧化硫排放总量为 1974.4 万吨，同比下降 3.4%；氮氧化物排放总量为 2078 万吨，同比下降 6.7%。2014 年，一般工业固定废物产生量为 325620.02 万吨，其中综合利用量占 62.8%，处置量占 24.7%，储藏量占 13.8%，倾倒丢弃量仅占 0.0002%。这年城市生活垃圾清运量达到 17860.2 万吨，其中无害化处理率

① 《对产业结构的历史考察》，《汪海波文集》第十一卷，经济管理出版社 2016 年版，第 254~277 页。
② 有关各年《中国统计年鉴》，中国统计出版社。
③ 《国家统计局网》，2016 年 2 月 29 日。

为 91.8%。二是在大气污染防治方面，2014 年，全国 328 个地级及以上城市的 PM10（可吸入颗粒物）年均浓度为 95 微克/立方米，比 2013 年下降 2.1%；京津冀、长江三角洲、珠江三角洲三大重点区域的 PM2.5（细颗粒物）平均浓度为 69 微克/立方米，同比下降 12.61%。三是水污染防治方面，2014 年，长江、黄河、珠江、松花江、淮河、海河、辽河七大流域和浙闽片河流、西北诸河、西南诸河的国控断面中，Ⅰ类水质断面占 2.8%，同比上升 1 个百分点；Ⅱ类占 36.9%，同比下降 0.8 个百分点；Ⅲ类占 31.5%，同比下降 0.7 个百分点；Ⅳ类占 15%，同比上升 0.5 个百分点；Ⅴ类占 4.8%，劣Ⅴ类占 9%，同比均持平。[①]

2015 年延续了环境治理向好的趋势。全年完成造林面积 632 万公顷，新增水土流失治理面积 5.4 万平方公里，新增实施水土流失地区封育保护面积 2 万平方公里。年末城市污水处理率达到 91.0%，城市生活垃圾无害化处理率达到 92.5%，城市建成区绿地率达到 36.3%。十大流域水质监测断面中，Ⅰ~Ⅲ类水质断面比例为 72.1%，比 2014 年有所提高；近岸海域海水水质监测点中，达到国家一、二类海水水质标准的监测点比例为 70.4%，提高 3.6 个百分点。[②]

第八，包括工业在内的地区经济差别扩大的势头得到进一步遏制。2011~2014 年，东部地区生产总值增长 42.4%，年均增长 9.2%；中部地区增长 57.9%，年均增长 12.1%；西部地区增长 61.5%，年均增长 12.7%。[③]

第九，职工生活明显改善。2014 年工业中的采矿业、制造业和电力业的平均货币工资分别由 2011 年的 52239 元提高到 61677 元，由 36665 元提高到 51369 元和由 52723 元提高到 73339 元；平均实际工资分别提高了 22.0%、44.8%和 43.7%。[④]

第十，工业在国际经济中的地位继续提升。据计算，1960 年，我国工业增加值占世界工业增加值的比重为 0.8%，1980 年上升到 1.1%；2000 年又上升到 5.8%，2010 年再上升到 13.5%，与第一位的美国相差 6.3 个百分点。[⑤]而 2014 年美国工业增加值比 2010 年增加了 21.4%，中国增加了 39.6%。[⑥]我国工业中的制造业占世界比重，1990 年为 2.7%，居世界第九位；2010 年增加到 19.8%，跃居世界第一位，[⑦]2015 年占到世界的 1/3。可见，这期间中国工业增加值（特别是工业中的制造业）继续巩固并提升了它在世界工业中的前列地位。

第十一，中国工业化已进入后期阶段，并在很大程度实现了与现代化进程相结合。有研究表明：2014 年中国的工业化综合指数为 83.69，位于工业化后期的中段。"十二

---

①《中国统计年鉴》（2015），中国统计出版社 2016 年版，第 251、256、263、275 页；《中国经济年鉴》（2015），中国经济年鉴社 2016 年版，第 39~41 页。

②④《国家统计局网》，2016 年 2 月 29 日。

③《全球化》，2016 年第 1 期，第 29 页。

⑤《中国经济史研究》，2016 年第 1 期，第 49 页。

⑥ 联合国数据库，《经济参考报》，2016 年 3 月 7 日。

⑦ 工业和信息化部网，2015 年 5 月 26 日。

五"时期，中国工业化水平有了实质性的提高，从工业化中期步入了工业化后期。[①] 不仅如此，还在很大程度上实现了现代化。因为中国工业化是在知识经济时代进行的，工业化和现代化就必然在越来越大的程度上实现结合。我国高技术产业在工业中占比上升（已见前述），特别是工业化与以信息为代表的现代技术的深度融合，充分表明了这一点。2015 年，我国工业智能化水平明显提升。如航空、航天、机械、船舶、汽车、轨道交通装备等行业数字信息化设计工具普及率超过 85%，钢铁、石化、有色、煤炭、纺织、医药等行业关键工艺流程数控化率也超过 65%。[②]

　　上述工业经济改革和发展的成就从一个最重要的方面表明：当前和今后长时期我国仍然处于良好的经济发展战略机遇期。当然，同时也面临着矛盾多发期。但前者是主要的，因而中国工业化的前景是十分美好的！

第二节　主要经验

　　这期间包括工业在内的经济改革和发展的经验，在中共十八大及中共十八届三中、四中、五中全会先后提出的"五位一体"总体布局、"四个全面"的战略部署和"五大发展理念"，已经对此做了全面的、系统的、高度的、根本性的概括。

　　在宏观经济调控方面，这期间《政府工作报告》先后提出一系列富有创新意义的指导思想。2013 年提出，"必须使经济增长与潜在经济增长率相协调，与生产要素的供给能力和资源环境的承受能力相适应"。2014 年提出，"一年来，我们坚持稳中求进工作总基调，统筹稳增长、调结构、促改革，坚持宏观政策要稳、微观政策要活、社会政策托底、创新宏观调控思路和方式。采取一系列既利当前、更惠长远的举措，稳中有为、稳中提质、稳中求进，各项工作实现了良好开局"。2015 年提出，"面对经济下行压力加大态势，我们保持战略定力，稳定宏观经济政策，没有采取短期强刺激措施，而是继续创新宏观经济调控思路和方式，实行定向调控，激活力、补短板、强实体。把握经济运行合理区间的上下限，抓住经济发展中的突出矛盾和结构性问题，定向施策，聚焦靶心，精准发力。向促改革要动力，向调结构要助力，向惠民生要潜力，既扩大市场需求，又增加有效供给，努力做到结构调优而不失速"。[③] 这些宏观经济调控思想的创新，意义不仅在于它保证了经济增速处在同潜在经济增长率相适应的区间，实现了经济的持续平稳增长，而且为促改革、推创新、调结构、转方式、提效益、保生态、惠民生创造了必要的宏观经济环境，并为这些创新思路的实现提供了必要条件。

[①]《中国经济时报》，2016 年 1 月 27 日。

[②]《全球化》，2016 年第 4 期，第 7 页。

[③]《第十二届全国人大第一、二、三次会议〈政府工作报告〉辅导读本》(2013~2015)，人民出版社。

　　依据这期间工业经济改革和发展的成就，可以满怀信心地预期：中共十八大提出的全面建设小康社会的新目标，到 2020 年一定可以实现。提出这一点的事实依据是：其一，就其中的国内生产总值 2020 年比 2010 年翻一番来说，年均增速只需达到 7.2%。但 2011~2015 年年均增速已达到了 7.8%。诚然，我国现阶段还处于各种经济社会矛盾多发期，但同时也处于良好的发展战略机遇期。其二，上述 7.8% 的年均增速是在面临国内和国际众多不利因素的条件下取得的。国内方面处于经济转型期，实现由经济增速扩张型向提质增效型转变。国际方面，2008 年国际金融危机发生以后，众多主要经济体经济复苏呈现艰难曲折的缓慢态势。"十三五"期间，这些因素仍在不同程度上发生作用，但趋势是向好的。其三，我国经济增长已经进入了微波周期，波谷年和波峰年经济增速的落差就是一个百分点左右。这意味着"十三五"时期年均经济增长约为 7%。这样，就可以满有把握地说，完全可以实现经济总量 2020 年比 2010 年翻一番的目标。就其中的 2020 年基本实现工业化的目标来说，也是如此。如前文所述，衡量工业化实现程度的综合指数 2014 年已经达到了 83.69%。这样，到 2020 年把这个综合指数提高到 100%，基本实现工业化，也是完全有把握的。提出这一点的思想理论依据，就是中共十八大提出的"道路自信、理论自信、制度自信！"[①] 中共十八大以来党中央提出的"五位一体"总体布局、"四个全面"战略部署和"五大发展理念"为主要内容的一系列根本指导思想更增强了"三个自信"。

　　改革以来，我国经济发展已经取得举世瞩目的伟大成就，在国际上赢得了越来越广泛的认同。但唱衰中国经济的议论仍不绝于耳。历史已经并将继续证明：这种别有用心的议论正在并将最终陷入破产的境地！

　　[①]《中国共产党第十八次全国代表大会文件汇编》，人民出版社 2012 年版，第 15 页。

后　记

　　本书的写作吸收了我国学术界已有的学术成果，主要是有关新中国工业经济发展的史料和著作。本书出版得到了中国社会科学院离退休老干部工作局、工业经济研究所老干部处以及经济管理出版社社长张世贤、总编辑杨世伟和编辑丁慧敏的大力支持。周燕女士承担了本书修改稿和定稿的全部录入工作。刘海英女士对本书的写作给予了不遗余力的支持。在本书付梓之际，特向以上各位先生、女士表示衷心感谢！

　　关于本书的缺点和错误，笔者诚恳希望得到读者的批评指正。

汪海波　刘立峰

2016 年 6 月